北京林业大学 年鉴

BEIJING FORESTRY UNIVERSITY
YEARBOOK
2011

北京林业大学 编纂

中国林业出版社

图书在版编目（CIP）数据

北京林业大学年鉴. 2011 / 北京林业大学编纂. －北京：中国林业出版社, 2012.5

ISBN 978-7-5038-6615-9

Ⅰ. ①北… Ⅱ. ①北… Ⅲ. ①北京林业大学－2011－年鉴 Ⅳ. ①S7-40

中国版本图书馆CIP数据核字(2012)第102912号

出　版：中国林业出版社（100009 北京市西城区德胜门内大街刘海胡同7号）

网　址：http://lycb.forestry.gov.cn

E-mail：cfybook@163.com　　电话：010-83223789

发　行：中国林业出版社

印　刷：北京今日兴华印刷有限公司

版　次：2012年5月第1版

印　次：2012年5月第1次

开　本：787mm×1092mm 1/16

印　张：23

插　页：16

字　数：700千字

定　价：68.00元

编辑说明

在年鉴编辑委员会的正确领导下，经过年鉴编辑部和全校各单位组稿人和撰稿人的共同努力，《北京林业大学年鉴（2011卷）》（以下简称《年鉴（2011卷）》）完成编撰，正式面世。《年鉴（2011卷）》是北京林业大学建校以来连续出版的第三本年鉴，汇集了2010年学校事业发展及重大活动基本情况，系统地反映了学校在人才培养、科学研究、社会服务、内部管理和党建思政工作方面的重要成就及新进展，是学校发展情况的历史记载，供全校各个部门及校外有关单位了解和研究学校现状与发展情况时参考使用。

作为北京林业大学党委、行政名义组织编辑的综合性工具书，《年鉴（2011卷）》选题时间范围为2010年1月1日至12月31日的重大事件、重要活动及各个领域的新进展、新成果、新信息，部分内容依照实际情况前后适当延伸。《年鉴（2011卷）》以文章和条目为基本载体，以条目为主，并配有彩色插页。全书共设置20个栏目，分别为概况、特载、学院与教学部、教育教学、学科建设、科学研究、科技平台及研究机构、国际交流与合作、党建与群团工作、管理与服务、学校公共体系、专文、机构与队伍、人物、2010年大事记、重要学术报告会一览、表彰与奖励、毕业生名单、学位授予名单、媒体重要报道要目。

在《年鉴（2011卷）》的编撰过程中，年鉴编辑部专门聘请了班道明、刘毓殿两位退休的老先生作为特约编辑，进一步在编校质量上下工夫，做到精益求精。彩色插页多选取生动活泼的场景，以点带面，更加直观地反映了学校事业发展。

《年鉴（2011卷）》的编撰，得到了学校各有关单位和广大教职员工的大力支持，在此谨表最诚挚的谢意。在编撰过程中，编辑部人员力求做到资料完整、内容翔实、数据准确，但由于编撰时间紧、任务重，大多数同志都是在繁忙的工作之余兼职为之，难免有疏漏、不妥之处，恳请读者不吝指正。

《北京林业大学年鉴》编辑部

2011年11月

领导关心

3月12日，科技部副部长曹健林（左三）来北林大考察

5月4日，团中央书记处第一书记陆昊、北京市委常委梁伟参与北林大关爱农民工子女志愿服务活动，并与孩子们开展互动游戏（左：梁伟，中：陆昊）

11月29日，教育部、国家林业局共建北林、东林、西北农林科技三所林业大学（前排左：教育部部长袁贵仁，右：国家林业局局长贾治邦）

人才培养

5月28~30日，园林学院承办的国际风景园林师联合会（IFLA）第四十七届世界大会在苏州市会议中心召开

一等奖：黄河边即将消失的活遗址

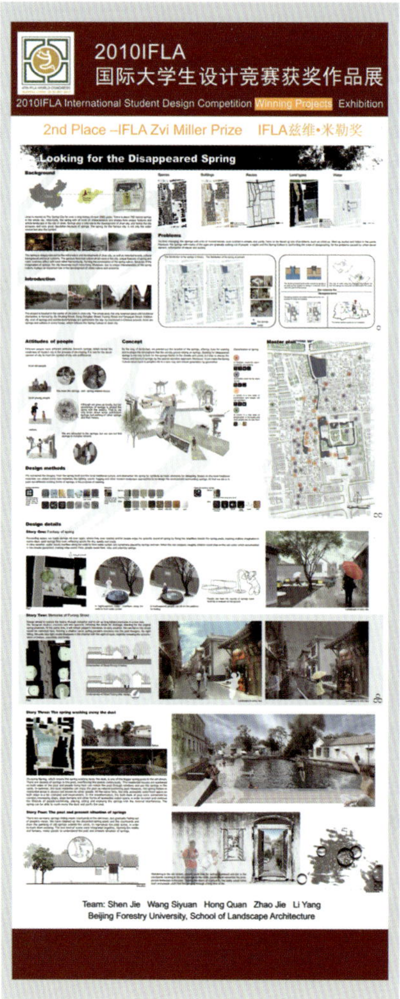

二等奖：寻找失去的泉

6月30日，举行2010届研究生毕业典礼暨学位授予仪式

7月1日，举行2010届本科生毕业典礼

2010届本科毕业生宣誓

Center for Biodiversity and Conservation
American Museum & Natural History

Hereby Awards
Shuang Xing
Best Speed Talk
In the
Student Conference on Conservation Science New York
For
Bird Community Restoration in Beijing Olympic Forest

Dr. Eleanor Sterling
Director
Center for Biodiversity and Conservation
AMNH
New York

November 2010
New York, NY
USA

12月16日，北林大举办2010届毕业生就业双选会

11月，自然保护区学院保护区08班本科生在国际学生保护科学大会获奖

10月24日，北林大深井救援机械装置获得第四届全国大学生机械设计创新大赛一等奖

4月，2010级本科生接受军训射击训练

9月10日，工学院2010Honda节能竞技大赛作品“节能环保车”介绍现场

科学研究

4月10日，召开首届中国大鸨保护国际研讨会

水土保持学院教师正在用全自动化学分析仪做水质、土壤化学分析

4月30日，中国碳汇研究院成立仪式现场

国家科学技术进步奖

证　书

为表彰国家科学技术进步奖获得者，特颁发此证书。

项目名称：我国北方几种典型退化森林的恢复技术研究与示范

奖励等级：二等

获 奖 者：北京林业大学

证书号：2010-J-202-2-01-001

我国北方几种典型退化森林的恢复技术研究与示范项目获得2010年国家科技进步奖二等奖

9月26日，教育部专家组考察北林大陕西吴起农牧交错区生态修复技术试验示范基地示范林建设

获奖项目：木本粮油新品种选育和高效栽培技术研究与示范

获奖单位：北京林业大学
（第1完成单位）

奖励等级：科学技术进步奖二等奖

奖励日期：2011年01月

证 书 号：2010-217

教育部

木本粮油新品种选育和高效栽培技术研究与示范项目获得教育部科技进步奖二等奖

国际合作

1月29日，校长宋维明参加中日大学展暨中日大学论坛

5月，北林大承办发展中国家集体林经营管理和利用官员研修班

6月24日，召开“2010短轮伐期林业生物质能源与碳交易潜力”国际研讨会

社会服务

1月21日，北林大与海淀区东升乡政府签订合作协议

2月2日，校团委获中华宝钢环境奖

10月19日，举行2010年度海峡两岸林业敬业奖励基金颁奖仪式

10月15日，北林大林业、水保56级校友毕业50周年相聚首

管理工作

3月8日，首届巾帼标兵称号获得者接受表彰

3月24日，召开2010年党风廉政建设工作会议

10月20日，北林大举行党建评估汇报会

大学文化

4月3日，理学院举行师生定向越野赛

8月28日，工学院迎新科技创新展台现场一角

4月3日，启动第四届全国青少年绿色长征系列活动

7月，志愿者参加“高擎团旗，绿色长征”活动，奔赴西部开展环保调研

5月29日，社区举办我做手工庆“六一”活动

7月，绿色长征志愿者开展社区居民低碳意识调研活动

5月12日，国家女子篮球队访问北林大

4月21日，北林大师生向青海玉树地震遇难同胞致哀

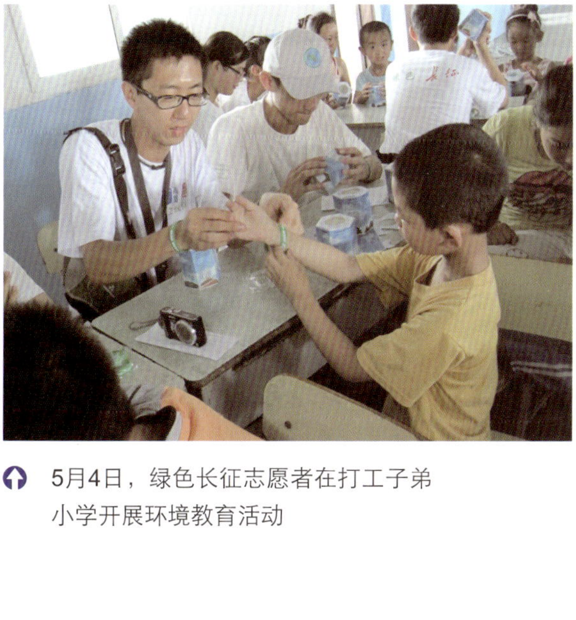

5月4日，绿色长征志愿者在打工子弟小学开展环境教育活动

5月4日，北林大开展关爱农民工子女志愿服务活动，志愿者与前八家小学的孩子们一起粘贴“理想果实”

7月，北林大志愿者进入中关村街道开展“低碳生活，你我同行”暑期社会实践活动

7月，翱翔社在云南省瑞丽市户育乡班岭村小学开展暑期支教活动

7月10日，北林大学生赴房山参加新农村调研实践

目录

学科建设

科学研究

科技平台及研究机构

国际交流与合作

党建与群团工作

管理与服务

学校公共体系

专　文

机构与队伍

人　物

2010年大事记

重要学术报告会一览

表彰与奖励

毕业生名单

学位授予名单

媒体重要报道要目

北京林业大学概况

北京林业大学是教育部直属、教育部与国家林业局共建的全国重点大学。学校办学历史可追溯至1902年的京师大学堂农业科林学目。1952年全国高校院系调整，北京农业大学森林系与河北农学院森林系合并，成立北京林学院。1956年，北京农业大学造园系和清华大学建筑系部分并入学校。1960年被列为全国重点高等院校，1981年成为首批具有博士、硕士学位授予权的高校。1985年更名为北京林业大学。1996年被国家列为首批"211工程"重点建设的高校。2000年经教育部批准试办研究生院，2004年正式建立研究生院。2005年获得本科自主选拔录取资格。2008年，学校成为国家"优势学科创新平台"建设项目试点高校。

学校以林学、生物学、林业工程学为特色，是农、理、工、管、经、文、法、哲相结合的多科性协调发展的全国重点大学。学校现有13个学院、35个博士点、73个硕士点、56个本科专业及方向，1个一级学科国家重点学科(含7个二级学科国家重点学科)，2个二级学科国家重点学科，1个国家重点(培育)学科、10个国家林业局重点学科、1个北京市重点学科(一级)(含3个二级学科)、4个北京市重点学科(二级)、1个北京市重点交叉学科。

截至2010年12月，学校在校生26 347人，其中本科生13 079人，研究生3095人，各类继续教育学生8671人，非计划招生高等教育学生中在职人员攻读硕士学位1502人。

学校专任教师1079人，其中具有高级职称教师640人。拥有中国工程院院士4人，国家级有突出贡献专家8人，省部级有突出贡献专家20人，"长江学者"4人，"973"项目首席科学家1人，"千人计划"人选1人，国家"百千万人才工程"人选5人，国家"新世纪百千万人才工程"人选3人，享受国务院政府特殊津贴107人。教师获奖众多，其中有1人获何梁何利科技进步奖，1人获国际环境突出贡献奖，1人获全国优秀科技工作者称号，2人获全国模范教师称号，4人获全国优秀教师称号，1人获全国高校思想政治理论课优秀教师称号。其他获各类省部级以上奖励200余人次。

学校科学研究实力雄厚，成果丰硕。建有1个国家工程实验室、1个国家工程技术研究中心、1个国家野外台站、4个教育部重点实验室、3个教育部工程技术研究中心、1个教育部科技创新团队、5个国家林业局重点实验室、1个北京市重点实验室、5个国家林业局定位观测站。2000年以来，共获得国家技术发明二等奖1项，国家科技进步二等奖11项。"十一五"以来以第一作者单位发表论文被SCI收录318篇，EI收录491篇，ISTP收录183篇，继续承担国家科技支撑计划、"863"计划、国家自然科学基金重点项目等重大科技计划课题，获得科研经费6.23亿元。

在树木抗逆分子生物学基础以及抗逆植物材料的选育与栽培技术，花卉新品种选育、栽培与应用，林木新品种选育与产业化开发，林业生态工程建设综合技术，森林生物质资源保护与利用等方面形成优势、特色研究领域。以三倍体毛白杨、四倍体刺槐、名优花卉、地被植物等优良品种，林产精细化工为龙头的高新技术产业体系正巩固发展。毛白杨产业受到朱镕基总理和温家宝总理等国家领导人的重视和关怀，对三倍体毛白杨科研、推广示范等工作作出具体批示，并给予专项拨款。

学校形成"知山知水、树木树人"的办学理念，为国家培养6万多名高级专门人才和一批外国留学生，其中包括12名两院院士以及12名省部级领导为代表的一大批杰出的科技专家和管理干部，他们为中国林业事业作出卓越的贡献。

学校高度重视教学工作，教学改革成果丰硕，教学质量稳步提高。近年来，连续获得3项国家级教学成果一等奖，5项国家级教学成果二等奖，获得省部级教学成果一等奖7项，二等奖16项，优秀奖1项。有国家级精品课程9门、北京市精品课程17门，北京市教学名师10名。

国家级特色专业建设点12个，北京市特色专业建设点7个，国家级优秀教学团队5个，北京市优秀教学团队8个。“十一五”以来，学校学生在国际及亚太地区大学生风景园林设计大赛中，获6个一等奖，8个二等奖。在全国大学生英语竞赛中，有8人获特等奖，43人获一等奖。在全国大学生数学建模大赛中，有5人获全国一等奖，13人获全国二等奖。学校本科毕业生就业率始终在90%以上。2005年，学校在教育部组织的普通高等学校本科教学工作水平评估中获得优秀。

校本部现有校园面积46.87公顷，正在建设的鹫峰校区占地面积50公顷，学校实验林场占地面积775.13公顷，学校总占地面积822公顷。此外在河北沧州建有200公顷的教学科研实习基地。图书馆纸质藏书达155.6万册，电子资源库35种，各类电子图书总计74.32万册。建成“千兆骨干、百兆桌面”的数字校园网络。

学校积极推进国际合作和开放办学，先后与30余个国家和地区的170余所高等院校、科研院所和非政府组织建立教育与科技合作关系。2000年以来，共举办32次国际学术会议，接待国外专家学者千余人次，派出大量教师出国交流合作，执行国际合作项目40余项。2003年开始与美国密歇根州立大学联合办学，培养草业科学(草坪方向)专业本科生，学生毕业后，可获得北京林业大学、美国密歇根州立大学2校本科学士学位。学校每年还向美国、日本、芬兰、瑞典输送40余名学生进行留学，每年招收来自韩国、日本、马来西亚、越南、吉尔吉斯斯坦等国家的留学生70余人。

目前，学校正以办人民满意的高等教育为宗旨，进一步提高办学质量，为把学校建设成为国际知名、特色鲜明、高水平研究型大学而努力奋斗。

(刘继刚　张　勇)

特　载

教育部、国家林业局共建三所林业大学签约仪式在北林大举行

为深入贯彻全国教育工作会议和中央林业工作会议精神，认真实施《国家中长期教育改革和发展规划纲要》和《国家中长期人才发展规划纲要》，教育部、国家林业局决定进一步加强两部共建工作，促进北京林业大学、东北林业大学、西北农林科技大学突出办学特色，更好地服务林业建设。

11 月 29 日共建签约仪式在北林大举行。教育部部长袁贵仁、国家林业局局长贾治邦、副局长张永利出席会议，教育部、国家林业局相关司局的领导和三所高校的校领导以及部分职能部门和学院负责人参加会议。会议由教育部党组成员、部长助理林蕙青主持。

会上，国家林业局副局长张永利宣读《教育部国家林业局关于进一步共建北京林业大学、东北林业大学、西北农林科技大学的协议》。根据协议，教育部将支持三所大学进一步加强有关林业学科的建设，设立“林业基层场站大学生”计划，推进学校与国家相关科研单位建设合作实体，为三所大学培养高层次应用性创新型林业人才提供政策支持。国家林业局将进一步发挥三所大学在现代林业建设中的基础和骨干作用，为三所大学参与林业科研项目、重大工程项目、国际合作项目提供支持，支持三所大学结合现代林业建设的需要，在林业产业和生态建设一线建立试验示范站和示范基地，探索区域林业科技创新与示范推广的新机制和新模式。

教育部部长袁贵仁和国家林业局局长贾治邦代表两部门签署共建协议并讲话。

袁贵仁指出，目前全党全社会正在深入学习贯彻党的十七届五中全会、全国教育工作会议精神和教育规划纲要，教育部与国家林业局签署共建协议，正是按照党中央、国务院对新形势下教育事业科学发展的要求，推进高等教育更好地服务于国家经济建设和社会发展的具体行动，意义十分重大。

袁贵仁强调，林业资源是国家重要的自然资源和战略资源，林业的振兴离不开高素质人才和高水平科技的支撑。高等林业院校作为我国现代林业建设和生态文明建设的重要力量，在发展现代林业、建设生态文明、促进科学发展上，承担着重要而艰巨的任务。通过共建，进一步提升共建高校林业人才培养能力，进一步推进高校相关学科建设及科技创新平台建设，为推进我国林业事业发展和生态文明建设作出更大贡献。

袁贵仁要求，共建高校要以此为契机，带动学校事业科学发展。一是努力提高人才培养质量，结合林业事业的实际，更新人才培养观念，创新人才培养模式，深化教学改革，为发展现代林业培养造就大批高素质人才；二是不断强化办学特色，紧密围绕林业行业发展和科技进步的需要，进一步发挥学科综合优势，积极主动展开科技难题攻关，为国家林业发展和产业需求提供科技支撑；三是积极探索合作新机制，扩大深层次合作，在构建稳固的产学研合作联盟，联合培养高素质专门人才，推动学生实习基地建设、科技成果转化等方面取得突破。

贾治邦指出，实行教育主管部门和业务主管部门共建高等林业院校的办学机制，有利于学校在向多科性大学发展的进程中继续保持和发挥原有的特色和优势，有利于在新的管理体制下继续发挥业务主管部门的独特作用，有利于在社会主义市场经济体制下推动林业事业科学发展。他希望三所高等林业院校深入贯彻落实全国教育工作会议、中央林业工作会议精神，主动适应国家经济建设、生态建设和社会发展的需要，全面

提高人才培养、科技创新和社会服务的水平，培养更多德才兼备、素质优良的高层次林业人才。

北林大校长宋维明代表三所共建高校在仪式上发言。他表示，教育部和国家林业局共建北林大，是对学校的关心和支持，是学校发展史上的一件大事。这对于学校突出办学特色、进一步主动服务国家现代化林业发展和生态文明建设具有重要意义。学校将按照教育部、国家林业局的要求做好各项工作，培养造就更多的高质量人才和奉献更多的科技成果，为生态文明建设和现代林业事业作出更大的贡献。

东北林业大学校长杨传平、西北农林科技大学校长孙武学出席签字仪式。

（沈　芳　张　勇）

北京林业大学“十一五”发展回眸

“十一五”期间，在教育部、北京市委和国家林业局的正确领导下，在校党委、校行政的团结带领下，在全校师生员工的共同努力下，北京林业大学深入落实科学发展观，抢抓机遇，应对挑战，圆满完成“十一五”规划目标和建设任务，在人才培养、科学研究、社会服务和文化建设等方面取得突破，办学条件有效改善，内涵发展取得实效，学校实力明显增强，社会影响力显著提升。

一、学科建设取得重大进展　学校步入“优势学科创新平台”建设高校行列，继续获得第三期“211工程”资助。进一步凝练学术方向，引导学科面向国家生态建设的主战场，突出重点发展方向，强化林木等可再生资源的培育、生态系统过程与功能的保护与恢复、水土保持与荒漠化防治、园林与城乡人居环境安全、生物质材料及能源、生态文化等六大重点领域的研究。获批1个一级国家重点学科、2个二级国家重点学科、1个二级国家重点（培育）学科、1个北京市一级重点学科、4个二级重点学科、1个交叉重点学科，形成1个一级、1个交叉、14个二级学科的省部级重点学科布局。“十一五”末，博士学位授予权一级学科点4个、硕士学位授予权一级学科点5个，博士点学科35个，硕士点学科73个，专业学位点11个。学科布局覆盖9个学科门类、26个一级学科，学科总量显著增加，布局更趋合理。

二、科学研究迈上更高台阶　“十一五”到校科研经费5.73亿元。承担一批国家级项目，实现“973”项目首席科学家的突破。其中主持“973”项目1项，主持“863”计划课题10项；主持国家科技支撑计划项目2项、课题25项；承担国家自然科学基金课题153项，重点基金项目4项；获授权发明专利66项，实用新型专利12项；新品种保护权26项。获国家科技进步二等奖4项、国家技术发明二等奖1项，省部级科技奖26项。以学校为第一作者单位发表科技论文被SCI、EI、ISTP等检索机构收录992篇。建成各类研究平台22个，其中1个国家工程实验室、1个国家工程技术研究中心、1个国家野外观测研究站、4个教育部重点实验室、3个教育部工程研究中心、5个国家林业局重点实验室、5个国家林业局定位观测站、1个北京市重点实验室、1个北京市工程中心。争取教育部4500万元建设资金，建设6个教学科研实践基地。

三、社会服务功能全面拓展　组织优势学科和专家全面参与2008年南方雨雪冰冻灾害、汶川地震灾后重建调研，提交生态恢复重建建议，受到国家高度重视。参与三峡工程论证及可行性研究的阶段性评估、全国水土保持规划等重点生态环境建设的科技咨询与技术支撑；参与国家林业重大发展战略的制定；获准建设国家林业局生态文明研究中心，《中华大典·林业典》的编撰和省域生态文明建设评价研究取得丰硕成果。学校科技园晋升为北京市大学科技园，初步构建成服务首都社会经济发展的产业体系。承担国家和地方的重点建设项目规划设计，拓展与地方和企业的产学研用战略合作，共建校外科研实践基地，开展一批重大合作项目，促进科技成果的示范与转化，组织专家学者、科技特派团（员）深入林业生产一线开展科技服务。

四、师资队伍建设扎实开展　“十一五”期间、新增中国工程院院士1人、国家“千人计划”特聘教授1人、“长江学者”特聘教授和讲座教授3人、"973"首席科学家1人、国家杰出青年基金获得者1人、新世纪百千万人才工程人选者2人。新增教育部创新团队1个。新增农林经济管理、建筑学2个博士后流动站。启动6个中青年教师培养项目，教师队伍水平明显提升。新增教师300余人，生师比为17.7∶1。完成岗位聘任制，引进正高以上的各类人才20人。

五、人才培养工作稳步推进 在校本科生达13 079人，本科专业发展为47个，覆盖7个学科门类。2007年创建"梁希实验班"，探索"精英型人才培养模式"，获批12个国家级特色专业建设点，7个北京市特色专业建设点。共建成国家级精品课程7门，北京市精品课程10门。出版教材70余种，3种教材被评为国家级精品教材，7种被评为北京市精品教材。9名教师当选北京市教学名师。建成5个国家级教学团队，8个北京市优秀教学团队。实施400余项省部以上级别"质量工程"建设项目，获国家级教学成果二等奖2项，省部级优秀教学成果奖9项。

研究生规模达5417人，其中专业学位1753人；研本比1∶2.41；入选全国优秀博士论文1篇、提名3篇，北京市优秀博士论文3篇；资助出版6辑24部校级优秀博士论文丛书；新建1个北京市产学研联合研究生培养基地；实行研究生培养机制改革，研究生待遇显著提高。2个全国专业学位研究生教育指导委员会秘书处挂靠本校。

学生获得4次国际大学生风景园林设计竞赛第一名。举办"林业及生态建设领域相关学科"博士生学术论坛。专业学位教育规模逐年扩大。继续教育快速发展，规模超过万人。人才培养质量得到社会广泛认可，本科生和研究生就业率分别保持在93%和95%以上，学校成为全国高校毕业生就业典型经验高校。

六、教育国际化开创新局面 进入国家建设高水平大学公派研究生签约院校行列。2007年成为中国政府来华留学奖学金项目院校。通过各种渠道共计派出学生115人留学海外，在校攻读学位留学生70人。中美草坪专业合作办学项目已有4届学生，累计毕业68人。出席国际学术会议人员近200人次，提交会议交流论文130篇，特邀报告6篇。成功举办国际杨树大会、林业教育国际研讨会、亚太地区林业校（院）长联合会等国际会议18次。连续5年承办商务部援外培训项目。2009年开始启动全英文授课硕士项目；2010年招收林学、林业工程和林业经济管理3个专业的国际硕士研究生。

七、办学条件建设实现突破 学校积极争取国家资金，完成苗圃煤改气工程，建成科研楼、综合楼和标本馆等一批标志性工程，科研条件平台建设取得重大进展。校园周边新征土地2.27公顷，新增河北沧州教学科研基地200公顷。南北方6个基地和一批国家级、省部级野外教学科研基地接近建成，部分项目已投入使用。校园周边新建苗圃和树木园。学校校舍面积达34.3万平方米，生均校舍建筑面积20平方米，生均教学行政用房面积9.2平方米，实验室实习用房面积6.4万平方米，增加教学行政用房面积近2.4万平方米。"十一五"共完成基建投资6.8亿元。在建教工住宅工程面积6.8万平方米，在建学研中心工程面积9万平方米。生均教学仪器设备1.7万元，图书70册。图书馆藏书近150万册，引进SCI引文索引库等电子资源库。实施数字校园和一卡通工程，提升学校信息化水平。

八、大学文化建设呈现新面貌 凝练"知山知水、树木树人"的办学理念，在校内形成广泛共识。加强生态文明理念的传播和实践，成为首批国家生态文明教育基地。主办森林文化研讨会、生态文明高端论坛，获关注森林组织奖等奖项，编撰《绿色校园建设读本》等书刊。开展绿色实践，发起成立中国青少年生态环保志愿者之家等组织，首都大学生"绿桥"、全国青少年"绿色长征"接力活动等成为绿色品牌。

（刘继刚　张　勇）

北林大领导班子调整宣布大会举行

2010年8月16日下午，北京林业大学党政领导班子调整宣布大会隆重召开。教育部党组副书记、副部长陈希代表教育部党组宣布任命决定：任命宋维明为北林大校长，骆有庆、王自力为北林大副校长，免去尹伟伦北林大校长、校党委常委职务。任命全海为北林大党委常委、副书记，骆有庆、王自力为北林大党委委员、常委，免去周景党委常委、副书记职务。

教育部党组副书记、副部长陈希，北京市委教育工委常务副书记刘建，教育部直属高校工作司司长陈维嘉，教育部人事司副司长魏士强等领导出席会议。学校领导班子成员，部分老领导，党委委员，纪委委员，教授代表，离退休代表，民主党派代表，无党派代表，工会代表，副处级以上干部等参加会议。

教育部党组副书记、副部长陈希宣读任命决定并作重要讲话。陈希副部长在讲话中对北京林业大学办学地位给予高度肯定。他说，北林大坚持发挥特色办学，立足国家生态建设大局，服务首都现代化建设，取得了突出成绩。他还高度评价尹伟伦担任校长以来的工作。

陈希副部长简要地介绍了新任校长宋维明的情况，他希望宋维明同志和新班子成员尽快进入新的工作角色，与吴斌同志一道团结学校领导班子的全体同志，紧紧依靠学校师生员工，解放思想、开拓创新，进一步推动学校各项工作迈上新的台阶。

陈希副部长结合近期工作对学校提出三点意见：

一是贯彻落实全国教育工作会议精神和《教育规划纲要》，进一步推动学校各项事业科学发展　党中央国务院召开改革开放以来的第四次全国教育工作会议，胡锦涛总书记发表重要讲话。陈希副部长希望北京林业大学认真学习领会中央领导的讲话精神，充分认识中国高等教育发展所面临的新形势、新任务，进一步增强责任感、使命感，认真谋划，积极推进学校各项事业的改革和发展。

二是以提高质量为核心，加快高水平大学建设步伐　《教育规划纲要》强调指出，现阶段中国高等教育改革和发展的核心任务就是全面提高高等教育的质量，当前要着力抓好以下几项工作：要坚定不移地走有特色高水平发展之路；要紧紧抓住人才培养这个根本任务；要切实加强教师和管理干部队伍的建设。

三是进一步加强思想政治建设，努力把学校领导班子建设成为善于科学发展的坚强集体　办好北林大领导班子是关键，党委书记和校长肩负重要的责任，要始终坚持把思想政治建设放在首位；要进一步加强制度建设；要不断增进领导班子的团结；要不断加强作风建设。

北京市委教育工委常务副书记刘建发表讲话。她高度赞扬尹伟伦为北林大的改革、发展和首都高等教育事业的发展作出的突出贡献，并对他表示衷心的感谢和崇高的敬意。刘建希望在校党委的领导下，校领导班子要团结、依靠广大师生员工，继往开来，抢抓机遇，开拓创新，日益进取，不断开创北京林业大学改革、发展的新局面。

尹伟伦在讲话中说，在任北林大校长的6年间，得到教育部、北京市的领导，学校党政班子成员的关心支持，得到全校师生员工的理解和帮助，对此，对教育部和北京市的领导、学校班子成员、广大师生表示衷心的感谢。尹伟伦还表示，将永远关注和支持北林大的发展和进步，祝愿北林大在新的领导班子带领下开创辉煌的明天！

校党委书记吴斌主持大会并讲话，并代表校党委坚决拥护和服从教育部党组关于学校领导班子调整的决定，感谢教育部党组、北京市委、国家林业局多年来对学校领导班子建设的关心和帮助！

吴斌高度评价尹伟伦在任职期间的工作。吴斌指出，此次领导班子调整大会产生以宋维明任校长的新一届校行政领导班子，领导班子进一步年轻化。他衷心希望宋维明带领校行政领导班子，继续发扬精诚团结、争创一流的优良传统，同心同德，开拓进取，以饱满的精神状态做好行政工作，努力实现北京林业大学的新发展、新跨越。

吴斌表示，作为校党委主要负责人，将全力支持以宋维明为校长的新一届行政领导班子的工作，严格贯彻党委领导下的校长负责制，坚持民主集中制，讲团结，讲奉献，努力增强班子的凝聚力和战斗力。也衷心希望全体干部和全校师生员工继续保持团结一致、共谋发展的良好精神状态，大力支持新领导班子的工作。

吴斌在讲话中指出，学校坚决落实教育部党组和北京市委的指示精神，认真学习贯彻落实全国教育工作会议的精神和《国家中长期教育改革发展规划纲要》，秉承"知山知水、树木树人"的办学理念，加快高水平林业大学的建设步伐，为建设人力资源强国和高等教育强国作出更大的贡献！

新任校长宋维明在会上讲话。宋维明说，北林大是一所拥有辉煌历史的学校，具有光荣的办学传统，作为学校的主要负责人，感到使命光荣，同时也感到责任重大。宋维明指出，面对新形势、新任务，林大人一定要抢抓机遇，乘势而上，紧紧抓住实施《教育规划纲要》的战略机遇期，紧密结合学校实际，认真学习好、贯彻好《教育规划纲要》；认真制定好、实施好学校"十二五"规划和中长期发展规划。有信心、有决心，在中央和教育部党组、北京市委的领导下，在学校历届领导班子良好工作的基础上，紧紧团结领导班子成员，紧紧依靠学校全体师生员工，调动一切积极因素，把各方面的力量凝聚到推动学校改革和发展上来，凝聚到实现学校的发展目标上来，发挥行业优势和特色，办人民满意的大学。 （廖爱军）

北林大获北京市党的建设和思想政治工作先进普通高等学校称号

2010年12月14日，市委教育工委副书记王民忠和市委教育工委基层联络处处长解江凌来到北林大，宣布由中共北京市委组织部、市委教育工委、北京市人力资源和社会保障局联合授予的北林大北京市党的建设和思想政治工作先进普通高等学校称号。王民忠指出，经过考察，评审委员会一致认为北京林业大学的党建和思想政治工作有着优良的传统和深厚的积淀，学校党委全面贯彻落实党的教育方针，牢记社会主义大学办学的使命，不断强化党对学校的领导，细致、深入、扎实、规范地开展党建和思想政治工作。同时，他希望学校党委在新的发展时期，以改革创新精神进一步加强党建和思想政治工作，推动各项事业实现更大的飞跃。校党委副书记全海代表学校向市委教育工委多年来的支持表示感谢。同时表示，此次当选党建先进校，是对学校多年来扎实工作的肯定。学校党委将以此为契机，坚持围绕中心，服务大局，以先进的党建和思想政治工作业绩推动学校事业更好、更快地发展。

学校以参评党建先进学校为契机，根据中共北京市委组织部、市委教育工委、北京市人力资源和社会保障局联合下发的《关于评选北京市党的建设和思想政治工作先进普通高等学校的通知》（京教工〔2010〕34号）精神，系统总结三年来党建工作取得的成功经验和创新成果。

2010年10月20日，由市委教育工委副书记王民忠，市委教育工委委员、市教育纪工委书记周燕，市教委委员郑登文，团市委副书记沈千帆为组长的第三考察组来到北林大进行考察。党委书记吴斌代表学校党委作《强党建引领方向，树品牌打造特色，努力建设高水平林业大学》的专题汇报，全面总结近三年来学校坚持党的领导、加强党的建设和思想政治工作的情况。校长宋维明向考察组专家介绍近年来北林大抢抓机遇，努力提升办学综合实力的有关情况，重点汇报近年来校党委抢抓重大机遇、破解发展难题的主要举措以及在突出办学特色，着力提升办学核心竞争力，进一步巩固林业及生态环境高校排头兵的办学地位等方面取得的成就。11月11日，党委书记吴斌代表学校党委参加党建先进学校的评审答辩会。在答辩会上，吴斌书记系统介绍北林大近年来围绕中心抓党建、抓好党建促中心工作的重要举措、特色工作以及作出的主要成效。

吴斌在党建先进学校评审答辩会中指出，三年来，学校党委注重党建创新，深入探索党建和思想政治工作的新思路、新方法和新途径，在诸多方面取得一系列突出的创新成果，形成鲜明的党建工作特色。学校建立党委中心组学习新机制，形成"划分层次学习、紧密结合实践、出标志性成果"的三大鲜明特色，为创建学习型党组织提供了有益的探索。该成果获得2008～2009

年度北京高等学校党的建设和思想政治工作优秀成果一等奖。2010年第3期的《前线》杂志、2010年9月的《北京支部生活》杂志分别以《扩大学习参与面 探索管理新机制》、《三大特色推进党委中心组学习》为题，介绍学校积极改进党委中心组学习的经验和做法。学校党委不断创新干部考核思路，探索以干部履职能力考核为重点的考核模式，逐步建立细化考核对象、明确考核重点、凝练考核指标、区分考核主体、优化考核程序、健全结果运用"六位一体"的干部年终考核体系。实现从打"印象票"向打"业绩票"的转变，从经验型考核向科学化考核转变，从单一部门考核向多部门协同考核转变的"三项转变"。学校党委以学校党委——区(县)委、学院党委——镇(乡)党委、教工(学生)党支部——农村党支部三级共建为载体，与京郊党组织开展广泛的共建活动，为构建城乡一体化党建工作格局探索新途径，该成果在全国第十五次高校党建工作会议上进行了交流，获得2010年全国党建研究会高校党建研究专业委员会优秀成果奖，多个参与活动的党支部获得北京高校示范活动奖。学校党委开展教工党支部"一先双优"创建活动，"一先"即党员的先进性，"双优"即优秀的支部建设成效和优秀的业务工作成绩，学校建设一批标杆党支部，以点带面，切实提升教师党支部建设水平。学校党委在本科生和研究生党员中开展以"述责"、"答辩"、"满意度测评"和"反馈"为主要内容的"述责测评"活动，使广大学生党员受到教育，增强责任感和使命感，提高了党员意识，成为新时期党员教育的一种有效途径和方法。"述责测评"活动的开展得到市委教育工委有关领导和相关部门的充分肯定，并获得北京高等学校党的建设和思想政治工作创新成果奖。学校提出"红绿相映"的育人格局，把培养兼具红色思想和绿色理念的中国特色社会主义事业合格建设者和可靠接班人作为工作目标，学校坚持26年面向首都市民开展绿色咨询，连续14年开展首都大学生"绿桥"活动，连续15年被评为全国社会实践先进单位，连续4年组织全国青少年"绿色长征"接力活动，成为国内规模最大、范围最广、距离最长、影响最大的青少年生态环保活动。先后荣获全国保护母亲河先进集体、中华宝钢环境优秀奖、北京市大学生思想政治教育工作实效奖等荣誉。学校高标准、高起点开展工会和教代会建设，形成"党委领导、行政支持、工会主抓，党政工齐抓共管共建教代会"的工作机制和工作格局，通过定期召开党政工共建教代会联席会议和信息发布会，组织教代会代表巡视，使教代会工作进入到学校民主决策、民主管理、民主监督的核心环节。2007年，学校被全国总工会评为北京市教育系统第一个全国厂务公开民主管理先进单位、被全国政务公开办公室评为教育部第一个全国政务公开先进单位。学校党委充分发挥老教授协会的作用，不断加强关心下一代工作委的自身建设，逐步形成以离退休人员为主体，以老教授协会和关心下一代工作委员会为"两翼"的"一体两翼"老有所为的工作格局，老教授协会和关工委积极为北京市林业建设和新农村建设献计献策，温家宝、刘淇等领导多次给予重要批示。

2011年1月11日，北京市委教育工委召开2011年寒假北京高校领导干部会议暨北京高校党建工作会议。党委书记吴斌参加会议，并代表学校党委上台领取第六次北京市党的建设和思想政治工作先进普通高等学校奖牌。

(南 珏 邹国辉)

北林大深入开展创先争优活动开局良好

按照中央和教育部党组的有关部署，学校党委从2010年5月全面启动在党的基层组织和党员中深入开展创建先进基层党组织、争当优秀共产党员的活动(以下简称"创先争优活动")。

一、领导高度重视，凝聚师生共识

学校党委充分认识到创先争优活动是党的十七大部署的以改革创新精神加强和改进党的建设的重要举措，是推动基层党组织和党员立足本职发挥先进模范作用的经常性工作，是巩固和拓展学习实践活动成果的重要举措，是在更高起点上推动学校科学发展的重要抓手，是加强党的基层组织建设的重要载体。按照教育部党组、北京市委和市委教育工委的要求，学校党委制定了《中共北京林业大学委员会关于在基层党组织和党员中深入开展创先争优活动的实施方案》。成立了创先争优活动领导小组，由党委书记、校长担任“双组长”，主管党建工作的党委副书记担任副组长，学校党委其他常委担任领导小组成员。领导小组下设办公室，负责日常活动的组织协调，办公室成员包括党委组织部、党政办公室、党委宣传部、纪委、党委学工部、党委研工部等部门负责人。各分党委(党总支)成立以书记为第一责任人、书记和院长任组长的创先争优活动领导小组，形成了主要领导亲自抓、负总责，一级抓一级、层层抓落实的工作格局，确保创先争优活动能够紧紧围绕中心工作、保障中心工作，不易偏离方向、避免搞成“两张皮”。

2010年6月9日，学校召开创先争优活动动员大会，动员部署全校创先争优活动的有关工作，学校党委书记吴斌出席会议并作动员讲话，向基层党组织提出了“加强组织领导、鼓励探索创新、强化督促检查、加强舆论宣传、坚持统筹兼顾”等五项要求。各分党委、党总支、直属党支部按照学校的总体部署和具体要求，相继召开动员大会，启动创先争优活动。学校加强创先争优氛围的营造工作，在绿色新闻网开辟“创先争优”活动专栏，制作先进基层党组织、优秀共产党员事迹专题网页，还建立校院两级宣传工作队伍，加强各级信息报送工作，截至2010年12月31日编印《工作简报》37期，努力营造了学习先进、争当先进的浓厚氛围。

二、围绕学校中心，加强分类指导

学校党委紧密联系学校科学发展的实际，结合学校人才培养的根本任务和建设高水平林业大学的中心工作，提出了“以深入学习实践科学发展观，推进学校教育事业的科学发展”为活动主题，号召基层党组织和党员以良好的精神风貌、扎实的工作作风，为推动学校事业科学发展、培养造就中国特色社会主义事业合格建设者和可靠接班人、建设高水平林业大学发挥积极作用。

学校凝练了“立足岗位比奉献，争创佳绩促发展”的活动载体，以及“四创三比”(即创学习型党组织、创服务型党组织、创开拓型党组织、创廉洁型党组织，比学习、比服务、比贡献)的活动形式。针对“比奉献”，学校要求广大党员特别是党员领导干部，树立正确的名利观，艰苦奋斗、清正廉洁，永远保持共产党人的本色；广大党员立足本职，干事创业，带头服务师生、服务社会，以自己的行动影响和带动更多的人，为学校的发展贡献力量。针对“促发展”，学校将进一步发动全校党员干部和师生员工共同谋划学校发展，特别与“985工程”三期建设、“十二五”规划制定等紧密结合，紧随国家发展的步伐，按照谋划发展有思路、推动工作有举措的要求，制定有关学科建设、科技工作、校园建设、人才队伍建设等方面的规划。

学校采取分类指导的方法，推进创先争优活动。各级基层党组织围绕“争创党建思政先进校”，进一步贯彻落实《中共北京林业大学委员会关于进一步加强和改进新形势下党建工作的意见》精神，提高党建工作水平，促进本单位的事业发展。教职工党员紧密结合“教书育人”的使命和教学科研管理服务的实际，积极开展“争做育人标兵”的活动。学生党员结合树立坚定信念、努力提高科学文化素养和道德品质，积极开展“争做成才表率”活动。学校根据实际，明确了不同党员群体“五个好”、“五带头”的具体内涵，如基层党组织要创建的“五个好”是：领导班子好、党员队伍好、工作机制好、工作业绩好、师生反映好；教职工争当优秀共产党员的“五带头”是：带头学习提高、带头争创佳绩、带头服务师生、带头遵纪守法、带头弘扬正气。同时细化对党员领导干部、教师党员和管理服务岗位党员的具体要求。

三、扎实推进工作，取得明显成效

学校党委以“争创党建先进校”和推进党建工作制度化、规范化为重点，把创先争优活动与党的十七大以来学校党建方面的新举措相衔接，着力创新党建工作理念和工作机制，搭建有效发挥党支部战斗堡垒作用和党员先锋模范作用的实践平台。

一是争创党建先进，总结党建成果 以迎接“北京市党建和思想政治工作先进普通高等学校”评比，学校广大党员干部主动放弃暑期休息时间，对照《北京高等学校党建和思想政治工作基本标准》，充分梳理总结近年来学校“围绕中心抓党建”的基本经验、主要做法、取得的成效

以及存在的不足，并对学校的党建特色进行提炼总结。经过申报、入校考察、集中答辩和公示等程序，北林大被北京市委授予北京市党的建设和思想政治工作先进普通高等学校称号。

二是贯彻上级要求，制定党建工作规划 学校党委深入贯彻落实党的十七届四中全会关于以改革创新精神不断加强党的建设的要求，在充分调研的基础上，先后制定了《中共北京林业大学委员会关于进一步加强和改进党建工作的意见》、起草了《中共北京林业大学委员会关于进一步加强和改进教师党支部建设的意见》、《中共北京林业大学委员会关于推进学习型党组织建设的实施意见》、《中共北京林业大学委员会党员教育培训实施意见》等文件，进一步明确未来一段时期内学校基层党组织建设的指导思想、基本原则和主要任务。

三是推进党务公开，丰富公开方式 按照中央和北京市的有关文件精神，积极组织研讨学校党务公开的实施意见，结合实际工作开展探索。学校定期公布干部选拔任用情况，党费收缴使用情况，基层党组织和党员队伍建设情况，党支部组织生活开展情况以及党建工作材料抽查的情况。

四是坚持评选先进，广泛宣传事迹 不断规范评选先进流程，完善评选环节，加强基础性材料的检查，提高学生党支部和学生党员的表彰比例。此外，学校党委评选表彰了32个先进党支部，36名优秀共产党员，党建优秀成果一等奖4个，党建优秀成果二等奖14个。外语学院李健教授荣获2010年北京市“群众心目中的好党员”，材料科学与技术学院李建章教授荣获“北京高校育人标兵”，水土保持学院研究生张骅同学荣获“北京高校成才表率”，党建工作项目以三级共建为载体，拓展高校党组织的实践平台获北京高校优秀党建工作创新项目称号。

学校创先争优活动领导小组办公室在做好学校创先争优活动的组织工作外，还承担了与教育部全国教育系统创先争优活动领导小组和北京教育系统深入开展创先争优活动领导小组高校工作组办公室沟通、协调工作，配合上级党组织完成有关工作。一是按照市委的统一部署，建立创先争优活动领导联系点，即学校10位党委常委每人联系一个教工党支部，定期参加联系党支部的活动，调研创先争优活动的开展情况。二是按照有关要求，在全校基层党组织中广泛开展领导点评创先争优活动，做到“每名书记都做点评，每个党组织和每名党员都被点评”。北京市深入开展创先争优活动简报第173期以“‘点’在关键处，‘评’在心坎里——北京林业大学通过领导点评推动创先争优”为题，向全市宣传推广学校开展领导点评工作的有关经验。三是与兄弟高校广泛交流经验，学校党委副书记兼纪委书记方国良代表学校参加2010年9月7日召开的北京高校创先争优活动交流座谈会，对学校创先争优活动的开展情况进行交流发言，受到市委教育工委常务副书记刘建的好评。四是配合上级党组织，完成《在创先争优活动中开展评比表彰工作的情况汇报》等3份调研报告，完成《“讲党性、重品行、作表率”带头创先争优活动情况统计表》等5份专题统计。

（南　珏　邹国辉）

北林大承办国际风景园林师联合会（IFLA）第四十七届世界大会

2010年5月28～30日，由住房和城乡建设部、国际风景园林师联合会共同主办，中国风景园林学会、江苏省住房和城乡建设厅、苏州市人民政府、上海市绿化和市容管理局和北林大承办，中国建筑文化中心协办的国际风景园林师联合会第四十七届世界大会在中国苏州召开。

大会的主题为“和谐共荣——传统的继承与可持续发展”，旨在讨论经济全球化、快速城镇化背景下，如何传承发展传统的风景园林文化艺术，如何兼顾保护和发展，实现人与自然和谐共处，促进城市健康可持续发展。

IFLA世界大会被誉为风景园林行业的奥林

匹克大会。本届大会是世界大会首次在中国大陆举办，来自世界各地的风景园林及相关行业领域的近3000余名代表参加会议。北林大作为唯一高校承办方，承担此次盛会的大量筹备工作。北林大党委书记吴斌担任大会组委会副主任，副校长张启翔任组委会委员，园林学院院长李雄任大会执行秘书长。学校分批派出50余名志愿者进行会议筹备，共有30多名教师和学生参加大会。

为保障大会的顺利进行，学校成立世界大会筹备工作委员会，负责对接其他主办、承办单位。中国工程院院士孟兆祯亲自设计世界大会会徽，会徽极具中国特色，充分体现了"和谐共荣"的大会主题。筹备期间，园林学院3名教授分别负责大学生设计竞赛组织、大会论文征集和主旨报告的组稿工作，并协助中国风景园林学会做好各项会议的筹备工作。会议期间，园林学院院长李雄负责第四十七届世界大会分论坛工作；大会下设7个分论坛，学校3名教授任分论坛组长或副组长，多名教师和研究生在分论坛中作主题发言；2名风景园林专业研究生（其中包括1名非洲籍学生）受邀参加大会国际学生营；学校旅游教研室教师还具体参与了大会会议代表考察线路的排定，以"三古一湖一绿"（古城、古镇、古典园林、太湖风景、都市绿化）为专业考察内容，兼有其他历史文化景点。

本次大会上，北林大在大学生设计竞赛中获得全部18个奖项的10个。其中园林学院李雄老师指导的研究生白桦琳、杨忆妍、郝君、王乐君、王南希获大赛一等奖（大汉风景园林奖），王向荣老师、林箐老师指导的研究生沈洁、王思元、洪泉、赵洁、李洋获大赛二等奖（IFLA米勒奖），其他8组同学获评委会奖。此次大赛充分展示北林风景园林专业的蓬勃生机。自1988年孟兆祯教授组织并指导学生参赛至今，北林学子已在竞赛中历练22个年头，参加竞赛，在其中获奖，几乎已经成为北林学子的一项"传统"。

大会论文集共收录376篇论文，其中北林大师生论文54篇，在数量和质量上均居国内外各高校之首。

在大会的开幕式当天，中国工程院院士，北林大教授、博士生导师孟兆祯就"认识苏州古代园林"为主题的全程英文主旨发言博得了国内外专家的一致好评。

在大会的展览大厅，由北林大承办的中国风景园林教育展也给国内外风景园林行业了解当前中国风景园林教育的一个难得机会。

IFLA是"The International Federation of Landscape Architects"的英文简称，中文译为国际风景园林师联合会。IFLA于1948年9月在英国剑桥成立，总部设在法国凡尔赛。是受联合国教科文组织指导的国际风景园林行业的最高组织。现有61个国家的风景园林学会会员，2个地区会员。IFLA每年召开一次全球性年会，轮流在亚太区、美洲区、欧洲区三大区举行。2005年中国风景园林学会正式加入了IFLA，成为代表中国的国家会员。

这是国际风景园林界的一次空前盛会，大会不仅展示了中国风景园林行业的发展成就，更是全面宣传中国政府注重环境建设、关注人居环境、保护自然文化景观、迈向生态文明的政策和行动的良好平台，对促进风景园林行业的国际交流与合作，推动全球风景园林行业发展，提升风景园林行业在世界各国的社会认知度和影响力，促进风景园林专业教育和学科发展，对全球自然环境和历史文化遗产资源的保护，对人居生态的改善和人们生活质量的提高等都具重大意义。

本次大会规模宏大、内容丰富，大会正式注册代表2200余人，是IFLA大会历史上规模最大的一次盛会，会议举办6场高水平的主旨报告，7个分论坛共计80位行业专家的学术报告、15个国家共计111位学生参与的大学生营等IFLA大会常规内容。大会学术成果丰硕、影响力大。邀请了11国风景园林学会会长，首次举办多国学会会长圆桌会议，增进了相互了解。大会共收录28个国家和地区的376篇论文，论文数量居历届大会之冠，论文质量得到与会代表的一致称赞。大会以"和谐共荣——传统的继承与可持续发展"为主题进行的学生设计竞赛，共收到12个国家和地区的327份参赛作品，是有史以来参赛作品最多的一届竞赛，其中以北林大为代表的中国学生在此次竞赛中取得了优异的成绩，也反映出中国风景园林教育的水准。

（刘 尧 张 敬）

北林大承办全国林学一级学科建设高级研讨班

12月16日，全国林学一级学科建设高级研讨班在京开班。本次研讨班是由国家林业局人事司主办、由北林大承办，旨在进一步加强林学一级学科建设，交流各单位在林学一级学科建设中的经验，不断提高中国林学一级学科的人才培养质量，更好地服务现代林业建设。

在开班仪式上，北林大党委书记吴斌发言，指出林业学科体系是现代林业教育体系的重要组成部分，在现代林业教育体系中发挥着统帅作用，是现代林业建设的理论依据和重要载体，建设一批具有国际知名、国内领先的重点学科是培养林业高级人才、提升林业整体水平的战略举措。

国家林业局副局长张永利在开班仪式上讲话。他表示，林业一级学科建设研讨的使命重大，我们现在所从事、研究、建设的林业比历史上任何时候内涵都要丰富，这为我们的学科建设更上一层楼提供了一个千载难逢的机会，要着眼于全国经济发展形势的大局，着眼于现在林业建设大局，积极为林业学科建设出谋划策，培养更多高水平人才，为我国林业能更好更快发展作出自己的贡献。

在研讨班上，北林大沈国舫院士、中国林科院唐守正院士、东北林业大学马建章院士、北林大尹伟伦院士分别为各位代表作了报告，介绍国内林学学科的历史、现状以及未来发展趋势，同时也提出中国林学学科建设所面临的一些问题。国务院学位办处长欧百钢对国内林学学科建设的目标定位问题和如何把林学学科做大做强提出了观点。另有12个高校和科研机构围绕“加强学科建设，谋划林学一级学科可持续发展”主题，对林学一级学科建设及其发展趋势；林学一级学科体系、招生、培养方案、管理；按林学一级学科培养研究生及其质量保障体系；发挥林学学科在现代林业建设中的作用等内容进行了探讨。

国家林业局人事司副司长丁立新在闭幕式上作题为《拓展林业学科研究领域，优化林业学科结构，构建现代林业建设学科体系》的主题发言。她指出，本期研讨班聚焦现代林业建设，会聚学术智慧与能量，提升林业学科的人才、科技支撑能力，推进在新的管理体制下继续发挥林业主管部门的独特作用，加强林业学科建设在发展的进程中继续保持和发挥原有的特色和优势，有着重要意义。国家林业局将加强对林业学科建设的指导，重点发展对现代林业建设有重要支撑作用的新兴交叉学科，加强学术交流，构建共享平台，提升对林业学科建设，特别是局重点学科建设实施有效地指导和管理，促进林业学科建设与发展水平的提高。

出席本次研讨班的有全国林业（农林）大学、有关农业大学（林学院），中国林科院，中国林业教育学会等共23个单位的学科带头人或负责人，以及研究生培养管理部门或学科管理部门负责人共计70多人。（向文生　马履一）

北京林业大学第一届青年学术年会召开

为了加强青年科技队伍建设，加强学校青年科技工作者的学术交流，为广大青年教师提供综合性、多学科的学术交流平台，激发青年教师的创新活力，北京林业大学第一届青年学术年会于2010年12月10～12日，在北京九华山庄召开。年会由北林大科技处主办。学校青年教师、研究生代表以及各职能部门和各学院的负责人约300人参会。年会由张启翔副校长主持，宋维明校长出席大会并在开幕式上致辞，闭幕式由校党委书记吴斌主持。

宋维明校长在致辞中指出，第一届青年学术年会的召开，是我校发展改革中的一件大事，是学校全面贯彻《国家中长期教育改革和发展规划纲要》，创造更加浓厚的青年学术研究氛围，推进现代大学学术环境建设的重要举措；青年兴，则北林兴；青年强，则北林强。宋维明校长在讲话中还指出，学校将进一步创造条件、搭建平台，使更多优秀人才脱颖而出，让青年教师的真才实学有用武之地。学校将坚持推进科技创新计划，每年选拔，滚动支持，激发潜能、促进成长，打造一支国际知名，国内高水平的科研队伍，为学校的发展夯实基础、鼓足后劲，为国家与行业的建设输送人才，贡献才智。

校党委吴斌书记在总结报告中说，北京林业大学第一届青年学术年会的隆重召开，是学校发展改革中的一件大事，是全面贯彻《国家中长期教育改革和发展规划纲要》、创造更加浓厚的青年学术研究氛围、推进现代大学学术环境建设的重要举措。是建校以来规模最大、涉及学科领域最多，具有里程碑意义的一次学术盛会。吴斌书记希望广大青年教师发扬创新精神，努力为发展现代林业、建设生态文明、推动北京林业大学科技发展作出更大贡献。

第一届青年学术年会的主要任务是：深入贯彻落实北林大工作会议精神，结合北林大科技创新计划项目验收总结工作，积极开展学术交流，为青年科研人员搭建学术交流平台，集中展示广大青年科技人员的最新研究成果，激发青年教师创新精神，促进青年教师的人才成长，为发展现代林业、建设生态文明、推动北林大科技发展作出更大贡献。

本届年会的主要内容有3项：

一是邀请上级领导作3个重要报告，就国家科技政策进行了解读，并对学校的科研工作进行了宏观指导。这3个报告分别是：国家自然科学基金委员会计划局孟宪平局长主讲的国家自然科学基金“十二五”发展规划主要思路和2011年工作重点；全国哲学社会科学规划办杨庆存副主任主讲的社会科学研究与国家观念；国家林业局科技司计划处杨锋伟处长主讲的全国林业“十二五”规划。

二是分组交流和典型交流。年会设立自然科学、哲学社科和英文3个领域6个分会场，分别由学校承担2009年和2010年科技创新计划项目的教师就项目执行情况进行了汇报，并分组进行学术交流，共交流学术论文269篇。参加会议交流的269人中，有153人主持科技创新计划，占总人数的56.88%，主持国家自然科学基金的有39人，占总人数的14.5%。在论文评选获奖的30人中，有23人主持创新计划，占总人数的76.67%，曾主持国家自然科学基金的有12人，占总人数的40%。最后，大会还进行了典型交流，三位获奖教师和两名获奖研究生进行大会论文交流。

三是优秀论文评审。经专家组讨论，共有30篇学术论文获评青年学术论文奖，其中刘俊国等4人获一等奖，武曙红等11人获二等奖，许凤等15人获三等奖。大会颁发了北林大第一届青年学术论文奖获奖证书。

近年来，学校科技工作是将鼓励青年科研人才创新作为工作重点，整合资源，出台政策，有针对性的倾斜资助，使得青年人才快速成长；同时，也吸引了海内外诸多的优秀人才来到北林大共谋发展。外引内培，人丁兴旺，学校学术氛围呈现出一片欣欣向荣、蓬勃发展的良好态势。

2009年，学校以中央高校基本科研业务费专项资金为依托制定了北林大科技创新计划，其核心思想就是支持青年教师的科研创新，并从青年团队建设和杰出青年选拔两个方面重点推进，这项计划是原有各项青年教师资助计划的突破和升级，极大的优化了青年教师的科研环境。两年来，共有171人次获得该项目资助，总经费达1800万元。 （张 力 侯小龙）

学院与教学部

林 学 院

【概　况】 北京林业大学林学院(College of Forestry)成立于1952年10月。2010年，学院设有森林培育学、森林经理学、森林保护学、生态学、城市林业、草业科学、地图学与地理信息系统7个学科；教育部、北京市共建的森林培育与保护重点实验室，国家林业局重点开放性实验室3个，即干旱半干旱地区森林培育及生态系统研究实验室、森林资源与环境管理实验室、森林保护学实验室；同时建有包括森林培育、森林经理、森林保护、生态学等在内的本科生实验室9个，设有国家林业局山西太岳山森林生态定位观测站以及若干校级科研机构。学院有林学、森林保护与游憩、草业科学(草坪科学与管理)、草坪管理(中美合作办学)、地理信息系统5个本科专业；拥有林学一级学科博士学位授予权，以及城市林业博士点、地理信息系统硕士点和林学博士后流动站。森林培育学、森林经理学、森林保护学为国家级重点学科，生态学学科为北京市和国家林业局重点学科，草业科学为北京市重点学科。

林学院现有教职工85人，其中教师68人。教师中，博士生导师28人，教授29人，副教授28人，其中具有博士学历的教师63人。本年度毕业生387人，其中研究生191人，本科生196人。招生507人，其中研究生266人(博士生58人，硕士生167人，外国留学生8人，农业推广专业学位研究生33人)，本科生241人。在校生1602人，其中研究生692人(其中博士生220人，硕士生462人)，本科生910人。

(贠小琴　韩海荣)

【学科建设】 2010年根据国务院学位委员会《关于开展新增硕士专业学位授权点审核工作的通知》(学位〔2010〕20号)的要求，经过广泛论证和组织，依托森林培育、森林保护、森林经理、生态学、地图学与地理信息系统学科，学院申报获得林业硕士专业学位授权点。学科晋升教授1人，副教授4人。新遴选博士生导师1人，硕士生导师5人。为促进学科发展，本年度聘请5位教授作为学科教研室主任。

本年度学院“211工程”和优势学科创新平台建设进展顺利，学院召开全院大会，探讨如何解决学科发展中存在的两个主要问题：①大部分学科的优势和特色研究方向模糊，亟待理清和明确；②个别学科现有学术方向的设置因人而设，并非学科核心内容。

依托学科举办国际学术会议两次：8月份森林培育学科主办城市林业国际学术大会，12月份生态学科主办林业应对全球气候变化国际学术研讨会。承办国内外学术会议3次。

学院配合学校科技处，完成河北承德和福建三明两个重点科研与人才培养基地的申请和规划方案制定，南北方基地一期建设进展顺利。南北方基地科研工作获得学校科技创新计划100万元资助；配合学校教务处，完成八家3.33公顷苗圃和20公顷树木园的建设规划，并进入实质性建设。年度培养博士生39人，硕士生108人，农业推广硕士生44人。　　(徐昕照　韩海荣)

【教学工作】 2010年，学院教学工作的基本思路是以科学发展观为指导，以质量建设为核心，进一步推进教学改革，不断提高教育教学质量，重点培养学生的学习能力、实践能力、创新能力、交流能力和适应能力。逐步推进质量工程项目的开展；加强教学管理制度的执行力度；加强教研室建设、认真组织开展教研室活动；积极组织申报教育教学改革项目；狠抓梁希实验班的管理工作、推进研究型教学。

2010年，林学院新增国家级精品课程森林计测学 1 项，校级精品课程林业遥感与地理信息系统 1 项；森林经营管理教学团队获国家级教学团队和北京市优秀教学团队称号，森林培育教学团队获校级优秀教学团队称号。

加强教研室建设，在教学期中检查周开展教研室巡视活动和教师座谈会以及师生座谈会。组织相关学科为梁希实验班的学生开设学科介绍专题讲座。参与组织北林大“梁希学术大讲堂”实施办法的制定。本年度，以教研室为单位组织完成了对《2007 版人才培养方案修订意见》的调研，配合学校开始人才培养方案的修订工作。

2010 年获批本科生国家大学生创新性实验计划 4 项，北京市大学生创新实验计划 1 项，校级科研训练项目 8 项。本年度，本科生以第一作者在全国核心期刊发表论文 6 篇。

学院共推荐免试研究生 43 名。其中 2 + 3 研究生 1 名，专业硕士 12 名，保送直博 1 名。组织协调草坪中美合作项目的招生、教学计划的制定工作。（贠小琴　彭道黎）

【科研工作】 2010 年，学院累计到账的科研经费 4380 万元，其中横向经费 345 万元，纵向经费 4035 万元。组织申报各类项目 52 项，新启动和获批项目 33 项，合计金额 1848.6 万元：包括国家自然科学基金项目 6 项；林业科技成果国家及推广项目 1 项；农业科技成果转化资金项目 1 项；北京市教委共建项目 3 项；中央高校基本科研业务费专项资金两项；新增横向课题 8 项。国家引智项目 1 项。结题验收项目 86 项。组织学科举行在研科研项目年度进展报告。授权发明专利 4 项，实用新型 1 项，受理专利 6 项。发表科技论文 491 篇，SCI 收录 28 篇，EI 收录 40 篇，ISTP 收录 12 篇。李俊清教授主持完成的“中国北方植被恢复技术”获国家科技进步二等奖；冯仲科教授主持完成的“测绘信息化关键技术及生态环境应用”获北京市科技进步一等奖；马履一教授主持完成的“北京山区生态公益林高效经营关键技术与示范”获北京市科技进步二等奖。参与承办 3 次国际学术会议：Forestry College Deans Meeting in the Asia – Pacific Region Forestry Education towards Sustainable Forest Management；The 2nd International Symposium on Forestry Education；International Conference on the Efforts in Response to Forest – Related Natural Disasters。

2010 年 10 月 29 日，林学院成立北京林业大学林业生物质能源研究所，旨在为林业生物质能源的生产和综合利用提供科技支撑。研究所的主要研究领域包括林业生物质能源的栽培、加工、转化和综合利用一体化研究，下设林业生物质能源植物培育、能源加工装备、能源转化、能源综合利用 4 个研究室。（徐昕照　赵秀海）

【实验室建设】 2010 年，林学院依托实验室平台，新启动和获批项目 45 项，合计金额 2274.6 万元；新增国家自然科学基金项目 6 项，新增林业科技成果国家级推广项目 1 项；新增农业科技成果转化资金项目 1 项；新增北京市教委共建项目 3 项；新增中央高校基本科研业务费专项资金 2 项；新增横向课题 8 项。获国家引智项目 1 项。利用修购专项、平台运行费，检查和维修部分实验仪器。2010 年度实验室引进优秀人才 2 名，其中引进海外名师 1 人；培养博士毕业生 39 人，硕士毕业生 108 人，毕业农推硕士生 44 人，出站博士后 5 人；获北京市优秀博士论文 1 篇、北林大优秀博士论文 3 篇、北林大优秀硕士论文 3 篇。9 月 20 日，学院的省部共建森林培育与保护教育部重点实验室顺利通过教育部专家组评估，评价为良好。（徐昕照　赵秀海）

【党建工作】 2010 年，林学院共有党员 580 人，其中教工党员 62 人、学生党员 518 人；有 36 个党支部，其中教工 6 个、研究生 19 个、本科生 11 个。2010 年新申请入党人员 221 人，共发展党员 133 人，转正党员 106 人。

2010 年，学院党委结合新生入学教育，对新生进行入党启蒙教育，引导学生用正确的方法认识事物，澄清思想上的模糊认识，激发学生的入党愿望。组织新生参观党员之家并与学生党员进行座谈交流，消除新生“入党高不可攀”的想法。委派高年级党员担任新生班的辅导员，并对入党程序、怎样写入党申请书等问题进行讲解。选送确立为积极分子的同学到党校系统学习党的基本知识和政治理论，提高学生政治理论水平，端正入党动机。

2010 年，学院进行 44 期（27 人）、45 期

(194人)党校初级班的学员招生、课程安排、教学管理、考评等相关工作；同时推荐43、44期党校提高班和两期研究生入党积极分子培训班学员173人，顺利结业151人，通过率87%。

2010年，学院党委根据学生党支部党务工作的新情况、新变化2次修订《林学院学生党支部党务工作规范》，为学生党支部的支部委员举办两期支部党务工作培训班，旨在提高学生党支部的工作效率，提升学生党支部的党务工作水平；选拔10名具有党务工作学习和锻炼愿望的研究生担任本科生党支部副书记，旨在让这些优秀研究生党员通过自身的言传身教影响和带动支部的本科生党员更好的进步；搭建研究生和本科生党员之间沟通和相互学习的平台。2010年完成36个党支部580名党员共25 753.5元党费的收缴工作。

2010年共有2个党支部获得校级先进党支部称号，2名党员获得优秀共产党员称号；2个教工党支部、3个研究生党支部、5个本科生党支部获得院级先进党支部称号；6名教工、6名研究生、9名本科生获得院级优秀共产党员称号。

2010年，学院党委以“创先争优”活动为载体，全面推进学院各方面工作，根据学校创先争优活动领导小组办公室的要求，制定实施方案。组织召开深入开展创先争优活动领导小组会议和基层党组织负责人动员部署会，负责检查各基层党组织创先争优活动实施方案的制定和实施情况。将“创先争优”活动和学院的各项事业的发展结合起来，在省部共建重点评估等学院重大事件中，发挥了党组织的战斗堡垒作用和党员的先锋模范作用。（田子珩　刘宏文）

【学生工作】 林学院以大学生思想政治教育为主线，以素质教育为中心，以“创先争优”活动的深入开展为载体，以学风建设为保障，本着“服务学校的建设和发展，服务学生的成长和成才”的宗旨，开展学生教育管理服务工作，完成了学生工作的各项任务。

林学院有本科生916人，33个班级，研究生665人，19个班级。学院共有辅导员37人，其中专职辅导员6人，兼职本科生辅导员22人，兼职研究生辅导员9人。

在2010年评优表彰中，本科生508人次，班主任8人，辅导员2人，7个班集体；研究生393人次，辅导员3人，研究生5个班集体获得各类奖项、表彰和荣誉。除校内设立的奖学金外，学院在“中信朝向高尔夫奖学金”、“绿友”奖学金等社会奖学金的基础上，与斯道拉恩索集团公司和大连盛世绿源生态科技发展有限公司开展合作，在林学专业设立专项奖学金。全年落实助学贷款学生18人，完成还款确认57人，共发放勤工助学经费45 086元，涉及538人次，共安排勤工助学岗位12个，有100人次参与，发放助学金629 500元，涉及220人次。完成学费缓交、绿色通道、新长城助学金申报、新疆资助金申报、全院学生贫困认定分级等工作。

本年度学院社会实践工作结合“红”、“绿”主题，以“彩虹社会实践品牌”为依托，在绿色生态、返乡调研、志愿服务等领域开展28个社会实践项目，共有400名学生参与，占全院在校本科生的50%，撰写论文300篇，得到校内外各种媒体报导30次。举办第五届“北林学子培训首都生态林管护员”接力计划，本年度的活动在“服务首都新农村，播撒绿色新希望”的主题下，提出“区县选课，北林志愿者定点服务”的新模式，组织高学历讲师团对8个区县千余名骨干管护员进行专业化培训。组织博士生、硕士生和本科生共计100余人参与北京植物种质资源调查工作。学院在连续四年获得社会实践优秀组织奖基础上，2010年获得社会实践先进单位。获1项北京市重点实践队称号；获1项校级团队称号，并以第二名的成绩被评为校级优秀团队称号；获校级社团实践队一等奖。

学院网站在2010年北京林业大学优秀网站评比活动中被评为优秀专题网站；学院分团委在“传播绿色文化，引领生态文明”首届绿色主题短信征集活动中获得优秀组织奖；在学生处组织的十佳班集体创建评比活动中，学院分团委获得优秀组织奖，梁希08班和游憩08班获得十佳班集体称号。

在2010年北林大首届心理健康教育工作评优表彰大会上，学院获得心理健康教育工作优秀组织奖和班级心理委员组织奖2个集体奖项，4个班级获得优秀心理健康主题班会奖，此外，心理健康短片《惊梦》获得“我心我秀”校园DV大赛一等奖，最佳制作奖以及北京市 DV 大赛的一等奖。学院心理委员会承办“心灵阳光”高校心理健康讲座之“恋爱与两性的故事”，举办新生心理健康教育，感恩节送祝福，心理电影展播，心理情景剧的剧本征集等系列活动，并首次开展主题为“成长、成才、成人”的心理实践活动及班级心理委员评优表彰大会。

研究生就业率为 99.3%，本科生就业率为 96.94%，签约率 82.14%。学院获得主流行业就业奖，1 名专职就业工作人员被学校招就处评为就业工作先进工作者。学院在四川成都市成都铁中和四川省成都石室中学建立优质生源基地。

（李　佳　李成茂）

【对外交流】 2010 年，林学院接收外国留学生 8 人，其中攻读硕士学位 7 人，本科生 1 人。2010 年，学院教师赴国外进修学习 2 人。草坪管理(中美合作办学)2006 级专业本科生 27 人前往美国密歇根州立大学进行为期半年的交换学习。

2010 年，学院主办国际学术会议两次，分别为：8 月份在北京召开的城市林业国际学术大会，邀请国际知名专家 Cecil Konijnendijk 、Joe McBride 、David Nowak 、Arne Sǝbø、Kamran Abdollahi 作学术报告。12 月份在北京召开的林业应对全球气候变化国际学术研讨会。承办国际学术会议 3 次。

2010 年，学院申报聘请外国文教专家年度计划 4 项，其中对外合作科研 2 项，海外名师项目 1 项，特色项目 1 项。（徐昕照　韩海荣）

【省部共建森林培育与保护教育部重点实验室通过评估】 2010 年 9 月 20 日，林学院省部共建森林培育与保护教育部重点实验室接受教育部重点实验室专家组评估。本次评估从实验室的基本情况、总体定位与特色、研究水平与贡献、队伍建设与人才培养、开放交流与运行管理等方面进行考察，专家组通过听取实验室的工作报告和学术报告、现场考察等方式，经过研讨，认为实验室学科定位、方向明确；承担的科研项目多、成果丰硕；科技社会服务方面具有使命感和责任感；实验室的团队实力雄厚，人才培养模式合理；学术交流开放，管理模式科学；依托单位支持力度大，科研经费充足。实验室顺利通过教育部专家组评估，评价为良好。

实验室于 2004 年 3 月 24 日通过教育部正式立项建设，2007 年 7 月 30 日通过教育部专家组验收。实验室依托于国家级重点学科森林培育学、森林经理学、森林保护学，北京市和国家林业局重点学科生态学科，北京市重点学科草业科学学科，两个一级学科和 3 个二级学科博士点及林学博士后科研流动站。

实验室固定在编人员 54 名，其中中国工程院院士两名(沈国舫、尹伟伦)，长江学者特聘教授 1 名(骆有庆)，杰出青年基金获得者 1 名(戴玉成)，教授 28 名，客座研究人员 32 名。

（徐昕照　韩海荣）

园林学院

【概　况】 北京林业大学园林学院(College of landscape architecture，以下简称园林学院)由园林系和风景园林系于 1993 年合并而成，主要由园林植物与观赏园艺、城市规划与设计、旅游管理等 3 个学科组成。2010 年，园林学院设园林树木、园林花卉、观赏园艺、园林设计、园林规划、城市规划、建筑工程、设计初步、植物景观规划与设计、美术、旅游管理等 11 个教研室及国家花卉工程技术研究中心、教育部园林环境工程研究中心等两个重点实验室。学院设园林、风景园林、城市规划、旅游管理、观赏园艺等 5 个本科专业，拥有园林植物与观赏园艺、城市规划与设计(含风景园林规划与设计)、旅游管理等 3 个硕士学位授予点，园林植物与观赏园艺、城市规划与设计(含风景园林规划与设计)等两个博士学位授予点，林学、建筑学等两个博士后流动站。风景园林硕士专业学位、旅游管理硕士专业学位等两个专业学位授予权。其中园林植物与观赏园艺学科为国家重点学科和“211 工程”重点学科，城市规划与设计(含风景园林规划与设计)为北京市重点学科、国家林业局重点学科和“211 工程”重点学科。

2010年，学院有教职工111人，其中专任教师94人。专任教师中，博士生导师18人，教授20人，副教授35人，具有博士学历的教师66人。本年毕业619人，其中研究生161人(博士生32人，硕士生129人)，本科生458人。招生776人，其中研究生258人(博士生33人，科学硕士生139人，全日制风景园林专业硕士86人)，本科生518人。在校生2637人，其中研究生652人(博士生101人，科学硕士生407人，全日制风景园林专业硕士144人)，本科生1985人。(杨晓东　张　敬)

【学科建设】 2010年，园林学院有园林植物与观赏园艺、城市规划与设计(含风景园林规划与设计)、旅游管理等3个学科，其中园林植物与观赏园艺为国家级重点学科和国家“211工程”重点学科、城市规划与设计(含风景园林规划与设计)为北京市重点学科、国家林业局重点学科和211工程重点学科。园林植物与观赏园艺、城市规划与设计(含风景园林规划与设计)、旅游管理等3个学科具有硕士学位授予权，园林植物与观赏园艺、城市规划与设计(含风景园林规划与设计)等2个学科具有博士学位授予权。学院有林学、建筑学等2个博士后流动站，还具有风景园林硕士专业学位和旅游管理硕士专业学位等两个专业学位授予权。园林植物与观赏园艺学科具有花卉资源与育种、花卉生物技术、园林植物栽培养护与管理、花卉生产理论与技术、园林植物应用与园林生态等5个学科方向；城市规划与设计(含风景园林规划与设计)学科具有风景园林规划设计与理论、风景园林历史与理论、风景园林建筑设计与理论、风景园林工程与技术、城市绿地系统规划、城市规划设计与理论等6个学科方向；旅游管理学科具有生态旅游、旅游地管理、旅游规划、旅游文化等4个学科方向。

2010年，学院有博士生导师18人，硕士生导师51人(其中外聘1人)。2010年新增硕士生导师6人。

2010年，学院整合学科力量，完成“风景园林”一级学科的论证工作；城市规划与设计(含风景园林规划与设计)完成建筑学一级博士授予权和一级硕士授予权的申报工作。完成全日制风景园林硕士专业学位国务院综合改革试点的申报工作，并获得批准，是北林大唯一的硕士专业学位改革试点(全国共64个)，也是全国唯一的风景园林硕士专业学位改革试点；完成旅游管理硕士专业学位的申报工作，获批成为全国首批具有旅游管理硕士专业学位授予权的单位。完成园林植物与观赏园艺、城市规划与设计学科“211工程”三期的总结验收工作，同时启动园林植物与观赏园艺、城市规划与设计学科“211工程”四期工作；完成风景园林规划与设计北京市重点学科中期的检查工作；园林植物与观赏园艺学科主办中国园艺学会观赏园艺专业委员会2010年年会。

2010年，学院共招收研究生258名，其中博士研究生31名，硕士研究生227名；共授予学位146名，其中授予博士学位28名，硕士学位118名。(周春光　张　敬)

【教学工作】 2010年，园林学院教学工作的基本思路是保障本科教学工作正常运行，进一步提高教学质量，完善教学质量监控机制和规章制度，增加教学研究的标志性成果。重点工作是围绕国家、北京市和学校各级“质量工程”建设，进一步加强特色专业建设、优秀教学团队建设、精品课程建设、精品教材建设、大学生创新计划和各级教学改革研究项目。

2010年，学院新增加校级精品课程6门，校级教学改革研究项目4个，出版“十一五”规划教材5部，撰写发表教学改革研究论文29篇，指导学生参加国家级和北京市级大学生创新计划项目8个，校级大学生科研训练项目18个。园林学院共承担国家级精品课程2门，北京市精品课程3门，校级精品课程19门，双语课程建设3门。北京市级教学改革研究项目2个，校级教学改革研究项目9个。

2010年，学院完成国家级特色专业园林专业和风景园林专业、园林专业国家级优秀教学团队、园林设计北京市优秀教学团队的阶段性总结报告，新增旅游管理校级优秀教学团队。园林学院共有国家级特色专业2个，北京市特色专业2个，校级特色专业建设项目5个，国家级优秀教学团队1个，北京市优秀教学团队2个，校级优秀教学团队4个。

2010年，学院投入专项经费，设立4个院级精品课程建设项目和30个院级教学改革研究项目，形成院级、校级、北京市级和国家级4个层面的教学改革研究梯队。此外，建立学院领导班子与教研室联动的会议制度，学院领导班子每学期定期与各教研室召开会议，共同探讨教研室建设和发展中的重大问题。2010年度共召开教授教学工作研讨会1次，教研室主任教学工作研讨会2次，师生座谈会6次，教研室教学工作研讨会22次，组织全院51位青年教师参加教学基本功比赛。（杨晓东　张　敬）

【科研工作】 2010年，园林学院到账的科研经费共1286.255万元。其中纵向项目46项，总经费是983.065万元，横向项目19项，总经费是303.19万元。立项的科研项目共有10项，其中国家林业局项目2项，国家自然科学基金项目4项，教育部项目3项，其他项目1项。在“十二五”农村领域科技计划首批预备项目评审中，学院共有5个项目通过初评。

2010年获北京市科技进步三等奖1项，发明专利3项，获国家植物新品种保护权4项。发表论文200余篇，发表美术作品18幅，参加各类画展作品10幅。

2010年在小汤山国家花卉工程技术研究中心新建一个3000多平米的玻璃化温室。

2010年7月23~24日由中国园艺学会观赏园艺专业委员会和国家花卉工程技术研究中心在青海省西宁市联合主办中国园艺学会观赏园艺专业委员会年会。2010年8月第二十七届国际园艺学大会在葡萄牙里斯本召开，学院园林植物与观赏园艺学科的9名教师和4名研究生参加大会，在会上作报告7次，提供墙报10余篇。（王　越　张　敬）

【实验室建设】 2010年，实验室的各项工作进一步深化，工作重点由初期的改造建设转向常态的监督管理。严格执行实验室安全管理制度，实行仪器使用预约、登记制度，保障了实验仪器的正常运转。利用修购专项、“211工程”建设平台等科研经费，添置一批精密设备，价值150余万元。同时对实验仪器进行检查和维修，保证教学和科研工作的顺利进行。不定期对管理人员和研究生进行系统培训，举办使用仪器（包括光合仪、荧光定量PCR仪，人工气候室等贵重仪器）讲座，激发学生开展科学研究的兴趣，提高了教学质量和仪器使用效率。（杨炜茹　张　敬）

【党建工作】 2010年，园林学院党委共有39个党支部，其中教工党支部5个，学生党支部34个。党员610人，其中在职教工党员56人，学生党员554人，离退休党员2人，入党积极分子742人。2010年全院共发展党员131人。

2010年，学院党委以创先争优活动和党建先进校评估工作为契机，继续坚持“核心、和谐、创新、发展”的工作理念，重点加强全体师生的思想政治教育、组织建设、师德师风建设、大学生的成长成才教育、党风廉政等方面工作。

2010年，学院党委以创先争优活动为契机，先后组织承担“如何发挥导师在研究生德育工作中的作用——以导师研究生组、群为单元的研究生管理模式”等思想政治教育课题，建立园林学院大学生思想政治教育研究体系；学院党委申报的《以导师研究生组、群为单元的园林学院研究生管理和党建模式探讨》获得2010年校级党建和思想政治优秀成果二等奖。学院党委开展党内表彰与典型树立工作，3人获得校级优秀共产党的员称号，1个党支部获得校级先进党支部的称号，学院还表彰6个院级先进党支部和15名优秀共产党员。

根据党建先进校评估工作的要求，学院党委加大党建基础工作，系统整理了2007~2009年的党建基础性材料，完成党建档案库建设，同时加大党员电化教育力度，建设专门的党员电化教育播放点。通过引导师生党员依托党建基地开展志愿服务等活动构建园林学院思想政治教育实践体系。学院党委获得“传播绿色文化，引领生态文明”绿色主题短信征集活动优秀组织奖；由学院党委指导、学院党校管理中心主持的城市小型公共绿地灌溉系统科学性调研项目获得“绿色播种”全国青少年生态环保社团创意创业大赛科考调研类奖项。

学院党委开展任期届满党支部的换届选举工作以及党支部的调整工作，进一步优化基层党建格局，重点完成城规、旅游和园艺专业建立垂直党支部及专业学位研究生建立独立党支部的基层格局构建。2010年，学院党委举办党校初级班第44、45期，共计培训学员287人，协助学校党校举办提高班2期，共计培训学员172人，协助学校党校举办预备党员培训班2期，共计培训预备党员98人。

2010年，学院党政领导班子坚持党政联席会议、党委会议、党委扩大会议、教代会、民主党派会议等强化全员民主参与意识，实施“三重一大”集体决策。学院党委坚持在全体教职工中开展师德师风教育、廉洁自律教育、党风党纪教育和法规教育，在大学生中开展廉洁诚信教育。学院党委在2010年因党风廉政建设工作成绩突出获得校级党风廉政建设先进单位的称号，同时，学院党建网站被评为北京林业大学2010年优秀专题网站。学院工会被学校工会评为2010年模范教职工之家。（*石 磊 张 敬*）

【学生工作】 2010年，园林学院对学生工作内容中的就业、心理、助学、研究生事务、学生活动、公寓建设、学生奖惩等方面实行专人管理，选拔、配备一批由优秀的教师、研究生和学生干部构成的班主任和辅导员队伍。

2010年在评优表彰方面，园林学院共有91人次获得国家级以上表彰，53人次获得市级表彰，823人次获得校级以上表彰；18支团队获得国家级以上荣誉，9支团队获得市级荣誉；9支团队获得校级荣誉。英语四级一次性通过率达92.68%。74人免试保送研究生，保送至中国科学院、清华大学、北京大学、同济大学、中山大学、浙江大学等知名院校。

在文化活动方面，园林学院努力打造“园林”品牌形象，围绕以“人文园林”、“交融园林”、“竞技园林”、“学术园林”等主题广泛开展系列活动，营造一个以互动学术交流为中心，以学生基层活动为主流，以园林风采展示为外延的校园文化氛围。

在公寓管理方面，园林学院本科生宿舍共计352间，研究生宿舍共计171间，通过细致的宿舍情况摸查，了解学生宿舍整体情况，做到定期进行安全卫生检查和宿舍长会议，及时收集、通报和反馈学生宿舍的情况，对学习成绩优、卫生状况好、安全纪律良的学生宿舍及其宿舍长进行表彰，促进学生公寓状况的整体改进。

在心理工作方面，学院积极开展各类团体辅导、朋辈辅导活动，大力支持基层班级学生干部参加心理培训，每月定期为心理委员举办素质拓展活动，面向广大同学播放心理电影，丰富基层班级同学的生活，促进基层心理状况的改善。重点就90后出现的新思想、新情况进行调研，为今后的心理工作指明方向。2010年，学院共发现研究生和本科生的心理问题6起，因为发现及时并妥善处理，避免了事态的恶化。

在经济困难学生工作方面，2010年共评出国家励志奖学金61人、“汪王”奖学金19人、国家一等助学金291人、国家二等奖学金100人，资助总金额166.85万元，此外，学院加强个性化资助工作的开展，通过对各个年级的学生、家庭经济困难同学和非困难同学的座谈、对全院1/5的同学发放调查问卷，征集学生的意见，同时借鉴北京各高校的资助政策，初步形成学院“个性化”资助理论体系，实现“个性化”资助的目标。

在社会实践方面，园林学院在2010年暑期申报社会实践团队项目36个，最终3支实践团队获得北京市重点项目，占全部获奖项目的半数，1支实践团队获校级支持项目优秀团队，1支实践团队获校级项目优秀团队，学院团委被评为社会实践先进单位；此外，联系“绿色北京，低碳生活”推广示范基地3个；组织带领志愿者奔赴兰州参加绿色长征，并出版《行走的青春——园林学院2010年暑期实践论文集》。

在志愿活动方面，学院成立学生会志愿者部，总体组织协调学生志愿活动，本年度参与志愿活动的人数达300多人。主要活动有以“2010中国生态旅游与生物多样性”为主题的科普展览志愿者招募活动，“创建美好生态城市”大学生在行动主题科普展览，“我心中的世园会”树种征集、金羽翼关注自闭儿童、自闭儿童手绘作品义卖、希望小学文化墙绘制、北京城市公交系统志愿服务等。组织学生义务献血147人次。

在就业方面，2010年度共举办大型招聘会两场，专场招聘会81场，接待用人单位180余家。2010届毕业生中，本科生的就业率为97.37%，研究生就业率为99.3%；本科生签的约率为82.79%，研究生的签约率为89.64%。

2010年，学院团委受学校学生处委托完成北京市教工委《建设世界城市——首都大学生活动方案》课题申报工作；城市小型公共绿地灌溉系统科学性调研项目获得“绿色播种”全国青少年生态环保社团创意创业大赛科考调研类奖项；组织校级梁希杯大学生创业计划大赛，并获得第六届“挑战杯”首都大学生创业计划竞赛金奖1个(参与)，银奖1个(主持)，铜奖两个(主持)；在首都关爱残障儿童高校大学生联盟表彰大会上，园林学院团委获得唯一的“集体感谢及特殊贡献奖”。 （刘 尧 张 敬）

【对外交流】 2010年，园林学院共接待国外8个国家30余人次来访，出国参观访问交流11人次。举办国际学术会议1次，参加国际会议60余人次，提交论文64篇，签署合作意向1项，在本科生和研究生联合培养方面取得实质性进展。

加强与国际学术机构的交流与合作，与美国Minnesota大学交流合作，洽谈“4+1”办学模式，即国内本科4年，美国硕士1年，毕业后获美国Minnesota大学硕士学位。学院还组织相关人员实地到英国进行考察，与英国谢菲尔德大学等学术机构初步达成合作意向。在人才培养方面，学院与日本、韩国等国的多所高校或学术机构展开深入的合作与交流。本年度学院共接收9名外国留学生来校学习。

加强与学会的交流与合作，一是注重加强与中国风景园林学会的交流与合作，与学会共同承办国际风景师联合会(IFLA)第四十七届世界大会，得到中国风景园林学会的高度肯定和赞扬。在大会论文集中，共收录学院师生论文54篇，占全部论文的24%，其中教师发表28篇，在数量和质量上均居国内外各高校之首。二是组织9位教师参加在葡萄牙里斯本举办的第二十八届国际园艺学大会(4年一届)，其中5位教师在大会上发言，张贴墙报(poster)20余张，研究生发言4人次。三是注重加强与北京市园林学会的交流合作。参加第七届北京市园林学会代表大会，孟兆祯院士当选为名誉理事长，张启翔教授当选为副理事长，李雄教授、王向荣教授和刘燕教授当选为常务理事和理事。四是组织教师积极参加中国园艺学会观赏园艺专业委员会2010年学术年会，在大会论文集上，学院师生共发表论文44篇，占全部论文的34%，5位师生进行主题发言。五是组织教师积极参加第六届北京市旅游论坛、国家旅游信息化论坛、西南少数民族山地聚落研讨会、全国城市规划年会、建设部城市规划专业指导委员会年会、中国城市规划学会风景环境规划学术委员会年会、中国风景园林学会会员沙龙、钱学森园林学术思想研讨会等学术会议。

加强与政府的交流与合作，学院举办山西省太原市园林局领导干部研修班和河南省郑州市园林局领导干部研修班，实地走访杭州市园林局和山东省临沂市园林局，在大学生就业和在职风景园林硕士招生等方面取得实质性进展。

加强与行业的交流与合作，建立园林学院与企业联合研究平台，通过与政府职能部门、设计企业、园林上市公司研究院所的合作，构建面向社会、以社会需求为导向的园林学院学术研究机制，推动校外学术研究联合体的建设，在教学科研和就业实践等领域开展实质性合作。

加强国内外的学术交流，本年度建立了“园林论坛—园林讲堂—园林沙龙”的院级学术交流平台，其中园林论坛定位于国内园林行业的品牌论坛，依托“首都高校风景园林专业论坛”和“旅言·旅研”两个分论坛逐步扩大影响力；园林讲堂定位于园林学院专业选修课；园林沙龙定位于园林学院学生内部专业交流的学术平台。全学年，共组织学术讲座80余场，邀请德国、法国等多个国家专家学者来校讲座。此外，还与香港大学联合举办“中国国际和平公园概念规划”studio课程设计。 （杨晓东 张 敬）

【国际风景园林师联合会第四十七届世界大会筹备工作】 国际风景园林师联合会(IFLA)是世界风景园林行业中影响力最大的国际学术组织，其每年召开的全球性年会是国际风景园林师联合会最重要的学术活动，对提升举办国和举办城市的环境建设水平，改善当地人居环境具有重要意义。2010年5月国际风景园林师联合会第四十七届世界大会首次在中国大陆举办。大会由建设部和国际风景园林师联合会共同主办，北林大作为大会唯一的高校代表，和中国风景园林学会等单位共同承办大会。大会成立组委会负责此次会议筹备工作，建设部副部长仇保兴任组委会主任，北林大党委书记吴斌任组委会副主任，副校长张启翔任组委会委员，园林学院院长李雄任大会执行秘书长。园林学院将大会的筹备工作作为学院2010年中心工作之一，专门成立筹备工作委员会，具体部署整个会议的筹备工作，扩大和宣传北林大在社会上及风景园林行业内的国内外影响力。

本次大会上，北林大在大学生设计竞赛中获得全部18个奖项中的10个。其中李雄教授指导的研究生白桦琳、杨忆妍、郝君、王乐君、王南希的作品《黄河边即将消失的活遗址》获大赛一等奖，王向荣教授、林箐副教授指导的研究生沈洁、王思元、洪泉、赵洁、李洋的作品《寻找失去的泉》获大赛二等奖，其他8组同学获评委会奖。在大会论文集中，共收录北林大师生论文54篇，在数量和质量上均居国内外各高校之首；在大会开幕式当天，孟兆祯院士用英文作题为"认识苏州古代园林"的主旨发言；在大会7个主题分论坛中，李雄教授任风景园林教育论坛组长、王向荣教授任风景园林规划与设计论坛组长、刘燕教授任风景园林植物论坛副组长。学校共有4位教师和2位学生在各分论坛中进行主题发言。 （刘 尧 张 敬）

【参与国际园林竞赛】 园林学院积极宣传、引导、组织学生参与各种学术竞赛、科技创新活动，并通过学习交流活动，增强学生竞争、参与意识，增加学生的练兵机会，营造学生的专业学习氛围。2010年，学生竞赛获IFLA国际风景园林设计竞赛大奖1个，二等奖1个、优秀奖8个，占全部奖项的56%；IFLA亚太区风景园林设计竞赛一等奖1个、二等奖1个、三等奖1个、评委奖10个，占全部奖项的72%；中日韩大学生风景园林设计竞赛金奖、银奖、铜奖各1个，占全部奖项的60%。此外，在中国风景园林网组织的"园冶杯"国际大学生毕业设计作品竞赛上获得多个奖项。 （刘 尧 张 敬）

【举办杭州园林文物局专场招聘会】 2010年12月15～16日，杭州园林文物局暨杭州西湖风景名胜区管委会在北林大召开大型专场招聘会。15日，杭州园林文物局的领导在图书馆五层报告厅作《人间仙境，天开图画》的招聘报告。16日，现场招聘会在图书馆一层报告厅举行，来自北林大、北京大学、中国农业大学、首都传媒大学的300余名毕业生参加了招聘会。

（严 密 张 敬）

【管理机制改革】 2010年为充分发挥管理职能，提高管理效率，园林学院在管理机制和体制方面进行了一系列的改革。

2010年，学院制定园林学院学术委员会章程，成立园林学院学术委员会，召开全院教职工大会选举产生园林学院第一届学术委员会委员，并确定王向荣教授为主任委员，刘燕教授为副主任委员。为加强城市规划专业和旅游管理专业对外交流平台与载体建设，学院完成城市规划和旅游管理建系的申报工作，并获批准。在学校资源统一配置的前提下，园林学院加强与北林地景、深圳北林苑等校内学术研究领域的深度合作，理顺关系，申报并获批成立北京林业大学风景园林规划设计研究院，深化园林学院"产—学—研"一体化的办学模式。建立并实施院领导联系教研室制度，要求主管院领导参与并解决所联系的教研室在发展和建设过程中所遇到的重要问题。改变年终考核重形式轻内容、重过程轻结果、重科研轻教学的现状。建立数字化信息平台，教师年度工作成绩和相关证明材料实行数字化管理并全部公开。此外，学院引入设置学科秘书、外事秘书的管理运行机制，加强学院学科管理和国际交流与合作的平台建设。 （杨晓东 张 敬）

水土保持学院

【概 况】 北京林业大学水土保持学院(College of Soil and Water Conservation)，源于学校1952年开设的水土保持课程。1958年开办水土保持专业，1980年成立水土保持系，1992年更名为水土保持学院。

2010年，学院设有水土保持与荒漠化防治、地理学、土木与建筑和土壤学4个学科群，共包含水土保持与荒漠化防治、工程绿化、自然地理学、地图学与地理信息系统、复合农林学、生态环境工程、生态环境地理学、人文地理学、山地灾害防治工程、结构工程、农业生物环境与能源工程、土壤学、植物营养学13个二级学科。建有1个国家级野外定位观测站，5个省部级野外定位观测站，3个省部级以上重点实验室(水土保持与荒漠化防治教育部重点实验室、水土保持与荒漠化防治国家林业局重点开放实验室、林业生态工程教育部工程研究中心)，拥有水土保持、荒漠化防治、边坡绿化、土地资源与肥料技术4个研究所，中国水土保持学会、中国荒漠化培训中心、中德干旱地区研究中心等学术团体和机构均挂靠在水保学院。学院设水土保持与荒漠化防治、资源环境与城乡规划管理和土木工程3个本科专业；拥有水土保持与荒漠化防治、生态环境工程、复合农林学等12个硕士学位授权点，以及水土保持与荒漠化防治、生态环境工程、山地灾害防治工程等7个博士学位授权点；拥有水土保持与荒漠化防治1个国家级重点学科，土壤学、生态环境地理学等2个省部级重点学科。

2010年，学院在职教职工77人，其中专任教师55人。专任教师中，教授23人，副教授27人。博士生导师22人，硕士生导师50人，其中具有博士学历的教师53人。新进教师1人。本年毕业学生280人，其中研究生113人(博士生28人，硕士生85人)，本科生167人。招生354人，其中研究生154人(博士生40人，硕士生114人)，本科生200人。学院在校生1240人，其中研究生495人(博士生143人，硕士生352人)，本科生745人。 (弓　成　庞有祝)

【学科建设】 2010年，学院拥有水土保持与荒漠化防治学科1个国家级重点学科，土壤学是国家林业局和北京市重点学科，生态环境地理学是北京市交叉重点学科。学院设有水土保持与荒漠化防治、生态环境工程、山地灾害防治工程、复合农林学、工程绿化、土壤学和植物营养学7个博士点，水土保持与荒漠化防治、生态环境工程、复合农林学、工程绿化、土壤学、植物营养学、自然地理学、地图学与地理信息系统、人文地理学、山地灾害防治工程、结构工程和农业生物环境与能源工程12个硕士点。2010年土壤学成为北京市重点学科，生态环境地理学通过北京市交叉重点学科中期评估。新增博士生导师2人，硕士生导师3人；学院聘请美国农业部林务局、北卡罗来纳州立大学孙阁教授成为学校“梁希学者”特聘教授。选派3位青年教工赴美国培训学习，年度培养博士研究生28人、硕士研究生35人，教师和学生共发表学术论文310篇，其中SCI期刊收录15篇。

2010年11月，北林大联合中国水土保持学会共同举办水土保持学科发展高级研讨会，邀请10位院士和20多位专家学者研讨将水土保持与荒漠化防治学科升级为一级学科的可行性与必要性，为水土保持学科的发展指明了方向；将山地灾害防治工程学科调入土木与建筑学科群，同时成立北京林业大学防灾减灾与国土安全研究所，挂靠水保学院，以增强工科类学科对水土保持学科的支撑作用。

2010年依托“211工程”、优势学科创新平台、教育部修购专项等经费，进一步完善学科平台建设，积极推进人才培养机制改革，完成学院研究生招生工作的宣传、专业目录编制、入学考试命题与阅卷、研究生复试等工作，进一步规范和完善研究生培养的各个环节，积极进行林业专业硕士生(水土保持与荒漠化防治专业)的招生准备工作。 (李　扬　弓　成)

【教学工作】 2010年，水保学院本科教学工作以谋划发展、深化改革、提升质量、聚焦效益为主线，扎实做好教育教学、学术创新、管理改革和教学科研支撑体系建设等重点工作，不断加强教学质量工程建设，继续深化本科教育教学改革，着力增强学院的核心竞争力。

2010年，学院共有13个教改项目通过北林大的中期检查与验收。其中水土保持与荒漠化防治精品专业建设研究与实践、水土保持学、土地评价与土地管理结题验收结果为优秀，土地评价与土地管理、水土保持学、区域分析与规划确立为精品课程。学院新增教改立项4项，新申报质量工程立项3项，新增针对实践教学开展的教学改革研究立项1项，学院申报的教改论文有5篇被学校录用；《综合自然地理学》、《水土保持监督与执法》、《流域管理学》3个多媒体课件通过学校认证；大学生创新性实验计划立项8项，其中国家级1项，校级7项。学院强化对教学工作的监督管理，开展教学研讨与检查，以教研室为单位组织9场教学研讨会、3场教学观摩会、2场学生座谈会。

2010年，学院完成2006级本科毕业生的毕业论文答辩和推荐免试攻读硕士研究生工作，共有本科毕业生167名，实际毕业165人，结业2人，授予学位164人；推荐免试硕士研究生29名，其中水土保持与荒漠化防治专业16人、资源环境与城乡规划管理专业9人、土木工程专业4人；学院有16人被选拔进入梁希班学习，接受其他学院转入学生4人。（王燕俊　张洪江）

【科研工作】 2010年，学院完成对"十一五"相关课题的验收及"十二五"项目组织申报等核心工作。学院承担的5项"十一五"国家科技支撑课题以及14个专题通过结题验收，认定沙区适宜居住区模式筛选及评价技术等10项课题成果，两项林业公益性行业专项、1项"948"项目通过中期评审。2010年，学院共获得发明专利授权5项，实用新型专利授权3项，发表论文共计310篇(SCI收录15篇，EI收录50篇，ISTP收录16篇)，软件登记两项，参与制定地方标准3部，出版专著(含教材)12部。学院共获得各类奖项5项，其中北京市防沙治沙重点工程效益监测评价研究获北京市园林绿化科技进步奖一等奖，开发建设项目水土保持准入条件研究获水利部综合事业局昆仑科技奖二等奖，中国水土保持学会科学技术奖二等奖、柴达木盆地农田与草地退化植被恢复技术及示范(都兰)获青海省2010年科技进步奖二等奖。新申请立项课题15项，经费总额1179.45万元。其中林业公益性行业专项3项，林业科技推广项目1项，"863"计划1项，国家自然科学基金1项。组织教师参与科技部农村科技司的"十二五"项目申报，入库储备项目3项，其中已完成可研报告项目2项。

2010年，青海大通站正式加入国家林业局森林生态系统观测研究网络(CFERN)；林业生态工程教育部工程研究中心通过教育部专家组的验收；完成水土保持与荒漠化防治教育部重点实验室研究生工作间的改造，进行首都圈、宁夏盐池、山西吉县站的平台建设和仪器安装工程；北京林业大学试验林场风洞试验系统开工建设；依托山西吉县野外观测平台，北林大与吉县人民政府签署合作协议。（李　扬　朱清科）

【实验室建设】 水保学院实验室平台包括水土保持与荒漠化防治教育部(国家林业局)重点实验室及13个专业实验室、林业生态工程教育部工程研究中心以及山西吉县、山西方山、陕西吴起、宁夏盐池、北京密云、北京妙峰山、青海大通、青海香日德、重庆缙云山等实验室野外研究基地。

水土保持与荒漠化防治教育部重点实验室成立于2003年5月，是国内水土保持与荒漠化防治领域唯一的教育部重点实验室，占地1684平方米，主要开展小流域土壤侵蚀与森林水文机理与过程、荒漠化生态修复机理与过程、水土流失生态修复机理与过程等3个方向的研究。拥有大中型仪器设备42套，2010年新购置全自动化学分析仪、液态水同位素分析仪、便携式土壤含水量测定仪、凯氏定氮仪、紫外可见光分光光度计、雨滴谱仪等大型仪器设备，并将陆续实现各大型仪器设备的共享工作。全年举办各类学术讲座、开题报告近100次，接待外校学者专家访问4次。

13个专业实验室包括水土保持实验室、荒漠化防治实验室、林业生态工程实验室、综合分析室、土壤实验室、植物营养实验室、建筑材料实验室、建筑设计实验室、建筑结构实验室、土力学实验室、自然地理实验室、GIS实验室、城乡规划设计实验室，主要承担本科3个专业的实验实习实践教学任务。2010年承担课程12门类，约7647学时，人数480余人。

（樊登星　李春平）

【优势学科创新平台建设】 2010年度，水土保持科技创新平台以"985"项目、"211工程"三期项目以及修购专项项目为基础，重点围绕团队建设、重点建设项目、基础设施及野外台站建设等方面全面开展工作。招聘上海交通大学高扬博士纳入平台专职科研人员系列，组建以查天山教授为核心的平台科研创新团队；完成水土保持实验分析平台系统及4个野外教学科研平台所需仪器设备购置工作，共购置仪器设备126台(套)，10万元以上的大型仪器设备11台(套)；设立水土保持科技创新平台开放基金，并制定脆弱生态系统退化机制与恢复重建子平台开放课题基金经费管理办法，2010年共资助青年教师7人(项目)，共计70万元；设立科研专著资助项目，用于资助平台科研人员所取得的优秀学术成果，2010年共资助优秀科研成果5项(本)共计40万元。

山西吉县国家级野外台站于2010年投入170万元对定位站基础设施进行维修改造，使住宿和实验条件得到极大改善，投入220万元对定位站的观测仪器进行补充和完善，使吉县站基本实现水、土、气、生四大要素的全面监测；首都圈森林生态站建成4套大型蒸渗仪实验系统、5个径流观测场，分别为油松林、侧柏林、栓皮栎林、杂木林及一个对比径流观测场，所有仪器设备安装调试完成，系统运作良好；完成宁夏盐池生态站大型蒸渗实验系统的购置及建设工作，并按期调试完毕，进入试运行阶段，系统数据正常，运作良好。（樊登星　李春平）

【党建工作】 2010年，水保学院党委共有26个党支部，其中教师党支部6个，学生党支部20个。党员374人，其中教工党员53人，学生党员321人。入党积极分子632人。发展党员105人。开办学生业余党校初级班2期，共163人顺利结业；协助学校党校组织提高班2期，共113人顺利结业。

学院党委注重加强广大党员的理论学习，加强集中培训与经常性学习，全院党支部组织理论学习100多次；注重抓好基层党组织建设，新成立教工党支部两个。为引导广大研究生树立正确的学术动机，增强抵御学术不端的能力，提高科学文化素养，各研究生党支部积极组织开展“坚决抵制学术不端行为，共同构建和谐学术氛围”的签名仪式和宣誓活动，学院在2010年北林大研究生党支部“遵守学术道德，抵御学术不端”主题党日活动评比中获优秀组织奖。

2010年，学院党委继续深化以大学生村官、学生党支部、院党团委为纽带的院—镇、支部—村二级联动体系，以大学生社会实践、“红色1+1”活动、大学生志愿服务活动为载体，高校学生党建与服务农村发展相结合的大学生思想政治教育工作模式，取得显著成效。硕水保09-3党支部开展的“红色1+1”活动获得北京市高校“红色1+1”示范活动一等奖，共建项目被评为北京高校优秀党建工作创新项目，大学生思想政治教育在服务新农村建设中的机制探索项目获学校2008~2009年党的建设和思想政治工作优秀成果二等奖。

2010年，学院严格按照上级精神，深入推进廉政风险防范管理工作。重新修订《水土保持学院公务及招待经费使用与管理暂行规定》、《水土保持学院财务管理暂行规定》等7项党风廉政建设的各种规章制度。学院注重加强大学生的廉洁意识教育、诚实守信教育，开展以“廉洁文化”为主题的征文、党史知识竞赛、“诚信考试、杜绝作弊”主题班会教育等一系列活动。

（宋吉红　庞有祝）

【学生工作】 水保学院的学生工作坚持“思想、素质、实践”三结合的育人机制，努力实现“在常规中求创新、在创新中求发展”的工作目标，按照“常规工作扎实推进，创新工作再增亮点，服务管理忙中有序，安全稳定重中之重”工作方针，完成全年工作。

2010年，学院加强队伍建设和机制建设。完善班主任、辅导员工作平台，如学生工作快报、班主任会、班主任QQ群，发挥教师、教研室、优秀社会人士的作用，参与学生二课堂素质教育的指导，促进一课堂与二课堂、学校与社会的融合，成立院辅导员管理委员会，制定《关于加强学生党员、积极分子维护校园安全稳定意识的办法》。抓好研究生会、班级干部、研究生党支部干部、研究生专业辅导员4支队伍建设。研究生会在第十四、十五届学术文化节中获得校级优秀组织奖。在“水保论坛”的学术平台上，举办30场学术报告会。举行构建和谐宿舍的星级宿舍评比、篮球友谊赛、趣味运动会、研究生元旦联欢晚会、研究生辩论赛等多项活动，并在校研究生辩论赛上获得冠军。1名同学被评为北京高校成才表率，并当选为全国大学生骨干培训学校学生会主席，2名同学获全国林科十佳大学生称号。

2010年在“全员化、全程化”就业工作理念建设上，聘请08、09级成功社会人士担任职业指导师。广泛地搜集用人单位信息，开拓用人单位市场，建立浙江中冶、江苏东珠两家就业实践与教学实习基地。2010年度本科生签约率为

88.6%，就业率达 96.3%，研究生签约率为 95.5%，就业率达100%。学院共有70名同学被录取到国内外重点大学攻读研究生，占毕业生总数的42%，其中水保专业的学生达52%。本年度学院获北林大主流行业就业奖。

2010年，学院不断加强学风督导，注重专业教育和典型教育，开展新生专业介绍会，新老生学习经验交流会，保研、考研交流会，校友座谈会等系列活动。通过公寓文化节活动，进一步加强寝室管理和室风建设，培育“团结、和谐、文明、向上”的宿舍文化。2010年，学院在校宿舍设计大赛中获三等奖。环规08-2班获校十佳班集体称号。学院团委通过“读书心得分享”、“我心中的祖国”主题征文比赛、“五月的花海”合唱比赛等形式对同学进行爱国主义教育；举办十大歌手赛、“咏新杯”辩论赛、棋类大赛、“五月的花海”合唱比赛、趣味运动会、环保创意大赛、新生拔河比赛、“青春水保杯”球类竞技系列比赛、元旦晚会活动，学院在学校2010年“五月的花海”合唱比赛决赛中获三等奖；6名学生在第九届高校建筑结构设计联赛中获得最佳优秀奖。学生“低碳我家”社区志愿服务活动，被《京华时报》等多家媒体采访报道，并列入北京市推广项目。水保学生科协获中国水土保持学会先进集体称号，2人获先进个人奖。2010年，学院团委获北京市“五四”红旗团委称号。

2010年，全院共有200人次获得各类资助，总金额达599 500元。以“5·25”大学生心理健康日为契机，结合学院自身的实际情况，举办首届摄影大赛、班服LOGO设计大赛、趣味运动会等丰富多彩的心理健康活动月系列活动。5月份在学校首届心理健康教育工作总结暨评优表彰大会中，学院获一等奖。依托国防生党支部加强国防生的思想政治教育，举办团体辅导、“党史·纲要”知识竞赛等各类活动。

（宋吉红　庞有祝）

【对外交流】 2010年，学院继续加强与国内外相关学科领域高水平专家的合作交流。本年度共接待国外5个国家和地区9次19人来访，向8个国家和地区派出参观访问交流23人次，与来自美国、德国、日本等国家的高校及科研机构开展合作研究5项。参加国际学术会议5人次，交流学术论文3篇，特邀报告1篇，共举办高级系列学术讲座25场。

6月22日，美国农业部林务局McNulty、James、孙阁3位专家来学校进行为期一天的交流访问，给学院师生作“气候变化与生态水文”系列学术报告，使师生了解国际上在森林生态水文方面的研究现状；8月14日，学院6名教授对美国农业部林务局南方试验站进行为期15天的回访，双方就全球变化与植被恢复进行广泛的学术交流与科学考察。通过交流增进了双方的了解，为进一步合作打下了基础。

（李　扬　弓　成）

经济管理学院

【概　况】 北京林业大学经济管理学院（School of Economics & Management）自1959年建立林业经济专业、1987年成立经济管理学院以来，经过50余年的不懈努力，学院成为全校专业最多、学生人数最多的学院。林业经济管理学科在1993年和2001年国家学位与研究生教育评估中连续获得全国林业经济管理学科综合评分第一名，2006年成为部级重点学科，2007年成为全国林业经济管理学科中唯一的国家重点培育学科。

截至2010年年底，学院拥有林业经济管理国家重点培育学科和林业经济管理博士后流动站；拥有农林经济管理一级学科博士点授予权，林业经济管理和农业经济管理2个博士学位授权点；拥有农林经济管理、应用经济学、工商管理等6个一级学科硕士授予权，林业经济管理、农业经济管理、工商管理等10个硕士授权点在招；拥有应用统计专业硕士、会计专业硕士、工商管理专业硕士（MBA）等5个专业硕士学位授权点。学院设有农林经济管理、会计、国际经济与贸易等11个本科专业及专业方向，拥有工商管理第二学士学位授予权。

学院现设有林经、财金、统计、国贸、工商管理、管理科学与工程、物业管理7个系，设有林业经济国际交流与合作中心、林业经济与政策咨询中心、林业经济研究所等14个研究机构，建立经济管理综合实验中心，设有股票证券模拟实验室、人力资源模拟实验室、国际贸易实务模拟实验室等8个专业实验室和两个普通机房及1个控制室，拥有1个北京市经济管理教学实验示范中心。

2010年有教职工110人，其中专任教师92人。专任教师中博士生导师18人，教授20人，副教授37人，其中具有博士学历的教师60人。在校生3238人，其中研究生472人(博士生170人，硕士生302人)，本科生2766人；本年招生841人，其中研究生144人(博士生35人，硕士生109人)，本科生697人；本年毕业780人，其中研究生94人(博士生18人，硕士生76人)，本科生686人。 (张 元 张卫民)

【学科建设】 经管学院拥有1个一级学科博士点：农林经济管理；2个二级学科博士点：林业经济管理和农业经济管理，其中林业经济管理是国家重点培育学科和国家林业局重点学科；1个博士后流动站：农林经济管理博士后流动站；6个一级学科硕士授权点：农林经济管理、应用经济学、工商管理、管理科学与工程、公共管理、理论经济学，其中2010年增加公共管理和理论经济学2个一级学科硕士授权点；10个二级学科硕士点：林业经济管理，农业经济管理，行政管理，会计学，国际贸易学，统计学，企业管理，管理科学与工程，金融学，人口、资源与环境经济；5个专业硕士授权点：农村与区域发展、工商管理、会计、应用统计、国际商务，其中，工商管理、会计、应用统计、国际商务4个专业硕士授权点是2010年增设的。

经管学院共有博士生导师21人(其中兼职博士生导师4人)，硕士生导师42人，其中6人是2010年新增加的。导师队伍学历结构、学缘结构、年龄结构和职称结构合理，有1名国务院学科评议组成员，有9人次担任中国林业经济学会等国家一级学会理事以上学术兼职，有4名教师享受国家政府津贴，3名教师获得宝钢优秀教师称号，1名教师获得北京市师德标兵称号，2名教师被评为北京市优秀青年教师，1名教师获教育部新世纪优秀人才支持计划。2010年，引进梁希学者1人，从北京大学、清华大学等综合性大学接收4名博士毕业生充实学科队伍。

2010年初，学院聘请由校内外专家组成的专家组对林业经济国家重点学科(培育)进行预评估。学院召开多次学科会议，在进一步加强林业经济管理学科优势地位的同时，讨论其他学科如何进一步凝练研究方向，形成特色并提升在各自学科的影响力。2010年投入重点培育学科建设费8万元，北京市林业经济特色团队建设30万元，教育部林业经济特色专业建设(B类)40万元，并用学校“引智计划”投入10万元邀请5名国外专家来学院进行学科建设交流。

2010年，学院的研究生共发表学术论文167篇，其中08级林业经济博士生骆耀锋的1篇论文被SCI期刊收录，开创学院研究生发表论文被SCI收录的先河，EI收录3篇，ISTP收录4篇，CSSCI收录31篇，中文核心期刊49篇。2010年培养博士毕业生34人，硕士毕业生79人。

(潘焕学 陈建成)

【教学工作】 学院设有农林经济管理、会计、统计学、国际经济与贸易、工商管理、金融学、市场营销、人力资源管理、物业管理、经济信息管理、电子商务等11个本科专业及专业方向，拥有工商管理第二学士学位授予权。2010年，学院教学工作的基本思路是以成果为导向，以激励为动力，突出教学质量这个永恒主题，以课堂教学、教师队伍建设为基本点，加强实践教学，加强教育教学研究，目标是使经济管理学院的教学质量在稳定基础上再上一个台阶，进一步提高教师的业务水平，提高学生的创新和实践能力。重点加强青年教师培养，提高课堂教学质量，采取青年教师培训、青年教师导师制度、课堂教学质量奖励制度等措施，举行以学院或教研室为单位的教学经验交流会、师生座谈会、领导和同行听课、优秀课程教学观摩、教学专题讲座、名家名师讲座等活动。2010年，获学校实践教学改革重点项目1项，教学内容改革一般项目1项，鼓励项目类2项，占全校44个项目的1/11；获学校专业建设项目1项，校级精品课程4项，校级教材建设项目1项。

学院坚持对每学期理论课程排名前20名和实践课程排名前两名的教师进行表彰，并颁发荣誉证书和奖金，鼓励教师不断改进教学方法，提高教学水平，2010年共有44门课程获学院教学优秀奖。2010年实施第三期青年教师导师制度，2名青年教师获教学优秀奖，两名青年教师获科研优秀奖，其中1名青年教师获得理论课教学全院第一、全校第一的优异成绩，2名青年教师还分别获得国家社科基金项目，达到了实施青年教师指导制度的效果。启动第四期青年教师导师制度。教师参加北京高校哲学社会科学骨干研修班、国家精品课程师资培训项目等30余人次。学院还请台湾教授就如何成为一位称职的教师举办为期3天的“提升大学教师教学知能”研习会。2010年经管学院首次组织学院“教学之星”的评选，2000多师生参加评选，对评选出8位学院“教学之星”进行表彰和奖励，使经管学院课堂教学质量不断提高。2010年物业管理系聘请北京、上海2位物业管理专家为兼职教授。学院在梁希文科实验班施行本科生导师制基础上，积极推进农林经济管理专业本科生导师制的实验，将本科毕业论文工作前移，使学生更早地与专业教师接触，参与教师科研工作。2010年，学院学生申报大学生科研训练项目超过40项，获得校级立项26项，占全校项目126项的20%；获得市级大学生创新行动计划立项5项，占全校25个项目的20%；国家大学生创新性实验计划立项4项，占全校50个项目的8%。2010年，学院分2次组织完成对29项国家级、市级、校级大学生项目的验收，9个项目获得优秀，参加项目的学生发表学术论文10余篇。学院学生在全国大学生电子商务大赛、挑战杯创业计划大赛等全国赛事中屡获佳绩。（向　燕　田明华）

【科研工作】　2010年，经管学院科研项目立项73项，共计合同经费突破1000万、到账经费910多万元，比2009年增长20.68%；其中纵向课题43项，到账经费630多万，横向课题30项，到账经费170余万元，分别比2009年增长20.79%和50.42%；获批立项的科研项目中包括国家自然基金项目2项，国家社科基金项目2项，教育部人文社科基金项目3项，国家林业公益项目1项，FAO等国际组织项目4项，高层次科研项目立项数量创学院历史最好成绩。另外，学院有5个团队获学校青年教师科技创新项目(团队项目)资助，经费110万元。此外，已签订合同未到账项目经费240万元。

2010年，学院教师共发表各类学术论文130余篇，其中SCI检索4篇，EI检索15篇，ISTP检索14篇，高水平论文数量创学院历史最好成绩；出版专著9部；科研获奖12项，其中北京市哲学社会科学优秀成果二等奖1项。为引导和激励青年教师科研工作的积极性，学院制度化地建立了青年科技之星评选机制和国家级基金项目奖励机制，10名青年教师获得学院科技之星称号，7名国家自然基金、社科基金和教育部人文社科基金项目获得者获得奖励。

学院设有林业经济国际交流与合作中心、社会林业研究中心、林业经济与政策咨询中心、林产品国际贸易研究中心、林权研究中心、中国总部经济研究中心、林业经济研究所、生态经济研究所、林业财务与会计研究室、海峡两岸经济与生态研究交流中心、物业管理研究中心、农村经济与农村发展研究中心、林业经济信息研究中心、低碳经济研究中心等14个研究机构。

2010年，学院举办林业技术经济研究会林业低碳经济学术年会等有影响力的国际国内科学研究会议多项；承办商务部发展中国家林业官员培训项目；从瑞典农业大学聘请梁希学者1名；派团参加在韩国首尔举办的第三十一届世界林联大会，并提交大会论文6篇，作会场报告两次。承担国家林业局林改监测、国家林业局重大调研等一批政策调查项目以及国家自然遗产法论证，国家扶贫纲要咨询；学院教师作为专家组成员参加并完成国家林业科技“十二五”规划编制等工作。（胡明彤　温亚利）

【实验室建设】　经管学院综合实验中心是北京市经济管理教学实验示范中心。拥有股票证券模拟实验室、人力资源模拟实验室、国际贸易实务模拟实验室、电子商务实验室、会计模拟实验室、统计模拟实验室、网络实验室、物业管理智能化实验室等8个专业实验室，两个普通机房及1个控制室，占地460平方米，配有计算机128台，专业软件13套，承担本院11个本科专业及研究生的实验教学和实习任务。

2010年，综合实验中心固定资产总价值达到3 542 802元。2010年新增固定资产331 198元，其中硬件系统154 198元，软件系统17 700元。（夏自谦　张　元）

【资料中心】 经管学院资料室创建于1959年，目前总面积近400平方米，设有现刊阅览室；专业图书阅览室；档案管理室和带有辅助阅览性质的过刊库和书库，现藏书19 800册，其中外文书籍1000余册，中文工具书2000余册；收藏过刊300多种，共计9000余册；收集本科毕业论文7643份，硕士论文736份，博士论文340份。收集本科生试卷4224册，课程论文1213袋。其中2010年新增图书280册；新增过刊550册；收集本科生论文686份，硕士论文77份，博士论文38份，本科试卷598册，课程论文96袋。

资料室的藏书是以经济管理类图书为主，重点收藏林业经济管理方面的各类工具书，尤其是林业经济管理及经济类的各种年鉴和统计资料收藏最为完整，并且广泛收集社会科学等各类书籍。经过多年来的建设和发展，已形成具有鲜明特色的林业经济专业类的小型图书馆。

（张　琳　张　元）

【党建工作】 2010年，经管学院党委共有35个支部，其中教师党支部8个，学生党支部27个。党员542人，其中在职教工党员79人，学生党员463人。新发展党员208人，入党积极分子589人。

2010年，经管学院党委以开展创先争优活动为契机，大力推进思想政治建设、领导班子建设和党风廉政建设，通过工会、教代会和院学术委员会等载体，加强教职工团结，增进全院凝聚力，推进民主办学和学术治院，推动学院科学发展。

学院党委在全院范围内组织开展创先争优活动，并结合学院实际，推进学习型党支部的建设，引领党员充分发挥先锋模范作用。学院党委充分重视青年教师的成才培养工作，发挥教师党员中学科带头人和学术骨干的作用，深化青年教师导师制工作。通过开展"教学之星"、"科技之星"评比活动，挖掘学院优秀教工党员典型，宣传优秀教工党员事迹，形成全院教工争创佳绩的良好风尚。学院35个党支部开展党员公开承诺活动，并紧紧围绕"争创学习型党支部"主题，举办"争做先锋·唱响未来"主题红歌汇活动、"创先争优"知识竞赛、"七个怎么看"PPT大赛等活动。

2010年，学院领导班子按照学校的要求进行调整并顺利完成工作交接。新的学院党委坚持科学民主决策，定期召开党政联席会议或院班子民主生活会，充分发扬党内民主，对事关学院改革发展的重要事项，按规定进行集体研究决策，商讨学院发展大计。为了保证学院各项工作的高效开展，新的学院党委着重加强系、学科、教研室工作，同时根据工作需要，学院新聘任3名院长助理，并成立学生工作领导小组。

学院党委大力加强思想政治教育工作，组织学生党员观看《孔子》、《复兴之路》、《国情备忘录》等5部教育影片，组织学生党支部举办主题教育活动30余项。4～5月，学院党委组织学生党支部全面开展以"展现学生党员良好精神风貌，督促学生党员牢记先锋模范使命"为主要内容的"一个党员一面旗帜"学生党员风采展示活动，各学生党支部以朗诵、叙述、节目表演等多种形式展现自身在各方面的发展情况，督促学生党员的同时带动积极分子更快进步。学院党委鼓励学生党员积极投身社会主义新农村的建设中，硕09第四学生党支部与大兴区礼贤镇开展"红色1＋1"共建活动，取得良好成效。

2010年，学院党校的管理工作不断完善，学生业余党校初级班结业455人，提高班结业313人。

学院举行庆祝建党八十九周年暨评优表彰大会，对获奖的8个先进学生党支部、12个红旗团支部、12个学生工作先进集体、8名优秀党支部书记、24名优秀共产党员、18名学干之星、18名团员之星、10名十佳大学生、7名十佳大学生提名奖获得者、27名国家奖学金获得者进行表彰。

（房　薇　张卫民）

【学生工作】 2010年，经管学院的学生工作以科学发展观为指导，深入贯彻落实《国家中长期教育改革和发展规划纲要》精神，求真务实，开拓创新，不断创新学生素质教育工作体系，扎实做好学生管理与服务工作，切实推进学生职业辅导与就业工作，全面提高学生的综合素质和能力。

学院着力加强辅导员队伍的专业化、科学化建设，开展首都大学生思想政治教育研究课题1项，校级思想政治教育研究课题两项，发表思想政治教育论文10篇。

基层班级职能化建设不断深化，编制《经济管理学院团支部委员、班委职位说明书》，对500余名基层班级学生干部进行任职认证，对400余名基层班级学生干部进行专项培训，梁希07－1班荣获全国先进班集体称号，梁希08－1班荣获学校十佳班集体称号。推进科技创新赛事化运行，获得省部级及以上奖项58项，全年共计有1028人次获得各级各类奖项，其中包括第七届"挑战杯"中国大学生创业计划竞赛金奖1项，第六届"挑战杯"首都大学生创业计划竞赛金奖1项、银奖3项、铜奖2项，首届中国大学生创意创业大赛全国特等奖1项、全国三等奖1项，首届全国商科院校市场调查分析技能大赛全国一等奖1项、全国三等奖2项，第七届国际市场营销大赛中国区二等奖1项，第三届全国大学生网络商务创新应用大赛全国二等奖1项、北京赛区二等奖1项，2010年赛扶(SIFE)中国创新公益大赛全国二等奖1项，第二届全国大学生电子商务创新、创意及创业大赛全国三等奖1项、全国优秀奖5项、北京赛区特等奖2项、北京赛区一等奖4项、北京赛区二等奖11项、北京赛区三等奖19项。社会实践项目化开展，组建暑期社会实践队30支，其中校级重点团队8支，北京市暑期社会实践重点团队1支，北京团市委网站、中国网、江苏省林业厅网站、《法制晚报》、大学生社区等校外媒体和网站对社会实践报道30余次。

深化全院就业格局，与北京华润置地、北京东升博展科技发展有限公司等8家公司签订教学实习与就业实践基地协议书，通过华民慈善基金资助就业困难学生金额近30万元。与2010届毕业生谈话1000余人次，吸引120余家单位来院招聘，新增用人单位联系信息250余家，学院用人单位数据库信息已增至1600余条。学院荣获学校2010年就业工作推进奖。

制定并完善《经济管理学院宿舍长机制》和《经济管理学院学生宿舍安全卫生督导工作机制》，组织宿舍长培训2次、宿舍安全卫生督导5次，荣获学校2010年"公寓文化节"优秀组织奖。创新心理健康教育方式，先后召开6次心理委员例会，邀请3位心理咨询师对心理委员进行理论培训和技能指导，组织心理委员工作经验分享2次，启动2010级新生团体心理辅导。分年级、分专业、分班级召开70余场诚信迎考专题动员会，实现全院93个本科生班级考风考纪宣传全覆盖，实现《诚信考试承诺书》签署率100%。

创办"精英学校"。2010年4月面向大二、大三的优秀本科生招收2期共142名学员。旨在通过对选拔出来的优秀学员进行为期1年的分专题集中教学、创新训练、社会实践、岗位实习等培训，培养思想政治素质好，具有创新精神的高素质、复合型拔尖创新型优秀人才。

与中国绿化基金会建立良好合作关系。2010年7月，学院"紫穹"志愿者服务队参加中国绿化基金会、联合国环境规划署等单位共同举办的2010为爱远征——国际青年幸福家园项目地探访交流活动，积极加入到援助西部、绿化祖国的行列。2010年9月，经管学院被中国绿化基金会授予北京地区唯一的"幸福家园——城市伙伴"称号。

推进研究生的立体化管理，浓郁学术氛围，共举办包括导师讲坛在内的10余场学术讲座，举办2场博士生讲坛，开展学术沙龙32次，举办第一届研究生学术论坛。打造"经管研究生就业讲堂"的品牌活动，加强研究生的就业指导，研究生就业率和签约率位居学校前列。

（肖 进 房 薇）

【对外交流】 2010年，经管学院共接待美国宾夕法尼亚州立大学、美国密苏里大学、美国奥本大学、美国西弗吉尼亚大学、美国科罗拉多州立大学、美国密歇根州立大学、瑞典农业大学、加拿大林务局等国际知名高校和研究机构的专家学者10余人次，并给研究生重点讲授自然资源与环境经济学等3门研究生课程，广泛开展学术交流。派出15人次到美国、韩国、瑞典、丹麦、芬兰、新加坡等国进行学术交流访问。参加国内外学术会议近20次，参加人员逾30人次，提交会议论文40多篇。有3名教师分别获得国家留学基金委资助，以访问学者的身份赴瑞典、美国访问1年。国际合作办学取得进展，与澳大利亚国立大学正式签订合作培养硕士研究生协议，招收7名研究生。学院共招收留学生4名，承担国家亚太网络全英文授课课程3门，研究生培养国际化进程加快。成功举办发展中国家林业管理官员研修班，招收亚洲、欧洲、非洲的学员 20 余名。聘请美国奥本大学张耀启担任梁希学者。

（李 强 温亚利）

【**梁希 07 -1 班**】 2010 年 6 月，梁希 07 -1 班被教育部、共青团中央授予全国先进班集体荣誉称号。梁希 07 -1 班作为学校、学院教育教学尝试改革的重点，自成立以来，一直以积极鲜明的个性和特色活跃于校园中。梁希 07 -1 班班级凝聚力强，团结守纪，风貌昂扬，学风优良，是学校班风、学风建设的榜样，是学院基层班级建设的一面旗帜。该班同学的平均学分积高达 88.71 分，全班同学以 601.1 的平均分一次性通过国家英语四级考试。在"挑战杯"全国大学生创业计划竞赛、全国大学生英语竞赛、全国大学生市场调查分析技能大赛、北京市数学竞赛等各级各类学科竞赛中，该班学生均取得优异的成绩。在各种文艺、体育比赛中，该班同学也有出色表现。班级同学还积极参加各类社会公益、志愿服务、社会实践等社会活动，积极参加学生干部工作，培养包括校学生会主席在内的一大批优秀学生干部。 （房 薇 张卫民）

【**荣获第七届"挑战杯"中国大学生创业计划竞赛金奖**】 2010 年 9 月，第七届"挑战杯"中国大学生创业计划竞赛经过校级初赛、省级预赛、全国复赛的选拔，共有内地 115 所高校的 165 件作品进入决赛，港澳台地区的 8 所高校选派的 17 件作品参加角逐。最终，学院梁希 07 -1 班张辛连、张雅璇、林经 07 -2 班安琳瑶、工商 07 -2 班苏璐仙及其他两位队友的作品《北京节沃有限责任公司》表现优异，从全国晋级决赛的 165 件作品中脱颖而出，荣获第七届"挑战杯"中国大学生创业计划竞赛金奖，取得学校在该项大赛中的最好成绩。 （房 薇 张卫民）

工 学 院

【**概 况**】 北京林业大学工学院(School of Technology)原为北京林学院森工系，成立于 1958 年。1959 年林业与木工机械专业开始招生。1991 年更名为森林工业学院，2001 年更名为工学院，2002 年 11 月工学院划分为现在的材料学院与工学院。

2010 年，工学院设有机械设计及理论和森林工程 2 个二级博士授予权学科和机械制造及其自动化、机械电子工程、机械设计及理论等 7 个二级硕士授予权学科及森林工程 1 个北京市重点学科，现有林业工程(森林工程方向)1 个博士后流动站，具有工程硕士(机械工程领域)专业学位授予权。2010 年，学院新增机械工程全日制专业硕士学位授予学科。

2010 年，学院设有机械设计、机械制造、自动控制、工程图学、工程力学、电工电子学、车辆与交通工程、工业设计、电气工程 9 个教研室和 1 个市级林业工程装备与技术实验教学中心。学院现有机械设计制造及其自动化、自动化、电气工程及其自动化、交通工程、车辆工程、工业设计 6 个本科专业。

2010 年，学院在职教工 83 人，其中专任教师 60 人，具有博士学位的专任教师 43 人。在专任教师中，博士生导师 7 人，教授 12 人，副教授 25 人。本年度，新增副教授 4 人、硕士生导师 5 人，新进教师 4 人。

2010 年，学院毕业学生 391 人，其中研究生 51 人(博士研究生 4 人，科学硕士研究生 28 人，工程硕士研究生 19 人)，本科生 340 人。招生 426 人，其中研究生 62 人(博士研究生 7 人，科学硕士研究生 44 人，工程硕士研究生 11 人)，本科生 364 人。在校生 1591 人，其中研究生 190 人(博士研究生 29 人，硕士研究生 121 人，工程硕士研究生 40 人)，本科生 1401 人。

（葛东媛 于文华）

【**学科建设**】 学院拥有森林工程 1 个北京市重点学科，设有机械设计及理论和森林工程 2 个二级博士点，林业工程(森林工程方向)1 个博士后流动站；有机械制造及其自动化、机械电子工程、机械设计及理论、车辆工程、控制理论与控制工程、森林工程和设计艺术学(工业设计方向)7 个二级硕士授予权学科，新增机械工程全日制专业硕士学位授予学科，同时，学院拥有工程硕士专业学位(机械工程领域)授予权。

2010年，学院共有教授12人，副教授21人，博士生导师7人，硕士生导师31人。其中新增硕士生导师5人。新进青年教师4人，5名教师晋升副教授。有1名教授为第六届国务院学位委员会学科评议组成员；1名教授为全国林业机械标准化技术委员会主任委员；1名教授担任教育部农林工程类林业工程分委会副主任；另有5名教师在全国相关二级学会与协会中担任副秘书长或副理事长以上职务；1名教师出国进修。

学院加强师资队伍建设，促进学科、教师间的学术交流与合作，2010年共组织学术报告会10场，共18人进行学术报告。内容涉及自然基金申报交流、结合行业特色进行科学研究讲解、图像处理、有限元分析、机器人机构及控制、纳米研究、信号处理技术、森林防火、柔性直流技术、模糊控制、土壤圆锥指数测量、货车召回管理等。

2010年度，学院有1篇博士论文被推荐参加全国百篇优秀博士论文评选，获得校级优秀博士论文1篇，获得校级优秀硕士论文3篇。研究生参与发表论文62篇，研究生为第一作者的论文被EI收录31篇，其中27篇学术论文被国际会议采用。 (代智慧　李文彬)

【教学工作】 2010年，机械设计制造及其自动化专业获批第六批国家级特色专业建设点。在学校第八届青年教师教学基本功比赛决赛中，学院教师李艳洁获得一等奖，张军国、李艳洁获得最佳教案奖，工学院获得优秀组织奖。

学院全面梳理质量工程项目、教改项目，加大项目管理力度，完成由学校管理到学院管理的对接。2010年，工学院获批校级教学改革项目5项，校级精品课程建设3项，校级教材建设1项，大学生创新性实验计划国家级2项，北京市级2项，校级14项。2个校级教改项目通过学校专家组结题验收，7个校级教改项目通过中期检查。学院共有教师12人次参加国家精品课程师资培训计划。

2010年，学院培训和组织学生参加第四届全国大学生机械创新设计大赛等多项省部级科技竞赛，成果丰硕。其中在第四届全国大学生机械创新设计大赛中，工学院的学生作品《深井救援机器装置》获得国家一等奖，北京市一等奖，另有3部作品分获北京市二等奖2项，北京市三等奖1项；第五届全国大学生交通科技大赛中，获得二等奖1项，三等奖1项；第五届全国大学生“飞思卡尔”杯智能汽车竞赛中，获得光电组三等奖1项和摄像头组优秀奖1项；在2010中国机器人大赛暨ROBOCUP公开赛中获得机器人武术擂台赛项目无差别组标准平台二等奖1项，仿人组标准平台三等奖1项；2010亚广联亚太地区大学生机器人大赛晋级32强；在2010年全国大学生本田节能车大赛决赛中以80.864千米/升的成绩排名第七十。

学院充分发挥专业和教研室的作用，2010年共举办观摩教学4次，各类师生座谈会10场。按学校相关要求，自2010年10月起，开始进行2011版人才培养方案的修订工作。

(杨尊昊　钱　桦)

【科研工作】 学院2010年到账科研经费709.76万元，其中纵向到账经费575.2万元，横向到账经费49.76万元，校级项目84.8万元。

2010年，学院新增项目20项，包括国家自然科学基金、博士点基金等省部级课题9项，横向课题4项，校级项目7项。学院2010年在研项目合计69项，包括国家“十一五”科技支撑项目、国家自然科学基金项目、国家“863”项目、国家林业局“948”项目等各类省部级课题31个，横向课题13个，校级项目20个以及5个其他项目。2010年在研项目总经费2742.5万元，其中省部级经费2180.6万元，横向经费150.1万元，校级项目138.2万元，其他经费273.6万元。2010年新增项目总经费437.8万元，其中省部级经费293.6万元，横向经费74万元，校级项目70.2万元。

2010年，学院一名教师获得“中国研究院CABR杯”华夏建设科学技术奖励三等奖。教师申请专利20项，获得授权12项：其中发明专利5项，实用新型专利4项，软件著作权3项。在各级各类学术刊物上发表学术论文184篇，其中EI和ISTP收录71篇，中文核心期刊论文62篇。教师出版专著共7部，约36.6万字。2010年获得学校科研奖励67 500元，其中被三大检索收录论文获奖 64 500 元，发明专利获奖 3000 元。2010 年科研产出的数量和质量都比 2009 年有提高。

学院森林工程学科与中国福马集团、石家庄中博科技发展有限公司建立 2 个稳定的科研基地，保持紧密的产学研联合。“沙生灌木产业化促进沙荒地植被恢复”林业公益性项目在内蒙古通辽市国营库伦旗六家子机械林场建立试验示范基地。

森林工程学科在中博科技发展有限公司建立的人工林抚育用遥控自动立木整枝机中试生产线，生产立木整枝机。 （代智慧　李文彬）

【实验室建设】 2010 年，学院为结合实验教学示范中心建设和改善准备机器人大赛的实验调试环境，调整钳工实习场地，改造实习中心模型室地面，完成 10 个实验室的空调、吊扇和排气扇的安装。并利用暑假假期组织维修车辆实验室屋顶，面积达 150 多平方米，消除安全隐患，改善实验教学环境，为实验教学和科研开发的顺利开展提供了保障。

2010 年，学院获得专项修购项目一项，经费 80 余万元。经费主要用于提升和改善机电一体化、机器人应用技术实验条件和相关教学活动。

2010 年，学院接受北京现代汽车公司捐赠的御翔轿车和途胜 SUV 各一辆，发动机和变速器各 10 台。这是学院与北京现代汽车有限公司自 2009 年校企合作以来北京现代汽车有限公司对学院的第一次捐赠到位，该捐赠项目主要应用于汽车相关实验、实习课程教学，进一步提升和改善学院车辆工程实验室的教学条件。

（陈　劭　葛东媛）

【党建工作】 2010 年，学院党委下设党支部 13 个，其中教工党支部 4 个，学生党支部 9 个。共有党员 254 人，其中学生党员 205 人，在职教工党员 49 人。2010 年，学院共发展预备党员 85 人，转正预备党员 60 人。

学院加强党风廉政建设和党的理论学习。学院党委多次组织教工支部、学生支部开展科学发展观及学习型组织专题的理论学习，并定期召开民主生活会。院党委制定《工学院党委创先争优活动实施方案》，教工党支部开展企业走访调研和学术讨论，学生党支部开展各类主题教育活动。

2010 年，学院党委制定并施行《工学院党支部管理条例》、《工学院优秀党支部评比量化考核细则》和《工学院党员发展、转正流程》。成立学生党建工作办公室专门负责日常学生党建工作，制定《工学院学生党建工作办公室章程》，聘请专职教师作为秘书长。

2010 年，学院党委组织第四十四、四十五期学生业余党校初级班和第四十三、四十四期提高班。两期提高班通过率均在 94% 以上，位居全校前列。工学院学生获评党校之星、优秀学生干部比例位居全校第一。

学院实行党建带团建“六个一”工程，即党支部指导新生班级开一次民主推优会、联合组织一次团日活动、讲一次党课、举办一次学习经验交流会、打一场新老生友谊赛、共同阅读一本好书。学院党委组织党员参观首都博物馆等爱国主义教育基地，举办“走进世博”知识竞赛、“强化创先争优意识，争做入党模范标兵”主题教育活动。2010 年度，教工党支部赴平谷农村开展新农村建设调研，并先后到鱼子山抗日战争纪念馆、世纪阅报馆、北京国际农业科技示范园区参观学习。学生党支部在清明前夕赴李大钊故居缅怀革命先烈，并在现场召开党员发展大会；赴抗战纪念馆开展主题为“追思明志忆先烈，创先争优做栋梁”的主题党日活动，以此深切缅怀革命先烈。

2010 年，学院党委承担全校迎新接站工作，选拔 150 名学生党员、积极分子和主要学生干部作为接站志愿者，2 天内共接待和运送新生及家长 1947 人。

2010 年，学院做好党员资料抽查、毕业生党员组织转接、年底党内统计等工作，汇总整理全院党组织、党员资料，建立完善的党建信息库。

2010 年，学院 2 名同志被评为校级优秀共产党员，教工联合党支部、学生第六党支部被评为校级先进党支部。学院党校提高班以全校第三的成绩获得“我与祖国共奋进，青春与梦想齐飞”主题教育活动二等奖。在第四十四期党校提高班演讲比赛中获全校三等奖。工学院学生党员的 3 篇文章被党委学工部评为廉洁教育优秀征文并收入论文集。研究生党支部“遵守学术道德，抵御学术不端”活动被研究生工作部评为优秀主题实践活动。1名同学在全校“扬正气，讲诚信，促学风”演讲比赛中获优秀奖。

（陈洪波　李　锋）

【学生工作】　工学院在校学生总人数1525人，其中共青团员1420余人；全院专职团干部4人，团委学生委员11人；建有学生会、研究生会、社团联合会、团委学生事务中心等7大学生组织，成立开拓者机器人协会、风驰汽车协会、指南针科技协会等7支学生社团。

2010年评优表彰工作中，涉及参评班主任、研究生、本科生在内1000余人，36个班集体，共评出奖学金类13项共410人、荣誉称号类2项共211人，获得奖学金人数占全院参评学生人数的34%。学院认真完成经济困难学生的奖、助、贷、减、免工作，办理学生助学贷款56人，学费缓交28人，发放各类助学金140多万元，979人次获得资助。学院还为经济困难学生提供37个勤工助学岗位。

学院坚持将学生成绩及时通过“致家长的一封信”的形式通报给家长。2010年学院共邮寄530余封信件，通过家校互动引导家长参与到育人工作中。2010年在学校组织的“十佳班级体”评选中，工学院占据两席。学院每周至少进行两次学风督察，同时在期末考试前集中开展诚信考试宣传工作。

2010年，院社联、机器人协会、指南针科协联合打造2010年科技文化节10余项系列活动，重点举办第四届机器人大赛和第八届结构设计大赛，400多人参与其中，占全院学生的1/3。

2010年，学院组建12团队共120余人开展“三支一扶”暑期实践活动，同时结合专业特点和学生需求，推荐上百名同学到单位参加就业实习。2010年，学生完成实践论文400余篇，参与人数500多人，占全院学生总人数的1/3；有2支团队被列为校级重点团队，1人获得校级社会实践优秀个人。同时，学院依托青龙桥街道、通州自奋希望学校、玉福敬老院3个志愿服务基地，相继开展迎新接站、义工助学等志愿活动，在宿舍垃圾分类回收活动中回收塑料瓶30 399个，工学院共有814名同学参与到志愿者活动中，服务时间累计7781小时。

2010年以班级为单位组织“力士杯”拔河赛等20多项文体活动，1000余名同学参与到活动中。2010年，工学院获春季运动会精神文明奖，校新生运动会团体第四、男子团体第三和男子1500米、男子跳远、女子跳高、多人循环跳绳、搭桥过河5个竞技项目第一，北俱杯足球赛亚军，并在院系杯赛事中获足球亚军、男乒亚军、女乒季军和男排季军。学院举办第九届“绿色年华”宿舍设计大赛，工学院荣获全校宿舍设计大赛优秀组织奖二等奖；另外，在北京大学生艺术展演中，工业设计专业2件学生作品荣获一等奖，一件被推荐参加全国大学生艺术展演。

2010年，学院组织全院大一、大二班级开展心理团体辅导及素质拓展活动24次，全年共协调处理心理问题学生3例。同时，本年度学院完善计算机准放制度和宿舍检查制度，坚持两周一次的宿舍督察；并制定班主任、辅导员宿舍走访机制，确保宿舍的安全稳定。

2010年，工学院共有4个专业12个毕业班340名本科毕业生，28名硕士毕业生、3名博士毕业生。毕业生总数达371名，全院签约率82.4%，就业率95.9%。　（陈洪波　李　锋）

【对外交流】　2010年，工学院共有12人次派往美国、德国和加拿大参加科研合作、学术交流和考察活动及公派留学学习，其中参加科研课题资助出国开展科研合作研究的有1人次、参加国际学术和考察活动的有9人次、国家公派留学人员2人次。

2010年5月，加拿大纽宾诗域大学鲍沃特森林流域研究中心主任、林业资源与环境管理学院教授孟繁瑞应邀到工学院进行学术交流，双方提出定期开展科研学术交流和研究生合作交流、共享科研教学成果的建议。

2010年6月，加拿大多伦多大学林业系教授Mike Wotton和安大略省林业研究中心研究员崔文彬等学者访问工学院并进行学术交流活动，期间，Mike Wotton教授作《森林雷击火预测技术》主题报告，并与工学院的相关学科专家、研究生进行深入研讨和交流。同时，Mike Wotton教授代表多伦多大学向学校提供最新的加拿大森林火灾提起指数指标系统（FWI）及相应的软件，并同意将加拿大森林雷击火预测核心技术在中国大兴安岭应用。　（葛东媛　俞国胜）

材料科学与技术学院

【概　况】 北京林业大学材料科学与技术学院(College of Material Science and Technology，以下简称材料学院)成立于2002年11月，前身是1958年成立的北京林学院森林工业系，由林业工程一级学科和设计艺术学二级学科组成。学院设有木材科学与工程、林产化工、艺术设计3个系和1个实验管理中心。

材料学院本科教育设有4个专业：木材科学与工程、林产化工、艺术设计、包装工程；8个专业方向：木材科学与工程、家具设计与制造、包装工程、林产化工、制浆造纸、环境艺术设计、装潢艺术设计、动画艺术设计；设有3个硕士学位授权点：木材科学与技术、林产化工、设计艺术学；两个博士学位授权点：木材科学与技术、林产化工；1个林业工程学科博士后流动站。

学院拥有木材科学与技术国家重点二级学科、林业工程北京市一级重点学科、木材科学与工程为国家级一类特色专业、北京市及国家林业局重点学科，以及木材科学与技术、林产化学加工工程"211工程"重点建设学科。2010年新增林产化学加工工程国家级二类特色专业。

2010年，学院在职教职工100人，其中专任教师81人，专任教师中博士生导师16人，教授19人，副教授28人，其中具有博士学历的教师43人。本年毕业433人，研究生64人(博士生7人，硕士生57人)，本科生369人(学士362人，应毕业390人)。招生480人，其中研究生88人(博士生12，硕士生76)，本科生392人。在校生1735人，其中研究生276人(博士生52、硕士生221)，本科生1479人。

(于　扬　杨永福)

【学科建设】 材料学院现有林业工程一级学科1个，其中包括木材科学与技术、林产化学加工工程2个二级博士点学科，木材科学与技术、林产化学加工工程和设计艺术学3个硕士点，4个具有特色和优势的稳定的研究方向。学科的研究内容几乎覆盖包括森林工程在内的林业工程一级学科的各个领域。

学科具有一支结构合理、国内外有一定影响、富有创造力的学术队伍，国务院学位委员会林业工程学科评议组召集人1人，另外还有10多人在林业工程各个学会担任正副理事长、常务理事和理事；有5名教授任联合国环境开发署独立咨询专家。

2010年，学院共招收88名硕士和博士研究生，授予博士学位7人、硕士学位57人。发表学术论文200余篇，87篇被SCI、EI和ISTP收录。

(胡传坤　赵广杰)

【教学工作】 2010年，材料学院教学工作基本思路是继续全面开展本科质量工程建设，深化教学改革和教学方法研究，目标是提高课堂教学质量，力争专业建设、课程建设、教学内容和方法的改革和实践上一个新的台阶。

2010年，学院启动人才培养方案修订工作，深入开展教研组活动，教研室每学期组织2次教学研讨会，两次教师座谈会，5次学生座谈会。组织7次教学观摩，增进教师交流，提高教师特别是青年教师教学水平。5位青年教师参加全国性教学改革研究学术会议。学院承担教改项目3项，精品教材2项，专业建设4项，大学生创新项目国家级4项、市级2项、校级15项。2010年，教师发表教改论文35篇，教改、精品课程结题2项，大学生创新项目结题18项(国家级、市级、校级)。本科生在国内外各类竞赛中获奖20余项。

(张　颖　丁密金)

【科研工作】 到校合同经费967.2万元，到账经费580.3万元，全部为纵向经费；本年度共有34项课题立项，其中6项国家自然科学基金、林业公益性行业专项2项；获授权发明专利10项，申报23项。发表科技论文200多篇，SCI收录35篇，EI收录37篇，ISTP收录15篇。2篇论文获中国林学会梁希青年论文三等奖。

北京林业大学木质材料科技成果创新与转化基地建设在河北平泉建设，工厂主体结构工程已经完成，打井1眼；已有"环保、无醛木材胶

黏剂”等3项成果在江苏、浙江等地的5家企业进行实施应用。（胡传坤　李建章）

【实验室建设】 2010年，材料学院教学科研平台完备，拥有木材科学与工程北京市重点实验室、木质材料科学与应用教育部重点实验室、木材科学与技术北京市实验教学示范中心、林业生物质材料与能源教育部工程研究中心。

学院主要有木材科学、木材干燥、木工机械与刀具、木材加工工艺、胶黏剂、包装工程、家具设计与制造等7个实验室。林产化学加工工程学科主要有植物资源化学、生物质能源转化工程、制浆造纸及性能检测、木材化学、化工原理、精细化工、污水处理等7个实验室。设计艺术学学科主要有材料艺术、装饰艺术、装潢设计、摄影等4个实验室。

截至2010年年底，学院实验室总面积4000平方米，校外教学实习基地18个，专业期刊资料室1个，仪器设备总值3800万元。

（胡传坤　高建民）

【党建工作】 2010年，材料学院党委共有16个党支部，其中教师党支部5个(较2009年新增1个)、学生党支部11个。党员357人，其中在职党员60人，学生党员297人；预备党员108人；少数民族党员20人。2010年发展党员112人，转正89人；组织关系转入25人，组织关系转出118人。

2010年，学院党委围绕创建学习型党组织和争先创优活动的要求，结合学校和学院的实际情况，在广大师生党员中深入学习“两个会议”、“三个纲要”精神、《七个“怎么看”——理论热点面对面·2010》和《划清“四个重大界限”学习读本》等内容，组织开展“创先争优”、“遵守学术道德，抵御学术不端”等主题党日活动。鼓励和支持各党支部开展特色活动，持续推进学生党支部共建工作。学院共有6支学生党支部分别与大兴区、平谷区、怀柔区、延庆县的村党支部开展“红色1+1”共建活动，对新农村的建设现状进行考察、对话村官、宣传低碳环保知识等一系列活动。研材料09党支部“抵御学术不端”主题党日活动获学校优秀主题党日活动一等奖。

学院党委注重加强和改进对党员的经常性教育和管理，各支部严格执行发展党员公示制、票决制，合理科学地开展党员发展、转正和组织学习，保证党员的质量，并坚持召开民主生活会，深入开展批评与自我批评。学院党委为新生党员配备优秀老党员进行再培养，为新生班级配备党员辅导员，加强新生班级的思想教育和入党宣传。特别是在2010年学校参加北京普通高等学校党的建设和思想政治工作先进校评审中，学院组织各学生党支部和学生党员积极参与，为学校当选先进校作出一定贡献。

学院2010开办2期党校初级班，认真组织好每次授课和讨论，共培养入党积极分子208人，向党校提高班输送优秀学员188人。学院成功举办第三届启明星杯“党史时政我知道”知识竞赛，通过知识竞赛的形式，让党员、积极分子和党校学员，积极学习和掌握党的基本理论知识和国家时事政策信息，提高自身综合素质，永葆共产党员先进性。同时，依托启明星协会，加强基层团支部和党支部之间的联系，做好团组织推优，做好积极分子培养，做好发展前的考察，构建科学完善的党员发展体系。

（蒋　玮　杨永福）

【学生工作】 2010年，材料学院学生工作的总体思路是以争先创优活动为主线，以提高学生管理水平，增强服务能力为重点，以“特色工作出亮点、常规工作出经验、日常工作出实效”为思路，推进学生工作的科学化、规范化和人性化，服务广大学生的成长成才。工作重点有五个方面：以“争先创优”为主线，加强党建和学生思想政治教育；以“我的大学梦想”为主题，加强学风班风建设；以“丰富多彩的文体活动”为内容，加强校园文化建设；以“精细化管理和个性化服务”为目标，做好日常教育引导工作；以“提升学生干部队伍素质”为重点，加强组织自身建设。学院举行“我的大学梦想”大学目标规划活动、“我的班级我的团”学习型班级建设活动、“感恩在我身边”主题教育活动、“秋实杯”学术活动、“书香满园”读书活动、“材料杯”系列的体育比赛、主题党团日活动、优秀团支部评比、舍歌大赛、年度评优表彰、心理健康月等活动，开展特色活动10余次，5000余人次学生参与，取得丰富学生课余生活、促进学生成长成才的效果。

学院抓好辅导员、班主任和学生干部三支队伍，做好学生会、研究生会、团委学生委员会、自律委员会、信息宣传中心、社团联合会、学生科技协会、职业发展中心、启明星协会等9大学生组织和5个学生社团的换届调整，特别是对学生会、社团联合会、团学委三大组织进行集中换届，促进学生组织间的交流学习，节约会议成本，提高办事效率。对新上任的学生干部进行精英化培训，举办学生骨干培训班1期。学院联合清华大学、北京航空航天大学、北京理工大学、北京化工大学、北京科技大学、中国地质大学、北京工业大学等8所高校材料学院，由北林大主办第五届首都高校材料文化节，促进相近学科学生间的交流和学习。

2010年，学院本科生共有1139人次获得国家、学校和社会设立的各类奖、助学金，占参评人数的76.1%；研究生有135人次获得学业奖学金，占参评人数的92.5%；46人次获得专项奖学金，占参评人数的31.5%。另有48名本科生获得全国或北京市各类奖项达20项，研究生发表一篇SCI论文影响因子达到8.250，是北林大学生发表论文的最高影响因子。同时，2010年度，本科生就业率92.31%，研究生就业率98.36%。 （蒋　玮　倪潇潇）

【对外交流】 2010年，材料学院共接待国外3个国家10人次来访，派出访问交流7个国家26人次。参加学术会议75人次，提交论文120余篇，在合作科学研究、研究生联合培养、短期讲学等方面取得进展。 （胡传坤　赵广杰）

生物科学与技术学院

【概　况】 生物科学与技术学院（College of Life Sciences and Biotechnology，以下简称生物学院）是基于国家理科基础研究与教学人才培养基地（简称国家理科基地）于1997年组建成立的基础科学研究与教学型学院。截至2010年年底，生物学院设有植物科学系、动物科学与微生物学系、生物技术系、生物化学与分子生物学系及食品科学与工程5个系。设生物科学（理科基地班）、生物技术和食品科学与工程3个本科专业，拥有植物学、林木遗传育种学、野生动植物保护与利用3个国家级重点学科，1个国家工程实验室，2个部级重点实验室，1个北京高等学校实验教学示范中心，1个计算生物学中心。建有生物学博士后流动站，拥有植物学、生物化学与分子生物学、林木遗传育种、野生动植物保护与利用、微生物学科的博士和硕士学位授予权以及细胞生物学、农产品加工与贮藏工程学科的硕士学位授予权。学院建有毛白杨研究所、螺旋藻研究所、中国林地资源研究中心（下设林地资源调查与评估研究室、林地药用与香料植物资源利用研究室、林地食用资源加工利用研究室、林地经济动物利用研究室4个研究室）。

2010年，学院在职教工共95人，其中专任教师69人，包括中国工程院院士1人，长江学者讲座教授2人。专任教师中，教授24人（其中博士生导师23人），副教授30人，具有博士学历的教师67人。

2010年，学院毕业学生302人，其中研究生121人（博士生28人，硕士生93人），本科生181人；招生350人，其中研究生179人（博士生37人，硕士生142人），本科生171人；在校生1119人，其中研究生473人（博士生85人，硕士生352人，在职农业推广硕士36人），本科生646人。 （杨雪松　周伯玲）

【学科建设】 2010年，学院拥有理学门类的生物学一级博士学位授权点1个、生物学一级学科博士后流动站1个；拥有理学门类的植物学、生物化学与分子生物学、微生物学，农学门类的林木遗传育种学、野生动植物保护与利用学等共5个二级学科博士和硕士学位授权点；拥有工学门类的食品科学与工程1个一级学科硕士学位授权点，理学门类的细胞生物学1个二级学科硕士学位授权点；其中植物学、林木遗传育种学、野生动植物保护与利用3个学科为国家级重点学科。

2010年，学院先后召开3次学科建设主题会，初步制定完成各学科的长远发展规划，以及学院的“十二五”学科建设规划。启动自设二级学科博士点申报工作，组织完成1个自设学科的申报材料。学院除食品科学与工程学科外，其他各学科均参与学校的国家重点实验室申报工作。2010年新增新世纪百千万人才1人，北京市教学名师1人，享受政府特殊津贴者1人。2人入选教育部新世纪优秀人才计划。增选院学术委员会委员4人。讨论通过《生物科学与技术学院学术委员会章程》。

2010年，学院成立中国林地资源研究中心和北林大计算生物学中心，举办海峡两岸学术交流营和计算生物学国际研讨会等4项研讨会。组织参加六校生物联盟 seminar 论坛，获得1项学术创新奖。林木、花卉遗传育种教育部重点实验室通过教育部专家组验收，获行业第一的好评。与赤峰市林业局签署合作协议，与黑河市政府签署合作协议。

2010年，学院获校级优秀博士论文2篇；校级优秀硕士论文3篇；1篇博士论文入选全国优秀博士论文提名；获北林大第一届优秀学术论文奖励4项：一等奖1名，二等奖1名，三等奖2名。有2名教师以高访身份出国进修，两名教师高访进修回国。（刘玉军　张志翔）

【教学工作】 2010年，生物学院教学工作的基本思路是坚持以科学发展观为指导，以谋划发展、深化改革提升质量、聚焦效益为主线，重点和目标是进一步开展教育教学改革，抓实抓好教育教学质量，推进人才培养模式的改革，提升人才培养水平。采取的措施是进一步深化教学改革，积极申报各类教学改革立项，提高质量工程项目的建设成效；遵循学校教研室管理规定，切实发挥好教研室的作用；通过座谈会、教学观摩等活动进行经验交流，改革教学方法，提高教学效率；不断拓展实践教学空间，加强大学生实践能力的提高；积极参加教学论坛交流，深入相关高校调研考察，充分了解社会需求，做好2011版本科人才培养方案的修订工作。

在2010年校级质量工程项目申报中，学院获批继续资助精品课程建设4项、专业建设项目1项，新立项精品课程3项；获批3项校级教学改革立项；获批2项实践教学改革立项；植物生物学教学团队获批国家级教学团队称号；张志翔教授获北京市教学名师称号。

2010年，学院继续拓展实践教学空间，丰富实习内容。采取“校内校外并重，用足校内资源，校—地、校—企合作，突出就业实训”的原则建设实习基地。生物科学专业学生赴烟台昆嵛山、东北林业大学、兰州大学、浙江天目山、四川大学、陕西秦岭、厦门大学等地进行生物学综合实习。

学院结合两次期中教学检查，共组织教学观摩课程两次，召开师生座谈会3次，教师座谈会17次。2010年下半年期中教学检查中，开展以“交流实践教学体会及相关问题”和“研究型教学及学生创新能力培养经验交流”的专题教师座谈会。

2010年学院获国家大学生创新性实验计划5项，共计5万元；获北京市大学生科学研究与创业行动计划3项，共计3万元；校大学生科研训练计划项目30项，共计6万元。

2010年，学院组织12名教师参加第五届高校生命科学教学论坛，共有7篇教改论文被收录到论坛论文集中。

2010年11～12月，学校进行2011版人才培养方案修订，学院组织两支分队赴广州、上海等地高等院校进行调研考察学习，形成调研报告，并形成人才培养方案的初稿。（徐桂娟　郑彩霞）

【国家理科基础研究与教学人才(生物学)培养基地】 2010年5月，北京林业大学国家理科生物学基地会同清华大学、北京大学、北京师范大学、中国农业大学联合建立“首都高校生物学野外实习网站”；由五所大学共同创办的山东省烟台昆嵛山国家森林公园等生物学野外实习基地正式挂牌；同时，由郑光美院士领衔、五个国家理科生物学基地教师参与编撰的60万字《生物学野外实习指导》系列丛书即将出版。

2010年暑期，北京林业大学国家理科生物学基地选派30名师生组队分别参加浙江大学、兰州大学、东北林业大学、厦门大学、陕西师范大学、四川大学国家理科基地主持的生物学野外综合实习。2010年10月，理科基地组团参加在山西大学举办的第五届高校生命科学教学论坛，发表教学研究论文7篇。2010年度，理科基地班学生在SCI源刊发表学术论文3篇，在国内核心期刊发表学术论文4篇，申报技术专利3项；戴明道同学在首届森林科学论坛——森林应对自然灾害国际学术研讨会作专题演讲(The reason for testes's recrudescence and regression in wild ground squirrels: seasonal changes of immunodetection for Bax.)；理科基地学生全年获得国家大学生创新性实验计划资助5项，获北京市大学生科学研究与创业行动计划资助3项，获北京林业大学大学生科研训练计划项目资助30项。

(任建武　张志翔　郑彩霞)

【科研工作】 2010年，生物学院获批博士点基金、林业行业公益性专项、国家自然基金、北京林业大学创新项目共计30项，合同总经费2831万元。

2010年，学院在研科研项目总数142项，其中纵向项目，111项(其中"973"子课题2项、"863"课题5项、"948"课题4项、"十一五"科技支撑课题及子项目19项，国家自然科学基金22项、林业行业公益性项目9项、新世纪优秀人才计划项目2项、学校青年科学基金10项，其他项目38项)，横向课题31项，总经费7300余万元。

2010年，学院申请专利10项，获授权专利3项；获新品种权14项；发表论文201篇，其中SCI收录29篇(位居全校第二)，EI收录3篇，出版专著1部。组织参与国家"十二五"科技发展规划和国家自然科学基金委等部委的科研规划。

学院组织召开统计遗传与计算生物学国际研讨会；承办第六届全国野生动物生态与资源保护学术研讨会暨中国动物学会与鸟类学分会、兽类学分会成立30周年纪念会，第六届翠鸟论坛等。邀请国内外知名专家，举办近30场学术报告会。组织80多人次参加在芬兰坦佩雷召开的林业生物质能源2010年国际大会，在尼泊尔加德满都召开的喜马拉雅地区生物多样性、生存与气候变化等国际会议。组织参加全国第四届生物产业研讨会、南北农业合作交流对接会、第六届海峡两岸林业博览会暨投资贸易洽谈会等重要会议。

2010年，学院加大科技成果转化力度，积极主动拓展服务社会功能，与赤峰市林业局签订百万亩经济林合作项目；与黑河市政府签订校地科技合作协议；与广西三江侗族自治县百万亩油茶合作项目已经启动。学院还与君乐宝乳液、河北露露集团、晶品果业等单位建有长期稳定的合作关系。

(张志翔)

【理科基地建设】 林木、花卉遗传育种教育部重点实验室成立于2003年。实验室依托于林木遗传育种、植物学以及园林植物与观赏园艺3个国家级重点学科及生物化学与分子生物学博士点学科而设立。2010年，实验室以优异的成绩通过教育部专家组评估。

实验室主要开展商品林与经济林树种遗传改良、观赏植物新品种选育、抗逆性植物材料良种选育、细胞工程与良种高效快繁及产业化技术以及基因工程与分子辅助育种等5个方向的研究工作。现有实验室面积约3000平方米，科研设施设备总值3000余万元，其中10万元以上的仪器设备近百台(套)。

2010年，实验室成员有2人晋升为教授，1人晋升为副教授；并与生物学院共同引进优秀博士毕业生2名。实验室现有从事科学研究的教师41人，其中教授27人，副教授13人，讲师1人。

2010年，实验室成员申请并承担国家"863"高新技术项目、国家自然科学基金、国家"十一五"科技攻关项目、省部级重点项目等纵向科研项目共计23项，合同经费共计2873万元；发表学术论文121篇，其中SCI收录40篇，核心期刊81篇；出版专著5部；出版教材1部；申请专利14项，获得授权专利6项。张志毅教授的成果获山东省科学技术进步三等奖。

2010年，实验室成员招收博士研究生27名，毕业博士研究生26名；招收硕士研究生112名，毕业硕士研究生80名。毕业博士研究生张正海(导师：康向阳，林木遗传育种学科)的博士论文《毛白杨未减数花粉发生及相关分子标记研究》获2010年全国百篇优秀博士论文提名；王君(导师：康向阳，林木遗传育种学科)的博士学位论文《青杨派树种多倍体诱导技术研究》被评为北京林业大学第十二届优秀博士学位论文。

(张平冬　蒋湘宁)

【党建工作】 2010年，生物学院党委共有22个党支部，其中教师党支部6个，学生党支部16个。共有党员316人，其中在职教工党员69人，退休党员4人，学生党员243人(本科生47人、研究生196人)，新发展党员71人，包括1名教师党员、70名学生党员。2010年参加党校初级班培训163人，通过提高班人数53人，为学院党员的发展工作打下了坚实的组织基础。

2010年，学院党委注重党员、教职工和学生的政治理论学习，坚持安排各党支部每两周过一次组织生活，认真组织各支部学习十七届五中全会精神、《中共中央关于制定国民经济和社会发展第十二个五年规划的建议》、《国家中长期教育改革和发展规划纲要(2010～2020年)》、《北京林业大学2010年党风廉政建设工作会议材料》等，在教师和学生党员中加强学术道德建设和学风建设，诚心治学，杜绝学风不正、学术不端和学术造假等现象出现。

2010年，学院党委在基层党组织和党员中深入开展创先争优活动，制定《中共北京林业大学生物科学与技术学院委员会关于在基层党组织和党员中深入开展创先争优活动的实施方案》；在庆祝中国共产党成立89周年之际，院党委在全院评选表彰7个优秀党支部、12名优秀共产党员。两个党支部被评为校优秀党支部、3名党员评为校优秀共产党员。

2010年，张德强入选国家新世纪百千万人才工程；张志翔获北京市名师称号；郑彩霞、胡冬梅被评为北京林业大学"巾帼标兵"；康向阳被评为北京林业大学"师德标兵"，并获批2010年享受政府特殊津贴。

2010年，院党委加强制度建设，对学院财务管理、学生量化管理、研究生推免等规定进行修订，修订《生物科学与技术学院本科学生综合素质评价暂行条例》、《生物科学与技术学院推荐优秀应届本科毕业生免试攻读硕士研究生工作试行办法》、《理科生物学基地优秀学生奖励暂行条例》等规定，制定《生物科学与技术学院经费管理规定》并注重制度的贯彻执行，使全院的管理工作进一步规范化、制度化。

学院分党委认真落实领导干部党风廉政建设责任制。2010年，学院组织学习十七届中央纪委五次全会精神，要求准确理解、把握、执行《中国共产党党员领导干部廉洁从政若干准则》的各项条款。学院从"三重一大"等方面认真查找风险点，共确定9项20余个风险点，汇总10张风险防控措施表。学院被校党委评为2010年贯彻党风廉政建设责任制先进单位。

2010年，学院党委与院工会和院行政联合组织全院教职工集体考察世界反法西斯战争海拉尔纪念园，对教职工进行爱国主义教育，增强党组织的战斗力。

学院发挥教代会的作用。2010年按期进行院工会、教代会的换届。教代会讨论通过院行政管理人员和实验技术人员的考核办法。学院行政、工会组织了青年教师教学基本功大赛。

(王晓旭　周伯玲)

【学生工作】 2010年，生物学院学生工作的总体思路是紧密围绕校院的中心工作，按照科学发展观的要求，坚持以人为本，科学发展，有步骤、有计划地开展各项工作，不断促进大学生的成长成才，为培养森林生物学科未来型、国际型的创新人才而不懈努力。

2010年，学院结合实际，完善学生工作专兼职队伍，定期召开班主任、辅导员会议，开展"步步为赢"干部培训系列活动，2010年开展学生深度辅导累计320人次。

2010年，学院加强学风建设，先后举办学术讲座42场，学习经验交流会12场，模拟考试6次。10月，学院创造性开展"喜报家校"活动，制作优秀学生事迹光盘40张，建立起家校良性互动平台；修订《生物科学与技术学院本科学生综合素质评价暂行条例》、《生物科学与技术学院推荐优秀应届本科毕业生免试攻读硕士研究生工作试行办法》。11月开展实验室开放日活动，4个重点实验室全面开放，60人次分组参加。2010年，本科生在国家核心期刊上发表论文21篇，申请专利1项。

在2010年的评优表彰工作中，学院本科生和研究生共有34人获国家级奖励，7人获市级奖励，357人获校级奖励，另有140名学生获得学习优秀奖学金，43名学生获得单项奖学金，16名学生获得理科基地奖学金，4名学生获得理科基地优秀学生干部称号。1人荣获"挑战杯"全国金奖，1人获北京市大学生"挑战杯"银奖，1人获宝钢特等奖，1人获全国大赛英语竞赛C类一等奖、1 人获全国大学生英语竞赛 C 类三等奖、1 人获第四届全国体育大会花样滑轮三等奖。

2010 年，学院积极开展各项特色活动，组织“生苑春晓”大型文艺晚会、主持人大赛、演讲比赛、新生辩论赛等 30 余项文体活动，组织来自北京、广东等地区 26 支队伍参加北京市野鸭湖观鸟比赛。2010 年，学院获得文体类大奖 10 余项：学生排球联赛女子冠军、乒乓球比赛女子团体亚军、足球联赛女子第二名、跳绳精英赛团体第二名、研究生篮球联赛女子组季军、健美操大赛三等奖、“五月的花海”合唱比赛获优秀奖、2009～2010 年度 DV 大赛优秀组织奖 以及学校春、秋季运动会精神文明奖和团体奖项等。

深入开展暑期社会实践。2010 年，学院共组织 32 支实践队伍，200 余人，分赴广西、北京郊区等地进行社会调查、科学考察等实践活动，收到暑期实践论文 153 篇。2 人被评为校级优秀指导教师，1 人被评为校级优秀个人，“广西北仑河口红树林生态调查实践队”被评为北京市优秀实践队，“延庆县曹碾村沟域经济发展状况调查社会实践队”被评为校级重点支持项目，北京六大高校“我与你同在关爱农民工子弟”夏令营被评为校级支持项目。

注重学生的心理健康教育工作。2010 年，学院形成“师生互助—朋辈互助—网络互助”三位一体的立体化、全方位心理健康帮扶模式。3 月成立学院心理委员协会，定期开展班级心理委员培训，发挥学生朋辈辅导的优势，组织多项心理健康活动，获得学校班级心理委员组织奖。

注重学生职业发展教育。学院为本科教育中不同阶段的学生建立“意识唤醒期—成长辅导期—就业指导期”全程职业发展教育体系，2010 年，学院开展职业成长训练营 4 期，共有 467 名学生参与。

重视贫困生帮扶工作。2010 年共有 53 名学生从事校、院固定的工作岗位，在 2010～2011 学年奖助学金评选过程中，资助 200 余名贫困学生，资助金额达 43 687 元，勤工助学岗位资助金额达 65 546 元，解决经济困难学生的基本生活问题。

扎实开展就业工作。2010 年，学院本科毕业 181 人，就业率 96.48%，签约率 85.87%，研究生毕业 115 人，就业率 100%，签约率 88.50%。学院就业工作领导小组亲自带队走访广西柳州、河南信阳等多个京外地区的企事业单位，与 5 家企业签署“大学生就业实践与教学实习基地”协议。举办专场招聘会 10 场，提供 20 种岗位共 140 个职位需求，共有 350 余人次参加。在学校举办的 4 次大型招聘会中，联系企业 27 家，提供近 240 个职位需求。学院获学校 2010 年基层就业奖。 （赵 媛 王晓旭）

【海峡两岸野生动植物保护与宏观生物学学术交流营】 2010 年 7 月 13～19 日举行由教育部港澳台事务办公室主办，北京林业大学生物学院承办的“海峡两岸野生动植物保护与宏观生物学学术交流营”活动，台湾大学、台湾师范大学、中兴大学等 10 所台湾院校 45 名师生，和北林大、北京大学、首都师范大学 40 名师生共同参与。活动包括：开营仪式、围绕“海峡两岸的野生动植物保护与宏观生物学”主题进行踏查调研、举办“中国野生动植物保护与发展”研讨会等。此次学术交流营活动，进一步促进两岸文化的沟通和交流，增加海峡两岸师生对中国资源丰富的感受和认同。 （赵 媛 王晓旭）

信息学院

【概 况】 北京林业大学信息学院（College of Information Science and Technology Beijing Forestry University，以下简称信息学院）成立于 2001 年 4 月，主要由计算机科学与技术 1 个一级学科组成。信息学院设信息管理与信息系统、计算机科学与技术、数字媒体艺术、动画、网络工程等 5 个本科专业，拥有计算机应用技术、计算机软件与理论、管理科学与工程等 9 个硕士学位授权点，林业装备工程、森林经理学信息管理方向等2个博士学位授权点。拥有森林经理学1个国家级重点学科。

2010年，学院在职教工68人，其中专任教师49人。专任教师中，博士生导师6人，教授8人，副教授16人，其中具有博士学历的教师30人。本年毕业学生252人，其中研究生46人(博士生3人，硕士生43人)，本科生221人。招生317人，其中研究生65人(博士生7人，硕士生58人)，本科生272人。在校生1197人，其中研究生179人(博士生28人，硕士生151人)，本科生1018人。（张东宇　郭小平）

【学科建设】 信息学院有二级学科博士培养方向2个：森林经理学(信息管理)和林业装备工程(林业信息化)。一级学科硕士点1个：计算机科学与技术。二级学科硕士点3个：计算机软件与理论、计算机应用技术、管理科学与工程。2010年，学院新增全日制专业硕士学科3个：软件工程、计算机技术、艺术设计。

2010年学院新增博士生导师1人，硕士生导师2人，教授1人，副教授2人。

2010年，学院共授予博士学位3人，硕士学位43人，发表核心期刊以上论文75篇，其中SCI检索论文1篇。（王亚栋　黄心渊）

【教学工作】 2010年，信息学院教学工作的基本思路是围绕提高本科教学质量的核心工作，进一步加强教学改革和研究工作，重点是教风和学风建设，采取"教风学风质量监督检查月活动"等保障措施，保证学生优良学风的树立和教师质量意识的提高。同时举行信息学院2010年青年教师教学基本功比赛，为青年教师相互学习、相互交流、观摩教学提供一个平台，进一步增强学院青年教师的本科教学质量意识，营造良好的本科教学工作氛围。

2010年，学院申请各类教学研究与改革课题21项，总计金额28万元。其中教育部的教改项目1项，校级专业建设项目2项，校级精品课程建设项目2项，校级教学改革研究5项，国家大学生创新性实验计划项目3项，北京市大学生科学研究与创业行动计划项目1项，北京林业大学大学生科研训练计划项目7项。2010年，学院组织中期检查和结题验收57项。其中教改项目结题验收4项，1项验收"通过"，3项验收"优秀"；中期检查12项，全部通过。大学生创新项目，中期检查16项，结题验收25项。

2010年，学院完成1部"十一五"国家规划教材的编写。新引进教师3人，其中博士后1名，博士生1人，硕士生1人，学院教师总数为68人。正在申报增设计算机科学与技术专业(物联网方向)。学院根据专业、学科的结构，进一步健全系、教研室的设置和布局，设立信息系、计算机系、数字媒体系。

2010年根据学院制定的《信息学院教学工作奖励暂行办法》，学院共获奖项目24项，其中教学质量评价优秀奖2项，国家级规划教材建设奖1项，省部级教学改革研究项目奖1项，学生科技类竞赛指导教师奖8项。（马晓亮　陈志泊）

【科研工作】 2010年，信息学院到账科研经费212.83万元，其中纵向经费169.83万元，横向经费43万元。学院软件著作权登记16项，发表论文64篇，其中EI收录39篇，ISTP收录4篇，SCI收录4篇。

2010年，学院科研新立项项目13个，其中包括省部级项目4个(面向森林检测的无线传感网关键技术研究、使用林地可行性报告编写规程、林业标准制修订项目（2010－LY－20)、面向林改的信息服务体系及综合信息服务平台建设)。（王亚栋　曹卫群）

【实验室建设】 2010年，计算机实验教学示范中心在做好日常管理与运行工作的前提下，重点完成综合实验室、网络实验室、嵌入式实验室设备采购验收工作以及实验教学示范中心管理系统开发和数据收集录入工作。新采购计算机120台，嵌入式实验箱30套，对13套网络设备进行安装、验收，对6个机房、330台计算机进行机房调整，搬迁布线，对数字艺术工作室和软件设计工作室进行装修。（马晓亮　陈志泊）

【党建工作】 2010年，信息学院党委共有18个党支部，其中教工党支部4个、学生党支部13个、教工与学生联合党支部1个。党员248人，其中教工党员39人、学生党员209人，全年共发展党员80人，其中本科生71人、研究生8人、教工1人。入党积极分子303人。

信息学院党委组织申报的《教师研究生共建联合党支部，促进学科又好又快发展》获北京林业大学党的建设和思想政治工作优秀成果二等奖，数字媒体教研党支部、学生第九党支部获得校级先进党支部称号，吴保国、程超然获得校级优秀共产党员称号。学院党委同时开展评优表彰活动，评出先进党支部2个、优秀党支部书记2名、优秀共产党员4名、优秀支委3名、优秀联系人5名。

2010年，学院学生党建工作以党员教育为主线，强化各党支部主题党日的教育载体作用。学院每学年拨发专项经费支持党支部开展特色党日活动。学生第八党支部全体成员在北林附小开展了"一二·九"爱国主义教育主题活动；学院各党支部积极参与第六届校园文画墙活动，营造"倡导低碳生活，传承绿色文化"的校园文化氛围。

在全院基层党组织和党员中深入开展创先争优活动，积极开展党支部和京郊农村党支部"红色1+1"支部共建活动、党员志愿服务、师生党员科技创新活动，充分发挥党员的先锋模范作用，引导和鼓励党员在本职岗位上创一流工作业绩。2010年，学院获北林大2010年"红色1+1"主题实践活动优秀组织奖。学院先后组织学生第九党支部、国防生党支部分别前往延庆县香营乡屈家窑村、康庄镇刁千营村开展"红色1+1"支部共建活动。通过"红色1+1"支部共建活动，给学生党支部提供一个"锻炼自己与服务新农村建设"的平台，各党支部结合年级特点及专业特色，发挥自身的智力优势和科技优势，为新农村信息化建设贡献自身力量，取得良好的效果。

学院党委组织全院师生认真学习2010年党风廉政建设会议材料，学习宣传党的纪律特别是政治纪律和财经纪律，通过学习使广大教职员工了解党风廉政建设的具体内容和要求，做到从源头上防止腐败事件的发生。学院领导班子成员每半年召开一次党风廉政建设专题民主生活会，明确"一岗双责"，年终考核时将党风廉政建设情况和学院安全稳定工作单独作为指标，做到统一部署、统一落实、统一检查，确保学院各项工作在安全稳定的环境中向前发展。

（任忠诚　郭小平）

【学生工作】 信息学院共有学生1197人，其中本科生1018人，研究生179人。学院学生工作紧紧围绕校院两级组织的中心工作，以思想、文化、实践、服务为育人宗旨，以学生为本，管理与服务并重，以提高学生素质为目标，以构建和谐信息为主线，以科学发展观为指导，通过开展各种形式的主题教育活动，增强学生责任心和荣誉感，培养学生文化素养和人文精神，同时大力加强院风学风建设，拓展政治教育思想阵地，进一步完善全员全过程就业格局，开创学院学生工作的新局面。

学院积极组织学生参加国内外各种大赛，并取得优异的成绩。获2010年(第三届)中国大学生(文科)计算机设计大赛全国一等奖1项；中国优秀游戏制作人大赛一等奖1项；第二届中国优秀游戏制作人评选大赛"最佳创意奖"1项；第六届"挑战杯"首都大学生创业计划竞赛银奖1项、铜奖1项；MCM美国大学生数学建模竞赛荣誉奖2人、成功参赛奖11人；全国大学生数学建模全国二等奖2人、北京赛区成功参赛奖5人；第七届全国研究生数学建模竞赛二等奖6人，三等奖3人；全国大学生英语竞赛一等奖1人、二等奖3人、三等奖5人；首届中国大学生创意创业大赛总决赛三等奖1人；北京市第三届软件构建评选活动优秀构件奖1项；北林大第六届"梁希杯"大学生创业计划竞赛二等奖1项、三等奖1项、优秀奖1项。

2010年，学院共有528人次获得国家、学校和社会各类奖助学金，其中获得奖学金267人次，助学金261人次，获奖人次占全院总参评人次的一半以上。在校级比赛中学院获第十六届"绿叶杯"辩论赛冠军，北林大学生篮球联赛男子第三名，"五月的花海"合唱比赛二等奖，春季运动会精神文明奖女子团体第六名、男女团体第五名，新生运动会取得男子团体第六名、女子团体第五名、总分第六名，第六届公寓文化节优秀学院组织奖三等奖，2010年"一二·九"越野赛道德风尚奖。计算机与网络协会被评选为"电脑义诊突出表现社团"，社团负责人被评为"北京林业大学社团十大风云人物”等。2010 年，在学校评优中，49 人获一等奖学金，34 人获二等奖学金，5 人被评为优秀研究生，8 人被评为优秀研究生干部，18 人获学术创新奖。

就业工作。全院 221 名毕业生共有 114 名学生与单位签约，46 人读研，5 人出国，2 人村官。一次签约率为 74.66%，就业率 98.19%。

（聂丽平　任忠诚）

【对外交流】 2010 年，信息学院邀请国内外相关领域专家讲座 11 次，邀请国外相关领域专家考察、学术交流 3 次，组团到美国、台湾地区相关单位访问 3 次。（王亚栋　曹卫群）

人文社会科学学院

【概　况】 北京林业大学人文社会科学学院(College of Humanities & Social Sciences)下设法学系、应用心理学系和思想政治理论课教研部，有法学、应用心理学两个本科专业。思想政治理论课教研部承担全校本科生、硕士生和博士生的思想政治理论类公共课，并面向全校学生开设人文社科类选修课 35 门。人文学院共设有 9 个教研室，其中思想政治理论课教研部下设 5 个教研室，分别是马克思主义原理教研室、毛泽东思想和中国特色社会主义理论概论教研室、中国近现代史纲要教研室、思想道德修养与法律基础教研室和文学艺术教研室。应用心理学系设有应用心理学教研室和基础与发展心理学教研室。法学系设有私法教研室和公法教研室。学院拥有 6 个硕士点，分别是科学技术哲学、马克思主义基本原理、思想政治教育、法学理论、应用心理学和行政管理。从 2007 年开始，学院开始招收林业史方向博士生。学院的人才培养覆盖本科、硕士、博士各个层次。学院设有北京林业大学生态文明研究中心暨国家林业局生态文明研究中心。学院的科研经费近年呈加速增长趋势，正在由教学型学院向教学研究型学院转变。

2010 年，学院在职教工 66 人。专任教师 57 人，其中硕士生导师 31 人，博士生导师 1 人；教授 6 人，副教授 28 人；具有博士学位教师 45 人。2010 年新进教师 3 人，均具有博士学位。

2010 年，学院毕业学生 211 人，其中博士研究生 4 人，硕士研究生 53 人，本科生 154 人；招生 218 人，其中博士生 2 人，硕士生 59 人，本科生 157 人；在校生 862 人，其中研究生 194 人(博士生 10 人，硕士生 184 人)，本科生 668 人。

（杨冬梅　于翠霞）

【学科建设】 2010 年，学院拥有科学技术哲学、马克思主义基本原理、思想政治教育、法学理论、应用心理学和行政管理 6 个二级学科硕士点。一年来，获研究生院学科前沿性讲座系列专题资助 15 人次，获研究生院国内学术会议交流资助 16 人次，4 项研究生院资助的研究生课程教学创新项目通过结题验收。聘请国家行政学院王景福教授为科学技术哲学硕士点兼职教授。全年在校研究生参编教材 2 部，参与撰写专著 1 部，发表学术论文 100 余篇。

学院共招收硕士、博士研究生 61 人，首届应用心理学研究生课程班开始招生，农业推广生态文明建设方向的在职专业硕士研究生继续招生。在以“生态文明”研究为特色的学科群发展思路上，学院进一步凝练学科研究方向；严格研究生培养，继续坚持读书会制度，认真落实新增的 Seminar、专业外语实践 2 个培养环节；严格学位论文要求，继续执行论文预答辩制度。

2010 年，学院新增硕士生导师 4 人，副教授 3 人。（杨冬梅　于翠霞）

【教学工作】 2010 年，人文教学工作的基本思路是以提高教学质量为核心，积极推进教学改革研究工作，重点是研究和探索实践教学模式，加大教研室活动的力度，开展各项教学研究活动，全面提升教师素质。保证本科教学管理和教学运行工作顺利进行。

2010 年，学院新增 1 个校级教学团队，3 门校级精品课程和 5 个校级教学改革研究项目，获得研究经费共计 10.5 万元。1 个校级教学团队通过学校组织的中期检查。1门校级精品课程，1个校级专业建设项目，5个校级教学改革研究项目均通过学院组织的中期检查。学院获批国家大学生创新实验计划项目4个，北京市大学生科学研究与创业行动计划项目2个，校级科研训练计划项目7个。国家、北京市及校级大学生科研项目共计10个通过结题考核，13个通过中期检查。法学系法律援助中心代理案件7起。应用心理学系新建浙江经济职业技术学院及北京市延庆县教委2个实习基地。共有118组近200名同学参加学院学术论文大赛，最终评出特等奖、一等奖各1篇，二、三等奖和优秀奖共计20篇。10位同学分别在《法制与社会》、《中国健康心理学杂志》等学术期刊发表论文15篇，组织学生参加全国大学生人文知识竞赛，获得国家级三等奖。

2010年，学院在北京高校思想政治理论课教师教学基本功比赛中获得马克思主义基本原理教学研究会颁发的一等奖和北京市委教育工委颁发的优秀奖。论文《倡导“立德、立言、立功”的理念，建设一流思想政治理论课教师队伍》获校级党的建设和思想政治工作优秀成果一等奖。教育部人文社科专项项目思想道德修养与法律基础精彩教案已批准。

2010年9月，法学系举办系庆10周年活动，成立北林大第一个校友分会——法学系分会，并成立奖励基金，拟每年奖励2名学有专长的优秀本科生。

结合教学期中检查，组织教师观摩教学4次，教研室座谈会17次，师生座谈会2次。9月，组织青年教师培训，继续执行《人文社会科学学院新进教师培养管理办法》，新进教师的指导教师均配备到位。（邓志敏　于翠霞）

【科研工作】 2010年，人文学院共组织申报科研项目29个，其中国家级项目6个，省部级项目16个，其他项目7个。获批科研项目21个，省部级16个，其他5个。在研项目29个，其中省部级17个，其他12个。到账经费159万元。新获教育部人文社科专项项目1个，教育部人文社科青年基金项目1个，获得学校人文社科振兴专项计划支持项目3个，获得联合国人口基金项目1个。此外还有多项来自国家林业局、北京市园林绿化局等各类纵向、横向课题。

从2003年开始，学院确立以“生态文明”研究为特色的学科群发展思路。作为研究成果之一的生态文明丛书，截至2010年年底已正式出版《生态文明的理论与系统构建》、《从现代文明到生态文明》、《生态文明理论构建与文化资源》等9部。

2010年，林业公益性行业科研专项经费项目生态文明建设的评价体系与信息系统技术研究的阶段性成果——《中国省级生态文明建设状况》蓝皮书由社会科学文献出版社出版。

2010年，学院教师发表论文114篇，出版专著10部，译著3部，主编、参编各类著作、教材14部。（杨冬梅　于翠霞）

【实验室建设】 人文社会科学学院实验中心设有法学模拟法庭和系列心理学实验室共计11个。2010年完成实验教学任务共计27门课程，590个班次，418个学时的实验教学工作量。法学模拟法庭利用修购专项资金3.5万元，维修和添置部分实验设备，法律援助中心接待室从主楼搬至实验中心。（邓志敏　于翠霞）

【党建工作】 2010年，人文学院党委共有19个党支部，其中教工党支部4个，本科生党支部8个，研究生党支部7个。共有党员304人，其中在职教工党员50人，学生党员254人(本科生139人，硕士研究生115人)。新发展党员115人。

2010年，学院有2人被评为校级优秀共产党员，2个党支部被评为校级先进党支部，学院党委申报的“科学发展求创新，党员教育树品牌”——学生党员教育之“人文党风”系列主题教育活动被评为北林大党的建设和思想政治工作优秀成果二等奖。教工行政党支部等7个支部被评为院级先进党支部，7人被评为院级优秀党支部书记，17人被评为院级优秀共产党员，18人被评为院级优秀学生党建工作者。

学院学生党建工作以党员教育为主线，以党员发展为重点，以“人文党风”系列主题教育活动为培养阵地，以主题党日活动为教育载体，以“支部共建”为支部建设的广阔舞台开展各项工作，取得一定成绩。学院结合上海世博会、玉树地震、南方旱灾等重大事件，开展人文党风的“世博展望寰宇，灾情牵动四方”朗诵表演大赛和“重温红色经典，传承时代精神”红色歌曲大赛两个主题活动。各党支部结合生态文明、低碳生活、抵制学术不端等开展“低碳校园，绿色北林”和“遵守学术道德，抵御学术不端”的主题党日活动。其中，硕人文09－1班学生党支部开展的主题党日活动被评为学校优秀党日活动三等奖。同时，学院多个党支部开展支部共建活动。教工行政党支部、教工心理党支部结合自身做学科特点与校工会党支部进行共建，围绕“首都职工心理咨询创新工作室建设”开展特色支部共建活动；5个学生党支部结合2010年“红色1＋1”活动与昌平区南邵镇小北哨村以及延庆县千家店镇的4个村党支部进行共建，其中2个党支部获北京市高校“红色1＋1”示范活动鼓励奖，学院获校级“红色1＋1”主题实践活动优秀组织鼓励奖。

廉政建设方面，学院根据学校下发的《北京林业大学推进廉政风险防范管理工作的实施意见》，对领导班子成员的岗位和业务范围进行全面梳理，分析可能存在的廉政风险点并确立风险等级、制度规范、工作流程、监督机制和预防措施。2010年，学院领导班子成员严格执行“三重一大”集体决策制度，适时开展师德师风教育、学术道德教育，党员干部模范遵守《廉政准则》和教育部“十不准”，完成党风廉政建设任务。

(张金体　于翠霞)

【学生工作】 2010年，人文学院掌握并及时处理影响安全稳定的事件16项。其中包括严重个人心理危机2人，宿舍心理危机3起，重大生理疾病2人，家庭重大变故5人，各类违纪4人。

2010年，学院着力构建积极明朗、健康向上的学风和院风，通过组织新生系列活动、团日活动、学术论文大赛、社会实践等品牌活动，鼓励学生以身立德，以学立言，以行立功。08级英语四级一次性通过率达92.34%，比2009年提高6个百分点，心理08－3班一次通过率为100%，并获十佳班集体称号；获全国大学生英语竞赛二等奖4名，三等奖7名；学院代表北林大参加首届北京市人文知识竞赛，获三等奖；在暑期社会实践中，“绿色社区人文行”、“法眼看广告”2个实践团分别被评为校级重点项目和校级项目，最终获得首都大学生社会实践优秀团队称号。各实践团共上交论文133份，获校一等奖1篇，二等奖1篇，三等奖2篇，市级首都大学生暑期社会实践优秀成果两篇，阳莎、张帆等同学及其所在团队撰写的调查报告获得2个北京高校思想政治理论课学生社会实践优秀论文二等奖；本科生345人次获学校年度评优奖励。

学院着力通过丰富多彩的校园文化活动，有效开展二课堂素质教育，使思想政治教育工作更富实效性。2010年3月，学院成立志愿者团，拥有长期志愿者246人，已累计为社会提供志愿服务500小时以上。志愿者团先后前往四季青敬老院、玉泉路民工子弟小学、智光特殊教育学校开展志愿服务活动，并积极联系中国文物保护基金会，将“文物保护——我们携手——圆明园文物修复大型公益活动”引进学校。文体活动成绩显著，院系杯篮球联赛中获男篮冠军；足球赛获男子乙组亚军；排球赛获第四名和精神文明奖；校“五四杯”健美操大赛获二等奖；校跳绳精英赛获团体第六名。在北林大春季田径运动会上，获男子团体第四、男女团体总分第六和精神文明奖等。

学院的学生活动注重品牌化建设，已形成以人文素质论坛为特色的包括心理健康节、法制小品大赛、人文杯辩论赛等系列活动品牌。2010年，先后邀请“感动中国”提名候选人、著名民间环保人士田桂荣女士，中国自费治沙第一人万平先生，北京古代钱币博物馆馆长郭豹先生，知名独立学者陈一文先生，中国文物保护基金会科保基金副秘书长林咏先生等各界名家来校作讲座。百坛心理学会获评第二届首都大学生性别情景剧大赛组织奖，组织的心灵成长之旅系列活动获评优秀社团团支部活动奖。辩协带领学院辩论队获校“绿叶杯”和院生态杯辩论赛亚军。

2010年，学院组织7个学科6个班级的研究生坚持开展学术讲座、读书会和学生学术活动，并不断创新研究生工作的品牌项目生态文化月活动的形式，开展研究生学术报告会。研究生评优工作顺利开展，113名参评研究生共获校院两级奖励181人次，其中校级研究生先进班集体1个，优秀研究生8人，学术创新奖4人，一等奖学金61人(含博士4人)，二等奖学金47人，优秀研究生干部16人(含博士1人)，爱林奖学金6人。同时评出院级优秀班集体1个，优秀研究生22人(含博士1人)，优秀研究生干部17人(含博士1人)。另外有1人被评为校级优秀班主任。

2010年，学院继续坚持年级辅导员工作模式，并结合课题《高校辅导员深度辅导工作的探索》的研究成果，发表论文《高等学校下属学院学生深度辅导体系的构建——以北京林业大学人文社会科学学院为例》，编制《我的大学》自我成长档案，积极搭建学生与班主任、辅导员之间的联系平台，引导学生自我成长。

2010届167名本科毕业生中有34名同学保送或考取研究生，有17名同学出国留学。继续深造的同学占毕业生人数的30.54%。研究生首次有4名同学获取全额奖学金和公费留学项目。截至2010年9月1日，本科生就业率94.01%，研究生为100%。2010年，学院被评为学校就业工作推进奖和学校就业困难群体帮扶奖。

(张金体　于翠霞)

【对外交流】 2010年，学校国际交流与合作处下发人文学院聘请外籍教师常规项目5个，分别是生态文明研究方向、林权改革与生态法制、特殊儿童教育与心理援助研究、完美主义与心理健康研究、大学生职业发展与创业教育研究。学院派多位教师赴美国、德国、奥地利、荷兰、日本等国以及中国台湾地区的著名林业院校进行学术交流和考察，学习生态文明建设的先进经验，并与多所大学和研究机构建立学术合作关系。2010年10月，学院与江西省林业厅合作举办"现代林业与生态文明建设"高级研修班，加强与林业大省的合作交流。学院4名学生获2010年欧盟奖学金项目出国交换学习。学院参加国际学术会议26人次、国内学术会议52人次，举办各种学术报告会13场次；学院受聘外出讲学6人次，外出社会考察17人次，进修学习9人次。

2010年到校讲学的国外专家包括美国生态哲学专家 Herman. F. Greene 教授，中美精神分析协会(简称 CAPA)主席 Elise Snyder 教授，美国佐治亚大学的 Bonnie Cramond 教授，加拿大女王大学宗教研究系 James Miller(苗建时)副教授等。学院广大师生与国外学者专家分别就生态文明建设、应用心理学等研究领域进行交流。

(杨冬梅　于翠霞)

外语学院

【概　况】 北京林业大学外语学院(School of Foreign Languages)原为外语教学部，1989年改称外语系，2001年1月成立外语学院。

2010年，外语学院设有英语、日语2个本科专业，外国语言文学硕士一级学科点(学术型学位)和翻译硕士(MTI)学科点(专业学位)。设有英语系、日俄语系、大学英语教学部、研究生英语教研室、翻译硕士培养中心、外语培训中心、语言与应用语言学研究所、国外考试中心等教学及研究机构。设有成人教育英语专业专科起点本科(专升本)、外语培训中心开设各种托福网考和SAT等英语培训班。拥有英语专业国家级特色专业建设点和大学英语教育部教改示范点建设项目。

2010年，学院在职教职工95人，其中专任教师85人。专任教师中，教授6人，副教授28人，其中具有博士学历的教师15人。新进教职工6人。本年毕业学生149人，其中研究生24人，本科生125人。招生157人，其中研究生24人，本科生133人。在校生571人，其中研究生79人，本科生492人。

2010年8月，学院召开全院教职工大会，宣布任免通知，魏莹担任外语学院党委书记职务，免去万国良外语学院党委书记的职务。

(姜玉丹　魏　莹)

【学科建设】 2010年，学院设有外国语言文学硕士一级学科点(学术型学位)和翻译硕士(MTI)学科点(专业学位)。外国语言文学一级学科设有6个研究方向：语言学和英语教学、翻译理论与实践、商务英语、英语国家社会文化、英美文学、日本语言文化。翻译硕士(MTI)学科点于2010年自行审批，拟于2011年招收"英语笔译”专业学生，有全日制和在职2种形式。翻译硕士(MTI)学科点设有5个研究方向：翻译出版(文学和非文学)，影视译制，科技翻译，财经翻译，新闻翻译。

学院共有硕士生导师32人，其中2010年新增硕士生导师3人。英语专业27名教师具备硕士生导师资格，其中教授5名；日语专业5名教师具备硕士生导师资格，其中教授1名。9名教师正在攻读博士学位。

2010年，学院硕士研究生在国内外刊物共发表论文27篇。（蓝瞻瞻　訾　缨）

【教学工作】 2010年，学院召开以质量效益为主题的教学工作会，确定“提升教学质量、提高办学效益”的工作方针。

2010年，全校大学英语四级通过率达90.04%，英语专业四级通过率达93.07%，日语专业国际能力测试二级通过率达100%，一级通过率达96%。学院1名学生获全国大学生英语竞赛二等奖，1名学生获“外研社杯”全国英语演讲比赛北京赛区二等奖，1名学生获中华全国日语演讲大赛北京赛区优秀奖，1名学生获海峡两岸英语口译大赛华北赛区优秀奖。在全国大学生英语竞赛中由学院教师担任指导的学生中，有1人获特等奖、11名学生获一等奖、21名学生获二等奖、61名学生获三等奖。

2010年，学院举办第八届青年教师教学基本功比赛，有1名教师获一等奖，2名教师获二等奖，4名教师获三等奖。在北林大第八届青年教师教学基本功比赛中，学院有1名教师获基本功优秀奖，2名教师获优秀教案奖。在北京市高等教育学会研究生英语教学研究分会第二届青年教师教学基本功比赛中，学院1名教师获得一等奖。

2010年，学院英语专业被列入国家级特色专业建设点，基础日语教学团队被确立为校级教学团队建设项目，《英国文学》和《日语翻译理论与实践》被确立为校级精品课程建设项目，英语专业创新型人才培养的课程体系建设研究 被确立为校级专业建设项目，《大学英语写作》被确立为校级教材建设项目，外语学科学生学业评价方法改革与实践、翻译系列课程建设研究、日语写作系列课程建设研究、日语专业商务类系列课程教学内容与方法改革研究与实践、合作学习法在大学英语教学中的研究与应用被确立为校级教学改革研究项目，累计获得研究经费12.3万元。专家委员会对北林大申请新增翻译硕士专业学位进行论证，认为学校具备开办翻译硕士专业学位的条件，推荐北林大增设此专业。

2010年，学院教师共出版教材2部、主编参编教学参考书10余部。（赵红梅　段克勤）

【科研工作】 2010年，学院承担北林大科技创新计划团队项目3个，横向课题6项，共获得研究经费43.5万元。获大学生创新性实验计划和科研训练计划项目12项，其中国家级两项，北京市3项，校级7项，累计获研究经费4.2万元。获得研究生院学科前沿性专题讲座课程项目两个。学院教师共发表论文90余篇。

2010年，学院举办学术讲座16次，其中外籍专家讲座9次，国内专家讲座6次。

（赵红梅　段克勤）

【实验室建设】 2010年，学院有196座位网络语言实验室1间，80座位网络语言实验室4间，60座位语言实验室3间，同声翻译教室1间，多媒体教室25间，教师电子备课室1间。资料室藏书3万余册，音像带、光盘2千余盘。2010年对4间80座位网络语言实验室和2间60座位语言实验室进行升级改造，投入经费60.9万元。

（蓝瞻瞻　段克勤）

【党建工作】 2010年，学院党委共有10个支部，其中教师党支部4个，学生党支部6个。党员169人，其中在职教工党员51人，学生党员118人(本科生党员72人，占本科生总数的14.63%。研究生党员46人，占研究生总数的58.23%)。入党积极分子254人，发展党员38人，转正学生党员38名。

2010年，学院党委组织全院党员开展以“深入学习实践科学发展观，推进学校教育事业科学发展”为主题，以“立足岗位比奉献，创先争优当模范”为载体，以“四创三比”为主要形式的创先争优活动。组织各党支部开展学习型党组织创建活动。

2010年，学院党委举办学生业余党校初级班2期，培训学员93人；协助学校党校举办提高班2期，培训学员65人；协助学校党校举办预备党员培训班2期，培训学员52人；协助学校党校举办教工、研究生入党积极分子培训班，培训学员8人。

2010年，学院继续推进职业道德建设，对在教学、科研、师德方面作出成绩的优秀教师予以奖励。支持工会、教代会举办"应对高校老师心理困惑"心理讲座、参观学校林场、郊区采摘等活动，解决教职工在工作、学习、生活中的实际问题，开展对个别教师的思想教育工作。

2010年，学院李健教授被评为北京市"群众心目中的好党员"，史宝辉教授被评为北京市教学名师。教工第二党支部、学生第三党支部被评为学校先进党支部，1名教师、1名学生被评为学校优秀共产党员。1名教师被评为北林大"巾帼标兵"，2名教工被评为学校"巾帼之星"。获得学校党建和思想政治工作优秀成果二等奖一项。 （姜玉丹　魏　莹）

【学生工作】 2010年，学院学生工作坚持"关爱学生，服务学生，成就学生"的工作方针，加强和改进大学生的思想政治教育模式。强化包括专职辅导员、班主任及学生宿舍辅导员等在内的学生工作队伍建设，抓好学生会、研究生会、社团联合会、就业实践团等学生组织的指导工作。开展"做文明有礼的北京人，为建设世界城市做贡献"等多项主题团日活动。举办"我和你"等主题教育系列活动。承办"海峡两岸口译大赛华北赛区分赛"等专业竞赛。开展以学风带院风活动，坚持实行学风督导制度，开放学院图书室供学生免费借阅专业书籍。

学院建立班级和宿舍双重预警机制，指导心理委员在各班开展团体辅导等实践活动。邀请专家作主题为"亲情相伴你我终生"心理讲座。在北林大2010年心理健康评优会中，学院获得心理健康教育特色活动奖，1个班级获得心理健康主题班会三等奖，2个班级分别获得"我心我秀"校园DV大赛二等奖和优秀奖。

2010年，学院组织107名学生到22个省（区、市）参加暑期社会实践。其中学生第三党支部社会实践队赴北京市丰台区西罗园第二社区开展社区低碳调研及环保宣传，获得北京市级"红色1+1"示范活动鼓励奖。

2010年，学院本科生有5人获得国家奖学金，13人获得国家励志奖学金，2人获得新生专业特等奖学金。104人获得学校学习优秀奖学金、17人获各类专项奖学金。75人被评为学校"三好"学生、优秀学生干部、优秀公寓安全员，3个班级被评为学校优良学风班集体。6名教师被评为学校优秀班主任和优秀辅导员。研究生有43人获得学校学业优秀奖学金，4人获得"爱林"校长奖学金，14人获得各类专项奖学金，1人获得研究生学术创新奖。2人被评为学校优秀研究生，5人被评为学校优秀研究生干部。在首都高校共青团"先锋杯"评选中，1个班级被评为优秀团支部，1名学生被评为优秀基层团干部，1名学生被评为优秀团员。

2010年，学院毕业本科生125人，就业率98.4%，其中英语专业98%，日语专业100%。硕士生毕业24人，就业率100%。学院获校"就业困难群体帮扶奖"和"基层就业奖"，1名教师被评为学校就业工作先进个人。

（章　颖　苏　静）

【对外交流】 2010年，学院共接待5个国家12人次来访，派教师出国学习交流，共有3个国家3人次；学生交换留学9人，其中欧盟2人，日本7人。举办国际学术会议1次，外籍专家讲座9次，在国际会议上提交论文2篇。

（刘瑞光　段克勤）

理 学 院

【概　况】 北京林业大学理学院（College of science，以下简称理学院）成立于2001年，承担全校数理化类基础课的教学任务。设电子信息科学与技术、数学与应用数学两个本科专业，生物物理和数学两个硕士学科。设数学、物理、化学3个教研室，物理与电子学实验中心、化学实验中心两个实验中心。

2010年，理学院有教职工71人，其中专任教师55人。专任教师中，教授6人，副教授23人，硕士生导师15人，具有博士学历的教师28

人。本年毕业生 117 人，其中硕士研究生 7 人，本科生 110 人。招生 117 人，其中硕士研究生 9 人，本科生 108 人。在校生 479 人，其中，硕士研究生 29 人，本科生 450 人。

（刘　柳　刘淑春）

【学科建设】 理学院现有生物物理和数学两个硕士学科，在读硕士研究生 29 人。生物物理学科隶属于生物学二级学科，2003 年由北林大生物学科与物理学科的导师共同创建。该学科现有生物大分子结构与功能、植物生理生态、生物电学与传感器和应用生物数学 4 个研究方向。数学一级学科硕士点学校批准于 2010 年，设置 4 个学科方向：工程中的数学方法、生物数学、优化理论及其应用、经济管理中的数学方法，计划于 2012 年正式开始招生。学科已着手开展研究生培养方案制定、学位课开设的准备工作。

学院导师队伍建设。生物物理学科现有导师 10 人，其中教授 2 人，副教授 8 人。数学硕士一级学科现有导师 7 人，分散在生态学、生物物理等学科，计划招生时将全部回到数学学科。

2010 年各学科硕士研究生累计发表论文 10 篇，其中被 SCI 期刊收录 1 篇。

（于富玲　刘淑春）

【教学工作】 2010 年，学院教学工作以切实加强人才培养为核心任务，上半年着重强化基层教研室的作用，下半年重点落实人才培养方案的修订调研，学院各项教学工作井然有序，有效确保教学工作的中心地位。

校级教改课题获批 2 个；校级精品课程建设获批 4 个，分别是数学分析、运筹学、物理学实验 B、仪器分析；国家级大学生创新性实验计划项目获批 5 个；校级大学生科研训练项目获批 5 个。校级“质量工程”项目结题验收 3 个，其中 1 个优秀、2 个合格；校级“质量工程”项目中期检查 9 个，全部合格。完成 2010 年度 6 个校级大学生创新性实验计划项目的结题验收。

学院共有 11 门次、19 名教师参加精品课程师资培训计划，促进了教学质量的提高。

2010 年争取到教学修购专项经费约 86 万元，更新补充部分实验室设备，为数学系机房配备计算机 35 台。

加强毕业论文的监督检查。学院教学办公室首次采取抽查方式对毕业论文的完成情况进行检查，电子系首次对设计类论文进行最低实验学时登记制度，严格毕业论文的日常管理。

学院组织和培训学生参加各类竞赛活动，取得好成绩。组织参加全国大学生数学建模竞赛，1 队获北京市一等奖，1 队获北京市二等奖。组织参加北美大学生数学建模竞赛，2 队获二等奖。组织参加 2010 年北京市大学生物理实验竞赛，2 队获北京市二等奖，4 队获北京市三等奖。组织参加年全国大学生数学竞赛，获得全国二等奖 2 个，全国三等奖 2 个。组织参加北京市大学生数学竞赛，获得北京市二等奖 3 个，北京市三等奖 5 个。组织参加北京市大学生物理竞赛，获得北京市三等奖 1 个。组织参加北京市大学生化学实验竞赛，1 队获北京市三等奖。

在北林大第八届青年教师教学基本功比赛决赛中获得二等奖、三等奖各 1 个，获得最佳教案奖两个，学院获得优秀组织奖。

（田　慧　刘淑春）

【科研工作】 2010 年，理学院共承担科研项目 16 个，其中国家自然科学基金资助项目 3 个，“863”计划 1 个，林业公益性行业科研专项 2 个，优秀青年教师科技创新计划资助项目 5 个，参与横向课题 5 个。全年到账科研经费 226.6 万。

2010 年，学院各学科教师发表学术论文 122 篇，其中被 SCI 收录论文 10 篇；EI 收录 7 篇；ISTP 收录 5 篇；中文核心期刊论文 32 篇。批准软件著作权 1 项。出版著作 4 部。

（于富玲　刘淑春）

【实验室建设】 物理与电子学实验中心由大学物理实验室、电子学实验室、生物物理实验室三部分组成，总资产 620 万元，仪器设备 1567 台件，实验室面积约 900 平方米。其中 2010 年新增仪器设备 110 台(件)，价值近 60 万元。新增指导教师 1 人。

大学物理实验室为基础实验室，面向本科生开设力、热、光、电、近代物理等多方面的实验项目。生物物理实验室面向生物物理学科，承担其硕士研究生的培养工作。电子学实验室面向电子专业，承担其本科生的教学实验工作。

物理与电子实验中心积极参与各类大学生实习实践活动，承担大学生物理实验竞赛与电子设计竞赛的相关准备与指导工作。电子实验室与洛阳牡丹巨龙通讯公司合作建立电子专业实习实践基地。

化学实验中心在2010年度除完成无机化学实验、有机化学实验等11门实验课2400班学时的准备工作外，还承担"大学生科研训练计划"和北京市大学生化学实验竞赛的相关工作。利用修购专项资金更换新的电子分析天平，购买新的紫外分光光度计。

（姚宇峰　杨今朝　刘淑春）

【党建工作】 2010年，理学院党委共有6个党支部，其中教师党支部3个，学生党支部3个。党员103人，其中教师党员38人，学生党员65人，入党积极分子267人，发展党员29人。

2010年，理学院党委切实加强党的建设，以丰富多彩的活动为载体，努力开创学院党建工作的新局面。加强二级中心组建设，有效开展理论学习。重新调整学院二级中心组成员组成，修订学院二级中心组章程，制定学习计划，坚持每月一次的学习制度。领导干部带头，党风廉政建设成效显著。坚持每学期1~2次的民主生活会制度，认真落实"三重一大"集体决策制度，认真落实院务公开制度。党建和思想政治工作稳步推进。本年度有两名教工预备党员转正，两名教工成为入党积极分子。2010年，理学院两个党支部被评为校优秀支部，2名共产党员被评为校级优秀党员。学院表彰3名共产党员，1名支部书记。院党委组织学术道德专题讲座和座谈，预防和治理学术不端行为。注重师德师风教育，建设高水平教师队伍。通过调查了解掌握每一位教师的情况，对重点人群进行逐一谈话，制定学院人才培养规划，梳理出培养的梯队。

发挥学院党组织的职能，以丰富的活动为载体，做好大学生思想政治教育工作。先后开展"从思想上走进党"、"党旗飘扬在我心中"、"我爱祖国、祖国万岁"等主题活动以及"遵守学术道德、抵御学术不端""感念师恩、母校拾忆"等主题党日活动。（王艳洁　刘淑春）

【学生工作】 2010年，学院的学生工作以育人为中心，确立"在工作目标上坚持服从学校发展、服务学院发展、服务学生成长；在工作方式上坚持调查研究、以人为本、统筹兼顾；在工作思想上坚持不墨守成规、不流于形式，在工作标准上坚持'规范化、精细化、个性化'的理念"，实施"奋进理学建设工程、活力理学建设工程、和谐理学建设工程、魅力理学建设工程"。组织辅导员参加就业指导、职业生涯规划、心理健康教育培训；加强学生干部的培训，以增进学生干部的战斗力，开展素质拓展、座谈会等以增进学生干部凝聚力。学院先后在学生党支部与学生会的策划筹备下，开展"红色1+1"系列活动、"活力杯"师生定向越野赛、"理学联盟"八校辩论赛等特色活动，全院包括教师在内近350人参与其中，占全院3/4以上。教师与学生的共同参与，使得活动更加普及、更加贴近生活，课内课外师生同乐，也促进课堂学习效果。大力开展"榜样行动"，通过评优表彰促进学生更好的学习生活，2010年共表彰239人次。积极主动做好特殊困难群体的帮扶工作，2010年累积发放各类补助、助学金、资助类奖学金近40万元；为有需要的同学进行心理咨询，并广泛开展团体辅导活动。响应学校要求，理学院从各基层班级做起，成立自习小组，在闲暇时间组织集体自习，加强诚信教育、端正考风考纪，组织学生在诚信考试横幅上签名。每月定期召开学生心理委员会议，辅导员老师第一时间了解学生心理动态，让学生健康快乐地度过大学生活。在理学院老师和学生组织的努力下，利用学院学生活动室，邀请校外知名企业成功人士前来为同学解答就业、实习、面试等一些相关问题。学生参加各类竞赛，共有21人次获得省部级以上奖励，共有22人次在各类学术期刊上发表文章。理学院在就业工作中坚持"一把手工程"，为开展好就业工作提供保障，充分调动学科、专业和广大教师的积极性，完善全员就业工作格局，注重分阶段、分专业的就业指导，2010年获得校就业工作基层项目奖和就业困难群体帮扶奖。

（龙晓凡　刘淑春）

【对外交流】 2010年，数学与应用数学专业07级2名学生作为校际交流学生派往日本山形大学理学院留学。7月初，学院教师6人赴校际交流协议大学之日本山形大学考察访问。

（田　慧　刘淑春）

自然保护区学院

【概 况】 北京林业大学自然保护区学院(College of Nature Conservation)成立于2004年12月，由教育部和国家林业局共同建设，是中国唯一的培养自然保护区建设与管理专门人才的学院。学院坚持“教学为本、科研为先，学科立院、人才强院”的办学理念，以本科生导师制为育人特色，以培养实践型、创新型、与国际接轨的人才为育人宗旨，全面推进学院发展建设。学院现设3个教研室，分别是自然保护区教研室、野生动植物保护与利用教研室、湿地教研室。2007年7月20日，学院成立董事会，充分发挥社会力量建设学院。学院拥有野生动物研究所、中国大鸨保护与监测网络、中国猫科动物保护网络3个学科发展与研究平台。学院现已建成野生动物保护与利用、野生植物保护与利用、自然保护区规划设计、自然保护区综合信息4个实验室。学院招收自然保护区建设与管理方向的农业推广硕士研究生。

2010年，学院在职教工24人，专任教师20人，其中教授5人，副教授9人，讲师6人，均具有博士学位。

2010年，学院毕业研究生10人，其中博士生2人，硕士生8人。招生55人，其中研究生26人(博士生7人，硕士生19人)，本科生29人。在校生190人，其中研究生78人(博士生20人，硕士生58人)，本科生112人。此外，在读农业推广硕士学位142人，进修生2人，留学生4人。

2010年，学院以制度建设为抓手，修订《自然保护区学院绩效工资分配实施方案》、《自然保护区学院本科教学实习管理规定》等规定，出台《自然保护区学院奖励办法》、《自然保护区学院联席会制度》等办法，推动学院的发展，调动全院教职工的工作积极性，完善学院内部管理机制。

2010年8月根据学校统一部署和安排，学院从主楼2层整体搬至主楼12层西侧，配备基本的办公设备，使学院的办学环境和办公条件得到初步改善。 (徐迎寿 王艳青)

【学科建设】 学院拥有林学一级学科下设的自然保护区学学科专业硕士点、博士点，可依托林学博士后流动站招收博士后，主要研究方向是自然保护区建设与管理、野生动植物保护与管理、湿地保护与恢复、保护经济与环境政策等。

学科现有博士生导师7人(含外聘)，硕士生导师16人(含外聘)，初步形成结构合理的学科团队。学院的森林与湿地生态系统保护研究是北林大优势学科创新平台(“985”平台)的组成部分。2010年，学院编制“十二五”发展规划，提出新的发展目标和努力方向。

2010年，学院有1名教授在国家林业局担任国家湿地科学技术专家委员会副主任及国家湿地公园评审委员，2名教授在国家林业局担任林业系统国家级自然保护区评审专家，4名教授担任国内外相关领域重要学术刊物的副主编、编委等职位，6位教授担任中国生态学会、中国林学会、中国水利学会等学术团体相关专业委员会的主任委员、副主任委员或委员。

2010年，学院学生参与发表论文20余篇，其中两篇被SCI收录，影响因子累计达7.5。

(张明祥 雷光春)

【教学工作】 自然保护区学院开设一个本科专业，即野生动物与自然保护区管理专业，该专业从2006年开始招生，目前被列为教育部特色专业加以建设。

2010年，教学工作的思路是稳定教学秩序，规范过程管理，重视教学研究，提高教学质量。在教学管理过程中，按照学校教学管理规章制度和学院制定的各项教学管理规定开展教学管理工作，严肃教学纪律，针对学院教师科研任务繁重的状况，严格教师请假调课制度，全年无教学事故发生。结合学校两次期中教学检查，开展教学研讨工作，专门针对本科教学及专业综合实习，学院层面先后组织教学研讨会5次，师生座谈会3次，各教研室内部也组织教学研讨多次，总结教学中出现的问题。

2010年，学院对承担的所有课程讲义、多媒体课件进行认证，完成课程多媒体课件建设及试题库建设。同时，学院加强教材建设力度，主编的《自然保护区导论》书稿已进入稿件汇总阶段。《自然保护区管理》一书正按计划出版。教材《湿地保护与管理》已纳入北林大支持计划，目前已经完稿，正在准备出版中。

2010年，学院主持的野生动物与自然保护区管理专业建设与实践专业建设项目结题，教改成果在实际教学工作中得到推广和应用。自然保护区管理精品课程建设、湿地保护与管理系列课程教学团队、自然保护区建设与管理相关课程实践教学体系构建与改革研究通过中期检查工作。学院教师发表教改论文5篇。同时，自然保护区建设与管理系列课程优秀教学团队、基于职业能力的自然保护区管理综合实习方案设计与实践、基于网络媒体的脊椎动物分类学课件研发、项目树："湖沼学"课程一种教学方式的尝试等4个教改项目获准校级立项。学院本科生主持获批国家级大学生科研训练计划立项两个，校级大学生科研训练计划立项1个。

2010年，学院坚持并落实青年教师试讲制度和听课制度，开展教师观摩学习活动，全年教师相互听课37次，学院领导及管理人员听课10次，各教研室集中相互听课3次，集中教学观摩两次。学院组织全体青年教师开展教学基本功比赛，评出优秀奖5人，鼓励奖7人。

2010年，学院完成野生动物保护与利用、自然保护区规划与设计两个实验室建设，启动湿地保护与恢复、湿地生态过程和野生植物等实验室建设，与河北滦河上游国家级自然保护区、福建武夷山国家级自然保护区、广东湛江红树林等国家级自然保护区签订合作协议。

2010年，学院分别在北京、广西和新疆三地开展暑期农业推广硕士课程教学，组织70名学员上课，并组织2008级学员开题。本年度学院招收20位新学员攻读农业推广硕士研究生。

（徐基良　雷光春）

【科研工作】 2010年，学院教师承担林业公益性行业科研专项、"十一五"科技支撑项目、"973"项目、国家自然科学基金、国家林业局重点研究项目、林业行业标准项目及世界自然基金会研究项目等30个，申请或在研科研经费合计达1600万元。

2010年，学院申报的两个"十二五"科技支撑项目通过科技部公示。

2010年，学院教师在国内外刊物共发表论文44篇，其中SCI、EI和ISTP论文分别为17篇、2篇、2篇。发布行业标准2项，申请专利2项。刘俊国教授在《美国科学院院报》(PNAS)上发表文章1篇。在学校第一届青年学术优秀论文评选中，刘俊国教授和武曙红教授分获一、二等奖。徐基良教授获第九届郑作新鸟类科学青年研究奖。

2010年，学院参与完成国务院环境与发展国际合作委员会生态系统管理工作组工作，向国务院总理提交中国未来生态系统管理的政策咨询建议。参与完成鄱阳湖水利工程建设对鄱阳湖湿地生态系统的影响评估研究，为江西省政府及中央政府的重大决策提供科技支撑。参与中澳环境伙伴项目湿地生态系统保护与管理项目。参与编制中国生物碳汇扩增战略研究，为中国碳汇市场提供战略性依据。（张明祥　雷光春）

【党建工作】 2010年，自然保护区学院党总支共有5个党支部，其中教工党支部1个，学生党支部4个。共有党员71人，其中教工党员17人，学生党员54人，入党积极分子24人。2010年共发展党员14人。

2010年，学院党总支以加强领导班子建设为抓手，以制度建设为保证，规范班子议事规则和决策程序，加强学院领导与各基层单位之间的联系和沟通，建立党政、行政领导班子与教研室、党支部、学生基层班级联系制度，促进管理的民主化、科学化、规范化。

2010年，学院党总支通过深入开展创先争优活动，注重规范基层党支部工作，加强党建和思想政治工作，重点开展的工作和取得的成果有：新成立1个党支部，按照不同特点分类指导，采取不同的管理模式分类管理。完善学院党员的发展制度、民主评议制度、组织生活制度、党员学习制度和党员考勤制度，编制第一份党支部刊物——《自然保护区学院学生党支部简报》。结合专业开展特色党支部活动。建立学习型党组织，将二级中心组和普通党员思想政治教育整合，形成全体党员参与学习的组织体系和长效机制。进一步深化党员"主讲主问制"政治理论学习机制。在学校"抵御学术不端，遵守学术道德"

主题党日活动的评比中，学生支部获得优秀奖；学生第二党支部支部在“七一”评优活动中获得优秀学生党支部称号。

2010年，学院和国家林业局自然保护区研究中心正式组建成立自然保护区部门工会。工会充分发挥教职工之家的功能，坚持“五必访”活动，2010年共慰问生病教职工及家人7人次。在促进沟通，增进理解，保障广大教职工利益等方面发挥积极作用，组织开展“相约周一、周五”的羽毛球锻炼活动，举办学院教职工羽毛球赛。（仲艳维 王艳青）

【学生工作】 2010年，学院学生管理工作的总体思路是以加强学生思想政治教育为重点，以全面提高学生综合素质为目标，以服务学生成长成才为主线，以制度建设为突破，以学生干部队伍建设为抓手，积极发挥导师制的作用，为学生的成长成才搭建良好的育人平台。本年度继续以本科生导师制为育人特色，召开导师制交流会，总结本科生导师制实施取得的经验及存在的问题。通过制定一系列制度来加强学生自律管理，继续强调学生自律量化管理委员会职能。建立全员就业工作机制，依托董事会、导师等各方力量，走访湖南省就业市场，开拓京外就业资源。重视评奖评优，做好评优表彰工作。打造“自然保护大讲堂”特色品牌活动，邀请自然保护领域的专家开展8次讲座。制定和完善学院社会实践相关管理制度，积极组织和引导学生参与社会实践活动。

2010年，学院学生累计获奖137人次，其中获国家奖学金2人，国家励志奖学金4人，北京市三好学生1人，北林大新生专业特等奖学金1人，“汪—王”奖学金1人，优秀奖学金22人次，优秀学生干部9人次，三好学生8人次。本年度，学院办理学生贷款3人次，累计1.8万元。

2010年7月，学院首届本科毕业生顺利毕业，保研考研率达48%，就业率达96.38%，毕业生立志扎根基层、服务基层，在北京松山、百花山、湖北洪湖、陕西长青等自然保护区就业。本年度暑期学院组队12支、共65人参与社会实践，上交论文11篇，其中2支队伍获得校级重点项目、2支队伍被评为院级重点团队，3支队伍被评为院级优秀团队。保护区08班获得北京林业大学十佳班集体、“北京市先锋杯”团支部荣誉称号。本科生邢爽获美国自然历史博物馆承办的国际学生保护科学大会“4分钟快速演讲”奖，是唯一获奖的本科生，也是唯一获奖的中国学生。09级研究生董必成发表SCI论文2篇，影响因子合计达7.5以上，并获学校学术创新奖。09级研究生曾娅杰在第九届生物多样性保护与持续利用研讨会上获自然保护新秀奖。

（仲艳维 王艳青）

【对外交流】 2010年，学院派出访问学者2人到美国学习，教师参加国际学术会议20人次，10名研究生及4名本科生出国参加不同类型学术会议并作大会交流。学院招收来自英国等国的留学生3人。举办首届中国大鸨保护国际研讨会，来自西班牙、英国等国的大鸨研究专家及国内相关单位的140多名代表参加会议。召开达尔文基金（Darwin Initiative）中国猫科动物保护能力建设项目启动仪式暨专家咨询会。与国际水足迹网络（Water Footprint Network）联合主办首届中国水足迹培训，为中国大陆、香港地区以及印度、英国学员开展水足迹课程培训。台湾自然生态保育协会来院访问交流。承办由国家林业局保护司主办的2010年“生物多样性日”宣传活动。英国肯特大学前来学院商议合作办学事宜。积极拓展与美国鱼和野生动物管理局的合作，为人才培养拓展实习平台。（张明祥 雷光春）

【承办“生物多样性日”主题公益宣传活动】 2010年5月22日，由国家林业局保护司主办、学院承办的2010年“生物多样性日”主题公益宣传活动在北京国家奥林匹克公园举办。宣传内容包括生物多样性宣传作品征集竞赛、影像视频宣传、画册折页宣传、奥林匹克公园公共区宣传、高校宣传等。生物多样性宣传作品征集活动自2010年4月10日开始，5月10日结束，共收到来自北京、上海、广东、云南、福建、甘肃、江苏、山东、湖北、重庆、河北、湖南等12个省（市）参赛作品300件，包括照片、文章、书法、绘画贴纸、海报、漫画等多种形式，评选出特等奖1个，一等奖3个，二等奖5个，三等奖9个，优秀奖10个。作为系列宣传活动的一部分，奥林匹克公园公共区宣传活动以展示宣传板、获奖摄影作品、播放影像视频、与公众开展互动游戏、公众承诺保护生物多样性签名等形式展开，号召公众参与到生物多样性保护中来，提高公众生物多样性保护意识。北京电视台、中央电视台、《中国绿色时报》等十多家媒体到现场采访报道。（雷光春　王艳青）

【中国猫科动物保护能力建设项目启动】 2010年8月17日，中国猫科动物保护能力建设项目正式启动，项目由北林大野生动物研究所与英国牛津大学野生动物保护研究所联合开展，为期3年，是中国首次实施大规模的猫科动物保护与监测项目。启动仪式上，校长宋维明致辞。国家林业局保护司副司长严旬、中国工程院院士马建章发表讲话。英国国际发展部中国与东北亚司司长戴维斯在仪式上致辞。自然保护区学院院长雷光春宣布项目正式启动。

项目通过培训、交流和研讨等方式将国内外先进的保护与管理技术传授给从事保护工作第一线的工作人员，预计在3年内对超过500名保护区一线工作者、猫科动物保护管理者以及研究分析人员开展野外生存技能、野外调查方法和数据收集与分析等方面进行培训，并计划在全国建立5个猫科动物监测中心，完善中国的猫科动物监测与管理体系，解决中国猫科动物监测与管理人才的不足以及技术缺乏等问题，为今后的保护工作储备专业人才。

中国猫科动物保护能力建设项目获得英国政府助研基金达尔文创新基金支持，这是达尔文创新基金在猫科动物保护领域与中国的首次合作。（时　坤　雷光春）

【举办首届中国水足迹培训】 2010年10月26～28日，由学院和国际水足迹网络(Water Footprint Network)联合主办的首届中国水足迹培训班正式开班，来自中国大陆、香港以及国外的印度、英国等国的23名学员参加培训。培训目的是推广“水足迹”的先进理念，以此促进节水型社会的发展。培训中，“水足迹之父”、国际水足迹网络科学主任、荷兰特文特大学的Arjen Hoekstra教授和学院刘俊国教授对水足迹的评价方法、实用工具、科研前沿、企业应用动态等内容作详细深入的介绍。应Hoekstra教授的邀请，北林大成为中国首个加入国际水足迹网络的合作伙伴，并担任全球水足迹网络同行评议委员会委员。

（刘俊国　雷光春）

环境科学与工程学院

【概　况】 北京林业大学环境科学与工程学院(College of Environmental Science & Engineering，以下简称环境学院)成立于2007年4月，设有环境科学、环境工程两个本科专业，拥有环境科学与工程一级学科硕士学位授权点。

2010年，环境学院拥有北京市重点实验室1个，北京市教委工程技术研究中心1个，校级实验教学中心1个。其中实验教学中心下设公共实验平台和专业实验平台2个以及仪器分析实验室，教学实验模拟演示实验室，环境设计实验室，环境化学，监测实验室，环境工程微生物学实验室，环境专业综合实验室7个，科技创新开放实验室。

2010年，学院现有教职工31人，包括专任教师25人，全部具有博士学位。专职教师中博士生导师5人，教授6人，副教授10人。2010年，环境学院毕业110人，其中硕士研究生27人，本科生83人。招生111人，其中硕士研究生26人，博士研究生2人，本科生89人。在校生398人，其中硕士研究生94人，博士研究生5人，本科生361人。（杨　君　韩秋波）

【学科建设】 2010年，学院坚持以学科建设为龙头，以培养国家生态环境保护的高级专门人才和从事生态环境保护科学研究为己任，不断强化学科发展规划和顶层设计能力。

2010年，学院获批环境科学与工程一级学科硕士点和环境工程领域工程硕士点，环境科学本科专业获国家特色专业建设。

2010年，学院按照建设“研究型”学院的目标进行师资队伍建设，制定出一套较为科学的师资队伍发展规划，通过外引和自身培养，师资队伍的年龄结构和知识结构合理，业务过硬。学院获新世纪优秀人才支持计划1人、北京市科技新星1人；新增教授1人，副教授4人，高级实验师1人。

根据社会对人才需求的变化，明确人才培养定位，学院本科生的定位是国家需求的高素质环境保护专门人才（特别是农林生态环境领域）；研究生的定位是国家需求的高素质环境保护专门人才，部分研究生成为拔尖创新人才。为此，分别制定出针对本科生、学术硕士生、专业硕士生和博士研究生不同层次的人才培养方案和相应措施，提高人才培养质量。

（孙德智　韩秋波）

【教学工作】 2010年，环境学院教学工作的基本思路是坚持教育创新、深化教学改革、强化教学管理、改善教学条件、丰富教学内涵，目标是提高本科生的教学质量和青年教师的教学水平，重点是进行专业建设、人才培养方案的修订、青年教师的培养、教学改革立项、实验实践条件及内涵的建设，鼓励高年级本科生参加各类创新性实验计划和教师的科研项目。

具体工作包括申报北京市级实验教学示范中心，尽管最终未获北京市级实验教学示范中心称号，但通过此次申报，锻炼了学院队伍，积累了经验，明确了实验实践教学创特色、创品牌的发展目标；申请高等学校环境科学特色专业建设点并获通过；申报环境材料、给水排水工程两个本科专业，其中给水排水工程专业通过学校审批上报到教育部；新版本科人才培养方案修订工作逐步开展；学院教师积极申报教学改革项目，包括1项环境科学专业建设项目、3项精品课程建设项目（包括环境科学专业建设以及水污染控制工程、环境工程原理、大气污染控制工程3个精品课程建设）。

2010年，学院本科生参加科研活动的积极性明显提高，其中包括国家大学生创新性实验计划项目3项、北京市大学生科学研究与创业行动计划项目1项，校级大学生科研训练计划（SRTP）项目4项。此外，2008级本科生有53%左右选修大学生科技创新课程，跟随指导老师开展实际的科学研究工作。学院青年教师教学基本功比赛顺利开展，张立秋教授在北林大第八届教学基本功比赛中获得第二名，学院获得优秀组织奖。通过比赛，提高了教师的整体业务水平，促进了青年教师现代教育理念更新，提升了教学质量。院领导先后多次对青年教师的课堂教学情况进行检查，及时与青年教师进行交流，并积极推动导师制工作的开展，努力提高学院青年教师的教学质量。2006级本科生毕业论文改革探索又获得进步，毕业论文质量得到提高。

2010年，学院先后举行7场名师讲堂讲座，参加的本科生与教师认真聆听名家讲述，积极发言，取得很好的交流效果。（王毅力　韩秋波）

【科研工作】 2010年，环境学院科研工作稳步推进，本年度共申请获得国家自然科学基金6项、教育部博士点基金项目1项、教育部新教师基金项目3项，国家环保公益性行业科研专项1项，国家林业局“948计划”项目1项。此外，学院申请北林大各类人才培育专项计划项目7项。根据不完全统计，2010年度学院到账科研经费总额为955.9万元，其中纵向课题到账经费922.6万元，横向课题到账经费33.3万元。发表SCI论文7篇，其中3篇论文的影响因子超过4.0。1名教师参加的项目获IWA全球创新项目奖。1名教师发表的论文获得梁希青年论文奖一等奖。在北林大第一届青年学术论文奖的评选过程中，学院有两名教师获得二等奖、1名获得三等奖。（张立秋　韩秋波）

【实验室建设】 2010年，环境学院科研平台建设得到较好的补充和完善，元素分析仪、多功能离子色谱仪和气相色谱—质谱联用仪等新购置设备已全部到位，学院的分析仪器设备已经基本能够满足科研工作的需要。2010年9月，学院组织申报北京市“水体污染源控制技术”重点实验室已经通过初审。该重点实验室的申报将为学院今后的发展奠定良好的基础。

（张立秋　韩秋波）

【党建工作】 2010年，环境学院的党建工作围绕中国特色社会主义理论体系，继续深入学习四中、五中全会精神，贯彻执行市委教育工委和学校有关文件精神，深入开展创先争优活动，积极推进党建工作，丰富组织生活。学院现有在职教工党员 21 人，学生党员 88 人，学生党支部 5 个，教工党支部 1 个。

上半年，学院以“提高认识，积极实践”为主题，围绕“培养什么样的环保人和怎样培养环保人”和“办什么样的环境学院和怎样办好环境学院”两个根本问题，结合学院的总体工作要求，学院党总支下发《北林大 2010 年 3 ~ 7 月党员组织生活指导意见》。围绕中心工作开展党建和争优创先活动。

配合完成北林大参与北京市党建思想政治工作先进校的评估，完成学生党支部设置情况汇总表；2007 ~ 2009 年学院党委工作计划、总结；学院党委会议记录；2007 年以来，党组织与农村基层党组织开展共建“红色 1 + 1”活动的成果材料(音、视频，总结，成果材料等)；环境学院党支部与前八家小学“大手拉小手”共建活动材料；组织填写学院党风廉政责任制状况测评表。

2010 年，学院发展党员 29 名，转正 16 名。

开展争优创先活动，2010 年 5 月 4 日，学院党支部与前八家小学开展共建，开办环教兴趣班、走进农民工子女家庭、毕业典礼等 20 余项活动。2010 年，学院本科低年级党支部被评选为学校优秀党支部，“大手拉小手”项目获得北京市“红色 1 + 1”示范项目三等奖。

加强党支部建设，教工党支部认真学习“两个会议”和“三个纲要”精神，开展向青海玉树地震灾区捐款活动和爱生助困基金捐款活动。学生党支部优化党员发展程序，基本实现发展重点从毕业班向大三、研二的过渡。

(卢振雷　韩秋波)

【学生工作】 2010 年，环境学院学生工作的重点围绕学风、就业、学生素质教育三方面开展。工作重点是培养学生组织工作能力，创新二课堂教育活动形式；通过党校培训、实践等活动开展学生思想教育工作；继续执行学风督察和教学反馈制度，将学风建设落到实处；开展经济困难、心理健康等特殊群体的帮扶工作；收集信息、广开渠道，做好就业工作。

思想教育工作　组织青年团员学习党的方针政策和重要精神，并开展爱国主义教育系列活动，在困难群体帮扶、评优表彰活动、党校培训、欢送毕业生等方面很好地融入了思想教育工作。

宣传工作　学院发行《环境快讯》、《环境研究生》、《党建专刊》、《自律简报》四类刊物。及时宣传报道学院的工作重点、学术前沿、学生工作动态、先进典型、党建活动、就业信息等。

学生组织建设　开展公文写作、外联技巧、宣传常识、照相摄像等培训。完善《学生会章程》，制定《环境学院学生组织财务管理制度》、《环境学院学生组织物品管理制度》等制度。

班风、学风、舍风建设　学院推出《2010 ~ 2011 年第一学期基层班级团支部建设指导意见》，进行优秀班集体、优良学风班、十佳班集体的评选。对学生进行分类指导，吸收优秀本科生进入科研团队，提高专业性培养，对缺乏自控力的学生进行谈话；开展成绩预警；2010 年，学院建立学风督察和教学反馈制度。以“阳光宿舍、快乐学习”为主题开展宿舍建设系列活动。

就业工作　学院召开毕业班座谈会；收集招聘单位、行业展会、走访行业企业，建立 260 余条的企业信息库；与中国水网、中国固废网建立联系；进行分门别类的就业指导；设立基层班级职业发展规划委员，开展职业发展规划教育。对成绩不理想、未通过英语四级的学生从大三阶段开始关注，提前预警，扫清毕业前的各种障碍。2010 年，学院本科就业率为 94.44%，签约率 70.37%，与学校平均就业状况持平。学院就业工作得到学校认可，获得就业市场开拓奖称号。

社会实践　2010 年，学院共组建绿手指环境保护者协会“you & 油”废油变肥皂实践团；学生党支部与前八家小学“大手牵小手，心会跟爱一起走”关爱农民工子女实践团、生态之行留民营暑期实践队、朝阳坝河水项目调查团队 4 支特色鲜明的实践团队，分别获校级重点项目优秀团队第一名、校级项目优秀团队第一名的好成绩。学院获社会实践优秀组织奖，一支队伍获北京市示范活动三等奖，2 篇论文获优秀论文一等奖，一篇获优秀论文二等奖。　(卢振雷　韩秋波)

【对外交流】 2010 年，环境学院继续加强国际交流与合作。4 月邀请美国北卡罗来纳州立大学 Nagui M. Rouphail 博士和 Haibo Zhai 博士来学院进行学术交流，并分别作学术报告；5 月邀请美国《Environmental Pollution》主编 William J. Manning 博士来学院进行学术交流，并作 3 场学术报告；6月邀请加拿大FP创新公司造纸方面Ocorner、Xuejun zou等3位研究员来院进行学术交流，并作学术报告。

2010年，学院4名教师赴加拿大新不伦瑞克大学、FP创新公司特克莱尔实验室和多伦多大学开展学术交流。此外，学院共有11名教师分别赴澳大利亚、加拿大、意大利、新加坡、土耳其、美国参加国际学术会议；15名教师参加在国内举行的国际学术会议。

（张立秋　韩秋波）

【污染水体源控与生态修复技术北京市高等学校工程研究中心】 污染水体源控与生态修复技术北京市高等学校工程研究中心（以下简称工程研究中心）于2009年10月通过了北京市教育委员会组织的专家答辩，2010年1月工程研究中心正式获得批准立项建设，筹建期3年。

工程研究中心由北林大环境学院牵头，参加单位包括北京金州恒源投资顾问有限公司、海南立昇净水科技实业有限公司。工程研究中心现有固定人员56人，其中固定研究人员46名，具有高级职称研究人员21名，中级职称人员20名，初级职称15名。工程研究中心总面积3200平方米（含参加单位示范场地），现有设备总值超过4000万元，其中10万元以上设备台数31件。

工程研究中心围绕中国水环境污染治理领域急需的关键技术，重点针对水体污染的主要源头控制以及污染水体的生态恢复技术，主要开展以下几个方面的研究：一是面源污染控制技术；二是污水深度处理与资源化技术；三是污染水体生态修复技术。

目前，工程研究中心的研究人员正在承担国家和省部级以上的各类研究课题50多项，科研总经费3000多万元；先后获得国家级奖励1项，省部级奖励4项，申请获准国家发明专利23项，发表论文260多篇，其中SCI收录70多篇；主编和参加编写各类教材与专著20部。

（张立秋　韩秋波）

【环境学院教师科研成果获IWA全球创新项目奖】 2010年，第七届世界水大会于9月19～25日在加拿大蒙特利尔举行，环境学院教师王洪杰博士参加的“Iron-Based Adsorbents and Related Technologies for the Simultaneous Removal of As(Ⅲ) and As(Ⅴ)：Application for Drinking Water Treatment and Water Environment Remediation”项目，以其在饮用水除砷及水体砷污染治理方面取得的研究与工程应用成果，经过全球水行业知名专家数轮严格评审，在与众多学术机构、企业和政府部门参与的激烈竞争中胜出，被授予国际水协会（International Water Association，IWA）2010年全球应用研究创新项目奖（Project Innovation Awards），这是中国首次获得该奖项。

（杨　君　韩秋波）

体育教学部

【概　况】 北林大体育教学部（Division of Physical Education）成立于1989年，为处级体育教学行政部门，其前身为体育教研组，1986年前隶属基础部，1986年后归属学校直属部门。负责学校体育教学、体育科研、运动队训练、竞赛、群众体育活动及运动场馆管理工作。设大球、小球、体操、武术4个教研室及学生体质监测中心。2010年，体育教学部共有教职工37人（其中专任教师34人，具有高级职称15人，具有博士学位1人，硕士学位教师10人，在职在读硕士研究生7人）。2010年，北林大被评为北京市教委2009年国家学生体质健康标准测试结果优秀高校、2010年北京高校高水平运动队建设检查评估达标学校，获2009年度北京高校阳光体育联赛优胜奖。研究制定《北林大体育工作“十二五”规划（2011～2015年）》。专著《大学校园体育文化研究》、《健身舞蹈》系列教材完成出版文稿修订工作。2010年2～12月体育教学部资料室共进图书56套（册），科研论文图书1本，杂志55本。

（姜志明　李东才）

【教学工作】

精品课程建设　5月，体育教学部首个校级精品课程“健身健美”完成中期检查验收工作，中期检查主要包括精品课程网站建设与完善、精品课程的内容体系和评价体系的建立与完善、网络教学课件的制作等。

教学团队建设 5月，体育教学部健身健美校级优秀教学团队顺利地通过中期考核验收，武术教学团队也成功获批为校级优秀教学团队。

师资队伍建设 2010年，体育教学部继续加强教师在职培训力度，通过技术技能培训、在职攻读学位等方式，提高体育教师的理论科研水平和实践能力。截至2010年底，体育教学部2名教师获得硕士学位，在职攻读硕士研究生7人。3名教师参加北京市高校青年骨干教师培训结业，1名教师完成海淀党校"北京高校哲学社会科学"学习顺利结业。4名教师参加北林大骨干教师培训顺利结业。1名教师参加北林大党员信息库管理培训班学习顺利结业。2名教师参加北京市大体协组织的赴四川的考察学习，1名教师参加校工会的云南考察学习。有1名教师晋升教授、有4名教师在讲师级别得到不同层次的晋升，1名教师由助教晋升讲师，1名职工由高级工晋升技师。1名教师经北林大核准获2011年学位提升学习资格，1名教师核准参加2011课程进修。19名青年教师到北京大学和首都医科大学参加北京高校的说课培训学习。1名教师担任北京首届世界武搏运动会裁判。12名教师通过全国高等学校教育技术协作委员会北林大教育技术培训中心的技术考试，取得二级证书。

教研室建设 对体育教学部教学管理制度进行补充修订，包括备课制度、代调停课制度、科研管理制度、听课制度、教研室管理规章制度等，进一步发挥与完善体育教研室的功能。落实各教研室办公室条件，为每位教师配备专门的办公桌、计算机和相应的教学设备。明确教研室主任权利、职责范畴，实行主任业绩考察制度，发挥教研室在体育教学管理中的作用。

教学运行 2010年体育教学有计划、有目标地进行。坚持教师备课制度，4个教研室制定各专项备课计划，由教研室主任监督完成备课过程。每周全体会议上加强对教师体育教学中安全第一的思想教育，严肃教学纪律，发现问题及时解决。学期中安排学生补考时间，组织教师填写教学日历。坚持定期定时教学检查，所有教师以教学专项组为单位进行听课，召开以教学专项组为单位的教师座谈会，教研室主任统一安排观摩教学。教学院长在听课周对每个教研室听课过程进行监督，并及时与教研室主任进行沟通，确保听课效果。教学办公室对教学检查情况进行总结汇报、反馈，对备课以及授课过程提出改进意见，对教学纪律和教学环节进行讲评，对教学效果作出评价。整理完成期中教学检查反馈表，向教务处上交反馈表、听课卡。教学院长及教学管理人员对教师的教案、成绩管理文件进行归档。

教学研究 5月，校级教学改革课题《高校体育课程技评类项目考核方法改革的实验研究》结题验收；校级教改课题《北林大学生身体素质现状的多因素分析及对策研究》、《北林大体育教学质量评价体系的理论与实践研究》、《保健体育课的教学内容改革研究》中期验收。

3月，体育教学部青年教师组成研究团队，参加学校科技创新计划课题的申请，最终以刘甄悦为主持人的《新时期生态理念指导下大学体育促进大学生社会性发展的理论与实践研究》获批，课题经费为10万元。此外，2009年申请的科技创新课题《大学校园体育文化体系构建研究》和《学生体育安全干预机制研究》进入到结题阶段。截至12月31日，体育教学部3项科技创新计划已经出版2部专著、发表8篇论文。

5月，教务处在全校范围征集教改论文，出版北林大教改论文集。体育教学部赵宏《校级运动模式的改革与创新研究》、姜志明的《反思与展望：高校体育教学质量管理探微》通过评审并发表。 （姜志明　李东才　孙承文　满昌慧）

【体质监测】 体育教学部在全校范围内开展《学生体质健康标准》测评工作，测试方法按照教育部、国家体育总局颁发的《学生体质健康标准》的规定进行。根据学校自身情况，测试选取了身高、体重、肺活量、握力、立定跳远、坐位体前屈、台阶、50米、800米（女生）、1000米（男生）的内容。

测试历时4个多月，均利用学生周六日的休息期间，集中进行。上半年4月开始测试到5月中旬结束，下半年9月中旬开始测试到12月10日结束，测试学生总人数12 621人，12月20日上报国家教委，测试结果如下。

北林大学生体质监测综合评定统计表

年级		样本数	优秀(%)	良(%)	及格(%)	不及格(%)
大学一年级	总体	3262	9.44	58.25	26.21	6.1
	男	1219	10.34	56.93	26.25	6.48
	女	2043	8.91	59.03	26.19	5.87
大学二年级	总体	3199	2.31	55.8	34.95	6.94
	男	1228	2.28	51.79	32.33	13.6
	女	1971	2.33	58.3	36.58	2.79
大学三年级	总体	3159	15.86	65.46	16.78	1.9
	男	1232	15.91	60.96	20.54	2.59
	女	1927	15.83	68.34	14.37	1.46
大学四年级	总体	3054	2.03	53.57	32.48	11.92
	男	1273	2.04	45.4	30.64	21.92
	女	1781	2.02	59.4	33.8	4.78
大学总体	总体	12674	7.46	58.3	27.58	6.66
	男	4952	7.59	53.7	27.46	11.25
	女	7722	7.37	61.25	27.65	3.73

（王 涛 孙承文）

【群体工作】

球类竞赛活动 3月31日至4月29日举办北林大学生足球联赛，共有12支球队参加，获得甲组前三名的代表队分别是林学院、工学院和经管学院；获得乙组前三名的代表队分别是材料学院、人文学院和水保学院；信息学院和外语学院获得体育道德风尚奖。

5月10日至6月2日举办北林大学生篮球联赛，共26支球队代表13个学院参加，获得男子组前三名的代表队分别是人文学院、园林学院和经管学院；获得女子组前三名的代表队分别是经管学院、园林学院和林学院。

5月26日至6月4日举办第二届院系杯学生女子足球比赛，经管学院、生物学院、林学院分获前三名，信息学院获得体育道德风尚奖。

5月29～30日举办北林大学生乒乓球比赛，比赛共设女子单打、男子单打、女子团体、男子团体4项。材料学院、工学院、环境学院获男子团体前三名；经管学院、生物学院、环境学院分获女子团体前三名。

3月28日至4月4日举办由北林大体育教学部、学生社团联合会、北京市温暖基金会主办，北林大网球羽毛球协会承办的北京高校“心羽心愿”羽毛球联赛暨公益支教活动。

10月11～27日举办北林大学生排球赛，获得男子前三名的代表队分别是经管学院、材料学院、工学院；获得女子前三名的代表队分别是生物学院、经管学院、材料学院。获得体育道德风尚奖的代表队是人文学院(男子)和园林学院(女子)。

11月20日，第五届学校“班级杯”乒乓球赛结束，林化09－2获得第一名，生技09－2获得第二名，电气08－1，工商10－1获得第三名，工商09－2、电子09－2、会计09－1、电子10－1获得第五名，林化08－2获得精神文明奖。

春季运动会 4月10日，北林大召开学生春季运动会。本届运动会为期一天，共设置23个单项竞赛项目和11个团体竞赛项目，参加比赛的运动员达2908人次。获得男女团体总分前六名的分别为经管学院、林学院、园林学院、材料学院、信息学院、人文学院；获得女子团体总分前六名的分别为经管学院、园林学院、林学院、生物学院、材料学院、信息学院；获得男子团体总分前五名分别为经管学院、林学院、园林学院、人文学院、水保学院、材料学院；获得体育道德风尚奖的学院分别是生物学院、理学院、信息学院、工学院、经管学院和人文学院。

秋季运动会 10月16日，北林大召开学生秋季运动会。本届运动会为期一天，共设置23个田径单项竞赛项目和11个团体趣味竞赛项目，参加比赛的运动员达2102人次，获得男女团体总分前六名的分别为经管学院 、材料学院、林学院 、工学院、信息学院 、理学院 ；获得女子团体总分前六名分别为经管学院 、园林学院、林学院 、信息学院 、水保学院 ；获得男子团体总分前六名的分别为经管学院 、林学院 、工学院 、材料学院 、人文学院 、信息学院；获得体育道德风尚奖的学院分别是外语学院、经管学院、林学院、水保学院、生物学院和材料学院

其他群体活动 5月29日举行学生武术协会散打比赛。

6月19日以教学班为单位，举行学生健美操教学比赛。

10月31日举行第二届学生跳绳精英赛，设置比赛项目11项，分别是3分钟集体跳大绳、男子三摇、30秒混双单摇 、女子3分钟耐力单摇 、男子30秒间隔交叉单摇 、女子30秒双摇 、男子30秒双摇 、男子30秒单摇 、女子30秒单摇 、女子30秒间隔交叉单摇 、男子3分钟耐力单摇。获得团体总分前六名的学院分别是经管学院、生物学院、园林学院、林学院、外语学院、工学院。

12月5日举行2010年“一二・九”越野赛，共有2600名运动员60支代表队参赛。姜恩来副校长为运动员授旗、鸣枪开赛并参跑。

（赵 宏 李东才）

【对外交流】 1月6~7日参加北京市教委年度体育工作会议。宋维明当选北京市大学生体育协会第四届理事会常务理事和副主席，李东才当选北京市大学生体育协会第四届理事会理事。北林大获得2009年北京高校竞技体育工作优胜奖。3月23日，北京工商大学体育教学部一行3人来北林大体育教学部进行管理、教学、科研、群体工作与竞赛训练等交流。3月28日，体育教学部6名教师参加北京市大学生体育协会在首都医科大学举行的体育说课演示。5月10日，北京市大学生体育协会主席杜松彭、副主席刘启孝、北林大副校长宋维明参加了北林大学生篮球联赛开幕式。此次联赛得到可口可乐、ING和删繁就简3家企业的赞助。5月22日，组织40岁以下14位年轻教师到北京大学参加体育课说课学习培训。6月24日，组队参加在清华大学举行的6院校体育工会交流活动。10月29~30日，北京市教委主持首都高等学校第十五届体育科学学术论文报告会在顺义举行，陈天全副校长带队参加。体育教学部有7篇论文参评，获得一等奖1项，二等奖1项，三等奖2项。分别为姜志明撰写的论文《我国普通高等学校体育研究方法的现状、问题与出路》获得一等奖，陈东撰写的论文《普通高校十项全能运动员训练特征分析》获得二等奖，尹沛撰写的论文《第十五届世锦赛中国队进攻效果的研究》获得三等奖，姜志明撰写的论文《中外大学校园体育文化比较研究》获得三等奖。11月6日由北林大承办的第七届北京大学生越野攀登赛在鹫峰国家森林公园举行，有27所高校28支队伍参赛，北林大代表队获得第四名；当日下午，由北林大承办的北京高校学生体育协会运行与指导研讨会在鹫峰国家森林公园成功举行。12月11~18日，孙承文参加北京市大学生体育协会考察团赴四川考察学习。 （姜志明 李东才）

【运动训练与竞赛】

招生管理 依据教育部办公厅〔2006〕1号文件要求审查考生资格，严格控制一级运动员和享受二本线65%的运动员的比例。2010年共有11个省(市)98名学生报考北林大，44名学生参加体检，体检合格人数35人，最后录取人数25人。

高水平运动队竞赛 5月13~16日，首都高等院校第四十八届学生田径运动会在北京吉利大学举行，北林大有38人参赛，获得男子甲组团体第五名，女子甲组团体第七名，男女甲组团体第五名，并获得体育道德风尚奖。

7月20~25日，中国高等农业院校第七届

大学生田径运动会在安徽农业大学举行，北林大20人参赛，获得男子团体第一名，女子团体第三名，男女团体第一名。

12月22日，第二十六届首都高校田径精英赛在北京先农坛体育馆举行，北林大有30人参赛，获得男子团体第三名。

俱乐部代表队竞赛 北林大以俱乐部形式参加的项目有男女足球、女子篮球、男女排球、乒乓球、跆拳道等。

4月7～30日，2010年"STAR"杯北京市大学生篮球联赛在北京工业大学举行，北林大派出男篮代表队12人，女篮代表队12人，男篮代表队获得第三名，女篮代表队首次获得冠军。

5月8～30日，"印院杯"北京大学生足球乙级联赛大学组在北京印刷学院举行，北林大22人参赛，获得第四名。

9月19至10月31日，在北京市大学生体育协会主办的2010"念慈庵"北京大学生篮球冠军争霸赛中，北林大有12名运动员参赛，获得第三名。

10月9～27日，第十三届CUBA中国大学生篮球联赛北京选拔赛在对外经济贸易大学举行，北林大男篮代表队12名运动员参赛，获得乙组第三名。

10月10～24日，2010年首都高校女子足球锦标赛在北京中医药大学举行，北林大有22人参赛，获得第五名和精神文明奖。

10月17，首都高校第二届秋季学生田径运动会在首都经济贸易大学举行，北林大有30人参赛，获得男子团体第二名，女子团体第三名，男女团体第二名。

11月20，首都高校第十一届传统养生体育比赛在北京外国语大学体育馆举行，北林大有24人参赛，十六式太极拳获得第一名，八段锦获得第二名，五禽戏获得第三名。

11月20，北京市大学生体育协会乒乓球分会承办的北京市大学生乒乓球锦标赛在首都经济贸易大学举行，北林大有10人参赛，获得男子团体第七名，女子团体第七名。

12月4日，首都高校第二届体育舞蹈比赛在中国劳动关系学院举行，北林大有8人参赛，进行14个单项的角逐，获得团体第四名，2个单项冠军，1个单项亚军，2个单项季军。

12月11日，首都高校第三十届健美操、艺术体操、啦啦操比赛在北京大学举行，北林大有24人参赛，参加啦啦操规定和自选动作的比赛，均获得第一名。 （王 涛 陈 东）

【党建工作】 2010年，体育教学部直属党支部共有党员25人，占总人数的67.6%，全年发展预备党员1人，预备党员转正1人。

2010年，体育教学部直属党支部推进学习型党组织建设，编制《体育教学部创先争优活动实施方案》、《体育教学部关于贯彻落实〈中共北林大委员会关于进一步加强和改进新形势下党建工作的意见〉的具体措施》和修改完善《体育教学部规章制度》，促进和谐体育教学部建设。孙承文获得北林大"师德标兵"、陈东获得北林大2010年度优秀党员和北京高校十佳教练员荣誉。孙承文由常务副主任（正处）岗位调至主任岗位。

加强工会和教代会工作。完成工会、教代会的换届改选工作，赵宏当选工会主席。体育教学部配合校工会完成职工运动会、职工篮球和排球比赛，教工木球队训练和参赛，继续开展女工瑜伽训练班和太极拳训练班；配合机关工会完成趣味运动会；配合离退休工作处完成第十九届老年运动会和各项健身活动的组织。孙承文当选校教代会执行委员，赵宏当选校工会委员。高建玲当选北林大第三届"巾帼之星"。姜志明获得学校第二届科技之星提名奖。李东才、郭冬青、王林生获得从事教育工作30年荣誉。马宪中当选工会之友，刘东、王斌当选优秀工会干部。2010年，教职工为贫困学生基金会捐款0.13万元，为青海玉树灾区捐款0.41万元。

提高群众服务质量和水平。对离退休的教职工做到定期发放慰问费和定期看望，配合学校妥善处理时小冬教授的丧葬事宜，为1名离休老教师专门组织91华诞生日活动。党政工共同组织全体教职工进行学习和休养，分别于1月和6月到台湾及北京平谷参观学习。

（孙 恒 李东才）

教育教学

本科教育

【概　况】 北林大教务处下设教学运行管理中心、学籍管理与注册中心、考试中心、现代教育管理中心、评估中心、实习实验教学管理中心、教学研究科、梁希实验班管理中心。

2010年本科教学工作思路是以构建与“发展国际一流的研究型林业大学”相适应的本科人才培养体系为统领，全面总结“质量工程”一期经验和成果，不断深化教学改革，完善教学管理体制和运行机制，努力构建和谐的教育教学环境，实现教学工作快速、协调发展。

新增55项国家级、34项北京市级和258项校级教学改革和建设立项；梁希实验班进一步优化人才培养方案，整合课程，积极探索拔尖创新型人才培养新思路；学生参加大型学科竞赛，成绩喜人。

注重日常教学管理制度和操作细则的建立，出台配套教学管理文件近60份，制定北林大教学管理制度6项、修订2项，明确教育教学各环节工作内容、程序和责任。

做好课程安排，受理教师对教学计划及课程安排的调整；组织安排全校选课工作，修改教务系统中评价等相关模块程序，保障教学运行。完成532名学生免试研究生推荐。完成2010届本科毕业生学位授予、毕业离校和2010级本科新生电子注册工作及60名09级学生转专业工作。组织2010年6月和12月2次全国大学外语四、六级考试及各学期期末考试工作。

深入推进教育教学研究工作，全面总结“质量工程”一期建设取得的成效与基本经验，分析问题，提出推进项目建设建议。

继续实行教学督导制和教学信息员制度，及时处理教学反馈信息。进行期中教学检查。抽查2010届本科生毕业论文情况。

利用修购专项等经费，进行实验室建设。拓展校外实习基地。统筹考虑大学生创新性实验计划、科研训练计划、学科竞赛等项目，校院两级大学生科研训练管理体系运行良好，学生创新能力和创新精神明显提升，学生参加学科竞赛获奖频频。

加强教学管理信息化。更换教务系统数据库服务器，提升系统运行速度。全面更新教室楼多媒体教室计算机软件。改造一教外语听力放音系统。

（孙　楠　张　戎）

【专业设置】 经教育部批准，正式设置网络工程专业，城市规划专业学制由4年调整为5年。向教育部申请，增设商务英语、给水排水工程、应用心理学本科专业，其中应用心理学专业替换原心理学专业。2010年，全校共有48个专业（61个专业及专业方向），覆盖教育部设置的11个学科门类中的7个学科门类（理学、工学、农学、文学、经济学、管理学、法学），其中理学门类7个专业，工学门类18个专业（22个专业及专业方向），农学门类7个专业（8个专业及专业方向），文学门类4个专业（6个专业及专业方向），经济学门类3个专业（5个专业及专业方向），管理学门类8个专业（12个专业及专业方向），法学门类1个专业。

北林大2010年专业设置情况一览表

学院	专　业
林学院	林学*
	森林资源保护与游憩*
	草业科学（草坪科学与管理方向）*
	草业科学（中美合作办学方向）*
	地理信息系统*
水土保持学院	水土保持与荒漠化防治*
	资源环境与城乡规划管理*
	土木工程*

（续）

学院	专　业
生物学院	生物技术*
	生物科学*
	食品科学与工程*
园林学院	园林*
	旅游管理*
	风景园林*
	园艺（观赏园艺方向）*
	城市规划*
经济管理学院	农林经济管理*
	工商管理*
	工商管理（经济信息管理方向）*
	工商管理（物业管理方向）
	物业管理*
	会计学*
	会计学（国际会计方向）
	统计学*
	统计学（证券投资分析方向）
	统计学（市场调查与分析方向）
	金融学*
	国际经济与贸易*
	市场营销*
	市场营销（电子商务方向）*
	人力资源管理*
工学院	机械设计制造及其自动化*
	交通工程（汽车运用工程方向）
	车辆工程*
	工业设计*
	自动化*
	自动化（工业自动化方向）
	电气工程及其自动化*
材料科学与技术学院	木材科学与工程*
	木材科学与工程（家具设计与制造方向）*
	包装工程*
	林产化工*
	林产化工（制浆造纸工程方向）*
	艺术设计*
	艺术设计（装潢艺术设计方向）*
	艺术设计（动画艺术设计方向）*
人文学院	法学*
	心理学*
外语学院	英语*
	日语*
信息学院	信息管理与信息系统*
	计算机科学与技术*
	计算机科学与技术（艺术设计方向）
	数字媒体艺术*
	动画*
	网络工程*
理学院	电子信息科学与技术*
	数学与应用数学*
环境科学与工程学院	环境科学*
	环境工程*
自然保护区学院	野生动物与自然保护区管理*

注：*为2010年招生专业及专业方向。

（孙　楠　张　戎）

【本科教学质量工程】 2010年，开展北林大校级质量工程立项备案工作，拨付质量工程专项资金到学院，使财、权、利下沉至学院，确保质量工程项目顺利实施。

组织对质量工程一期建设所涉及的特色专业、教学团队、实验教学示范中心、大学生创新性实验计划等9类项目，按照国家级、北京市级和校级3个级别分类总结。重点加大对国家级、北京市级特色专业建设点和教学团队项目的检查和监督力度，梳理、总结一期质量工程建设经验，组织召开质量工程一期建设项目总结交流会，利用网络、《评建周报》等形式，宣传展示质量工程建设成果，扩大影响面，加强示范推广作用，着手开展质量工程二期建设筹备工作。

（孙　楠　张　戎）

【专业建设】 开展2010年专业建设工作，组织申报教育部、北京市特色专业建设点并启动北林大第五期专业建设立项。新增国家级特色专业建设点3个。

组织开展校级第五期专业建设立项，确立9个项目为2010年校级专业建设项目，同时继续资助2009年立项的专业建设项目1个。

组织申报国家级特色专业建设点。英语、环境科学、机械设计制造及其自动化等3个专业获批第六批国家级一类特色专业建设点。

组织召开北林大2010年专业论证会议和北林大战略性新兴产业相关专业论证会。

（孙　楠　张　戎）

【教学运行】 编制2010～2011学年校历。核算14个教学单位的27.7万余课时量。2010～2011学年共安排课程5300余门次。受理教学计划调整31门次，审批新增课程35门，调停课1500余门次。教师补课、学生活动、计划外课程等借用教室约5万学时。专业选修课1155门次，全校选修课497门次，选课达1299门次。

计算2009～2010学年监考费用。依据期末考试监考登记数据及各学院实际操作情况，核算、发放2009～2010学年考试监考费。

2010～2011学年选拔研究生助教70人，并对这70名助教进行学期岗位考核。

召开教研室主任会议，回顾以往工作，肯定教研室在学校教学、科研中发挥的重要作用，明确教研室主任的角色定位，提出教研室主任的工作要求。（胡 燚 孟祥刚）

【人才培养】 组织召开北林大人才培养方案修订工作启动会，成立工作领导小组，启动新一轮本科专业人才培养方案的修订。开展前期调研，召开全校层面的老教授、教学副院长、实验系列人员、教学管理人员等专题座谈会。申请专项经费用于各学院调研。组织部分教学副院长参加以"人才培养模式的改革与创新"为主题的中国大学教学论坛，走访调研武汉大学、华中农业大学、湖南大学、中南林业科技大学等高校，交流高等学校教学管理经验，探讨新形势下人才培养模式的改革与创新。在充分调研论证的基础上，经过6轮修改，拟订《修订人才培养方案的原则意见》，提出"加强基础、拓宽口径、通专并举、注重能力"的指导思想，布置修订工作具体要求。

对公共选修课进行全面梳理，增设35门公共选修课，招聘主讲教师，进一步加强通识教育，拓宽学生的知识面，全面提高学生的综合素质。（孙 楠 张 戎）

【梁希实验班】 选拔产生2010级梁希实验班学生。共计330名学生报考梁希实验班，包含理科187名，文科143名。经过资格审查、笔试、面试等环节，共有70名学生获得进入梁希实验班学习的资格，文、理科各35人。

组织实验班学生申报大学生科研训练项目立项。2010年进入国家大学生创新训练计划5项，入选校级大学生科研训练计划19项。

开展梁希实验班2007级实验班学生推荐免试研究生工作。文科班30名，理科班27名同学参与。共有43名学生被推荐为免试研究生，保研比例达70%。其中有11名同学被推荐到北京大学、清华大学、中国人民大学、中国科学院、复旦大学、厦门大学等国内一流大学继续深造。

开展梁希实验班评优、资助工作。2010年，实验班学生获国家奖学金6人、国家励志奖学金12人、梁希奖学金（一等）18人、梁希奖学金（二等）35人、梁希奖学金（三等）52人、国家助学金（一等）20人、国家助学金（二等）15人、新生专业特等奖学金2人、文体优秀奖4名、三好学生21名、优秀学生干部20名、优良学风班5个。梁希08－1、08－2班获得十佳班集体称号，梁希07－1班获全国优秀班集体称号。

（申 磊 张 戎）

【教学队伍建设】 2010年继续加强教学队伍建设，学校新增2名北京市教学名师，2个北京市级优秀教学团队，2个国家级优秀教学团队。共有56人次参加教育部2010年精品课程师资培训。

推荐史宝辉教授和张志翔教授参加第六届北京市教学名师评审并获批。

旅游管理专业教学团队等7个教学团队被评为2010年校级教学团队。推荐森林经营管理教学团队、植物生物学教学团队参评北京市级优秀教学团队和国家级优秀教学团队，并最终获批。

（孙 楠 张 戎）

【课程建设】 2010年，北林大新增国家级精品课程1门。木材干燥学等33门课程获批2010年校级精品课程建设项目，继续资助2009年立项的专业建设项目4个。组织推荐8门课程参评2010年市教委高教处以及农林基础类、森林资源类、环境科学与工程类、农林业工程类、农林经济与管理类、文科计算机基础类教学指导委员会国家级精品课程的评审，最终森林计测学获批国家级精品课程。推荐2门课程参评2010年北京市精品课程。组织《微生物学》和《草地学》申报2010年度国家级双语教学示范课程。启动梁希实验班优质课程建设立项申报工作，进一步推

动梁希实验班课程体系整体优化和课程内容的整合力度。 (孙 楠 张 戎)

【教材建设】 公布2010年校级教材建设立项结果，确立《室内装饰工程》等11种教材为2010年校级教材建设立项项目。组织开展新一轮校级教材建设立项。调查统计2009~2010学年第二学期教材选用情况。统计筛选教材选用信息514条，选用优秀教材的课程数为322门次，占总数的62.65%。 (申 磊 张 戎)

【教学研究】 制定《北林大2010年教学改革研究项目立项指南》，设立青年教师鼓励项目，继续资助青年教师开展教学研究。经专家评审，最终确立2010年度校级立项51项。

对已到期的2006~2009年立项的136个教学改革研究项目进行中期检查或结题验收。95个项目参加中期检查，经专家评审，项目均顺利通过中期检查、进入下一个研究阶段；41个项目参加结题验收，经专家评审，1个项目限期整改，其余项目均顺利通过验收，其中17个项目思路清晰、完成质量高、应用效果好，达到优秀标准。

强化教研室功能，加强教学基层组织建设，进一步完善校、院、教研室三级教学管理体系建设。印发《教研室管理手册》，促进教研室管理规范化。修订相关教学管理制度，发挥教研室在教学研究、教材选用及编写、青年教师培养等方面的组织和引导作用。

编印《北林大教学改革与创新系列成果汇编》。该汇编分为《人才培养与教学管理卷》、《课程建设与教学方法改革卷》、《获奖成果卷》和《学生创新实践卷》4卷。集中反映近几年北林大教学管理工作者在深化教育教学改革等方面所取得的丰硕成果，召开2010年教学工作研讨会。 (孙 楠 张 戎)

【教学管理制度】 2010年，修定教学制度规范3项：《北林大学生管理规定》、《北林大考试管理工作补充规定》和《北林大教学督导管理条例》。 (张 戎 孟祥刚 孙 楠 于志明)

【学籍管理】 开展2010级新生学籍管理培训工作。分3场进行，主要包括成绩管理、学籍异动、推荐免试研究生、专业调整等。

完成2010届本科毕业生的资格审查。包括毕业生的学分状况、外语四级通过情况、是否取得毕业证与学位证等情况，为资格审查不合格的学生创造修读不合格学分的机会，最终2010届本科毕业生3138人(二学位12人)中3062人取得毕业资格，毕业率达97.5%。根据教育部、国务院学位办、北京市教委关于学历、学位注册的相关规定，在规定时间内将3138名毕业生的学历数据和3040名授予学士学位的信息上报国务院学位办，供用人单位查询，接受社会监督。

09级60名同学调整专业。09级共有125名同学提出专业调整申请，60人初审、笔试、面试均合格，按照规定转入新专业学习。教务处折合认定转专业学生课程的学分。

推荐532名07级学生免试攻读2011级硕士研究生，占北林大07级学生人数的16%。其中364人选择继续留在本校攻读硕士研究生，占推荐比例的68.4%；168人被中国科学院、北京大学、同济大学等科研院所及高校接收，占推荐比例的31.6%。168名学生中推荐到中国科学院22名、北京大学21名、清华大学18名、北京理工大学15名、北京航空航天大学11名、北京师范大学9名、中国人民大学9名、北京交通大学8名、厦门大学8名、对外经济贸易大学4名、中央财经大学4名。532名学生中，有14名被直接推荐攻读博士研究生，7名推荐为支教团学生。2010年，学校继续破格选拔学术特长生，选拔3名具有学术特长的学生免试攻读2011级硕士研究生。

核对2010级新生基本信息，并完成学籍电子注册工作，共有3345名2010级新生取得学籍。 (孟祥刚 于志明)

【成绩管理】 2010年3月开展成绩分析工作。共分析155门期末成绩优秀率达100%或不及格率超过40%的课程。重点分析高等数学、大学英语等74门不及格率较高的课程及动画概论等81门优秀率较高的课程成绩，并将分析结果及时反馈给学院，督促学院进行相应整改。

(孟祥刚 于志明)

【考试管理】 完成2010年6月份和12月份的全

国大学外语四、六级考试。6 月份共 7105 人参加考试，其中英语四级 3663 人、英语六级 3427 人、小语种共 15 人；12 月份 4959 人参加考试，其中英语四级 679 人、英语六级 4280 人。2 次考试学校均使用手机屏蔽仪，未发生一起作弊行为。

组织 2009 ~2010 学年第二学期期末考试和 2010 ~2011 学年第一学期期末考试，包括日程安排、监考、巡考安排等工作。学期初组织学生补考报名并实施补考。

2009 ~2010 学年第二学期开设 4 个重修班。2010 ~2011 学年第一学期对前期开设重修班的上课情况、考试通过率等进行分析，取消单独开设重修班，所有需要重修的学生全部跟班重修。

（谢京平　于志明）

【教学检查】 2009 ~ 2010 学年第二学期，组织全校本科生对 1915 门次课程进行评价，2010 ~ 2011 学年第一学期，组织全校本科生对 2491 门次课程进行评价。2010 ~2011 学年第一学期，与研究生院共同修订《北林大教学督导管理条例》。

组织教学督导等专家对 2009 ~2010 学年第一学期期末考试试卷进行抽查，主要抽查期末成绩优秀率达 80% 以上课程及不及格率超过 30% 的呈偏态分布的课程期末考试试卷，包括试卷、实习、实验报告，涉及 13 个学院。组织督导及专家对试卷的质量、评分标准、成绩评定及试卷管理等进行认真审查评定，提出改进意见和建议，反馈给各相关学院。

2009 ~2010 年第二学期和 2010 ~2011 第一学期分别结合教研室工作和人才培养方案修订工作，开展不同主题的期中教学检查。2009 ~ 2010 年第二学期期中教学检查全校共听课 634 次，其中管理人员听课 113 次，涉及被听课教师 316 人，被听课程 397 门次；全校共组织观摩教学 24 次，教师座谈会 73 次，学生座谈会 23 次。2010 ~2011 学年第一学期期中教学检查全校共听课 772 次，其中管理人员听课 118 次，涉及被听课教师 332 人，被听课程 422 门次；全校共对 39 名教师的教学活动组织观摩，组织教师座谈会 74 场，学生座谈会 29 场。

组织召开北林大 2009 ~2010 学年优秀教学信息员表彰大会暨 2010 ~2011 学年教学信息员聘任大会。表彰 2009 ~2010 学年 25 名优秀信息员、16 名优秀信息员组长。从 08、09、10 级各专业聘任 210 名同学担任北林大 2010 ~ 2011 学年的教学信息员。2010 年教务处网站共发布各种通知 510 条，回复学生和教师咨询 1060 余条。

2010 年共编印、发放《评建周报》10 期，《评建周报》总发刊 156 期。（林　娟　于志明）

【网络教学管理】 2010 年，教务处对学校本科教室多媒体设备进行历时 4 个月的升级改造，共计更新计算机 62 台、面板改造 83 间、新建多媒体教室 2 间、录播教室 3 间、安装网络监控 61 间、总控室改造一间。加大多媒体教室维护力度。2010 年共计更新投影机灯泡及其他配件 40 余个。

2010 年改版教务处门户网站，并将网站移植到学校 CMS 系统中。

学校 2010 年共计开设校际公选课 8 门次，选课学生近 500 人。

2010 年共计组织学生选课 112 469 门次，现代教育管理中心开学前三周集中手工办理加选课程，本年度共计办理加选课 1283 门次。

继续完善教务系统功能，先后开发“教学计划管理”、“立项信息管理”、“教学日历网上提交、审核”等模块。（尹大伟　于志明）

【实验室建设】 落实修购专项经费 760 万元，进行实验室建设。以北京市实验教学示范中心建设为重点，强化实验室内涵建设，积极挖掘和利用学校教学科研资源，实验开出率始终保持在 100%，农林及理工类学院有综合性设计性实验的课程比例达 80%。组织环境科学与工程实验教学中心参加北京市高等学校实验教学示范中心评选。（于　斌　于志明）

【教学实习基地建设】 2010 年进一步挖掘潜力，拓展培育实习基地，积极申报北京市实验教学示范中心和市级校外人才培养基地，学校教学实习基地北京市八达岭林场被评为北京高等学校市级校外人才培养基地。（于　斌　于志明）

【科研训练】 启动 2010 年北林大大学生科研训练项目立项。经专家评审，报学校批准，共有

156个项目获得资助。

启动国家大学生创新性实验计划立项和北京市大学生科学研究与创业行动计划立项。经专家评审，共有50个项目被列为国家大学生创新性实验计划项目，25个项目被列为北京市大学生科学研究与创业行动计划项目。

组织学生参加第三届全国大学生科学论坛，有1个项目进行展示。

组织学生参加首届北京市大学生科学研究与创业行动计划成果展示与经验交流会。学校有两个项目进行展示。（于斌 于志明）

【学科竞赛】 组织学生参加2010年全国大学生英语竞赛。共有2048人报名参赛，经过辅导和预赛，12名同学代表学校参加决赛。最终1名同学获得全国特等奖，11名同学获得全国一等奖，31名同学获得全国二等奖，61名同学获得全国三等奖。

组织学生参加第四届全国大学生机械创新设计大赛，获全国一等奖1项，北京市二等奖1项，北京市三等奖2项。

组织学生参加全国大学生交通科技大赛，获全国二等奖1项，三等奖1项。

组织学生参加全国大学生智能汽车竞赛，获全国三等奖1项，优秀奖1项。

组织学生参加全国大学生数学建模与计算机应用竞赛，获北京市一等奖1项，北京市二等奖1项。

组织学生参加全国大学生电子商务“创新、创意及创业”大赛，获全国三等奖1项，北京市特等奖2项，北京市一等奖3项，北京市二等奖11项，北京市三等奖19项。

组织学生参加2010年北京市大学生创业设计大赛，获北京市一等奖1项，优秀指导教师1名。

组织学生参加2010年北京市大学生计算机应用大赛，获北京市二等奖1项。

组织学生参加2010年北京市大学生动漫设计大赛，获北京市一等奖2项，北京市二等奖2项，北京市三等奖4项。

组织学生参加2010年北京市大学生物理实验竞赛，获北京市二等奖2项，北京市三等奖4项，最佳组织奖1项。

组织学生参加2010北京市大学生化学实验竞赛，获北京市三等奖1项。

组织学生参加2010年北京市大学生人文知识竞赛，获北京市三等奖1项。

组织学生参加2010年北京市大学生英语演讲比赛，获北京市三等奖1项，鼓励奖1项。

（林娟 于志明）

【教风学风建设】 2010年教务处、人事处、学生处、团委等职能部门联合，共抓教风学风建设，开展广泛调研，提出加强师德建设，注重教师的综合素质的全面提高、切实落实听课制度、充分发挥教研室作用、加强对教师教学环节进行检查、督促等强化教风建设的具体措施；全方位加强一年级学生管理、加强班委会和团支部建设、加强班主任和辅导员工作、加强课堂教学巡视、评选优良班风等强化学风建设的具体措施。

（林娟 于志明）

【本科生校际联合培养】 本科生校际联合培养进入实质阶段。2010年1月，北京农学院与北林大签订共建协议后，在框架协议内双方就本科人才培养方面展开全新的合作。8月，北京农学院选派10名09级本科生来校培养，分别进入林学、园林、风景园林、工商管理、市场营销等专业学习，为期一学年，接受教学培养及学生管理。（孟祥刚 于志明）

学位与研究生教育

【概 况】 2010年，学校拥有4个一级学科博士学位授权点、5个一级学科硕士学位授权点、35个二级学科博士学位授权点、73个二级学科硕士学位授权点、11个硕士专业学位授权点、14个高校教师攻读硕士学位授权点、5个博士后流动站。博士、硕士点覆盖9个学科门类和26个一级学科。

2010年新遴选5名博士生指导教师和46名

硕士生指导教师。截至2010年年底有中国工程院院士4人，在岗研究生导师528人，其中博士生导师182人，硕士生导师346人。2010年招收研究生1714人(博士生242人，学术型硕士生913人，全日制专业学位硕士生173人，在职人员攻读硕士专业学位研究生386人)。毕业研究生911人(博士生151人，硕士生760人)。授予学位1158人(博士学位198人，同等学力人员博士学位7人，硕士学位729人，同等学力人员硕士学位4人，高校教师硕士学位3人，专业学位217人)，博士后进站22人，出站8人。至2010年年底，在校学术型研究生3661人(博士生928人，硕士生2733人)，专业学位研究生1753人，在站博士后77人。

2010年出台《北林大研究生学业奖学金评定办法(修订)》、《北林大研究生优秀奖学金评定办法(修订)》、《北林大研究生特困补助专项经费管理办法》、《北林大研究生Seminar暂行办法》等管理制度。实施研究生招生阳光工程建设、生源拓展、全日制专业学位研究生和新版学术型研究生培养方案、培养环节督导、学位论文学术不端行为检测系统检测、学位论文隐名送审、优秀学位论文评审、研究生学术交流与访学等多项举措，提高研究生培养质量。2名研究生在北林大首届青年学术年会上获一等奖，32名教师获北林大2009~2010年度优秀研究生指导教师称号，12名博士生和23名硕士生的学位论文被评为校级学年优秀学位论文，1篇论文获全国优秀博士学位论文提名奖，1篇被评为北京市优秀博士学位论文。1名博士研究生获宝钢优秀学生特等奖学金。1名博士生获全国林科十佳毕业生称号，2名博士生获第二届梁希优秀学子奖。园林学院研究生在47届IFLA世界大会获得全部18个奖项中的10个，其中一等奖1项、二等奖1项，评委会奖8项，创历届新高。

(孙信丽　张志强)

【研究生招生】

各类研究生招录情况　①博士研究生。2010年共录取博士生242人，比国家下达规模数多录取4人，其中硕博连读生78人。按录取类别分：委托培养75人，非在职155人，少数民族骨干计划12人。②硕士研究生。2010年共2950人报考北林大，比2009年增加545人，增幅22.7%。最终录取1086人，其中学术型硕士生913人，全日制专业学位硕士生173人。录取人数比2009年增加49人，增幅4.7%。③在职人员攻读硕士学位。共录取2010级在职人员攻读硕士学位386人，比2009年增加82人，增幅27%。其中农业推广硕士298人，风景园林硕士80人，工程硕士8人。

研究生招生管理与制度建设　①招生管理。根据招生进程，完成2010年硕士和博士入学考试、阅卷及复试、录取工作；编制2011年硕士、博士招生计划及专业目录，分别有25个博士学科、57个学术型硕士学科、17个全日制专业学位硕士学科(领域)进行招生。完成2010级在职人员攻读硕士专业学位招生计划和招生简章编制，发动学院进行招生宣传，最终报名人数达1316人，创学校历年报考人数新高。其中2010年4月份获批准的2个工程硕士新领域首次参与招生。②招生制度建设。9~12月，招生处全面修订和整理近30年来出台的各类型研究生的招收管理、考试考务、复试录取、保密管理规定以及上级招生文件。10月在京开展全日制专业学位奖助工作调研，分析北林大专业学位招生存在的问题，并提出学校专业学位奖助学金体系建议方案。③招生硬件设施建设及信息化管理。根据国家保密室建设标准重新调整并装修保密室。完成推免生管理系统开发和硕士生管理系统全面改版的工作，分别在当年推免生录取工作和招收2011年硕士研究生的考务工作中启用。

招生阳光工程建设　①招生环节培训。主要对新遴选导师进行相关招生政策的培训，并在博士和硕士复试前重点对各学科复试专家组组长、各学院主管院长和研究生秘书进行文件、复试的具体设计、注意事项等复试录取专题培训。②加强复试巡视。由纪检监察部门及研究生院组成巡视小组，对各学科的复试工作进行巡视。③公开招生信息。及时公示研究生复试办法与拟录取名单，公布各级招生监督电话，保证监督渠道畅通。④监督招生过程。制定各项监督制度，成立校院两级招生工作领导小组，共同参与复试录取结果的决策，协调招生工作中存在的问题，监督各级管理人员正确行使工作职权。

生源拓展　①学术型研究生调剂管理。2010年报考北林大农学、理学、工学等学科门类的硕士研究生上线人数仍存在较大差额。4月，研究生院在初试成绩公布后及时发布各学科缺额预测信息，录取后期通过限制考生网上回复“录取确认”的时间等措施，共调剂录取考生200余人。同时，招生处联系并调剂出270余名达到国家线但低于学校复试分数线的考生。②招生宣传。招生处会同各学院分别于6月和9月赴江西、湖南、安徽、山东参加全国研究生招生现场咨询会。同时利用学校、研究生院、中国教育在线等网站以及《北京市考试报》等报刊进行招生宣传。③全日制专业学位研究生。在林业、农村与区域发展、食品加工与安全、农业信息化、风景园林5个专业学位领域共招收2010级全日制专业学位研究生173名，完成招生计划的86.5%，比2009年增长8%。④优秀推免生生源拓展。招生处会同教务处，通过“爱林”校长奖学金、学业奖学金、提前录取时间、利用推免生信息管理系统方便推免生网上申请等措施，共录取推免生326人，比2009年增加62人，增幅23.5%。

（何艺玲　张志强）

【研究生培养】

课程教学　2010年春季计划开设研究生课程320门，停开32门，秋季计划开设246门，停开9门，全年共实际完成525门(其中学术型研究生395门、全日制专业学位研究生35门、2008级和2009级在职专业学位研究生95门)研究生课程的教学安排工作。

培养方案制(修)订　2010年组织完成林业、农业信息化、食品加工与安全、农村与区域发展4个领域的农业推广硕士以及风景园林硕士培养方案的制定与修订，在培养方式、课程设置、培养环节要求、校外专业实践等方面作了明确规定，突出全日制专业学位应用型人才培养的特点；同时实施学术型硕士和博士研究生新版培养方案。

培养环节管理　2010年制定《北林大研究生Seminar暂行办法》。组织各学院完成858名2008级研究生中期考核、127名博士生综合考试、190名2008级在职专业学位研究生和1305名2009级学术型研究生的学位论文开题报告、1276名2010级研究生培养计划制定等培养环节工作。在2008级研究生中期考核中，质量监控重点跟踪对象15人，批准延期考核16人，优秀、良好、合格率分别为14.8%、69.8%、15.4%，优秀率比2007级下降13.9%，合格率提升9.8%。

课程教学与培养环节督导　2010年，4名研究生教育督导共听课95次，督导21个学科187名2009级研究生开题报告，15个学科100余名2008级研究生中期考核。各位督导员反映大部分任课教师在研究生课程教学中能够认真负责，课程内容反映前沿知识，注重理论与实践的结合，授课条理性、逻辑性强，整体教学秩序和教学效果较好。在开题报告环节中大部分学科能严格要求和把关。同时，督导建议部分任课教师在讲课前应认真备课，注意突出难点和重点，注重课堂互动性，加强启发式教学。在开题报告中部分学科应保证每位研究生开题报告时间，把握好论文创新点，避免论文选题过泛、过大。

硕博连读选拔　3~5月组织各学院完成12名2008级硕博连读研究生博士资格综合考试工作。10~12月组织2011年度在读硕士生硕博连读选拔工作。经个人申请、导师推荐、班级评议、学院资格审核、学科考核小组组织答辩和初选、学院审查上报初评名单、研究生院审核等程序，共选拔86名优秀在读硕士生攻读2011年度博士学位，增幅23.3%。　（唐　瑜　张志强）

【研究生学位】

学位申请　①学位论文隐名送审。2010年，对205名申请答辩的博士生的学位论文全部实行隐名送审，送审工作由研究生院和学院共同负责，其中研究生院负责139名(67.8%)。硕士生除人文学院和信息学院的学位论文全部实行隐名送审外，其他学院的学位论文继续采用随机抽取的方法确定。在722名申请答辩的硕士生中，有330名硕士学位论文被确定为隐名送审，占整个送审比例的45.7%。完成191名农业推广硕士、49名风景园林硕士、22名工程硕士学位论文送审工作，论文未通过率8%。②学位论文学术不端检测。10~11月，研究生院首次利用中国知网开发的“学位论文学术不端行为检测系统”对申请秋季答辩的研究生学位论文进行检测，初步制定《北林大关于处理研究生学术不端行为的试行办法》和《北林大学位论文学术不端行为检测工作实施办法》。③同等学力人员学位申请资格审核。3～5月完成70名同等学力人员申请硕士学位外语和专业综合考试报名以及4名同等学力申请博士学位人员的资格审核并安排课程学习。

学位授予 2010年组织召开3次校学位评定委员会会议，共授予研究生学位1158人(博士学位198人、同等学力人员博士学位7人、硕士学位729人、同等学力人员硕士学位4人、农业推广硕士专业学位162人、风景园林硕士专业学位36人、工程硕士专业学位19人、高校教师硕士学位3人)，学位授予数量比2009年同期增长5.9%。审核表决通过4个一级学科博士点、11个一级学科硕士点的增列，作出撤销1名硕士学位的决定。组织成立自然保护区学院学位评定分委员会。处理学位异常事件3起。

导师队伍建设 3月组织导师培训会，对2003年以来新遴选的研究生导师和研究生管理干部进行系统培训，对340名研究生导师进行培训考核并发放导师资格证书。2010年审批和聘任研究生副导师30人次。6月2日召开研究生指导教师遴选会，遴选出5名博士生指导教师和46名硕士生指导教师。

优秀论文遴选 9月，北林大生态学学科博士生张春雨的学位论文《长白山针阔混交林种群结构及环境解释》被评为2010年北京市优秀博士学位论文。10月，林木遗传育种学科博士生张正海的学位论文《毛白杨未减数花粉发生及相关分子标记研究》入选全国优秀博士学位论文提名奖1篇。12月4日召开全国优秀博士学位论文推荐评选会，向北京市推荐6篇博士学位论文参评2011年全国优秀博士学位论文。2010年开始在全校范围内开展年度优秀博士、硕士学位论文的评选活动，2009～2010学年共评选出12篇优秀博士学位论文、23篇优秀硕士学位论文、32名优秀研究生指导教师，并对优秀博士学位论文作者和导师各奖励1000元，优秀硕士学位论文作者和导师各奖励800元。

专业学位授权点增列 3月组织工程硕士新领域的申报工作，新增环境工程、软件工程和计算机技术3个领域。5～6月组织开展自行审核新增硕士专业学位授权点工作。9月经国务院学位委员会批准，新增林业硕士、旅游管理硕士、翻译硕士、工商管理硕士、国际商务硕士、会计硕士、应用统计硕士和艺术硕士8个专业学位授权点。目前，北林大硕士专业学位授权点数量达11个。

专业学位教育综合改革试点 4～6月完成教育部开展的研究生专业学位教育综合改革试点申报工作。10月，北林大风景园林硕士被批准实施教育部综合改革试点工作，试点工作周期为2010年9月至2013年6月。力争通过教育综合改革试点，转变教育观念，创新培养模式，改革管理体制，增强风景园林硕士专业学位研究生的培养能力，提升风景园林硕士的实践能力和创新能力，提高教育质量。 (赛江涛 张志强)

【研究生教育创新】

研究生创新人才培养建设 2010年依托“211工程”三期“研究生创新人才培养建设计划”，开展5项研究生教育创新工作。①研究生教育资源开发工程。完成49个研究生课程教学创新项目的建设和验收工作，正式出版全国农林院校教材《高级生物化学实验》1部，发表教育教学研究论文54篇。申报97个学科前沿性专题讲座课程项目，组织国内外86位知名专家为研究生进行专题讲座授课。②精英研究生培养体系。12月11～12日在首届青年学术年会上受研究生科技创新专项计划项目资助的林产化学加工工程袁同琦(2010年发表SCI论文3篇，最高单篇影响因子达到8以上)和植物学孙健(2010年发表SCI论文3篇，累计影响因子达到8以上)2名研究生获得一等奖，占一等奖获奖人数的50%。入选全国优秀博士学位论文提名1篇，北京市优秀博士论文1篇，并获北京市优秀博士论文资助50万元，出版优秀博士论文丛书4部。③研究生学术交流和访学工程。组织3批135个研究生国内外学术交流项目申报工作，获批118个，其中资助研究生参加境外国际学术会议22人次，境内国际学术会议61人次，资助人数比上年增加4倍，资助金额累计达50余万元。研究生参加大会主题发言2次、大会报告13次、分会场报告41次、论文张贴54次。研究生发表会议论文68篇，发表会议论文摘要37篇。研究生院会同国际交流与合作处组织完成国家留学基金委2010年国家建设高水平大学公派研究生项目25名研究生的选拔申请，获资助研究生17

名，录取率达68%。④研究生公共实验教学创新中心建设工程。投资约200万元建设并正式使用研究生公共实验教学创新中心，中心《植物生理大实验》、《分子生物学实验技术》、《仪器分析》等实验课程每门选课人数超过60人。⑤研究生院信息化建设工程。完成研究生管理系统（包含推免研究生招生管理系统、研究生硕士招生管理系统、研究生管理信息系统、博士招生管理系统、学位论文远程评审管理系统）的建设与更新。

产学研与国内外联合研究生培养 ①教育研究。2010年，学位与培养处与高教研究室共同承担教育部研究生教育创新计划项目产学研联合及国内外联合培养研究生若干问题研究。对北京市教委资助的22所产学研联合与国内外联合培养研究生基地建设高校以及上海、武汉、长春、沈阳、合肥等地11所国内高校和日本4所高校进行问卷调查和实地调研。课题重点研究产学研联合与国内外联合培养研究生的基本理论、发展历程、模式以及北京地区的发展现状，提出北京地区高校产学研联合与国内外联合培养研究生的优化模式、管理体制与运行机制，构建基地建设评价指标体系和基地建设信息管理系统，并有针对性地提出北京市产学研联合和国内外联合培养研究生的对策和建议。②产学研联合培养研究生基地建设。与北京市园林绿化局整体协作，选择西山实验林场、八达岭林场、十三陵林场、共青林场、妙峰山实验林场作为具体产学研联合培养研究生基地。对北京城市绿化体系功能与合理布局、城市绿化优质植物材料繁育技术、生态公益林抚育改造技术及可持续经营模式、生态公益林抚育改造效益评价等进行研究，基地研究生共发表论文26篇，其中学术期刊论文19篇，会议论文7篇。11月，北林大产学研联合培养研究生基地通过中期检查。

林业硕士专业学位 1月，国务院学位委员会第二十七次会议审议通过由北林大牵头组织论证的林业硕士专业学位设置方案。3月24日组织召开林业硕士专业学位办学要求论证会，来自国家林业局、北京市园林绿化局和西北农林科技大学等7个单位共10名专家论证并形成《林业硕士专业学位办学基本要求》。9月组织完成2011年林业硕士专业学位研究生入学统一考试林业基础知识综合科目命题的指导意见制定工作。2010年协助完成全国林业硕士专业学位教育指导委员会成立的筹备工作。

（贾黎明　张志强）

【研究生党建与思想政治】

党建工作 2010年重点进行支部建设，开展党员骨干队伍培训。4月组织全校研究生党支部开展“遵守学术道德，抵御学术不端”主题党日活动，并对优秀支部进行表彰；4～9月组织研究生党支部开展“红色1+1”社会实践活动，全校共有20支研究生党支部与京郊农村基层党支部进行共建，水土保持学院硕水保09－3党支部获北京高校“红色1+1”示范活动一等奖；5月选派研究生马静、王松参加北京市研究生党员骨干培训学校第三期（清华）培训班；10月举办2010级研究生新生党支部书记培训会，对全校34个新生党支部的党支部书记和支委进行培训，培训内容为党务知识及如何做一名合格的党支部书记；10～11月举办全校研究生骨干培训班，为校院两级研究生会、研究生党支部、研究生班级的400余名学生干部进行培训，并邀请副校长姜恩来为培训班作专题辅导报告；12月校研究生会秘书长林龙圳、原校研究生会主席张骅分别参加中国大学生骨干培养学校第三期培训班结业式和第四期培训班开班式，张骅当选为全国大学生骨干培养学校第四期学生会主席；12月，张骅被评为北京高校成才表率。

思想政治教育 以增强研究生责任意识和学术道德为重点，开展系列教育活动。5月开展“走近2009年全国十大社会公益之星”教育活动，邀请被誉为“救人专业户、当代活雷锋”的道德模范刘学军来校作报告，讲述其40年助人为乐，见义勇为的事迹；5月面向全校师生举办“反对学术不端 倡导学术清廉”主题教育展；6月举办“走近世界冠军、畅谈青年立志”主题教育活动，邀请王冰玉、钟红燕、李妮娜、王娇和张树峰等世界冠军、体育界健儿与研究生分享冠军经历，畅谈青年立志。

进一步加强研究生心理健康教育工作。9月开展2010级研究生新生心理测评工作，对有心理问题的研究生早发现、早预防；与党委学生工作部联合开展心理健康系列教育活动，组织“爱我、我爱、成长”阳光签名活动，召开《心灵阳光》系列讲座，主题包括恋爱与两性关系、发觉内在的自我、亲情相伴你我终生、认识焦虑 享受睡眠、相信我们自己找回自信等。

连续第五年开展全校研究生思想状况调查，调查采用不记名问卷调查的形式，用等距抽样的方式进行。按照各学院20%的抽样比例，共发放问卷400份，收回有效问卷374份，回收率为93.5%。调查内容主要包括个人价值观、关注问题、读研收获、读研动机及满意度、心理压力等方面。调研结果形成专项调研报告，准确反映研究生群体的思想状况，为开展教育管理工作提供科学依据。10月面向全校451名研究生家庭困难群体开展现状调查，调查内容包括基本情况、生活思想状况、学业就业状况等，并形成专题调研报告，获批特困专项经费。

入学及毕业离校教育 以“文明离校、感恩离校”为主题，开展毕业生离校系列教育活动。北林大研究生会向全校2010届毕业研究生发出倡议，号召广大毕业生文明离校，感恩离校；举办校级、院级欢送毕业生晚会；6月30日举行2010届研究生毕业典礼暨学位授予仪式，北林大党委书记吴斌教授、校长尹伟伦院士分别为毕业生寄语留念。

9月组织2010级研究生新生入学教育活动，研究生院、保卫处、科研处、研工部相关负责人分别为研究生新生进行学位培养、科研现状、安全保卫、日常管理等方面的专题教育；各学院分别开展以专题教育讲座、导师座谈会、新生见面会、安全知识讲座、校史参观学习等为主要内容的研究生入学教育活动。

思想政治教育研究 2010年，北林大党委研究生工作部承担首都大学生思想政治教育课题1项，参与和承担校级学生思想政治教育课题2项，发表研究生党建及思想政治教育类文章5篇。 （林龙圳 孙信丽）

【研究生就业】 2010年毕业研究生总数917人，其中博士192人，硕士725人。截至2010年9月1日，一次性签约822人，其中有9名毕业生参加“科研项目助理”工作，25名毕业生从事北京社区工作者工作；87名毕业生志愿到西部地区工作。研究生就业率为97.16%，超过北京市研究生就业率的平均水平2个百分点。

完善指导性文件 2010年继续完善研究生就业工作校院二级管理，进一步完善《北林大研究生就业工作实施意见》、《北林大毕业研究生相关就业工作校院职责》、《北林大研究生户口、档案管理规定》等一系列规范化管理条文。

搭建信息服务平台 完善就业信息网络建设，利用网络为毕业生提供真实快捷的信息服务。2010年共为毕业生提供就业信息5890余条，发布就业短信1.5万条，出版电子就业简报4期，就业数据报表22期。进一步完善研究生就业管理信息系统（网络版），完成与教委信息系统的对接。

加强就业指导 完善就业服务内容，试点开设研究生就业指导课，定期召开就业讲座、座谈、咨询，解读就业形势和国家有关政策，让毕业生及时了解就业动态，引导和鼓励研究生积极就业。同时，注重引导和发挥研究生自我服务意识，成立研究生就业服务团，组织开展就业沙龙、就业经验交流会、公务员模拟考试等活动，强化研究生就业意识，提升研究生就业能力。

加强队伍建设 重视就业工作队伍的专业化建设，组织负责就业工作的指导教师参加教育部、人事部和市教委组织的就业人员专业化培训累计20人次，3名研究生就业专职人员考取国家高级职业指导师证书，提升就业工作人员的业务水平和工作能力。 （徐 伟 孙信丽）

【研究生学生管理】

研究生评优工作 2010年进一步修订完善《北林大研究生学业奖学金评定办法》和《北林大研究生优秀奖学金评定办法》，并面向学院的导师和研究生广泛征求意见，先后召开专项工作会议和座谈会5次，面向部分研究生导师以及08、09级研究生开展奖学金评定工作满意度问卷调查，确保评优工作顺利开展。2010年共评出研究生先进班集体18个；优秀班主任17人；学业奖学金获得者1787人，其中硕士学业一等奖学金获得者885人，硕士二等奖学金获得者679人，博士学业奖学金获得者223人；优秀奖学金获得者462人，其中优秀研究生119人，学术创新奖获得者131人，优秀研究生干部208人，研究生特别奖4人。此外，118人获得2010年度

“爱林”校长奖学金。2010年，各类奖学金总额1184.47万元。

研究生特困资助工作 2010年加强研究生困难群体资助工作，建立研究生特困补助专项经费，经费来自学校年度预算以及企事业单位和社会爱心人士的捐助。专项经费主要用于3个方面：一是家庭经济困难研究生的定期补助(如新生补助、冬衣补助等)；二是家庭经济困难研究生的勤工助学岗位津贴(以研一为主)；三是个人或家庭遭遇突发事件的研究生的一次性困难补助。12月，首批研究生特困补助专项经费正式发放，276名家庭困难研究生获得冬衣补助，共发放补助经费7.75万元，此外，4名研究生获得一次性困难补助，资助总经费0.25万元。

学生医疗保险 2010年继续做好北京市学生儿童大病医疗保险的申报和续保工作，共为676名2008级和2009级研究生办理续保手续，为254名研究生新生办理保险。2010年，学生年度投保金额由50元/人·年提至100元/人·年，学校总计为在校研究生支付保险经费9.3万元。

少数民族学生工作 做好少数民族学生工作，维护校园的整体稳定。为全校在职的少数民族骨干计划博士生统一办理北京市学生儿童大病医疗保险，解决其异地就医问题；12月召开北林大少数民族骨干计划研究生迎新春座谈会，并发放慰问品。

博士生挂职锻炼 继续推进首都高校博士生、博士后和高校辅导员到北京市挂职锻炼工作，组织1名研究生辅导员和4名博士生分别到北京市教工委等单位挂职锻炼；9月召开挂职辅导员及博士生座谈会，就挂职辅导员与博士生的工作情况、学业情况和生活情况进行座谈交流。 (林龙圳 孙信丽)

【研究生“三助”工作】 2010年进一步提高研究生助学力度。3月根据国家相关文件的精神，将博士研究生的助学津贴由原来的700元/月提高到1200元/月，一年按10个月发放，并补发2009年9月至2010年3月的津贴差额部分；2010年9月起给学校全日制专业学位硕士研究生发放助学津贴，标准为250元/月，一年按10个月发放。

完成研究生银行卡换卡工作。为全校3500余名研究生批量办理工商银行牡丹灵通卡，确保校园一卡通整体建设工作的顺利推进，并完成研究生“三助”津贴日常发放工作从中国银行向工商银行的过渡。

进一步扩大助管、助教工作覆盖面。2010年共设置150个助教及助管岗位，比2009年新增30个工作岗位，其中研究生助教岗位90个，助管岗位60个。2010年共发放助管及助教津贴1500人次，总金额45万元；助研津贴7065人次，总金额346万余元。 (林龙圳 孙信丽)

【研究生共青团工作】

社会实践与志愿服务 2010年结合研究生学科特色和专业特长，开展主题社会实践和志愿服务活动。4月成立实践调研团，前往香山园林绿化废弃物处理厂进行生态调研，了解园林绿化废弃物的再利用过程，倡导循环经济。5月举办“弘扬五四精神，争做时代先锋”主题实践系列活动，结合学校“知山知水，树木树人”的特色理念，通过签名、参观红楼、聆听工作人员讲解和观看纪录片等形式，传承和弘扬“爱国、进步、民主、科学”的“五四”精神。6月开展“珍爱我们的家园，寻找诗意的栖居”世界环境日主题实践活动，通过易拉宝向全校师生展示当前物种灭绝的状况以及人类活动对环境造成的巨大破坏和污染，并开展问卷调查，了解学校师生的环保意识和环保行为。9月开展研究生新生迎新志愿服务行动。10月、11月举办“关爱打工子弟，共创和谐校园”社会实践系列活动，先后开展为打工子弟兵学校捐献衣物书籍、中国打工文化主题展览、参观打工博物馆等活动，为打工子弟送去温暖。

学术科技活动 2010年继续以“学术育人”为中心，举办各类学术文化活动，营造校园学术文化氛围。11~12月举办第十五届研究生学术文化节，期间共举办高质量学术讲座及活动130余场，其中“院士讲堂”1期，邀请中国工程院沈国舫院士讲解“三峡工程对生态环境的影响”；名家访谈4期，分别邀请校党委书记吴斌教授，全国青联常委、著名书画艺术家沈一丹，国内著名心理学专家、清华大学教授樊富珉，汤森路透首席培训师张帆等知名专家与研究生面对面交流，深入探讨学术及科学前沿问题。2010 年出版学术信息周报 27 期，举办校级研究生学术科技活动 40 项，各类学术活动 300 余场，包括名家访谈、学术报告、博士讲坛、学术沙龙等。

研究生会与学生活动 北林大研究生会(以下简称校研会)以“自我教育、自我管理、自我服务”为宗旨，为全校研究生的学习、生活和文化体育活动提供服务。校研会代表全校研究生利益，在党委研究生工作部和校团委的指导下开展工作。2010 年，校研会进行机构调整，新成立维权中心、记者团、礼仪队等部门，继续完善服务领域。11 月召开第十五届研究生委员会延期调整大会，水保学院 2010 级博士研究生岳征文当选校研究生会主席；11 月 24 日，校研会主席岳征文、常务副主席赵志威代表学校参加北京市学联第十一次代表大会。

寓教于乐，丰富研究生校园文化生活。开展第三届研究生辩论赛和第三届研究生英语演讲比赛；举办研究生春季乒乓球赛、夏季篮球赛、秋季羽毛球赛、冬季趣味运动会等四大传统品牌赛事；全年共举办 37 期研究生周末舞会。

继续加强研究生校园媒体建设。2010 年，共出版印发《北林研究生》刊物 7 期。《北林研究生》专栏“北林人物”在教育部学位与研究生教育发展中心主办的 中国研究生媒体联席会议(2010)上获研究生校园媒体优秀栏目提名奖。

(林龙圳　孙信丽)

【博士后工作】

博士后流动站评估 3 月 1 日至 5 月 20 日，林学和生物学博士后流动站通过人力资源社会保障部和全国博士后管理委员会评估，此次评估工作中林学和生物学博士后流动站符合科研项目和科研成果的人数分别达 41 人和 17 人，发表论文 137 篇、54 篇，出版专著各 4 部、5 部。11 月 28 日，北林大林学博士后流动站在全国博士后工作会议暨纪念博士后制度 25 周年座谈会上被评为全国优秀博士后流动站，博士后管理办公室主任李凯获全国优秀博士后管理工作者称号。

进出站人员情况 2010 年，进站博士后 22 人，其中林学站 13 人(占 59.1%)，生物学站 7 人(占 31.9%)，农林经济管理站和林业工程站各 1 人(各占 4.5%)。出站博士后 8 人，按期出站人员达 75%，其中林学站 4 人，生物学站 3 人，林业工程站 1 人。清退长期在站人员 3 人。截至 2010 年底，在站博士后共 77 人。

2010 年博士后进站情况一览表(22 人)

序号	博士后	编号	合作导师	流动站	所在二级学科
1	周　延	90432	雷光春	林学	自然保护区学
2	赵嘉平	85515	骆有庆	林学	森林保护学
3	周国英	88564	田呈明	林学	森林保护学
4	傅大立	88562	马履一	林学	森林培育
5	关海玲	90327	孙玉军	林学	森林经理学
6	赵　强	84842	孙德智	林学	生态环境工程
7	齐　飞	82808	孙德智	林学	生态环境工程
8	吴志庄	82451	张志翔	林学	野生动植物保护与利用
9	张　东	82452	胡德夫	林学	野生动植物保护与利用
10	敖　妍	89388	张志翔	林学	野生动植物保护与利用
11	苏　薇	82263	丁国栋	林学	水土保持与荒漠化防治
12	王光军	84843	张洪江	林学	水土保持与荒漠化防治

（续）

序号	博士后	编号	合作导师	流动站	所在二级学科
13	冀晓东	88567	陈丽华	林学	水土保持与荒漠化防治
14	苏　华	83247	孙建新	生物学	生态学
15	宋百敏	82965	李俊清	生物学	生态学
16	裴林英	84841	李俊清	生物学	生态学
17	李国华	84840	赵秀海	生物学	生态学
18	韩秀丽	82450	刘玉军	生物学	植物学
19	赵曦阳	85438	沈应柏	生物学	植物学
20	段　劼	89491	蒋湘宁	生物学	植物学
21	姚清亮	83758	刘俊昌	农林经济管理	林业经济管理
22	唐万鹏	83416	张洪江	林业工程	山地灾害防治工程

2010 年博士后出站情况一览表(8 人)

序号	姓名	编号	合作导师	流动站	二级学科
1	李钢铁	53854	余新晓	林学	水土保持与荒漠化防治
2	张成梁	66188	赵秀海	生物学	生态学
3	杨志国	60162	赵秀海	生物学	生态学
4	盖　颖	69129	马履一	林学	森林培育
5	梁善庆	69353	赵广杰	林业工程	木材科学与技术
6	李秀山	29784	骆有庆	林学	森林保护学
7	张书理	62359	李俊清	生物学	生态学
8	郑宝江	58588	张志翔	林学	野生动植物保护与利用

基金申报　3 月组织申报第四十七批中国博士后科学基金面上资助，共申报项目 15 个。6 月获批 5 个(入围率 33.3%)，全部隶属于林学流动站，其中一等资助 1 个，二等资助 4 个。4 月组织申报中国博士后科学基金第三批特别资助，申报项目 3 个，全部获批，其中林学站、林业工程站及生物学站各占 1 个。11 月组织申报第四十八批中国博士后科学基金面上资助，共申报项目 8 个。12 月获批 2 个(入围率 25%)，林学站和生物学站均获得二等资助。2010 年申报的三批博士后基金的入围率均超过全国农林院校平均水平(23%)。

博士后管理　10 月，流动站管理办公室经过调研，为全部计划内和部分计划外博士后首次办理大病医疗、意外伤害及交通意外 3 个保险，博士后医疗、保险等未落实的问题得以解决。

博士后学术交流和联谊会活动　1 月，北林大博士后流动站获中国博士后科学基金会 2009 年度支持博士后联谊会工作奖。4 月 26 日，北林大博士后联谊会与中关村第三小学联合组织“民族教育及植物科普”主题春游活动。12 月，博士后管理办公室和博士后联谊会共同举办塞罕坝林业可持续发展的博士后论坛。

（李　凯　张志强）

【研究生教育活动与成果】

特色教育活动　①1 月 17 日，党委研究生工作部承办北京市研究生“青年成才与就业”论坛。论坛旨在深入落实科学发展观，关注当前宏观的就业环境及就业形势，探索研究生成才与就业过程中遇到的问题，研讨指导研究生有效择业的科学方法。论坛上，与会代表以“青年成才与

2010 年获第四十七批博士后科学基金面上资助情况一览表

编号	姓名	流动站	申报项目	资助等级	合作导师
20100470009	张　东	林学	普氏野马放归区胃蝇属昆虫的种类、进化生物学及生活史研究	一等	胡德夫
20100470108	段显明	林学	促进我国森林碳汇供给的政策工具研究	二等	孙玉军
20100470109	刘　震	林学	泡桐顶芽死亡与细胞程序性死亡的关系研究	二等	马履一
20100470110	齐　飞	林学	赤泥基羟基氧化物催化剂的构建及其催化臭氧氧化作用机制研究	二等	孙德智
20100470111	胡凤荣	林学	风信子种质资源染色体分析	二等	贾桂霞

2010 年获第三批中国博士后科学基金特别资助情况一览表

编号	姓名	学科	合作导师
58	初红军	林学	胡德夫
59	马明国	林业工程	孙润仓
60	赵方莹	生物学	孙建新

2010 年获第四十八批博士后科学基金面上资助情况一览表

编号	姓名	流动站	申报项目	资助等级	合作导师
20100480213	刘玉燕	林学	道路灰尘 PGEs 累积与多介质迁移机制	二等	王玉杰
20100480214	苏　华	生物学	浑善达克沙地榆树根系水力提升与植物水分利用机制	二等	孙建新

就业”为主题，采用“主题发言、自由讨论、老师点评”的形式进行交流研讨。来自清华大学、中国人民大学、中国农业大学等北京 20 多所高校的师生代表参加论坛。②4 月 20 日，北京市学位委员会办公室主办、北林大研究生院承办北京高校产学研联合及国内外联合研究生培养基地研讨会。第一批 10 个产学研联合研究生培养基地及 12 个国内外联合研究生培养基地的有关负责人就如何建立联合培养研究生的长效机制、完善基地资助方式、防范和化解合作风险、保障研究生权益等方面提出了建议。北京市学位办有关负责人与 22 所高校基地负责人参加会议。11 月 11 ~ 12 日，研究生院再次组织召开北京高校产学研联合及国内外联合研究生培养基地中期检查会。③6 月 10 日和 17 日，研究生院与图书馆联合举办“SCI”特色培训。图书馆赵世华教授和自然保护区学院刘俊国教授分别作“SCI 数据库检索与利用”、“如何撰写 SCI 论文”专题报告。共有 400 余名研究生和教师参加培训。④7 月 10 ~ 12 日由北林大主办、贵州大学承办西南地区农林研究生教育协作组第七次会议。会议主要围绕研究生教育学科结构、类型结构和层次结构调整的思路与实践、专业学位服务区域经济社会发展的创新思路与实践、全日制专业学位培养体系建立的理论与实践等议题进行研讨。来自 11 个成员单位共 30 余名研究生教育管理人员参加会议。

教育成果奖励　①2010 年，北林大(研究生院)获硕士招生考务管理系统、博士生报名考务管理系统、试题库管理系统、研究生管理信息系统、专业学位研究生管理信息系统共 5 项计算机软件著作权。②7 月 7 日，北林大被评为 2009 年度北京地区学位信息年报工作先进集体，刘翠琼获 2009 年度北京地区学位信息年报工作先进个人称号。③ 9 月 27 ~ 28 日，1 篇论文获中国学位与研究生教育学会德育委员会第七届学术年会优秀论文特等奖，孙信丽获研究生德育工作先进个人称号。④12 月 13 日，1 篇论文获教育部高等学校社会科学发展研究中心主办的第二届高校德育创新发展研究成果(2010年)优秀奖。⑤6月25日，党委研究生工作部获北林大2008~2009学年度党的建设和思想政治工作优秀成果一等奖。 (孙信丽　张志强)

继续教育学院

【概　况】 北林大继续教育学院原名成人教育学院，成立于1991年3月，2008年12月更名为继续教育学院。负责成人学历教育和非学历教育，对外代表学校统筹管理学校成人高等教育和各级各类培训。学院拥有函授、业余、全日制脱产教育、高等教育自学考试、专业硕士、国际硕士等多种教育办学形式，并发展现代远程教育。有高中起点专科、高中起点本科、专科升本科、硕士研究生在内多种培养层次。学院承担国家林业局自学考试管理中心林业行业自学考试、国家林业局干部岗位培训、工人考核培训等任务，举办林业行业技术培训、职业资格培训和技能培训等任务。学院下设成人教育分院、网络教育分院和培训分院，其中成人教育分院下设党团总支、招生办公室、学籍管理办公室、脱产教学部、夜大教学部、函授教学部、研究生管理办公室、国家林业局自学考试管理中心、北林大自学考试办公室。

2010年，学院共有员工25人，其中正式员工17人，合同制聘用员工8人。其中大学本科以上学历18人，党员16人。继续教育学院先后在天津、山西、吉林、浙江、福建、山东、河北、河南、广西、甘肃、西藏、内蒙古、江西、四川、新疆、云南、广东、上海、宁夏、黑龙江等省(区、市)建立24个函授站(分院)，统一由继续教育学院管理。在北京市设立校本部夜大教学部、首联大夜大教学部、宣武广安门夜大教学部、房山夜大教学部、昌平夜大教学部共5个夜大教学部。在学校西山鹫峰实验林场和中关村学院一分院设立全日制教学基地两个。

(王铭子　李淑艳)

【党建和思想政治工作】 继续教育学院党总支下设3个党支部，其中教工党支部1个、学生党支部2个，共有党员21人，其中教工党员17人、学生党员4人。2010年发展教工外聘人员党员3名，如期转正学生党员2名。2010年，学院党总支组织学院二级中心组、全院党员通过网络、座谈会议等形式进行科学发展观、抗震精神、十七届五中全会、聚焦“十二五”等专题学习。6月，学院教师于志明和园林本科2007级学生孙雷被评为北林大优秀共产党员。2010年上半年和下半年共组织44名学生参加学院和学校的党校初、高级班培训。 (李淑艳　管凤仙)

【继续教育招生与学籍管理】

招生 2010年初，学校投放招生计划4500名，比2009年增加400名，增长率接近10%。根据生源需求，在录取前期向教育部申请追加招生计划并获批。年底，全国23个函授分院(站)和5个夜大学教学点共录取新生5054人，其中函授3100人，夜大学1954人。实际招生录取人数是招生计划的112.3%，比2009年增长23.2%。

学籍管理 落实教育部、北京市教委关于学籍和学位管理数字化和网络化的要求，维护使用北京市、教育部学籍学历信息管理数据平台、学位授予信息上报系统及北京高等学校继续教育状态数据平台4个软件系统。1月，电子注册并颁发2010届春季毕业证书共计2972个、2010届夏季毕业证书1078个，其中按照学习形式分类，脱产毕业生69人、夜大毕业生939人、函授毕业生3042人，按照学历层次分类，高起专2377人、专升本1604人、高起本69人；4月注册2010级新生共计3660人，其中按照学习形式分类，夜大生1461人、函授生2199人，按照学历层次分类，高起专1380人、专升本1789人、高起本491人。2010年脱产、夜大、函授在校生共有10 092人，专科3037人，本科1457人，专升本5598人，共办理脱产、夜大、函授500余学生的休学、复学、退学、转学、转专业等手续。完成2010学年学院416名学生学位授予信息上报工作任务。

成人学位英语考试 组织北京市成人学位英语考试1522人，其中北京市考生1079人，共组织38个考场，聘用监考教师76人，外省考生440人，分布在全国11个省(区、市)。

(王铭子　王　冲)

【研究生教育】 2010年，继续教育学院可以开办农业推广和机械工程方向专业硕士，申请开设林学专业硕士。在北京、辽宁、广西等地开展招生工作，为开设专业学位的办学点，稳定招生规模，做好各项准备工作。努力实现学院专业硕士学位办学培养方向、专业领域和招生规模的新跨越。2010年，学院农业推广专业硕士共有学员29人。(李淑艳　张劲松)

【脱产教育】 顺利完成西山校区最后一届全日制脱产教育学生的各个教学环节，完成40名毕业生工作。在保证在校学历教育学生资源使用的前提下，最大限度地利用西山校区宿舍、教室等有限资源，继续为学校科研人员、研究生，校外大学、中学和培训、实习共8744人服务。

深化合作办学的新模式，进一步与社会机构开展长期稳定的合作办学。在与北京博雅文化公司稳定合作的基础上，又分别与北京清美博大文化公司合作开展高考美术培训，共计107人，与北京欢乐时空动漫学院合作开展动漫专业100人的长期培训合作。(王铭子　田　丰)

【夜大学教育】 继续教育学院夜大学设有校内5个学院办学点以及校外的南城教学部、首联大教学部、房山教学部和军博教学部4个办学点。专业设置涵盖园林、艺术设计、人力资源管理等多个领域，共有3个层次，23个专业(包括9个专科专业、9个专升本专业和5个高起本专业)，班级超过50个。

2010年，夜大学录取人数接近2000人，比2009年增长近20%，再创新高。到2011年，夜大学在校生规模将突破5000人。

(朱宗武　管凤仙)

【函授教育】 2010年，继续教育学院函授站点发展到25个(含北京校本部)。专科专业13个，专升本专业15个，高起本专业5个，共计33个函授专业。2010年专科计划招生1495人，实际招生2256人；本科计划招生3005人，实际招生2795人。

4月在西藏农牧学院组织召开2010年北林大继续教育工作会议，与会代表就招生、人才培养、非学历培训等方面进行广泛交流和讨论。此外，本年度函授部继续延续往年的做法，聘请学校有关专业专家、教师，连续第七年对来自14个分院、函授站论文送审合格的160余名函授本科毕业生进行毕业论文集体答辩。

(丁　昱　冯　铎)

【自学考试管理】 负责在北京地区主考的林业生态环境管理专科、林业生态环境工程与管理(独立本科段)、园林专科和园林(独立本科段)共4个专业主考工作。2010年承担笔试40门课程的阅卷任务，报考650科次，455份试卷。两次组织落实园林专业实践课课程指导，完成16门实践课课程指导，报考158科次。完成林业行业自学考试5门实践课课程指导，报考8科次。组织落实林业生态环境管理专业专科3人综合实践。

2010年共派出48位教师参加命题，顺利完成命题任务。2010年正逢北京市高等教育自学考试制度建立30周年，学校吴丽君、郭素娟2位教师获自考优秀工作者称号，于晓南、吴铁雄、张彩虹、李素英、苏淑钗、赵鸣和董丽7位教师获优秀自考命题教师称号。此外，12月获2010年北京市高等教育自学考试一等奖。

(吴丽君　管凤仙)

【继续教育培训工作】 继续教育学院与广西林业厅、山西林业厅建立合作关系，策划培训项目。学院培训办公地点位于南校区和西山校区。西山校区2010年引进3个培训项目，项目运行良好。两校区的空间使用率和利用率不断提高。充分利用人力资源和社会保障部职业技能鉴定资质，2010年开展各类培训32批次，一年期以上培训学员162人，其他各类短期培训学员802人。培训内容涵盖林业行业技术培训，如三北地区林业干部培训班及生态文明建设、水土保持、森林防火、木材检验等培训；职业资格培训，如景观设计师、花卉园艺师和插花员等培训；技能培训，包括动漫培训、语言培训、美术培训等。

(吴庆利　张劲松)

【现代远程教育】 继续教育学院积极开展远程教育实践，以非学历教育为突破，探索远程教育培训的新途径，网络课件录制和平台建设均已启动，积极为远程教育招生做好各项准备工作。参加国际会议，深入中国农业大学等高校实地调研，了解国家相关政策和现代远程教育发展现状与趋势，学习先进经验；完成教育部现代远程教育试点校申办报告，制定远程教育人才培养方案和技术解决方案。建设完成30平米的网络演播室，实现前期规划目标。网络演播室投入使用，满足了网络教育发展的需要。

（张天祜　管凤仙）

【国际教育】 2010年11月由陈天全副校长带队，国际合作处、继续教育学院等几个单位赴德国德累斯顿工业大学和教育与手工业基金会进行考察，深入了解德国德累斯顿工业大学的办学实力、教学师资、管理服务、毕业方向和费用等方面的具体情况。学校与德国德累斯顿工业大学建立教育合作关系，签署联合培养“职业教育与人力资源开发”专业硕士预科合作协议。由继续教育学院具体负责组织实施工作，联合培养硕士生项目已进入招生阶段。学校培训中心与德国教育与手工业基金会在汽车维修培训项目上达成初步合作意向。（王铭子　张劲松）

招生与就业

【概　况】 北林大招生部门健全机制、严密组织，落实阳光工程，确保招生工作平稳有序进行。加强宣传，正确引导，增强服务意识，提高学校招生宣传工作质量。积极调研、科学论证，推进招生改革，探索多元人才选拔模式。新生质量明显好于往年，本科一志愿录取率为99.26%，创历史新高。

2010年，本科生就业工作围绕学校“科学管理、提高质量、加快发展”的目标，全面贯彻落实国家和北京市的就业方针政策，以学生为本，切实提高就业指导和服务水平。围绕林业等主流行业拓宽市场建设的思路，加大市场开拓力度。特别关注就业困难群体和特殊招生类型毕业生，完善创新创业机制，不断推进学校就业工作科学、全面发展，使毕业生的就业质量不断提升，就业工作取得了实效。学校进入教育部评选的全国就业工作典型经验高校前55名。

（高　斌　董金宝）

【招生计划】 2010年，北林大面向全国31个省（区、市）投放本科招生计划3300人，实际完成计划3396人，其中统招生2747人，自主选拔录取264人，艺术特长生43人，国防生101人，艺术类123人，高水平运动员24人，二学位30人，少数民族预科32人，内地生源定向到西藏14人，港澳台联招1人，保送生3人，内地西藏班8人，新疆高中班6人。

（穆　琳　董金宝）

【生源质量】 本科一志愿录取率为99.26%，创历史新高。理科录取平均分高出重点线分差的平均值40.59分，文科高出29.74分。高考成绩高出重点线60分以上的考生532人，高出80分以上的考生179人，高出重点线100分以上的考生71人。

2010年实行平行志愿省份由2009年的16个增加到22个，给学校招生工作带来新的机遇和挑战。从一志愿率来看，北京、天津、辽宁、河北、山东、浙江、新疆等27个省（区、市）的第一志愿率达100%。一志愿不满的省份是广东、黑龙江、江苏、青海。生源质量在保持稳定的基础上有明显提高。北京、天津、内蒙古、贵州、西藏等省（区、市）理科录取最低分高出一本线40分以上，河北、辽宁、浙江、安徽、山东、海南、云南等省（市）理科录取最低分高出一本线30分以上。往年南方生源不稳定的福建、江西、广西、重庆等省（区、市）录取最低分高出重点线20分左右。整体情况好于往年。

（穆　琳　董金宝）

【招生宣传】 在招生宣传方面，以服务考生为本，加大招生宣传力度，充分利用媒体资源，做好政策解释、志愿指导和咨询服务工作。采取切实措施，拓展宣传途径，进一步完善招生组长制度，积极推进生源基地建设。

媒体宣传 招生办在《高校招生》、《求学》、《教育测量与评价》等杂志、专刊上刊登学校各方面的介绍；《北京晚报》、《现代教育报》、《北京考试报》、《新京报》、《北京晨报》等报纸报道学校招生工作中的大量内容；在中央电视台、北京人民广播电台等做关于填报志愿和学校介绍的节目；参加新浪网、搜狐网、北京教育考试院网站、“阳光高考”信息平台的网上直播节目；参加教育部阳光高考信息平台、北京市招办、重庆市招办、湖南招办、江苏招办的网上咨询。

现场咨询，走访中学 北林大在北京地区，除4月18日学校举办校园开放日外，共参加北京化工大学、北京工业大学、首都经济贸易大学等7所高校的校园开放日活动；进入北京市第二中学、北京一零一中学、北京第一七一中学、北京市第五中学、北京大学附属中学、清华大学附属中学、首都师范大学附属中学等18所中学进行深入走访、宣传。在京外，参加四川、江苏、浙江、辽宁、黑龙江、山东、河北、河南、山西、陕西、安徽、江西、湖南、湖北、甘肃等24个省(区、市)的70场咨询会，走访近百所重点中学。

优质生源基地建设 学校继续加大优质生源基地建设的步伐，由校领导带队，通过到地方省级重点中学实地考察并与中学建立优质生源基地的形式，加深学校与中学之间的沟通和联系，有利于吸引更多更好的优质生源。学校与22个省96所重点中学签订“优质生源基地”共建协议，建立与中学间交流合作的长效机制。

（邵凤侠　穆　琳）

【特殊类型招生】

艺术设计 北林大2010年艺术设计专业计划招收本科生120人，在北京、沈阳、青岛、武汉、长沙、南京、郑州、广州设立8个考点，通过各种途径发放招生简章1.5万余份，专业课报名7355人，发放合格证618人，专业课合格线77分，合格考生分布在26个省(市、区)，实际录取127人。

艺术特长生 2010年，北林大重点加强测试现场管理。在全国计划招收艺术特长生40人，特长项目为西洋乐器、民族乐器、舞蹈、声乐，报名1089人，合格人数448人，实际录取43人。

自主选拔录取 北林大于2005年获得自主选拔录取试点高校资格，和北京交通大学、北京邮电大学、北京科技大学、北京化工大学举行五校联考。2010年报名参加学校自主选拔录取的考生共有1396人，初审合格858人，参加考试672人，获得自主选拔录取资格500人(其中217人获得A档，加40分参与专业选择；283人获得B档，可加20分参与专业选择)，实际录取264人。

高水平运动员 2010年，北林大高水平运动员计划招生33人，招生项目为田径。共有来自北京、山东、河北、辽宁、吉林、黑龙江、内蒙古、湖北等11个省(区、市)的77名运动员参加测试。经过专业测试，共有37名成绩优异者合格，实际录取24人。

第二学士学位 2010年，北林大工商管理二学位计划招收30人，招生办承担计划制定、招生宣传、考试报名、资格审查、组织出题、考试安排、组织阅卷、评分、录取、报批等各项工作。2010年共录取12人。（路英海　穆　琳）

【本科生就业】 2010届本科毕业生3138人(含二学位毕业生13人)，其中北京生源431人，京外生源2707人。截至2010年9月1日，总体就业率为94.65%，其中已出国200人，占本科毕业生总数的6.37%；已升学785人(其中保送研究生517人，考取研究生266人，考取二学位2人)，占毕业生总数的25.02%；已就业1985人(含双学位13人)，占毕业生总数的63.26%，其中参加基层服务项目的91人(含北京“村官”36人、北京社区工作者53人、志愿服务西部两人)，占毕业生总数的2.90%，预征兵2人，占毕业生总数的0.06%；未就业168人(其中拟升学33人，拟出国9人，在京待就业26人，回省待就业99人，申请不就业1人)，占毕业生总数的5.35%。

从签订就业协议毕业生的地区流向来看，2010年在北京地区就业的毕业生人数为510人，占签订就业协议毕业生人数的38.09%，赴西部地区就业的人数为162人，占签订就业协议毕业生人数的12.10%，到其他地区就业的人数为677人，占签订就业协议毕业生人数的49.81%，到京外地区就业比例超过60%，到西部地区就业比例首次超过10%。

从单位性质来看，截至2010年9月，在1339名已签就业协议的本科毕业生中(含“村官”、社区)，就业单位性质流向比例依次是企业、事业、机关、军队，分别占73.64%，10.68%，10.16%和5.53%。其中有超过70%的

北林大 2010 年各省(区、市)录取分数情况统计

省(市、区)	文史					理工				
	重点线	录取线	最高分	平均分	录取线－重点线	重点线	录取线	最高分	平均分	录取线－重点线
北京	524	543	602	561.7	19	494	546	644	572.7	52
天津	519	564	600	573.5	45	509	563	630	571.1	54
山西	533	559	579	569.5	26	536	549	626	565.8	13
河北	539	565	582	571.9	26	561	595	637	602.2	34
内蒙古	475	519	539	527.3	44	510	556	634	574.3	46
辽宁	531	569	589	577.3	38	518	552	618	569.2	34
吉林	517	546	569	553.1	29	530	555	601	561.5	25
黑龙江	523	532	612	558.4	9	532	559	617	582.9	27
上海	464	458	486	465.7	6	465	457	517	469.4	－8
江苏	345	345	363	351.2	0	355	355	385	372.5	0
浙江	590	620	635	624	30	551	581	609	589.3	30
安徽	573	600	606	601.9	27	562	593	613	597.8	31
福建	557	573	589	580.8	16	539	564	590	572.2	25
江西	521	544	551	546.8	23	515	542	559	546.6	27
山东	606	611	652	631.8	5	580	610	645	624.2	30
河南	532	553	572	558.5	21	552	574	608	581	22
湖北	542	545	562	550.6	3	563	568	632	576.4	5
湖南	578	597	608	600.8	19	567	581	621	589.5	14
广东	595	596	620	608.8	1	621	627	670	634.7	6
广西	510	521	549	535.1	11	500	528	570	539.5	28
海南(标准分)	670	707	720	714.7	37	624	663	728	688.4	39
四川	543	559	566	562.5	16	512	522	580	535.4	10
贵州	514	542	554	548.5	28	481	531	612	541.3	50
云南	495	540	571	547.2	45	500	537	582	550.7	37
陕西	559	575	589	580.8	16	556	571	625	582.7	15
甘肃	511	523	544	531.3	12	531	545	616	560.1	14
青海	0	0	0	0	0	405	430	547	484.8	25
新疆	485	501	569	535.1	16	471	498	605	534.3	27
宁夏	496	518	524	521.2	22	474	499	534	509.5	25
重庆	573	599	620	604.3	26	533	557	621	572.2	24
西藏	455	473	473	473	18	282	335	335	335	53

毕业生选择到企业工作，成为就业的主流。

（翁婧 程武）

【职业发展教育与就业指导】 在本科 2007 级开设《就业指导》必修课、2009 级开设《职业生涯规划》必修课。面向低年级学生开展第六届“职业发展月”系列活动，组织讲座、工作坊等活动 20 余场；面向毕业生开展第七届“就业指导月”系列活动，组织讲座、工作坊、各类比赛等活动 10 余场，稳步提升北林大学生就业能力。举办首届模拟面试大赛，首届职业生涯规划风采大赛，开设首期“就在今天”学生骨干培训班，对 246 名学生骨干进行生涯规划培训。

在就业指导工作全程化的基础上，北林大加强对不同专业学生的精细化指导，组织各学院编写《分专业职业生涯规划与就业指导大纲》。详细分析每个专业的特点和就业情况，制定有针对

性的、个性化的、较为完整和详尽的职业规划与就业指导大纲，就业指导工作趋于“精细化”，更富有针对性。（高 斌 程 武）

【创业教育】 2010年12月，由北林大主管领导牵头，教务处、科技处、财务处、招生就业处、党委研究生工作部、教育基金会、资产经营公司、学生处、校团委及各学院联合成立大学生创新创业指导委员会，出台《北林大学生创业教育与创业管理实施办法》等扶持创业的文件，统一指导学校创业教育与研究、创业实践与平台建设、创业政策与条件保障三方面的工作。

在高等教育学会与中国版权协会共同组织的首届全国大学生创业创意大赛上，北林大有3支队伍进入总决赛，并分别获得特等奖、一等奖和三等奖，学校获得优秀组织奖的荣誉。

（徐博函 程 武）

【就业市场开拓与实践基地建设】 2010年，招生就业处先后组团走访新疆、西藏、天津、上海、江苏、浙江、海南、四川、山东、广东等地区的重点单位，带回有效用人信息，学校新增就业实习基地10余家，总数达146家。

学校建立就业组长分省责任制，拓展行业主流市场。由各学院主责各省就业市场的拓展，重点联系各省林业、水利、环保、园林等主管部门，加强与主流行业和重点单位的联络。

（易宏琤 董金宝）

【就业服务】

招聘会、宣讲会 2010年，北林大举办2010届毕业生春季双选会、2011届毕业生冬季双选会、北林大与北京市高校就业指导中心联合举办三场大型校园招聘会，近600家用人单位参会；组织行业性、中小型、专场招聘213场，其中包括比亚迪汽车北林大校园宣讲会、德青源农业科技集团林业大学校园宣讲会、远洋地产校园宣讲会、中国科学院行政管理局林业大学校园宣讲会、科宝博罗尼、长城家具、百盛家具联合宣讲会等。据不完全统计，通过市场走访和校园招聘会，学校共为学生提供岗位需求超过9000个，实现供需比达到1∶3。此外，还组织面向2011届毕业生的北林大就业实践双选会，来自京津唐地区的105家单位参会，共提供就业实践岗位1600余个，涉及学校30多个专业和方向。

大学生“村官”、“支教”项目 北林大引导毕业生到基层、西部和祖国最需要的地方建功立业。学校共有36名同学被选聘为北京市大学生“村官”，两名同学参与志愿服务西部，两名同学应征入伍，53名同学被选聘为北京市社区助理。学校参加怀柔、昌平等区县的“村官”选聘工作协调会，组织学生到区县参加面试，参与北京高校大学生“村官”工作座谈会，组织召开北京市委教育工委、北林大与延庆县大学生“村官”座谈会，组织学生参加各区县上岗欢迎会。延庆县优秀大学生“村官”事迹报告团的巡回演讲在学校启动，5名优秀大学生“村官”代表参讲。

帮扶困难群体就业 进一步推进就业保障计划，加大对困难群体的帮扶力度，不断优化就业指导和服务。一是对就业困难群体，特别是家庭经济困难、心理素质薄弱的学生摸清情况，建立困难群体台账，真正做到“阳光普照、不留死角，一个也不少”。二是完善困难群体的就业援助、心理咨询等服务系统建设，对经济、心理、就业、学业等方面困难的学生，特别是零就业家庭的毕业生实施就业保障措施，进行一对一的重点指导、重点推荐、重点帮扶，定期按专业为他们发送就业信息，确保他们每个人至少有一次被推荐的机会。三是通过建立就业扶助基金，每年投入5万元用于帮助家庭经济困难毕业生求职，并与华民慈善基金会合作，对2010届100名家庭经济困难毕业生进行资助（每人4000元现金，1000元培训费），针对学生就业的资助力度达50万元。困难毕业生就业状况较好，统计就业率为98%，超过全校平均水平。

毕业典礼 2010年7月1日举办北林大2010届毕业生毕业典礼和学位授予仪式，学校有2872名毕业生获得学士学位，7月2日办理毕业生离校手续。学校于7月2日举办西藏定向生上岗欢送会，为28名西藏定向生送行，校长尹伟伦出席并讲话。（易宏琤 程 武）

【就业队伍建设与调查研究】

就业条件及队伍建设 在硬件设施方面，加强学校、学院两级中心硬件设施条件建设，使中心功能更加完善。利用北京市教委的专项资金，加大对学院中心的投入，推进人员、经费、场地"三到位"，为各学院就业服务中心投入部分办公设备费用。与党委组织部合作，开办就业工作干部专题培训班。

就业工作会议 2010 年 12 月 17 日召开就业工作会议，北林大党委书记吴斌，副校长陈天全、逢广洲、姜恩来，副书记方国良、副校长骆有庆出席会议。会上，林学院、园林学院、水保学院获主流行业就业奖；经管学院、材料学院、人文学院获就业工作推进奖；工学院、信息学院、保护区学院、环境学院获就业市场拓展奖；生物学院、外语学院、理学院获基层项目奖；人文学院、外语学院、理学院获就业困难群体帮扶奖；工学院、材料学院、信息学院获就业课题研究奖；于翠霞等 13 人获就业工作先进个人称号。

就业实绩 统计并编印《2010 届毕业生签约情况调查统计问卷》、《2011 届毕业生择业意向调查》、《2010 年就业工作白皮书》、《2011 年毕业生就业指导手册》。担任副主编的《北京地区高校毕业生就业指导实用手册》再版发行。

北林大就业服务中心学生助理团完成第七次换届大会，获得 2010 年度北京高校职业类优秀学生社团称号，社团负责人获得 2010 年度北京高校职业类优秀学生干部称号，编印《就业指导报》(第 36 ~ 48 期)、《就业之路》杂志(第 23 ~ 26期)、2010 年《就业启航》社会实践论文集、《招生就业处工作简报》(第 1 ~ 2 期)。

(高　斌　程　武)

学科建设

学科设置与建设

【概　况】 2010年，学校有4个一级学科博士学位授权点和5个一级学科硕士学位授权点，35个二级学科博士学位授权点和73个二级学科硕士学位授权点，3个硕士专业学位授权点，5个博士后流动站。博士硕士点覆盖9个学科门类的26个一级学科，学科点拥有量处于农林院校前列。有1个一级国家重点学科(涵盖7个二级学科)，2个二级国家重点学科，1个国家重点(培育)学科；10个国家林业局重点学科；1个北京市一级重点学科(涵盖7个二级学科)，4个北京市二级重点学科，1个北京市交叉重点学科。学校已形成以林学为优势特色，生物学、林业工程学、农林经济管理等多学科协调发展的学科体系。

(向文生　孙玉君)

【学科设置】

北林大现有博士学位授权一级学科

序号	学科门类	一级学科名称	序号	学科门类	一级学科名称
1	理学	生物学	3	农学	林学
2	工学	林业工程	4	管理学	农林经济管理

北林大现有博士点

序号	学科门类	一级学科名称	二级学科名称
1	理学	生物学	植物学
2	理学	生物学	动物学
3	理学	生物学	生理学
4	理学	生物学	水生生物学
5	理学	生物学	微生物学
6	理学	生物学	神经生物学
7	理学	生物学	遗传学
8	理学	生物学	发育生物学
9	理学	生物学	细胞生物学
10	理学	生物学	生物化学与分子生物学
11	理学	生物学	生物物理学
12	理学	生物学	生态学
13	工学	机械工程	机械设计及理论
14	工学	建筑学	城市规划与设计(含风景园林规划与设计)

（续）

序号	学科门类	一级学科名称	二级学科名称
15	工学	林业工程	森林工程
16	工学	林业工程	木材科学与技术
17	工学	林业工程	林产化学加工工程
18	工学	林业工程	山地灾害防治工程
19	工学	林业工程	林业装备工程
20	农学	农业资源利用	土壤学
21	农学	畜牧学	草业科学
22	农学	林学	林木遗传育种
23	农学	林学	森林培育
24	农学	林学	森林保护学
25	农学	林学	森林经理学
26	农学	林学	野生动植物保护与利用
27	农学	林学	园林植物与观赏园艺
28	农学	林学	水土保持与荒漠化防治
29	农学	林学	自然保护区学
30	农学	林学	生态环境工程
31	农学	林学	复合农林学
32	农学	林学	城市林业
33	农学	林学	工程绿化
34	管理学	农林经济管理	农业经济管理
35	管理学	农林经济管理	林业经济管理

北林大现有硕士学位授权一级学科

序号	学科门类	一级学科名称	序号	学科门类	一级学科名称
1	经济学	应用经济学	4	管理学	管理科学与工程
2	理学	机械工程	5	管理学	工商管理
3	农学	农业资源利用			

北林大现有硕士点

序号	学科门类	一级学科名称	二级学科名称
1	哲学	哲学	科学技术哲学
2	经济学	应用经济学	国民经济学
3	经济学	应用经济学	区域经济学
4	经济学	应用经济学	财政学(含税收学)
5	经济学	应用经济学	金融学

（续）

序号	学科门类	一级学科名称	二级学科名称
6	经济学	应用经济学	产业经济学
7	经济学	应用经济学	国际贸易学
8	经济学	应用经济学	劳动经济学
9	经济学	应用经济学	统计学
10	经济学	应用经济学	数量经济学
11	经济学	应用经济学	国防经济学
12	经济学	理论经济学	人口、资源与环境经济学
13	法学	法学	法学理论
14	法学	马克思主义理论	马克思主义基本原理
15	法学	马克思主义理论	思想政治教育
16	教育学	心理学	应用心理学
17	文学	外国语言文学	外国语言学及应用语言学
18	文学	外国语言文学	英语语言文学
19	文学	艺术学	设计艺术学
20	理学	地理学	自然地理学
21	理学	地理学	地图学与地理信息系统
22	理学	生物学	植物学
23	理学	生物学	动物学
24	理学	生物学	生理学
25	理学	生物学	水生生物学
26	理学	生物学	微生物学
27	理学	生物学	神经生物学
28	理学	生物学	遗传学
29	理学	生物学	发育生物学
30	理学	生物学	细胞生物学
31	理学	生物学	生物化学与分子生物学
32	理学	生物学	生物物理学
33	理学	生物学	生态学
34	工学	机械工程	机械制造及其自动化
35	工学	机械工程	机械电子工程
36	工学	机械工程	机械设计及理论
37	工学	机械工程	车辆工程
38	工学	控制科学与工程	控制理论与控制工程
39	工学	计算机科学与技术	计算机软件与理论

（续）

序号	学科门类	一级学科名称	二级学科名称
40	工学	计算机科学与技术	计算机应用技术
41	工学	建筑学	城市规划与设计(含风景园林规划与设计)
42	工学	土木工程	结构工程
43	工学	农业工程	农业生物环境与能源工程
44	工学	林业工程	森林工程
45	工学	林业工程	木材科学与技术
46	工学	林业工程	林产化学加工工程
47	工学	林业工程	山地灾害防治工程
48	工学	林业工程	林业装备工程
49	工学	环境科学与工程	环境科学
50	工学	食品科学与工程	农产品加工及贮藏工程
51	农学	农业资源利用	土壤学
52	农学	农业资源利用	植物营养学
53	农学	畜牧学	草业科学
54	农学	林学	林木遗传育种
55	农学	林学	森林培育
56	农学	林学	森林保护学
57	农学	林学	森林经理学
58	农学	林学	野生动植物保护与利用
59	农学	林学	园林植物与观赏园艺
60	农学	林学	水土保持与荒漠化防治
61	农学	林学	自然保护区学
62	农学	林学	生态环境工程
63	农学	林学	复合农林学
64	农学	林学	城市林业
65	农学	林学	工程绿化
66	管理学	管理科学与工程	管理科学与工程
67	管理学	工商管理	会计学
68	管理学	工商管理	企业管理
69	管理学	工商管理	旅游管理
70	管理学	工商管理	技术经济及管理
71	管理学	农林经济管理	农业经济管理
72	管理学	农林经济管理	林业经济管理
73	管理学	公共管理	行政管理

（向文生　孙玉君）

【"211 工程"三期建设 2010 年度进展】 2010 年度，学校召开"211 工程"年度工作会议暨举行签订"211 工程"建设项目责任书仪式，提出"211 工程"项目建设的要求，以培育、跟踪标志性成果为抓手，组织好三期"211 工程"建设项目年度的实施工作。

截至到 2010 年年底，"211 工程"中央专项经费到账 2780 万元，已执行设备购置 843. 88 万元，其中 10 万元以上设备 32 台，40 万元以上设备 6 台。

学校制定"211 工程"三期中期检查工作方案，检查的重点是：项目目标、任务进展及年度计划执行情况；主要建设成效和可能形成的标志性成果分析及具体支持措施；资金到位和执行情况的分析；项目管理运行的机制和效果；建设中存在的主要问题及改进措施等 5 个方面。

"211 工程"三期建设以来，学校的综合教学和科技创新能力又有新的提升，形成《林业拔尖创新型人才培养模式的研究与实践》(获 2009 国家级教学成果奖二等奖)、生物质转化为高值化材料的基础科学问题("973"项目)、人造板优质高效胶黏剂生产与应用关键技术(国家科学技术发明奖二等奖)等 6 项有影响力的标志性教学和科技成果。 (高双林　马履一)

【国家优势学科创新平台建设年度进展】 2010 年是优势学科平台建设关键的一年。10 月，学校进行 4 个子平台的校内集中检查评估，对学术队伍与平台方向、人才引进与培养、科学研究与基地建设、学术交流与管理体制机制等方面进行新的部署。

根据财政部和教育部对优势学科创新平台项目建设的要求，进一步完善项目建设管理办法、项目建设资金管理办法、资金审计办法、仪器设备购置及管理办法等具体实施办法，并付诸实施，为优势学科创新平台的整体验收奠定良好的基础，为下一期优势学科平台建设做了必要准备。 (孙玉军　马履一)

【2010 年学科建设情况】 2010 年学科建设的主要内容包括论证全国学科专业目录调整中的涉林部分；北京市重点学科增补、中期检查工作；申请自主设置的新增一级学科博士点和一级学科硕士点；重点学科日常建设管理工作。

学校组织相关人员在经过多次校内外专家论证、广泛征求林业系统及相关领域专家意见的基础上，形成自然保护学、风景园林学、水土保持与荒漠化防治学等 3 个一级学科调整建议报告书，上报教育部，争取在学科专业目录调整中处于有利的局面。

3 ~5 月，北京市教委开展对北京市重点学科增补工作，北林大土壤学科被增列为北京市重点学科。11 月，北京市教委组织对北京市重点学科进行中期检查，北林大林业工程(一级学科)、生态学、草业科学、城市规划设计(含风景园林规划设计)、土壤学、生态环境地理学(交叉学科)6 个北京市重点学科通过中期评估，均获优良成绩。

5 月，国务院学位委员会启动第十一批新增博士学位授权点和硕士学位授权点审核工作。北林大在本轮学位授权点增列工作中具有自行审核权。9 月经校学术委员会会议审定，将新增 4 个一级学科博士点(机械工程、建筑学、环境科学与工程、农业资源利用)、11 个一级学科硕士点(哲学、理论经济学、心理学、外国语言文学、艺术学、数学、地理学、计算机科学与技术、环境科学与工程、食品科学与工程、公共管理)的相关材料上报教育部，并进行公示。公示期内，无反对意见。

2010 年继续监督在建项目的运营与经费使用，并进一步加大建设投入力度，多种渠道探讨与保证学校国家重点学科建设的长效机制。

按北京市教委的要求，从 2010 年开始，北京市重点学科建设项目整合为一个项目，由学校统一协调、凝练。2010 年，北林大的北京市重点学科建设项目整体运行良好。

(孙玉君　马履一)

重点学科年度发展情况

【北林大重点学科】

重点学科类别	学科名称	学科涵盖范围
国家级重点学科		
一级学科国家重点学科	林学	所含二级学科：林木遗传育种、森林培育、森林保护学、森林经理学、野生动植物保护与利用、园林植物与观赏园艺、水土保持与荒漠化防治
二级学科国家重点学科	植物学	
	木材科学与技术	
国家重点(培育)学科	林业经济管理	
省部级重点学科		
一级学科北京市重点学科	林业工程	所含二级学科：木材科学与技术、林产化学加工工程、森林工程
二级学科北京市重点学科	生态学	
	城市规划与设计(含风景园林规划与设计)	
	草业科学	
	土壤学	
交叉学科北京市重点学科	生态环境地理学	交叉领域：林学、地理学
国家林业局重点学科	植物学	
	生态学	
	城市规划与设计(含风景园林规划与设计)	
	木材科学与技术	
	林产化学加工工程	
	土壤学	
	森林保护学	
	森林经理学	
	野生动植物保护与利用	
	林业经济管理	

【植物学】 国家重点学科。1981 年为中国首批硕士学位点，1992 年被评为原林业部重点学科，1998 年为博士学位授权点，2007 年被评为国家级重点学科，是学校唯一的理学国家级重点学科。学科发展成为学校森林培育、园林植物、森林生态学科、林木遗传育种的重要支撑，是林业院校第一个国家基础科学研究与教学人才培养基地(生物学专业点)、国家花卉工程中心及林木、花卉遗传育种教育部重点实验室和生物学博士后流动站的主要支撑学科。多年担任林业高校《植物学》、《植物生理学》、《树木学》等多门植物学相关课程全国统编教材的主编单位，引领全国林业高等院校森林植物学科的发展。学科方向：树木抗逆基础研究与应用、植物生长发育与

调控、植物次生代谢与防御反应、植物系统分类与演化生物学。

学科形成由国家工程院院士领衔、学员与年龄结构合理的学术团队；现有教师16名，包括1名中国工程院院士，教授6名，副教授5名，讲师2名，具备中级职称的教辅人员2名。

学科成员一直承担国家重要科研项目，2010年学科成员承担的科研项目有36项：包括国家自然科学基金重点项目1项，面上项目5项，青年基金2项，国家"863"专题2项，国家"十一五"科技支撑课题2项，国家林业局"948"项目3项，林业公益行业科研专项1项等。科研经费累计1830万元以上。

2010年在各研究方向均获得重要研究结果，并在主流国际刊物上如：The Plant Cell，Plant，Cell & Environment，Molecular Phylogenetics and Evolution，Plant Molecular Biology，Trees，Journal of Experimental Botany，BMC Plant Biology，Plant Cell Rep.，Molecular Biology Reports 等发表 SCI 收录论文16篇。在国内核心期刊发表文章55篇。

植物学科研究生教育的目标是建立提高研究生全面素质和培养质量的研究生教育体系，尤其突出对研究生创新能力、实践能力、创业精神的培养。2010年毕业的博士生7名，硕士生19名；2010年新招博士生11名，硕士生27名，在读的博士生30名，硕士生80名。在站博士后5名。合理安排青年教师的传帮带工作，从教学和科研两方面制定详细的培养计划，2010年，一名青年教授晋级副教授，两名青年教师完成到国外一流实验室学术访问，建立了良好的合作关系，为开展长期的合作研究打下基础，学科的人才体系得到完善，人才竞争力得到提升。

对"211工程"一、二期建设中采购的实验室仪器设备进行仪器使用培训和相关操作规程的编写，制定了严格的使用规程。购置一批可开展前沿研究的实验设备，实验条件处于国内林业院校同类实验室的领先水平，为顺利开展各项科学研究提供了保障。

2010年，尹伟伦院士和夏新莉教授邀请美国 Clemson University 的梁海英教授访问北林大，开展功能基因组学技术与水杉开花调控机制方面的合作研究。2010年，沈应柏教授赴美国学术交流一次。赵良成副教授于2010年1月至2011年1月在美国科罗拉多州立大学生物系 Mark P. Simmons 实验室进行研修学习，并于2010年8月参加在罗德岛州(Providence，Rhode Island)举行的美国2010年植物学年会。程瑾讲师于11~12月赴德国马普化学生态研究所开展合作研究。谢磊讲师于5月21~23日出席韩国举办的国际保护植物峰会，并作大会报告。学科成员参加国内其他学术会议共7人次。

2010年由学科成员组成的植物生物学教学团队被评为北京市和全国优秀教学团队。2010年学科成员完成《木本植物生理学》的中文版译著，并于2011年1月由科学出版社出版发行。

针对国内干旱地区生态环境建设、生物节水、植物新材料构建及新资源植物开发等与国内科技发展急需解决的重大战略问题紧密相关的基础理论和新技术体系，开展创新性研究。

【木材科学与技术】 国家重点学科、国家林业局重点学科。1981年、1986年经国务院学位委员会批准，成为国内第一批具有硕士学位和博士学位授予权的二级学科。2001年，木材科学与工程实验室被认定为北京市重点实验室，2002年该学科被认定为北京市重点学科。2003年建立林业工程一级学科和博士后流动站。2006年，该学科被认定为国家林业局重点学科。2007年，该学科被认定为国家重点学科。该学科所属的林业工程一级学科于2008年被认定为北京市一级重点学科。学科主要研究方向：木材学、木材干燥、木质复合材料与胶黏剂、木材制品加工工艺、木材加工装备与过程自动化、木材功能性改良。

2010年，学科有教授12人，副教授11人，博士生导师11人。1人晋升教授，3人晋升副教授，增补博士生导师1人，具有研究生学历人员占总人数的91%，具有博士学位人员占总人数的82%；其中国务院学位委员会学科评议组成员1人，北京市优秀教师1人，享受政府津贴8人，国家一、二级学会理事长、理事19人，留学回国或在国外从事过合作的研究人员21人。

现承担国家自然科学基金、引进国际先进农业科学技术、国家林业公益、国家林业局重点等国家和省部级科研项目41个，国际合作项目5

个，企业委托项目22个，国家标准编制7项，在研经费2851.2万元。获得授权发明专利10项，申报发明专利24项，发表论文131篇，SCI、EI、ISTP收录28篇。

2010年招收博士研究生9人，毕业8人，招收硕士研究生40人，毕业41人。研究生在Wood Research、Wood Fiber and Science、Journal of Adhesion等国内外学术期刊上发表论文92篇，其中SCI、EI收录20篇。

木质材料科学与应用教育部重点实验室、木材科学与工程北京市重点实验室总面积达3600平方米，仪器设备总值2500多万元。河北平泉的“木质复合材料制造工艺与技术”实习及科技成果创新转化基地建设中。

2010年，学科教师40余人次参加了中国林学会、中国复合材料学会、中国黏接剂学会、中国林学会木材科学学会、中国林学会木材工业学会、中国林学会生物质材料学会等举办的学术会议，发表特邀学术报告4人次、学术论文21篇。

学术交流。同日本岛根大学、日本京都大学、美国密歇根州立大学等20多所大学和研究机构签署长期交流合作协定。派遣青年教师1人次、研究生5名赴国外大学进修学习、攻读学位和开展合作研究。2010年邀请国外学者10余人次来校进行学术交流活动。

学科研发的环保型木材防腐生产技术、防霉抗菌木质复合材料生产技术、环境友好型脲醛树脂胶黏剂制造及应用关键技术等成果已经转让多家企业，实现产业化，取得良好的经济和社会效益。

【林木遗传育种】 国家重点学科。学科始建于1954年，1962年始招研究生(含留学生)，1986年始招博士生，是国内林木遗传育种学科第一个硕士点和博士点，1992年成为部级重点学科，2003年起被列为国家重点学科。在学科奠基人朱之悌院士和沈熙环教授等领导下，经几代人建设，已成为国内林木遗传育种研究和高级人才培养的重要基地，在国内享有较高学术地位，国际上亦具有一定影响。学科目前的研究方向主要有：树木功能基因组学、林木细胞遗传学与细胞工程、森林遗传学与可持续改良、阔叶树遗传改良、针叶树遗传改良及良种繁育和经济林与生物质能源林良种选育等。

在学术队伍建设方面，依托优势学科创新平台建设，为“千人计划”邬荣领教授引进助手1人，另有1人次完成出国学习回国。现有教师16人，其中教授7人(含“千人计划”学者)，副教授5人，高级实验师1人，讲师3人，35岁以下教师占31%，36~45岁占31.3%，46~55岁占37.5%，全部教师均具有博士学位。

在科学研究方面，继续保持良好势头，申请到各类课题15项，新增科研经费373万元；主持在研课题32项；完成课题验收8项；发表论文76篇，其中SCI论文10篇(最高影响因子IF：2.838)，核心期刊58篇；获国家发明专利5项；出版专著1部。

在人才培养方面，招收硕士生24名，博士生8名；毕业硕士13名，博士4名；康向阳教授指导的博士生张正海、王君分别获国家级优秀博士论文提名和校级优秀博士论文；本年度学科成员主持和参与校级教学研究课题3项，参编教材一部。

在学术交流方面，举办1次国际学术会议，出席国际学术会议5人次、国内学术会议15人次，并作特邀报告或分组报告。在实验室和基地等条件建设方面，林木花卉遗传育种教育部重点实验室通过专家组评估，评比排名位列林业系统第一；林木育种国家工程实验室建设进入重要阶段；主要承担的河北承德、沧州和山东冠县等创新人才培养与科学研究试验、示范基地建设进展顺利。

在社会服务与其他建设方面，学科成员担任中国林学会林木遗传育种分会副主任、常委、副秘书长，杨树委员会副主任，国际林联第五届IUFRO Poplars and willows working party (2.08.04)副主席，树木引种驯化专业委员会委员及副主任委员，第三届林学会青年工作委员会常委，国家林木品种审定委员会委员，转基因品种专业委员会副主任，中国原子能农学会常务理事，中国农业生物技术理事，全国植物新品种测试标准化技术委员会委员，北京市人大代表，北京市农村委员会委员，北京遗传学会理事，宁夏林业生态工程研究中心客座教授等职务；担任国家自然科学奖、教育部科技成果奖、国家林业局重点项目、河北省科技进步奖、国家自然科学基金、教育部学位中心和留学服务中心的评审专家；并担任《Journal of Forestry Research》、《核农学报》、《北林大学报》等期刊编委，以及《Canadian Journal of Forest Research》、《Tree Genetics and Genomics》、《Plant Physiology》、《Plant Cell, Tissue & Organ Culture》、《American Journal of Botany》、《Journal of systemetics and evolution》、《遗传学报》、《林业科学》、《中国生物化学与分子生物学报》、《应用生态学报》等国内外专业刊物的稿件审阅人等，承担了大量的社会服务工作。

【森林培育】 国家重点学科。森林培育学科建立于1952年，“211工程”重点建设学科，国家优势学科创新平台重点建设方向。1981年第一批获得硕士学位授予权，1986年获得博士学位授予权，1989年、2001年和2006年被评为国家级重点学科，1995年成为林学博士后流动站的主要支撑学科。中国林学会造林分会创建以来一直以本学科为挂靠学科，是国家林业局干旱半干旱地区森林培育及生态系统研究重点实验室和北林大省部共建森林培育与保护教育部重点实验室的主要依托学科。该学科学术带头人为原中国工程院副院长、原北林大校长、原中国林学会理事长、中国工程院院士沈国舫教授，学科负责人为马履一教授。学科主要研究方向：林木种苗培育理论与技术、工业用材林培育理论与技术、生态公益林培育理论与技术、城市森林培育理论与技术和经济林(果树)栽培和利用理论与技术。

目前，学科共有在岗人员14人，其中教授7人(含中国工程院院士1人)、副教授6人、实验员1人；具有博士学位以上人员占80%。其中2010年度新晋升教授2人、副教授1人。

2010年，学科主持和参加的国家、省部和地方各类科研课题29项，项目合同经费1727.5万元。其中林木种苗培育理论与技术方向科研经费514.6万元，工业用材林培育理论与技术方向研究经费227万元，生态公益林培育理论与技术方向研究经费115.9万元，城市森林培育理论与技术方向研究经费175万元，经济林(果树)栽培和利用理论与技术方向研究经费695万元。2010年度发表学术论文65篇，其中SCI收入2篇、EI收入3篇、中文核心期刊论文54篇；获得省部级科技进步二等奖2项、三等奖1项，获得科研成果5项，编写地方标准1项。

2010年全学科在读研究生总数量为161人；毕业研究生41人，其中毕业硕士研究生32人、毕业博士研究生9人；2010年新招收的硕士研究生31人、博士研究生21人，在站博士后6人。

在优势学科创新平台建设的支持下，学科在北京妙峰山实习林场、普照院苗圃及菊花地苗圃、平泉北方基地、高唐平原速生丰产林培育技术研究试验站、怀柔板栗试验站、遵化魏进河林场板栗实验基地等科研基地进行重点建设，建设总资金为250万元。

2010年度，学科以“211工程”三期、优势学科创新平台建设经费为主、以科研课题经费为辅，购置257件(套)、价值为360.66万元的科学仪器其中单价在10万元以上的仪器10件(套)，共总价值达236.2万元。学科针对实验室的功能化需求，对部分实验室进行改造，实验室面积达632平方米。

森林培育学科于2010年8月29日至9月1日在北京组织召开International Conference for Urban Forestry in Challenging Environments国际会议。大会共收到学术论文摘要82篇，经过筛选接收51篇。包括美国、挪威、意大利、瑞士、加拿大、新西兰、韩国、马来西亚、尼泊尔等13个国家的61名代表参加会议。国际树木学大会执行主席James Sikera带领5人的代表团专程出席会议。大会期间，美国Temple University及Southern University和森林培育学科支撑的北林大优势学科创新平台子平台及北林大达成初步合作协议。意大利University of Bari，挪威Institute for Agricultural and Environmental Research，美国University of California at Berkeley和平台就人员交流和合作研究进行磋商，并将在会后开展相关的合作。

2010年度，森林培育学科与四川农业大学在四川雅安共同主办第十五届全国森林培育学术交流会，并正式成立沈国舫院士森林培育奖学金管理机构，对首次获得沈国舫院士奖学金的5名博士和硕士研究生进行颁奖。

长期以来，学科成员以华北地区为核心在全国各地开展大量科学研究。其中获得北京市科技进步二等奖的北京山区生态公益林高效经营关键技术与示范和北京市地方标准低效生态公益林改造技术规程为北京市公益林经营提供了强有力的科技支撑。

【森林保护学】 国家重点学科。学科始建于1952年，1958年招收森林保护专业本科生，1981年和2000年分别获得硕士、博士学位授予权。学科建有教育部北京市共建森林培育与保护重点实验室、国家林业局森林保护重点实验室。现有教授6人，副教授7人。其中国家杰出青年基金获得者1人，教育部长江学者特聘教授1人，教育部林业重大病虫灾害预警与生态调控技术研究创新团队1个。1990年以来，学科获得其中国家科技进步二等奖等各类重要科技奖励31项；获国家级教学成果一等奖1项。主要研究方向：重大林业病虫灾害生态调控的理论与技术、重大林业病虫灾害预警与监测、林业外来有害生物预防与管理、昆虫与菌物分类及系统学。

骆有庆教授担任北林大副校长，晋升副教授1人。学科职称结构更趋于年轻化、合理化，强化了研究队伍的学术创新能力和竞争力。

结合教育部创新团队和学校优势学科创新平台建设，形成了一支稳定的、具有创新能力的科研队伍；学科主持承担的“十一五”科技支撑课题和专题均已通过结题验收。出版专著1部，申报国家发明专利1项，获得国家发明专利2项，发表论文51篇。12月在九华山庄召开学科主持承担的科研项目进展总结会，进一步明确学科的主攻方向和每位教师的具体科研目标。

骆有庆教授领衔的国内森林保护领域唯一的国家林业局重大项目团队——森林病虫害生物控制和火灾生物调控技术(201004003)启动；新增各类课题10余项，经费340万元，其中申报国家自然基金有大的突破，武三安教授、宗世祥副教授分别获批国家自然基金面上项目各1项，王永林博士获青年基金1项，温俊宝教授获得地区基金1项。

2010年度招收硕士生25人，博士生10人；毕业硕士研究生19人、博士生5人。学科召集在京农林高效、科研院所和北京植病学会的终生会员等举办森林保护专业建设与发展学术研讨会3次。

完成优势学科创新平台子平台170万元大型仪器设备的采购工作，“211工程”设备已逐步到位；在森林保护研究室(苗圃)建设昆虫行为动力学和森林微生物资源利用实验室；构建化学生态、分子生物学以及细胞生物学研究的实验技术平台。

9月，学科成员组织参加在上海举行的第三届森林保护学术论坛，共有10名教师和12名研究生参加。6名教师和研究生参加8月在厦门召开的中国植物病理学会年会，田呈明教授当选为学会理事。田呈明教授等5名师生赴苏格兰参加第九届国际菌物学大会，学科博士研究生游崇娟在大会上作“中国鞘锈菌的分类学与分子系统学研究”学术报告。武三安教授赴希腊参加第十一届国际蚧虫大会。

骆有庆教授参与国内森林资源类学科教育以及教材建设工作；骆有庆、武三安、贺伟、田呈明、温俊宝等教授参与多次国家以及北京市森林有害生物相关的科技咨询活动，参加森防总站行业岗位考核试题编写工作；田呈明教授应国家林业局邀请赴西藏林芝、陕西镇平考察栎树枯死情况；温俊宝教授作为骨干教师继续在新疆农业大学工作。

【森林经理学】 国家重点学科。该学科点是由中国著名森林经理学家范济洲、关毓秀、于政中教授于1952年创立，1956年开始招收研究生，1981年获首批硕士、博士学位授予权，1989年被评为国家重点学科。1996年被列为国家“211工程”重点建设学科，2006年成为国家林业局重点学科，2009年成为优势学科创新平台重点建设学科。以该学科为主干学科，1995年建成国家林业局森林资源与环境管理重点开放实验室，2004年建成省部共建教育部森林培育与保护重点实验室。学科主要研究方向：森林可持续经营理论与技术、森林生长收获与模型模拟、森林监测与评价、林业遥感与信息技术、集体林生态系统经营与示范。

学科现有固定在编人员31人，教授12人，副教授15人，其中一人为省部级有突出贡献的中青年专家，两人为省部级跨世纪青年学科带头人，一人获教育部高校青年教师奖励计划资助，一人获教育部新世纪优秀人才支持计划资助，25人次担任全国性学会副理事长、常务理事等职务。具有博士学位25人，占总人数的80%，具有博士后经历的8人，80%以上具有在国外留学和访问学者经历。

2010年培养博士研究生4名，硕士研究生26名。拥有国内外学术期刊55种、专业著作8000余册、国内外相关教材85部、森林规划设计和经营方案300余部、学位论文500余部、相关学术研讨会资料/论文集200余部、主要林区航空和航天影像资料。学科设有150平方米的研究生专用研究室，每人配备电脑一台，拥有服务器与学校图书馆和网络中心连接，可以充分使用图书馆和教育网资源。研究生实验室配备RS、GIS、GPS软件和硬件、统计分析软件、数学模型软件、规划设计软件、信息管理软件等，能充分满足研究生培养的需要。与中国林科院情报中心、国家林业局规划院、中国科学院图书情报中心实现信息共享。在福建三明建立以森林经理学科为主的综合教学科研基地，王新杰副教授挂职2年。

2010年参加在北京召开的森林经理学科高级研讨会，在台北召开的海峡两岸森林经理研讨会。完成江西森林资源生态系统效益评估及其评估报告，主持国家林业局森林认证试点，完成第二期全国森林认证审核员培训。

【野生动植物保护与利用】 国家级重点学科。学科以动植物保护生物学研究为主线，以动植物保护的理论及动植物资源利用为两翼，注重理论与应用知识研究的整合性，关注分子、细胞、组织、个体、群落等层面研究的有机联系，围绕动植物保护与利用开展深入的研究。学科研究方向：动植物系统学及进化生物学；动植物生理生化及繁殖生物学；动植物遗传多样性及种质资源保护；动植物保护生物学及自然保护区建设；动物免疫及疫源疫病研究；生物资源利用与产业技术。

2010年，师资增加1人，现有教授4人，副教授6人，讲师4人。

2010年，学科完成国家“十一五”科技支撑项目专题3项、子专题1项；完成国家自然科学基金1项。申请并获得2010年度林业公益项目1项；国家自然科学基金林2项；国家林业局物种专项课题3项。在研经费980万元。共发表学术论文21篇，其中中文核心期刊18篇，SCI刊源3篇。

2010年，毕业硕士研究生16人，毕业博士研究生4人。

2010年，本学科业已初步建成珍稀濒危及资源物种非损伤技术实验室，树木系统进化与生物地理学实验室，以实验室为依托，正在顺利实施林麝、朱鹮、普氏野马、赛加羚羊、川金丝猴、大熊猫等物种的保护遗传学、繁殖生物的研究，林木种质资源研究，初步具备动植物遗传多样性、生理免疫等微观生物学层面的研究能力，形成具有一定程度个体化的研究实验室。

2010年共有3位教师及5名研究生参加动物学会、植物学会的年会；邀请2名国内知名专家进行学术讲座；一人参加IUCN猫科专家组会议；本学科参与北林大协办的中国动物学会年会，并提交9篇论文；在国际学术交流上邀请2名美国斯密桑那保护生物学专家、俄罗斯老虎专家作学术报告。

学科教师分别担任国务院第七届国家级自然保护区评审委员会委员、IUCN物种生存委员会成员、动物学会常务理事、兽类学会理事、鸟类学会副秘书长、鹤类与水鸟专家组组长、《动物学杂志》编委、《Chinese Birds》编委以及北京市动植物学会的理事等社会职务，参与国家级自然保护区的评审，国家林业局濒危物种保护和利用的行政审批专家会、濒危物种保护的专家组活动，重要铁路、公路及桥梁建设的专家评审会等活动。学科教师多次为地方经济动植物的保护、利用及开发提供科技咨询，成为学科的正常社会服务活动。

【园林植物与观赏园艺】 国家重点学科。该学科共有教师31人，教授9名，副教授(或相当专业技术职务者)11人。其中中国工程院院士1人，国家林业局跨世纪学科带头人2人，博士生导师9人，硕士生导师20人；中青年教师中具有博士学位和在读博士生占教师总数的100%；60岁以下教授8人。学科研究方向：园林植物资源与育种、分子植物育种、花卉栽培理论与技术及现代化生产、园林植物生态及栽培养护、植物造景与园林植物应用。目前学科承担着60余项国家和省部级科研项目(国家科技支撑计划、“863计划”、国家自然科学基金、“948”、行业专项等)以及技术开发项目，已培育出多个菊花、梅花、牡丹、芍药、紫薇、月季、报春花、百合、榆叶梅品种。获得包括国家科技发明奖在内的国家级和省部级科研奖励多项。该学科成为国内花卉商品生产和园林植物材料生产的重要技术支撑。

现有多家国内权威学术机构挂靠于园林学院，其中有国家花卉工程技术研究中心、全国风景园林硕士专业与教育指导委员会、国际梅花品种登录中心、中国园艺学会观赏园艺专业委员会、中国插花花艺研究会、全国插花花艺培训中心、中国花协梅花蜡梅分会、中国花协牡丹芍药分会等。

2010年各类科研项目共29项，经费总额达到4415.78万元。2010年新立7项，其中国家林业局行业标准课题3项，包括2010-LY-024(北方地区)近自然河岸林营建规程，2010-LY-072芍药切花露地生产栽培技术规程，2010-LY-073八仙花(绣球)切花生产技术规程；国家自然科学基金项目2项，包括30972030牡丹切花糖信号与乙烯信号转导互作机制研究，30972411花粉超低温保存差异蛋白表达及其在玻璃化保存中的作用；林业公益性行业科研专项1项，201004012梅花新品种选育及产业升级关键技术研究；林业科技成果推广计划1项，〔2010〕27矮生观赏针叶树品种及繁育技术推广。授权专利5项，发表论文200篇，出版科技著作6部。

2010年招收园林植物与观赏园艺硕士研究生60人，博士研究生16人，2010年获得硕士学位55人，博士学位12人。

举办国际和全国性学术会议并承办各类国内外培训等活动。7月18~20日挂靠在北林大的中国园艺学会观赏园艺专业委员会在青海西宁市举办学术年会，会议主题是“观赏园艺与西部发展”，参会300余人，大会出版了由张启翔教授主编的系列出版物《中国观赏园艺研究进展(2010)》，截至2010年已经连续出版7部，反映了中国观赏园艺学科发展的研究进展情况。8月学科组织参加在葡萄牙召开的第二十七届国际园艺学大学，在多位教师和研究生会上进行学术交流。挂靠在该学科的中国花卉协会梅花蜡梅分会在上海召开全国梅展和梅国际学术交流大会。学科还组织教师参加中国园艺学会2010年9月26~29日在沈阳召开的学术年会，进行学术交流。2010年5月组织参加在苏州召开的世界IFLA大会，出版由张启翔主编的大会论文专著《园林植物资源与园林应用》。

支撑园林植物与观赏园艺学科的教研室有园林树木、园林花卉和观赏园艺3个教研室；拥有园林植物实验室2000多平方米，并拥有现代化大型温室6000平方米，配套组培楼一座，国产玻璃温室5座，园林植物资源圃13.33万平方米。2010年学校本科实习教学增加8家场圃3333平方米，为园林植物实习提供便利的条件。在小汤山基地建设3000平方米的连栋温室，进行花卉技术研发。

【水土保持与荒漠化防治】 国家重点学科。学科始建于1952年。1980年，北林大正式成立水土保持系，1981年批准建立全国第一个水土保持硕士点，1984年批准建立全国唯一的水土保持博士点，1989年被国家教委确定为第一批国家重点学科，1996年被列入“211工程”重点建设学科。2001年重新申报后，再次成为国家重点学科。主要研究方向：水土保持，荒漠化防治，林业生态工程。

2010年新引进从德国获博士学位的青年教师肖辉杰。学科共有61人，其中教授23人，副教授29人，讲师6人。学科45岁以下青年教师占学科总人数的比例达40%，具有博士学位的45岁以下的中青年教师达到100%。学术队伍方向明确，形成以中青年教授为学术骨干、老中青结合、学员结构合理、学科梯队完善的学科队伍。

承担科研项目57个，其中国家科技支撑计划课题(专题)10个，国家自然基金项目8个，北京市科委重大项目2个，国家林业局公益项目5个，国家林业局“948”项目3个，“973”专题1个，其他部委项目7个，国家科技合作项目1个，横向课题20个。出版教材3部，2部为普通高等教育“十一五”国家级规划教材；出版专著8部；申请发明专利5项。2010年11月由北林大水土保持学院和中国水土保持学会牵头，召开水土保持学科发展高级研讨会，与会人员有中国科学院、中国工程院院士11位以及相关部委的领导和高校教授等，参会人员研讨了学科发展的新形势和新趋势，为学科今后的人才培养指明方向。

2010年，学科共培养研究生48人，其中硕士生33人，博士生15人。

2010年学科对林业生态工程研究室、荒漠化防治研究室、流域治理研究室、技术基础研究室及其所属的防护林实验室、经济林实验室、风蚀实验室、荒漠化实验室、森林水文与生态水文实验室、土壤侵蚀实验室、流域规划设计实验室、水保"3S"技术实验室和水土保持综合分析实验室进行建设，实验条件得到进一步完善。

学科与美国北卡罗来纳州大学、美国亚利桑那州立大学、日本琉球大学、德国慕尼黑大学、奥地利维也纳农业大学、韩国汉城大学、以色列农业大学、台湾中兴大学保持稳定的科研合作和学术交流关系。2010年正在进行中瑞、中德合作研究项目2个。牛健植副教授从美国学习结束归国，并接纳美国、日本、德国、瑞典等国家相关的科技人员8人进行讲学和学术交流。

2010年，王冬梅被评为博士生导师，曹世雄被评为教授职称。

加强在产学研基地建设，山西吉县、北京西山、重庆缙云山、河北丰宁、山西方山、宁夏盐池、青海大通、陕西吴起和北京延庆等野外教学科研基地购置全自动化学分析仪、光合作用测量仪、土壤碳通量测量系统、土壤特征曲线测量系统等野外仪器设备；在北京西山、宁夏盐池新建大型蒸渗试验系统4套，综合观测塔1座，改造房屋等设施80余平方米，建设固定观测样地6块。

学科面向生态环境建设主战场成立的具有独立法人资格的北林丽景生态环境规划设计院有限责任公司运转正常、效益良好。

【林业经济管理】 国家重点(培育)学科。本学科点于2007年被评为国家重点(培育)学科，是教育部农林经济教学指导委员会副主任单位。学科现有博士生导师25人(其中外聘导师6人)，国务院学科评议组成员1人，北京市教学名师2名，宝钢优秀教师3名，1人获教育部新世纪优秀人才支持计划；近5年获得国家社会科学基金、国家社会科学基金、教育部人文社科基金等14项，发表SSCI、SCI期刊论文14篇，获省部级以上科研奖励12项。

2010年，学科新增科研课题73项，其中纵向课题43项、横向课题30项。全部合同科研经费首次突破1000万元，达1156.6万元，到账科研经费916.6万，其中学校青年教师科技创新项目110万，纵向课题经费633.62万元；横向课题经费172.98万元。新增课题中包括国家自然基金项目2项，国家社科基金项目2项，教育部人文社科基金项目3项，国家林业公益项目1项，FAO等国际组织项目4项。发表论文132篇，出版专著9部。其中SCI检索4篇，EI检索15篇，ISTP检索14篇。

2010年，学科获北京市哲学社会科学优秀成果二等奖1项；山西省第十五届优秀学术论文综合研究类一等奖1项；梁希论文二等奖1项，三等奖2项；第一届北林大青年教师科技论坛一等奖1项、二等奖1项、三等奖1项；中国会计学会等各类学会奖5项；美国政府机构联邦辅助奖1项。

2010年学科新增硕士导师2人，博士生导师3人，招收博士20人，硕士生12人。毕业研究生47人，授予博士学位32人，授予硕士学位15人。3人获优秀研究生奖，3人获得学术创新奖，5人获爱林校长奖学金，1人获梁希论文二等奖，2人获首届中国大学生创意创业大赛特等奖，4人获第六届挑战杯首都大学生创业计划竞赛银奖。2010年共发表学术论文77篇，其中第一作者65篇，CSSCI 21篇、CSCD12篇、SCI1篇、EI6篇、ISTP4篇。

建立青年教师科技创新平台，形成林业经济改革与发展、林产品贸易、森林统计与核算、绿色管理等科研团队。2010年有6个青年教师团队得到学校青年教师科技创新计划支持，项目经费达110万元。建立青年教师科研交流机制，举办青年教师学术交流报告8次；实行青年教师指导制度，为3名新进教师配备指导老师；建立青年科技之星评选机制和国家级基金项目奖励机制，有10名青年教师获得2010年学院科技之星称号，7名国家自然基金、社科基金和教育部人文社科基金获得者受到学院奖励。

2010年从瑞典农业大学聘请梁希学者1人。邀请国外著名专家教授8人次进行林业经济方面的讲学和作学术报告。有8人次到国外参加学术会议和学术交流，派出6人组成的代表团参加在韩国首尔举办的第三十一届世界林联大会，提交大会论文6篇，作会场报告2次。

2010年，学科承担国家林业局林改监测、国家林业局重大调研等一批政策调查项目，以及国家自然遗产法论证，国家扶贫纲要咨询，作为专家组成员参加完成国家林业科技“十二五”规划编制等工作。承办商务部发展中国家林业官员培训项目，有20个国家的林业高级官员参加了培训。举办2010年林业技术经济研究会林业低碳经济学术年会。

【生态学】 北京市重点学科，国家林业局重点学科。源于1952年建立的森林学，著名植物学家汪振儒教授和中国生态学会前理事长李文华院士为学科创始人，该学科是中国最早的博士点学科之一。2003年被评为北京市重点学科。为学校“211工程”和 优势学科创新平台重点建设学科。主要研究方向：生物多样性与植被恢复研究、森林对干扰的响应机制研究、森林对全球气候变化的响应及森林碳循环研究、生态脆弱山区森林更新与环境评价研究。

学科目前共有20人，其中教授6人，副教授8人，讲师6人。其中具有博士学位的教师占教师总数85.7%，50岁以下中青年教师占87%。学术队伍中有2人为部级有突出贡献中青年专家和跨世纪青年学术带头人，1人为教育部高校教师青年教师奖和部级优秀青年科技奖获得者，2人在中国林学会分会等全国性学术团体中担任常务理事等职务，2人为国家或国际合作开发项目专家，1人获教育部霍英东优秀青年教师奖，2人获北京市高等学校教学名师奖。

2010年度申请国家自然科学基金3项，参与国家重大科研项目(如“973”项目、林业公益性项目和林业科技支撑项目等)5项，项目总经费达800万元。发表学术论文总计119篇，其中发表在核心刊物上的论文90篇，SCI、EI、HI和SSCI检索收录的论文24篇，学术专著3部，获批准专利2项。

2010年度生态学科共培养研究生35名，其中博士后4人，博士研究生7人，硕士研究生24人。加强对学科青年教师的培养，送1名青年教师去美国高校进修。

2010年度新建成东北林区(吉林蛟河)天然林经营及综合实践基地，为学校和学科的科研工作和学生的培养提供有利的条件。

定期邀请国内在生态学界有重大影响的学者、专家来学科作学术报告，借助专项资金的资助，2010年先后举办3次大型国际学术交流会，邀请10余名国外生态学专家来北林大开展学术交流活动；同时派遣7位学科教师到国外科研单位进行短期访问，学习国际先进的科研经验，促进生态学科科学研究工作的开展。

完成北京市八大风景区生物多样性保护的本地调查和资源清查工作，北京市20个自然保护区的保护管理和资源调查工作，为北京市制定自然保护区区发展规划，并研究北京市自然保护区布局。与多家北京市单位合作，系统研究北京城市生物多样性现状，种质资源分布，保护措施和可持续发展规划等方面的多项课题。通过北京市保护区的系统研究具体实施“两带三区”的城市生态环境保护的立体布局。

标志性成果：我国北方几种典型退化森林的恢复技术研究与示范获2010年国家科技进步二等奖，主要完成人：李俊清、刘艳红、李景文、王襄平（北林大为第一完成单位），本项目成果整合十几个国家和省部级项目(课题)的研究内容，针对退化森林的保护、恢复、重建和经营等重大问题。

【城市规划与设计(含风景园林规划与设计)】 北京市重点学科、国家林业局重点学科。本学科是全国风景园林硕士专业学位秘书处、中国风景园林学会教育工作委员会、教育部环境生态类教学指导委员会园林专业分委员会、全国高等院校园林教材编写指导委员会的挂靠单位和主任委员单位，拥有汪菊渊、孟兆祯2位院士，教育部园林环境工程研究中心的主干学科。主要研究方向：确立以风景园林规划与设计方向为核心、风景园林历史与理论以及景观生态工程与技术2个研究方向相辅助的学科结构体系。

2010年完成"风景园林"一级学科论证工作；城市规划与设计(含风景园林规划与设计)完成建筑学一级博士授予权和一级硕士授予权申报工作；完成全日制风景园林硕士专业学位国务院综合改革试点的申报工作，并获得批准，这是北林大唯一的硕士专业学位改革试点(全国共64个)，也是全国唯一的风景园林硕士专业学位改革试点。

2010年共有教师85人。其中30~50岁之间的教师70人，50岁以上5人，30岁以下10人；教授19人(含院士2人)，副教授32人，讲师29人，助教5人；具有博士学位的教师占71%，在职攻读博士学位教师占12%。

2010年期间完成多项科研和规划设计项目，包括汶川地震地区风景名胜区规划、重塑"天堂"——杭州环西湖地区景观整治、中国园林博物馆建设与展陈策划等，发表学术论文数十篇。

2010年在校学术型研究生248人(博士生70人，硕士生178人)；风景园林专业学位研究生总数401人，其中全日制在校141人，在职260人。

2010年招收研究生75人(博士生16人，硕士生59人)，全日制风景园林硕士86人，在职风景园林硕士80人。2010年共授予学位78人(博士生13人，硕士生65人)，在职风景园林硕士39人。

2010年该学科点研究生获第四十七届IFLA国际风景园林设计竞赛大奖1名、二等奖1名、优秀奖8名，占全部奖项的56%；同时该学科点研究生还获得IFLA亚太区风景园林设计竞赛二等奖1名、三等奖1名；在2010年的中日韩大学生风景园林设计竞赛中，该学科点学生分别获得一等奖、二等奖和三等奖各1名。该学科点研究生同香港建筑大学开展校际学生STUDIO培养，取得良好的教学效果。

2010年拥有风景园林研究所、计算机辅助设计室、园林工程实验室、模型工作室等研究所(室)和实验室，还有2个具有甲级资质的设计院——深圳市北林苑景观及建筑规划设计院和北京北林地景园林规划设计院有限责任公司，以及北林科技园林工程公司、深圳市北林地景园林工程有限公司等。此外，还在全国各地和企业事业单位合作建立教学实习基地41家。

拥有风景园林方面图书超过8万册，学院资料室有风景园林规划与设计方面的图书2.5万余册，订有国内外相关学术期刊85余种。学科各工作室和研究生各宿舍中均有上网条件，可查阅最新的学术信息和动态。

2010年举办包括第六届北京高校风景园林研究生论坛等十余场大型的国内学术交流会议。

2010年承办第四十七届IFLA世界大会，一年来共组织园林讲堂50余场。多次邀请国外知名的专家学者传授最新的专业理论和实践经验，多名教师在多个国际学术会议上作学术报告。

【森林工程】 北京市重点学科。2003年获得博士学位授予权。其主要前身是林业与木工机械学科。中国森林利用学专家陈陆祈先生为学科奠基人(曾于1958年撰写出版国内第一本《生态采运学》专著)。主要研究方向：森林工程装备及其自动化，主要以国内人工林造林、抚育和收获利用的机械设备及其自动化技术为研究内容，开发新型高效自动化作业设备。林业人机环境工程，主要以森工装备的人性化设计、林业劳动的人机工程学以及作业安全为主要研究内容，改善森工装备的舒适性和安全性，提高作业效率与安全。森林及其环境信息监测，主要以森林生长及材质监测、森林火灾无线远程监测、森林生长环境的信息监测及利用技术为主要研究内容，为森林经营管理提供技术支撑。

2010年，学科在岗教师8人(有国务院学科评议组成员1人)，教授(博士生导师)3人，副教授3人，讲师2人。教师中担任全国二级学会副理事长1人、副秘书长1人、理事2人。

2010年，森林工程学科主持国家"十一五"科技支撑计划、国家自然科学基金、国家林业公益行业专项、教育部博士点基金、"948"、国家农业科技成果转化资金、国家林业局重点、博士后基金等国家和省部级课题15项，在研总经费1386万元。2010年新立项科研课题3项，其中国家自然科学基金1项，教育部博士点基金1项，国家公益性行业专项1项。1项国家科技支撑计划项目通过鉴定和验收，1项农业科技成果转化资金项目通过验收。2010年森林工程学科教师共发表学术论文31篇，其中EI、ISTP收录13篇，获得国家授权专利1项，其中国家发明专利1项。获得软件著作权登记3项，申请国家专利11项，其中发明专利7项，申请软件著作权3项。

2010年招收博士研究生4人、硕士研究生7人，在读研究生总人数32人(其中博士研究生10人)。毕业研究生8名(其中博士研究生2人)。张军国完成的“面向森林火灾监测的无线传感器网络技术的研究”博士论文被评为北林大优秀博士论文。阚江明完成的基于计算机视觉的活立木三维重建方法被推荐参加全国百篇优秀博士论文评审。2010年度，学科研究生参加国际学术会议7人次。

本学科2010年与中国福马集团、石家庄中博科技发展有限公司建立了更加紧密的产学研联合，发展完善科研基地，在中博科技发展有限公司建立遥控自动立木整枝机中试生产线。

2010年，学科教师8人次赴欧洲、美国和台湾学术交流。在森工装备、无线传感器网络技术方面进行学习交流。2010年度，学科师生参加在台湾、海口、武汉、上海等地召开的国际学术会议11人次。

【林产化学加工工程】 国家重点学科，国家林业局重点学科。始建于1958年，1993年成为硕士点，2000年成为博士点，2006年被批准为国家林业局重点学科，2007年被批准为北京市重点学科，为国家“211工程”二期、三期重点建设学科。学科现有教授5人，博士生导师5人，副教授15人，入选教育部新世纪优秀人才2人，具有博士学位的教师19人，全国一、二级学会常务理事、理事7人次。学校特聘林产化工专家宋湛谦院士、制浆造纸专家陈克复院士为学科兼职教授。2010年，学科有在站博士后5人，在读博士研究生17人，硕士研究生51人。主要研究方向：设林产植物资源化学、制浆造纸、生物质能源及化学品、精细化工、功能高分子材料、二次纤维利用等6个学术研究方向。其中植物资源化学及制浆造纸在半纤维素高效清洁分离、结构鉴定及化学改性基础研究方面具有国际影响力；蒸汽爆破法制浆技术成果居国内领先水平，学科拥有自主知识产权。三倍体毛白杨材性和制浆造纸工艺系统研究以及溶剂法制浆正向产业化推进，提出浆料中纤维角质化的机理。生物质能源及功能高分子材料形成以林木生物质与木材废弃物为原料制备乙醇的高效预处理、高效转化研究技术体系和生物柴油综合评价与改性研究平台。在新型发光材料、超滤膜分离材料、高效吸水材料等方面打下很好的研究基础。林产精细化工该方向在木本多糖胶、松香乳液制备、改性生漆、壳聚糖、杜仲有效成分等研究方面取得系列成果。以松节油为原料合成系列香料是本学科特色之一，完成50多个重要香料品种的合成研究。

2010年，蒋建新教授、金小娟副教授分别从瑞典隆德大学和美国密歇根州立大学进修回国，宋先亮副教授前往美国北卡罗来纳州立大学进修，接收华南理工大学应届博士1名，学科有1名教师晋级副教授。

学科继续执行国家“973”项目、教育部学科创新引智重大项目、国家自然科学基金面上项目、国家“十一五”科技支撑计划课题、林业行业公益性研究专项、“948”引进项目、林业科学技术推广项目等课题，其中两项“948”引进项目和一项林业局重点项目验收，新增3项自然科学基金面上项目。发表SCI收录论文19篇、EI收录论文5篇，申报发明专利9项、授权发明专利3项。

毕业博士研究生3人、硕士研究生16人，招收博士研究生7人、硕士研究生20人，指导国家大学生创新计划3项。1人赴美国进行公派访问学者研究，2人从美国、瑞典学成回国，1人参加师资培训并通过教师资格考试。

2010年购进并启用红外光谱、核磁共振仪、气-质连用仪等大型仪器设备，总投入经费近500万元。

2010年先后有4人次分别去英国、法国、美国等进行交流访问，邀请美国纽约州立大学Shijie Liu教授、瑞典隆德大学Magnus博士、英国威尔士大学Gwynn Jones教授等9人次来学科讲学交流。学科有10人次参加国际学术会议、15人次参加国内学术会议。

2010年与河北春蕾集团、国家电网集团、华北制药集团、南京野生植物研究院等单位继续保持良好的教学科研合作基地关系，并派出经验丰富的教师深入生产一线解决实际生产中的问题，生物质分离与利用、生物质能源转化、溶剂法制浆、植物提取物等一批中试示范基地正在建设中。

【土壤学】 国家林业局重点学科、北京市重点学科，是国内林业院校唯一土壤学领域的博士学位授予点。1983年开始招收硕士研究生，1986年国务院学位委员会批准为森林土壤学硕士点，1990年由森林土壤学改为土壤学，1993年在国务院学位委员会组织的林科硕士学位与研究生教育评估中获得土壤学科第一名。2005年被国务院学位委员会批准为首个林业院校的土壤学博士点，并同时被授予一级学科农业资源利用 硕士学位授予点。主要研究方向：森林土壤与树(花)木营养、土壤水气运动与土壤侵蚀、土壤生态与植被恢复。

2010年送出1名骨干教师去美国做访问学者一年，2名教师去丹麦进行短期学术交流。土壤学教学团队被列本校优秀教学团队建设系列。聘请北京市园林绿化局国际合作项目办公室主任王小平教授级高工为土壤学科博士生导师。

2010年，国家农业成果转化项目畜禽粪便无害化发酵生产高效有机肥技术转化(2008GB23600365)、国家林业局“948”项目以泥炭为原料的花木基质生产关键技术引进(2006-4-46)、“十一五”科技支撑设施园艺(花卉)富营养土壤的修复与养分高效利用技术(2006BAD07B03)结题。制定北京市地方标准花木栽培基质，1人荣获北京园林绿化标准化工作先进个人称号，并获得发明专利1项。

2010年学科先后承担全校近10门土壤学系列主干课程，指导毕业论文(设计)，1人获得北林大优秀本科生毕业论文。招收培养博士研究生3人，硕士研究生13人，授予博士学位3人、授予硕士学位10人，其中1名博士研究生获得北林大优秀博士学位论文，1名硕士研究生获得北林大优秀硕士学位论文，1名教师被评为北林大2009~2010优秀研究生指导教师。

学科拥有土壤实验室、肥料和植物分析实验室以及土壤标本室等760平方米的实验室。大型仪器20余台。

2010年开展融雪剂对北京绿地次生盐害土壤的修复工作，主要是天安门油松土壤以及北京各地区街道绿篱的改良工程。开展“红色1+1”活动，为北京市大兴区安定镇西芦各庄的村民解决蔬菜种植中的一些常见问题，并采集当地土样，进行后期实验室分析，指导当地农民合理施肥，获得中共北京市教育工作委员会颁发的2010年北京高校“红色1+1”示范活动一等奖。

【草业科学】 北京市重点学科。成立于1999年，2007年被评为北京市重点学科。具有草业科学博士和硕士学位授予权。本科设有草坪科学与管理方向及草坪管理(中美联合)方向。主要研究方向：草坪科学与管理、草地资源与草地生态、城市生态用水。

2010年学科现有教师9人，其中教授3人(均为博士生导师，二级教授2人，三级教授1人)，副教授4人，讲师1人，实验师1人。所有教师均具博士学位，一半以上的教师有留学经历，可以直接用英语授课；实验师1人，具硕士学位；办公室和试验地辅助人员3人(学科聘用)。

学科2010年主持承担着包括国家“863计划”、国家自然科学基金、国家科技支撑计划、质检公益性行业科研专项等国家级和省部级项目10余项，项目经费近千万元。完成的科研项目北方都市绿地植物耗水规律及生态用水研究获得天津市2009年度科技进步二等奖。发表论文30余篇，其中SCI、EI收录3篇。获得国家发明专利1项，转让国家发明专利1项，转让实用新型专利1项，转让收入15万元。

1999年和2000年分别开始招收草业科学专业硕士和博士研究生，2001年开始招收草坪科学与管理方向本科生，2003年开始招收草坪管理(中美联合)本科生，2006年开始与美国北达克塔州立大学合作培养双学位硕士和博士研究生。2010年有3名研究生在美国进行科研工作。2010年毕业本科生62人，硕士生16人，博士生7人。毕业生就业率近100%。

学科建有2个实验室(草坪生物技术实验室、草地资源与生态实验室)和3个相对固定的教学实习基地(供本科生集中实习)。2008年分别在昌平区和顺义区新建2个固定的教学科研实习基地(昌平白浮草坪试验站、顺义草地植物实验站)。

2010年，学科韩烈保教授作为中国代表团长出席2月在韩国召开的亚洲草坪学会筹委会，代表中国被选为亚洲草坪学会副主席(筹)；8～9月应美国5所大学邀请，韩烈保教授及常智慧副教授赴美进行科学考察并作相关学术报告。

2010年学科采用现代育种技术手段引进、培育和改良草坪草品种，提高其适应性和抗逆性，提高草坪质量；全面研究草地遗传资源的分类和生物多样性，草地退化与沙化成因、过程及规律，退沙化草地植被恢复治理模式、途径与措施，为京津地区防沙治沙工作提供科技支撑；深入研究城市草坪、乔灌草混合型绿地的生态需水量，探讨城市绿地植物耗水规律，并应用节水灌溉、城市雨水和再生水资源的综合利用等技术，解决城市水资源紧张与绿地需水量大的矛盾。

【生态环境地理学】 北京市重点学科。生态环境地理学包括生态环境工程、工程绿化、复合农林学、自然地理学、地图学与地理信息系统5个硕士点，并设生态环境工程、工程绿化、复合农林学3个博士点。现有教职工21人(博士生导师11人，硕士生导师9人)，其中教授12人，副教授8人，讲师1人，所有教师全部具有博士学位。主要研究方向：森林植被对流域水文过程影响、农林复合经营结构配置、脆弱环境生态修复、困难立地造林与植被恢复、城乡人居环境绿化工程。

2010年，学科新承担“863”研究专题1项、科技重大专项1项、中央高校基本科研业务2项、科技支撑计划项目1项，累计新申请经费187.3万元；在研项目有科技支撑项目12项、“948”项目1项、国家自然科学基金2项、北京市项目1项、国家林业局项目6项等，累计科研经费5018万元。2010年获国家专利4项、获科技成果4项、软件著作权登记1项、发表论文76篇，其中SCI 2篇、EI 8篇。

2010年，学科新招硕士生42人，博士生18人。培养毕业本科生33人，硕士生32人，博士12人。

2010年进一步完善3个实验室(环规实验室、工程绿化实验室、生态环境工程实验室)和4个相对固定的教学科研基地条件建设(供本科生课程实习)。设有3个固定的教学科研实习基地(山西吉县、陕西吴起、宁夏盐池)，2010年投资400万进行山西吉县国家级生态站教学科研实习基地的建设，投资60万进行妙峰山野外实习基地建设。

2010年学科邀请国内专家进行学术讲座8次，包括中国科学院地理所于贵瑞研究员、中国环境研究院王文杰研究员、山东农业大学董智副教授、中国农业科学院陈世宝教授、中国科学院地理所赵士洞研究员、中国林科院王兵研究员、中国水利水电科学研究院杨爱民教授、北京大学蒙吉军副教授，分别作生态系统－水－碳－氮通量耦合过程的多站点对比研究，GIS应用的前沿领域，破坏山体立地条件类型及其植被恢复，陆地生态系统中重金属的环境行为与环境质量，中国森林与林业，长期生态学研究与森林生态系统服务功能评估，中国水资源、水环境与水生态，基于LUCC的鄂尔多斯生态安全格局研究等学术报告。

2010年派遣13人次参加国内外学术交流，7人前往美国进行学科建设的交流和学习，派遣1人作为访问学者前往美国进行学习和交流，1人获得北林大青年学术论文奖。2010年7月10～13日期间，在贵阳主持召开全国水土保持生态修复学术研讨会，来自全国25个省(区、市)，30余所高校、科研以及基层单位的近百名代表参加会议。

学科于2010年申报地理学一级硕士点、修订本科生教学计划，承担本科生地质地貌学、水文与水资源学、植物地理学、环境学概论、自然地理学、土地评价与土地管理、工程绿化概论、工程绿化技术、“3S”在水土保持中的应用、地图学与地理信息系统原理、人文地理学等课程教学。

(向文生 马履一)

科学研究

【概　况】 北林大科研处是学校开展科研工作的管理部门，现有职工8人，下设科研计划科、成果管理科、科技开发中心、综合科和一个微生物研究所。2010年围绕建设“国际一流的研究型林业大学”的目标和“人才强校”战略，组织广大教师主动参与国家重大科研项目，推进科技创新与成果转化，增强科技实力，服务社会。

2010年共组织申报国家自然科学基金委、教育部、国家林业局、北京市等11个上级主管部门的22个类别项目。科研项目合同经费总数近1.1亿元。2010年，学校到位经费1.7亿余元，其中纵向项目经费1.5亿元，横向协作科研经费1800万元。

2010年开展24项“十一五”科技支撑项目通过结题验收、1个教育部创新团队、4个获得新世纪优秀人才支持计划人员、4个国家林业局推广项目通过验收；25个国家自然科学基金、1个国家社科基金、6个博士点基金、两个北京市自然科学基金、3个北京哲学社科规划项目结题；2个农业科技成果转化资金项目通过监理；两个成果通过国家林业局鉴定。完成对24个“十一五”科技支撑计划项目的财务审计。

2010年获国家科技进步二等奖1项，省部级科技奖励共11项；梁希科技论文奖17篇；1人获霍英东教育基金会第十二届高校青年教师奖。共申请发明专利122项，实用新型21项，新品种登记11项，软件著作权登记39项。获得授权发明专利28项，实用新型3项，植物新品种权20项，软件著作权登记5项。发表科技论文1500余篇，被三大检索收录的论文较往年大幅增加，以北林大为第一作者单位且为责任(通讯)单位发表论文被SCI检索系统收录115篇、EI收录149篇。

2010年继续推进科研成果转化工作。编撰实用技术汇编并印刷1000册，编撰2008年度科技成果进展报告，印刷50册。参加在福建省举办的第八届中国·海峡项目成果交易会、第六届海峡两岸林业科技成果博览会、在陕西省杨凌举办的第十七届国际农业高新科技成果博览会、2010年中日大学展、北京园林绿化行业新技术新材料推介会等科技合作、交流洽谈会。2010年推动专利技术的转让，共有8项专利获得转让(包括独占性转让)，直接转让合同经费70万元。

2010年，北林大开展校地(企)合作行业技术进步，服务地区(企业)经济建设。与福建省三明市、内蒙古赤峰市、黑龙江省黑河市、福建省清流县签署校地合作协议书；与福建三明学院签署校院合作协议；与漳州木材企业签署技术产业化示范协议；与扬州绿原公司签署合作建设院士工作站协议等。

2010年12月10～12日，科技处牵头组织召开北林大第一届青年学术年会，加强青年科技队伍建设。会议邀请国家林业局、自然基金委、国家哲学社科规划办公室相关负责人作专题报告，并分6个会场举行学术交流，评选北林大青年优秀学术论文30篇。来自各学院的青年教师、优秀研究生、各学院及有关职能部门负责人300人参会。　　(张　力　侯小龙)

【科研项目】 2010年的主要项目有“十二五”农村领域科技计划首批预备项目，北林大在初评中通过16个；国家自然基金获得批准43个，国拨经费1188万元。其中面上项目24个、青年科学基金项目17个、专项基金1个、重大研究计划1个。3名青年教师获得国家自然科学基金管理科学部资助，国拨经费达43万元，北林大在国家自然科学基金委管理学部获得资助最多的1年；全国哲学社会科学规划办资助2个项目，国拨经费22万元；国家林业局林业公益性行业专项获批准8个，国拨经费3175万元；2个科技成果获国家农业科技成果转化资金计划立项，国拨经费150万元；4个成果获林业局推广计划立项，国拨经费170万元。国家星火计划资助项目1个，国拨经费50万元。国家林业局标准化项目15个，国拨经费65万元；中央高校基本科研业务费专项资金资助63个，国拨经费900万元，教育部新世纪优秀人才支持计划资助6人，国拨经费135万元；北京市自然科学基金5个项目获得资助，国拨经费55万元；北京市教委共建项目资助15个项目，国拨经费944.44万元；获得北京市哲学社会科学规划项目资助2个(其中包括1个重大项目)，国拨经费35万元；获得教育部人文社会科学项目资助7个项目立项，国拨经费41万元。

北林大高度重视中央高校基本科研业务费专项资金的使用和管理，2010年又对《北林大科技创新计划项目管理办法(试行)》进行修改完善，颁布《北林大科技创新计划项目管理办法》；为指导并规范项目的组织立项工作，结合学校科研工作实际，2010继续印发《北林大科技创新计划项目申报指南》，指导教师根据指南进行申报。2010年设立4个专项计划：人文社科振兴专项计划、基地科技支撑专项计划、优秀青年教师科技支持专项计划、基础科学研究团队专项计划。2010年共申报139个项目，最终确定63个科研项目给予资助。其中人文社科振兴专项计划资助17个项目，总经费237万元；基础科学研究团队专项计划6个，总经费179万；基地科技支撑专项计划6个，总经费170万；优秀青年教师科技支持专项计划34个，总经费314万元。 (张　力　侯小龙)

【科研项目中期管理】 2010年，北林大开展对国家自然基金55个课题、国家林业局"948"引进项目9个课题、国家林业局林业公益性行业专项5个课题、博士点基金14个课题、北京市自然科学基金3个课题的中期评估工作。

2010年配合有关项目主管部门及委托社会会计事务所对相关科研经费进行审计，完成对24个"十一五"科技支撑计划项目的财务审计，在确保资金实用安全、合法的前提下，按时高水平完成各项科研任务。2个农业科技成果转化资金项目通过监理。

2010年，北林大为加强科研经费管理力度，规范经费支出，科技处和财务处协调升级财务管理软件，对科研经费支出严格按照项目合同科目管理，提高合同预算的执行力。

(张　力　侯小龙)

【科技成果】 2010年，北林大承担的科研项目通过验收、结题的项目共72个。其中24个"十一五"科技支撑项目通过结题验收；1个教育部创新团队、4个获得新世纪优秀人才支持计划人员通过结题验收、国家农业成果转化资金项目验收2个，4个国家林业局推广项目通过验收；25个国家自然科学基金、1个国家社科基金、6个博士点基金、2个北京市自然科学基金、3个北京哲学社科规划项目结题。

2010年，北林大共申请发明专利122项，实用新型21项，新品种登记11项，软件著作权登记39项。获得授权发明专利28项，实用新型3项，植物新品种权20项，软件著作权登记5项。起草并准予发布2项国家标准、1项北京市地方标。

2010年，北林大发表科技论文1500余篇，被三大检索收录的论文较往年大幅增加，截至12月19日，以北林大为第一作者单位且为责任(通讯)单位发表论文被SCI检索系统收录115篇、EI收录149篇。 (张　力　侯小龙)

【科技奖励】 2010年，北林大获国家、省部级和社会科技奖励12项。其中我国北方几种典型退化森林的恢复技术研究与示范(李俊清等)获国家科技进步二等奖1项。

高等学校科学研究优秀成果奖(科学技术)科技进步二等奖3项(参与1项)：木本粮油新品种选育和高效栽培技术研究与示范(尹伟伦等)，中国苜蓿种质资源搜集保存、遗传评价及种质创新利用(卢欣石等)森林资源安全监管新模式及支撑产品研发(陈钊等，第四完成单位)。

北京市科学技术奖6项(参与3项)：北京山区生态公益林高效经营关键技术与示范(马履一等)，牡丹新品种选育与产业化开发(成仿云等)，测绘信息化关键技术及生态环境应用(冯仲科等)，经济林抗旱栽培关键技术研究与应用(尹伟伦等，第二完成单位)，奶牛优质饲草生产技术研究与示范(卢欣石等，第七完成单位)，农业管理决策支持系统(史明昌等，第二完成单位)。

北京城市湿地现状与保护管理对策研究(温亚利)获北京市哲学社会科学二等奖。

森林资源地理信息技术开发及产业化(冯仲

科等）获中国地理信息学会地理信息科技进步二等奖。

梁希科技论文奖共 17 篇；1 人获霍英东教育基金会第十二届高校青年教师奖。

（张 力 侯小龙）

【我国北方几种典型退化森林的恢复技术研究与示范项目】 项目获得2010 年度国家科技进步二等奖（第一完成单位：北林大；第一完成人：李俊清；证书编号：2010－J－202－2－01－D01）。项目揭示森林退化机理，建立了退化森林适应性恢复模式，研建红松-阔叶林人工促进恢复的技术体系，集成红松阔叶林更新与经营模式；构建西北荒漠植被生态修复技术体系，突破 200 毫米以下降水量飞播关键技术；创新区域自然保护体系构建技术，提出“三区二带”自然保护格局。与同类研究相比，一是利用种子大粒化多功能包衣，在年降水量 100～150 毫米的干旱区飞播造林成功（国内外均没有 200 毫米以下飞播成功的先例）。二是以落叶松等为先锋树种，促进常绿树层片定向恢复，缩短森林培育期。三是首次将聚集度指数（AI）和几何最近邻体距离（ENN）的计算方法应用到自然保护区，率先建立起生物多样性分布中心、保护区和保护小区的区域自然保护体系。该成果获得省部级奖励 10 项，发明专利 2 项，发表学术论文 282 篇，其中 SCI8 篇，出版学术专著 12 部。

生物多样性保护研究团队是以北林大林学院生态学科的生物多样性保护研究方向为支撑而组成，李俊清教授为团队带头人。主要学术骨干由李景文、刘艳红和王襄平等专家组成。该研究团队在中国北方地区生物多样性保护、森林植被退化机制与恢复技术开展系统研究，获各类科研奖励 5 项，国家发明专利 2 项，发表论文 182 篇，出版专著 5 部。 （张 力 侯小龙）

【科技成果转化与推广】 2010 年继续坚持产学研相结合，面向行业、区域、企业技术需求，开展科技成果推广。科技处筛选实用技术和优良林木花卉新品种，先后参加杨凌第十七届国际农业高新科技成果博览会，第八届福建省中国·海峡项目成果交易会，第六届海峡两岸林业科技成果博览会（福建三明）、2010 年中日大学展、北京园林绿化行业新技术新材料推介会等科技合作、交流洽谈会，通过展板、实物，展示近年来北林大在教学研究、科学研究方面取得的成果，获得第八届福建省中国·海峡项目成果交易会组委会颁发的展示展销一等奖奖状。推动专利技术的转让，2010 年有 8 项专利获得转让（包括独占性转让），直接转让合同经费 70 万元。

2010 年度继续做好林业科技推广计划项目的实施。通过项目实施，累计营建试验示范林 261.67 公顷，辐射推广 0.08 公顷。项目实施地点所在的西北黄土区，造林成活率提高 18%，保存率达 88%，土壤侵蚀量平均减少 40%；困难立地造林保存率达 82%。北京北部山地造林成活率达 95% 以上，造林保存率达 85% 以上；内蒙古重度沙化地区飞播的成苗率提高 27.6%，裸露沙地面积降低到 15% 以下；土壤风蚀量降低 60%，冬春季植被盖度达 43%、年植被盖度达 58%。提出并推广应用刺槐与紫花苜蓿、油松与刺槐混交等多种水土保持防护林体系综合配置技术模式，抗旱造林整地技术、栽培技术、覆盖保墒技术，刺槐-柠条混交林、新疆杨-柠条混交林、榆树-柠条混交林等多个防沙治沙栽培模式，应用大型防风固沙草方格铺设智能装备设置草方格沙障控制流沙、种子包衣飞播、人工增雨技术等一系列先进技术。培训农民及技术人员累计 260 人次。 （田振坤 侯小龙）

【科技合作】 2010 年，北林大继续开展校地（企）合作行业技术进步，服务地区（企业）经济建设。与福建省三明市、内蒙古赤峰市、黑龙江省黑河市、福建省清流县签署校地合作协议书；与福建三明学院签署校院合作协议；与漳州木材企业签署技术产业化示范协议；扬州绿原公司签署合作建设院士工作站协议等。作为理事单位参加内蒙古自治区成立蓝莓技术创新战略联盟、首都籽种产业技术创新战略联盟。

（田振坤 侯小龙）

【科技管理】 北林大科技处加强前期研究，做好顶层设计，对科研项目加强组织、管理与监督。全面推动科研校院二级管理运行模式，强化学校宏观管理和学院具体管理的责任分工。完善项目全过程的校内监管机制。在项目立项之初，召开重点项目（科技支撑、“863”、“973”、行业公益专项）启动会，深入学习项目相关管理办法，研讨项目的可行性报告、明确目标，保障项目的顺利。对进行中期评估与验收的项目，要求组织专家在校内开展项目汇报会，汇报项目进展、取得成果、人才培养、基地建设情况和问题，管理部门认真分析存在问题，对确需进行调整计划的内容，提出调整报告报请上级主管部门审批。加强自身建设，建立处内行政管理办法，明确岗位职责及公文签发、公章使用审批程序和备案，要求将每一项工作做实、做细，做到热情服务、规范管理，责任到人，不得推诿敷衍。联合资产经营公司联合起草《北林大科技成果转化管理办法(试行)》。建立学习制度，牢固树立公仆意识、服务意识，把工作的着力点放到学校科技发展宏观战略研究和学校社会服务能力提高上。掌握国家和各部门现行科技方针和政策。

(张　力　侯小龙)

科技平台及研究机构

科技平台及研究机构

【概　况】 北林大现有国家、省(部)级工程中心、重点实验室及野外台站22个，其中林木育种国家工程实验室1个，国家花卉工程技术研究中心1个，国家野外观测研究站1个，教育部重点实验室4个，教育部工程中心3个，国家林业局重点实验室5个，国家林业局野外站5个，北京市重点实验室1个，北京市工程中心1个。2010年，新增北京市工程研究中心1个，申报北京市重点实验室1个，完成3个教育部重点实验室(工程中心)的评估与验收工作。9月20～21日，森林培育与保护教育部重点实验室和林木花卉教育部重点实验室经教育部专家组进行综合评估，分别被列入本评估期内教育部重点实验室"良好"的行列，9月，林业生态工程教育部工程研究中心经教育部专家组进行建设报告的论证和实地考察，顺利通过三年建设期验收，正式纳入教育部工程技术研究中心的运行管理之列。

环境学院的污染水体源控与生态修复北京高校工程研究中心经北京市教委批准正式立项建设。向北京市科委申报水体污染源控制技术北京市重点实验室，目前已顺利通过初评，进入现场考察阶段。　　（甄晓惠　万国良）

野外台站年度建设情况

【山西吉县森林生态系统国家野外科学观测研究站】 山西吉县森林生态系统国家野外科学观测研究站，属于国家森林生态系统定位研究网络站点之一，位于山西省吉县红旗林场和蔡家川流域。吉县定位站自1986年建站以来，先后承担国家科技攻关项目、国家重大基础研究计划课题、国家自然科学基金课题、国际合作项目、农业科技成果转化基金项目、退耕还林还草工程科技支撑项目、部重点课题等各类科技项目50余项。主要研究方向为：落叶阔叶林植被结构及其演替过程、嵌套流域森林水文过程、土壤侵蚀及生态修复过程。

2010年在山西吉县站开展的科研项目共5项，其中国家"十一五"科技支撑专题3项，自然科学基金项目1项，国际合作项目1项。在吉县站工作的长期人员6人，其中教授3人，副教授3人。

2010年投入170万元对定位站基础设施进行维修改造，使住宿和实验条件得到极大改善，尤其是综合实验室的修建、学生宿舍和教师宿舍的维修，为在该基地开展野外教学实践创造了良好条件。投入220万元，对定位站的观测仪器进行补充和完善，使吉县站基本实现水、土、气、生四大要素的全面监测。

2010年共发表论文20余篇，培养硕士生12人，本科生16人。获得实用新型专利3项，发明专利1项；接待日本大学、日本森林综合研究所等专家来访共8人次。通过国际国内的交流，提高吉县站的知名度，访问者针对吉县站的运行和科学研究提出宝贵的建议。

（张建军　李春平）

【长江三峡库区(重庆)森林生态系统定位研究站】 长江三峡库区(重庆)森林生态系统定位研究站，位于三峡库区上游重庆北碚区缙云山国家级自然保护区。1998年建成，为国家林业局森林生态系统定位研究网络(CFERN)站点之一，原生植被是具有典型代表性的亚热带常绿阔叶林。现有气象观测站2座、水量平衡场5个、测流堰1座、固定样地12块、实验室1个 、工作室2间、定位观测塔1座；拥有大中型仪器设备10余套，主要有土壤碳通量仪、光合仪、树干茎流仪、气体监测仪、水质实验室、土壤含水量、水势测量系统、根系测量系统、空气质量检测仪、空气负离子仪等。主要开展土壤侵蚀与森林生态水文机理与过程、碳循环、林木生理生态等4个方向的研究。

2010年承担科研项目2项，经费100万元；在重庆缙云山建立水源涵养林(理水调洪型、净水型、低功能定向改造型)试验示范区1个，示范区面积100公顷；理水/净水优化林分结构模式筛选技术获国家科技认定成果1项，年监测数据量2000千万以上；年度发表科技论文10余篇，获实用新型专利1项。现有固定人员7人，其中正高级1人，副高级3人，中级3人。本年培养毕业生8人，其中研究生4人，博士生1人，硕士生3人。

2010年共接待瑞典、德国2个国家2次5人以及中国台湾省国立屏东科技大学教授1人来访，自然林业经营建设、森林水文、水质监测方面取得较大进展。参加国际土地退化防治学术研讨会和环境科学发展大会2人次，提交论文2篇。（王云琦　李春平）

【山西太岳山暖温带落叶阔叶林和油松森林生态系统定位研究站】 山西太岳山暖温带落叶阔叶林和油松森林生态系统定位研究站是中国森林生态系统定位研究网络台站之一，其前身为北林大森林生态研究室，1990年正式建站。承担单位为北林大，站址位于山西省沁源县太岳山国有林管理局。

定位研究站现有教授、研究员7人，中级职称10人，博士研究生4人，硕士研究生12人。

2010年发表科学论文10余篇。获得观测数据2万余条。新增课题3项，经费约100万元。开展学术交流和讲座30余场。完成油松样地复测1项，安放辽东栎大样地凋落物收集框200处，新增径流观测场2座。新增野外实验室分析仪器5台，修缮研究人员宿舍400平方米，完成实验室网络更新1项。与太岳山国有林管理局共建人才培养机制，为太岳山国有林管理局培养专业技术骨干5名。

定位研究站作为开放平台与中国林科院、山西林科院形成长期共建关系，与全国近10所大学、科研单位建立长期合作关系。

（康峰峰　赵秀海）

【首都圈森林生态系统定位研究站】 首都圈森林生态系统定位观测研究站，成立于1986年6月，所在学科为水土保持与荒漠化防治。生态站拥有大中型仪器设备12套。主要开展土壤—森林植被—大气界面生态过程、坡地生态过程、流域生态过程、森林植被与城市环境关系等研究。主要研究内容：通过从个体、种群、群落和系统4个水平上同步对森林生态系统结构和功能开展全方位、多角度、多层次、多学科的系统的监测研究，揭示森林生态系统组成、结构与气候环境之间的关系，监测人类活动对系统的冲击与其自我调节过程，确定森林在生态环境建设中的作用和地位。为不断提高森林保持水土、涵养与保护水源的生态服务功能，保障水资源的生态安全，全面改善生态环境条件；提高当地人民的经济收入水平，提供大量的重要的监测数据与研究成果。

2010年承担科研项目10项，经费总计850万元。其中国家级科技支撑项目1项、国家林业局重点项目1项、林业公益性项目1项、省部级3项、国际合作1项、横向合作3项。本年获得如下成果：发表论文38篇，其中SCI收录2篇、国内核心期刊36篇、出版著作3部；观测数据记录25.1万条、数据量500兆、样品1.5万个。

2010年投入20万元对定位站研究基础观测设施进行维修改造，投入300万元对定位站研究的观测仪器进行补充和完善，其中新建成大型蒸渗实验系统4套、坡面径流系统5套，新购置大孔径闪烁仪1套、波文比仪1套。

定位研究站现有固定人员13人，正高级5人、副高级7人、中级1人；研究人员5人、技术人员4人、管理人员4人；其中博士11人、硕士2人，以中青年为主。2010年培养毕业生15人，其中博士生3人，硕士生5人，本科生7人。

2010年，定位研究站共接待美国、日本、奥地利、加拿大等国家5次20人来访，派出参观访问美国、加拿大、澳大利亚、德国等5个国家20人次。举办国内各类学术研讨会10余次，参加国际学术研讨会4人次，提交论文3篇。

（樊登星　李春平）

【宁夏盐池荒漠生态系统定位研究站】 宁夏盐池荒漠生态系统定位研究站，成立于2003年，2008年7月加入国家林业局陆地生态系统观测研究网络(CTERN)，所在学科为水土保持与荒漠化防治。定位研究站拥有数据处理中心、标本室、实验室、风蚀观测场及多处固定植物观测样地等基础设施。定位研究站占地总面积2000公顷。拥有大中型仪器设备40余套。主要开展半干旱草原与干旱荒漠过渡地区植被水量平衡规律，人为干扰和自然恢复状态下植被演替规律，近地表风沙运动规律及土壤风蚀机理，荒漠生态系统物质流动与能量循环，土地利用/覆被变化对荒漠化的影响，沙区人居环境安全评价及其动态变化等。

2010年完成国家“十一五”科技支撑计划课题“沙区人居环境安全保障与工程防沙技术研究”的研究工作，继续承担教育部博士点基金“西北风沙区柠条林草带状复合系统根系生态位及水肥空间分异特征”、“基于生态足迹的沙区人居环境安全评价与预测”两项课题的研究工作。以定位研究站为依托，完成“863计划”子课题“林业生态工程监测评价指标体系研究”的研究工作。2010年新增科研经费70余万元。投资164万元建成野外大型蒸渗观测系统，投资50万元完成定位研究站313平方米的扩建工程。2010年定位站取得观测数据4GB，发表论文10篇，其中EI/ISTP收录论文1篇，获发明专利1项，受理专利2项，“沙区适宜居住区模式筛选及评价技术”被国家林业局认定为科技成果。定位研究站现有固定人员16人，其中正高级6人，副高级8人，中级1人。本年度培养博士研究生生4名，硕士生3名。

2010年接待德国、美国、日本等国家4人次来访。

（张宇清　李春平）

【青海大通高寒区森林生态系统定位研究站】 青海大通高寒区森林生态系统定位研究站成立于2009年，所在学科为水土保持与荒漠化防治。其前身是2006年成立的北林大青海大通高寒区林业生态工程科研教学生产基地。2009年，青海大通高寒区森林生态系统定位研究站被正式纳入国家林业局中国陆地生态系统定位研究网络生态定位站建设体系。本站主要开展高寒区森林植被的生长发育规律和在自然或人为干扰下的演替规律；高寒区森林生态系统的结构与功能关系；高寒区森林生态系统与水、土、气、生等生态环境条件的相互响应等3个方面的研究。

2010年，定位研究站投入100万元基建费，进行实验室、野外定位观测设施等基础设施的基建工作，为在该生态站开展野外科研以及教学实践创造了良好条件。2010年承担“十一五”国家科技支撑项目黄土高原西部高寒区水土保持型林草植被恢复技术试验示范等科研项目的研究工作。

（史常青　贺康宁）

林木育种国家工程实验室年度建设情况

【林木育种国家工程实验室】 2010年，林木育种国家工程实验室本着“开放、流动、联合、竞争”的运行机制，围绕国内林木育种基础研究的前沿目标，强化管理，加快建设，稳步发展，在科技创新、人才培养和硬件建设等方面实现新的进展，高质量完成年度建设任务。

2010年，实验室主持和承担国家自然科学基金项目、国家科技支撑项目、国家林业局项目、省部级重点项目、北京市自然科学基金等科研项目共计83项，合同经费达5467万元；在国际国内学术刊物共发表128篇研究论文，其中SCI收录论文42篇，影响因子最高达9.293。

实验室出版科技专著3部，获得国家专利6项，“毛白杨种资资源遗传评价及优良无性系选育研究”获得2010年山东省科技进步三等奖(排名第三)，沈熙环、续九如、张志毅教授获得全国生态建设突出贡献奖——林木种苗先进工作者称号。

2010年，实验室为林木遗传育种学科引进千人计划学者邬荣领教授，全年毕业博士26人、硕士61人，博士后出站1人。

实验室全年投入1075万元，购置仪器设备

204 台，实验室承担在山东省聊城市冠县建设北方平原林木良种创新与示范实践基地、在河北沧县建设经济林育种和栽培实践基地的任务；参与在河北承德建设的北方林业新技术示范基地工作。

2010 年围绕主要研究方向，实验室选择国内相关研究有影响的单位，设立开放课题 15 项，资助研究经费 45 万元。　（陈金焕　陈　欣）

教育部重点实验室年度建设情况

【水土保持与荒漠化防治教育部重点实验室】 水土保持与荒漠化防治教育部重点实验室(北林大)是目前国内水土保持与荒漠化防治领域唯一的教育部重点实验室，成立于 2003 年 5 月，下设水土保持、林业生态工程、荒漠化防治、生态环境工程、自然地理等 5 个实验室，占地 1684 平方米。拥有大中型仪器设备 42 套。主要研究方向：小流域土壤侵蚀与森林水文机理与过程、荒漠化生态修复机理与过程、水土流失生态修复机理与过程。

2010 年，重点实验室主持和承担国家自然科学基金、国家科技支撑项目、“973”项目、国家林业局项目、林业公益性行业科研专项、省部委重点项目、北京市自然科学基金等科研项目共计 65 项，科研经费累计达 6154 万元。在国内外重要学术期刊发表论文 310 篇，SCI 收录论文 15 篇，EI 收录 50 篇，ISTP 收录 16 篇；重点实验室共获批专利 8 项；出版专著 12 部；编制标准 3 项；软件登记 2 项；华北土石山区中尺度流域防护林体系空间布局与水资源高效利用技术等 10 项研究获国家林业局科技成果认定。

2010 年，重点实验室共获得各类奖项 5 项，其中北京市防沙治沙重点工程效益监测评价研究获北京市园林绿化科技进步奖一等奖、开发建设项目水土保持准入条件研究获水利部综合事业局昆仑科技奖二等奖、开发建设项目水土保持准入条件研究获中国水土保持学会科学技术奖二等奖、柴达木盆地农田与草地退化植被恢复技术及示范(都兰)获青海省 2010 年科技进步奖二等奖。

2010 年新购置全自动化学分析仪、液态水同位素分析仪、便携式土壤含水量测定仪、凯氏定氮仪、紫外可见光分光光度计、雨滴谱仪等大型仪器设备，并将陆续实现各大型仪器设备的共享工作。

现有固定人员 65 人，其中正高级 22 人，副高级 33 人，中级 7 人。2010 年培养毕业研究生 145 人，其中博士生 47 人，硕士生 98 人。

（樊登星　李春平）

【林木、花卉遗传育种教育部重点实验室】 林木、花卉遗传育种教育部重点实验室成立于 2003 年。依托林木遗传育种、植物学以及园林植物与观赏园艺 3 个国家级重点学科，生物化学与分子生物学博士点学科。2010 年，实验室以优异的成绩通过教育部专家组评估。

实验室主要开展商品林与经济林树种遗传改良、观赏植物新品种选育、抗逆性植物材料良种选育、细胞工程与良种高效快繁及产业化技术以及基因工程与分子辅助育种等 5 个方向的研究工作。现有实验室面积约 3000 平方米，科研设施设备总值 3000 余万元，其中 10 万元以上的仪器设备近百台(套)。

2010 年，实验室晋升教授 2 人，晋升副教授 1 人；重点生物学院共同引进优秀博士毕业生 2 人。实验室现有从事科学研究的教师 41 人，其中教授 27 人，副教授 13 人，讲师及其他人员 1 人。

2010 年，重点实验室承担国家“863”高新技术项目、国家自然科学基金项目、国家“十一五”科技攻关项目、省部委重点项目等纵向科研项目共计 23 项，合同经费共计 2873 万元；发表学术论文 121 篇，其中 SCI 收录 40 篇，核心期刊 81 篇；出版专著 5 部；出版教材 1 部；申请专利 14 项，获得授权专利 6 项。获山东省科学技术进步三等奖 1 项。

2010 年，重点实验室成员招收博士研究生 27 名，毕业博士研究生 26 名；招收硕士研究生 112 名，毕业硕士研究生 80 名。获 2010 年全国百篇优秀博士论文提名 1 篇。

（张平东　陈　欣）

【木质材料科学与应用教育部重点实验室】 木质材料科学与应用教育部重点实验室于2007年12月获准立项建设，主要开展木材科学基础理论与应用、木材节能干燥理论与技术、木质复合材料与胶黏剂、家具与木材制品加工工艺、木材化学加工与利用、木质生物质能源化高效利用等方面的研究。

重点实验室有固定研究人员53名，其中教授17人，副教授15人，高级实验师4人，具有博士学历的教师34人。

2010年，工程中心新增科研经费769万元，获授权发明专利10项，申报19项；发表科技论文200多篇，SCI收录35篇，EI收录37篇，ISTP收录15篇。2篇论文获中国林学会梁希青年论文三等奖。 （胡传坤　高建民）

【森林培育与保护教育部重点实验室】 森林培育与保护教育部重点实验室于2004年3月24日通过教育部正式立项建设，2007年7月30日通过教育部专家组验收。实验室依托于国家级重点学科森林培育学、森林经理学、森林保护学，北京市和国家林业局重点学科生态学科，北京市重点学科草业科学学科，2个一级学科和3个二级学科博士点及林学博士后科研流动站。

重点实验室固定在编人员54人，其中中国工程院院士2人，长江学者特聘教授1人，杰出青年基金获得者1人，教授28人，客座研究人员32人。

2010年度是“十一五”计划项目结题年份，结题验收项目共计86项。

2010年，重点实验室申报各类项目52项，新启动和获批项目45项，合计金额2274万元；其中国家自然科学基金项目6项，合计金额151万元；林业科技成果国家及推广项目1项(马履一)；农业科技成果转化资金项目1项；北京市教委共建项目3项；中央高校基本科研业务费专项资金2项；横向课题8项。获国家引智项目一项，获得资助100万元，引进海外名师1人。

2010年，重点实验室获国家科技进步二等奖1项，北京市科技进步一等奖1项，教育部科技进步奖励二等奖1项，水利部松辽水利委员会科学技术进步奖1项，第十届中国林业青年科技奖，北京昆虫学会昆虫学科技术贡献奖。授权专利6项，受理专利6项；发表文章482篇，其中SCI收录21篇，EI收录文章23篇，ISTP收录12篇。

2010年，重点实验室引进各类优秀人才2人，其中引进海外名师1人；培养博士毕业生39人，硕士毕业生108人，毕业农推硕士生44人，出站博士后5人。

2010年9月20日，重点实验室顺利通过教育部专家组评估，评价为良好。

（徐昕照　骆有庆）

国家级、省部级研究中心年度建设情况

【国家花卉工程技术研究中心】 国家花卉工程技术研究中心(以下简称中心)于2008年通过验收。2010年承担工程技术研发课题44项，其中完成科研课题8项，本年度新获资助纵向课题10项，申请新品种30项，获国家植物新品种权15项；申请国家发明专利11项，获国家发明专利授权3项，获国际园林设计竞赛大奖5项，培养硕士研究生和博士研究生160名，其中博士22名，风景园林硕士60人，培训园林管理人员120余人，培训插花师130余人。

现有实验室3000平方米、组培室600平方米、现代化自控实验温室1万多平方米、现代化生产温室13.4公顷、日光温室13.2公顷。在全国建立起18个研发与推广中心。

现有相关的专职研究人员83人，其中院士2人，教授19人。

2010年完成小汤山花卉种质创新与产业化示范实践基地3500平方米连栋温室工程、地源热泵工程、水净化系统工程、围墙工程、饮水机井工程、1000平方米遮阴棚工程建设，完成建设投资800万元：

完成种质资源圃的规划工作，新增紫斑牡丹87个品种1700株，新增木槿32个品种500株。

在青岛颐梅风景园林有限公司建立国家花

卉工程技术研究中心梅花研发与推广中心，使中心的研发与推广中心扩大到18个，完善国内花卉技术研发与推广体系，使中心开发的技术和品种辐射到全国14省(区)，推动花卉生产技术水平的总体提升。目前中心研发、生产示范达860公顷，温室生产示范50公顷，参加第四十七届国际风景园林师联合会(IFLA)、第八届福建省海峡项目成果交易会、第六届海峡两岸林业科技成果博览会、杨凌第十七届国际农业高新科技成果博览会、2010年中日大学展等成果推介、科技合作、交流洽谈会，展出的澳洲新花卉等产品被第六届海峡两岸林业博览会大会组委会评为展示展销一等奖。

组织26名教师、研发人员分别前往葡萄牙、美国、日本、尼泊尔等地参加学术研讨和高端访问，聘请西澳大学闫桂军教授、日本香川大学田中道男、美国缅因大学张冬林教授、美国密歇西比州立大学顾梦梦助理教授带队的中美大学生农业实习团(包括教师3人，大学生、研究生10人)等到中心进行学术交流。与国际园艺学会签订协议，由中心和澳大利亚西澳大学共同承办2012年国际园艺学会观赏植物种质资源国际研讨会(北京)。

承办中国园艺学会栽培植物命名及国际品种登录工作委员会年会。会议全面回顾园艺品种审定与保护工作情况，总结梅花、木犀属植物国际登录工作。

与中国园艺学会观赏园艺委员会联合主办2010年中国园艺学会观赏园艺专业委员会年会，主题是“观赏园艺科技与产业发展”，参会代表近240人，出版会议论文集《中国观赏园艺研究进展2010》，收录研究论文129篇。

10余人次参加IEEE－EPPH、IEEE－CMBB等国际研讨会，交流学术论文10篇。

完成10项课题的结题验收和项目总结工作。

(刘　冬　程堂仁)

【园林环境教育部工程研究中心】 园林环境教育部工程研究中心于2001年批准建设，以北林林科技股份有限公司(以下简称北林科技公司)的形式进行开发、经营和管理，以北林大园林学院和花卉研究所的骨干作为技术支撑，以北林大的研究成果作为中心的主要内容进行技术配套和技术推广。主要技术领域和技术方向为园林设计、园林工程施工和高档花卉集约化生产。

研究中心成立以2名工程院院士为总顾问，9名教授为专家组成员，13名教授、14名副教授、14名博士为主体，22名硕士、30名工程师为业务骨干、43名一线工作人员的研发队伍，其科技水平及股份公司的科技含量始终处在行业的领先地位。

2010年，北林科技公司核心业务园林绿化设计、施工收入19 800万元，中央财经大学沙河校区园林绿化及景观一期工程C10地块荣获2010年度北京市精品工程。

2010年顺利通过审核，获得建设项目环境影响评价乙级资质。2010年北林科技公司被北京市农村工作委员会评为北京市农业产业化重点龙头企业，被北京市园林绿化企业协会评为2009年度守信企业，已连续4年取得守信企业资格。

(刘　冬　程堂仁)

【林业生态工程教育部工程研究中心】 林业生态工程教育部工程技术研究中心成立于2006年。依托北林大山西吉县黄土高原亚湿润区林业生态工程营建技术试验示范基地、北京密云都市水源保护区水源涵养林营建技术试验示范基地、重庆长江三峡库区防护林体系营建技术试验示范基地、山西方山黄土高原半干旱区抗旱造林及径流林业技术试验示范基地、宁夏盐池风蚀荒漠化地区生态防护型林草植被营建技术试验示范基地、青海大通高寒山地防护林体系营建技术试验示范基地、陕西吴旗农牧交错区生态修复技术试验示范基地等7个野外试验示范基地建设而成。工程中心下设抗逆性植物材料良种选育与基因工程分子育种、退化生态系统植被恢复与重建、生态经济型防护林体系构建与可持续经营、流域管理与林业生态工程规划设计、林业生态工程建设效益监测与评价等5个研究方向，总占地600平方米。拥有大中型仪器设备60套。主要开展天然林保护、退耕还林、防沙治沙、防护林体系建设等林业生态工程建设领域的相关技术和理论等研究。9月顺利通过三年建设期验收，正式纳入教育部工程技术研究中心的运行管理之列。

2010年承担国家及省部级科研项目6项，发表学术论文25篇，其中EI 2篇，ISTP2篇，获授权发明专利1项。

研究中心现有固定人员 44 人，其中正高级 16 人，副高级 16 人，中级 12 人。

（樊登星　李春平）

【林业生物质材料与能源教育部工程研究中心】 林业生物质材料与能源教育部工程研究中心于 2007 年 10 月获准立项建设，依托学科为：木材科学与技术、林产化学加工工程、森林培育等有关学科。主要研究开发方向：环境友好木质新材料开发与制造、林业生物质产品加工及性能评价、林业生物质功能性高分子材料开发利用、林业生物质资源精细化学加工、林业生物质高效转化利用、林业生物质产品加工过程节能与环保监测评价。

林业生物质材料与能源教育部工程研究中心在北林大建设科研基地 1 个，规模 52 人，其中高级职称研发人员 40 人；在北京、河北、浙江等地建立成果转化、产业化示范基地 4 个，规模 62 人，其中高级工程师占 20% 以上。

2010 年工程中心新增科研经费 769 万元，获授权发明专利 10 项，申报 19 项；发表科技论文 200 多篇，SCI 收录 35 篇，EI 收录 37 篇，ISTP 收录 15 篇。2 篇论文获中国林学会梁希青年论文三等奖。（胡传坤　高建民）

【污染水体源控与生态修复技术北京市高等学校工程研究中心】 污染水体源控与生态修复技术北京市高等学校工程研究中心（以下简称工程研究中心）于 2010 年 1 月正式获得批准立项建设，筹建期 3 年。

2010 年，申请获得国家自然科学基金项目 6 项、教育部博士点基金项目 1 项、教育部新教师基金项目 3 项，国家环保公益性行业科研专项 1 项，国家林业局“948”项目 1 项，北林大各类人才培育专项计划项目 7 项。到账科研经费总额为 955.91 万元，其中纵向课题到账经费 922.6 万元，横向课题到账经费 33.3 万元；发表 SCI 论文 7 篇，其中 3 篇论文的影响因子超过 4.0；获 IWA 全球创新项目奖 1 项，获梁希青年论文奖一等奖 1 项，获北林大第一届青年学术论文二等奖 2 项，三等奖 1 项。

2010 年以本工程研究中心为基础申报的北京市水体污染源控制技术重点实验室获得通过。

2010 年，工程研究中心继续加强国际交流与合作。分别邀请美国北卡罗来纳州立大学、美国《Environmental Pollution》主编及加拿大 FP 创新公司造纸方面的学者来学院进行学术交流，并分别作学术报告；4 名教师赴加拿大新不伦瑞克大学、FP 创新公司特克莱尔实验室和多伦多大学开展学术交流。此外，工程研究中心共有 11 名教师分别赴澳大利亚、加拿大、意大利、新加坡、土耳其、美国参加国际学术会议；15 名教师参加在国内举行的国际学术会议。

（张立秋　孙德智）

【国家林业局自然保护区研究中心】 2010 年，国家林业局自然保护区研究中心继续协助国家林业局野生动植物保护司组织“2010 年林业系统国家级自然保护区晋升评审工作”和国家级自然保护区《总体规划》、《生态旅游规划》的评审工作，组织学术研讨会、培训、重大工程项目考察工作，以及承担中国自然科学博物馆协会自然保护区专业委员会秘书处工作。

评审工作　协助国家林业局保护司组织 2011 年全国林业系统国家级自然保护区晋升评审会，共 26 个保护区经预审合格后参加晋升评审会。本次评审会共有 30 个保护区参会，并由中心组织专家对分布在 7 个省份的湖南乌云界、陕西天竺山等 11 个申请晋升的省级保护区进行实地考察，以保证评审的科学性和准确性；组织专家协助国家林业局保护司保护处对 30 个国家级自然保护区的《国家级自然保护区总体规划》和《国家级自然保护区旅游规划》进行评审及复审；完成 2010 年全国林业系统省级晋升国家级保护区材料的整理归档工作。

培训工作　1 月在北京组织第二期褐马鸡姊妹保护区专题培训班。本次培训班共分 2 期：一期以保护区基层技术人员为培训对象，课程设置和师资力量结合培训对象特点，以褐马鸡习性、动植物监测方法、生态学基础理论为主，并组织了北京百花山实习。二期以保护区管理干部为培训对象，重点讲授保护区建设管理、社区共管等方面的内容。通过两期培训，从理论和实践两方面提高了褐马鸡姊妹保护区干部职工的管理能力和业务水平，得到学员的好评。

中国自然保护区研究会工作　中国自然保护区研究会由国家林业局保护司主管，中心目前承担研究会秘书处工作。9 月承办在浙江杭州召开的十五届海峡两岸自然保护区交流研讨会，共有来自台湾、浙江、上海、安徽自然保护领域的40余位代表参加，会后考察浙江天目山国家级自然保护区、上海崇明东滩国家级自然保护区等多个有代表性的保护区，其中浙江清凉峰国家级自然保护区因与台湾垦丁国家公园具有同样的主要保护对象——梅花鹿，而结成姊妹保护区。

（刘文敬　张燕良）

南北综合实践基地建设

【概　况】 教育部在2009年度设立农林院校试点实践基地建设专项，打造一批科研实践基地。学校立足现在，面向未来发展，强化顶层设计，拟在南方、北方建设6个实践基地，并获总投资4500万元。

根据设想，6大基地的建成，将为北林大带来地方无偿划拨的建设用地近8公顷，建设自主产权的各类房屋近1.2万平方米，拥有30 ~50年使用权的苗圃用地80公顷以及温室、灌溉系统等附属设施。将巩固学校在北方油松、落叶松、杨树、刺槐等主栽树种良种繁育、森林经营方面的优势地位；将拓展学校在南方主要林区的科研活动空间，填补学校在杉木、马尾松等南方主要用材林树种的良种选育、森林经营以及集体林区多种经营方面的空白；将打造一条木材工业生产线，整合学校木材科学研究、示范、转化资源，提升木材科学学科的科研竞争力；将为学校长期以来形成的以毛白杨为主的华北平原速生丰产林、以枣为主的木本经济树种的科学研究和实践建设长期稳定的科研基地；将为学校花卉种质创新与产品推广提供先进的科研条件。

2010年是基地建设关键的一年，各项建设工作顺利开展并取得预期成绩。

南方（福建三明）综合实践基地全面完成综合实践基地建设用地的征地、调规和划拨工作以及科技楼、苗圃改造、苗圃附属房屋及基础设施修缮的招标、合同签订以及科技楼建设工程奠基仪式等工作。苗圃改造工程、苗圃房屋修缮工程、苗圃道路等配套设施工程已基本完成。

北方（河北平泉）综合实践基地：教学科研培训中心大楼设计方案通过平泉县城市规化委会审定，目前已经挖出基础槽，并完成沙石回填。300苗圃实验苗圃灌溉管道铺设、苗圃四周围墙建设、苗圃辅助用房室内外装修建设、苗圃内道路改造以及苗圃电力（160千瓦）安装工程基本完成。3000平方米木工试验的车间通过校内组织的邀请招标形式确定施工单位并施工，整体工程年底完成。

花卉种质创新与产业化示范实践基地（北京小汤山）：完成3500平方米连栋温室的改造、地源热泵（可为1万平方米温室供暖）安装、基地道路及护墙系统改造、苗圃灌溉设施修建、灌溉机井及配套（210米井深）、反渗透水净化系统、遮荫棚1000平方米的基础建设工作均。

华北平原林木良种创新与示范实践基地（山东冠县）：完成1300平方米科研实验楼的建设、温室及相关辅助设施改造（4000平方米）。

经济林育种和栽培实践基地（河北沧县）：完成1410平方米的科研培训用房建设、200米深机井建设、道路、围墙等配套设施改造。

各项建设工作顺利开展，2011年将完成各项辅助设施、设备的建设和安装并开展科研实践活动。

（田振坤　侯小龙）

国际交流与合作

【概　况】 2010年共有来自10个国家和地区的12个团组共计44人次来访，因公出国(境)团组共计100个，出访人次为213人次，其中校级团组9个共9人次，出访参加国际和区域性会议团组39个，对台交流团组8个共20人次。新(续)签校际合作协议9个。共招收来自41个国家各类留学生72人，其中攻读学位留学生46人，是学校培养留学生最多的一年。与美国密歇根州立大学合作举办草坪管理本科学士学位项目，2010年招生人数29人，在校生142人。聘请长期文教专家3人，科教专家3人，短期专家122人次，执行政府间科技合作项目6项。举办2个国际会议，第六次成功举办商务部援外培训林业官员研修班，来自12个国家和地区的20名官员参加。国家公派研究生项目共有19名学生获得留学资格，通过校际交流渠道共派遣15名学生赴瑞典、日本、加拿大、波兰等4个国家学习。（覃艳茜　刘俊昌）

【外事综合工作】 2010年申报派出因公临时出国(境)团组100个共213人次，其中校领导和校级团组9个9人次，出访美国、日本、英国、德国、荷兰、意大利等27个国家(不含港澳台)，出访团组中教授出访70人次，副教授71人次，讲师26人次，行政教辅人员45人次。出访参加各类国际和区域性会议、会展团组39个。接待来访12个团组共计44人次，来自美国、加拿大、朝鲜、德国、芬兰等10个国家和地区。

3月11日，英国森林可持续经营考察团一行5人来学校访问，考察团在图书馆报告厅以“景观生态与气候变化”为题为学校师生作学术报告。3月11日，朝鲜国家土地与环境保护部考察团一行12人来访。2010年度共10个学校27人次来访交流，与学校开展校际合作、学生教师交换、联合培养项目。

1月，副校长宋维明教授带领学校代表团赴日本参加2010年中日大学展暨中日大学论坛并发表演讲。5月20日，校长尹伟伦院士率团赴加拿大温哥华参加林业教育国际研讨会并在大会上作主报告。代表团同时访问加拿大不列颠哥伦比亚大学(University of British Columbia)和多伦多大学(The University of Toronto)，与两校签订校际合作协议。7月26日，学校党委书记吴斌教授带领学校代表团访问德国弗莱堡大学(Albert Ludwig University of Freiburg)、荷兰阿姆斯特丹自由大学(VU University Amsterdam)、奥地利维也纳自然资源与应用生命科学大学(University of Natural Resources and Applied Life Sciences)并与3所大学分别签订校际合作协议。8月，副校长张启翔教授一行10人赴葡萄牙参加第二十八届国际园艺学大会；8月派出17人的代表团前往韩国参加第二十三届国际林联大会。11月，副校长骆有庆教授率团赴菲律宾参加亚太地区国际林业教育与研究会议；副校长陈天全教授率团赴德国访问德累斯顿工业大学(Technische Universit Dresden)，签订联合培养职业教育与人力资源开发专业硕士预科合作协议。（覃艳茜　刘俊昌）

【校际交流】 2010年签订或续订校际交流协议9份，分别是芬兰赫尔辛基大学(University of Helsinki)、美国威斯康星大学史蒂文分校(The University of Wisconsin - Stevens Point)、加拿大多伦多大学(The University of Toronto)、加拿大不列颠哥伦比亚大学(University of British Columbia)、德国弗莱堡大学(Albert Ludwig University of Freiburg)、荷兰阿姆斯特丹自由大学(VU University Amsterdam)、奥地利维也纳自然资源与应用生命科学大学(University of Natural Resources and Applied Life Sciences)、美国天普大学(Temple University)、日本信州大学(Shinshu University)。

2010 年签订校际交流协议一览表

学校名称	签署时间	合作期限
美国威斯康星大学史蒂文分校(The University of Wisconsin - Stevens Point)	2010 年 5 月 25 日	5 年
加拿大不列颠哥伦比亚大学(University of British Columbia)	2010 年 5 月 20 日	3 年
加拿大多伦多大学(The University of Toronto)	2010 年 5 月 25 日	5 年
德国弗莱堡大学(Albert Ludwig University of Freiburg)	2010 年 8 月 2 日	3 年
荷兰阿姆斯特丹自由大学(VU University Amsterdam)	2010 年 8 月 5 日	2 年
奥地利维也纳自然资源与应用生命科学大学(University of Natural Resources and Applied Life Sciences)	2010 年 7 月 27 日	5 年
芬兰赫尔辛基大学(University of Helsinki)	2010 年 8 月 25 日	5 年
美国天普大学(Temple University)	2010 年 11 月 23 日	5 年
日本信州大学(Shinshu University)	2010 年 11 月 29 日	5 年

(覃艳茜　刘俊昌)

【留学生工作】 2010 年北林大共有来自老挝、泰国、孟加拉国、日本、韩国、伊朗、越南、马来西亚、佛得角、科特迪瓦、几内亚、苏丹、马达加斯加、厄瓜多尔、纳米比亚、博茨瓦纳、多哥、马里等 41 个国家的 72 名留学生来校学习，分布在学校 9 个学院 32 个专业，达到学校留学生培养历史之最。学历学生比例占到来校留学生的 63% 以上。在校博士生 9 人、硕士生 17 人、本科生 20 人。其中，本科学历生由 2009 年的 4 人增加到 20 人，形成快速发展的趋势。

2010 年接收 2 名欧盟"Erasmus Mundus 世界之窗连接欧洲与中国"奖学金项目(CONNEC) 留学生，均来自捷克共和国，在学校人文学院、经管学院进修。另外还通过校际协议接收 UBC (不列颠哥伦比亚大学) 1 名留学生在经管学院进修。

承担培养亚太森林恢复与可持续管理网络奖学金留学生是学校 2010 年留学生工作的一个新的突破。2010 年，国际交流与合作处会同研究生院、各学院，整合学校优质资源，结合北林大的优势课程和国际需求，编制新的培养方案或教学大纲。首次为外国留学生在林业、林业工程、林业经济管理专业上设立两年制全英文硕士课程。亚太森林恢复与可持续管理网络奖学金是由中国国家林业局设立的全额资助外国留学生奖学金项目，旨在通过培养亚太地区国家(地区)林业管理、林业基层工作者、科研和教学部门的骨干，促进本地区森林恢复与可持续管理水平的研究生培养项目。2010 年有来自老挝、泰国、孟加拉国、巴布亚新几内亚、柬埔寨 5 个国家的 8 名外国留学生获得该奖学金在校学习。

2010 年，学校毕业的外籍留学生共 3 人，其中博士 1 名，硕士 2 名。（刁雅榕　刘俊昌）

外籍留学生毕业生名单

学院	学生姓名	国籍	学历层次
水土保持学院	PARK KI HYUNG(朴启亨)	韩国	博士
自然保护区学院	DA VEIGA MENDONCA CLAUDINO(克罗帝诺)	佛得角	硕士
生物科学与技术学院	NGO VAN THANH(吴文清)	越南	硕士

【合作办学】 北林大与美国密歇根州立大学(Michigan State University)中美合作办学草坪管理专业运行良好，2010 年共招收 29 名学生。5 月 21 ~22 日与美国密歇根州立大学的中美草坪管理专业本科联合办学五校联席会议和 2010 届毕业生典礼在学校召开，28 名学生顺利毕业，取得中美双学位。 (覃艳茜 刘俊昌)

【引智工作】 2010 年度，北林大共聘用长期语言文教专家 3 人在校从事英语、日语教学工作；长期科教专家 3 人在校从事科研教学工作；邀请国外科技专家短期来华讲学，从事科研合作 122 人月，其中政府间科技合作项目 6 项(中德 1 项、中芬 1 项、中奥 3 项，中欧盟 1 项共计 17 人月)。学科范围涵盖林业、水保、园林、生物、林业经济、森林工业、材料科学、自然保护、人文社科、语言、信息等 23 个专业。

(项宪光 刘俊昌)

【援外培训】 5 月 19 至 6 月 8 日，第六次承办商务部援外培训项目林业官员研修班——发展中国家集体林经营管理与利用官员研修班。共有来自印度尼西亚、朝鲜、缅甸、越南、斯里兰卡、柬埔寨、加纳、马拉维、坦桑尼亚、乌干达、赞比亚、文莱等 12 个国家和地区的 20 名官员参加。共举行 17 场专业讲座、5 次实习考察、4 次座谈研讨，培训内容涉及林产品流通利用与管理、森林生态、生物质能源开发与利用、森林资源保护、林业对外合作与交流、林业产业与企业管理、集体林改革等，并到福建省三明市林业局、厦门市林业局进行实地参观和交流。

(覃艳茜 刘俊昌)

【国际会议】 4 月 26 ~ 28 日在北林大举办 2010 CDM 国家短轮伐期林业能源化利用及碳汇潜力国际研讨会(2010 International Workshop on Short Rotation Forestry Potential In Energy Utilization and Carbon Trade)。本次会议经教育部批准，由北林大、奥地利(ENERGIEAUTARK CONSULTING GMBH)公司联合主办。来自 11 个国家的从事短轮伐期林业政策制定、科学研究、实际管理及工业生产的近 56 名代表参加会议，其中来自境外代表 25 人。会议主题：CDM 国家短轮伐期林业能源化利用及碳汇潜力。

8 月 29 日至 9 月 1 日在北林大举办挑战地区的城市林业国际会议(International Conference for Urban Forestry in Challenging Environments)。会议由教育部批准、北林大主办。来自 25 个国家的从事城市林业政策制定、科学研究和实际管理的近 102 名代表参加会议，其中来自国外代表 53 人。会议主题为挑战性地区的城市林业。

(项宪光 刘俊昌)

【港澳台交流】 2010 年申报对台交流团组 8 个 20 人次，涉及水保学院、经管学院、人文学院、工学院、环境科学与工程学院、信息学院、中国水土保持学会、国家林业局自然保护区研究中心等学院和部门，对台交流机构涉及台湾中华水土保持学会、台湾中兴大学、台湾嘉义大学、财团法人周大观文教基金会、台湾淡江大学。交流内容包含学术考察、国际会议、民主党派专家考察等，参加第七届海峡两岸气溶胶技术研讨会暨第二届空气污染技术研讨会。在第五届工业电子与国际应用 IEEE 国际会议上，3 篇论文被大会收录。

赴澳门团组 2 个 2 人次，其中尹伟伦院士赴澳门科技大学讲学，外语学院一教师赴澳门参加首届国际生态翻译学研讨会，并发表文章 1 篇。

2010 年 7 月 12 ~ 20 日在北林大举办 2010 海峡两岸野生动植物保护学术交流营。台湾师范大学、中兴大学、台湾大学、清华大学、中山大学、屏东科技大学、勤益科技大学、台中高农、澎湖科技大学、静宜大学等 10 所台湾中南部地区高校师生 49 人、北林大师生 41 人、中国农大 2 人、首师大 2 人、北京大学 2 人，总计 96 人参加此次活动。本次活动是教育部重点对台交流项目，由北林大生物科学与技术学院组织实施。交流营活动包括开营仪式、北京和河北两地野生动植物实地踏查、参观国家动物博物馆、南海子麋鹿苑、学术研讨交流会等内容。中国工程院院士、校长尹伟伦教授出席开营仪式。

(陈若漪 刘俊昌)

【学生出国留学】 国家建设高水平大学公派研究生项目经过 2 次选拔，共有 19 人被录取，其中攻读博士学位 9 人，联合培养博士生 10 人。博士生导师短期出国项目派出 1 人赴美国短期研修。通过校际交流项目共选派 15 人赴外留学，其中 2 人赴日本岛根大学、5 人赴日本鸟取大学、2 人赴日本山形大学、1 人赴加拿大不列颠哥伦比亚大学、2 人赴瑞典农业大学，3 人赴波兰罗兹科技大学。

2010年国家公派研究生项目录取情况一览表

姓名	所在院系	学生类别	录取院校	留学国别	出国期限	留学类别
高　强	材料学院	博士	密歇西比州立大学	美国	14个月	联合培养博士
王　雨	材料学院	博士	俄勒冈州立大学	美国	16个月	联合培养博士
胡玲玲	材料学院	博士	密歇西比州立大学	美国	12个月	联合培养博士
陈　瑶	材料学院	博士	美国农业部林产品实验室	美国	12个月	联合培养博士
于景金	水土保持学院	博士	新泽西州立罗格斯大学	美国	18个月	联合培养博士
郭丽丽	生物学院	博士	宾夕法尼亚州立大学	美国	6个月	联合培养博士
李博生	生物学院	博士	耶鲁大学	美国	24个月	联合培养博士
陶　静	林学院	博士	悉尼大学	澳大利亚	12个月	联合培养博士
游崇娟	林学院	硕士	不列颠哥伦比亚大学	加拿大	12个月	联合培养博士
林　剑	材料学院	硕士	北海道大学	日本	36个月	博士
燕　楠	水土保持学院	硕士	阿德雷德大学	澳大利亚	48个月	博士
季江静	外语学院	硕士	九州大学	日本	48个月	博士
李　鑫	园林学院	硕士	汉诺威大学	德国	48个月	博士
韩家红	林学院	硕士	圣约翰大学	美国	48个月	博士
丁明全	生物学院	博士	内华达大学拉斯维加斯分校	美国	6个月	联合培养博士
张妙直	生物学院	硕士	格罗宁根大学	荷兰	48个月	博士
刘一弘	人文学院	硕士	乌得勒支大学	荷兰	48个月	博士
张　尹	生物学院	本科	波恩大学	德国	72个月	博士

2010年校际交流交换学生情况一览表

境外合作院校	姓名	专业	类别
日本鸟取大学	杜　晶	日本语言文化	硕士
	赵姝博	日语	本科
	闫孟娇	日语	本科
	周爱秋	土木工程	硕士
	吕汝洋	机械制造	本科
日本岛根大学	赵怡薇	日语	本科
	何　爽	园林	本科
波兰罗兹科技大学	周小洁	环境科学	本科
	方一超	生物科学	本科
	艾晚枫	食品科学与工程	本科
加拿大不列颠哥伦比亚大学	李子甜	林学	本科
瑞典农业大学	毕　坤	地理信息系统	硕士
	刘　洁	林木遗传育种	硕士
日本山形大学	赵婧婧	日语	硕士
	徐　艳	日语	硕士

（覃艳茜　刘俊昌）

党建与群团工作

组织工作

【概　况】 2010 年，北林大党委组织部、党校以党的十七届三中、四中、五中全会和全国第十八次高校党建会精神为指导，在学校党委的正确领导下，以服务党员、干部、人才为宗旨，以推动事业发展为目标，认真履行组织部门“选干部、配班子、建队伍、聚人才、抓基层、打基础”的工作职责，围绕学校中心工作，锐意进取，努力创新，为北林大改革、发展和稳定提供组织保证。

基层党组织建设　以创先争优活动为载体，鼓励先进，宣传示范，强本固基，加强基层党组织和党员队伍建设。创新基层党组织活动方式，激发基层党组织活力。规范党员发展程序，保证发展党员质量。加强宏观调控和监督，优化党员队伍结构。加强对党员的教育、服务、关怀、帮扶工作。加强党建研究，探索党建工作规律。

干部工作　干部工作围绕服务北林大科学发展和加强学校创新能力建设的要求，以科学化、民主化、制度化为方向，树立崇尚实干、重视师生、尊重人才、鼓励创新、群众公认的用人导向，努力建设高素质干部队伍，为实现学校发展目标提供组织保证。2010 年度配合教育部党组顺利完成学校行政领导班子调整工作。北林大党委进一步加大处级干部轮岗交流力度，实现了大规模干部轮岗平稳交接。学校出台挂职和脱产学习干部管理规定，进一步规范和加强干部挂职、借调、脱产学习等工作。重视干部日常管理、监督及服务，进一步规范干部档案工作，开展多部门干部监督，优化考核程序，加大考核结果反馈及使用。

党校工作　坚持党校姓“党”和从严治校方针，按照分级分类和按需培训原则，以党员干部、党支部书记、党员和入党积极分子作为培训对象，围绕中心工作，服务工作大局，设计培训内容，创新培训方式，狠抓培训环节，提高培训实效。继续担任北京高校党校协作组组长，搭建北京高校党校沟通、协作、交流、服务平台。

【党组织基本情况】　截至 2010 年 12 月 31 日，北林大共有分党委 13 个，党总支 3 个，直属党支部 7 个，党支部 290 个，其中教职工党支部 86 个，离退休党支部 8 个，研究生党支部 107 个，本科生党支部 88 个，教师、学生混合党支部 1 个。

组织关系在校党员共计 4827 名。正式党员 3671 名，占党员总数的 76.05%，预备党员 1156 名，占党员总数的 23.95%。女性党员 2764 名，占党员总数的 57.26%；少数民族党员 334 名，占党员总数的 6.92%；在岗教工党员 1104 名，占全校党员的 22.87%；学生党员 3421 名，占全校党员的 70.87%；离退休党员 283 名，占全校党员的 5.86%；出国出境未归、组织关系未转出的毕业生党员 19 名，占全校党员的 0.4%；学生党员共计 3421 名，占全校党员的 70.87%，占学生总数的 20.42%；其中研究生党员 1870 名，占研究生总数的 49.46%；本科生党员 1551 名，占本科生总数的 11.95%。

【基层党组织建设】

加强制度体系建设　深入贯彻十七届四中全会精神，制定《中共北林大委员会关于进一步加强和改进党建工作的意见》、《中共北林大委员会关于推进学习型党组织建设的实施意见》和《中共北林大委员会关于进一步加强和改进教师党支部建设的意见》、《中共北林大委员会 2010 ~ 2013 年党员教育培训实施意见》。对照《北京高校党建和思想政治工作基本标准》，制定《北京林业大学教职工党支部工作考核评估办法（试行)》、《北京林业大学教职工党支部工作考核评估细则》、《中共北京林业大学委员会关于定期考核评议基层党组织负责人工作制度》、《中共北京林业大学委员会民主评议党员工作暂行办法》、《关于做好留学回国人员党员恢复组织生活工作的实施办法》等5项制度。结合日常工作修订《北京林业大学生活困难党员帮扶工作暂行办法》、《中共北京林业大学委员会组织员管理和选聘暂行办法》、《北京林业大学党员信息库运行使用规范》等3项制度，确保基层组织规范运行。

做好基层党组织换届的指导工作 在北林大党委的领导下，指导林场直属党支部召开党员大会选举产生新一届直属党支部委员会，批复党员大会选举办法、选举程序及选举产生的支部委员人选、分工。指导信息学院党委、继续教育学院党总支增补党委(党总支)委员并予以批复。指导综合服务公司建立直属党支部，配备党支部书记，做好与公司内党员组织关系的集体接转。

规范党员组织生活 每学期分层次制定《党员组织生活安排》，组织全校党员围绕创建学习型党组织、开展创先争优活动、加强党员教育培训、迎接党建先进校评审、学习《国家中长期教育规划纲要》、十七届五中全会精神和开展基层党组织共建为重点开展组织生活。对照《党支部工作手册》填写要求，开展校院两级检查，全面了解掌握基层党组织开展组织生活情况，并将检查情况向全校通报。组织党务工作者抽查85本《党支部工作手册》和66套组织发展材料。

深入开展“创先争优”活动 承担北林大创先争优活动领导小组办公室的工作，制定实施方案。组织召开北林大深入开展创先争优活动领导小组会议和基层党组织负责人动员部署会，负责检查各基层党组织创先争优活动实施方案的制定和实施情况。负责与市委教育工委创先争优活动领导小组办公室的沟通、协调，按时上报调研报告3份，完成有关统计报表5份，建立创先争优活动领导联系点制度，上报学校基层党组织开展创先争优活动简报33份。

评选表彰先进典型 配合上级党组织做好先进典型评选对象的遴选推荐工作。外语学院李健教授当选北京市委评选的群众心目中的好党员，《北京日报》、《北京新闻》等多家媒体的报道宣传李健教授的先进事迹。材料学院李建章教授被市委教育工委授予北京高校育人标兵荣誉称号，水保学院研究生张骅同学被市委教育工委授予北京高校成才表率荣誉称号。

创新校内先进的评选方式，召开先进党支部评审交流会，采取现场答辩、评委评分、检查日常工作基本材料相结合的方式，共计评选先进党支部32个，优秀共产党员36名。各分党委、党总支、直属党支部也开展了二级表彰。

先进党支部(教工) 离退休党委第六党支部、机关党委纪监审统计生党支部、机关党委校团委党支部、林学院森林培育与草业学科党支部、水保学院水保学科党支部、生物学院教工第一党支部、生物学院教工第三党支部、园林学院美术旅游办公室党支部、经管学院林经系党支部、工学院教工联合党支部、材料学院教工第四党支部、人文学院教工社科党支部、外语学院教工第二党支部、信息学院数字媒体教研室党支部、理学院物理暨电子系党支部、图书馆直属党支部、后勤服务总公司直属党支部

先进党支部(学生) 林学院研地信08党支部、林学院国防生党支部、水保学院硕水保08－4党支部、生物学院学生第一党支部、园林学院研究生第三党支部、园林学院学生第八党支部、经管学院07级工商与统计学生党支部、工学院学生第六党支部、材料学院包装林化学生党支部、人文学院本科学生第三党支部、外语学院学生第三党支部、信息学院学生第九党支部、理学院学生第二党支部、自然保护区学院学生第二党支部、环境学院低年级党支部

优秀共产党员(教工) 邹国辉 王自力 田海平 韩熙春 任恒祺 邓高松 陈 东 王新杰 王华芳 周伯玲 李 雄 董 丽 胡明彤 张 健 蒋 玮 魏 华 魏 萍 吴保国 刘淑春 关文彬 于志明 钱秀玉

优秀学生党员(学生) 赵久佳 张 骅 白 洋 王金瑾 周 琦 李 柯 孙光瑞 王林世 高凤翔 程超然 康雅萍 李玉强 王磊明 孙 雷

做好党员发展、管理、教育、服务、帮扶工作，以统计分析数据和学校党员队伍基本情况为基础，加强发展党员宏观结构调控和有效监督，

完善发展党员批复制和《入党志愿书》编号制度的配套机制。抽查入党志愿书66份，合格率为97%。全年共发展党员1158名，其中专任教师2名，专业技术人员3名，非事业编制教工5名，研究生265名，本科生883名。

指导各学院做好个别存在问题的新入校党员的处理工作，协调各单位做好55名新教工党员和347名校外新生党员组织关系转入工作。开发党员组织关系介绍信编号申请系统，完成2010届1237名毕业生党员组织关系转出工作。指导保护区学院、材料学院做好4名留学回国人员恢复党组织生活有关程序，做好林学院1名留学回国人员恢复党组织生活的政策解释工作。做好12名科研助理党员编入所在学院党支部的协调工作。积极帮扶生活困难党员，完善学校生活困难党员台账，完成北京市生活困难党员帮扶专项资金补助对象的申报工作。

党费工作 全年共计收入党费415 228.65元，坚持大额党费不过夜，及时入账。支出党费502 508.23，主要用于每季度按照25%的比例向市委教育工委上缴党费，购买党员学习资料、党员活动立项、党务培训、党内表彰、慰问生活困难党员和印制工作材料等。及时以党内文件形式向全校党员公布党费收缴及使用情况。做好“共产党员献爱心”捐款活动，全校共计捐献3.45万元，全额上缴北京市慈善协会。

加强基层情况调研 结合学校及部门年度工作要点，对基层党建工作情况开展调研。形成教师党支部建设情况、学生党支部建设情况、党建带团建、党费收缴使用情况、走访慰问生活困难党员情况、党建信息化情况等专项调研报告10余篇。

开展党内各类统计 认真完成上级部署的半年党内统计、年终党内统计、高层次人才党员情况统计以及各节点校内党组织和党员队伍基本情况统计，为上级部门及学校党委制定政策提供依据。提交的《本科生党员队伍建设状况及存在问题分析》被市委教育工委评选为2009年度优秀统计分析报告。

总结和培育典型经验 坚持“常规工作出经验，创先工作出成果”的思路，一是结合三中、四中全会以来的精神，系统梳理学校党组织与农村党组织开展三级共建的成功经验以及存在的问题，获全国党建研究会高校党建研究专业委员会提高党建科学化水平优秀成果奖和市委教育工委北京高校优秀基层党建创新项目荣誉称号。二是加大基层党组织典型做法的培育力度，针对基层党建工作热点多，鼓励基层党组织进行专项典型经验的培育工作，生物学院党委开展党员电化教育模式探索、林学院党委开展“一先双优”教师党支部建设探索、水保学院党委开展深化党组织共建模式探索。三是在《北京支部生活》杂志高校党建专版，宣传我校党支部立项和党员“述责测评”活动。四是向市委教育工委书面介绍学校党员信息库建设情况和工作经验，向兄弟高校推广学校在党员信息库建设方面的具体做法。

（南 珏 邹国辉）

【干部工作】

校级干部调整 按照教育部党组要求，配合考察组进行北林大校级领导干部的民主推荐和考察工作。2010年8月，经民主推荐、组织考察，教育部党组任命全海、骆有庆、王自力三位为中共北京林业大学委员会常委，全海为中共北京林业大学委员会副书记。尹伟伦因年龄原因，不再担任校党委常委。周景因年龄原因，不再担任校党委常委、副书记职务。教育部任命宋维明为北林大校长，骆有庆、王自力为北林大副校长。尹伟伦因年龄原因，不再担任北林大校长职务。截至2010年12月，北林大党委常委10人。

拟定干部队伍建设规划 根据《2009～2013年全国党政领导班子建设规划纲要》、《2010～2020年深化干部人事制度改革规划纲要》有关精神，按照党委部署，开展处级领导班子和干部队伍建设规划的调研，制定学校2010～2020年深化干部人事制度改革规划纲要(初稿)，进一步明确北林大干部队伍建设整体思路。

向外推荐干部 学校制定挂职和脱产学习干部管理规定，进一步规范选派工作程序、加强对挂职和学习干部的日常管理和服务，明确待遇，强化考核，着力形成干部培养的长效机制。学校党委选派7名干部到京内外挂职或借调：选派陈建成到北京市公园管理处挂职，任公园管理处组织人事处副处长(正处级)；选派张炎到水利部水保司协调处挂职；选派冯强赴西藏挂职，任西藏农牧学院高原生态研究所副所长；选派李延安到贵州黔东南榕江县挂职，任副县长；选派佟立成到北京市团市委锻炼；选派徐海昊继续在市委教育工委办公室锻炼；选派高琼到市教委基层联络处锻炼。北林大党委鼓励干部积极参与竞争性选拔，及时发布北京市公开选拔领导干部相关信息。全年共有6名干部报名参加北京市公开选拔领导干部考试，1名副处级干部(赵俊石)通过北京市公招考试及组织考察，调任怀柔区教委副主任。

处级干部队伍状况 截至2010年12月底，处级干部共计172人(含享受待遇15人)，其中正处级干部69人，副处级干部103人；女处级干部47人，占处级干部总数27%，少数民族处级干部8人，党外处级干部8人。实职处级干部(157人)中，15个教学单位(含继续教育学院、体育教学部)共有处级干部75人，机关、教辅等部门处级干部共计82人。干部队伍实现年轻化，实职处级干部(157人)平均年龄44岁，其中正处级干部平均年龄48岁，副处级干部平均年龄41岁。15个教学单位(含继续教育学院、体育教学部)书记、院长平均年龄49岁，教学、科研及行政副院长平均年龄45岁；学生工作副书记平均年龄36岁。机关、教辅部门正处级干部平均年龄47岁，副处级干部平均年龄40岁。干部学历不断提高，实职处级干部(157人)中具有本科及以上学历的99%，其中获得博士学位的占44%。

科级干部队伍状况 截至2010年底，科级干部共计188人，女科级干部95人，少数民族科级干部13人，党外科级干部18人。机关及教辅等部门科级干部共119人，占科级干部总数63%。正科级干部154人，占科级干部总数的82%。具有本科以上学历的科级干部165人，占科级干部总数的88%。35岁以下科级干部的152人，占科级干部总数的80%。

干部任免、交流 继续完善和推进干部选拔任用工作，推进干部选任民主化、科学化、公开化。2010年共任命处级干部38人次，批复科级干部34人次。加大干部轮岗交流工作力度，全年处级干部同级交流24人次，顺利实现工作交接，进一步调动干部积极性，稳定干部队伍。

干部脱产学习 宋维明校长参加第一期直属高校中青年校级领导干部专题研修班学习，副校长逯广洲、党委副书记、纪委书记方国良参加教育部领导干部海外培训班学习。学校党委选派黄心渊、杨宏伟2名干部参加国家教育行政学院中青年干部培训班脱产学习，黄国华、雷韶华2人参加国家林业局党校脱产学习。选派刘淑春、管凤仙、张敬3人参加北京市干部培训中心举办的学习贯彻十七届五中全会培训班，王晓旭参加北京市干部培训中心举办的高等教育管理培训班(第五期)。

加强管理和服务 做好干部队伍基本数据搜集，干部队伍结构分析等工作，先后向教育工委报送组工干部信息、处级后备干部信息、30岁以下干部信息、高层次人才信息等。围绕学校售房、干部档案达标检查等工作，做好来访离退休、在职职工的接待和档案查询工作，累计为53名离退休及在职教职工查询各类任职信息近百次。与档案室合作，完成全校1653名教职工政治面貌确认、入党时间确认和相关信息录入工作，完成178名干部个人档案审核、完善工作，累计补充干部任免审批表186份、干部考察报告37份。2010年为干部办理因私出国政审服务50余人次，为干部党员配发理论书籍2000余册。按照审计联席会议精神，配合审计处开展对4个处级单位、3名处级干部的经济责任审计工作。坚持每半年进行一次处级干部收入申报工作，每年进行一次干部有关事项报告，配合教育部人事司完成校领导有关事项报告工作。

改进考核方式方法 进一步改进年度考核工作，优化网上考核程序，提高考核参与面和测评针对性，加强对考核结果的反馈及应用，完成对15个教学单位(含继续教育学院、体育教学部)、37个职能部门及其负责人的考核反馈。学校党委根据组织部门提供的考核数据分析报表，研究确定年度考核优秀的单位及个人，对年度考核为“优秀”的部门、学院给予物质奖励，以示表彰。

2010年度考核评定为“优秀”的部门、学院共计11个：园林学院、环境学院、人文学院、党政办、组织部(党校)、人事处、招就处、学生处、财务处、基建房产处、林场；2010年度考核评定为“优秀”的正处级干部共计13人：李雄、张敬、史宝辉、张劲松、严耕、孙德智、张勇、邹国辉、董金宝、张闯、刘诚、任强、王勇；考核评定为“优秀”的副处级干部22人：赵秀海、温亚利、林震、张明祥、张立秋、延晓康、王晓旭、宋吉红、任忠诚、苏静、倪潇潇、冯铎、王士永、田阳、刘广超、崔惠淑、刘金霞、吴丽娟、张春雷、张海燕、赵海燕、王颖。

（黄　薇　邹国辉）

【党校工作】 以理想信念教育为核心，做好入党积极分子和党员的教育培训工作。举办学生业余党校提高班第四十三期、第四十四期和教工、研究生入党积极分子培训班2期。学生业余党校提高班共培训入党积极分子1710名。利用寒暑假举办2期研究生教工入党积极分子培训班，共培训学员341名。依托各学院党校举办第四十四期、第四十五期党校初级班。党校提高班采取专题辅导、分组讨论、社会实践和义务劳动相结合的方式，学制20学时，组织学员集中学习《科学发展观》、《中国特色社会主义道路》、《构建社会主义和谐社会》、《建设创新型国家》、《低碳经济和低碳文明》、《十七大党章》、《共产党宣言》导读、《入党须知》等专题辅导报告。组织学员围绕专题辅导内容，开展主题讨论，分享和交流学习体会。组织学员参观爱国主义教育基地，激发爱国热情。参观科技馆，激发学科学、爱科学、用科学的激情。组织开展“我与祖国共奋进，青春与梦想一起飞”和“我是如何争取入党的”主题教育活动。活动以时事热点问题为素材，采取相声、小品、朗诵和即兴演讲形式，促使青年学生理性思考和认识问题，关心国家前途命运，增强社会责任感。编辑《党校之声》第18期和第19期，搭建青年学生交流学习成果的平台。广大学员参加由党校统一组织的考试。

举办预备党员培训班2期。2期培训班共培训预备党员1016人次。预备党员培训班以增强共产党员党员意识和先进性意识，加强党性修养为主旨，先后听取《加强党性修养，做合格共产党员》、《民主集中制》、《十七大党章》辅导、《论共产党员的修养》导读、《党风廉政建设新进展》、《当前国际和国内形势分析》、《预备党员须知》等专题辅导报告，并以“新时期如何加强党性修养”为题撰写结业论文。预备党员培训班学制20学时。

举办第一期新生党员培训班。共有112名新生党员参加培训。培训班共集中听取党委书记吴斌作的“如何成为一名优秀的共产党员”专题辅导报告，听取《入党动机》、《党务知识》和《党的基本理论》专题培训，大四优秀学生党员代表作《以党员标准要求自己，努力做一名合格共产党员》主题发言，最后新生党员在优秀学生党员代表的带领下，重温入党誓词。培训班结束后，各学院组织新生党员和高年级党员围绕“如何做一名优秀的学生党员”召开主题座谈。培训班帮助新生党员提高党性修养，增强党员意识，坚定理想信念，更好地发挥新生党员在新生中的先锋模范带头作用。

以党员干部的能力建设为主线，加强干部教育培训工作。举办第七期中青年干部培训班暨就业工作专题培训，提高就业工作队伍能力和素质。培训班根据就业工作的需要和就业工作队伍建设需求，围绕就业工作的重点、难点和热点，对新时期高校毕业生的就业工作的导向性、规律性问题进行培训，分析大学毕业生就业状况以及应对策略，学习生涯发展理论在学生职业指导中的应用和当前中国高校毕业生创业教育。培训班坚持“带着责任学、带着问题学”，让参训者在培训中围绕工作难点进行思考，在培训中寻找解决问题的答案和对策。培训班围绕“如何做好毕业生的思想政治工作，帮助毕业生树立科学的就业观；做好大学生就业工作的经验和困惑；拓展就业资源的思考与实践；构建科学化、精细化的就业指导服务体系的思考”4个问题进行专题研讨。培训班还赴儒家学派创始人孔子故里山东曲阜进行参观学习。培训班学制30学时。

举办第八期中青年干部培训班，提高处级干部的治校理教能力。6月17日和18日，学校33个部、处(室)、学院和教辅部门推荐的35名副处级以上干部参加第八期中青年干部培训班。党委书记吴斌、副书记周景参加开班仪式。培训班听取党委书记吴斌所作的《对推动学校科学发展的思考》、校长宋维明所作的《完善高校内部管理的思考》、党委副书记周景所作的《青年干部能力建设与素养养成》、宣传部负责人所作的《大学文化和大学精神》、组织部负责人所作的《新形势下加强干部队伍建设的几点思考》专题辅导报告，收看《当前经济发展现状及走势》录像资料。最后培训班赴大连理工大学，就干部队伍建设和人才队伍建设方面的经验以及国家干部培训基地的教学管理经验2个主题进行座谈。培训班学制30学时。

以增强教师党支部建设活力为目标，加强教工党支部书记培训工作。2010年学期末，组织部、党校对学校83名教工党支部书记和党员进行为期两天的培训。培训班听取《十七届五中全会精神》、《中国共产党高等学校基层组织工作条例》专题辅导，并就党支部如何贯彻落实十七届五中全会和《条例》精神进行讨论，3个优秀教工党支部在大会上作经验交流。

以沟通、协调、服务为宗旨，搭建北京高校党校协作平台。组织开展“精品一课”评选活动。根据党校协作组制定的“精品一课”评选方案，在召开党校协作组第八届领导小组二次会议讨论后，经教工委同意，于2010年4月在北京高校党校全面开展“精品一课”评选活动。共有25个学校的53个课件参加评选。10月份成立由教工委常务副书记刘建任组长、北京高校10名党建方面的专家组成的评审委员会，对53个课件进行评审。共有17个参评作品被评为入党积极分子“精品一课”。

承办2期北京高校优秀教工党支部书记示范培训班。2010年4月21～23日和12月1～3日，受北京市委教育工委委托，党校协作组分别承办第二期和第三期北京高校优秀教工党支部书记培训班。来自60所党的关系隶属北京市委教育工委的高校和事业单位的共342名优秀党支部书记参加为期3天的培训。第二期培训班以学习贯彻十七届四中全会精神为主线，邀请了市委教育工委副书记唐立军、教育工委副书记、市政府教育督导室主任线联平分别就《北京高校党的建设情况》和《北京高等教育改革状况》两个主题为培训班作专题辅导。中组部党建所副所长赵湘江作《怎样创新基层党建工作》专题辅导；北京市社会主义学院副院长陈剑作《北京经济社会发展》专题辅导；教工委组织处处长陈江华作《关于进一步加强和改进新形势下高校教师党支部建设的若干意见》解读；中央党校党建部教授宋福范《加强和改进新形势下党的建设》专题辅导。北京大学等6所高校分别介绍教工党支部建设的经验。第三期培训班以学习贯彻十七届五中全会精神为主线，先后听取市委教育工委常务副书记刘建所作的《北京高校党的建设》、教育部教育发展研究中心主任张力所作的《国家中长期教育改革和发展规划纲要》、市发改委综合处副处长夏翊所作的《北京“十二五”时期发展的初步考虑》、中组部党建研究所副主编黄川所作的《以改革创新精神加强党的基层组织建设》、市委教育工委副书记、市政府教育督导室主任线联平所作的《坚持科学发展 构建首都高等教育现代化体系》、中组部组干学院二处处长刘立志所作的《中国共产党普通高等学校基层组织工作条例》辅导报告。培训班受到北京市委组织部和市委教育工委的高度重视，市委组织部副部长吕和顺参加开班仪式并作动员讲话。

组织北京高校党校干部赴合肥工业大学学习考察。6月11～16日，党校协作组组织北京高校28位党校干部与合肥工业大学组织部、党校进行座谈。学习合肥工业大学干部教育培训的做法和经验，入党积极分子和党员教育的途径和方法。通过参观考察活动，增进北京高校党校之间的交流。

系统总结北京高校党校和党校协作组工作。根据北京市重大哲学社会科学研究课题“改革开放30年高校党的建设”的课题需要，党校协作组在查阅大量的档案的基础上，对北京高校党校发展概况、取得的成绩、基本经验和今后的工作思考以及党校协作组的基本情况作系统的总结、归纳、回顾与思考。（盛前丽　邹国辉）

宣传新闻

【概　况】 全校思想政治教育和新闻宣传工作由校党委宣传部和新闻办负责，下设思想政治教育科、网络宣传教育办公室、北林报编辑部、电视台、广播台等5个科级部门，并作为北京市高校校报理事长单位承担北京高校校报研究会日常工作。现共有工作人员13人，其中部长1人，副部长2人。

2010年，北林大在宣传思想教育、新闻宣传、大学文化建设等方面取得新的成绩。学校第二次获得首都文明单位标兵称号；《北林报》在首届全国高校优秀校报评比中获得全国优秀称号；由宣传部、党政办申报的划分层次学习，紧密结合实践，出标志性成果，党委中心组创新机制形成“三大特色”获得2008～2009年北京高等学校党的建设和思想政治工作优秀成果一等奖；宣传部申报的1项成果在首都大学生思想政治教育工作实效奖评选中获优秀奖；推荐选送的北林大网站获第四届全国高校百佳网站称号。

2010年，宣传部、新闻办承担的教育部人文社科项目马克思主义大众化传播研究、北京市委教工委研究课题“校园媒体对大学生思想行为的影响”等课题结题；承担的北京市委教工委研究课题“手机媒体对大学生思想行为影响研究”完成预定任务；参与教育部人文社会科学研究专项任务项目和学校思想政治理论课精品课建设任务；完成《科学发展之路》、《绿色校园建设读本》等书籍的编撰、出版工作。新闻宣传及时报道学校教学、科研、管理、学生等方面的信息。（刘忆 铁铮）

【理论学习】

党委理论中心组学习 党委中心组建立考核、评比制度，每月坚持两次集中学习，全年共开展学习活动17次。通过量化评比，共有20名学员获得中心组优秀学员称号。制定《关于加强二级党委中心组学习的实施意见》，探索推动二级中心组学习的机制。

2010年，党委理论中心组围绕国家形势发展、建设学习型党组织、教育规划纲要、十七届五中全会学习等主题举办5场专题辅导报告，其中典型报告有全国政协委员、原校长尹伟伦院士作的“两会”专题辅导，北京师范大学党委副书记王炳林的《创建学习型党组织》专题辅导，纲要起草人、教育部政策法规司司长孙霄兵的《教育规划纲要》辅导报告。组织校党委理论学习中心组成员考察北京郊区新农村建设，开展“林业高校在新农村建设中的地位和作用”调研活动，探寻学校服务首都新农村建设的突破口和结合点。

党委中心组创新学习形式，通过专题研讨、观看影片、文化交流等多种形式，提高学习实效性和针对性。2010年开展教育规划纲要和建设学习型党组织3次专题研讨，邀请学校3位副校长结合分管工作作专题讲话，组织部、党委宣传部、教务处、研究生院等部门负责人作专题发言；组织中心组成员举办新春互动交流会。

宣传部为每位党委中心组成员订阅《求是》、《人民日报》等5份党报党刊，购买《建设学习型政党学习读本》、《国家中长期教育改革和发展规划纲要》、《党的十七届五中全会〈建议〉学习辅导百问》等资料；改版《北林在线》网站，新设“学习资料精品超市”、“时政要闻”等栏目；通过《舆情通报》向学校中心组成员、各单位负责人定期反馈网络舆论情况。中心组成员结合理论学习、实践调研以及工作中的难点重点，撰写学习论文，出版《中国林业教育》党委理论中心组论文集，共收录论文41篇。

教职工理论学习 制定《北京林业大学2010～2015年哲学社会科学教学科研骨干教师培训规划》，建立副教授以上教师人才库。2010年选送10期共15名骨干教师参加教育部、北京市哲学社会科学骨干教师培训，将最新的政治思想理论成果和社会主义核心价值体系教育引入到课堂中来。

开展4次师生思想动态、理论学习的调查研究，探索新形势下教职工、大学生理论学习的新形式、新方法。结合社会热点问题、焦点问题，创办为师生服务的《舆情通报》、《理论学习热点导读》，开辟“红色信息进邮箱”的新方式。结合承担北京市教工委课题“手机媒体对大学生思想行为影响研究”的理论研究，探索利用手机短信、手机报开展红色教育的新途径。

结合学校中心工作，围绕“六个如何认识”、“划清四个界限”等重大理论和实践问题及师生关注的热点问题，开展理论研究。利用市委“宣讲家”网站等资源，帮助师生员工释疑解惑。

2010年4月，宣传部通过开展2008～2009年党的建设和思想政治工作优秀成果评选活动，鼓励各单位结合本部门的工作，开展党建与思想政治工作的理论与实践的研究。

（刘 忆 铁 铮）

【思想教育】 北京市高校校报研究会举办第三届首都大学生记者基本功大赛暨高校传媒文化节，开展“廉洁文化”、“大学生创新实践”等主题教育活动，制作主题宣传板78块，举办成果展、文艺晚会等。

编辑出版《绿色校园建设读本》；与校团委、信息中心联合开展主题为“传播绿色文化，引领生态文明”的首届绿色主题短信征集及评选活动，面向全国征集自创作品；各党团组织、学生社团、班级等开展“绿色校园与生态文明”、“低碳生活我先行”、“我为生态文明作贡献”等主题宣传教育活动。

在全校范围内开展“创建党建先进”、“争做育人标兵”、“争做成才表率”等主题教育活动，对在基层党建工作中作出突出贡献的集体和个人进行集中宣传。在创先争优活动中，对获得北京市群众心目中的好党员称号的外语学院李健教授等先进个人进行重点宣传。

完善网络管理制度，严格实施网络登记备案制度。健全网络宣传和舆情引导队伍，充实网络舆情观察员队伍，形成“学校—学院—学生”三级舆情监控体系，开展网上论坛日常舆论的监控和引导，进一步完善舆情预警和监控体系。每周编印《舆情通报》及电子版，全年编辑22期。加强对突发事件、师生关注的热点问题的舆论引导和分析研判。

搭建网络文化新平台，积极开展网络文化宣传教育活动。上半年完成《北林在线》和《党建和思想政治教育专题网站》的合并和改版，新“北林在线暨党建和思想政治工作网站”上线，增加“理论学习精品超市”、“辅导员博客”等新内容，为师生员工学习交流开辟新平台。4月，宣传部与学工部共同举办辅导员博客建设及网络新闻实务专题培训，制定辅导员利用博客开展大学生思想政治工作的有关文件，推动新媒体技术在宣传思想和文化传播工作中的应用。

开展优秀网站、优秀博文评比。评选出心桥网等十佳学校优秀网站，推动网络技术更新和网络文化建设。2010年下半年，学校开展首届党建和思想政治工作优秀博文评选，从申报的48篇博文中评选出优秀博文一等奖2篇、二等奖3篇、三等奖5篇、优秀奖3篇。

（刘 忆 铁 铮）

【新闻宣传】 2010年，《北林报》共出版26期；绿色新闻网及时刊发新闻4000余条；电子公告屏播报600余条；校园公共电视共播放节目64个；广播台开办17个栏目，每天播出时长130分钟；拍摄、编辑、制作宣传橱窗190余个专题320块展板；电视制作组播出校园电视新闻30期，上半年完成搬至新址主楼，并进行设备更新；全年对外报道新闻400多篇次。

2010年，各媒体完成“党建与思想政治工作先进校评选”、“创先争优”、“2010国际风景园林师联合会世界大会”、“两部共建三校”、“迎新特刊”、“大学生心理健康节”、“学校党内表彰专题”、“绿色长征”、“北林学者”等专题宣传。进一步强化《北林报》的主导媒体作用，在深度报道、专题报道上出亮点、出特色；继续发挥绿色新闻网“快、准、好”的风格；广播台、宣传橱窗、网络视频、公共电视、电子显示屏等媒体，紧密配合学校中心工作以及各种主题教育活动，开展丰富多彩的宣传报道。《北林报》在首届全国高校优秀校报评比中获得优秀称号。

（廖爱军 铁 铮）

【文化建设】 以“院士风采”、“北林学者”、“身边的榜样”为示范，广泛宣传优秀师生代表的先进事迹，不断培养良好的学风、教风和校风。《北林报》加大大学文化的宣传力度；绿色新闻网突出绿色文化特色，进一步发挥学校在传播绿色文化、引领生态文明中的作用；北林广播台举办“心随声动”——北林广播台庆祝“五四”青年节暨15周年台庆大型文艺晚会。启动以“传播绿色文化，引领生态文明”为主题的绿色短信征集活动。

（廖爱军 铁 铮）

【开展党建和思想政治工作优秀成果评比】 4月开展2008～2009年党的建设和思想政治工作优秀成果、创新成果评选活动，共评出一等奖4项，二等奖14项。

北林大2008年~2009年党的建设和思想政治工作优秀成果获奖名单

等级	题目	单位
一等奖（4项）	搭建四个干部培训平台，构建三个保障体系，实现学校科级以上干部全员培训	党委组织部
	划分层次学习，紧密结合实践，出标志性成果——党委中心组创新机制形成“三大特色”	党委宣传部、党政办公室
	“发挥研究生专业特长，服务北京新农村建设”主题实践育人之路	党委研究生工作部
	倡导“立德立功立言”的理念，建设一流思想政治理论课教师队伍	思想政治理论课教学研究部
二等奖（14项）	联动校务和党务公开，搭建民主沟通平台，促进学校科学发展	党政办公室
	加强高校科研经费管理，造就一支高效廉洁的科技人才队伍	纪委监察处
	育人为本，创新为魂，努力推进武警国防生党建和思想政治工作	林学院党委
	“科学发展求创新，党员教育树品牌”——学生党员教育之“人文党风”系列主题教育活动	人文社会科学学院党委
	挖掘切入点，找准结合点，以加强党支部建设推进教研室工作	理学院党委
	关爱为魂，育人为本，促进大学生成长成才	生物科学与技术学院党委
	在教学第一线发挥党员先锋模范作用	外语学院党委
	教师研究生共建联合党支部，促进学科又好又快发展	信息学院党委
	以导师研究生组、群为单元的园林学院研究生管理和党建模式探讨	园林学院党委
	大学生思想政治教育在服务新农村建设中的机制探索	水土保持学院党委
	构建全员就业格局，充分促进学生就业	经济管理学院党委
	健全体系，突出特色，发挥志愿服务在大学生思想政治教育工作中的重要作用	团委
	以改革创新精神做好离退休思想政治工作，建设一支政治坚定、思想常新、豪情满怀的离退休队伍	离退休工作处党委
	创新组织发展理念，全面推动图书馆事业发展	图书馆直属党支部

（刘　忆　铁　铮）

【党建和思想政治工作先进校评估的宣传教育】 7~10月中旬承担先进校评选《主报告》的起草工作，并承担迎评宣传组的工作。参与起草综合报告、特色报告、支撑材料目录等材料以及有关筹备工作。根据校党委的整体部署，成立党建先进校评选宣传组，组建主报告编写组，并利用暑假开展工作，召开编写组工作会4次，完成文字17万字，完整再现学校近3年党建和思想政治工作的发展历程。

迎评前期制定宣传工作方案，发挥学校大宣传格局的组织优势，形成二级联动宣传格局。宣传部、新闻办利用此次评估，实现五个校园媒体联动，开辟专网、专栏、专版、专刊，系统报道近3年学校党建和思想政治工作取得的重要成果，适时追踪专家组进校评估的各个环节。举办党建和思想政治工作大型成果展，制作36块橱窗；北林报制作2期专版；绿色新闻网、广播台、电视制作组开设专题；北林在线进行改版设立专网。（刘　忆　铁　铮）

【书籍编写】 4月由校党委书记吴斌、校长尹伟伦任主编，党委副书记周景任执行主编编撰的《科学发展之路》一书由人民出版社正式出版发行。该书由奏响序曲、探索新路、实践成果、重要文献4个部分组成，详细记录学校自2004年以来学习实践科学发展观活动走过的历程和取得的实践成果。

10月由校党委书记吴斌教授主编的《绿色校园建设读本》一书由中国文联出版社正式出版发行。该书分为决策篇、理论篇、操作篇和实践篇等4部分。 （廖爱军　铁　铮）

【新闻评选】 2月8日，北林大绿色传播中心组织评选2009年光华节能减排基金杯全国绿色好新闻评选活动，北林大10篇新闻榜上有名。这是中国首次在节能减排传播领域进行专业性评比，旨在鼓励社会媒体加大对中国节能减排事业的报道力度，以推进节能减排理念的大众化、中国化进程。北大、清华、人大、传媒大学、北林大等校的新闻传播学教授和北京市记协、市科技记协的资深记者组成专家组，对2009年全国社会媒体公开发表的节能减排的新闻作品，进行认真评选。

3月9日，2009年度“北京高校好新闻”评审工作会议在中国青年政治学院召开，北林大作为北京市高等学校校报研究会理事长单位组织了此次评选。本届“北京高校好新闻”评选共有北京大学、清华大学、中国人民大学、北京师范大学等40多所高校申报参，参评总数近600篇。《北京大学校报》、《新清华》、《北京师范大学校报》、《中国人民大学》、《北林报》等19所高校(校报被评为北京高校优秀校报排名不分先后)。 （廖爱军　铁　铮）

纪检监察工作

【概　况】 2010年，北林大党风廉政建设和反腐败工作围绕贯彻《关于加强高等学校反腐倡廉工作的意见》和《北京普通高校惩治和预防腐败体系基本制度建设意见》的精神，拓展廉政风险防范管理工作，推进惩防体系建设，把反腐倡廉建设贯穿于学科建设、人才培养和教学科研及其他行政各项管理中，与其他工作同部署、同落实、同检查、同考核，为学校保稳定、保改革、保质量、保发展提供了政治保证。

【贯彻落实党风廉政建设责任制】 3月24日召开全校党风廉政建设工作会议，会议传达中央领导和教育部有关领导讲话精神，总结2009年的党风廉政建设工作，部署2010年学校党风廉政建设和反腐败工作任务。党员领导干部及有关人员160余人参加会议。

制定北林大《2010年党风廉政建设重点工作及责任分工》，确定贯彻责任制、落实“三重一大”制度、推进校务公开、加强重点部门重点环节监督管理、推进惩防体系建设、加强党风廉政宣传教育、依法依纪办案6个方面23项工作，每一项工作任务明确领导干部承担的职责、牵头单位、协办单位。

11月15日至12月10日开展贯彻党风廉政建设责任制考核。学校成立考核领导小组、考核办公室和考核小组。考核分为自查、抽查和评优3个步骤。学校48个处级单位提交自检报告和自评表，15个单位申报贯彻责任制先进单位；考核领导小组于12月9日和12月14日抽查生物学院和科技处，听取两个单位班子对于贯彻责任制情况的详细汇报；12月17日召开评审会，评定出生物学院、园林学院、科技处、后勤服务总公司为北林大2010年度贯彻党风廉政建设责任制先进单位。

【廉政风险防范管理】 2010年，学校全面推进廉政风险防范管理工作。全体校级、处级领导干部和职能部门以及学院是廉政风险管理防范工作主要对象和主要组织者。实施范围为重点部门及人员，包括党政办公室、党委组织部、人事处、科技处、教务处、学生处、团委、工会、校医院、信息中心、期刊编辑部、继续教育学院、体育教学部、资产经营有限公司、林场、林大附小，各学院；校领导、处级领导和重点岗位人员。学校其他部门和人员作为一般部门和人员也按要求组织开展。实施步骤包括排查廉政风险和制定防控措施、考核防范效果、完善操作规程三个阶段。

6月17日，学校廉政风险防范管理工作领导小组综合评定各单位风险点和风险级别，全校处级单位共查找风险点192个，其中高风险点66个，中风险点92个，低风险点34个。学校重点风险点27个，其中高风险点23个，中风险点2个，低风险点2个；制作流程图25个，学校防范风险相关制度58项。校级领导班子成员根据分管工作和岗位职责查找风险点，填写局级领导干部廉政风险识别防控表、廉政承诺表、廉政风险防控重点项目表。

通过开展廉政风险防范管理工作，学校、学院、职能处室实现了提高“一岗双责”意识、明确岗位风险点，完善岗位职责，健全工作制度，规范工作程序。

【反腐倡廉宣传教育】 5月中旬至6月上旬，由党委宣传部牵头部署，纪检监察部门组织协调，组织、人事、学生管理部门和学院各有分工，相互协调配合，开展“讲廉洁、树廉风”校园廉政文化宣传月活动。反腐倡廉宣传教育分为党员干部、教师和学生3个层次：以党员领导干部为重点开展理想信念和廉洁从政教育；针对教职工通过举办师德报告会、师德标兵评选等活动开展师德师风教育；针对学生通过主题班会、演讲、征文、橱窗展览、座谈会等形式开展“扬正气、讲诚信、促学风”系列主题活动和学术道德教育活动。反腐倡廉宣传教育营造了风清气正、讲廉树廉的良好氛围。

【领导干部廉洁自律】 贯彻《中国共产党党员领导干部廉洁从政若干准则》和教育部《直属高校党员领导干部廉洁自律“十不准”》，遵守领导干部重大事项报告制度、收入申报制度和礼品登记制度。完成教育部“高校党员领导干部兼职及从事营利性活动情况”统计，校领导班子成员没有在校内外经济实体中兼职取酬现象，党政领导班子成员没有出现在院系等所属单位违规领取奖金、津贴等情况。校院两级班子坚持每学期召开廉洁自律专题民主生活会，校领导参加分管单位班子廉洁自律专题民主生活会。

【重点专项督察】 纪检监察部门参与学校干部选拔任用、职称评聘、基建工程招投标工作、招生工作等部位和环节，做到参与不代替、督促不包办，加强权力监控和程序、环节监督。①全年参与基建项目、维修改造工程、教学设备采购、后勤物资采购、教职工体检招标等各类招标54项，涉及金额5.03亿元。②对招生工作坚持全过程的监督，组成本科招生特殊类型考试监察组，对报名、考场纪律、考试过程、试卷封装等环节进行全程监督。对研究生推免，研究生考试命题、复试，本科生转专业，继续教育招生计划制定等环节进行监督，促进学校各级各类招生工作公平、公正、公开。受北京市教育考试院的委派，负责崇文区全区8个考点242个考场的高考巡视工作。③对新上任的7名处级干部开展集体谈话。④参与学校破格聘任教授四级岗位工作。参加学院学科评议组会议，监督评议过程，并负责组织发放、回收、统计和保存选票。⑤执行上级部门有关教育收费问题的指示精神，春季和秋季两次对收费情况进行全面检查，撰写检查报告。

【查办信访案件】 2010年纪检监察受理信访3件。耐心接待来电来访者，认真对待每一个信访，协助解决群众关心的热点问题。举报中涉及被举报人有违纪违法行为的可能性或不正之风时，成立调查组进行核查。若核查举报情况属实，被举报人应当受到党纪政纪处分的，转立案。2010年学校立案1件。查办案件过程中，按照“事实清楚，证据确凿，定性准确，处理恰当，手续完备，程序合法”二十四字方针，确保案件办理质量。 （周仁水　杨宏伟）

统战工作

【概　况】 2010年，北林大的统战工作贯彻落实中央和市委统战部门的工作部署和要求，围绕国家的中心工作和学校的发展目标，团结和引导民主党派、无党派人士及侨联、女教授协会，自觉走科学发展道路，把思想认识统一到中央精神上来，充分认识在新的历史形势下所肩负的历史使命，为推动科学发展和促进社会和谐、实现学校的年度工作任务发挥了作用，各项工作取得了新的进展。支持统一战线成员围绕教育改革和发展、围绕国家社会经济发展、围绕首都“人文北京、科技北京、绿色北京”建设开展调研，建言献策，服务科学发展。以“立足高校、服务社会、共建和谐”为主题，通过多种形式的学习教育活动，广泛凝聚力量，调动统战成员积极性，为学校的改革发展和国家经济建设服务。

2010年召开2次学校党外人士通报会，学校教务处、科技处、基建房产处负责人分别向党外人士通报教学、科研、基本建设总体情况，介绍学校住宅建设和售房工作以及教学科研实践基地建设情况。利用党委统战部网页和校园网宣传党的统战理论和方针政策，党委统战部网页全年编发工作动态和信息33篇。

截至2010年底，学校有民主党派基层组织3个，民主党派成员112人；有党外高级知识分子253人；有党外副处级以上干部8人；有少数民族学生1791人。

【民主党派工作】 加强对民主党派基层组织的政治引导，协助在民主党派成员中开展社会主义核心价值体系的学习教育活动，引导民主党派成员坚持用中国特色社会主义理论体系武装头脑，树立和践行社会主义核心价值体系，政治上坚定走中国特色社会主义道路的信念，做好本职工作。2010年，九三学社北林大支社负责人参加九三学社市委、区委分别举办的基层干部培训班和中青年骨干读书班。民盟支部负责人参加民盟海淀区委“学习践行社会主义核心价值体系”暑期读书班。校统战部召开3次民主党派负责人联席会，通报学校的统战工作计划，总结、交流民主党派工作。

九三学社北京市委任命邵玉铮教授为北京九三书画院副院长兼秘书长，农工党北林大支部增补张盼月教授为支部委员。三个民主党派发展新成员5人。九三学社北林大支社新一届委员会上任后，《九三北林简讯》创刊，举办如何做好参政议政方面工作的辅导讲座，向区委、市委提交信息15篇，活动报道5篇。农工党北林大支部召开学习“两会”精神座谈会和庆祝中国农工民主党成立80周年座谈会。在重阳节到来前夕，民盟北林大支部负责人看望支部70岁以上的老盟员，并向老盟员送上节日礼物。

2010年12月26日在九三学社海淀区委成立10周年总结表彰大会上，九三学社北林大支社获先进集体称号，吴成亮获优秀社员称号，金幼菊获特殊贡献奖，谭红杨获征文活动优秀奖。2010年12月21日，在民盟海淀区委庆祝区级盟组织成立10周年大会上，鲍伟东、武三安、向燕、张岩等人被评为先进盟员，陈俊愉院士评为有突出贡献盟员，李景韩荣获盟龄超过30年特别表彰。邵玉铮被九三学社北京市委评为社会服务工作先进个人。高甲荣获致公党北京市委授予的优秀干部称号。

【党外代表人士工作】 根据市委统战部、市委教工委部署，开展北林大党外代表人士队伍建设工作自查，完成北林大关于贯彻落实《北京市2007～2013年党外代表人士建设规划》和《北京高校党外代表人士队伍建设规划(2006～2013)》情况的自查报告。

北林大向市委统战部推荐党外代表人士后备人选6人，向海淀区委统战部推荐后备人选8人。根据党外代表人士队伍建设的规划和培养需要，组织8位党外代表人士赴广州参观考察；选送1人参加市委统战部和市委教育工委联合举办的高校党外代表人士培训班；推荐1人参加华夏英才基金支持的党外专家、学者出版学术著作的评审，其著作《森林资源资产评估理论与方法》

通过评审，获得基金资助。

【民族宗教工作】 在学校师生员工中广泛宣传马克思主义民族观和民族宗教政策，在党员领导干部中开展党的民族和宗教政策的学习。在学校党委理论中心组举行的理论学习扩大会上，邀请原北京市委统战部副部长周伯琦作题为《宗教工作形势及党关于宗教问题的基本观点和基本政策》的辅导报告，党委理论中心组成员，各分党委副书记、统战委员，党委职能部门副处以上干部参加学习会。主办“伟大的中华民族大家庭”民族团结宣传教育大型图片展，为期1个月。

【港澳台侨工作】 统战部积极引导和支持侨联开展活动。北林大侨联开展侨联成员的认定工作，开展与门头沟水利学会的合作，积极投入相关项目和调研工作，服务“绿色北京”建设。参与门头沟官厅矿山发展水上经济的规划编制与审定工作。组织成员参加新北京、新侨乡——纪念北京市侨联成立60周年图片展开幕式。承办市侨联的桥牌比赛，获优秀组织奖。其承担的2009年北京市侨联重点课题“高校侨联服务‘绿色北京’建设研究”被评为北京市侨联系统理论和调查研究优秀成果一等奖。2010年主持的《推广节水抗旱草坪植被为北京建设节水型城市服务》再次被列为重点课题。在纪念北京市侨联成立60周年之际，北林大侨联被授予首都新桥乡创新发展先进集体称号。

【女教授协会工作】 支持和引导学校女教授协会开展工作。2010年，女教授协会北林大分会开展多项主题鲜明、成效显著的活动。举办“三八”节文化礼仪讲座，邀请高级服装设计师为女教授进行一场文化礼仪方面的讲座。派代表参加北京市委教育工委、北京市妇联、首都女教授协会为庆祝国际妇女解放运动100周年举办的“智慧·奉献·共享——首都女教授论北京世界城市建设”之女教授论坛并进行主题演讲。在学校宣传橱窗主办“风雨彩虹　铿锵玫瑰　永远盛开”的女教授协会风采展。“三八”节前夕，北京市妇女联合会、北京市人力资源和社会保障局对涌现出的先进集体和先进个人进行表彰，女教授协会北林大分会被授予北京市妇联系统先进集体称号。

【统战年度特色活动】 围绕首都“人文北京、科技北京、绿色北京”建设，组织学校统一战线成员开展考察调研、建言献策、社会服务活动；组织统战成员参加首都统一战线学习大讲堂之“城乡建设一体化”专题报告会；组织50余位统一战线成员赴延庆县张山营镇参观考察新农村建设。在镇文化中心礼堂，工作人员向大家介绍情况并放映题为《京西北第一镇——张山营》的专题片，了解张山营镇由一个传统的以农业为主的落后山区逐步发展成集现代化生产线和养殖业多种经营为一体的新农村的演变历程。参观位于张山营镇的北京德清源农业科技股份有限公司，感受德清源公司“以德为先，质量为本，生态农业，品质生活”的经营理念。

11月5~11日组织8名党外人士赴广州参观考察。考察团先后参观华南农业大学、广州大学城、黄埔军校旧址、中山纪念堂以及承担广州亚运会电视转播的广州塔。在广州大学城，重点参观华南理工大学、中山大学、广州药学院，感受国家一流大学园区的发展和建设，开阔视野，更新观念。在华南农业大学进行一天的考察和交流，华南农大副书记胡浩民向考察团介绍华南农大近年来在基层党建、统战工作、办学规模、学科建设、人才培养、社会服务等方面的发展建设情况。北林大党委副书记方国良介绍了北林大发展和统一战线的基本情况。双方与会人员就党外代表人士如何在学校发展建设过程中发挥作用，统一战线组织如何加强自身建设、提高参政议政、建言献策能力等进行交流。　（黄中莉）

机关党建

【概　况】 北林大机关党委负责机关党的思想建设、组织建设、作风建设、精神文明建设和机关工会工作。截至2010年12月31日，机关共有处级领导干部79人，党支部27个，党员271人。

2010年，机关党委发挥政治核心和保证监督作用，开展思想教育、组织建设、机关工会、党建评估材料收集、售房、人口普查工作，完成全年各项工作任务。

在党建评估工作中，机关党委书记担任材料组组长，机关党委专职干部均为材料组成员。材料组工作人员对照《北京普通高等学校党建和思想政治工作基本标准》测评要素，收集、审核、整理、装订材料，形成材料 129 盒，415 卷，反映 2007 ~2010 年北林大党建工作成绩。

机关党委、机关工会配合基建房产处做好机关、北林科技股份公司、北林附小 273 名教职工售房工作。抽调 2 名专职干部配合居委会，参与第六次全国人口普查工作。

【思想教育】

创建学习型党组织 2010 年 3 月，机关党委制定下发《关于开展创建学习型党组织活动的实施方案》，从活动意义和指导思想、学习内容、学习形式和方法、时间安排、加强组织领导务求实效 5 个方面进行布置。

机关各党支部结合部门工作实际开展多种创建活动。加强理论学习，组织党员学习党的十七届四中、五中全会和第十八次全国高校党建工作会议精神，学习中共中央办公厅《关于推进学习型党组织建设的意见》，探索创建学习型党组织的方法和途径。党政办党支部围绕“一个宗旨、一条主线、一个主题、一项完备”把学习活动渗透到日常具体工作中。校工会党支部和人文学院行政党支部开展共建活动，研究北京市教育工会心理援助中心建设。高教研究室与林业教育学会党支部、机关党委党支部联合开展考察宁夏生态环境建设活动。纪监审统党支部开展“我向大家推荐一本好书”活动。校医院党支部开展参观考察上海世博会和业务知识专题培训。学生处党支部召开学习座谈会，学习全国教育工作会议、《国家中长期教育改革和发展规划纲要》和全国加强和改进大学生思想政治教育工作座谈会精神，研讨新时期学生工作思路。期刊编辑部党支部赴平谷大华山镇挂甲峪村开展“感受新农村建设、践行科学发展观”主题实践活动。实验室与设备管理处党支部参观焦庄户地道战遗址，参观国家级农业示范基地安利隆生态农业山庄。总务产业处党支部前往恭王府开展反腐倡廉主题教育活动。

2010 年 12 月 17 日、18 日，机关党委举办 2010 年机关党支部干部培训班，邀请高教研究室与林业教育学会党支部、党政办党支部、校工会党支部、纪监审统党支部、校医院党支部、校团委党支部作开展学习型党组织活动经验介绍。

创先争优活动 2010 年 6 月，机关党委下发《关于开展创先争优活动的实施方案》，要求各党支部以“深入学习实践科学发展观，推进机关各项工作科学发展”为主题，以“立足岗位比奉献，创先争优当模范”为载体，以“四创三比”（创学习型党支部、创服务型党支部、创开拓型党支部、创廉洁型党支部；比学习、比服务、比贡献）为主要形式，结合机关实际，开展创先争优活动，在学校“引领生态文明，建设高水平林业大学”进程中发挥机关党组织、机关党员的模范带头作用。

机关党委结合庆祝建党 89 周年，开展评比表彰先进党支部和优秀共产党员活动。纪监审统党支部、校团委党支部被评为校级先进党支部，3 人被评为校级优秀共产党员。计财处党支部、校医院党支部、居委会党支部、研究生院党支部、期刊编辑部党支部被评为机关先进党支部，11 人被评为机关优秀共产党员。7 月 1 日，机关党委召开庆祝建党 89 周年暨表彰大会，向获得机关党委表彰的 5 个先进党支部、11 名优秀共产党员颁发荣誉证书。

学习十七届五中全会精神 党的十七届五中全会闭幕后，机关党委安排系列学习教育活动，组织机关各党支部和广大党员学习、领会五中全会公报和“十二五”规划建议精神，了解国家经济、社会、民生方面的发展路径与图景。9 ~12月份的党支部组织生活会建议内容中，机关党委将十七届五中全会精神作为重点内容要求各党支部开展学习和讨论。11 月 26 日，机关党委在综合楼第九会议室举行学习十七届五中全会精神辅导报告会，邀请校党委书记吴斌教授作辅导报告，讲解十七届五中全会精神及国家“十二五”规划中对高等教育和林业发展的要求。12 月 17、18 日，机关党委举办 2010 年机关党支部干部培训班，邀请校党委副书记全海教授作《“十二五”规划建议的意义、主要内容、特点及思考》报告，进一步学习十七届五中全会精神，交流各党支部创建学习型党组织工作经验。

【组织建设】

指导党支部组织生活 2010年，机关党委每月初向各党支部发出当月组织生活建议内容，指导各党支部开展学习活动，用形式多样的党支部组织生活加强党员党性、党风、党纪教育，提高组织生活质量。建议内容涉及党和国家方针政策、学校中心工作：学习、讨论全国“两会”精神；学习胡锦涛《在全党深入学习实践科学发展观活动总结大会上的讲话》精神；学习开展学习型党组织建设活动和创先争优活动有关文件，制定党支部实施计划；学习、领会学校2010年党风廉政建设工作会议精神，开展“加强作风建设和制度建设，建设廉洁校园”主题讨论；学习、领会胡锦涛给中国农业大学师生回信精神和温家宝视察北京大学讲话精神；传达、学习学校2010年工作会议精神，了解学校发展形势和定位、改革发展路径和保障。9～12月重点学习十七届五中全会精神，了解国家未来5年经济、社会、民生方面的发展路径与图景。

培训党支部干部 2010年，机关党委通过组织理论学习，外出参观考察对党支部书记、委员进行培训，提高机关党支部干部业务水平和工作能力。9月23～27日，机关党委、机关工会以“弘扬长征精神，推进创先争优”为主题，联合组织机关党委委员，党支部书记，机关工会委员、小组长赴贵州学习考察，参观遵义会议会址、息烽集中营革命历史纪念馆，与贵州省林业厅进行座谈，贵州省林业厅厅长、北林大校友金小麒介绍贵州省林业建设和生态环境保护成绩。

组织建设基础性工作 ①检查党支部组织生活质量。3月，机关党委检查27个党支部的《党支部工作手册》，根据组织生活开展情况和《党支部工作手册》记录情况，将27个党支部划分为“好、较好、一般”三类，召开党支部书记会议进行总结和通报，对如何做好《党支部工作手册》记录提出明确要求。②编发机关党委简报。2010年共编发简报51期。③组织“共产党员献爱心”捐款活动。在市委组织部发起的“共产党员献爱心”捐款活动中，机关党员共捐款7384元。④维护QQ群、短信、邮箱、网站、党员信息库五大信息平台。⑤做好处级干部年度考核、民主生活会、收入申报、重大事项报告、党内统计报表、党费收缴和年鉴编撰工作。

【机关工会工作】 机关党委重视、支持机关工会工作，把工会工作作为加强机关党建工作的一部分。2010年，机关工会组队参加校工会举办的体育比赛、民族舞培训和青年教职工社会实践活动，获得全校拔河比赛第一名、男子篮球比赛第二名、女子排球比赛第二名。组织开展机关男教工篮球联赛、女教工民族舞培训、“拖拉机”扑克牌比赛、“愉悦身心、共建和谐”新年游艺活动。为机关全体会员投保《在职职工意外伤害保险》371份，购买发放大葱386捆，大米320袋。组织机关会员为青海玉树地震灾区捐款38 185元，为北林大“爱生助困基金”捐款25 005元。与机关党委联合开展机关教职工春季登山健身活动，工会委员、小组长赴贵州学习考察活动。

（雷韶华　郑晓清）

学生工作

【概　况】 学生工作部（处）是学校党委领导下的本科生教育、管理和服务机构。学生工作部（处）与武装部合署办公。学生工作部（处）下设学生管理科、思想教育科、宿教科、学生资助管理中心和心理发展与咨询中心，在职教工13人。2010年，党委学生工作部（处）以“服务学生成长成才”为核心，继续深入推进学生工作“九大工程”建设和学生成长“五大体系”构建，参加党建和思想政治工作先进校评选和2010年学生工作会议筹备组织工作，强化学生工作基层建设和队伍保障，重点开展队伍建设、学风建设、班级建设三项工程，开展大学生思想教育、心理健康教育、学生日常管理和资助、学生公寓管理、学生安全稳定等基础工作，教育育人、管理育人、服务育人取得实效。

2010 年，学生工作部(处)多次获得校级以上集体和个人奖励：全国高等学校学生资助工作先进单位、北京市无偿献血先进个人 1 人、2009 ~2010 大学生社会实践志愿服务优秀团体奖、北京市无偿献血先进单位、2009 ~ 2010“温暖冬季”献血车志愿服务先进团体奖、首都大学生廉洁文化征文活动优秀组织奖、北京高校德育高层论坛主题征文活动优秀组织奖、海淀区征兵工作先进单位、海淀区征兵工作先进个人 1 人、2009 ~2010 年首都大学生思想政治教育优秀科研成果课题类三等奖 1 项。

(马驰知　任　强)

【思想政治教育】 结合时事开展主题教育活动，就“谷歌退出中国事件”、“胡锦涛总书记给农大师生的回信”、“中日关系”、“乌克兰大选”等组织时事报告会和学生座谈会。1 月响应国家号召完成“给祖国母亲拜大年”活动；5 月推进廉洁文化进校园，组织开展“廉洁文化主题月”活动，开展“敬廉崇洁、诚信守法”为主题的教育活动；6 月组织参加北京市第五届“首都大学生创意文化节”系列活动；9 ~ 11 月加强大学生生活指导，通过开学典礼、入学讲座、参观校史展等开展新生入学教育。

学生思想政治教育工作研究　2 月和 9 月搜集和分析学生返乡见闻，撰写《北京林业大学寒假(暑假)返乡见闻报告》；围绕 2010 年首都大学生思想政治教育重点课题“首都大学生生活方式调查研究”，完成课题问卷设计和调查，撰写调查报告；2010 年北林大思想政治教育课题共立项 21 项，涉及思想政治教育、心理素质教育、学生管理、学生工作队伍建设、助学工作、团学工作、就业工作、研究生管理八个方面。其中由任强主持的《对休学在家学生开展家庭辅导工作的研究》立项为 2011 年首都大学生思想政治教育课题一般课题；由宋吉红主持的《加强高校学生“自组织”舆论引导的途径与方法研究》立项为 2011 年首都大学生思想政治教育课题支持课题。

(马　俊　任　强)

【国防教育、征兵、军训工作】

国防教育　2010 年，武装部结合时事，开展爱国主义宣传教育和普及国防知识，完成 2009 级本科学生军训工作、应届毕业生预征兵工作和冬季大学生征兵工作。

军训工作　4 月 17 ~26 日完成 3200 名 2009 级学生军训工作，成立军训团临时党支部，根据学院特色开展相应的支部实践活动，在教务部门和国防大学第四军训教研室配合下完成军事理论课教学工作。5 月落实《关于组织学生军训工作调研与检查的通知》精神，根据北京市高等学校学生军训工作评估标准组织北林大军训自查工作。

预征兵工作　5 月 4 日启动学校预征兵工作领导小组，根据《北京市教育委员会关于开展 2010 年高校毕业生入伍预征工作督察的通知》，开展预征兵工作周活动，在应届毕业生中征召士官和针对在校男大学生进行兵役登记以及应届毕业生入伍预征工作。10 月 21 日至 12 月 31 日结合冬季征兵开展“携笔从戎圆军梦，志在军营写人生”为主题的国防教育活动。北林大自愿报名入伍学生 15 人，经海淀区人民武装部批准 3 人参军入伍。

(马　俊　王士永)

【心理素质教育与心理危机预防干预】 形成“校院两级统一协调、分工合作”的心理健康教育工作格局。制定全校心理健康教育工作计划，加强心理咨询师、心理辅导老师以及心理委员工作队伍建设，扩大心理健康教育普及宣传力度，完善心理危机预防与干预制度，合理配置心理健康教育资源，提高心理健康教育工作效果。

心理健康教育制度修订　修改《大学生心理健康教育实施方案(2010)》，细化心理危机发现、预防、监控与干预制度，明确规定危机案例发现后，心理辅导员和咨询师在第一时间开个案讨论会，统一观点和干预步骤，在集体讨论下开展工作；将家庭治疗理论应用于学生工作，在首都高校中开创为休学在家学生开展家庭辅导的制度，并制定该项制度实施的前提、途径和程序。

心理健康教育工作队伍建设　①通过咨询师督导和培训，提高专兼职心理咨询师专业能力。邀请心理咨询师加入到学院心理健康教育工作体系中，将心理咨询与学生工作有效衔接。11 月与中国农业大学心理素质教育中心合作，联合邀请比利时专家来北林大为咨询师进行专项工作坊，北林大 20 余名咨询师参加该培训。

②2010年，北林大心理辅导老师50余人次参加北京高教协会组织的咨询师专业培训，培训内容涉及抑郁症治疗、自杀危机预防与干预、家庭治疗等多项内容。此外，举办例会21次，专题讲座9场，包括“提升人际吸引力”、“绘画与心理鉴别”、“搭建沟通的桥梁”等主题，提高班主任以及辅导员的深度访谈技术；修改《北京林业大学心理辅导老师工作手册》，完善心理辅导老师工作制度；统一购买专业书籍5套，以推荐阅读形式开展理论知识学习。③为班级心理委员开展专项培训，共培训2010级心理委员110人，专题讲座3次，团体辅导培训合计60学时；心理委员沙龙2次，参与人次过百，新生心理委员在班级中开展各类心理健康教育活动合计100余次。④首次开展对公寓楼层长进行心理健康培训，开展团体心理辅导活动，使心理健康教育深入到学生公寓。

心理健康教育普及宣传 北林大心理发展与咨询中心运用心理健康报、心理健康网、心理健康常识宣传手册以及心理健康教育选修课等形式开展心理健康的日常普及和教育，开展“‘5·25’心理健康节”和“心理健康教育宣传日”的主题教育活动，普及和宣传心理健康常识。①以“我爱 爱我 成长”为主题，通过悬挂横幅、树立展板、心理健康教育网、讲座、发放宣传手册等方式开展宣传活动，近5000人参与该项活动。举办“宿舍为家，有你有我”、“幸福满屋，爱在家庭”、“成就最好的自己”5项团体心理辅导，以及心理健康教育宣传短片巡展、“爱的漂流瓶”、DV征集大赛、心理健康问卷调查、学生素质拓展与心理论坛等普及宣传活动。②开展“心理咨询开放日”，现场派发宣传手册、卡片、书签，设置心理减压台与心理测试台，播放心理电影，加强学生对心理健康常识的了解。

心理危机预防干预 与人文学院心理系合作开展新生心理测评工作，开展研究生新生心理测评，增加心理测评的全校覆盖面，约980名研究生、博士生参加本次测评。在危机预防干预工作中，提供专题讲座、案例讨论及发放《北京高校心理危机事件预防干预工作指导手册》，提高学院心理辅导老师对于心理危机事件的能力，使心理危机事件的预防和处理程序化、制度化，提高心理危机预防干预效率与效果。

（李东艳 倪潇潇）

【学生日常管理】 召开北林大2010年学生工作会议。总结2008年学生工作会议以来学生工作系统“九大工程”建设情况，分析新时期学生群体出现的新变化、新特点和大学生思想政治教育面临的新情况、新形势，凝练工作理念，查找工作不足，提出今后一个时期学生工作的总体要求。

维稳工作 2010年，学生工作部(处)制定《北京林业大学学生工作系统重大敏感日校园维稳工作预案》，对重大敏感日进行定义，对学生工作系统重大敏感日校园维稳工作的使用范围、工作措施、应急响应、处置原则、后期处理制定预案。6月，学校下发《关于学生工作系统近期工作安排的通知》，实行安全周报制度、假期值班制度和宿舍巡逻制度，对世界杯期间和毕业生离校期间的安全稳定工作作部署和安排。学生工作部(处)健全少数民族学生的基础台账，关心关怀少数民族学生的学习生活，坚持为少数民族学生解决各种困难。

学风建设 对全校的学风建设工作进行重点督导和调研，形成《北京林业大学2010年学风建设调研报告》，全年共发出通报批评14期，对523人次的违纪学生进行通报批评和深度辅导。在两个学期的四六级考试和考试周前，下发《关于加强考风考纪宣传教育的通知》，要求学生签署考试承诺书，并召开主题学习班会，加强诚信教育。学生工作部(处)于7月和9月分别向所有新生家长寄送《致家长的一封信》和《再致新生家长的一封信(沟通交流篇)》，将学校的相关规定和学生违纪的处理办法通报家长，对如何提高孩子的大学心理适应、加强对孩子大学教育等问题进行沟通。各学院积极响应号召，与学习成绩不佳，出现违纪行为的学生家庭进行沟通联络。

班级建设 组织全校各个班级举办“大学生廉洁文化”主题班日活动，发挥班级成员的主观能动性，促进整个班级开动脑筋、群策全力，在实践中探索并形成特色鲜明的班级文化，提高班级凝聚力。北林大林化07－3班在2010年北京市教工委组织的“我的班级我的家”学习型班集体创建示范活动中，获得优秀示范班级的荣誉称号。学生工作部(处)首次开展“十佳班集体”创建评比活动，指导各基层班级开展班级文化建设、制度建设和凝聚力建设，经过学习型班集体的理念推广和创建、“十佳班集体”学院推选和“十佳班集体”校级评比及风采展示，成功覆盖到全校448个本科生班集体。信息07－1班等10个班级荣获北林大首届十佳班集体荣誉称号，生物09－1班等10个班级荣获“创建评比活动优秀班集体”荣誉称号，经济管理学院、林学院获优秀组织奖。

规范学生管理 8月27日，学生工作部（处）采用电子迎新系统，完成2010级迎新工作。编写和发放《北京林业大学学生学习生活指南》、《班主任工作手册》、《班级工作手册》，制作和发放《新生基本情况登记表》、《新生情况基本信息表》材料。组织《学生管理规定2010版》的修改、编印和发放工作，保证新生人手一册系统学习，老生每个宿舍一本自主学习。组织新生填写《新生情况基本信息表》，并结合历年数据，编写《2010年北京林业大学学生基本情况调查报告》。

评优工作 2010年，北林大共有71个基层班级，116位老师和6585次本科学生获得包括优良学风班、优秀辅导员、三好学生和优秀学生干部在内的32项荣誉和奖项。6月3日，全校145名2010届毕业生获得北京地区高等学校优秀毕业生荣誉称号。

服务工作 共为学生办理公交IC卡4164张；为3168名新生办理平安人身保险、保险理赔37人次，赔偿金额117 733元；办理学生出国（留学、旅游、探亲）登记手续340人次；为正在接受非义务教育的学生开具身份证明24份。

（马驰知　温跃戈）

【学生工作队伍建设】 2010年，北林大学生工作队伍共104人，其中辅导员64人。学生工作部（处）邀请教育部思想政治工作司司长杨振斌、比利时心理治疗师米杉、心理专家卫莉莉等领导和专家为辅导员作专题报告21场，全年组织辅导员参加教育部、北京市各类培训、研讨班82次。辅导员深度辅导工作全面落实，实现100%覆盖的工作目标，使每一名学生都至少获得一次有针对性的深度辅导和成才支持。3月31日，辅导员工作顺利通过北京市辅导员专项督察，获得专家的高度肯定。5月，9名辅导员获得2009～2010年度北京高校优秀辅导员称号。全校共有23名辅导员、93名班主任被评选为校级优秀辅导员和优秀班主任。

4月下发《关于辅导员利用博客开展大学生思想政治工作的意见》，辅导员博客建设及网络新闻实务专题培训班，向辅导员配发《辅导员博客工作手册》。到2010年12月，全校已有40余名专职辅导员开设博客，博文100余篇，7名辅导员的10篇博客被学校评选为首届优秀思政博文。

7月，学生工作部（处）组织56名新生班主任和新上岗辅导员进行基础业务培训，各职能部门负责人和专家在学生助学工作、学籍管理政策和大学生安全教育等方面进行讲座辅导，优秀辅导员和班主任代表作经验交流和岗前动员。

10月，党委学生工作部（处）举办首期辅导员工作坊，组织辅导员、学生工作相关专家以及学生工作的有关领导对工作中出现的若干典型个案进行分析与探讨，找到解决问题的方法，对工作中的特色经验加以推广，全年以“大学生人际关系处理”和“危机事件的干预”为主题举办两期工作坊，覆盖的辅导员达74人次。

12月依照《北京林业大学辅导员考核办法（试行）》对辅导员政治素质、工作态度、工作能力、工作业绩和学生满意度情况等多方面综合考核，共有15名辅导员考核结果为优秀，合格通过率100%

（马驰知　温跃戈）

【资助工作】 2010年，学生工作部（处）继续完善资助工作体系，探索个性化资助工作思路。全校评选出国家奖学金获得者140名，发放国家奖学金112万元；国家助学金受助者2890名，发放国家助学金849万元；社会各界和学校设立奖学金35项，2933人次获得奖金总额643.94万元；社会各界和学校设立助学金13项，3128人次获得助学金总额918.4万元；为389名新申请贷款学生办理国家助学贷款804.6万元；为1500名贷款学生发放贷款893.77万元；生源地助学贷款181人，贷款金额104.04万元；勤工助学岗位发放资助金180万元；发放特殊困难补助4项，金额175.629万元；生活物价补贴惠及12 936人，金额931.392万元；学费减免10人，减免金额4.4万元。

5月为778名2010届毕业生办理国家助学贷款还款确认手续。7月随录取通知书向本科新生邮寄《高等学校学生资助政策简介》和《致家庭经济困难新生的一封信》。6月首次在校园内开辟新媒体传播途径——校园手机报，定期为在校的2000余名家庭经济困难学生发送。8月中旬组织4支家庭经济困难学生社会实践队奔赴贵州贵阳、广西桂林等地开展实践考察和志愿服务活动，寻访当地家庭经济困难学生家庭。8月发布《关于做好受灾家庭经济困难学生资助工作的通知》。8月末为入校家庭经济困难新生开通绿色通道，准备总价值40万元的文具教材、床上用品、手机和慰问金等慰问物资。绿色通道共为306名2010级新生办理学费和住宿费缓交，缓交金额186.8万元。6~9月配合学校"校园一卡通"建设工作，为在校全体本科生办理中国工商银行牡丹灵通卡，完成日常勤工助学、奖助学金和生活补助发放工作业务从中国银行转为工商银行。11月，学校优秀学生代表徐凌验同学的事迹被收入《希望——国家奖学金获奖学生风采录》。12月开展"感动你我·温暖北林"主题教育活动，评选10位在教书育人、管理服务、奋发成才等方面事迹突出的教工和学生代表。12月参加2010年全国学生资助工作先进单位暨高校国家奖学金获奖学生表彰大会。

组织开展系列活动帮助受资助学生"学会感恩，传递关爱"，组织受助学生在学期末、中秋节、新年期间以信件、电话、邮件等方式向捐助人汇报学习、生活、思想情况；提倡奖学金和助学金"获得光荣、计划使用"。（徐吉东　焦　科）

【学生公寓管理与服务】 2010年推进学生公寓文化建设和安全教育管理，完善和健全学生公寓服务体系，加强学生公寓工作队伍建设，不断提升学生公寓文化品位，进一步发挥学生公寓的育人功能。

学生公寓工作队伍 6月中旬组织召开2010年度学生公寓辅导员座谈会，研讨学生公寓管理服务工作现状，探讨和谐公寓建设的创新举措。截至年底，北林大已有112名老师从事过公寓辅导员工作，现常驻学生公寓辅导员52名；10月中旬，与物业公司联合开展物业交流月活动，组织学生与物业人员面对面交流；11月9日邀请消防人员举办专题讲座，重点提高保洁员、管理员、电梯员和门卫的消防技能水平以及应急事件疏导能力。

公寓安全预防与宣传 不断加大消防安全教育的宣传力度，5月制作学生公寓安全应急教育专题学习网页，并组织广大师生浏览学习；6月上旬开展消防安全知识竞赛，实地检验、提高学生的消防应急技能水平；9月中旬组织专业消防人员深入全部2010级新生宿舍，开展灭火器等常用消防器材的使用教学。定期组织志愿者上门回收塑料瓶、废旧书报等，清理学生公寓内的堆积杂物。重点时期，联合保卫处、学院加强对学生公寓的值班、排查力度。组织对保安人员展开专业培训，制定巡逻保安定期巡逻制度，发现并制止学生的不良行为。继续组织公寓辅导员定期对学生公寓用电和防火安全进行排查，消除学生公寓内存在的安全隐患，确保学生公寓的安全稳定。

学生公寓文化建设 10~11月组织开展第九届学生公寓文化节，以"阳光宿舍、快乐学习"为口号，注重在学生公寓内营造良好学风，期间相继开展"宿舍设计大赛"、"绿色风采宿舍评比"、"男女生宿舍互访"、"最具人气物业之星评选"、"公寓杯棋类大赛"等7项主题特色活动，直接参与的学生宿舍达1200余间。全年新挂牌党员宿舍286间，并评选出优秀党员宿舍8间；首次开展"绿色风采宿舍评选"活动，通过层层筛选，共评选出优秀学风宿舍12间，优秀实践宿舍6间，优秀道德标兵宿舍4间，优秀环保宿舍6间，优秀安全宿舍8间。2010年，共编辑《北林公寓简报》30期、《北林公寓》报纸两期，共授予"文明宿舍"流动红旗210宿舍次。

组织筹备北京高校学生公寓管理2010工作年会，北京高校2010年床上用品招标会及2次北京高校学生公寓安全、卫生大检查活动。6月上旬赴天津地区部分高校考察，学习借鉴先进学生公寓管理理念；11月上旬，天津大学等天津地区5所高校学生公寓管理干部来北林大交流工作。（辛　磊　夏远峰）

【献血工作】 2010年，北林大献血工作办公室规范工作程序，积极配合上级献血管理部门开展工作。本年度共组织8次230余名志愿者进行自愿无偿献血。志愿者的献血成功率在90%以上。3月9日在开展的"向女生节献礼"全血捐献活动中，共有869人参加献血，766人献血成功，共献血815个单位。“世界献血者日”以及全国血库告急时期，通过传单、横幅、手机报、校园广播等多种宣传方式，鼓励学生参加无偿献血。组织招募成立青年志愿者服务队，对志愿者进行系统培训，参与“红色盛夏”以及“温暖冬季”的献血服务工作。先后组织100余名志愿者在西单图书大厦、海龙大厦、王府井新华书店等地的献血车上担任志愿服务工作者，其中有15名同学获得志愿先锋称号。6月在北京红十字血液中心“2009年的温暖冬季活动表彰”中，北林大的献血工作志愿者团队获得优秀团队奖和优秀实践队伍荣誉称号。（徐吉东　焦　科）

国防生选培

【概　况】 2010年，武警部队驻北林大后备警官选拔培训工作办公室（以下简称“选培办”）贯彻落实教育部、解放军总政治部、武警总部关于依托培养工作的指示精神，加强与北林大沟通合作，围绕国防生学员第一任职需要，严格招收选拔，加大训练力度，提升管理质量，加强典型引导，丰富第二课堂，从严从难开展军政训练，进一步打牢国防生政治思想、科学文化、军事技能、作风纪律“四个基本素质”。

（汤宛地　金文斌）

【招收选拔】 截至2010年12月，在校国防生375人（本科国防生368人，硕士国防生7人），其中武警森林部队国防生319人，武警内卫部队国防生56人。2010年直接从应届高中毕业生中招收国防生101人，其中林学专业19人，森林资源保护与游憩专业12人，土木工程专业15人，计算机科学与技术专业24人，法学专业15人，心理学专业16人。2004级毕业本科国防生共有7人返校攻读硕士研究生，其中生态学专业4人，计算机专业2人，思想政治教育专业1人。（杨敬峰　金文斌）

【军事训练】 按照《普通高等学校武警国防生军政训练计划》和《北京林业大学国防生军政训练计划》，严格落实周二、周四国防日早操制度，抓好双休日和集中组织的国防生军政训练。

4月17～26日，2009级97名国防生参加北林大在北京市大兴高校学生军训基地组织的新生入学军训，并承担组织升国旗、迎军旗、送军旗、分列式和队列示范表演等多项任务。7月18日至8月8日组织2009级国防生97人，圆满完成解放军总政治部在解放军防化指挥工程学院统一组织的暑期驻京国防生集中军政训练任务。

3月28日至4月18日组织2006级国防生赴武警内蒙古森林总队进行毕业前当兵实习锻炼，北京林业大学和选培办组成联合工作组，全程跟踪指导和展开调研。6月2～9日按照《武警部队毕业国防生综合素质考核评估办法》，协调相关单位，对2006级国防生进行毕业综合素质考评，70名国防生全部通过考核。10月10日组织军事会操表演。（杨敬峰　金文斌）

【教育管理】 落实教育部、解放军总政治部新修订的《国防生培养协议》、《国防生教育管理规定》、《关于加强国防生军政训练和任职培训工作的实施》等法规文件，修改完善《北京林业大学国防生违约淘汰管理暂行办法》，严格规范国防生思想教育、日常管理、学籍学分、考核奖惩机制。

准军事化管理　2010年9月按照年级将国防生编成4个学员队，每个学员队下设2个模拟区队。学员队由2004年毕业返校读研的7名国防生担任骨干，各区队实行准军事化管理。各模拟区队骨干由综合素质优秀的国防生担任，选培办指导学员队抓好日常养成，对国防生一日生活、请销假、内务检查、班务会、晚点名、骨干例会等日常制度进行督促落实，做到内务管理正规化、队列集会整齐化、礼节礼貌规范化、组织指挥标准化，国防生军人基本气质、技能、意识得到强化，对国防生实行全员准军事化管理。

思想政治教育　围绕大力培育当代革命军人核心价值观，以《当代革命军人核心价值观宣讲材料》、《中国国防生》等为基本教材，国防日晚利用半小时集体读军报，结合国防生思想实际和形势需要开展随机教育。指导国防生开展“双争”评比活动，调动国防生“比在平时、争在平时”的积极性和主动性，增强国防生自觉成才的危机感和紧迫感。6月，全体国防生聆听当代革命军人核心价值观和基层军政工作常识等讲座。10月在国防生中举办第二届“橄榄绿”杯征文比赛，并编印了《砺剑北林》文集。12月上旬举行国防生首届“唱响红歌·放飞梦想”合唱比赛。

国防生党支部 国防生党支部已成为国防生管理教育的基本载体。截至2010年12月，在校国防生党员人数达127人，占国防生总数34%，全年发展党员61人，占未发展人数25%。

2010年，林学院国防生党支部组织演讲比赛、参观航空博物馆、践行“当代革命军人核心价值观”图片展等活动，被学校评为先进党支部。人文学院国防生党支部组织合唱比赛、心理辅导、宿舍访谈，并对国防生学风建设进行专项调研，为国防生成长成才创造更为有利的条件。水土保持学院国防生党支部开展“党史·纲要”知识竞赛、结合自身谈“两会”，并采取多种形式学习实践科学发展观。信息学院国防生党支部举办学习、军训等经验交流和座谈，为老教授义务培训计算机知识，党支部“红色1+1”社会实践活动入选校级重点项目。

课余文化生活 选培办指导国防生模拟区队开展丰富多彩的课余文化活动。举办两届“使命·责任”杯篮球联赛和两届“绿色卫士”杯足球联赛，国防生文画墙获“最佳人气奖”，参加北林大“公寓文化节”活动和“北俱杯”足球赛，举办迎新春书法绘画和宿舍设计大赛，国旗班承担学校各类大型活动升旗任务，各模拟区队利用节假日开展拔河、演讲、趣味运动会等活动。国防生网站全年共刊登新闻150余条，跟踪报道大项活动9项。

取得荣誉 2010年，国防生中有3人获国家奖学金，53人获各类非义务奖学金，15人被评为三好学生，18人被评为校级优秀学生干部。80余人担任班长或学生会、学生社团主要负责人，42人在学校运动会等各类文艺体育比赛中获奖，7人在北京市计算机作品设计大赛等省部级比赛中获奖，6人在全国大学生创业计划竞赛等国家级比赛中获奖。国防生集体第二次获得“感动北林”荣誉称号。 （汤宛地 金文斌）

【分配派遣】 2010年，毕业国防生70人中有14人保送研究生，6人考取研究生，3人被评为北京市高校优秀毕业生。毕业国防生分配到武警森林部队47人，其中内蒙古森林总队8人，吉林省森林总队3人，黑龙江省森林总队8人，福建省森林总队6人，四川省森林总队6人，云南省森林总队5人，西藏森林总队2人，甘肃省森林总队7人，新疆森林总队2人。分配到武警内卫部队和机动师部队33人。 （杨敬峰 金文斌）

【森林指挥部领导与国防生座谈】 11月9日，指挥部政治部徐元鸿副主任一行来学校与国防生座谈，重点围绕2010级国防生入学2个多月来在学习训练、教育管理等方面的收获感受以及愿望、建议等内容展开。 （杨敬峰 金文斌）

安全保卫工作

【概　况】 党委保卫部（处）是贯彻落实北林大党委、行政安全稳定工作任务的职能部门。2010年9月将原有3个科室调整为4个科室，分别是：综合管理科、消防安全科、治安交通科、保卫保密科。主要工作内容包括维护学校政治稳定、防火安全、综合治理、交通安全、应急处置、安全教育、科技创安、反邪教工作、国家安全、户籍管理。

2010年，北林大党委保卫部（处）深化责任管理等体制机制建设，完成全年维护校园安全稳定工作任务。学校荣获海淀区交通工作先进单位荣誉称号；保卫部（处）荣获北京市公安局集体三等功、北京市国家安全局首都国家安全工作先进集体等称号；7人次分别荣获市级、区级先进个人荣誉称号。

【综合治理】 北林大综合治理工作坚持“打防并举、标本兼治、重在治本”，认真细致落实各项工作，积极营造安全有序的校园秩序。

消防安全 制定《北京林业大学贯彻〈高等学校消防安全管理规定〉实施方案》，重新确定各二级单位的消防安全责任人和管理人，明确责任区范围，由点到线到面，实行网格化管理，使各级消防安全责任进一步得到明确。学校与各二级单位签订年度消防安全工作责任书56份；保卫部(处)对重点单位(部位)、实验室等进行安全检查32次，隐患排查13次，重点检查实验楼8次，下发整改通知书35份；8月份开始，聘请专业公司对北林大16栋楼的消防安全设施设备进行维修、维护保养工作，12月底共检修室外消防栓55个，室内消防栓1029个、水泵结合器23个、消防泵6套、设立标识牌12个、清洗维护消防探头5415个。

治安防范 针对新生入学时期，治安案件频发的规律，保卫部(处)每天对全校33个治安点进行监督检查，在各宿舍楼张贴“新生安全提示”30份，发放反诈骗宣传材料1000余份，邀请东升派出所警官对学生处、团委及各学院学生负责人进行电信诈骗防范专题讲座，向广大新生宣传安全防范知识，有效地减少治安案件的发案率。全年共接报治安警情64起，抓获嫌疑人7人。

交通管理 专门对大一、大二的学生进行交通安全教育，宣传交通法规，特别是发生在高校师生身上的交通事故案例，提醒同学行车走路时注意交通安全，增强自我保护意识；在全国人大政协“两会”和“五一”前，对全校的车辆进行统一检测，对所有驾驶员进行安全教育，并逐人签订安全责任书。按照上级的要求，消减30%车辆上路行驶。对大车司机进行重点教育，严格按条件选派，配合上级有关部门对司机“三见面、三把关”，督促司机严格遵守交通法规；严格长途用车审批制度，对假期外出的车辆实行严格检测，各项指标均完全达标，杜绝重大交通事故；整治校园交通秩序，加派人力清理二食堂、图书馆、林阴大道机动车和非机动车停放，维护校园交通秩序；办理机动车通行证，协助处理校园受损车辆的保险赔付等工作。

校园环境治理 保卫部(处)根据北林大关于开展校园环境综合整治，确保校园环境整洁的任务要求，结合实际情况制定工作计划，并按照计划开始逐步实施。在校园内以及周边共清理乱张贴、发放各类小广告289人次，没收广告13 759余份，清理乱摆摊位活动73人次、106起以及驱赶各类推销人员113人次、128起。劝解驱赶校南门外、林北路、西家属区等地小商贩336人次、124起以及遛宠物人员81人次、73起。

实验室危险物品监管 对北林大危险品的购买、使用、管理和销毁进行严格的审核、监督、检查；对所有使用危险品的单位进行定期检查，对管理使用危险品的人员进行培训。

外来人口管理 及时督促各二级单位做好外来人口管理，做到外来人员暂住证办理率100%，及时进行网上比对，办理暂住证213人。

户口和身份证管理 保卫部(处)积极与公安机关沟通，简化工作程序，方便广大师生。全年共办理新生户口校验核对和录入3519人；教工、随迁家属子女及子女报生上户120人；2010届毕业生户口迁出2321人；办理2009级学生身份证和照片采集3053人；年终核户12 063人；办理零散派遣改派、教工家属子女上户、退学学生迁移户口、补办迁移证等事宜1479人；接待身份证补办571人；零散身份证领取774人；零散毕业生户口迁移证领取638人；教工报到、迁出、子女报生及家属随迁等共计270人。

【安全教育】 针对2010年消防安全形势严峻的情况，保卫处加大消防安全教育培训工作。11月5日通过横幅、宣传展板、宣传橱窗、广播、网络等形式，广泛宣传消防安全知识；11月8日，保卫处邀请清河消防中队的警官对北林大近400名师生进行消防知识和消防灭火、逃生技能培训和现场演练，提高广大师生的安全防范意识和逃生技能；11月25日邀请消防专业人员对公寓管理员、中控值班员、保安员进行消防设施、设备操作和安全管理工作培训；发挥北林大安全教育专题网站的作用，开展网络安全教育，突出网络安全教育的时效性和广泛性。

【科技创安】 全面检修校园视频监控系统，维护所有楼宇的视频监控系统，确保100%完好 。学校安防控制中心全年共接警171起，查阅录像资料86次，通过监控录像提供线索查处案件5起。

【应急工作】 保卫部(处)制定重大敏感日校园维持稳定工作方案，实施24小时值班，加大校园巡逻力度，落实重点人管控措施，对重点要害部位进行看守，保障校园安全。特别是在全国“两会”、“3·14”、“6·4”、“7·5”及国庆校园维稳工作中，北林大党委按照上级部门的有关要求，结合自身工作实际制定维护校园安全稳定的工作预案，配合公安和安全机关开展工作，确保校园政治稳定。（郑文波　姜金璞）

离退休工作

【概　况】 截至2010年12月31日，北林大共有离退休人员751人，其中离休人员48人，退休人员703人。2010年新增退休人员19人，去世人员4人。离退休工作人员8人。

离退休工作处党委共有9个党支部，其中在职党支部1个，离休党支部1个，退休党支部7个，离退休党员共有268人，在职党员7人。

离退休工作处设有老年活动组10个，分别是唱歌组、舞蹈组、交谊舞组、棋牌组、乒乓球组、太极组、手工组、书画组、模特组和门球组。经常参加组织活动的离退休人员约300多人。

挂靠在离退休工作处的协会有关心下一代工作委员会、北林大老教授协会、北林大老科技工作者协会、北林大老教育工作者协会、《流金岁月》编委会等。

2010年走访、慰问老同志共199次，发放慰问金11万元(含慰问品)；离退休特困经费补助退休人员8人次，发放困难补助费4万元。2010年共举办形势报告、情况通报会、理论学习辅导报告等6场，共600人次参加；组织外出参观、健康休养和春秋游共6次，近600人次参加。

【党建工作】 深入开展创先争优活动。在北林大召开创先争优活动动员大会后，离退休工作处党委成立创先争优活动领导小组和办公室，根据离退休老同志的特点，确定了以“退而不休做奉献，创先争优当模范”的活动为载体，“四创三比”为主要形式，创建“五好”(支部班子好、党员队伍好、组织设置好、活动开展好、群众反映好)党支部和争当“三好”(学习活动好、教育后代好、家庭关系好)老党员为主要内容的活动方案。创先争优实施方案制定后，离退休工作处党委注意突出工作重点，做好实施方案的落实，狠抓支部班子和党员队伍建设，确保活动取得实效。

以“五好支部”为目标，加强党支部建设。首先是加强新一届支部班子的培训，组织参加北京市和北林大举办的支部书记和委员培训班，举办新老支部书记和委员座谈会，邀请相关人员进行党务知识讲座等；其次是过好组织生活，开展好特色活动。各支部能够坚持过好每月一次的组织生活，并开展“我为生态文明作贡献”主题党日活动；第三是做好“七一”评优表彰工作。离退休第六党支部获得学校先进基层党支部。韩熙春和任恒祺两位老党员被评为校级优秀共产党员，凌靖、卫荣斌、王宪成、程金水、张璧光、陈相林等7名党员受到离退休工作处分党委表彰，刘家骐获得北京教育系统关心下一代工作突出贡献奖。

以“政治坚定、思想常新、理想永存”为目标，加强党员思想政治建设。首先是开展学习型组织建设。分党委紧跟国家形势，为党员及时发放学习资料，发放《十七届四中全会学习辅导》、《国家中长期教育改革和发展规划纲要》、《中共中央关于制定国民经济和社会发展第十二个五年规划的建议》以及“建议”辅导读本等，使老同志及时了解国家有关政策规定；其次是深入开展形势政策教育，邀请北林大党委副书记周景教授、经济管理学院田明华教授和潘焕学教授为离退休党员做学习十七届四中全会精神辅导、低碳经济专题讲座和国内外经济形势报告等；第三是组织党员进行参观考察。结合老同志的特点，采取灵活多样、适合老年人身体状况的方式，安排有教育意义的参观游览活动，做到学习形式的多样化。分别组织党员参观宋庆龄故居和梅兰芳大剧院并观看京剧表演，共有200多人次参加活动；第四是充分发挥宣传媒体的教育作用。利用离退休工作处网站、《林苑红霞》简报、学校和离退休工作处宣传橱窗等媒体，及时宣传报道老同志中的先进典型、离退休工作处的近期工作、党和国家的方针政策等，使老同志及时了解到各级各类信息。离退休工作处网站被北林大评为十佳专题网站，王颖被评为优秀专题网站编辑。

【服务管理工作】 3月份召开离退休工作领导小组会议，传达国家领导人重要讲话精神和上级有关离退休工作的文件精神；总结了2009年离退休工作并汇报2010年离退休党政工作计划；针对2010年需要解决的离退休工作问题，相关职能部门就离退休工作中涉及到本部门的工作做了详细说明，并就如何配合落实好2010年离退休工作发表了意见，通过新的校领导联系老同志方案。充实和调整以校党委书记任组长，以主管书记和两位副校长为副组长的北林大离退休工作领导小组成员。

离退休人员生活待遇落到实处。2010年给所有离休人员增加了一所合同医院让离休人员可就近就医；2010年7月份开始，学校自筹资金为退休人员每人增加200元/月，离休人员每人增加100元/月，老同志和在职人员一样享受学校的过节费和防暑降温费，使得离退休人员的生活待遇能够根据经济社会发展水平相应得到提高；2010年北林大出售自建住房时，有103位老同志的住房条件得到改善；2010年5月份，北林大为全体离退休人员进行健康体检；重阳节为18位80岁的和2位90岁的老同志进行集体祝寿活动；北林大落实《关于调整离休干部特需经费标准的通知》(京组通〔2010〕13号)精神，调整了离休干部特需经费和参观工农业展览经费，增加到1600元/人·年。

离退休人员的文化生活活动开展得丰富多彩。《春之韵》节目获得市教育工委举办的“康乐晚年　激情飞扬”北京高校老同志健身风采展示活动最佳表演奖；组队参加了市教育工委分片“建友谊　同欢乐”文艺汇演；离退休人员手工组的30多件作品参加了北京教育系统离退休老同志手工作品展。5月份成功举办第十九届老年乐运动会，参加运动会的老同志有300多人，参加比赛700多人次。10月份在北林大老干部活动中心举办离退休老同志的书画作品展，展出作品近50件。成功举办2011年迎新春联欢会。举办首届北林大“健康之星”评选活动，评选出李农、陈燕芬、齐宗唐、卫荣彬、顾正平、刘家骐、周章义、夏祖延、高志义和刘纪昌等“健康之星”。出版《流金岁月》共12期，共刊登老同志文章42篇，分设往事钩沉、探索之窗、金色晚霞、似水年华、养生益寿、寄情山水、漫步诗苑7个栏目。该刊副主编离休干部陈燕芬被评为北京教育系统老有所为先进个人，其典型事迹在北京教工委网站上进行刊登宣传。

离退休工作队伍建设情况。组队参加市教育工委市教委举办的北京高校离退休工作人员培训班暨老干部工作政策业务及党建知识竞赛，总分获得北京高校第一名。离退休工作处党委承担的党建课题《以改革创新精神做好离退休思想政治工作，建设一支政治坚定、思想常新、豪情满怀的离退休队伍》在学校党建优秀成果评选中获二等奖。离退休工作处共总结5篇文章上报教育部老干部局和北京市教育工委，其中《丰富老同志活动　促进校园和谐》文章在教育部《老龄工作简讯》上刊发。离退休工作处的8篇文章分别在教育部《老龄工作简讯》、市教育工委《北京教育系统老干部工作动态》、市老干部局网站和市教育工委老干部处网站上报道。离退休工作处在职党支部开展“我为生态文明做贡献”主题党日活动，发放了“低碳经济”的各种宣传材料等。在职支部被评为离退休工作处党委先进党支部，龚学英被评为优秀共产党员，王颖和龚学英分别被评为学校巾帼标兵和巾帼之星。

【老教授协会建设】 2010年4月，老教授协会、老科技工作者协会和老教育工作者协会开展了国家中长期教育发展规划纲要学习研讨会，为学校的发展提出很多切实可用的建议。结合学校教改，召开各类座谈会，为教学改革出谋划策。承担学校的本科生和研究生教学督导工作。为北京市沟域经济发展出谋划策，撰写的5篇论文被收录沟域经济发展研讨会论文集。协会成员深入郊区县农村，为林农和村官解决实际问题。贺庆棠多次为首都高校讲授生态文明精品课。北林大老教育工作者协会获得北京老教育工作者协会杰出分会称号，贺庆棠获得杰出分会长称号，沈瑞祥和杨旺2位教授获得海淀区老科协特殊贡献奖，李镇宇、张璧光、宋廷茂获海淀区专家建议优秀奖，北林大老科技工作者协会获海淀区专家建议优秀单位称号。（曹怀香　宋太增）

工会和教代会工作

【概　况】 北林大教代会建立于1989年3月17月，截至2010年12月，已召开6届教代会，教代会执委会为教代会常设机构，二级教代会组织机构健全。北林大工会以维护教职工合法权益为本，围绕四项职能，即维护职能、教育职能、参与职能、建议职能开展工作。教代会以民主管理和民主监督为宗旨，在工作中依法行使审议建议权、审议通过权、审议决定权和评议监督权。两会工作相互依托、相互支撑。现设有专职工会干部9名，工会委员会、教代会执委会换届大会同步进行，简称“双代会”。

2010年校工会紧紧围绕学校“科学管理、提高质量、加快发展”的目标，以规范学校民主管理、促进和谐校园为主线，以帮助解决教职工最关心、最直接、最现实的问题为重点，开展工会各项工作。召开第六届教职工代表大会暨第十四次工会会员代表大会；落实党政工共建教代会制度，加强学校民主管理；以“科教之星”评选和教学基本功比赛为抓手，为青年教师成长成才搭台、铺路；开展教代会代表巡视工作，维护教职工切身利益；深化校务公开，落实行政主体到位，完善校务公开制度；进一步巩固教学评估成果，加强师德、职业道德建设工作；加强二级教代会建设，开展建家升级考核评估；积极开展女教职工、青年工作展示风采；打造教职工健康工程，促进和谐校园文化氛围；加强消费者合作社、教职工活动中心管理，为师生员工生活提供服务；举办丰富多彩的文体活动，丰富教职工的生活；坚持以理论创新推动工会工作创新，提升工会工作质量和实效，不断加强工会自身建设，完善机制、强化措施、务实创新、开拓进取，团结全校广大会员，为构建和谐校园作出应有的贡献。

校工会被评为2010年北京市教育工会先进单位、北京市总工会重点工作考核先进单位、工作创新先进单位，获得2010年北京市教育工会工作成果奖。

【第六届教代会、第十四届工代会第一次会议】 北林大第六届教代会、第十四届工代会（简称“双代会”）第一次全体会议于2010年6月2～5日在图书馆五层报告厅召开。会议的主题是：“以人为本，服务大局，凝聚人心，共建和谐。”会议的主要内容是听取、审议通过校长尹伟伦代表校行政所作的校长工作报告；听取、审议通过校工会主席周景代表两委所作的教代会、工会工作报告；听取、审议通过教代会提案工作报告；审议通过学校财务工作报告、工会财务工作报告、工会经费审查工作报告和工会福利费使用情况的报告；选举产生第六届教代会执委会、第十四届工会委员会、经费审查委员会委员。

【二级教代会工作】 根据《高等学校教职工代表大会暂行条例》的规定，工会承担教代会工作机构的任务。经主席办公会议研究决定，同意二级部门工会和二级教（职）代会提前换届改选。图书馆工会、自然保护区工会、林场工会、信息学院工会、工学院工会、理学院工会、后勤服务总公司工会、林学院工会、林大附小工会、人文学院工会、园林学院工会、继续教育学院工会、体育教学部工会、水土保持学院工会等二级部门工会，于5月15日之前进行换届改选工作。

【评选第二届“科教之星”】 北京林业大学第二届青年“科教之星”答辩会于9月2日举行。来自14个教学单位的24名青年教师参加答辩。最终评出北京林业大学第二届青年“科教之星”10名，分别是环境学院王辉、材料学院许凤、工学院张厚江、林学院张凌云、人文学院林震、生物学院夏新莉、理学院高伟、信息学院淮永建、生物学院谢响明、工学院阚江明。

【举办第八届青年教师教学基本功比赛】 北林大第八届青年教师教学基本功比赛于4月10日举行。此次比赛也是北林大参加北京高校第七届青年教师教学基本功比赛的选拔赛。比赛以“提高教学质量是学校教育永恒的主题”为主题，13个学院17名青年教师参加了比赛。本次比赛评出一等奖1名、二等奖2名、三等奖3名，优秀教师奖11名。同时还进行了最佳教案评选活动，共有34名教师参加，有10名教师获得最佳教案奖，24名教师获得优秀教案奖。

【评优表彰工作】 3月8日在图书馆五层报告厅举行庆祝国际劳动妇女节100周年暨“巾帼标兵”、“巾帼之星”表彰大会。“巾帼标兵”、“巾帼之星”获得者，部分职能部门领导、男教职工代表、学校女教职工委员会全体成员以及部分女教职工代表200余人参加会议。共表彰了13位“巾帼标兵”、29位“巾帼之星”。

6月17日在教职工活动中心召开了北林大2010年“师德标兵”、“职业道德标兵”评审会。学校“师德标兵”、“职业道德标兵”评审小组成员、各部门工会主席、教师代表和参评人员参加会议。大会通过无记名投票方式评选出生物学院康向阳教授、机关人事处全海研究员分别为“师德标兵”和“职业道德标兵”。李雄被北京市人民政府评为2010年北京市先进工作者。

9月10日在图书馆五层报告厅召开北林大2010年庆祝教师节暨表彰大会。各学院领导、教师、学生代表，30年教龄教职工代表，离退休教职工代表，各职能部处负责人及获奖者200余人参加了表彰大会。会议表彰了2009 ~2010年度获得省部级以上教学、科研获奖教师、北林大第二届青年科教之星获奖教师、北林大2010年师德标兵、职业道德标兵和北林大从事教育工作30年教职工的教师。

2011年1月10日，组织召开北林大工会2010年二级建家升级考核暨评优表彰会，会议表彰了模范教职工之家2个，分别是园林学院工会、信息学院工会；优秀教职工之家2个，分别是理学院工会、外语学院工会；先进教职工之家3个，分别是人文学院工会、机关工会、林学院工会；合格教职工之家2个，分别是环境学院工会、自然保护区学院工会。校级优秀工会主席5名，分别是机关工会主席张春雷、信息学院工会主席赵天忠、工学院工会主席霍光清、图书馆工会主席邵勇、林学院工会主席苏德荣；评选出教代会积极分子19人；优秀教职工之友19人；优秀工会干部19人；优秀工会小组长17人。

【社会实践工作】 7月13 ~17日组织以“让艰苦奋斗精神永放光芒”为主题的第十五次青年教师社会实践活动。考察团一行44人赴西南林业大学开展社会实践学习。学习西南林业大学实施校院二级管理的做法和经验，工会、教代会建设情况以及二级建家、二级教代会建设工作，工会在学校改革发展中的作用发挥，青年教师管理工作，校园文化建设工作，女工工作。促使青年教师了解社会，了解国情，不忘过去，珍惜今天，展望未来。

【培训工作】 10月9 ~16日，校工会常务副主席石彦君参加北京市教育工会组织的新上岗高校工会常务副主席赴上海学习培训活动。

11月19 ~20日举行为期两天的2010年干部培训会议。北京市教育工会主席张青山在会议上作《新时期工作面临的形势及未来发展思路》的报告，校长宋维明作《加强管理　提高执行力　全心全意依靠教职工办学》的报告，党委副书记全海作《围绕中心　服务大局　发挥工会、教代会作用》的报告，工会主席周景作《工会维权的理论、途经、方法与实践》的报告。

【教工活动】 8月18 ~21日组织31名从教30年的教职工赴山东海阳开展疗休养活动；9月25 ~29日举办教职工女子排球联赛。体育教学部获得冠军，机关二队获得比赛亚军，水保学院获得第三名；9月25日至10月14日，“北林科技杯”教职工男子篮球联赛在田家炳体育场圆满落幕。本次比赛北林科技荣获冠军，机关一队获得亚军，体育教学部获得季军；10月16日由北京市教育工会主办，北京大学、北京科技大学、首都师范大学、北林大、中国地质大学、对外经济贸易大学、中国传媒大学和北京电影学院协办的2010年北京高校青年教师联谊会在北京图片产业基地竞园艺术中心举行，北京市教育工会主席张青山、常务副主席刘欢和部分高校工会领导等出席联谊会并讲话，学校负责组织第四区域青年联谊活动；11月28日组织学校工会干部举行迎新年联欢会；12月29～31日走访慰问了学校老教授、老领导、大病困难教职工及家属。

【教工服务】 9月25日至10月15日，为258名教职工办理重大疾病投保手续，为1033人办理意外伤害保险，新增投保人员103人，投保金额共计51 108元，顺利的完成下半年的投保工作。

（赵晶泓 石彦君）

共青团工作

【概　况】 共青团北林大委员会（以下简称“校团委”）下设办公室、组织培训部、宣传部、文体活动部、学生科技创新教育部、生态环保工作部、学生二课堂素质教育中心、社会实践指导中心、学生会秘书处、社团理事会12个部门。人员编制11人，其中书记1人，副书记3人，各部、中心设部长（主任）1人。全校13个学院分团委，5个社团团工委，1个直属团支部。

2010年，校团委实施“理想信念教育、素质拓展教育、志愿服务、校园文化建设、团建凝聚”五大工程，重点加强团组织的自身建设，创新生态文明教育实践，提升志愿服务品牌。

团组织自身建设 下发《关于在全校基层团组织和团员团干部中深入开展创先争优活动的实施意见》，出台《加强团的自身建设意见》、《关于加强团干部队伍集体建设实施方案》6份文件，指导团建工作。选举增补团委委员。选拔学生干部担任团委相关部门学生负责人。开展学院分团委建设试点工作。在后勤服务总公司建立团支部。加强学习型团组织建设，举办北林团干部讲坛，进行专题理论研讨。实施“学院工作日”制度。

理想信念教育活动 举办北林大师生悼念青海玉树地震和甘肃舟曲特大山洪泥石流遇难同胞哀悼活动，发动青年学生捐款。推进青年马克思主义者培养教育，举办第二十一期学生团校新生班级团支部书记培训班。以“文明修身、健康成才”为主线，加强学风建设，举办“扬正气，讲诚信，促学风”系列活动，举办“北林大讲堂”系列报告。

推进素质教育 第七届“挑战杯”中国大学生创业计划大赛中，北林大学生作品获得金奖，学校获优秀组织奖。在第六届首都“挑战杯”大学生创业计划竞赛中荣获一等奖1项，二等奖5项，三等奖5项。立项185支暑期社会实践团队，“红色1+1”实践活动获北京市一等奖1项，三等奖1项，学校获优秀组织奖。学校获得2010年北京高校思想政治理论课学生社会实践优秀论文优秀组织奖，3篇论文获得二等奖。开展两期共青团就业创业学校培训班，共培训学员70名，开办两期爱心职业大讲堂。

生态文明教育实践活动 举办全国青少年生态环保社团骨干培训暨2010年绿桥、绿色长征活动。全国80余所高校生态环保社团和20个民间环保组织参加活动。制定“绿色校园，低碳生活”行为准则，开展绿色长征骨干志愿者培训，指导环保社团，组织“全国社区居民低碳行为意识调研”和“全国高校环保社团现状及发展趋势研究”。

志愿服务品牌活动 开展关爱农民工子女志愿服务活动，组织全校20多支服务队与10所打工子弟学校建立对接。2010年“五四”青年节，团中央书记处第一书记陆昊等领导专门参与北林大在海淀区前八家小学的关爱农民工志愿服务活动。组织2010级新生党员和优秀学生骨干开展“以新迎新”志愿服务。完成组建第十三届研究生支教团、西部计划志愿者招募选拔工作。

校园文化活动 参加北京艺术展演5个组别8个项目的比赛，艺术表演类作品荣获2个一等奖，3个二等奖，1个三等奖和1个纪念奖。摄影、绘画、设计等艺术作品荣获3个一等奖，5个二等奖，7个三等奖。

团学宣传工作 《人民日报》、《中国青年报》、《中国绿色时报》、《中国环境报》、《中国共青团网站》、《青年参考》等媒体广泛报道北林大活动。《北京团讯》刊登学校绿色活动通讯文章。（黄 鑫 于吉顺）

【绿色生态环保活动】 2010年4～12月，北林大以“高擎团旗 绿色长征”为主题开展首都大学生第十四届绿桥暨第四届全国青少年绿色长征活动。内容包括首都大学生绿色咨询、青春志愿林种植、发布“绿色北京，低碳生活”行为准则校园版、“心手相牵，绿色成长”农民工子弟学校环境教育、“绿色播种”环保创意创业大赛、建设“绿色北京，低碳生活”示范推广基地、“绿色中国”大学生科考调研等活动。

全国政协人资环委副主任张黎，共青团中央书记处书记汪鸿雁，国家林业局副局长印红，中央纪委驻国家林业局纪检组组长、国家林业局党组成员陈述贤，环境保护部总工程师万本太，北京市人大常委会副主任吴世雄，北京市政协副主席赵文芝，北京市政协副主席王永庆及共青团中央、教育部、环境保护部、国家林业局、首都绿化委、北京团市委等部门领导参加相关活动。雷佳、宋佳、白雪、奇志、肖钦、滕海滨、高崚7位文艺界和体育界人士当选为首都大学生绿色志愿大使。来自全国80所高校的114个青少年生态环保社团代表在北林大接受培训。“绿色播种”环保创意创业大赛共评选出55个优秀项目，总资助金额35万元人民币。暑期，北林大组织全国23所高校学生分七条线路开展为期1个月绿色长征活动，核心队员300多人，直接参与人数1000多人。

《人民日报》、《中国青年报》、中央电视台等媒体对北林大绿色生态环保活动进行多次报道。2010年6月30日第一百二十二期北京团讯以《传播绿色文化 引领生态文明 建设绿色北京 ——北林大团委开展绿色环保活动、建设绿色北京》为题对北林大团学组织开展的绿色活动进行详细介绍，团市委书记王少峰作了重要批示。2010年2月，校团委荣获中华宝钢环境奖宣传教育优秀奖。

【科技创新】 2010年，“梁希杯”大学生创业计划竞赛共收到作品139份，作品数量和质量都有显著提升。首都大学生第六届“挑战杯”创业大赛中，北林大团队获得金奖1个、银奖5个，铜奖5个，北林大获优秀组织高校奖。在9月26日举行的第七届“挑战杯”中国大学生创业计划竞赛决赛中，北林大张雅璇同学带领团队参赛的作品《北京节沃有限责任公司商业策划书》为学校首次荣获全国“挑战杯”竞赛金奖，同时北林大获大赛优秀组织奖。

在赛扶创新公益项目北京区评比中，北林大赛扶的“讲座控”社交网获得北京区最佳科技创新项目奖。在2010年赛扶中国创新公益大赛决赛上，北林大赛扶团队凭借运营的“爱心零币”、“影舞人生——袖珍人皮影”2个创新公益项目获得全国二等奖。

3～5月，北林大科技协会举办学生专业知识技能大赛，包括英语口语风采大赛、家具设计竞赛、植物认知竞赛、素描大赛、PS大赛和测量与遥感大赛等，覆盖全校各学院的多个专业。（姚 莉 于吉顺）

【社会实践】 6月下发《关于组织开展北京林业大学2010年暑期社会实践工作的意见》和《北京林业大学2010年暑期社会实践校级支持项目投标竞标实施方案》，以“北林青年践行科学发展，绿色学子共创生态文明”为主题，广泛动员各个学院，基层班级和团支部以及各级学生组织和社团积极参与。

院级确认185个立项团队，经评选校级支持项目5支，校级重点项目10支，校级项目17支，院级项目153支，其中获得市级重点团队8支，直接参与组团实践的学生2255人。

京内团队围绕“北京地区林权制度改革情况调查”、“北京地区‘沟域经济’开发与发展状况调研”、“北京地区种植养殖业发展状况调研”、“北京地区民俗旅游业发展状况调研”、“北京地区观光农业发展状况调研”、“北京地区生态治理环保成功案例调研”、“北京大学生村官创业优秀案例调查”7个主题开展社会实践活动，京外团队重点围绕“绿色长征主题实践团”、“服务社会主义新农村建设主题实践团”、“‘三个北京’志愿服务实践团”、“关爱灾区同胞帮扶实践团”、“农民工子女关爱行动实践团”、“博士服务实践团”、“返乡调研主题实践团”7个主题。

2010年，北林大继续深入推进2010年“红色1+1”活动，各学院积极组织，共有43个学生党支部与京郊农村党支部结对，开展共建活动。经过北京市委教育工委相关专家评审，北林大水土保持学院硕水保09-3党支部与大兴区西芦各庄村党支部结对共建开展的系列活动获北京高校“红色1+1”示范活动一等奖，环境学院低年级党支部共建活动获得示范活动三等奖，同时还有9个共建活动获得示范活动鼓励奖。北林大荣获2010年北京高校“红色1+1”活动优秀组织单位称号。 （杨实权　于吉顺）

【志愿服务】 2010年，北林大在志愿服务活动项目中重点做好关爱农民工子女志愿服务活动，同时完善志愿服务组织建设和管理体系，完成其他志愿服务项目及研究生支教、西部计划等常规项目。

重点做好关爱农民工子女项目。在学校团委的统一部署下，全校13个学院积极行动，有20多支支教服务队与10所打工子弟学校建立了志愿服务对接工作。活动内容主要有学业辅导、兴趣培养、环境教育、爱心捐赠、家教家访5个类别。2010年“五四”青年节，团中央书记处第一书记陆昊、书记处书记周长奎、北京市委常委梁伟等领导专门参与了北林大在海淀区前八家小学的关爱农民工子女志愿服务活动，并对学校志愿服务给与充分肯定。《中国青年报》共青视点栏目专稿《北林大注重志愿服务农民工子女机制建设》报道北林大关爱农民工子女志愿服务活动。

继续做好常规志愿服务项目。依托志愿者联合会，建立志愿者服务队，加强与志愿服务基地的对接和合作，开展日常志愿服务活动。2010年第十二届研究生支教团在完成培训后前往内蒙古开展为期一年的支教工作；完成第十三届研究生支教团组建工作；完成西部计划志愿者的招募、选拔和派遣任务。 （杨实权　于吉顺）

【艺术团和重点文化艺术活动】 北林大学生艺术团包括学生军乐团、民乐团、合唱团、舞蹈团、礼仪队、吉他协会、电声乐队、之洋话剧社、室内乐团9支社团，共计500余人，其中包括特长生173人，分布在学生军乐团、民乐团、合唱团、舞蹈团和室内乐团，2010年文艺特长生招生43名。训练场地主要在大学生活动中心、田家炳体育馆和12号楼地下室，聘任13位专业指导教师指导艺术团队。

学生艺术团以“红绿相映，全面发展”为特色，在弘扬校园文化精神，提高大学生审美情趣中发挥示范和辐射作用。2010年4 ~6月开展了“我与祖国共奋进，我与林大同成长”校园文化节，包括绿方程电声乐队高校摇滚乐北林专场演出、绿方程电声乐队第二届“为你而唱”专场演出、吉他协会专场演出、校公关礼仪队“cherish－珍爱”专场服装秀、校民乐团“雅韵轻吟 国乐飘香”专场音乐会、室内乐团室外专场演出、校军乐团“军乐华章”专场音乐会、之洋话剧社15周年专场演出及“五四”杯合唱、健美操、主持人大赛。年内举办大型文艺晚会3场，包括9月12日迎新音乐会、9月19日“我的大学”2010年迎新晚会、12月31日“飞向春天”2011年新年文艺晚会。民族艺术进校园1场，即11月21日北京市“心灵呼唤”残疾人艺术团专场演出。艺术团外出演出4场：9月26日、27日，包括合唱团、军乐团、室内乐团等在内的团队参加了“走进768社区”、“走进东王庄社区”的国庆演出、应邀赴北京协和医科大学演出。2010年开展“See You Sunday”文化艺术沙龙共15场。

在2010年第三届北京市大学生艺术展演活动中，北林大学生艺术团中舞蹈团、民乐团、合唱团、军乐团、室内乐团、之洋话剧社6个团队参加了包括西洋乐、合唱、舞蹈、戏剧在内的8个项目的比赛，荣获2个一等奖，3个二等奖和两个三等奖。其中民乐团《蜀宫夜宴》、《望果节之夜》荣获民乐合奏一等奖，舞蹈团的原创作品《水》荣获一等奖，军乐团《高雅序曲》荣获西洋乐合奏二等奖，室内乐团小合奏荣获二等奖，合唱团小合唱《The turtle dove》荣获二等奖，大合唱《古老的港口》荣获三等奖，之洋话剧社《最佳搭档》荣获戏剧三等奖。 （吴晓曼　于吉顺）

【社团组织和重要活动】 学生社团联合会是对校、院两级学生社团进行科学管理、全面协调、联合运作的学生组织，是以学生社团为基层单位的社团（团员）权益代表机构，以“团结社团、服务社团”为宗旨，肩负“管理、监督、服务”三大职能，负责学生社团的成立、注册、审计、评比以及注销等日常事务。2010年，北林大共有108支学生社团，其中新成立社团12支，注销3支，分思想政治、学术创新、文化艺术、环保公益、体育健康5大类。各社团团员合计16 720多人，开展活动千余次。

学生社团联合会活动 常规活动。3次社团成立答辩会，2次社团注销答辩会，优秀社团团支部评选答辩会，“十佳明星社团”评选，学生社团2010年暑期社会时间活动审批答辩会，学生社团团支书培训，第五届学生社团联合会延期调整大会以及2010年度社团风云人物评选。参与“五四”青年节“心手相牵·快乐成长”——北京共青团关爱农民工子女志愿服务行动，“低碳行动·骑行中国”启动仪式，“爱北京·青年汇”北京青少年社团文化节暨春光·青春嘉年华，青联杯2010全国青联界别登山比赛暨“阳光冬季·快乐鹫峰”嘉年华游园活动。特色活动：在北京市奥林匹克公园承办“绿色嘉年华·低碳你我他”首都大学生第二十六届绿色咨询活动，举办“缤纷乐园游·共舞狂欢夜”灵舞之夜大型元旦露天舞会。

主要社团活动

思想政治类社团 辩论与演讲协会举办第十五届“绿叶杯”新生辩论赛；天行者读书与实践协会承办北林读书月系列活动；经济观察者协会举办“爱心慈善义卖·捐助特殊儿童”学习用品慈善义卖活动。

学术创新类社团 计算机与网络协会举办电脑技术现场咨询会及计算机义诊和重装系统、网页制作等的一系列讲座；百奥生物协会举办“心系玉树·情满人间”压花大赛、“世界动物日”活动周系列活动、百奥科普知识竞赛；北林大赛扶承办大学生创业课堂(北林站)活动；天文学会举办北林天文科普周系列活动、“路边天文”活动。

文化艺术类社团 英语地带举办天天晨读活动；粤港文化协会举办迎亚运万人签名活动、粤语歌唱大赛；闽台文化协会举办承办京津高校海峡两岸知识竞赛(北林赛区)活动。

环保公益类社团 山诺会举办野外知识技能大赛、“拥抱自然，聆听物语”自然体验活动；和谐家园志愿者协会举办“学雷锋”志愿宣传活动；红十字会学生分会进行“夏日·爱”关注残障儿童暑期志愿服务活动；彤心社举办北京高校社团爱心交流会。

体育健康类社团 北林大网羽协会举办“心羽心愿”北京高校羽毛球联赛暨支教系列活动、“新生杯”羽毛球赛、“院系杯”羽毛球赛、北林大网球公开赛、承接“李宁杯”全国羽毛球锦标赛助理裁判工作；北林大武术协会参加首都高校第十一届传统养生体育比赛并获优异成绩。

绿手指环境保护者协会的地沟油变肥皂项目获得“联想杯”全国大学生环保创意大赛全国十强称号。 (姚 莉 于吉顺)

【北林大学生会】 北林大学生会是在校团委具体指导下，开展学生工作的学生群众组织，是全国学联委员单位、北京市学联主席团单位。长期以来，校学生会以“立足本职，服务同学”为宗旨，引导全校同学进行自我教育、自我管理、自我服务、自我约束。学生会现有会员1.2万余人，学生会干部377人。

开展思想引领教育活动，加强社会主义价值观教育。组织广大同学对“10·24”英雄群体事迹进行学习，倡导见义勇为，弘扬社会正气；“两会”召开期间，深入学习政府工作报告，引导广大青年关注社会时事、提升政治素养；抗日战争胜利65周年之际，带领学生干部走进抗日战争纪念馆，回顾革命历程，引导广大青年关注历史、观察社会、提高觉悟。同时结合时代特点，成立“登天网络工作小组”，以校园学生论坛为平台，把网络作为了解同学思想的新途径，及时全面地把握广大同学思想动态，为学生工作的开展提供有力保障。

打造系列精品活动，丰富校园文化生活。2010年，学生会在文化体育方面打造了一系列精品活动，包括5月15日“北林食博会，食尚心滋味”第五届饮食文化节，5月16日第五届学生烹饪大赛，5月17日“高山流水觅知音”第二届传统文化节，11月13日“大学，让生活更美好”“瞬·shine”摄影摄像大赛等文化活动；3月20日“我的麦，我主宰”主持人大赛，5月9日“爱在你我之心，同唱绿色家园”、“五月的花海”合唱比赛，6月20日首届露天“再回首”毕业生嘉年华，10月校园十大歌手赛，12月31日，2011年“飞向春天”元旦文艺晚会，2011年“团团圆圆”元旦舞会等文艺活动，5月23日健美操大赛，“一二·九”越野赛等体育活动，并全面参与北林大春季运动会等体育赛事。

维护青年权益，服务青年健康成才成长。定期召开校、院两级维权工作会议，广泛倾听同学诉求；在继续开展“维权回音壁”、“归璧”等特色活动的同时，不断思索维权工作方式的创新；进一步加强网络平台建设；11月3日开展“面对面”——职能处室领导与学生代表座谈活动，反映同学心声；进一步健全基层班级联系人制度，使诉求反馈渠道更加畅通。

深入开展志愿服务，扩大志愿服务内容和范围。组织开展“三·五”志愿者周系列活动，传承北林大的志愿服务精神；开展“一条鱼”支教活动，关爱农民工子女，引导青年将志愿服务理念融入贡献社会的实践中；动员全校同学参与“青春志愿林”植树活动，为绿色生活、低碳生活而努力。

加强自身建设，增强组织活力。11月21日召开北林大第二十八次学生代表大会，进一步提升组织的凝聚力和战斗力，更好地立足本职、服务同学。（杨实权　于吉顺）

管理与服务

发展规划

【发展规划制定及执行情况】 2010年，学校全日制本科生招生3398人，毕业3064人，在校生13 079人；全日制研究生招生1328人(其中学术型学位硕士913人、专业学位硕士173人、博士242人)，毕业1009人(其中学术型学位硕士829人、博士180人)，在校全日制研究生3905人(其中学术型学位硕士2736人、专业学位硕士251人、博士918人)。全日制在校本科生和研究生共16 984人。

获国家、省部级和社会科技奖励12项，其中国家科技进步二等奖1项。梁希科技论文奖共17篇；1人获霍英东教育基金会第十二届高校青年教师奖。申请发明专利122项，实用新型21项，新品种登记11项，软件著作权登记39项。获得授权发明专利28项，实用新型3项，植物新品种权20项，软件著作权登记5项。以北林大为第一作者单位且为责任(通讯)单位发表论文被SCI检索系统收录115篇、EI收录149篇。全年科研项目合同经费1.1亿元，全年到位经费1.7亿元。

森林计测学获批国家级精品课程；新增3个国家级特色专业建设点、2个国家级教学团队、2个北京市优秀教学团队、2名北京市教学名师。

获得全国优秀博士论文提名奖1项，北京市优秀博士论文奖1项，林学博士后流动站被评为全国优秀博士后流动站。学生参加全国大学生数学建模竞赛、全国大学生英语竞赛、全国大学生数学竞赛、全国大学生电子设计竞赛等大型学科竞赛，获得国际一、二等奖各1项，全国特等奖3，全国一等奖22项，全国二等奖54项，全国三等奖108项，北京市一等奖7项，北京市二等奖15项，北京市三等奖16项。

专任教师达1079人，具有高级专业技术职务的640人，其中教授196人，占师资总数的18.16%；具有硕士以上学位的881人，其中博士学位558人，占师资总数的51.71%。

新增北京市工程技术研究中心1个，申报北京市重点实验室1个，完成3个教育部重点实验室(工程中心)的评估验收工作。

【"十二五"发展规划情况】 根据《国家中长期教育改革和发展规划纲要》精神要求，学校组织制定"十二五"总体发展规划及人才培养、学科建设、师资队伍建设、科学研究及校园建设等专项规划。组织开展13个学院规划的编制与校内专家论证，提出对规划目标、规划内容、具体指标以及实施路径、资金预算等的具体要求。

【统计工作】 组织完成了各项统计报表的编制和上报工作，包括上报教育部2010/2011学年初高等教育基层统计报表；上报教育部校办企业2009年度财务决算报告、2010年度每月的财务情况快报；上报教育部2010年高等教育招生计划执行情况快报及2011年研究生招生计划；上报北京市海淀区统计局2009年关于北林大的财务状况、能源消耗、劳资情况统计表等统计报表的年报及2010年定期报表。上报北京市教委校办产业管理中心校办企业2009年度报告。

共审核合同18份(类)，涉及的学院与职能部门有科技处、成教学院、教务处、人事处、生物学院、信息学院、保卫部等，主要内容有教学科研基地建设、技术合作、校园安全、林场林地纠纷、联合办学(农推协议)、校企合作、校地合作等。

(向文生　马履一)

校务管理

【概　况】 学校校务管理工作主要由党政办公室承担。党政办公室是校党委、校行政的综合办事机构。下设综合管理科、文秘科、信息科，档案馆、收发室、电话室3个单位挂靠办公室。

2010年，党政办公室围绕学校质量效益年的主题，按照党政工作要点所确立的工作目标，坚持服务中心、服务领导、服务部门、服务师生的宗旨，协调上下、沟通左右，认真做好组织协调、督查督办、调查研究、信息报送、信访接待、对外联络、公文处理、档案管理、重要活动组织、综合事务管理以及领导交办的其他工作。

2010年，党政办公室在迎接第六次北京市党建和思想政治工作先进普通高等学校评选中负责材料接待组工作。参与完成主报告、特色报告及书记、校长汇报讲稿的起草及PPT的制作，收集整理涉及12个单位近600份材料，完成了迎评期间的接待、会务等组织工作，确保学校获得北京市党建先进校。党政办公室组织学校工作会议、开学典礼、毕业典礼、新生运动会等大型会议，牵头完成教育部和国家林业局共建三所林业大学、校领导班子调整宣布大会、基建重点工程签约等重大活动的组织工作，接待了教育部部长袁贵仁、国家林业局局长贾治邦、科技部副部长曹健林等多位省部级领导先后来校视察和调研；完成中国林业教育学会、中国风景园林学会、福建省林业厅、赤峰市林业局、华南农业大学、南京林业大学、西南林业大学、西南政法大学、北京农学院等团组和兄弟高校的检查、交流活动。

2010年，党政办公室参与完成的理论中心组成果获得北京高校党建优秀成果一等奖，主持申报的党务校务公开联动的成果获得学校党建优秀成果二等奖。全年办公室成员在《中国林业教育》等学术期刊上发表论文近10篇。

（丁立建　张　勇）

【综合事务管理工作】 完成学校总值班室的全年24小时值班工作，在重要敏感日、节假日坚持强化领导带班、值班制度，认真严格做好印信管理、公务接待、会议安排、会务服务、车辆调度、会议室管理等日常工作。全年为各类合同、申报材料、证书、证明等用印58 423个，综合楼会议室预约审核使用950次，维修电话700余次，办理电话移机业务100余次，新装电话90部。收发各类报刊、信件、包裹20余万件，为全校师生提供及时周到的服务。认真完成学校法人证书、组织机构代码年检工作，修订校领导及各单位负责人电话表。加强用印规范，严格执行印章使用登记、审核制度；充分利用OA办公系统，科学管理会议室，实现了网络平台上学校各类会议查询、预定、审批的高效有序管理，不断加强会议服务工作。（欧阳汀　张　勇）

【文书文秘工作】 全面完成学校重要文稿的起草工作，包括校行政班子述职报告；学校与企业、高校、市县等合作文本的起草、修改及相应协调工作。全年编写各类大型活动领导的讲话，搜集整理更新全校各类领导小组名单。全年制发学校文件136件，其中党发文20件，校发文100件，党政办发16件。全年流转各类上级来文和校内文件2000多件。（杨金融　张　勇）

【信息工作】 2010年，学校向教育部报送《北京林业大学师生踊跃参与教育规划纲要公开征求意见工作》、《北京林业大学高度关注谷歌公司退出中国内地事件》等近20篇学校情况反映，在教育部年终各高校信息采用情况的排名上，北林大排名第五十八位。全年共向教育部、北京市委教育工委、北京市教委报送紧急信息4篇，无迟报、瞒报、漏报现象发生。2010年编发《领导信息参考》4期。（刘继刚　张　勇）

【办公自动化工作】 进一步普及和优化OA系统，充分运用系统主要功能，全年通过OA系统流转完成来自全校各部门的199份校级文件，共审核并组织或安排各类会议903次，会议室利用率和会议审核效率得到提升。

（刘继刚　张　勇）

【信访工作】 全年共处理来信13份，接待信访群众7人次，积极妥善处理好网上书记留言本、校长信箱的反映的各类问题，及时督办领导信访批示。接听、处理大量反映问题或对学校改革与建设提出建议的来电、来访。各种信访均得到妥善解决，没有产生矛盾，群众对处理结果比较满意。（欧阳汀　张　勇）

【信息公开工作】 成立学校党务、校务、信息公开领导小组，统筹领导三公开工作，设立党务、校务、信息公开委员会，分别承担党务、校务及信息公开工作。制定和印发《北京林业大学信息公开实施办法(试行)》以及信息公开工作规范和流程等文件，启动信息公开网和信息公开意见箱，整合校务公开栏为党务、校务、信息公开栏。制定和下发《北京林业大学关于进一步推进院务公开工作的实施意见》，就院务公开的领导体制和工作机制、内容和重点、实施要求、考评与监督提出明确要求。（杨金融　张　勇）

【年鉴工作】 3月，《北京林业大学年鉴(2009卷)》正式出版。3月18日召开年鉴首发式及年鉴2010卷工作启动会，制定《北京林业大学年鉴年度工作先进评选标准》，对在年鉴2009卷工作中表现突出的单位和个人进行表彰，评选出年鉴工作先进单位11个，先进个人11名，先进单位提名奖13个，先进个人提名13名。

调整年鉴2010卷的目录框架设置，突出学校事业发展的新进展，编制《年鉴编辑手册2010卷》；严把质量关，加强对年鉴组稿、编校环节的控制，完成《北京林业大学年鉴(2010卷)》的组稿和三次审校工作。（刘继刚　张　勇）

人事管理

【概　况】 人事工作主要承担北林大人员编制的规划和管理、机构设置；负责教职工调配和离退休审批及办理手续；制定人才队伍建设规划，开展各类人才队伍的引进补充、培养培训和使用考核；负责各类岗位的设置和聘用；制定和执行学校教职工薪酬及福利待遇政策，缴纳在编和非在编用工人员社会保险；制定和执行教职工奖惩办法，并组织各类优秀人才的选拔推荐及管理；负责教职工长期公派和因私出国的审批；负责对口支援项目人员接收培训和人员派出；负责全校临时用工的计划管理。

2010年，人事处继续贯彻人才强校战略，加大人才引进和培养工作的力度，正式签约中组部“千人计划”邬荣领教授来校工作。作为北林大学术委员会秘书单位，全面组织开展校级和院级学术委员会制度建设和换届选举工作。

【机构设置调整】 新成立北京林业大学综合服务公司。新成立挂靠机构2个：北京林业大学苗圃和树木园管理办公室挂靠在教务处；北京林业大学经费监管中心挂靠在计划财务处。

【师资和教职工队伍】 2010年，全校新增各类人员62人，各类减员26人。截至2010年年底，全校在册教职工人数1651人。按岗位类别划分：管理岗位314人，工勤技能岗位87人，专业技术岗位1250人。专业技术岗位中，专任教师岗位1079人(其中专职辅导员教师43人)，其他专业技术岗位171人。专任教师岗位按岗位级别划分，聘任高级专业技术岗位640人，占59.3%；中级专业技术岗位375人，占34.8%；初级及以下专业技术岗位64人，占5.9%。按学位划分，全校教师中具有博士学位563人，占52.2%；具有硕士学位318人，占29.5%；具有学士学位193人，占17.9%。按年龄划分，全校教师31岁以下的140人，占13.0%；31～40岁的461人，占42.7%；41～50岁的347人，占32.2%；51～60岁的118人，占10.9%；60岁以上的13人，占1.2%。

【专业技术岗位聘任】 2009年度岗位聘任工作于2009年12月启动，2010年3月完成。经学校聘任领导小组最终审批通过，教师系列共110人晋级聘任至新岗位，其中1人聘任至教授二级岗，2人聘任至教授三级岗，5人聘任至教授四级岗，6人聘任至副教授一级岗，24人聘任至副教授二级岗，44人聘任至副教授三级岗，28人聘任至讲师一、二级岗；非教师系列共84人聘任至新岗位，其中2人聘任至正高级岗，4人聘任至副高一级岗，3人聘任至副高二级岗，27人聘任至副高三级岗，20人聘任至中级一、二级岗，14人聘任至中级三级岗，4人聘任至初级岗；工勤系列2人聘任至技术工二级岗(技师岗位)。以上人员新岗位聘期均从2010年1月1日起，至首轮全员聘任聘期结束。

2010年新聘请5名国内外知名专家学者担任兼职(客座)教授，聘任到期12人，截至2010年年底，共有19人担任学校兼职(客座)教授。2010年新聘担任兼职(客座)教授5人。

姓名	国籍	工作单位	职务(职称)	聘任单位
Valerie LeMay	加拿大	加拿大UBC大学林学院	教授	林学院
Peter Marshall	加拿大	加拿大UBC大学林学院	副院长、教授	林学院
刘国良	加拿大	加拿大森林生态技术咨询有限公司	博士	林学院
李锦育	台湾	台湾屏东科技大学水土保持系	系主任、教授	水保学院
Jack Saddler	加拿大	加拿大UBC大学林学院	院长、教授	材料学院

【人才引进】 2010年3月与“千人计划”特聘教授邬荣领签订聘任合同。2010年引进美国北卡罗来纳州立大学、美国农业部林业局教授孙阁为学校“梁希学者”特聘教授。

【人才培养】

新教师岗前培训 9～12月组织开展新教工教育理论培训工作，48名新来校教师报名参加培训。培训内容包括《教师职业道德修养》、《高等教育法规概论》、《高等教育学》、《高等教育心理学》和《教学技能技法》5门课程。培训方式分面授和网络培训两种，其中《教学技能技法》为面授，其他4门课程为网络培训。培训考核结束，33名学员获得岗前培训结业证书。

学历教育 2010年，19名教职工在职新获取学位，其中取得博士学位12人，取得硕士学位5人，取得学士学位2人。

教师进修 2010年接受各类进修人员17人，其中“西部之光”访问学者3人，新疆少数民族科技特培骨干学员2人，“质量工程”对口支援进修学员3人，教育部青年骨干教师国内访问学者4人，一般访问学者5人。

骨干教师培养 2010年11月，北林大启动中青年教师培养子项目，经审核及专家评审共有98名教师在《青年骨干教师国家公派出国研修项目》、《青年骨干教师国内访问学者项目》、《青年骨干教师在职学位提升和课程进修项目》、《新进教师科研启动基金项目》、《青年教师学术论文资助项目》、《优秀中青年教师教学资助项目》、《中青年教师学术交流资助项目》、《国家精品课程师资培训项目》8个项目中获得资助，资助金额近280.8万元。2010年“211工程”三期建设资助教师参加各类骨干教师培训、国际会议、发表学术论文等共计73人次，金额达31.2万元。

教师资格认定 2010年，25人通过北京市教委高等学校教师资格认定。

【职工管理】

职工考核 根据国家有关岗位设置管理和人员聘用工作的政策要求，北林大2010年度考核按照被考核人所聘岗位类别开展，教师岗位人员(不含辅导员)根据《北京林业大学关于教师专业技术岗位职责、聘用条件和考核办法的暂行规定(2008年修订版)》由各教学科研单位结合岗位职责自行制定考核办法，其他人员按照本岗位系列考核办法及岗位职责进行考核。2010年1658名教职工应参加学校年度考核，考核结果为优秀的284人，合格的1324人，基本合格的1人，不合格的2人，因公派出国等原因不确定考核等级或未参加考核的47人。

二级人事代理 2010年新入校人员除引进人才外均签订了人事代理聘用合同书，聘期统一为4年。根据《北京林业大学关于对新增人员实行人事代理制度的规定》(北林人发〔2007〕29号),2007年来校的19名教职工于2010年聘用合同到期,聘期考核结果均为合格,其中7人因已聘任至高级专业技术岗位,不再实行人事代理,其余12人获4年续聘,签订了《北京林业大学人事代理人员聘用合同续订书》。此外,2009年考核基本合格的1名教职工1年试聘期满,经考核合格也获4年续聘。

劳务派遣 2010年度劳务派遣人员中,1人因工作调动与学校结束派遣关系。截至年底,学校共有在聘劳务派遣人员6人。

【人事调配】 2010年新增人员共62人。其中专任教师37人,实验技术人员5人,其他专业技术人员2人,学生口及辅导员7人,管理人员11人。新进专任教师37人中,按学历学位划分:具有博士学位33人,占89.19%,具有硕士学位4人,占10.81%;按来源分:引进人才1人,占2.7%,留学回国3人,占8.11%,其他单位调入3人,占8.11%,出站博士后3人,占8.11%,应届毕业生27人,占72.97%;按学缘结构分:22人来自非本校的"985"、"211"高校院所。新进5名实验技术人员中100%具有研究生学历,其中留学回国硕士1人,博士学位1人,硕士学位3人。

2010年调出人员共5人。

为9名教职工申请解决配偶户口进京问题,10人获批准调动户口。

【工资与福利】 2010年,全年在职职工工资总额13458.2万元,年末正常发放人员1671人;全年离退休费总额3088万元,年末正常发放人员749人。2010年岗位变动调整工资标准330多人次;根据2009年年终考核结果,晋升薪级工资1488人次。

2010年办理后事17起,发放抚恤金等各项补助共计47.33万元。发放防暑降温费53.91万元、三节补助112.53万元。

【社会保险工作】 截至2010年12月,学校共有1979人参加北京市失业保险、工伤保险,其中424名合同制工人和非在编聘用人员参加基本养老保险,356名编制外聘用人员参加基本医疗保险。2010年,全年缴纳失业保险费117.2万元(含单位缴费、个人缴费),工伤保险费41.24万元。合同制工人和编制外聘用人员养老保险费268.59万元(含单位缴费、个人缴费),非在编聘用人员基本医疗保险费42.97万元(含单位缴费、个人缴费)。

【离退休工作】 2010年退休教职工19人,其中教师退休5人,干部退休10人,工人退休3人,工人退休至社保1人。退休人员如下:

李发顺　沈秀萍　任　琳　吕雪娥　吴金英
田　芸　李凤兰　武晋安　张同洲　王进亮
韩琳琳　胡宝玉　金幼菊　吴　燕　钱秀玉
朱逸民　隋艳苓　范玛莉　蓝　平

(刘尚新　张　闯)

财务管理

【概　况】 计划财务处是北林大一级财务机构,在学校财经领导小组领导下,统一组织、全面负责学校的各项财务管理和会计核算工作。设置财经管理中心和财务核算中心,分设财经办公室、基建科、计划科、核算科、结算科、综合管理科。现有职工22人,其中高级职称4人,中级职称10人,中级以下8人。

2010年计划财务处在预算管理、会计核算、资金筹措、财务制度建设、专项经费管理、支出管理、学费管理、工资公积金管理、服务意识强化等方面开展工作,同时在"二上二下"部门预算编制、新预算拨款制度的实施、组织售房收入、校长经济责任审计、小金库治理、税务评估等方面取得进展。

【预算管理】 计划财务处于2010年6月准备2011年部门预算资料,于7~8月期间编制并向财政部、教育部报送2011年"一上"预算,教育部根据"一上"预算下达学校2011年预算指标及部门项目经费,11~12月依据"一下"的预算控制数编制并报送了"二上"部门预算，学校2011年收支规模也基本确定。2011年的收入预算内容主要为本科生生均拨款、研究生经费拨款、离退休人员经费拨款、住房基金拨款、中央修购经费拨款、合理预计的科研经费拨款、教育事业收入、科研事业收入、基建计划等。

2010年财政部、教育部明确了中央高校新的预算拨款标准，2011年正式实施。新标准在老标准基础上总体提高15%，学校教育事业经费拨款相应提高。学校在预算拨款实施中作为试点高校之一对学生培养成本、收支结构等影响因素进行了详细测算与分析，为制度制定提供了数据及科学的依据。

【财务核算与管理】 学校实行"一级核算、二级管理"的财务管理制度，基建项目由基建会计科单独核算。学校财务实行统一收支计划、统一规章制度、统一资源调配、统一业务领导、统一管理校内经济活动，维护学校正常的财经秩序。2010年计划财务处严格依照国家财经法规和学校财务管理办法，认真组织开展财务核算工作，完成教育事业费、科研经费、财政专项经费、公费医疗、基建经费、小学、校友会等经费核算工作。

截至12月25日，累计完成凭证超过3万份，超过2009年全年的25 267张凭证，增幅在20%左右，每个工作日来财务报账人次保持高位态势。

1. 全年科研总收入16 500万元，总支出14 000万元，完成科研收支核算与经费管理及科研审计等。

2. 截至12月25日，累计发放支票及汇款等银行业务（含国库银行）15 529笔，超过2009年全年的12 551笔，增幅达24%，截至12月10日，日常现金流量（含国库现金）突破1亿元，超过2009年全年的7208万元，为增幅为39%。

3. 全年门诊药费报销达4320人次、住院费报销达到330人次、较2009年同类报销3978人次及270人次增幅在10%以上，预计全年公费医疗支出1200万元，较2009年的1029万元增加171万元。

4. 截至2010年12月20日累计支取公积金达1060人次，较2009年677人次增长56%。

5. 截至12月20日，已完成会计凭证装订1752册，超过2009年全年的1696册，账本和行政文档数量比2009年有较大增长。清理、销毁了1995年事业财务记账凭证。

【科研经费管理】 截至12月底各类科研经费到账金额已达15 320万元，比2009年同期增长18%，为配合科研经费拨款单位财务检查及科研结题审计，计划财务处协同科研处对新立科研项目进行精细化管理探索，要求科研项目的实际支出与科研预算支出基本保持一致。

配合科研处及会计师事务所对大量科研项目进行中期检查及结题检查。全年接待科研各类审计、检查超过50批次。特别是2010年的7~8月份，"十一五"科技支撑审计有关事务所陆续进驻校园，对北林大20余项科技支撑课题进及相关子专题进行结题审计。

【校长经济责任审计】 4~5月受教育部直接委托，北京中天恒会计师事务所进驻学校，对2005年1月至2010年4月期间经费收支情况、财务风险事项、重大项目申报、资金执行情况等进行全面审计，计划财务处派专人全力配合，圆满完成审计工作。

【收费管理】 2010年，北林大学生的学费收缴率达99%以上，全面完成年度收费预算。2010年共收到学费、培训费、住宿费等12 500万元。2010年共从中国银行取得助学贷款1127万元，贷款学生1889人，生源地贷款金额114万元，贷款学生190人。

【"小金库"治理】 北林大在教育部治理"小金库"工作领导小组直接领导下，继续加大对"小金库"的清理工作，从银行账户开设、票据管理规定、非税收入管理、国有资产处置、严格财务核算和加大监督管理方面，提出治理"小金库"有关政策要求和工作规范，将"小金库"纳入日常监督管理工作中，定期报送"小金库"自查自纠快报，建立健全制度、管理和监督"三位一体"的长效防治机制。

【售房收入组织工作】 计划财务处组织专门人

员参与售房收入收取、核算及基建支出工作，截至2010年12月20日，已累计收取房款净额13 700万元，房款的及时收取为售房工作的顺利开展提供了良好地财务支持。

【国库集中支付】 截至11月底，20 002万元的国库基本支出已全部执行完毕，同期教育部76所直属高校中基本支出执行完毕的有28所，项目经费由于诸多原因执行偏慢。2010年通过国库集中支付下达的资金达36 447万元，占学校总收入46%，实际支出28 961万元，占到北林大总支出的37%。

【偿债工作】 2009年，北林大作为教育部第一批试点高校获得15 600万元的化债资金，极大地减轻了学校的资金负担，2010年按照上报教育部既定化债方案，继续优化学校债务，利用自有资金1200万元归还银行贷款。

【业务研究与培训】 2010年6月组织全校67名财会人员参加国务院机关事务管理局举办的会计基础知识和工作规范、企业财务制度和计算机知识的培训。2010年11月组织校内8名高级财会人员在国家会计学院参加2010年财会人员继续教育的培训。

【纳税缴税】 及时、足额上缴税款，同时计划财务处统一对学校年薪超过12万的教师进行纳税申报工作。

2010年3 ~6月，海淀区国税局、地税局继续对学校2005 ~2010年年度的企业所得税、个人所得税、营业税、房产税、土地增值税等税种进行了全面评估，计划财务处大力配合，依法申报，顺利完成税务评估各项工作。

【制度建设】 重视会计基础设施建设，为提高整个学校的财务服务水平，更新计划财务处网站，实现学校财务制度、管理办法、财经动态、财务报告、各单位经费支出账、报销凭证等财务信息的网上查询、网上打印功能，方便教职工办理财务报销手续；同时及时公布科研经费到账情况，方便老师认领。 （于志刚 刘 诚）

审计工作

【概 况】 审计处是学校内部审计机构，主要职能是依照国家法律、法规、政策以及上级部门和学校的规章制度，对学校及所属单位有关经济活动的真实、合法和效益行为进行独立的监督和评价。主要业务范围包括财务收支审计、专项经费审计、经济责任审计、基建修缮工程审计、科研经费审计等。2010年，审计处组织配合各类审计62项，审结59项，在审3项，审计总金额18 766万元，出具审计报告39份，其中经济责任审计4项，审计金额4771万元；财务收支审计4项，审计金额4771万元；修缮工程审计28项，审计金额2280万元；专项资金审计11项，审计金额6230万元；科研经费审签11项，审签金额170万元。

【经济责任审计与财务收支审计】 2010年，审计处共完成经济责任审计项目4项，审计总金额4771万元，出具审计报告4份，分别为校期刊编辑部主任颜帅、经济管理学院院长刘俊昌、生物科学与技术学院院长张志翔、研究生院常务副院长马履一任中经济责任审计。同时，对上述4个单位的财务收支情况进行审计，重点审查被审计单位国家财经政策执行及内部控制制度情况、财务收支及专项经费使用情况、重要资金和固定资产的管理使用情况，审计总金额4771万元，出具审计报告4份，促进被审计人员及单位进一步规范财务管理、健全内部控制制度。

【基建、修缮工程结算审计】 2010年，审计处对校园绿化、道路改造、楼房屋面防水粉刷、供暖节能改造、北林宾馆装修、东办公楼及留学生公寓楼改造等28项修缮工程进行审计，审计总金额2280万元。审计重点是各项目审批手续的健全性，维修资金使用的真实性、合法性以及项目招标、合同、协议的执行情况。

【基建工程全过程审计】 2010年按照《北京林业大学建设工程和修缮工程全过程审计实施办法》的要求，审计处将审计监督的关口前移，对标本馆布展、教工住宅、学研中心和征地拆迁等4项工程采用全过程审计方式进行监督审核。

标本馆布展工程 标本馆布展工程已出具竣工结算审计报告，送审金额544万元，审定金额501万元，审减金额43万元。

教工住宅工程 在对教工住宅工程造价前期进行审核的基础上，审计处于2009年4月成立教工住宅项目审计小组，进驻住宅施工现场，实施现场跟踪审计，参与完成进度款和洽商变更审核，对各种专业分包项目招投标文件、设计文件、合同、清单及标底进行审核，参与设计加层施工预算审核和材料询价，并定期参加基建审计沟通会和工程监理例会，了解项目进展情况，合理控制工程造价。

学研中心工程 5月，学校通过公开招标方式确定北京金马威工程造价咨询有限公司为学研中心工程全过程社会审计公司。审计处组织成立学研中心项目审计小组，参与并完成学研中心工程施工前期设计概算、招投标文件审核、工程量清单编制审核、标底编制及清标工作，为学校施工合同签订及施工过程管理提供审计意见，使基建工程造价管理从"事后审核"向"事前预防、过程审核"转变。

征地拆迁工程 9月，学校通过招标确定北京永达信工程造价咨询有限公司为征地拆迁工程全过程社会审计公司。审计处组织审计公司对周边两公顷多土地征地拆迁工作进行全过程跟踪审计，重点审查拆迁政策法规的执行和补偿标准制定，审查相关招投标文件、合同，参与各个控制环节和工作流程，负责该项目财务决算审计和造价审核工作，在合理、合法的前提下控制工程造价，保证项目的顺利完成。

【专项资金审计】 2010年为配合学校三期"211工程"建设项目中期检查，审计处对学校"211工程"三期建设项目开展专项资金审计，审计总金额6230万元，重点审查资金预算执行的真实性、合法性、效益性，并对资金预算执行情况进行客观评价，提出管理建议，提高各参管单位和子项目负责人的资金效益意识，为"211工程"三期建设项目总体验收顺利通过做好准备。

【审计制度建设与业务咨询】 2010年，审计处根据学校仪器设备采购实际情况，制定《北京林业大学仪器设备采购审计办法》，在加强宣传的同时，推进制度落实，进一步推动审计工作程序化、制度化、规范化进程。另外，审计处前移工作思路，将事后监督转变为事前控制，对有关部门的招标文件、工程预算、合同等重要文件进行审核，提供合理化建议，对主动加强投资控制，促进各项目科学规范管理，防范经济风险起到积极的建设性作用。

【审计培训】 2010年，审计处多次参加高校财务审计、工程管理审计培训班、研讨会，学习掌握最新的审计政策和理论，为开拓审计思路，更新审计观念，提高审计工作质量提供理论基础，并定期召开处务会，加强内部经验交流与沟通，规范审计工作程序、提高审计工作水平。

（李　文　杨宏伟）

设备管理

【概　况】 实验室与设备管理处负责学校重点实验室(工程中心及野外观测站)的建设与管理，教学、科研等仪器设备的购置及管理工作，下设实验室建设与管理、设备计划、设备采购3个科室及公共分析测试中心，其中公共分析测试中心分为：质谱室、色谱室、光谱室、显微室、生物技术室和精密仪器室6个分室，服务于学校的教学和科研。

2010年以公共分析测试中心为核心的校院两级开放共享平台初步建立，建立了北京林业大学大型仪器设备资源共享平台，实现了网上预约，大型仪器设备使用率明显提高。校院两级开放共享平台的相关制度建设深入推进，为教学科研提供了优质服务和坚实保障。仪器设备购置前的论证得到进一步加强，形成以公开招标和政府采购为主的仪器设备采购管理模式。进一步加强仪器设备采购计划的论证，坚持10万元以上的设备进行可行性论证。汇总审核了优势学科创新平台第一和第二季度采购计划，召开专家论证会，提出可行性建议，有效减少了重复购置和盲目购置。（甄晓惠　万国良）

【固定资产管理工作】 截至12月14日，北林大共有仪器设备类固定资产47 608台件，价值52 177万元，其中教学科研设备42 389万元，占81%。2010年，新增设备7455台件，价值9609万元，增加18%，其中用于为教学科研的为8863万元，占92%。10万～40万元的大型仪器设备121台件，2511万元，占26%，40万元以上的30台件，2522万元，占26%。

2010年，仪器设备维修经费支出208 901元，报废收入55 300元。协助财务处向教育部申报销账612万元。（范朝阳　万国良）

【大型仪器设备共享】 2010年，完成修购专项公共分析测试平台项目400万元仪器设备的购置计划，论证并购置遗传工作站、荧光实体显微镜等一批大型设备，提高了测试水平和显示度；购置XRD高温样品台、气相色谱和液相色谱自动进样器等一批配件，完善了现有仪器设备的功能；购置拟南芥培养箱、摇床、灭菌锅等一批配套设备，进一步完善现有的分析测试体系。

扎实做好大型仪器设备效益评价工作。40万元以上大型仪器设备2009～2010学年比2008～2009学年效益评价分值有很大的提升，平均分值从47.7分提高到70.9分，良好率从30%提高到71.7%。

申报通过教育部高等学校仪器设备和优质资源共享系统"十一五"建设项目子课题校际互通项目的评审，获得建设经费20万元，预计2011年初到位。通过该项目的建设将会有效的促进大型仪器设备开放共享平台的建设，提高建设水平。

认真维护好大型仪器设备资源共享网站，及时更新相关新闻并解答问题。通过电话和网络解答关于分析测试方面的问题。网站全年点击次数15 476次，访问IP3663个。

（范朝阳　万国良）

【信息化建设】 仪器设备综合管理系统经过半年多的运行，于12月20日进行再一次整体升级。这次升级，采用二维码电子签名，维修、报废、调拨等业务，完整实现网上办理，增加身份代理功能，决策支持系统也正式上线，用户能够方便、快速、直观地了解仪器设备的总体情况。

通过信息系统的建设，初步组成一支仪器设备管理员队伍，仪器设备的管理更加的规范化、合理化和科学化，办事流程得到简化，管理和服务水平有效提高。（范朝阳　万国良）

【分析测试平台建设】 2010年，分析测试中心建立中心网页，规范中心的内部管理程序，加强分析测试流程和收费管理；广开渠道，拓展分析测试市场，充分发挥"校级共享平台"的作用，进一步发挥大型仪器服务科研、教学、社会的作用，取得显著效果。

2010年，对原有仪器设备进行功能升级及配套设备的配置与改造，投入资金近100万元；完成3台(套)到位大型仪器及配套设施的安装、调试与培训工作；2010年，中心33台(套)仪器的对外服务和教学测样约1.2万个，使用总机时23 172小时，共接待测样约700多人次。目前扫描电镜、激光扫描共聚焦显微镜、热脱附－气质联用仪、原子吸收光谱仪等的对外服务效果好，得到检测者较高评价，目前各仪器运行正常，确保了分析结果的准确性和稳定性。承担研究生课程《仪器分析Ⅰ》和《仪器分析Ⅱ》，总课时120学时，选课总人数156人。（孙月琴　万国良）

【设备采购】 2010年，设备采购招标设备5328万元，政府协议采购设备1380万元，其他零散采购设备2314万元，采购金额总计9022万元，比2009年同期增长22%。

采购经费大体分为4部分，其中"211工程"计划采购1100万元，"修购专项"计划采购近1200万元，"985"计划采购近3000万元。其他基地、科研、办公费和自筹等3722万元。全年办理外贸免税金额4325万元。

（刘　洋　万国良）

【科研楼运行情况】 科研楼于2007年6月开始启用，目前，科研楼已成为北林大科研工作和研究生培养的重要基地，同时还是学校对外展示的重要窗口。科研楼每天接待实验研究人员(含研究生)约1500人次，全年接待上级领导和国内外专家学者的参观指导13个批次。

科研楼楼内使用面积8000平方米，实验室涉及生物科学与技术学院、林学院、园林学院、环境科学与工程学院、材料科学与技术学院和自然保护区学院。楼内现有重点实验室：林木育种国家工程实验室、森林培育与保护教育部重点实验室、国家花卉工程技术研究中心、北京市污染水体源控与生态修复技术工程研究中心。

科研楼1层设有北林大分析测试中心。该中心是一个完成高水平科研项目的重要实验平台和公共服务体系。面对校内外提供分析测试服务。 (程　迅　万国良)

基建与房产管理

【概　况】 基建房产处承担学校基本建设和房地产管理工作，下设综合科、工程科、房地产管理科和人防办公室。主要工作有制定基建及房地产管理规章制度、组织工程项目招投标、工程施工管理、周转房管理、房补发放等。

2010年，北林大基本建设主要集中在苗圃住宅工程、学研中心工程和征地3项重点工程。房地产管理主要做好新建及腾退住房配售工作、房补的发放、物业费及供暖费的报销核算、周转房的管理。

【教工住宅工程】 1~2月完成教工住宅工程防水工程招标工作。3月3日教工住宅工程正式开工。5~6月完成教工住宅工程中水工程招标工作。7~12月开展教工住宅配电箱柜招标工作。9月10日教工住宅工程完成地下结构部分施工。10月取得教工住宅加层部分规划许可证。12月27日举行教工住宅工程封顶仪式。

【学研中心工程】 6月9日取得学研中心项目土地预审意见。9月开展学研中心工程招标代理公司招标。10月取得学研中心工程规划许可证。10~12月开展学研中心施工总承包单位招标工作。10~12月开展学研中心监理单位招标。12月27日与中建二局第三建筑工程有限公司签订学研中心施工总承包合同。12月27日与北京建工京精大房建设监理有限公司签订学研中心监理合同。12月27日举行学研中心工程开工仪式。

【征地工作】 1月21日举行校园东区六道口处20公顷多土地(学11号、12号楼南侧和第二教室东侧三角地两部分)征用签字仪式。7月8日取得学11号、12号楼南侧土地所有权证。10月进行三角地拆迁项目招标代理工作。11月4日取得三角地《建设用地规划许可证》。12月开展三角地拆迁项目拆除单位招标。

【工程档案及统计工作】 完成2010年基本建设投资计划及教育部、北京市统计局基本建设月报工作。完成《校园“十二五”基本建设规划》编制。

【售房工作】 本次申请购买新建及腾退住房的职工共有1400位，实有798位职工的住房进行调整，住房条件将得到改善。其中有319位职工购买苗圃新建住房，有477位职工购买腾退住房，有2位离退休职工调整住房。3~5月对第一轮申购住宅职工的信息进行三榜公示。4月25日、26日第一轮申购住房职工选房。5月8~12日对第一轮腾退住房进行入户评估。6月2~17日对第二轮申购住宅职工的信息进行三榜公示。6月19~20日与购买苗圃教工住宅职工签订购房合同，并办理相关手续。6月23日开展离退休职工调房工作。7月6~8日第二轮申购住宅职工选房。9月18~20日对第二轮腾退住房进行入户评估。

【房地产管理】 共安排住宿60人，其中新教工43人，人事处西部之光人员10人，科研助理7

人；发放住房补贴共计1011.79万元；发放供暖费和物业费共计1 703 125.33元。

【内部管理工作】 制定《工程变更管理办法》、《基建工程各类款项支付管理办法》、《基建过程文件形成会签制度》和《施工进度管理办法》。进一步完善《基建房产处会议制度》和《基建房产处工作人员守则》。（孟凡君 李亚军）

总务管理

【概　况】 总务与产业管理处成立于1998年，现有事业编制职工13人，非事业编制职工28人。下设节能办公室、环境科和管理科。主要工作内容：节能管理、校园环境建设、校园维修、办公用房管理；代表学校，作为甲方负责监督管理综合服务总公司的工作。

2010年总务工作主要围绕校园环境改造、基础设施维修、日常能源管理、办公用房调整、校园绿化美化等工作开展，继续推进节约型校园建设，为学校师生员工提供安全舒适的工作、学习环境。在学校招标领导小组的领导下，做好学校修缮和招标组织工作。（许红芹 王立平）

【节能工作】 制定学校能源管理规划及节能技改方案，管理监督能源使用及其运载设备、设施的运行，做好能源数据统计分析以及水电暖费用的收缴工作。

2010年，全校年用水量79.1万吨，支付水费321.8万元；年用电量2050.5万度，支付电费1009.4万元；年用天燃气660万立方米，支付燃气费1403.4万元。2010年收回学生宿舍、经营性单位等水电费283.8万元。

准确把握国家和北京市节能政策，争取各项经费补贴，节约开支。5～6月争取住建部、财政部节能检测平台经费，申报经费约1000万元；6～7月争取海淀区节能减排专项经费，申报经费约200万元；11月争取海淀区居民供暖补贴，预计补贴资金170余万元；11～12月争取到海淀区全额经费支持，对学校进行全面能源审计，摸清学校用能状况，为制定学校“十二五”节能规划提供依据。

推进节能技改工程。3～4月，全校更换节水龙头2000只，节水率50%，预计每年可节水1.5万吨；对全校36台电梯进行节能改造，节电率37%，预计每年可节电36万度；依托校内学科优势，完成图书馆中央空调自动化节能控制系统的课题研究、探索浴室热水热量回收系统革新改造。

持续推进绿色照明工程，更换国管局补贴的5万支T5灯管转换支架，预计每年可节电219万度；7～8月将图书馆阅览室照明线路进行了分区改造，按照功能和使用时间不同进行管理，可节约照明用能20%。

校内锅炉房燃气供暖节能改造，实施气候补偿控制、终端用户室温采集系统、管网计量采集系统、管网分区分时分温控制系统、热网水力平衡系统、一次循环水泵节电改造等措施，并加强对供暖智能化节能系统的管理，强化培养专业操作人员，对供暖智能设备及网络通讯进行全面检修、校正，对分时分温系统进行深入分析，合理制定各楼每天各个时段的供暖温度，提高节能效果。北林大外供暖小区面积达11万平方米，11月与外供暖小区物业达成收费意向，保证收费率在90%以上，有效保障了学校的利益。

（徐 军 王立平）

【校园环境建设工作】 负责全校绿化美化、校园公共区域的卫生保洁、垃圾清运。承担全校19万平方米的绿化养护工作、44.4万平方米的室外保洁和1.2万平方米的室内保洁任务。

绿化美化工作 2010年完成校园绿地全年的基础养护任务，组织开展春季补植和新品植物引种、病虫害防治、草坪修剪、树木移植、浇水施肥、枝条冠型修剪、清理落叶、树木冬季防寒保护、枯死危险树木报伐等基础养护工作。春季补种草坪3500平方米、绿篱300延米，种植宿根花卉200平方米、乔灌木170余株，引种了鹅掌楸、金山绣线菊、丛生紫薇、羽扇豆、八宝景天、红狼尾草等多个新品种植物，保证了校园绿地的完整性和绿化景点的美观性。

实施校园景观的绿化和庭院改造工程，在体育馆南侧和图书馆西侧道路种植鹅掌楸行道树；对半导体西墙外的绿地进行绿化改造，新种植冠幅达两米的大叶黄杨球和修建规整的大叶黄杨绿篱；在校园的各个绿地边角布置近10处的景石组合小品，以大小不同、形状各异的景石配以凤尾兰、马蔺、黄杨球等植物做出小景观。

完成学校运动会、毕业生离校、新生开学等重大活动及节庆期间的校园环境整顿和花坛的设计摆放工作。其中以“庆祝建国61周年”为主题的“祖国万岁”国庆花坛和以“迎中秋庆佳节”为主题的“祝福金秋”中秋花坛，在海淀区组织的节日花坛评比活动中，荣获三等奖。

与林学院地理信息系统学科联合，建立了北林大校园绿地电子信息档案及管理系统，为校园的植物配植、绿地改造、景观规划等提供了详实的依据和科学的指导。

2010年，北林大被评为2010年首都义务植树先进单位，王谦被评为首都绿化美化工作积极分子。

环境卫生工作 采取分区划片责任到人，随时检查，全天保洁。对学生食堂、公寓等重点部位，加强日常管理与检查，杜绝乱贴乱画现象。

提升保洁工作的专业化程度。2010年继续与北京可莱林环境科技发展有限公司合作，完成学校教学办公楼保洁工作。对日常的环卫保洁工作勤检查、严管理，抓细节，保证质量，提高保洁服务档次，创造良好的学习办公环境。

结合季节特点，适时开展夏季灭杀蚊蝇、秋季清理绿地、冬春季扫雪铲冰等工作，并长期开展清理小广告、爱国卫生宣传等专项工作。

（王　谦　王立平）

【校园维修】 负责全校公共设施、设备运行日常维护；制定学校全年重点维修项目计划及相关工程实施安排，根据《北京林业大学维修改造实施管理办法》、《北京林业大学维修项目实施细则》、《北京林业大学修缮和服务采购招投标实施细则》，完成维修工程项目的方案论证、可行性分析、经费预算与结算、重点工程的招标、质量管理与监督验收等工作。

校园景观调整与改造工程。对学校银杏大道银杏复壮暨人行道进行改造及对学生7号楼和10号楼之间的树木进行更换；维修改造科贸楼，改善北林大科技园硬件条件；配合学研大厦建设三通一平工作，搬迁学研大厦基坑内原校内东配电室，将基坑内供暖、供水管线和高压电缆全部迁移出；配合实施国家花卉工程中心小汤山基地温室、地热泵、围墙等建设工作，协调与邻近地界村民关系，使围墙得以顺利建设并争取逾700平方米田地使用权；利用学校六道口回征土地上的原有建筑，改造4000余平方米办公用房及时投入使用；拆除工学院苗圃实验室、印刷厂屋面原有防水层，新做找平层及防水；主楼消防管线维修；配合实验室与设备处进行温室大棚改造工程的招标及工程实施；配合审计处进行了校园景观改造工程、温室工程等大型工程的审计工作。

代表学校作为甲方，负责重新修订与综合服务总公司的日常散修合同，进一步明确了职责范围，重点抓好报修体系的落实，确保报修渠道畅通，提高维修质量和服务水平。

（李　庆　王立平）

【办公用房管理】 负责全校办公、教学、试验、科研用房使用的规划、调配。

标本馆建成启用，将生物、林学、水保、材料4个学院分散于各个楼的标本室全部整合，进入标本馆，由学校统一协调管理；主楼12层原标本室腾空房分配给自然保护区学院，面积400平方米，主楼两层腾空房140平方米分配给环境学院，为学院发展提供硬件空间；成教学院和校工会搬至北林附小学旁的新办公楼，成教学院面积480平方米，工会140平方米；主楼1层及12层腾空房共计160平方米，作为学校引进人才房屋使用，纳入专门管理。

5～6月对全校各院及相关单位的房屋使用情况进行统计；8～10月对三教、四教、11号楼、12号楼地下室房屋情况做摸底调查；11月对全校房屋数据又进行整理，对新增楼宇的平面图和用房数据进行录入，完善了房屋数据库。

（王　毅　王立平）

产业管理

【概　况】 北林大校办产业主要委托北京林大资产经营有限公司(以下简称资产公司)经营和管理。资产公司主要职能是根据学校委托授权，依照有关政策规定，对学校出资的国有经营性资产(包括有形和无形资产)的产权关系进行管理监督，维护学校的权益，确保国有资产的安全、完整，实现国有资产的保值、增值；负责学校高新技术成果转化、产业化的实施以及对北林大科技园的管理。2010 年在原有校办产业北京林大林业科技股份有限公司、北京北林宾馆、北京北林印刷厂、北京京林加油站的基础上新增加 2 家公司即北京林和物业管理有限公司和北京北林科技园有限公司。2010 年资产公司进一步加强校办产业经营管理工作，各企业运行平稳，校办产业总体经济实力增强，2010 年校办产业总收入 50 500 万元；上缴学校红利 1200 万元。

2009 年年底，校办产业和资产公司在教育部 72 所高校和 68 所资产公司中，资产总额分别以26 106.51万元和 25 872.49 万元排名 37 位和 23 位；年总收入分别以 38 802.22 万元和 38 514.83 万元排名 26 和 16 位；利润总额分别以 4472.95 万元和 4468.17 万元排名 22 位和 14 位。校办产业在教育部直属高校中各项指标的排名不断提升，影响力增强。

【科技产业管理】 2010 年资产公司进一步推进科技产业规范化建设工作，强化校办产业现代企业制度建设，完善企业的“三会”制度(股东会、董事会和监事会的相关制度)、财务审计制度、“三重一大”制度、企业负责人廉洁从业制度、内控制度等重点规章制度。9 月 20 日在北京交通大学召开的北京市高校校办企业制度建设工作专项自查互查工作会议中，北林大资产公司规章制度体系建设健全，重点规章制度执行严格，取得较高的评价。

10 月，资产公司会同北林大招生就业处起草制定《北京林业大学学生创新创业教育与创业管理实施办法(试行)》，《办法》鼓励大学生以各种形式积极参与创新、创造、创业活动，并规范管理学校大学生创业的相关活动，明确资产公司下属的科技园公司负责协调创业园内创业项目的运营和管理工作，积极为学校产业的发展服务。

12 月，资产公司会同北林大科技处起草制定《北京林业大学科技成果转化管理办法》。《办法》对学校科技成果种类及其转化方式作出明确的界定，规定转化程序，明确学校、学院、技术持有人以及资产公司(科技园公司)在科技成果转化工作中的责权利。

【北京林大资产经营有限公司】 北京林大资产经营有限公司是由北林大出资设立的法人独资有限责任公司，对北林大授权经营的国有资产承担保值增值责任，注册资本人民币 3000 万元，主要经营业务和职能是国有资本、股权的经营和管理。公司按照产权清晰、权责分明、校企分开、管理科学的现代企业制度运营，肩负起三大职责：一是代表学校管理、营运所投资企业的股权和经营性资产，确保国有资产保值增值；二是统一规划校办产业的发展，促进高新技术成果的转化，孵化科技企业，创办具有教育特色和智力资源优势的企业；三是统筹管理、整合资源，推进学校科技产业化工作。

6 月，资产公司出资 100 万元注册成立全资子公司北京林和物业管理有限公司(以下简称物业公司)，物业公司下设总经理办公室、客户服务部、安保工程部、品质管理部 4 个专业服务部门，为下属物业项目提供综合性服务。负责北林大一教、二教、三教、四教、综合楼、标本馆、实验楼、科贸楼、东办公楼、留学生公寓、北林科技 10 余处物业和苗圃锅炉房供暖运行服务工作。物业公司现有员工近 30 人，专业技术人员 4 人，管理人员 6 人。

7 月，资产公司为学校科技园提供更加规范高效的运营平台，出资 1000 万元注册成立全资子公司北京北林科技园有限公司(以下简称科技园公司)。科技园公司主要为全校师生科研成果转化、科技创业提供服务平台，科技园公司按照现代公司治理结构管理和运作，承担园区的建设与运营、科技成果转化和科技企业孵化、科技产业投资三大主要职能。科技园公司自成立以来，完善科技园的制度建设和管理服务，完成“入园项目条件和程序”、“入园优惠条件和政策”、“园区基金管理办法”、“校名校标在科技活动中的使用管理办法”、“北京林业大学科技园管理办法”等规章制度的起草拟定，为科技园实行规范化管理打下良好的基础，保证科技园持续快速发展。

2010 年，学校投入近 300 万元完成对科技园(科贸楼)主体的维修改造，改善科技园区的硬件条件，腾出 500 平方米场地用于大学生创业基地建设，促进学校大学生科技创业。

2010 年，资产公司协助科技园入园企业向北京市中关村管委会、海淀园申请专项资金 190 万元：一是产学研合作示范基地专项支持资金 90 万元；二是海淀区促进重大科技成果转化一次性奖励 100 万元。

【北京林大林业科技股份有限公司】 北京林大林业科技股份有限公司(以下简称北林科技)是以北林大作为主要发起人的高科技股份公司，拥有住房和城乡建设部核发的城市园林绿化一级施工资质，控股子公司北京北林地景园林规划设计院有限责任公司和深圳北林苑景观及建筑规划设计院有限责任公司均获风景园林甲级工程设计资质。北林科技获得国家高新技术企业资格认证，是北京市工商局和园林局核准的守信企业，具有进出口权，拥有科研成果专利授权 48 项，植物新品种权 6 项。

北林科技主营业务涉及园林绿化工程施工与养护管理、园林规划设计；建设项目环境影响评价；高中档盆花、花卉与盆景、花卉种苗(种球)生产与销售、花卉装饰服务；提供园林绿化与造林优质树种、种苗、各类草种、花种、园艺资材；进出口代理服务、技术培训与咨询服务等。

北林科技于 2010 年 5 月获得环境保护部核发的环境影响评价乙级资质，并顺利通过 ISO9001：2008 国际质量管理体系、ISO14001：2004 环境管理体系、GB/T28001 - 2001 职业健康安全管理体系 3 项认证的监督审核。北林科技负责施工的中央财经大学沙河新校区园林绿化及景观一期工程 C10 地块被北京市园林绿化局评为 2010 年度精品工程。

2010 年，北林科技成为中国风景园林学会、北京中关村企业信用促进会会员单位，被北京市农村工作委员会认定为北京市农业产业化重点龙头企业，连续第四年被北京市园林绿化企业协会评为守信企业，被商务部国际贸易经济合作研究院评为 AAA 级诚信企业，被北京企业评价协会评为 2010 年度北京市信用企业，被北京中关村高新技术企业协会评为 2010 中关村高成长企业 TOP100 获奖企业。

北林科技现有职工人数 184 人，比 2009 年增加 25%，其中博士 5 人，硕士 19 人，本科 71 人、大专 34 人，大专以上科技人员 86 人，占职工总数 47%。北林科技在职人员现有高级职称的 15 人，中级职称的 34 人，初级职称的 52 人。截至 2010 年底，北林科技(含子公司)总资产超过 3 亿元，净资产将近 1.3 亿元，2010 年主营业务收入近 5 亿元。 (徐 军 蔡 飞)

后勤服务

【概　况】 后勤服务总公司(以下简称公司)经专业化管理整合后设有的部门为：行政部、财务部、饮食服务中心、学生公寓中心、幼儿园。公司承担着学校的餐饮、学生公寓、幼教、超市后勤服务工作，拥有固定资产 949 万元(不含房屋建筑和公寓家具)，2010 年毛收入达 5800 万元。公司共有正式工 35 人，劳务派遣本科生 3 人，合同工 475 人(包括合作经营餐厅员工 170 人)，其中具有大学学历 18 人，大专学历 26 人，正高职 1 人，副高职 2 人，中职 13 人。

管理平台 完成内部审核和管理评审，通过中安质环认证中心监督审核，根据 ISO9001：

2008 版标准，修改升级为 C 版 ISO9001 质量管理体系文件。通过海淀区卫生局卫生 A 级量化复验评级，通过一级一类幼儿园复检验收。

改善条件 公司自筹资金共投入 190 多万元改善后勤服务条件，其中饮食服务中心投入 110 多万元用于西区食堂东西两侧四座楼梯的更新，把原学校垃圾中转站改造为饮食中心库房，对所有食堂油烟净化系统进行维修、清洗，对学一食堂彩钢板房进行墙体加固，更新食堂部分灶具及消毒柜等；饮食服务中心利用暑假期间投入 30 多万元对员工宿舍进行改造维修，新购置电视 22 台，更新部分床具；幼儿园投入近 50 万元食堂扩建、改造玩具房、更换部分门窗、添置大型玩具。学生公寓投入近 55 万元校拨经费用于学生宿舍楼的日常小修及维护、为学生宿舍楼制作疏散图、配备微波炉、添置更新垃圾车、垃圾桶，购置投影仪、电脑等办公设备等。

队伍建设 继续利用多种形式开展劳动法规、ISO9001 标准 C 版、职业道德、文明礼仪、消防安全、业务技能及饮食卫生知识等培训，饮食服务中心举办第十届技术等级考核暨全员烹饪大赛(共有 125 人次参加)，主办并参与伙专会协作组举办的大锅菜比赛，取得团体第一名、个人第一名和第三名。5 位幼儿教师在 2010 年海淀区教育局举办的“童心杯”有奖征文活动中获三等奖。

民主管理 定期召开例会听取学生对后勤服务的意见和建议，参加学校及各院系的学代会，解答有关提案，举办食堂开放日活动，组织学生志愿者体验炊管人员工作与公寓服务人员工作活动，在食堂设立学生值班经理岗位和学生勤工俭学岗位，与学生会举行文体联谊活动，与校学生会联合举办饮食文化节评选最佳食堂、十佳菜肴、十佳员工和举办学生烹饪大赛(3000 多学生参与)。由学生评选文明食堂、十佳炊事员、十佳菜肴、优秀宿舍管理员、优秀保安、最有人气电梯司机、优秀保洁员。编辑“伙食简报”、“公寓简报”，在网上进行学生意见答疑，邀请学生代表参加伙食原材料采购工作。幼儿园与家长开展家园共育活动，公司共发放 6000 份调查问卷主动征求学生和幼儿家长的意见和建议，2010 年后勤服务的满意度测量达到 87.3%。

党建工作 后勤直属党支部共有正式党员 18 人。通过听报告、讲党课、看光盘、召开专题会议等形式对党员干部员工加强廉政教育及职业道德教育，提高廉洁自律意识和拒腐防变能力，并与实体负责人签订“廉政建设责任书”。

校际交流 2010 年共有华北电力大学、北京师范大学、北京交通大学、中国政法大学、中国矿业大学、北京工业大学、首都师范大学、广西大学等 20 多所京内外高校前来参观学习。

获奖情况 后勤服务总公司直属党支部被校党委评为先进党支部，后勤服务总公司被学校评为党风廉政建设先进单位，后勤服务总公司干部本年度共撰写发表论文 6 篇，完成教育部及市教委委托的大量研究任务，为指导高校后勤管理作出了积极贡献。王春被海淀区教委评为海淀区管理创新先进个人。 (刘鹤　赵相华)

【饮食服务中心】 饮食服务中心负责全校师生的餐饮保障工作，下设办公室、采购部、维修部、总库房、微机室 5 个部门和学生一食堂、学生二食堂、学生三食堂、清真食堂、呱呱餐厅、沁园餐厅、莘园餐厅 7 个食堂餐厅以及食品部。拥有员工 341 人，其中学校编制正式工 8 人，人事派遣正式工 3 人，中心所属合同工 170 人，合作经营餐厅员工 160 人。员工中有技师 5 人，高级厨师 60 人，中级厨师 50 人。中心全年营业收入 4000 万元，承担全校两万名师生员工的餐饮服务。

稳定伙食价格 继续贯彻实行精简高效、强化管理、节能降耗、严格核算、品种调剂、合理用工等措施，坚持倒挂成本补贴办伙举措，顾全大局动用往年积累补贴 165 万元，保持饭菜价格基本稳定。

联合采购 组织学校伙食原材料采购小组参加第十二届北京高校伙食原材料联采活动，认真开展 4 次单品种“二次招标”工作，按照“质量第一、价格第二、安全卫生一票否决”的原则，全年共签订办伙物资采购合同 1400 万元。

烹饪大赛 11 月份举办第十届炊事技术等级考核暨全员烹饪大赛，共有 125 人次参加(其中合作经营餐厅 8 人)，比赛项目包括主食、副食、冷荤、切菜，考核成绩与员工岗位、报酬挂钩。

更换一卡通 配合学校财务处、信息中心完成对售饭系统的更新，更换为一卡通售饭，保留现金充值服务。

迎检和团餐服务 顺利通过党建先进校评比检查、卫生A级量化复验。学三食堂承办2010年老教授协会自助餐专场、留京学生新春团拜会晚宴和“党建先进校”检查自助餐等团餐服务。各食堂还承担团市委绿色长征表彰活动等订餐服务。

社会工作 进一步修订北京高校伙食价格调整方案与具体调价指导意见；为教育部修改“高校学生食堂工作调研”提纲，并负责北京地区的调研工作；对北京高校外包食堂情况进行调研，并发表论文；起草“北京高校食堂成本核算指导标准”，并对北京所有高校餐饮负责人进行培训，受北京工业大学协作组、中央民族大学、中国政法大学等高校的邀请进行“伙食成本核算”以及“现代高校伙食经营管理高招”等内容的专题培训工作；率领市教委标准化食堂评估专家组完成对北京农业职业学院的标准化食堂指导及评估验收。（刘　鹤　赵相华）

【学生公寓中心】 学生公寓中心负责全校11个学生公寓物业管理工作，总面积15.5万平方米，可入住学生1.7万人。中心现有员工104人，其中正式工5人，合同工99人，承担公寓的门卫和安全值班、电梯服务、楼内保洁、小型维修、设施设备维护等日常服务工作。

安全工作。层层签订安全责任书；多次进行全员安全知识培训，灭火器、消防栓实操演练和电梯困人解困预案演练；配合海淀特种设备检验所对公寓所属24部电梯进行年检；假期间配合保卫处及消防维保单位对所有学生楼消防系统进行维护保养和检修，主要包括对高层公寓烟感的清洗、消防管道除锈、消防泵房的检修、消防栓的检修、楼内应急灯的检测；配合维修中心、学生处对学9号公寓国防生入住的97个房间进行了粉刷、宿舍家具更新配备；配合总务处、维修中心，更换学生11号、12号公寓的厕所下水管道，维修学11号公寓的楼顶防水层，对老楼（学1号、4号、6号、8号、9号楼）消防栓进行检修。配合信息中心对公寓内热水器刷卡系统进行更新和调试，在学生公寓各楼门厅安装一卡通自助服务系统；对学12号公寓楼1~2号电梯进行换绳大修改造，更换6块电梯外呼基板。

【毕业生离校和迎新工作】 完成3000多名毕业生离校工作；配合物业维修中心完成学生2号公寓楼大修改造，主要负责门锁钥匙的调换配备，并协助做好学生的搬家、家具的配备安装等工作；清扫宿舍1019间，完成4500名研究生、本科生的迎新工作。（李慧丽　赵相华）

【幼儿园】 现有10个教学班，在园幼儿352人。教职工52人，其中正式工10人，非在编职工42人。区级骨干教师2人，带班教师中90%为大专学历。投入50万元扩建食堂、改造玩具房、更换部分门窗、添置大型玩具。通过一级一类幼儿园的复检验收。开发试运行食堂采购物资和出入库软件。首次开办亲子班。首次举办大班毕业典礼。（王　春　赵相华）

综合服务

【概　况】 11月8日，北林大将原北林大后勤服务总公司分为北林大后勤服务总公司和北京林业大学综合服务公司。新成立的综合服务公司下设日常维修、修缮工程、茶浴供暖、交通服务4个职能实体中心，按企业化模式运作，接受北林大委托或交办的服务事项或工作任务，达到相应的服务标准或工作要求。

综合服务公司的主要职能有学校委托的房屋、机电设备、道路、照明、供水供电系统、排水排污系统、供暖系统等维护保养及小修；校内重点修缮工程；学生及部分员工的洗澡水、开水供应；冬季采暖；交通服务；毕业生行李发送；新生行李接取发放；寒、暑假学生火车票团购等。

公司现有职工44人，其中在编职工22人，非在编员工21人。其中副高级职称1人，中级职称1人，技师3人。大学学历3人，大专学历4人，其中1人为非在编员工，中专学历1人。中共党员4人。50岁以上12人。

【队伍建设】 综合服务公司重视队伍建设与人才培养。聘任能力强、有责任心、懂业务、会管理并在工作中取得一定业绩的4名同志担任中心主任，聘用5名业务经理，全员签订劳动合同。非在编员工全额缴纳社会保险，全员加入工会组织。开展相关法律法规、企业管理、职业道德、服务规范、操作规程、规章制度、文明礼仪、业务技能、安全生产、消防安全、应急事物处理、主动服务等方面的学习、宣传、教育及培训。特殊工种全部具备相应资质，每年培训，参加审验，合格上岗。新上岗职工必须经过岗前培训，合格后才能上岗。关注员工整体素质的提升，创造条件，在精神和物质上给与支持，开展岗位练兵，鼓励员工不断提高自身的专业素质和文化素质，3名员工业余参加本科学历学习。

【日常维修中心】 日常维修中心现有在编员工6人，非在编员工11人。主要负责合同范围内的295 172平方米校舍、水、电、暖设施，道路，场院等的维护和修理。负责482 397平方米供暖设施维护小修，其中校内368 397平方米，校外11.4万平方米。2010年共完成日常维修任务9000余项，派出人工约1.2万人次。同时完成小型单项工程投资44.86万元。日常维修中心自组建以来，从制度建设方面入手，严格劳动纪律，抓紧职业道德教育，建立激励、奖励机制，以综合服务公司的“三满意”为目标，开展多种形式的培训活动，切实改善员工素质，提高服务水平。

【修缮工程中心】 修缮工程中心现有在编员工4人，兼职员工若干。主要负责学校重点修缮工程的施工方案设计、施工材料选购、施工队伍组织、施工现场管理、工程预结算等工作。2010年完成学研大厦“三通一平”工程之供暖及自来水管道改线、东区办公楼大修、财务处营业厅改造、信息中心电源改造、博士后公寓维修、主楼、二教地面防滑处理、文化墙粉刷、科贸楼大修之水暖管线更新、学生公寓11、12楼水房电气改造等重点修缮工程共计52项，完成投资496万元。

【茶浴供暖中心】 茶浴供暖中心现有在编员工9人，非在编员工4人；中心下辖茶浴室和供暖锅炉房两个部门。负责学校浴室管理、开水供应、冬季采暖、假期学生车票团购及新生行李接取、毕业生行李托运服务。

从2010年10月29日开始取消休息日，每周7天正常开浴。

2010 ~2011供暖季按照新的《北京市供热采暖管理办法》要求，对责任区内41万多平方米建筑全面提高供热服务标准，由16℃上升到18℃。同时通过严格节能管理，与上一个供暖周期相比，节气10.5%；节水8.9%；节电4.9%。

2010年寒暑假团购学生火车票7000多张；新生行李接取640件。

【交通服务中心】 交通服务中心是自主经营、自负盈亏的经济实体。为学校教学、科研、行政及生活提供交通服务。现有在编员工3人，非在编员工7人；大、中、小型客车15辆；开通有回龙观、西三旗、亚运村3条班车线路4辆班车，开通教学实习基地30多条线路，2010年固定资产达799万元。

2010年共出动5765车次，安全行驶约36万千米，运送师生254 562人次。其中接送教职员工上下班1592车次，运送5.4万人次；接送学生往返教学实习基地3953车次，运送177 562人次；会议、迎新送旧、科研课题、生活用车等220车次，运送2.3万人次。同时，加强高校之间的交流，资源共享，拓展市场，互利共赢，弥补繁忙季节和高峰用车时段的交通资源之不足，满足学校的用车需求，增加了收益。

安全与服务管理：交通服务中心实施安全、服务、经营三位一体管理模式。投入3万元对京A98912(车号)大客车进行制动系统安全改造，增加安全可靠性能。建立车辆与驾驶员档案，每年对车辆和驾驶员年检证件进行确认，每学期举办一次全员交通安全法的学习与培训，特请海淀交通支队李希宝警官讲解、交流，分析事故案例。每年请金龙客车售后服务技术专家黄鹏对全体驾驶员进行一次车辆使用和安全驾驶的培训，并与驾驶员进行交流，解答相关的问题。加强制度建设，修订《员工手册》，规范管理，每年同全体员工签订安全生产责任书，驾驶员执行一日三检制度，即出车前、行驶途中、收车后对车辆进行安检。每月由中心主任组织安全员进行车辆安检，每周进行卫生检查，中心主任每月召开例会，开展学习、教育、宣传、培训，对安全与服务工作进行布置、研讨、检查、评比、考核，奖优罚劣，全员参与，提高素质。加强与顾客的沟通，进行服务跟踪，每学期召开一次座谈会，每周进行电话回访，了解顾客直接或潜在需求，改进服务，讲诚信，开展特殊服务（如代驾等），满足顾客需求。

改善条件，满足学校的服务需求。4月自筹资金82余万元购置金龙牌大客车1辆，扩大了出行容量，缓解了资源不足，增加了学校的优良资产，进一步改善服务条件和乘车环境。所有大型车辆座套全部更新。统一着装，特配发冬装和夏装工作服，改善员工的劳动条件，增加员工的工资待遇。（潘洁忱　赵桂梅）

校友联络和教育基金会

【概　况】 校友工作办公室负责校友总会和教育基金会工作。现有专职工作人员3名，兼职1名。校友总会主要职责是服务校友，促进学校和校友共同发展。主要工作内容是联络校友、编辑出版校友刊物、校友数据库更新、校友网站维护。校友总会2010年出版《北林校友》5期，向校友寄送刊物、新年贺卡、北林报等宣传材料5万余人次，更新校友信息1.5万余条。2010年度总计收入624.73万元，其中捐赠收入400.67万元，投资收益及其他收入16.06万元，财政部资金配比208万元，项目支出179.46万元，资助学生1608人次。

【校友联络交流】 校友总会校友信息管理系统初步完善，2010年更新校友信息1.5万余条。2010年，校友总会先后走访广东、辽宁、天津、上海、浙江、黑龙江、重庆校友。3月10日，校友总会工作人员参观第十三届国际木工机械及家具生产设备展览会并走访部分参会校友企业。3月17日，尹伟伦校长会见广东校友会副会长、极东机械总经理李茂洪，交流企业的发展情况并参观工学院。4月7日，东方园林公司董事长何巧女做客园林讲堂，以“激情铸就梦想，艺术成就东方”为题和广大师生交流。5月10日，校友总会向广东遭受暴雨灾害的校友发送慰问短信。5月21日，校友总会向参与“我爱母校”校友年度捐款项目、捐款额在500元以上的校友寄送《北京林业大学2009年鉴》一本。5月22日，由商务部主办，经济管理学院和国际交流与合作处承办的发展中国家林业管理官员研修班的林业官员们参观校友企业瑞原佳和公司。6月17日召开2010届校友联络员聘任仪式，姜恩来副校长向联络员代表颁发聘书。会上向各毕业班发放毕业生纪念册和校友信息登记卡。6月30日，校友总会给2010届毕业生赠送校友联络卡及印有校徽的纪念帽4500顶。

【校友返校活动】 4月18日举办“再回母校、亲近春天、共叙友情”为主题的校友返校活动，发放校友联系卡、北林校友刊物、鹫峰登山门票、校园平面图等资料。7～8月，水保86班、文秘88班、贸易96级2班，林化96班，木工96班，林机86班暑假期间组织返校活动。10月初，信息96级，森保86班、林业86班、木工86级，木工80班，林机80班等组织校友返校聚会活动。参与法学系建系10周年活动。

【各地校友联谊会】 1月10日，广州校友会2010年联谊会在广州召开，会上通报一年来的校友活动情况及经费使用情况，广州校友会网站正式启动，发布广州校友会会标。3月24～25日，王立平秘书长走访辽宁校友，并进一步商谈成立辽宁校友会事宜。3月31日，厦门校友会副会长兼秘书长柳燕来校友总会谈校友工作。5

月22日，重庆校友会召开2010年重庆校友会年会，陈天全副校长参加会议。5月29日，青岛校友会成立大会在青岛举行，吕焕卿常务副会长出席并讲话。6月26日，陕西校友会召开第二届理事会第二次年会，校友总会派代表参加。12月1~3日，党委副书记全海及校友总会负责人走访广州及深港澳校友会。

【林学、水保56级校友毕业50年再相聚】 10月14~18日，林业、水保56级171位校友从全国各地齐聚北京，参加毕业50周年活动。北林大党委书记吴斌、校长宋维明、沈国舫院士参加聚会活动，老领导贺庆棠、胡汉斌分别在会上发言。返校全体校友参加“毕业50年再相聚”庆祝活动，参观林学院、经管学院、水保学院和实验楼，游览校园、体育场和西山实验林场。各专业校友分小班座谈，参与创办林经专业的校友还接受经管学院的邀请，参加林经专业创办人座谈会，畅谈林经专业创办历程和发展前景。

【教育基金会概况】 北林大教育基金会是2006年11月23日在北京市民政局注册的非公募基金会，注册资金200万元。业务范围是支持学校的科研和建设，奖励优秀教育工作者，奖励优秀学生，资助贫困学生，资助与教育相关的公益活动。根据“三年打基础，五年谋发展”的工作思路，制定“搭建社会和学校交流平台，参与学校育人工作”的近期目标和“成为有创新能力、可持续发展的组织机构”的长期目标。基金会成立四年来，捐赠款从2006年的5万元到2010年的400万元，捐款额逐步上升，累计收到捐赠、配比资金和投资收益共计1838.29万元，其中原始资金200万元，接受捐赠及投资收益1210.29万元，财政部、教育部配比资金428万元，总支出553.72万元，资助、奖励人数达3366人次。

基金会评估 2010年，市民政局按照民政部的要求，对基金会开展评估工作。9月18日至10月15日基金会自我评估阶段，基金会认真填写评估申报书、自评表、调查表、评估承诺书及评估需要提供的各项材料，同时征求理事、监事、工作人员、捐赠人、受益人、志愿者、会计师事务所、业务主管单位和登记管理机关的评价意见。10月16日至11月26日实地初评阶段，11月9日，北京市社团办基金会管理处组织的评估小组对基金会进行实地评估考察，基金会的评估结果是3A级，具有申请所得税税前扣除资格，有效期三年。

理事会换届 12月18日，北林大教育基金会第一届理事会召开会议，王立平秘书长作第一届理事会工作报告和财务报告。监事方国良宣读第一届理事会换届专项审计报告。在第二届理事会第一次会议上选举产生第二届理事会机构名单，秘书长王平作了第二届理事会秘书处工作思考的报告，理事长吴斌作总结发言。第二届理事会机构名单如下：

名誉理事长：张怀西

理事长：吴　斌

副理事长：（以姓氏笔画排序）

尹伟伦　吕焕卿　全　海　杨云龙

宋维明　陈天全　赵伟茂　姜恩来

理事：（以姓氏笔画排序）

王　平　王立平　方　力　尹伟伦

吕焕卿　全　海　刘　诚　刘振国

刘家骐　杨云龙　吴　斌　李茂洪

何　昉　何巧女　张孝林　张金来

宋维明　陈天全　欧年华　赵伟茂

胡汉斌　姜恩来

监事：方国良　周　景

秘书长：王　平

【捐赠管理】 2010年共接受捐赠人民币4 006 667.34元，投资收益88 986.10元，利息收入71 591.25元，财政部、教育部资金配比208万元，总计收入6 247 244.69元。设立各类奖助项目38个，发放奖助学金1 685 630.06元，资助学生1608人次。2010年收到校友赠送的山水画、纪念牌匾、实习教具等物品。

【项目管理】 沈国舫森林培育奖励基金项目是沈国舫院士2009年捐出10万元作为启动资金设立的，重点奖励全国森林培育学科的优秀研究生。2010年继续捐赠10万元，2009年度、2010年度共奖励9名研究生，每人1万元。大学生就业扶助项目是华民慈善基金会的首推项目，旨在帮助家庭经济困难的大学生缓解就业中遇到的问题。该项目共资助108名学生，资助额度每人

4000元，共计43.2万元。家骐云龙奖学金是由北京千禧福临房地产开发有限公司2002年设立，该奖学金每年出资10万元，奖励家庭困难、品学兼优的本科生，2010年共奖励20名学生，每人5000元。海峡两岸林业敬业奖励基金由祁豫生先生于1995年设立，奖励林业行业知名专家和从业人员。2010年度海峡两岸林业敬业奖励基金颁奖仪式在学校召开，5名林业工作者获奖，奖金3万元人民币，捐赠人祁豫生先生与台湾中兴大学一行16人参加了会议。爱生助困基金主要资助罹患重病及遇突发事件的经济困难的在校生，自2007年设立以来的4年里，共收到捐款448 111元，4732人次参与捐赠。该项目号召全体教职员工"捐出一天工资，奉献一片爱生情"，体现教师对学生的关心和关爱。2010年收到捐款123 628元，捐款人数达1119人。申宗圻木材奖是欧年华先生为纪念恩师对木材学科发展的成就，于2007年设立的，主要奖励木材学科优秀论文作者。2010年克力宝胶黏剂公司注资10万元，将申宗圻木材奖推广至全国设有木材专业的高校和科研院所。2010年召开申宗圻木材奖颁奖仪式及学术交流会，此次共有16位获奖者，其中3位获奖者在会上进行了学术交流。我爱母校校友年度捐款项目共有88位校友参与，共捐款34 672元。

新设项目 为帮助遇到困难或患重病的在校教师，由广州弘亚机械有限公司李茂洪、刘雨华出资，设立KDT极东机械助教项目，启动资金10万元一次到账。2010年资助两名患病教师，每人1万元。东方园林公司董事长、校友何巧女出资103万元，设立东方园林专项奖学金。

【公益捐赠税前扣除资格】 5月21日，北京市财政局、北京市国家税务局、北京市地方税务局、北京市民政局联合下发京财税〔2010〕782号文件，《关于公布北京市2009年度获得公益性捐赠税前扣除资格的公益性社会团体名单的通知》，教育基金会获得免税资格。

【资金配比】 教育部、财政部对各高校在2009年募集资金10万元以上资助项目进行资金配比，北林大教育基金会获得配比金额208万元。

（李永花　王　平）

高教研究

【概　况】 北京林业大学高教研究室创建于1988年，1993年在此基础上成立原林业部高等教育研究中心，1999年由于学校机构调整，中心与学校编辑部合并，成立北京林业大学教育发展研究中心。2001年恢复独立建制。中心现有成员7名，其中研究人员5名。

研究中心的主要工作职责是承担教育部、国家林业局和学校等有关部门的教育科研项目；承担教育经济与行政管理教学任务；编辑《高教信息》；为全校师生提供高教信息与资料服务；承担全国农林高校高教期刊论文索引编写任务；承担有关学术团体和学校交办的其他工作等。

"九五"以来，中心先后承担或完成教育部、国家林业局、北京市、中国工程院和学校等来源的课题20多项，学校"十二五"规划前期调研课题3个。组织和参与编写出版专著10余部；在教育类刊物（包括核心刊物）发表论文70余篇，获各类教育科研奖励10项。中心于2000年和2006年分别被美国波斯顿大学国际高等教育研究中心收录在《世界著名高等教育研究机构指南》一书之中。

研究中心注重学术交流与联系，与国内外多所著名大学的相关研究机构保持着学术交流关系。研究中心坚持"立足学校、面向全国、放眼世界"的发展思路，努力建成国内高水平、在国际上有一定影响的院校研究机构。

【科研成果】 2010年，高教研究中心完成教育部哲学社会科学重大攻关项目子项目3项，分别是《我国行业特色型大学管理体制改革研究》、《"高水平行业特色型大学发展战略研究"——我国行业特色型大学的划转研究》、《高等林业教育院校保持办学特色的研究》。完成学校交办的科研项目3项，分别是《行业特色型大学发展战略研究》、《课程体系与通识教育研究》和《学校办学特色研究》。全年撰写论文和研究报告8篇。全年编辑《高教信息摘要》16期。11月组织参加在合肥举办的第四届高水平行业特色型大学发展论坛，提交《新形势下林业优势特色学科及其平台建设》的论文，并且在《中国高校科技与产业化》杂志上发表。

【学术交流】 受国家留学基金委员会资助，李勇于2009年11月15日至2010年11月15日在美国访学。访学期间，应邀在宾夕法尼亚大学、加利福尼亚大学伯克利分校和宾夕法尼亚洲立大学作《中国高等教育的最新发展状况与未来展望》的学术报告，报告运用大量翔实的数据系统介绍中国高等教育近十多年来的巨大发展变化，同时分析了目前中国高等教育面临的主要问题，及未来发展的方向。（侯　璐　李　勇）

中国水土保持学会

【概　况】 中国水土保持学会(Chinese Society of Soil and Water Conservation)于1985年3月由国家体改委和中国科学技术协会批准成立，是由全国水土保持工作者自愿组成，依法登记的全国性、学术性、科普性的非营利性社会团体，是中国科学技术协会的组成部分。

中国水土保持学会于1986年5月、1992年5月、2006年1月和2010年12月在北京分别召开第一、第二、第三和第四次全国会员代表大会。杨振怀任第一和第二届理事会理事长，鄂竟平任第三届理事会理事长，刘宁任第四届理事会理事长。中国水土保持学会第四届理事会共有理事168名，常务理事35名。

中国水土保持学会下设14个专业委员会，24个省(市、区)成立水土保持学会。

2010年，中国水土保持学会(包括专业委员会)组织境内外学术交流和考察活动13次、科普活动5次，举办各类培训班8期。编辑出版《中国水土保持科学》正刊6期和增刊1期。

【学术交流】 3月27日至4月4日，中国水土保持学会泥石流滑坡防治专业委员会赴巴基斯坦开展国际减灾援助，对巴基斯坦KKH公路堰塞湖进行考察，完成巴基斯坦KKH公路堰塞湖应急处置研究。

4月13日由中国林学会、国际林联、世界自然保护联盟共同发起，中国林学会、中国生态学会、中国水土保持学会、中国气象学会联合主办，中国林学会秘书处、国家林业局对外合作项目中心承办，中国林科院、国际竹藤网络中心、北林大协办的首届森林科学论坛——应对森林自然灾害国际学术研讨会在北京友谊宾馆召开。会议以“尊重把握自然规律，防御减轻灾害损失”为主题，以“认识自然，把握规律，共同提高应对自然灾害能力”为主要任务，探讨森林自然灾害的现状、成因和危害，交流预防和减轻森林自然灾害的对策、方法和手段，共同维护全球生态安全，推动经济、社会的可持续发展。来自美国、加拿大、芬兰、日本、印度、尼泊尔、巴基斯坦、孟加拉国等13个国家的专家，野生救援、森林趋势、世界自然保护联盟、世界自然基金会等国际组织官员，以及中国从事气象、水利和林业的学者200名代表出席会议。

4月26日至5月5日，中国水土保持学会、台湾中华水土保持学会主办，台湾中兴大学承办的第七届海峡两岸山地灾害与环境保育学术研讨会在台湾召开。中国科学院、水利部成都山地灾害与环境研究所、北林大等单位的90名专家参加研讨会。研讨会的主要议题是土石流与洪水灾害，灾害防治对策，地滑与边坡稳定，灾害监测、评估与预警，环境变化与保育。与会专家围绕2008年四川汶川“5·12”大地震、2009年台湾“8·8”水灾等引发的泥石流、崩岗、滑坡、堰塞湖等次生灾害的防治机制及防治措施进行学术交流与研讨。

7月5~8日，中国环境资源与生态保育学会主办，山东省水土保持与环境保育重点实验室、山东临沂师范学院、中国科学院地理科学与资源研究所与台湾中国文化大学地理学系、香港中文大学地理与资源管理学系、中国水土保持学会共同承办的海峡两岸三地环境与资源学术研讨会暨第二届中国环境资源與生态保育学会会员代表大会在山东临沂师范学院召开。137名代表参加会议。会议以"资源利用、水土保持、环境保育"为主题，分水土流失监测技术与方法、土壤侵蚀原理与控制、生态修复与环境保护、资源利用及其环境效应、非点源污染控制原理与方法、环境演变与全球变化6个专题进行交流。

7月6 ~10日，应中国水土保持学会之邀，台湾水土保持学会代表访问北林大、水利部水土保持司、中国水土保持学会、中国水利水电科学研究院和北京市水务局等单位。7日，吴辉龙教授在北林大作"台湾农村发展现况与展望"报告，吴辉龙教授从台湾农村现况、农村再生政策目标及策略、农村再生推动情形和社区案例分析4方面介绍了台湾在新农村建设方面的成功经验和典型案例。

7月9 ~13日，中国水土保持学会水土保持生态修复专业委员会、水土保持与荒漠化防治教育部重点实验室和林业生态工程教育部工程研究中心在贵阳联合召开第二届全国水土保持生态修复学术研讨会。与会专家围绕困难立地工程造林技术、石漠化地区植被恢复、盐碱地治理及植被恢复技术、干热河谷植被恢复、困难立地植被恢复新产品、不同植被类型对高原喀斯特洼地土壤质量的影响、生态修复新材料新技术在国内外应用实例、裸岩边坡植被恢复技术研究与实践等进行学术交流与技术探讨。

8月14 ~17日，中国水土保持学会沙棘专业委员会、水利部沙棘开发管理中心、黑龙江省黑河市委、黑河市政府主办，黑龙江省孙吴县县委、孙吴县人民政府承办的全国沙棘学术研讨会在黑龙江省孙吴县召开。会议主题是"以产业配置促生态建设，实现沙棘可持续发展"，与会代表就沙棘研究新成果、新进展和新发现，沙棘种植开发新经验，高品质沙棘产品及新技术，沙棘领域可持续发展战略合作展开交流。全国有关沙棘的管理、生产、科研和加工企业等方面的120位代表参加了研讨。

9月25 ~27日，中国水土保持学会规划设计专业委员会2010年学术年会暨换届选举会议在贵阳市召开，95家会员单位、179名代表参加会议。会议选举产生由31位副主任委员、165位委员组成的第三届专业委员会。

10月12 ~14日，世界水土保持协会和中国水土保持学会发起，中国科学院、水利部、陕西省人民政府主办，中国科学院水利部水土保持研究所承办的土地退化防治国际学术研讨会暨第一次世界水土保持协会理事会会议在西安召开。来自36个国家的300名从事土地资源管理、土地退化与荒漠化治理和流域管理领域的专家、学者和管理决策者参加会议。代表围绕土地退化现状与演变过程、土地退化机制与驱动因子、土地退化防治技术与模式、土地退化与治理的环境效应评价、土地退化与区域社会经济可持续发展、全球变化与土地退化及防治对策等问题进行交流与探讨。

10月25日至11月2日，中国水土保持学会组团赴台湾进行"水土保持科技示范园建设及经营管理"交流考察。

【期刊工作】 完成《中国水土保持科学》6期正刊和1期增刊的出版工作，刊出文章153篇。在舟曲"8·7"特大黏性泥石流灾害的背景下，第六期推出"山洪泥石流的专栏"，对泥石流灾害的发生原因、防治措施、灾后重建及类似地区的泥石流灾害预防进行集中报道。

8月14日，《中国水土保持科学》第二届编委会第二次会议在北林大召开，会议进一步明确期刊的特色与定位，讨论通过《〈中国水土保持科学〉优秀论文奖评选办法》。

据2010年版《中国科技期刊引证报告(核心版)》公布的数据：2009年影响因子0.852，在1946种中国科技论文统计源期刊中，影响因子排序为第一百七十五位；在农业工程类期刊中，影响因子和综合评价总分均位于第三位。

【科普与青少年工作】 组织北京林业大学附属小学的同学，开展以"低碳生活 从小做起"为主题的手抄报科普活动，从收到的206份手抄报中，评出一等奖6份、二等奖16份和三等奖26份。

5月12日，中国水土保持学会整合中国科协提供的中国数字科技馆上的科普资源，组织水土保持防灾减灾及相关领域的专家，在北林大开展题为"山地灾害防灾减灾基本知识及应对策略”科普展览、宣传和咨询活动。

7月10 ~14 日，组织中国水土保持学会学生科协在百望山森林公园内对植物进行样线调查及土壤紧实度测量等实践活动，对景区内游客进行“物种保护，低碳消费”宣传。

7月13 日，中国水土保持学会、北京丰林源生态园林设计研究院和北林大水土保持学院共同组织“中国水土保持学会学生科协科尔沁沙地生态恢复实践”暑期社会实践活动。

7月19 ~21 日，中国水土保持学会、北京市密云县水土保持工作站和北京林业大学附属小学在北京密云联合举办“2010 小学生水土保持科普教育实践活动”。

【培训工作】 以集中授课方式，举办4期生产建设项目水土保持方案编制资格证书单位甲级水土保持方案编制技术人员培训班，培训学员1000人。培训内容包括水土保持法规与评审规定，开发建设项目水土保持技术规范、水土流失防治标准(新国标)，开发建设项目水土保持措施设计，水土保持方案审查要点与常见问题，开发建设项目水土保持监测技术，水土保持工程概(估)算编制方法等。

以集中授课方式，举办1期水土保持规划设计三阶段编制规程及小流域、坡耕地水土流失综合治理项目实施方案编制培训班，培训学员200人。培训内容包括国家水土保持工程前期工作管理概要，水土保持规划设计规程与标准应用概论，水土保持工程项目建议书编制规程释义及实例，水土保持工程可行性研究报告编制规程释义及实例，水土保持工程初步设计报告编制规程释义及实例，水土保持工程概(估)算编制，水土保持小流域综合治理项目实施方案编写提纲释义，坡耕地水土流失综合治理项目实施方案编写提纲释义等。

以集中授课方式，与中国水利水电勘测设计协会联合举办3期注册土木工程师(水利水电工程)水土保持考前培训班，培训学员300人。培训内容包括建材、岩土力学、结构力学、钢混结构、水力学、水文基础、测量、水土保持综合规划、水土保持工程措施和水土保持生物措施等。

【组织建设】 12月14日，中国水土保持学会在北京召开第四次全国会员代表大会，选举产生由168名理事组成的第四届理事会。第四届理事会第一次全体会议选举产生第四届理事会常务理事会和第四届理事会领导机构，第四届理事会常务理事会由35名常务理事组成；第四届理事会领导机构由理事长1人、副理事长5人、秘书长1人共7人组成。水利部副部长刘宁当选为中国水土保持学会第四届理事会理事长，刘震、王祝雄、胡元坤、刘国彬、朱金兆当选为第四届理事会副理事长，北林大党委书记吴斌当选为第四届理事会秘书长。

广东省、湖北省、宁夏回族自治区和广西壮族自治区2010年成立水土保持学会。至此，全国已有24个省(市、区)成立水土保持学会，分别为四川省、甘肃省、吉林省、黑龙江省、山东省、辽宁省、江西省、福建省、陕西省、山西省、内蒙古自治区、青海省、安徽省、云南省、河北省、贵州省、江苏省、重庆市、河南省、新疆维吾尔自治区、广东省、湖北省、宁夏回族自治区、广西壮族自治区。

【网络建设】 继续维护中国水土保持学会网站http：//www. sbxh. org，及时更新内容和发布信息，截至2010年底，点击率达50多万人次。

新建《中国水土保持科学》网站 http：//www. sswcc. org，现已开通运行，包括中英文版，设在线办公、在线期刊、新闻公告和下载中心等栏目。

【参加抗震救灾和灾后重建工作】 4月14日青海玉树地震后，中国水土保持学会泥石流滑坡防治专业委员会迅速开展玉树震区地表灾害解译工作，提交玉树地震次生山地灾害遥感调查与灾后重建危险性评估报告，为灾区重建及防治提供科学依据和技术支撑。

中国水土保持学会泥石流滑坡防治专业委员会对贵州关岭“6·28”重大滑坡进行灾后考察，取得第一手资料，探讨该暴雨滑坡的成灾条件、发生过程、灾情评估、预警防治等关键问题，并向当地有关部门提交考察报告和治理建议。

8月8日，甘肃舟曲特大泥石流灾害发生

后，中国水土保持学会泥石流滑坡防治专业委员会组织第一批考察队于8月9日夜从成都出发，赴灾害现场，对三眼峪和罗家峪沟泥石流开展灾后调查工作。8月12日，第二批考察队奔往舟曲泥石流灾区，开展新一轮的科学调查工作。此次灾害应急调查获取了第一手资料和数据，为灾害的防治、灾后科学重建和后续研究奠定了坚实基础。8月中旬，考察队会同甘肃省林业厅专家，又一次赴灾区考察，重点考察生态变化与区域灾害的关系。随后，中国科学院、中国水土保持学会泥石流滑坡防治专业委员会专家学者陪同温家宝总理考察灾区，并在舟曲县将“关于舟曲特大山洪泥石流灾后重建与全国城镇泥石流减灾的认识和建议”当面呈交温家宝总理，其中部分建议已被总理在部署舟曲灾后重建工作中采纳。

【获全国优秀科技工作者荣誉称号】 经学会推荐，中科院水利部成都山地灾害与环境研究所研究员、中国水土保持学会泥石流滑坡防治专业委员会主任委员、中国水土保持学会常务理事崔鹏被中国科学技术协会评选为全国优秀科技工作者。全国优秀科技工作者是中国科协于1997年面向广大科技工作者设立的奖项，2009年经全国清理规范评比达标表彰工作联席会议办公室批准保留。根据《全国优秀科技工作者评选表彰办法》，经各全国学会、各省区市科协、新疆生产建设兵团科协和解放军总政治部干部部评选推荐，公众投票，全国优秀科技工作者评审委员会评审，中国科协常委会批准，本次评选产生了十佳全国优秀科技工作者10名、十佳全国优秀科技工作者提名奖获得者40名和全国优秀科技工作者977名。 （程　云　岳金山）

中国林业教育学会

【概　况】 中国林业教育学会是国家一级学会，是具有独立法人资格的学术性、科普性、公益性、全国性的社会团体，其前身为1985年成立的全国林业职工教育研究会，于1990年12月更名为中国林业成人教育学会，并于1996年12年正式更名为中国林业教育协会。学会由教育部主管，挂靠国家林业局，秘书处设在北林大。学会下设4个二级分会：高等教育分会（挂靠北京林业大学）、职业教育分会（挂靠南京森林警察学院）、成人教育分会（挂靠国家林业局管理干部学院）、基础教育分会（挂靠黑龙江森工总局）。学会设有：组织、学术、学科建设与研究生教育、专业建设、图书与教材、毕业生就业指导、交流与合作等7个工作委员会，现有团体会员 200 多个。学会网址 http://www.lyjyxh.net.cn。会刊为《中国林业教育》。学会的主要职能是充分发挥本团体联系广泛、知识密集、人才荟萃的优势，团结全国林业教育机构和广大林业教育工作者，紧紧围绕林业建设和林业人才培养的中心工作，在政府与学校、学校与学校、学校与社会之间架起信息沟通、情况交流、共同学习、相互促进的桥梁，推动林业教育事业和促进现代林业建设的发展。

【召开会议】 7月2日，中国林业教育学会理事长扩大会在国家林业局林业管理干部学院召开。参加会议的有学会理事长、部分在京副理事长、秘书长（包括分会秘书长）、部分工作机构人员共25人。会议主要内容是总结学会上半年工作，传达教育部在京行业类社会团体座谈会情况以及相关社团在发挥民间组织作用，组织开展各项活动的好做法、好经验。会上通过杨继平理事长关于增补国家林业局人事司丁立新副司长为中国林业教育学会副理事长的建议。

【学术交流及研讨会】 4月召开林业工程类中国家具行业职业教育高层研讨会。中国家具协会、四川省家具行业商会、部分省家具协会代表、林业高校代表、家具企业代表及12所林业高职学院院长，共计43人参加会议。就“紧盯产业发展、积极寻求行业支持、强化校企合作、反映职业要求、突出实践能力培养”5个方面的问题进行交流研讨。

10月召开全国林业职业院校2010年度协作

会议。全国27所林业职业院校的56位校级领导和中层干部参加会议。会议总结了“十一五”期间全国林业职业教育发展情况，初步确定“十二五”期间林业高职教育改革与发展的重点。

12月召开全国林业中等职业教育改革创新研讨会。全国20所林业中职学校的校级领导和中层干部参加会议。交流林业中职学校改革创新发展的工作经验，初步确定“十二五”期间林业中职教育改革与发展的工作重点。

12月16日，中国林业教育学会、国家林业局人才开发交流中心、中国林业产业协会、中国林产工业协会联合举办第五届中国林业产业发展与人才开发论坛。旨在更有效地发挥林业人才在林业产业体系中的核心作用，深入探索林业人才开发的有效机制，为林业企业和涉林院校、林业科研院所之间搭建交流合作的平台。论坛同时发起“低碳机遇敏于行——从我做起、从企业做起”百人签名活动。

【培训工作】 7月15～22日在江西赣州举办全国林业职业教育学生管理干部培训班，来自全国林业职业技术院校的56人参加培训。就当前职业院校学生思想动态、现代人的心理困惑、如何做好辅导员和班主任工作、职业院校辅导员和班主任的工作机制等内容进行培训；8月1～9日，在上海举办高职高专《园林树木》课程师资培训班，来自全国部分林业职业技术院校的36名教师参加培训。重点对《园林树木》课程教学改革的思路、方法与教学观念的创新，精品课程建设进行研讨，对教材建设与使用进行交流；6月面向全国部分林业培训机构举办I2B职业技能培训班，结合行业需求，运用IT技术提高工作人员的计算机实用能力，有52人参加培训；8月举办了中国林业教育培训网通讯员培训班，为新通讯员提供业务学习的机会，使其掌握网络传播的特点，进一步提高其新闻写作能力、摄影技巧以及图片处理等能力，有40人参加培训；12月举办巩固退耕还林成果项目管理培训班，讲授退耕还林巩固成果相关政策及技术；巩固退耕还林成果专项规划建设项目的原则与目标、组织管理、计划管理、建设管理、资金管理、项目验收及管护、信息统计与效益监测等方面的内容，来自四川、内蒙古基层的林业工作者28人参加培训。12月举办国有林场危旧房及棚户区改造建设管理培训班，重点讲述国家保障性安居工程相关政策及项目管理；国有林场危旧房改造项目管理及工程质量监督管理；项目拆迁、规划、勘察设计、施工监理、备案等环节监督管理有关政策；林业棚户区改造过程中注意事项及典型经验交流。来自全国林业基层相关干部25人参加培训。学会配合国家林业局人事司，完成《全国林业教育培训“十二五”规划》的制定工作。

【国际交流】 5月17～21日在加拿大温哥华不列颠哥伦比亚大学举办第二届林业教育国际研讨会。中国林业教育学会作为会议协办方组团参加会议。中国、加拿大、美国、芬兰、德国等22个国家的150名代表参加了会议。北林大、东北林业大学、南京林业大学等国内13所林（农）院校及中国林科院组团参加了会议。会议的主题是“全球可持续林业与林业教育”。参会各国针对当前和未来社会对林业教育发展的要求、林业教育的国际间合作议题、全球林业教育机构之间可能的合作领域、依托网络技术共享林业教育资源的可能性以及如何解决社会发展对林业的需求与林业教育发展不相适应的矛盾等问题进行了研讨交流。

【林业教育调查调研】 重点围绕涉林院校林科教育和林业队伍专业化水平问题进行了调查研究。9～10月召开两次局机关有关部门座谈会。保护司、科技司、场圃总站、林业工作总站、森防总站等司局协助调查本系统人才队伍知识化、专业化状况。还先后在北林大、浙江农林大学、江苏农林职业技术学院、南京森林警察学院等召开8个座谈会，对不同类型涉林院校学科和专业设置、招生和就业情况进行深入分析研究。通过调研认为：加强林业人才培养已成为现代林业建设中的一项十分紧迫的工作，需要摆上重要日程。必须有针对性地采取措施，加强涉林院校的林业学科建设和林业人才培养，提高林业队伍的专业化水平，确保林业的可持续发展建立在林业人才的可持续发展上。形成《林业人才培养及林业队伍专业化素质》的调查报告，国家林业局对此报告高度重视，贾治邦局长给予了批复。

学会秘书处、林业高等教育分会配合中国老

科协林业专业分会，对北京市、江苏省、黑龙江省、新疆维吾尔自治区、云南省和湖南省的林业厅局及直属的国有林场、乡镇林业工作站等管理机构和林业调查规划设计单位进行调研；深入到22个市、县、区，20个国有林场和10个乡镇林业工作站现场考察，并到部分林业院校就林业学科建设、人才培养、毕业生就业等方面的问题进行调研。形成了《关于加强当前森林经营工作及其人才建设的建议》报告，上报国务院及国家林业局。温家宝总理对调研报告给予了批复。

结合当前林业院校的发展、不同层次林业人才的培养、教育培训效果的评估以及涉林毕业生的就业情况等问题，组织开展立项研究工作并于12月对6个课题进行了评价验收。两年来，各课题组都积极认真开展了研究工作，并高质量地完成林业领域学科体系建设与发展的战略研究；林业及生态建设相关学科研究生培养创新理论与模式研究；林业培训效果评估体系研究；现代林业建设背景下的林业高等教育改革与发展研究；高职教育林业类专业工学结合人才培养模式的实践研究；高等院校涉林专业毕业生就业状况调查研究的研究报告。这些研究成果对上级主管部门各项政策的制定和各林业院校的发展及各项工作的开展起到参谋、咨询作用。

在教育培训方面开展了《现代林业干部教育培训体系研究》；《林业干部教育培训管理创新研究》；《林产品贸易政策对林业的影响及对策研究》；《林业教育培训统计指标及方法研究》等课题的研究工作。

【评奖活动】 10月～12月，中国林业教育学会、国家林业局人才开发交流中心共同举办 北美枫情杯2011届全国林科十佳毕业生评选活动。本次活动面向300余所涉林院校和80多家林科研究生培养单位，近5万名2011届本、专科(高职)林科专业毕业生和林科毕业研究生参与。经评选产生研究生组、本专科组“十佳林科毕业生”各10名，优秀林科毕业生各40名。全国林(农)业院校和科研机构广泛参与，扩大了涉林院校和林科专业的社会影响。本次活动被国内最具影响力的社区网站——猫扑网评价为“2010年最火的教育类网络投票”。工程院院士沈国舫先生、林业教育学会理事长杨继平先生为本次评选活动题词。12月16日在国家林业局举行颁奖大会，“十佳林科毕业生”进行了风采展示，教育部高教司石鹏建副司长及部分林业院校的领导、40多家企业代表以及中央电视台、《中国绿色时报》、新浪家居等媒体代表共计150余人应邀参加本次颁奖大会。

根据教育部2010年国家精品课程申报推荐的要求，职教分会推荐的《林木种苗生产技术》、《森林资源经营管理》、《家具生产技术》3门课程入选2010年国家精品课程。

成教分会组织会员单位参加中国职协举办的优秀科研成果评比活动，《林业干部教育培训规范化建设研究》一书获得课题类一等奖。

推荐4个高职林业类专业技能竞赛项目“林木种子质量检测”、“婚庆花艺制作”、“园林景观设计”、“板式家具设计与制作”参加2011年全国职业院校技能大赛，拟定了竞赛方案和标准等文件。

【出版刊物及信息】 2010年，学会编辑出版《中国林业教育》6期；内参资料《林业教育信息动态》4期。

(贾笑微　陈　涛)

校医院

【概　况】 北京林业大学医院(以下简称校医院)创建于1952年，是一所一级甲等医院，北京市医疗保险定点医院及社区卫生服务中心。医院隶属北林大，为学校教辅单位。建筑面积2500平方米，现有职工26人，其中卫生技术人员25人(包括副主任医师4人，副主任检验师1人，副主任药剂师1名、主治医师、主管护师、主管技师18人，护师1人)，其他技术人员1人。校医院设有内科、外科、口腔科、妇科、中医科等普通门诊，护理、医技、保健、急诊、中西药房等业务科室，坚持“以人为本，服务育人”的原则，担负全校师生员工日常医疗服务及全校突发公共卫生事件的应急处理工作。

校医院现有通过北京市社区医学考试获得证书的全科医生9人，社区护士10人，23名医护人员均获得不同岗位的社区准入证。2010年校医院医护人员均完成国家级继续医学教育课程的学习并通过年终审核注册。2010年全年医护人员共发表医学论文12篇。

【社区卫生服务工作和日常医疗服务】 2010年校医院门急诊量近5.9万人次，护理治疗各类患者11 949人次，各种健康体检(学生、儿童、饮食人员、职工)13 809人次，预防免疫接种12 799人次。为行为不便60岁以上老人上门服务307人次，为社区育龄妇女、新生儿提供生育指导71人次，防控传染病例87例，隔离疑似水痘病人55例。承担了学校各种重大活动保健医疗服务100多人次。大学生3241人军训保健服务工作。

预防保健和健康教育 医院主办的《绿色健康》报，全年发行12刊8万张。免费为学生举办各种健康讲座13次，举办健康促进活动8次，建立家庭健康档案2360份，个人健康档案2906份，大学生健康档案17 078份，妇女健康档案1083份，儿童健康档案165份及其他档案(精神病人、残疾人、孕产妇)100份。为各种高发病(如糖尿病、高血压、冠心病、恶性肿瘤等)今后的长期跟踪治疗、慢病管理、监测和指导提供依据。

公费医疗工作 2010年获得北京市医保中心950万元的奖励补助，全部用于补充公费医疗。2010年，校医院继续落实社区药品零差价出售的优惠政策，把实惠让利于师生员工。加强和北医三院对口支援联系。2010年邀请三院专家来校医院出诊15次，诊治病人250人次，为学校教工学生预约挂号8人次。2010年，医院通过海淀区卫生局、海淀疾病控制中心、海淀区防疫站等各种上级业务主管部门组织的各项绩效考核。被评为海淀区结核病防治先进单位、海淀区社区慢性病防控项目工作先进单位。

【特色服务】 2010年，校医院参与海淀区疾病预防控制中心关于对社区Ⅱ型糖尿病患者和高危人群社区管理项目的工作，参加人数121人，对已登记管理的Ⅱ型糖尿病职工87人和高血压职工患者121人提供一次免费健康体检，并进行随访。建立了7个健康管理团队，发展了26名家庭保健员，对22名教职工实施了知己管理工作，6人取得明显的效果。

为做好预防艾滋病的宣传工作，11月1日至12月31日校医院参与了海淀区疾病预防控制中心关于围绕“扩大宣传，促进防艾综合服务措施全面”、“遏制艾滋、人人有责”的高校艾滋病宣传教育活动的项目。举办相关讲座和青春红丝带系列活动4次，并通过张贴画报、防艾周－T恤手绘，自制防艾爱心卡片、路演宣传、现场演示等方式，发放宣传手册和材料2000份，完成知晓率调查问卷1000份。4人参加北京市红十字会同伴教育主持人培训，顺利结业并先后在校园内举行8场同伴教育，以自主参与、自主获取知识，同龄人互相探讨沟通的方式，使大家都参与到活动中。

人口与计划生育

【概　况】 2010年，北林大人口与计划生育工作围绕基本国策开展宣传教育，完善基层网络，强化重点人员管理。签订人口和计划生育目标责任书45份，召开计划生育负责人会议1次，组织兼职干部业务培训1次，集体外出参观1次，接待外校来访7次，参加市计生委青春健康教育培训班1期，荣获海淀区人口和计划生育先进2项。

北林大共有独生子女1256人，符合政策两孩102人。2010年，学生、职工生育子女53人，整理出生报告、增减托补139人次，出具学生婚育状况证明351份，办理学生平安保险、计划生育家庭意外伤害险148人份，补助独生子女困难家庭115个，发放独生子女父母奖励费、年老时一次性补助费、职工子女医疗费337 621元。

【流动人口管理与服务】 随着高校后勤服务社会化，校内流动人口大量增加，为落实国家人口和计划生育委员会提出的建立流动人口计划生育"全国一盘棋"的工作目标，本着同管理同服务的原则，建立流动人口育龄妇女卡、出生人员报告等，并在全国流动人口平台实现信息交换。在计生干部和流动人口中开展"亲情与服务、和谐一家人"的讨论，了解需求，为其免费提供药具和体检，并对查出的特殊病例给与必要的帮助。5月25日邀请专家为流动人口组织了生殖健康讲座。建立学校、后勤服务总公司和所属部门三级流动人口联系网，提高突发情况应对能力，保障流动人口计生管理高效运行。

【纪念"9·25"公开信发表30周年纪念活动】 2010年9月25日是《中共中央关于控制我国人口问题致全体共产党员、共青团员的公开信》发表30周年纪念日。三十年来，全国共少生4亿人。学校为做好纪念日活动召开干部预备会，于9月5日至10月7日组织纪念活动。悬挂纪念"9·25"公开信发表30周年等3条横幅；举办计生干部专题讲座；为各单位主管领导设计人口和计划生育问卷调查，收回问卷110份。

各单位的活动包括校直机关、体育部、校医院组织全体职工有奖竞猜活动；计财处、林学会、高教研究室、期刊编辑部召开职工座谈会；理学院组织独生子女到科技馆参观；工学院、水保学院制作学生活动宣传板报；研究生院、教务处组织独生子女才艺展；成教学院召开"和谐家庭、美丽人生"摄影评比会；各单位的活动均有"9.25公开信"的内容。

计划生育部门与材料学院联合举办学生纪念"9·25"公开信计生知识竞赛，在初赛、复赛、决赛中有603人参加，其中24人进入决赛。9月26日进行决赛，共236人观看比赛，比赛内容涉及人口政策、计生常识、青春话语、智力题解、现场抽题，现场的抽题也都以"公开信"为主要内容；在智力题解中，还要求班主任与决赛小组的同学共同参与，气氛非常热烈。

北林大对此次纪念活动进行了评比表彰。

（郭海滨　胡　建）

社区工作

【概　况】 北林大社区居民委员会是社区居民实行自我教育、自我管理、自我服务、自我监督的群众性自治组织，是社区建设、社区服务、社区管理的基层组织。北林大社区占地10公顷，10万平方米，共有住宅楼24栋，住宅面积16万平方米，常住居民1600余户，4200多人。其中离退休人员800余人，学前儿童90余人，低保人员1名，残疾人41人。社区具有知识分子较多、文化层次高、离退休人员多的特点。

2010年社区各项工作紧紧围绕"核心区建设"这一主旋律，充分发挥服务社区居民、维护社会稳定的作用。被评为海淀区养犬工作先进社区、海淀区充分就业社区、学院路街道三星级和谐社区、学院路街道住房保障先进社区、学院路地区人口和计划生育工作先进集体、学院路街道住房保障工作先进集体。

【组织机构】 社区居委会设主任1名，副主任3名，委员4名。下设6个工作委员会及妇联，分别是社区服务和社区福利委员会、社区治安和人民调解委员会、社区医疗和计划生育委员会、社区文化教育和体育委员会、社区环境和物业管理委员会、社区共建和协调发展委员会、社区妇女联合会。社区居委会党支部设支部书记1人，组织委员1名，宣传委员1名，在册党员32人。

【安全工作】 制定林大社区元旦、春节、"两会"、"五一"、"六四"、武搏会、涉日事件及国庆安保工作方案，全面落实元旦、春节烟花爆竹限放禁放及节日、重点日安保工作。

完成西社区消防通道和机动车停放及行驶路线规划及划线工作。全年为1 ~15 号楼居民办理机动车车证231个。

召开居委会、流管办、柏儒苑物业三方参加的社区防火联席工作会。制作专题防火宣传橱窗、悬挂防火宣传横幅，广泛开展防火宣传工作。协助清河消防支队对社区室外消防栓进行GPS定位。与柏儒苑物业、校保卫处工作人员核查社区室外消防栓位置，并制作社区室外消防栓位置图(板)在社区长期公示。对社区便民网点的灭火器全部进行检修；2次组织居委会干部分组检查清理校内东、西社区1-19号楼房前屋后、楼道内可燃物，消除火灾隐患，确保楼道畅通。全年5次对社区的7处便民网点进行全面的安全检查并做好记录，对存在的问题要求限期整改，切实做好社区防火防盗工作。

利用多种形式进行文明养犬宣传，并督促年检工作。协助派出所在社区内办理犬只年检手续，进行一站式服务，截至6月30日，社区共有27只犬按期办理了年检。

协助社区民警完成防电信诈骗等各类宣传活动，发放宣传材料1000余份。

协助社区民警加强对出租房的管理工作。社区现有出租户120户(其中中国籍85户358人，外籍35户108人)。

全年顺利调解了涉及养犬扰民、路面修缮、绿地停车、小卖部扰民、邻里纠纷等各类矛盾。

【人口普查工作】 北林大是一个集学校、辖区单位、新老居民区混合的普查区，具有学生多、出租户多、流动人口多的特点。按照学院路街道人口普查办公室(以下简称街道人普办)的统一部署，学校成立北林大人口普查领导小组及人口普查办(设在社区居委会)；在校人口普查领导小组的领导下，落实普查人员的选派、办公场地的配给以及资金支持等；动员全校共计37个职能部门和学院的72名正式工作人员、71名辅助人员，前后历经7个月，圆满完成普查工作。

第一阶段通过建筑物排查将普查区划分为27个普查小区，完成27个普查小区的数据录入、彩图标注，并按要求于6月底完成第一批普查材料的上报工作；第二阶段于8月15日至9月15日完成入户摸底和户口整顿工作，编制户主姓名底册并上报街道人普办；第三阶段于11月1 ~10日进行入户登记，完成27个小区的4837户短表、502户长表，共23 078人的统计表的编制工作。同时完成4个虚拟小区的126户3191人的短表编制工作。第四阶段11月11日至12月15日完成编制快速汇总过录表及录入系统。检查、验收、修改长表和短表，按时上交街道人普办，为保证人口普查数据的全面性和准确性提供了有力依据。

人口普查宣传报道亮点突出，发出稿件33篇，有的被街道、区级人口普查工作宣传报道直接采用，得到街道党工委的表扬，整个普查工作得到街道人普办的肯定。

【便民服务】

民政工作 对社区居民进行多次摸底调查，对低保户完成两次低保复审工作，做到应保尽保。春节、“七一”、“八一”、重阳节期间对社区各种民政优抚对象进行了慰问。开展南方抗旱、玉树地震、扶贫济困捐赠月募捐活动。共募集捐款15 100元，棉衣被近100件。开展“博爱在京城”募捐救助活动，募集善款近千元。组织社区居民参加北京市万名“孝星”评选活动，评选出本社区5名市级“孝星”、3名区级“孝星”。王宪成、孙道椽被评为地区健康老人。全年共办理老年证48个，办理65岁以上老年优待证29个。并为新增25名满80岁以上的老人办理养老服务补贴券，为新增2名90岁以上的老人办理老人特殊养老补贴金。

残疾人康复工作 多次走访残疾人家庭，了解残疾人的康复需求。为社区残疾人分类发放康复器材23件并进行指导。采集残疾人信息，为41名残疾人换发残疾证。“助残日”对所有的残疾人进行实物慰问。安置残疾人就业一名。

计划生育工作 对育龄妇女进行动态管理。电话走访新婚夫妇，对社区内产后42天的育龄妇女进行家访，随时送去计生宣传品和药具，宣传避孕节育措施和合理选择避孕方法 。

落实流动人口计划生育全国“一盘棋”，“三年三步走”的工作目标，继续抓紧抓好外来流动人口的计划生育管理工作。以社区卫生站保健科为切入点，及时查验流动人口婚育证明，督促尚无流动人口婚育证明的育龄妇女回原籍办理。在摸清居住本社区内的流动人口数的基础上，坚持横查到边，纵查到底，全方位、全角度掌握流动人口婚育情况和节育措施情况。

社保工作 2010年2~3月完成“一老一小”、无业居民的缴费告知书、联系卡、制度问答的发放和信息核对工作。前后共为168名“一小”、26名“一老”和6名无业参保人员发放《缴费告知书》，为参保居民及时缴费提供保障。对失业人员进行动态管理及时走访，补充完善失业人员信息，完成4050名求职困难人员的摸底、登记及上报工作。积极搭建灵活多样的再就业平台，1~2月重点开展针对失业人员的“就业援助，进家入户，帮你解决就业困难”为主题的就业援助月活动；2月下旬至4月底，开展针对外来务工人员的以“服务进出务工，帮助就近就业，扶持自主创业”为主题的“春风行动”就业宣传活动。搜集社区内外各类用工和求职信息，发放春风活动材料百余份，多渠道征集用人单位岗位信息6份，推荐招聘会5次。

10月份协助社保所完成“享受社会保险补贴人员管理台账”和“社保所实地核查记录表”的登记和创建工作；对社区的近百名失业人员挨个进行电话走访，认真落实档案清理工作中失业人员基本信息的核查工作，共完成70余份档案清理情况表的填报工作。

11月起开展领取社会保险长期待遇人员资格认证的填报、录入和数据上传工作，建立台账，实行动态管理。截至目前已为70余人办理了资格认证。

住房保障工作 开展经济适用房和廉租房、限价房的宣传、调查、审核、上报、公示工作。全年共为78人完成资格初审，38人完成街道审核。

宣传、体育方面 加强网络平台的服务功能。对社区居委会网页进行第三次改版，增加《主任信箱》、《社区党务》、《服务指导》等栏目。充分发挥社区网络服务居民，宣传、教育、引导居民的作用。强化社区宣传报道，加强与街道的沟通，把日常活动内容及时上报街道，全年共上报信息200余份。同时利用社区宣传栏，定期将社区活动以及社区共建、居民中的好人好事在社区内宣传展示，全年共做五期12个展板。

为活跃居民的业余文化生活，积极组织居民参加第一届“金五星杯”和第四届“和谐杯”乒乓球比赛。“金五星杯”比赛获得男团第四名和女团第八名的成绩；“和谐杯”乒乓球比赛获得学院路地区季军，并代表学院路地区参加海淀区的比赛。10月19日社区组织举办摄影讲座。12月社区举办首届“迎新年、促和谐”社区乒乓球友谊赛。

社区妇联工作 寒假期间组织社区小志愿者开展爱老助老献爱心活动。走访社区4户老龄家庭，为他们唱歌、跳舞，并送上小志愿者们精心准备的节日礼物——中国结。为纪念“三八”国际劳动妇女节100周年，营造和谐、浓郁的节日氛围，3月份以“发扬‘四自’精神，构建和谐社会”为主题，开展丰富多彩、形式多样的活动。3月2日发放慰问信500余份，3月4日组织居民参加健康讲座，3月6日开展以“维护妇女儿童权益，促进社区和谐”为主题的法律宣传咨询活动。现场进行有奖答题100余份，发放宣传材料400余份。3月8日对社区部分70岁以上的老人进行慰问。3月26日联合北医三院康复医学中心的专家，在社区内举办“女性骨质疏松症健康讲座及免费筛查”活动，共有90余名女性朋友参加此次活动。4月中旬针对目前老年人中高血压和糖尿病等慢性病患病率高的情况，联合北京大学医学部护理学院的学生志愿者在社区内联合开展“健康·环保，有你有我”主题宣传活动。5月1日针对社会上诈骗案件频频发生，受骗人群老年女性居多的现象，在社区内开展防诈骗宣传活动。向来往的居民发放宣传资料300余份，现场解答群众咨询80余人次。5月27日为纪念“国际家庭日”，开展了趣味游戏活动。5月29日为庆祝“六一”国际儿童节，在柏儒苑小区文化广场举办“放飞梦想、快乐成长”创意活动大赛。暑假期间，鼓励社区青少年积极参与社区公益活动，清扫楼道卫生，捡拾白色垃圾，维护社区环境卫生。9月份在社区健身场举办“开心新学期——社区欢乐行”活动，通过游戏来激发孩子们的学习乐趣，掌握好的学习方法。

（夏巍青　刘西瑞）

附属小学

【概　况】 北京林业大学附属小学(以下简称北林附小)始建于1960年，至今已有50年的办学历史，座落于北林大校园内，占地3100平方米。学校属于为北林大公办性质，主要服务于北林大在职教职工子女就学问题。

教学设施功能齐全，拥有现代化实验室、计算机房、多媒体教室。北林附小设置教学班12个，共有在校生生548人，在职教师31人，其中具有硕士学历的教师10人，市级骨干教师1人，区级骨干教师2人，中小学教师中高级职称教师1人，全校教师学历达标，整体素质高。2010年引进教师1人，毕业生89人，新招生88人。

【校园建设】 2010年，校园信息化建设进一步完善。通过计算机、多媒体、通信等技术和校园计算机网络，将学校主要教育资源数字化。建立网络化、数字化、智能化有机结合的新型教育、学习、交流和研究的学校平台，实现教育资源、信息管理、教学方式、生活方式和沟通传播方式的信息化，促进师生互动，达到高效的管理，更好地培养学生的应用和创新能力。

加强校园安全技防设施建设，在5月20日完成校园内11个重点部位监控探头和校园周界监控的安装工作，并将系统接入派出所的视频监控室，使警方能对校园周边治安实施24小时监控。

【教学管理】 北林附小以教学质量为学校发展主线。学校教学代表曾多次在中心学区及海淀区做教学经验报告，并曾在2008年获得海淀区教学管理先进校的称号。北林附小重视教师队伍的建设，发挥中青年骨干教师的作用，把骨干教师推到教学前沿，为大家上研讨课、示范课，再通过课后反思、互动研讨等活动切实提高全校教师的专业素质。2010年，学校深入开展多种形式的教研教改活动，充分发挥教研组教学研究的职能，扎实地开展教研活动，提高教师对课程的建设能力、实施能力和研究能力，适应课改的需要，提高自身的专业水平。课堂教学的优劣直接影响着教学质量的高低，学校进一步提升了教师教学的实效性，成立教师成长工作室，每月出版两期教师工作室成果精编。重视教师校本培训，提高教师专业素质。组织老师们学习新课标、新教材，更新知识，借鉴新教法，及早打破旧框框，杜绝陈旧的教学方法。学校在教育科研管理实施中，始终将“解决问题，减负增效，促进发展”作为学校教育科研的三个原则，通过规范管理，创新实践，使教育科研与教师教学实践紧密结合，提高教育科研成果实效性。

【德育教育】 北林附小坚持推进素质教育。长期开展常规系列活动，各年级、班级根据本年级、班级实际情况，制定出切实可行的德育工作计划，确定不同学年段的德育内容和要求，改进教育工作的方式与方法。每学期开学后，各班主任立即组织学生学习贯彻《小学生守则》、《小学生日常行为规范》、《小学生礼仪规范》等规章制度，及时检查学生的行为习惯，发现问题及时处理。2010年利用教学开放日召开全校学生家长会并成立了家长学校委员会。要求组织好每一节班队会，班主任老师设计班队会内容，班队会内容要体现实效性和针对性。加强对学生的行为养成教育，培养学生的自主管理能力，充分发挥共青团、少先队、文明监督岗职能作用，监督岗成员参与学校班级日常工作的检查与评比，做好当日的值班记录，发现问题及时处理解决。面向全体学生，继续深入开展以转化学困生为重点的系列活动，少先队建立问题学生跟踪档案，配合班主任常抓常管，把不良行为消灭在萌芽之中。校领导深入到各年级、班级开展调查研究工作，指导督促班级管理。每周一次对全校班级进行量化考核，每月一次班级管理评定，并评出文明班集体。每周(月)检查情况反馈各班主任。有计划的培养各班队干部，定期召开会议，提高班队干部在班级建设中的骨干作用，发挥学生教育学生的功效。2010 年度开展多种形式的德育活动：寒假组织学生开展“文明礼仪伴我行”主题教育活动之“我身边的不文明行为调查”践行活动。3 月份以“文明在我心中、文明在我口中、文明在我手中、文明在我脚下”为主题开展了卫生安全法制专题教育，并开展了系列主题班会活动。4 月份以“强化安全教育、突出重大节日活动、促进学生的文明与修养”为主题，开展了小学生首届辩论赛活动。辩论赛的辩题是“未成年人上网的利与弊”，“学生零花钱使用利与弊”正反双方都查阅了许多资料，在赛场上进行陈词、辩驳、总结。5 月份以“红色五月继承革命传统教育、灿烂五月丰富少先队”为主题开展了系列活动。主要活动有教育教学家长开放日活动，活动中验收了六年级“文明礼仪伴我行”主题班会。6 月份以“阳光六月、安全六月、快乐的六月”为主题开展了“激荡的旋律欢快的‘六一’”庆祝活动。7 月，开展以“关爱生命、关注安全”为主题的校园安全月宣传活动。为使学生掌握地震、火灾等灾害安全知识，从小培养安全自护意识，对全校师生员工进行安全自护知识教育的学习、并举行师生防震减灾紧急疏散演练活动。9 月份以“传承中华文明礼仪、奠定美好人生”为主题开展文明礼仪宋词诵读比赛，利用班会晨会背读《弟子规》，培养孩子们尊规守礼的行为习惯。10 月份开展英语口语天天练活动。11 月份开展“交通安全在行动”活动。2010 年，林大附小被海淀区教育工作委员会评为海淀区德育管理先进校单位。（王 琳 高慧贤）

学校公共体系

信息化建设

【概　况】 2010年，北林大信息化工作以“服务学校，促进发展”为出发点，重点完成校园网结构优化升级，再次扩容出口带宽，逐步普及IPv6应用，大范围拓展无线网络，顺利建成“校园一卡通”系统，规范工作流程，提升管理效率，有序推进网站建设与运维工作，进一步提升日常管理与服务水平。　　（黄儒乐　黄国华）

【校园网情况】 2010年，网络基础设施进一步改善，网络服务水平显著提高。

校园网改造与网络提速增效　新增250兆公众网带宽，截至年底，全网出口带宽总量达到850兆，新增链路负载均衡设备，实现多出口链路的自动最优选择与负载均衡，链路使用效率显著提高，建成一卡通专网，覆盖全校主要办公、教学、生活场所，接入600余个一卡通终端。

IPv6网络项目　继续执行教育部CNGI－IPv6项目后期工作，升级更换网络接入设备，承担清华大学《新一代可信任互联网实验网》子课题研究，实现全网IPv4/IPv6双栈支持，截至年底，学校IPv6出口入流量峰值突破2.5Gbps，平均流量在1Gbps以上，表明学校IPv6网络使用率进入高校前列。

“无线校园”业务　与中国移动建立战略合作关系，获得280万元经费支持，全面开展校园无线网络建设，实现综合楼、主楼、东配楼、西配楼、林业楼、图书馆等所有办公楼宇内部无线网络建设，完成设备安装部署与系统调试接入工作，新建无线网络于年底投入试运行，为学校师生提供了更便捷的网络接入服务。

网络服务　信息中心进一步加强网络管理与服务工作，发布北林大网络流量监控系统，公开校园网实时使用情况，完成三年期卡巴斯基网络防病毒系统升级，继续为师生提供免费病毒防护服务，完成邮件系统升级扩容，为师生免费提供1GB邮件空间，优化网络计费策略，打通国际国内流量，减免国际流量收费，丰富套餐类型，修订并发放《2010版网络使用手册》到每一个新生宿舍，组织多种形式的网络宣传与培训，与学生代表围绕网络使用、一卡通系统等问题开展面对面交流，继续提高客服人员素质与技能，组织参观中国电信客服呼叫中心，一年来，网络管理与服务水平显著提高。（黄儒乐　黄国华）

【数字校园与信息化建设】 2010年，信息中心积极推进信息系统建设，建立健全信息化标准，营造信息化氛围，圆满完成“校园一卡通”一期工程建设，实现多个信息系统的完善升级，为学校各项工作提供有力支持。

2010年信息化专项信息中心自筹经费设立北林大2010年校园信息化科研专项课题，并组织各子课题单位开展课题研究，本次专项共立子课题4项，涉及办公自动化、招生就业、学生管理等工作。

网站建设　信息中心对学校主页进行改版，页面风格设计更加美观，绿色基调与学校办学思想、校园文化贴切吻合，栏目开设、信息分类更加合理，使用更加便捷，新增的“学术活动”专栏面向校内外发布学校科研、学术活动等相关新闻与公告，得到师生一致好评。上半年，实现网站内容管理系统（CMS）的版本升级，2010年新移植上线网站13个，包括学生就业信息网、教务处网站等，截至年底，CMS系统中共管理网站85个，学校网站统一技术平台、统一建设、统一管理工作成效显著。

信息化交流　2010年，信息中心参与高校信息化以及物联网等技术研讨会10余次，组织学校相关部门赴北京、上海等高校进行校园一卡通调研，参加教育部等组织的信息安全等级保护培训，安排技术人员学习进修数据中心建设与管理培训课程，广泛的对外交流与学习为开拓我校信息化建设新思路提供支持。

（黄儒乐　黄国华）

【网络售房系统成功应用】 2010 年，信息中心开发完善网络售房系统，配合学校教工住宅售房工作，完成参与排名的 1338 名教职工信息采集，开发网上选房子系统，实现房源信息自动滚动，1 天内完成新建房源选房，2 天内完成腾退房源滚动选房，大大节省人工数据校对、更新和发布时间，工作效率显著提升，为学校售房工作的圆满完成提供有力支持。（黄儒乐　黄国华）

【完成“校园一卡通”一期建设】 2010 年 3 ~ 12 月，“校园一卡通”工程(以下简称“一卡通”)一期建设完成。3 月 16 日，项目正式启动，随后历经考察调研、方案论证、项目招投标、实施调试后于 8 月 27 日“一卡通”系统正式全面上线运行。12 月，“一卡通”建设一期顺利完成。为保证系统稳定运行，学校出台制定《一卡通管理办法》、《一卡通系统运行规范》、《一卡通系统资金管理制度》等规章制度。

截至年底，“一卡通”已经完成的项目包括餐饮消费、开水计量、洗澡计费、师生超市消费、计算机房交费、医疗交费、图书借阅、学生注册、学生公寓门禁、青年教工公寓门禁、手持 POS 终端、上网费充值、补助发放等。设有各类刷卡终端 600 余个，包括消费服务、窗口服务、远程控制、自助服务、语音服务、网络服务、门禁管理等多种类型。共有教工卡、学生卡、员工卡、临时卡等各类在网运行卡片约 2. 5 万张。

（王雁军　黄国华）

图书馆

【概　况】 2010 年，北林大图书馆有职工 91 人，其中在编职工 64 人、正高 2 人、副高 25 人。图书馆本着“一切为读者服务”的宗旨开展各项工作。2010 年发展新党员 2 人，转正 2 人，图书馆直属支部获北林大 2009 ~ 2010 年度先进党支部称号。对资源建设部部分业务实行外包。5 月 22 日组织职工参加北京地区高校图书馆第八届田径运动会，获得精神文明风尚奖。完成图书馆和校园一卡通的对接工作，方便师生利用图书馆。（袁明英　阎锦敏）

【读者服务】 2010 年读者服务工作形式多样、层次丰富，全年解答读者咨询近 3000 人次，完成 25 万册图书的外借服务，9 万人次的阅览服务，增进了读者与图书馆的交流。

读者培训　全年共举办各种培训 50 余次，内容涵盖新生教育培训、馆藏文献资源利用、中外文数据库利用、SCI 专题、论文提交、NE 软件等。

举办世界读书日主题活动　利用第十五个“世界读书日”，以倡导读书，提高优质服务为主题，举办“4 · 23”世界读书日图书馆优质服务宣传周系列活动，包括馆藏优秀图书推荐，优秀图书书评展，数字资源利用专栏，“读好书，好读书”推介等，并与启明星社团合作开展“书香读书评比会”等读后感、书评活动。

设立“光盘漂流站”　在高校图书馆首次将随书光盘复本，以无记名自由领取的方式，将资源利用最大化。

馆际互借　5 月开展第二届馆际互借及原文传递宣传月活动，通过网络介绍、材料宣传、现场演示等多种形式广泛宣传北京高校资源共享平台。

建立个性化的读者群服务形式　2010 年开始接待留学生读者，针对留学生群体的特征，图书馆专门召开具有读者服务性质的部门主管会议，提出了“热心、耐心、关心”的服务要求。图书馆拨专款在阅览部设专柜补充针对留学生需求的馆藏空白、设专用计算机提供光盘复制服务。（于　晗　阎锦敏）

【馆际交流合作】 2010 年，馆际互借与原文传递服务进一步发展。学院路共同体馆际互借合作馆 40 余家，北京高校文献资源保障体系(BA-

LIS)合作馆 80 余家。通过馆际互借借阅图书 700 余册，完成原文传递 460 余篇。

9 月 17 ~ 19 日由北林大图书馆牵头的全国林业院校图书情报工作委员会、中国林业教育学会图书馆工作委员会第十九次会议在福建农林大学召开，本次会议以“和谐图书馆建设”为主题，馆长刘勇在会上作《图书馆——高校和谐的稳定力量》的专题报告。大会共收到提交论文 50 篇，北林大图书馆向大会提交论文 4 篇。

10 月 14 ~ 15 日由北林大图书馆牵头的北京科协大型学术活动信息资源推广服务高层论坛在北邮图书馆召开。2010 年 11 月以北林大图书馆为主任馆的高校科技情报专业委员会被北京科学技术情报学会评为年度优秀专业委员会，这是自 2005 年高校科技情报专业委员成立以来，已经连续 6 年获此殊荣。　（石冬梅　阎锦敏）

【文献资源建设】

文献供应商招标　4 月 13 ~ 20 日，图书馆报请学校并在相关部门的领导参与下，对中文图书、报刊供应商进行招标，重新选择合作商，保证图书馆文献采购的公开、公正，健全监督机制。

文献资源清查　配合学校资产清查，完成图书馆资产清查，理清资产账本记录与计算机检索不符的问题。

纸质文献建设　2010 年中外文图书采选继续使用专项修购经费，截至 2010 年 12 月 13 日，采选到馆中文图书 19 240 种 74 737 册，外文图书 1015 种 1015 册。采选中文期刊 1555 种，中文报纸 111 种，采选外文报刊 176 种。装订典藏中文合订刊 3935 册。收集装订本校博硕学位论文 819 册。

电子文献建设　确保原有数据库续订并根据读者需要，考虑与 SCI 配套使用的数据库“SCI 期刊引用报告数据库”，“SCI 基本科学指标数据库”等，以及考虑本馆数据库类型结构配置，购买标准库、专利库、年鉴库等。2010 年新购数据库 12 个，续订数据库 15 个。

文献捐赠　2010 年接受中外文赠书 1.8 万余册，其中校友赠送水文资料 1.5 万余册，教育部赠送留学生读物 2300 册。

文献荐购　2010 年组织院系师生 4 次 30 余人外出现采。分别在 5 月 6 日、12 日组织院系教师到新华书店台湖国际书城和教图样本书库选书，教师们根据教学和科研所需，有针对性的选择大量急需的优秀文献。

举办新书展　2010 年分别在春季和秋季学期邀请新华书店、图联等来馆做新书展。为读者提供 8000 余种新书，同学们踊跃参与荐购，效果良好。

文献整理　2010 年整理清点全馆遗留的各种旧书共计 23 215 册，挑出其中 1700 册有价值的进行编目上架，其余做剔旧处理。

（张丰智　阎锦敏）

【图书馆课题研究】　2010 年 9 月课题《虚拟现实图书馆系统研建》通过 CALIS 全国农学中心 2009 年度课题验收，并获得优秀课题二等奖。课题《我国高校图书馆投入产出计量模式研究》获 CALIS 全国农学中心 2010 年研究项目立项。

鼓励广大职工开展与业务相结合的图书馆科研课题研究。2010 年图书馆再次开展馆立课题的申请工作，此次共有 12 项课题提交立项申请，经图书馆学术委员会严格审核，最后批准其中的 6 项课题作为 2010 年的馆立课题立项。

在图书馆的资助下，2010 年全年图书馆教职工在外发表专业论文 14 篇，其中核心期刊 3 篇。　（袁明英　阎锦敏）

期刊工作

【概　况】　2010 年，期刊编辑部共有在职人员 18 人，其中正高职称 1 人，副高 9 人。期刊编辑部负责 5 种国内外公开发行的期刊——《北京林业大学学报》、《北京林业大学学报(社会科学版)》、《中国林业教育》、《中国林学(英文版)》、《中国鸟类(英文版)》的编辑出版任务。全年共编辑出版正刊 24 期，增刊 4 期。2010 年期刊编辑部加强了组稿工作，完成了《中国鸟类》的创刊工作，采用了国际流行的在线编辑系统。

【组稿工作】 2010年期刊编辑部组织多名编辑多次出席有关学术会议，拜访作者和审稿专家。2010年10月《北京林业大学学报(社会科学版)》的编辑参加在陕西杨陵召开的木文化国际研讨会，2010年11月《中国鸟类》编辑参加在北京和厦门举行的鸟类学术会议。

2010年《北京林业大学学报》与中国知网签订了"数字优先出版"合同，并开始与其华北印刷基地合作，加快稿件处理速度。为进一步吸引优质稿源，各刊在保证学术和编辑出版质量的前提下，稿件发表时滞明显缩短。从2010年第5期开始，《北京林业大学学报》的稿件发表周期由原来的11～12个月缩短到9个月；《中国林业教育》2010年发表时滞由9～12个月缩短到6～9个月；《北京林业大学学报(社会科学版)》稿件的上稿周期从以前的12个月左右缩短到6～9个月，优质稿件上稿周期最短可缩短至3个月。

2010年5月，《北京林业大学学报》、《北京林业大学学报(社会科学版)》、《中国林业教育》评选出2009年度优秀论文作者和优秀审稿人。

【主要成绩】 2010年，《北京林业大学学报》获教育部科技司组织评选的第三届中国高校精品科技期刊奖。据2010年8月中国科学技术信息研究所出版的《中国期刊引证报告(扩展版)》和《中国期刊高被引指数》显示：2009年《北京林业大学学报》影响因子为1.253，在大学学报(农业科学类)和林业科技期刊中均名列第一。据2010年12月16日中国学术期刊(光盘版)电子杂志社、中国科学文献计量评价研究中心、清华大学图书馆发布的《中国学术期刊影响因子年报》，《北京林业大学学报》复合影响因子(考虑了期刊、学位论文、会议论文等综合引用情况)为1.852，在全国林业科技期刊中排名第一。2010年1月《北京林业大学学报》、《北京林业大学学报(社会科学版)》分别获得由教育部科技发展中心评选的中国科技论文在线一、二等奖。2010年5月，《北京林业大学学报(社会科学版)》被北京高教学会社会科学学报研究会和全国人文社会科学学报研究会评为优秀学报，森林文化栏目被评为北京市和全国的优秀栏目，编辑孔艳被评为北京市高校人文社科学报优秀编辑。2010年11月，《北京林业大学学报(社会科学版)》编辑部在全国理工农医院校社会科学学报联络中心组织的评选中被评为优秀编辑团队。

【《中国鸟类(英文版)》创刊】 1月8日，《中国鸟类(英文版)》的部分编委和北林大校长尹伟伦院士等十数人在北林大召开《中国鸟类(英文版)》工作启动会议，此次会议正式明确了该刊的定位、编委会成员、收稿范围等内容，标志着刊物的各项工作进入正轨。3月，创刊号正式出版。《中国鸟类(英文版)》是中国首份鸟类学学术期刊，面向全球发行。中国科学院院士郑光美先生担任主编，编委会成员由来自中国、中国台湾、美国、英国、德国等多个国家的知名鸟类学专家组成。现为季刊，主要发表国内外鸟类学所有方向的研究论文、综述和研究简报等，设有特色栏目"中国特有种"，定期介绍中国鸟类学家对中国特有鸟种的研究进展。创刊号发行数量约为2000份，对象为世界各地知名鸟类研究者、设有相关学科的高校和科研院所图书馆等，总投入约30万元。

【英文刊启用国际流行的投审稿系统】 2010年，《中国林学(英文版)》、《中国鸟类(英文版)》2个英文刊采用了由Thomson-Reuters公司开发的、国际流行的在线投审稿系统ScholarOne Manuscript。Thomson-Reuters是全球领先的专业信息和在线工作流程平台提供商，是科学引文索引(SCI)的出版者。由该公司开发的ScholarOne Manuscript是世界领先的在线投审稿系统，作者可以随时在线查询审稿进度，方便查看审稿意见。流畅规范的审稿流程管理和Web of Science智能信息支持，提高了审稿速度和质量，是全球3000多种期刊、1300多万审稿人和作者的选择。此系统经过10年多的创新和升级，已成为代表全球科技期刊在线投审稿的最佳实践。2个英文刊采用此系统后，解决了以前国外作者投稿不方便的问题，使刊物的投、审稿流程方面完全国际化，更加快捷方便，提升了刊物的国际形象。

【论文检测】 从2010年开始，期刊编辑部出版的5种期刊对每一篇投稿都要通过科技期刊学术不端文献检测系统进行检查，符合刊用标准的文章在作者修改完成后，要再次上网检测，确保每一篇文章真实性，极大地维护了期刊及学校的良好声誉。

【中国高校科技期刊研究会启用新名】 2010年7月，期刊编辑部作为理事长所在单位的中国高等学校自然科学学报研究会经民政部批准，更名为中国高校科技期刊研究会。该研究会成立于1983年，从2000年开始，期刊编辑部负责人任秘书长，2004 ~2010年，期刊编辑部负责人任理事长。11月，中国高校科技期刊研究会第十四次年会暨第三届中国高校科技期刊奖颁奖大会在重庆召开，会上同时举行了研究会更名仪式。 （王 伟 颜 帅）

档案工作

【概 况】 北林大档案馆(以下简称“档案馆”)是学校档案工作的职能管理部门，也是永久保存和提供利用本校档案的科学文化事业机构。2010年，档案馆围绕“以资源建设求生存，以提升服务求支持，以开拓创新求发展”这一主题开展工作，主要负责全校各门类档案的立卷归档的监督指导和档案材料的收集、整理、编目、保管、借阅、统计、鉴定、利用和编辑研究几项主要工作。

档案馆有专职档案员7名，外聘人员1名，其中副研究馆员2人，馆员2人，助理馆员3人。档案用房870平方米，设有综合档案库房、人事档案库房、阅览室、办公室，案卷排架总长度855米。

档案馆有1个全宗，包括党群、行政、人事等14类档案，库藏档案55 273卷，其中包括邓小平等国家领导人为北林大题词的原稿，为学校建设发展作出突出贡献的知名专家资料和学校在教学、科研方面取得突破性成就的记录等。

【档案管理】 2010年，档案馆坚持实行四同步、三纳入、三卡关制度，在资源整合，档案基础工作、档案信息化建设以及完善管理手段方面开展档案管理工作。

信息化建设 2010年，档案馆主动适应职能拓展的需求，积极推进档案信息化建设、资源建设以及档案开发利用等创新工作。对1952 ~1985年的比较破旧，有些散乱的旧档案进行修补抢救、整理编目、换皮装订，并对全校库存的老档案实行统一分类、统一编号，进行规范化整理，为顺利开展档案数字化管理做好前期准备。有计划、有步骤地对1952年建校以来的纸质档案的案卷目录和卷内目录进行数字化。2010年已完成案卷整理3346卷，录入电子目录数据26 768条，扫描各类重要档案全文547份。全面启动网络环境下电子档案的接收工作，档案馆加大力度收集、整理和利用现行电子文件并借助网络平台全面实现档案资源共享，加快实现电子文件与纸制文件同步归档和有效管理，促进档案信息化建设的实施。

人事档案审核达标工作 1月，档案馆按照教育部的要求启动人事档案审核达标工作，针对档案达标要解决的干部档案材料是否完整、档案信息是否准确、档案整理是否规范等3个问题以及针对检查验收实行四项“单项否决”的重要内容展开工作。档案馆对全校1654卷在职干部人事档案的内容和有关信息进行逐页逐项的核对，补充缺少的内容，共补充各类材料3408份，对每份档案进行规范化整理、分类、编目、补洞、裱糊、编页、装订，并将手写目录全部录成电子目录。

归档工作 2010年在全校范围内再次开展“学校记忆工程活动”，一方面继续完成2010年归档主渠道工作，一方面，开拓征集范围，广泛开展多种形式的征集活动，把不同时期形成的具有归档保存价值的不同门类、不同载体、不同形式的存放在各单位的档案以及过去遗漏立卷的档案材料进行一次全方位的收集、记录、整理和开发利用，使得档案数量大幅提升，档案质量普遍提高，门类不断增加，结构得到优化。

档案工作会 4月，档案馆召开全校2010年档案工作会，总结档案工作取得的重要成绩，分析归档工作中存在的归档内容不全面、电子文件未同步归档、页码编写错误等问题，安排2011年的档案工作，并对参会的档案工作人员进行档案网络管理系统的应用培训，讲述档案管理系统的归档操作流程、电子文件的上传和编辑档案类目等内容。

馆际交流 2010年，档案馆接待北京大学、清华大学、吉林大学等十多所高校档案馆人员的参观交流活动，组织讨论档案馆建设、人事档案审核、编研和信息化建设等工作，并介绍档案馆取得的成绩和建设经验。

【档案开发利用】 2010年，档案馆共接收档案案卷7079卷，补充教职工档案5800份，补充学生档案14 800份，转出学生档案4100卷。为教学、科研、管理工作提供全方位的档案信息服务，利用档案网络查询系统提供档案查询服务，利用综合档案9222.8卷次，利用人事档案3100卷次，借出和复印档案材料746份，电话查询359人次，网站访问量5817人次，配合教育部学位学历认证86人次，配合学校材料组收集、整理、编目、装订"政治思想先进校评估支撑材料"421卷。

档案馆继续完善14项档案编研工作，有针对性的开展了档案史料深层次的开发，为查找档案史料提供关键线索和高品质的信息服务奠定基础。完善《北京林业大学1952 ~2008年组织机构沿革》、《北京林业大学1952 ~2008年教职工的职称聘任情况》、《北京林业大学1984 ~2008年各类获奖证书、锦旗名录及电子奖证》、《北京林业大学建校50周年书画作品目录及电子图样》等编研工作，并编纂成册，能够方便的查找到相关信息，为查询中遇到的困难提供解决途径，为学校职称变动查询，人事变动查询和人事档案审核达标工作提供帮助。

（李伟利　张月桂）

实验林场

【实验林场概况】 北京林业大学实验林场（以下简称实验林场）原名北京林业大学妙峰山教学实验林场，建于1952年，是在北京林学院成立后合并北京农大林专林场及中林所西山造林实验场的基础上建立起来的。

实验林场位于北京市海淀区西北部苏家坨镇，北纬39°54′，东经116°28′，横跨海淀和门头沟两个区，面积832.04公顷，森林覆盖率96.4%，最高海拔1153米，共划分为6大经营区，12个林班，106个小班。经调查实验林场范围内共有陆地植物110科313属684种（包括变种和变型），昆虫种类12目72科800余种。实验林场现在主要任务是为教学实习科研服务、营林防火和森林旅游。

实验林场现有教职工42人，其中高级职称2人，中级职称7人，具有大学本科以上学历9人。

2010年，实验林场围绕教学实习科研服务、营林防火和森林旅游的中心工作，多方筹集资金，共投资127.76万元。新建170平方米防火物资储存库房，完成对梅花品种园、牡丹基地、普照院苗圃、沐容亭周边场地的土壤改良、环境整治和绿化美化工作，整治面积6万余平方米，栽植各类绿化苗木植物2000余株，完成响塘办公区房屋的保温改造、门窗更换、油漆彩画工作，完成牡丹基地办公室装修改造和园路的铺装工作及普照院科研基地的围墙改造及供水管线的铺设工作和供暖锅炉的升级改造等工作。实验林场被海淀区政府评为2009 ~2010年度海淀区护林防火先进单位。

（邓高松　王　勇）

【教学实习和科研】 实验林场是北林大重要的教学、科研、实习基地，中心任务是为学校教学和科研工作提供服务。

教学实习 2010年，实验林场共接待北林大教学实习师生7200人次，其他兄弟院校实习师生6500人次，继续承担着北林大成人教育学院实验林场校区学生的学习、生活和住宿等后勤保障服务工作。实验林场教学实习的课程有营林生产实践、林木种苗培育技术、土壤学、地质与地貌、生态学、昆虫分类学、果树概论、植物学、园林树木学、气象学、地图学、苗圃学、园林设计、旅游规划、森林保护、环境规划、森林防火。

科研服务 配合协助遗传育种、水土保持、干旱地区造林、梅花、牡丹芍药课题组专家教授开展研究工作。利用基地建设资金70万元，对梅花品种园、牡丹基地、普照院苗圃、沐容亭周边场地进行土壤改良、环境整治和绿化美化工作，整治面积6万余平方米，栽植各类绿化苗木植物2000余株。 （邓高松 王 勇）

【营林与防火】 实验林场的营林管理工作重点是林相改造、护林防火和病虫害预防监测的生态维护。

营林工作 实验林场接待了社会单位2000人到实验林场参加植树活动，共栽植各种苗木1800余株，完成义务植树单位和纪念林抚育管理26.67公顷。

护林防火工作 实验林场调整完善全年度森林防火工作计划及扑火预案，打设防火隔离带43万平方米，清理防火小道20千米，培训一支15人的专业扑火队伍，完成防火值班室改造和搬迁工作，调试原有的防火设施、监控设备等，保证防火期间各种设备正常运转。实验林场全年度没有发生火情、火警和火灾现象，被评为2009～2010年度海淀区护林防火先进单位。

病虫害防治工作 实验林场派专人进行病虫害监测，共设置6个观测点，4～10月每天进行观测记录并报海淀地区林业工作总站，4～9月在重点区域、重点部位进行7次药物防治，确保实验林场林木资源安全。 （邓高松 王 勇）

【实验林场基本建设】 2010年，实验林场多方筹集资金127.76万元，投资新建170平方米防火库房，完成响塘办公区房间的保温改造、门窗更换、油漆彩画等工作，完成牡丹基地办公室装修改造和园路的铺装工作，完成普照院科研基地的围墙改造及供水管线的铺设工作，完成供暖锅炉的升级改造等工作。 （邓高松 王 勇）

【北京鹫峰国家森林公园】 2010年，公园开展环境综合整治改造、绿化美化工作，修缮古道，完成环境整治面积6万余平方米。公园举办鹫峰梅花节、鹫峰生态文化节、鹫峰登山节和鹫峰彩叶节系列主题旅游文化活动，参加由海淀区人民政府、北京市旅游局共同主办的2010中关村科教旅游节，北京市海淀区人民政府和北京市旅游局主办、北京市海淀区旅游局和苏家坨镇人民政府承办的2010年大西山金秋旅游登山节，全年接待游人12万人次。 （邓高松 王 勇）

【重要事件】 4月10日上午，国家林业局50多位司局级领导在实验林场开展义务植树，在国际梅园内，共栽植梅花近百株。校党委书记吴斌、副校长张启翔及林场相关负责人一起参加了植树活动。

11月6日，由北京市大学生体育协会主办，北林大承办的鹫峰国家森林公园杯“2010北京大学生第七届越野攀登赛”在鹫峰国家森林公园内举行，来自北京27所高校的代表队报名参赛，教练员、裁判员、运动员共500余人。副校长陈天全参加开幕仪式并为比赛起跑鸣枪。

（邓高松 王 勇）

苗圃与树木园

【概 况】 北林大苗圃与树木园管理办公室，成立于2010年10月26日，挂靠北林大教务处。该办公室是学校的实践教学单位，负责建设和管理教学实习苗圃和树木园，为本科教学提供实习实验平台，开展本科教学实习，为教师和学生实习服务。管理办公室现有主任1名、副主任1名，暂设生产业务科和教学实习科2个科室，分别由1人负责，招有劳务人员若干。

苗圃位于北京市海淀区双清路西侧，八家村委会北侧，距北林大校本部西北门约300米，总面积31 181平方米，由西院、东院和东南院3部分组成，已完成规划建设，投入使用。树木园正在规划设计中。

【苗圃规划设计】 苗圃规划为生产用地和非生产用地两部分。生产用地用于建设圃地和温室，规划面积为25 980平方米(其中温室暂定1160平方米)，占总面积的83.3%，共划分为11个作业区，实行按功能划分的原则，其中西院划分为6个区，东院划分为4个区，东南院1个区。非生产用地用于建设办公区、道路系统、围墙、防护林带、灌溉系统、排水系统等区域，占地5201平方米，占总面积的16.7%。

根据规划方案和建设目标，依据协调、可持续、生态、环保、节能、低成本、使用便捷、高效利用土地资源的原则，进行苗圃分项设计，由林学院森林培育学科承担灌溉、排水、道路、防护林等各项工程的设计；水土保持学院土木工程学科承担房屋设计；林学院草业科学学科承担灌溉系统的优化设计。

【苗圃建设】 苗圃第一期工程于2010年7月23日开始建设，2010年12月22日进行了工程验收。

第一期工程分为道路工程、灌溉系统、排水系统、房屋建设、电力系统、园土过筛、垃圾清运、客土工程、防护林绿化、围墙建设等。工程总造价为345万元。

道路工程 道路规划为主路、辅路、周界圃路和临时道路，面积2308平方米，占苗圃总面积的7.4%。其中6米宽主路长130米，从苗圃大门纵向南北贯通，对内通向管理用房，对外与市政道路相连；3.5米宽道路长110米；3米宽道路长380米。材料都是改性沥青混凝土，基层荷载满足行车需要。

灌溉系统 苗圃生产、生活用水采自八家居民区原有井水。喷灌管网长度约640米，配有程序控制，自动检测，自动给水灌溉等自动化设备。

排水系统 苗圃地的总体排水方向是自南往北、自西向东排水，道路、苗圃地以及排水沟竖向设计以此为依据。排水沟底设计坡降为千分之二。西区北段排水沟为草沟排水形式，展现生态型特点。西区南侧排水沟为红砖砌筑，以保证坡降。

房屋建设 苗圃地管理用房共148平方米。主要包括办公室、值班室、卫生间、库房、工人宿舍、厨房等。另外还建有拖拉机库20平方米。

电力系统 苗圃生产作业区设立了与苗圃办公区相关联的供试验设备用的电力供应系统，通过地下线路相连。电路设计系统，能满足日常的管理、科研、实验所需。另外还预留了适当的备用电力回路。田间地头布置了接线插口，并做了防水处理。

园土过筛及客土工程 苗圃原有土壤中砾石含量很高，地面下含有很多砖瓦等建筑垃圾及生活垃圾，土质较差，东西两侧还有一部分宅基地为硬质基底，需要经过渣土清运、土壤改良方可转化为育苗生产用地。土壤改良采用原土过筛和客土回填工程，深度40厘米。

防护林工程 防护林带长1260米，宽1.5米，以国槐、绦柳为主，间植紫荆、黄刺玫、美女樱等灌木。防护林带与排水渠之间距离为1.5米，林下可以为园林、生物、草业等专业进行教学实习所用，培育耐阴、耐半阴植物品种，充分利用苗圃土地，进一步增加苗圃地的使用率。

【苗圃服务职能】 苗圃立足于为学校多专业的学生提供林木、花卉、草坪、特种植物培育进行机械化、自动化、工厂化、现代化实习的场所，使学生学到新的知识和技术。苗圃正逐步建设成采用新技术、使用新方式以及执行标准化生产的教学实习场所。实现大气温度、湿度、光照的实时监测，土壤温度、湿度的实时监测，土壤肥力、水分的定时监测，温室内各项因子的实时和定时监测。苗圃与树木园管理办公室正逐步探索苗木、花卉栽培的新模式和新技术，创新制定苗木自动化化生产的各项标准。

作为学校实践教学平台的苗圃，可为林学院、园林学院、生物学院、自然保护区学院和水土保持学院的相关实践课程提供服务，如森林培育学(育苗部分)、草坪学、牧草、切花生产、盆花生产、野生花卉学、园林植物景观设计、园林植物栽培养护、花卉种苗与园林苗木生产学、园林植物遗传育种学、园林苗圃学、盆景学、果树与蔬菜园艺学、药用植物学等课程的实践环节。

苗圃实习课程一览表

学院	课程	实习内容
林学院	林木种苗学	播种育苗、扦插育苗、苗木质量调查等
	经济林学	苗木培育
	草坪学 草地植物栽培学	常见草坪及牧草的栽培、草坪建植技术、草坪养护及机械操作
	草坪灌溉与排水学	灌溉排水技术
	高尔夫与运动场草坪	高尔夫与运动场草坪建植
	草地植物遗传育种学	遗传育种与转基因技术
	裸露坡面植被恢复	裸露坡面植被恢复技术
园林学院	园林花卉学	一、二年生花卉、宿根花卉、球根花卉、水生花卉
	种苗与苗圃学	种苗培育
	果树与蔬菜园艺	菜园、小果园的建植
	园林植物遗传育种学	单株选择、有性杂交、诱变育种、遗传基本规律验证
	园林植物景观设计 A	植物围合空间的设计与施工、花坛花境设计与施工、优秀设计作品的保留圃、景观设计植物材料圃、植物景观设计用地
	野生花卉	一二年生野生花卉、宿根、球根、水生野生花卉、干燥花
	切花生产	切花种苗生产、球根切花生产、宿根切花、木本切花、一年生草本切花
	盆花生产	盆花种苗生产、球根盆花生产、宿根盆花生产、木本盆花生产、花坛花卉上盆技术
	园林苗圃	垄播育苗、低床高床培育等
	园林植物栽培养护	树木整形修剪、绿化施工定点放线及绿化施工树木移植
	盆景教学	盆景苗木培育、盆景制作与养护、盆景识别
生物学院	植物生理学	植物营养生理、抗逆生理
	林木育种学	油松等种源对比
	药用植物	药用植物识别及培育

（王　珏　郝建华）

专　文

党发重要文件选编

重点工作及责任分工

北林党发〔2010〕3号

2010年学校反腐倡廉工作，按照教育部和北京市教工委的部署，紧紧围绕学校质量效益年的总体要求，进一步贯彻三部委《关于加强高等学校反腐倡廉建设的意见》，积极推进学校党风廉政建设和廉政风险防范管理，确定以下重点工作和分工。

一、贯彻中央决策部署，落实党风廉政建设责任制

1. 召开2010年党风廉政建设工作会议

会议传达中央和教育部、北京市教委新的工作会议精神，总结2009年工作，部署2010年重点工作；会后各单位组织一次党员生活会，认真学习和贯彻这次会议精神，各单位把有关精神和要求向教职工传达。

2. 对重点工作任务进行分解落实

按照今年廉政建设的重点工作任务，结合各单位的业务管理职责，进行重点任务分解。凡涉及多个单位的事项，通过组织协调和召开相关联席会议，落实牵头单位、协办单位，使工作任务落到实处。

牵头单位：党政办

协办单位：纪委、监察处

完成时间：2010年3月

责任领导：吴　斌

3. 开好协调会，落实党风廉政建设重点工作

为落实党委2010年党风廉政建设工作部署，协调开好“落实党风廉政建设重点工作协调会”、“领导干部经济责任审计联席会”和“廉政风险防范管理联席会”有效落实党风廉政建设责任制。依据责任分工，年底开展考核。

牵头单位：纪委、监察处

协办单位：党政办、组织部、宣传部

完成时间：2010年4月

责任领导：方国良　逄广洲

二、完善“三重一大”制度，深入推进校务公开

4. 修订“三重一大”决策制度，完善议事程序和规则

修订《北京林业大学实施领导班子“三重一大”集体决策制度的规定（试行）》（北林党发〔2004〕5号），6月30日前修订完毕。进一步强调，学校重大决策、重要干部任免、重要项目安排、大额度资金使用等重要问题必须经校党委（常委）会集体决定，事前通气。学院和二级单位进一步推进“三重一大”重要问题必须经党政联席会议讨论决定，明确决策程序。

5. 规范学院、二级单位校务公开，推进党务公开，开展校务公开工作检查

本学期召开校务公开委员会会议，调整组织机构人员，总结和部署相关工作。3月份颁发《北京林业大学关于进一步推进院务公开工作的实施意见》，全面推进和规范学院、二级单位校务公开工作；5～6月进行督促与检查，进行小结、总结经验。10月份开展校务公开专项检查，评选校务公开先进单位；年底出版校务公开工作文集。结合学校实际积极推进党务公开，创新校务、党务公开形式和载体，通过不定期召开信息

发布会等多种形式，向群众发布学校重要改革和涉及师生切身利益的重要事项。

牵头单位：党政办

协办单位：纪委、工会、学院、二级单位

完成时间：2010年5月下旬

责任领导：尹伟伦　逄广洲　周　景　方国良

三、推进廉政风险防范管理，健全防控措施

6. 全面推进廉政风险防范管理

贯彻北京市委、市政府《关于在全市推进廉政风险防范管理工作的意见》，在试点的基础上全面推进。结合《北京林业大学重点部位和重点环节监督管理实施办法》，针对权力运行中的风险、管理中的薄弱环节，继续查找廉政风险点，做到主动预防。

牵头单位：党政办

协办单位：监察处、纪委

完成时间：2010年6月下旬

责任领导：逄广洲　方国良

四、进一步加强制度建设，完善学校惩防体系

7. 完善反腐倡廉制度体系

进一步落三部委《关于加强高等学校反腐倡廉建设的意见》和北京市教工委《关于加强普通高等学校基本制度建设的意见》。进一步梳理已建的反腐倡廉制度，尤其对2005年以前制定的，各单位要进一步梳理、重新修订，年底前完成学校的制度汇编。

牵头单位：纪 委

协办单位：党政办、监察处、有关单位

完成时间：2010年11月

责任领导：方国良　逄广洲

五、开展反腐倡廉教育，加强校园廉政文化建设

8. 开展反腐倡廉教育

宣传部新编辑的《理论学习热点导读》及开辟的“红色信息进邮箱”的活动方式，增加反腐倡廉教育内容，增强党风廉政宣传教育的针对性。党委中心组组织一次反腐倡廉专题学习活动，组织一次全校性的廉政教育报告。二级中心组安排一次廉洁教育学习活动。各单位组织党员观看廉政教育光盘。

牵头单位：宣传部

协办单位：纪委、监察处

完成时间：2010年6月与2010年11月

责任领导：周　景　方国良

9. 加强党员干部廉政教育

利用中心组学习、党员生活会等形式，组织党员、干部开展党纪法规和廉洁从政教育，集中学习中央新颁布的《中国共产党党员领导干部廉洁从政若干准则》(18条52个不准)和教育部党组关于《直属高校领导干部廉洁自律“十不准”》，袁贵仁同志讲话要求的“七个坚持”、“七个严禁”、“十六个不准”。把廉洁自律教育纳入干部培训、党课，把干部作风建设纳入党员干部民主生活会。上半年组织一次专题民主生活会。

牵头单位：纪委、监察处

协办单位：组织部、宣传部

完成时间：2010年6月与2010年11月

责任领导：方国良　周　景

10. 继续开展师德师风建设

将师德师风、学术道德教育纳入新教师培训。5月，学校对高层次学术带头人、科研项目负责人及评审专家、教授，组织一次政策法规和杜绝不良风气的专题报告；10月，各学院以学科或教研室为单位组织一次师德专题研讨，积极营造实事求是、潜心钻研、严谨治学的良好风气。

牵头单位：人事处

协办单位：科技处、教务处、工会、各学院

完成时间：2010年5月、10月

责任领导：宋维明　张启翔　方国良

11. 在大学生中开展廉政文化宣传教育月活动

加强本科大学生廉洁诚信教育。开展一次“廉洁诚信主题班会”活动，教育学生遵纪守法、诚实守信、做合格公民，及时偿还贷款，杜绝考试舞弊。要求学生普遍参与，开展自我教育。

牵头单位：学生处

完成时间：2010年6月

责任领导：姜恩来　方国良

在团学组织中开展“扬正气、讲诚信、促学风”主题活动。一是开展“扬正气、促学风”主题团日活动，对开展活动较好的团支部进行评奖。二是开展“扬正气，讲诚信”主题征文活动，面向全校青年学生开展征文，对优秀文章进行评选，并在《北林共青团》报上进行刊载。三是组织“扬正气，讲诚信，促学风”主题演讲活动。四是组织“扬正气、促学风”班级团支部建设考核，以“加强组织建设、促进学风建设”为内容，结合年度团支部评优进行考核，形成团学组织的正气氛围，促进良好学风。

牵头单位：团　委

完成时间：2010 年 5～6 月

责任领导：姜恩来　方国良

在研究生中开展学术道德教育活动。一是举办研究生学术道德展览，收集学术不端行为案例，进行展板宣传和教育。二是组织开展“自觉抵御学术腐败，寻找论文差距”主题党日评比活动，培养严谨学风，自觉遵守学术道德。

牵头单位：研究生工作部

完成时间：2010 年 5～6 月

责任领导：姜恩来　方国良

毕业生教育中纳入廉洁文化专题。一是毕业前夕，举行毕业生党员、干部代表的“廉洁从业”座谈会，邀请相关部门和同志参加。二是在职业发展月系列活动中，组织毕业生党员和报考公务员的毕业生集体观看廉政警示教育片等视频资料，提高遵纪守法意识。三是各学院党委给每位毕业生党员印发《致 2010 届毕业生党员的一封信》，作为离校最后一次党课，要求毕业生党员牢记身份，筑牢思想道德防线，提高拒腐防变能力，廉洁走入职场。

牵头单位：招生就业处

完成时间：2010 年 6 月

责任领导：姜恩来　方国良

六、加强重点部位和重点环节管理和监督

12. 加强基本建设和售房管理

按照《北京林业大学关于工程建设领域突出问题专项治理工作实施方案》，按时完成上级部署的专项治理工作。加强对教工住宅工程和学研大厦等重点建设工程的管理和监督，实施全过程审计监督，严格控制变更洽商，按规定对暂估价项目进行招投标。

严格执行《北京林业大学新建及腾退住房出售办法》，公平、公正处理售房中出现的矛盾和问题，切实维护教职工利益。

牵头单位：基建房产处

协办单位：监察处、纪委、财务处、审计处

完成时间：2010 年全年

责任领导：陈天全　方国良

13. 加强修缮工程及校园环境整治管理

加强对基础设施维修改造工程、节能工程的监督，严格执行学校有关招投标制度，控制建设成本，保证学校重点工程质量和工程效益。配合做好工程结算审计。工程管理按照“信息公开化、操作公示化、监督规范化”要求，强化日常督察，及时查找问题、赌塞漏洞，确保工程质量。

牵头单位：总务产业处

协办单位：监察处、纪委、财务处、审计处

完成时间：2010 年全年

责任领导：陈天全　方国良

14. 加强设备、物资采购管理

严格执行《北京林业大学仪器设备采购招投标管理办法》和相关制度；加强设备物资购置的前期论证，扩大外请专家比例；加强设备物资购置到货后验收管理，严格按照合同履行验收职责；主持召开设备物资采购资金监控管理协调会，公开采购程序与过程，构建设备使用方、采购执行方、政府采购方和供应商之间相互制约监督的机制。

牵头单位：实验室与设备管理处

协办单位：监察处、纪委、审计处

完成时间：2010 年全年

责任领导：张启翔　方国良

15. 加强财务管理和监督，保障资金安全

一是加强对财会人员和管理人员进行财经政策、法规和职业道德培训，组织学习国家有关财务监督管理办法，执行学校《财务监督实施条例》，抓好对二级财务的指导和监督，预防和及时纠正各种违反财经纪律的行为。二是完善资金安全管理机制，执行学校《关于加强财务管理保证资金安全的意见》，保障学校资金安全。三是按照上级要求，协同有关部门组织开展“小金库”、收费项目和标准检查；加强收费票据管理，从源头上杜绝截留、私分、私存等收入流失现象，进一步规范校内收费行为，继续落实教育经费计划和收费公示制度。四是积极推进对“211”、“985”三期建设和教育专项资金使用的监督检查，保证资金安全有效使用。五是抓好奖学金发放和检查，进一步规范管理。

牵头单位：财务处

协办单位：审计处、纪委、监察处、规划处、学生处

完成时间：2010 年 3 ~ 10 月

责任领导：逄广洲　方国良

16. 加强科研经费管理

结合“十一五”国家科技计划项目验收，全面推进学校科研经费使用的自查和整改；开展宣传学习、贯彻落实国家科研经费管理制度和有关财经制度，配合财务处建立科研经费预算控制系统，强化科研经费预算执行的严肃性。加强学校科研项目申报、中期评估、成果奖励申报材料审查，对其真实性把关，尤其对相关学术成果归属（论文、专利）、前期研究基础进行重点审查，坚持做到实事求是，防止弄虚作假。

协助上级和有关部门完成科研经费的使用审计。执行《北京林业大学学术道德规范》和《北京林业大学教师科研不端行为处理办法》，对于出现的不端行为，提出给予相应的行政处罚。规范科研校务公开工作，在不涉密的情况下，以适当的方式对立项、评估、验收、奖励及科研财务检查、审计结果进行公开，接受监督，促进科技发展。

牵头单位：科技处

协办单位：财务处、审计处、各学院

完成时间：2010 年 3 ~ 11 月

责任领导：张启翔　方国良

17. 加强干部管理和监督

梳理现有的干部管理制度；进一步完善处级班子和处级干部考核办法；制定《关于进一步从严管理干部的实施意见》，建立“干部工作监督联席会议制度”；规范干部选任初始提名方式和任免程序；继续实行干部谈话制度、重大事项报告制度和收入申报制度。

牵头单位：组织部

协办单位：纪委、监察处

完成时间：2010 年 11 月前

责任领导：吴　斌　周　景　方国良

18. 加强人事工作管理

加强人才引进的管理和监督；加强对二级评聘工作的指导和监督，完善工作制度，进一步规范工作程序。涉及教职工切身利益的政策、事项，要征求群众意见，进一步做到民主、公开、公正；做好群众政策解释、意见反馈和信访答复工作；完善管理机制，保证人才队伍建设。

牵头单位：人事处

协办单位：纪委、监察处、各学院

完成时间：2010 年 3 ~ 11 月

责任领导：尹伟伦　方国良

19. 加强对招生工作管理

研究生招生在报考、命题、保密、阅卷、复试、录取和监督检查等方面，形成较完善的制度化管理，并制定年度实施细则。加强信息公开，全面、准确、及时发布相关招生信息，做到招生政策公开、计划公开，复试、录取信息公开，信息渠道公开。高度重视试卷管理工作，要求操作程序化、规范化，防止漏题。校院两级招生工作领导小组集体决策录取工作，协调招生工作中存在的问题，监督各级管理人员正确行使工作职权，保证招生质量。

牵头单位：研究生院

协办单位：纪委、监察处

完成时间：2010 年 9 月

责任领导：尹伟伦　方国良

加强本科、成人招生工作的计划管理和录取管理。认真落实招生责任制。实施依法招生，做好严格管理，系统规范特殊类型招生和考试工作。加强过程管理，严格考试、招生程序。进一步推进招生“阳光工程”，不断扩大招生公开范围，丰富公开内容，规范公开流程，完善公开形式，确保招生阳光运行，保证学校生源质量。

牵头单位：招生就业处、继续教育学院

协办单位：纪委、监察处

完成时间：2010 年 9 月

责任领导：姜恩来　宋维明　方国良

20. 加强招投标管理监督

加强对执行《北京林业大学采购大宗货物、工程和服务招投标管理办法》的督察；特别对有关询价和标底管理的督察；加强对邀请招标、竞争性谈判、询价采购和单一来源采购的参与和监督；继续落实签订采购廉政责任书制度，提高廉政意识，避免在分散自行采购中可能出现的不端行为。

牵头单位：监察处、纪委

协办单位：基建房产处、实验室与设备管理处、总务产业处、审计处

完成时间：2010 年全年
责任领导：方国良
21. 加强审计监督
开展重点工程全过程跟踪审计和修缮工程结算审计；加大对领导干部经济责任审计力度，开展离任审计和任中审计；对有关单位开展财务收支审计；协助科研处完成有关重点科研项目的外审工作。整合建立“大宗物资设备采购审计制度”；逐步推行审计结果通报制度，科学运用审计结果，为推进工作服务。
牵头单位：审计处
协办单位：计财处 监察处
完成时间：2010 年全年
责任领导：方国良　逄广洲
22. 开展执行党风廉政建设责任制检查
加强组织领导，按照 2010 年党委重点工作和任务分解，开展中期巡视督导和年底考核。重点围绕执行“三重一大”制度、干部作风建设、加强重点部位管理，推进校务公开和院务公开、开展师德师风教育和大学生廉洁教育等工作开展检查。将检查结果纳入单位工作评价与干部职责绩效考核机制，提高干部责任意识和履职能力。
牵头单位：纪委、监察处
协办单位：党政办、组织部、人事处
完成时间：2010 年 11 月
责任领导：方国良
23. 加强信访和案件查处
按照“事实清楚，证据确凿，定性准确、处理恰当、手续完备、程序合法”的工作原则，提高信访案件工作质量；建立信访联席会议制度，重视信访、案件办结后的综合分析利用，进一步作好教育和监督防范，服务和谐校园建设。
牵头单位：纪委、监察处
协办单位：党政办、人事处
完成时间：2010 年全年
责任领导：方国良　逄广洲

中共北京林业大学委员会
2010 年 3 月 23 日

关于在全校范围深入推进廉政风险防范管理工作的通知

各有关单位：

根据《北京市教育工委、北京市教委关于在首都教育系统推进廉政风险防范管理工作的实施意见》，2009 年我校组织基建房产处、后勤总公司、总务产业处、招生就业处、研究生院、财务处、实验室与设备管理处、图书馆八个试点单位开展了廉政风险防范管理工作，校级领导班子成员分别查找了廉政风险并制定了防控措施。在此基础上，学校廉政风险防范管理工作领导小组初步查找评定了学校廉政风险点。为了全面贯彻北京市委教育工委、北京市教委廉政风险防范管理工作领导小组办公室《关于推进 2010 年北京高校廉政风险防范管理工作的通知》和学校 2010 年党风廉政建设会议精神，校党委、校行政在总结 2009 年第一批廉政风险防范工作经验的基础上，决定在全校范围深入推进廉政风险防范管理工作，将廉政风险防范管理工作延伸至有业务处置权的职能部处和各学院，在综合分析各单位廉政风险的基础上进一步明确学校廉政风险点，制定相应的风险防控措施。

此项工作由学校廉政风险防范管理工作领导小组负责领导和协调，领导小组办公室具体组织和落实。各级领导干部、各有关单位要高度重视、周密部署，按照《北京林业大学深入推进廉政风险防范管理工作的实施方案》（附件）的具体安排，客观准确地查找廉政风险点、评定风险等级，制定切实可行的防控措施，力争在廉政风险防范和党风廉政建设源头治理上实现突破、取得实效。

附件：《北京林业大学深入推进廉政风险防范管理工作的实施方案》

中共北京林业大学委员会
2010 年 4 月 16 日

附件：

北京林业大学深入推进廉政风险防范管理工作的实施方案

根据北京市教工委、市教委2010年推进廉政风险防范管理工作的通知要求，学校今年重点在推进廉政风险防范管理工作的深度和广度上下功夫，努力形成重点突出，全面覆盖的工作格局。

一、实施原则

廉政风险防范管理工作是针对学校可能产生不廉洁问题的部位和环节进行风险识别、风险评估、风险监测、风险控制的全程管理。开展廉政风险防范管理工作要坚持以下原则：

1. 坚持将廉政风险防范管理工作与学校管理机制制度建设以及教学、科研、学术等业务管理工作紧密结合起来。

2. 坚持将廉政风险防范管理工作的重心放在学校人、财、物管理权力相对集中的重点部位和管理相对薄弱的重点环节。

3. 坚持以学校各级领导干部为廉政风险防范管理工作的实施主体，既要管理好所属部门和人员，又要严格从自身廉政风险防范做起。

4. 坚持以主动性、可操作性和实效性作为廉政风险查找和廉政风险防控机制制度建设的基本原则。

二、实施范围

1. 重点部门及人员：党政办公室、党委组织部、人事处、科技处、教务处、学生处、团委、工会、校医院、信息中心、期刊编辑部、继续教育学院、体育教学部、资产经营有限公司、林场、林大附小；各学院、校领导，处级领导；重点岗位人员。

2. 一般部门和人员。

三、实施步骤

（一）排查廉政风险和制定防控措施阶段。

按照岗位职责、分管事项、工作流程及相关管理制度，以本部门为单位，以工作流程的排查为重点，以查找制度缺陷为突破口，查找岗位和部门廉政风险点，制定防控措施。

1. 查找岗位风险点、制定岗位风险点防控措施。（2010年4月19日至5月10日）

自查自评岗位风险点。按照全员参与的要求，组织党员干部对照履行职责、执行制度情况，通过自己找、领导提、群众帮、集体定等多种方式，认真分析并查找出个人在思想道德、岗位职责和外部环境等方面存在或潜在的风险内容及其表现形式，由岗位人员提出防控风险的具体措施和办法，填写《岗位廉政风险表现、风险等级、风险防控措施表》（附表一，略）。

部处（学院）班子评定。各部处（学院）班子综合各岗位自查自评情况，按照岗位对应的思想道德风险、制度机制风险和外部环境风险的梳理情况，按"高、中、低、无"四个档次在《岗位廉政风险表现、风险等级、风险防控措施表》（附表一，略）上方填写部处（学院）班子对岗位风险等级的评定意见，将此表报学校廉政风险防范管理工作领导小组审核。

2. 查找部处（学院）风险点，制定部处（学院）风险点防控措施。在查找岗位风险的基础上，针对人、财、物管理等重要岗位，各部处、各学院对照职责定位情况，分别查找出业务流程、制度机制和外部环境等方面存在的或可能存在的廉政风险，并认真细化、分析风险的内容和表现形式，围绕业务流程的关键环节，研究制定具体防控措施，填写《部处廉政风险点一览表》（附表二，略）和《学院廉政风险点一览表》（附表三，略），报学校廉政风险防范管理工作领导小组审核。

学校廉政风险防范管理工作领导小组根据各单位上报的表格，综合评定各单位风险点和风险级别，在此基础上，综合学校情况对各部处的风险级别进行综合评定，汇总反馈后，在一定范围内公示。

（二）考核防范效果阶段（2010年12月底前）

各有关单位对廉政风险防范管理的落实情况进行自查，对比措施实施前后的效果，检查目标是否实现，对没有实现预定目标的，要重新分析查找原因并制定对策，直至达标。

领导小组对全校各单位完成情况进行检查和考核，并将典型经验进行推广。考核工作与领导班子和领导干部年度考核和党风廉政建设责任制检查等结合开展。

（三）完善操作规程阶段（2011年1～5月）

根据考核结果，纠正存在的问题，完善工作程序，结合形势发展、职能转变和预防腐败的新要求，及时调整廉政风险点和风险防控措施。

四、实施要求

1. 各有关单位在查找过程中要突出重点，着重查找本部处（学院）涉及人、财、物、事等管理事项的廉政风险，对不涉及上述内容的一般工作岗位人员重在教育。

2. 对校级、处级的廉政风险管理工作，要围绕全局性、高风险问题，开展风险排查评估，确定风险防范的重点项目以及制定防范措施。要将排查风险点、制定防控措施作为民主生活会和述职述廉的一项重要内容。

3. 校、处两级领导班子成员不但要认真查找自己分管工作的风险点，抓住所分管工作中高风险问题和突出矛盾，有针对性地建立和实施防控措施，而且要重点查找自身在决策、执行过程中的风险点，制定有效的防控措施。

4. 列入重点部门的各部处、教辅单位和各学院于5月10日前将本单位组织实施简况（1000字以内）和有关表格（表格可下载或参照自制）报学校廉政风险防范管理领导小组办公室（综合楼107，电话62338237），一般部门上报本部门组织实施简况（800字以内）。

各单位要高度重视此项工作，5月20日前学校将综合第一批试点单位和此次开展情况，确定学校廉政风险点，研究制定学校廉政风险点防控制度规范、防控流程图（表）、防范机制，并将有关材料上报北京市教育工委和北京市教委廉政风险防范管理领导小组办公室审核备案。

北京林业大学离退休工作领导责任制

北林党发〔2010〕5号

为深入贯彻落实科学发展观，切实落实党的十七大和十七届四中全会关于“全面做好离退休干部工作”的要求，进一步加强和改进我校离退休工作，促进离退休工作规范化、制度化，根据《北京市离退休干部工作领导责任制》的要求，制定《北京林业大学离退休工作领导责任制》（以下简称《责任制》）。

第一条 我校党政领导班子要高度重视离退休工作，全面贯彻落实党中央、国务院和市委、市政府关于离退休工作的各项方针政策，把离退休工作列入重要议事日程，每年至少听取一次离退休工作的情况汇报。

第二条 建立健全我校离退休工作领导小组。党委书记任组长，相关工作的副书记、副校长任副组长，组织部、党政办、人事处、离退休工作处、宣传部、校工会、财务处、总务产业处、基建房产处、校医院、社区居委会等部门主要负责同志及老同志代表为成员。形成在党委领导下，相关职能部门各负其责、齐抓共管的工作机制，协调解决离退休工作中遇到的困难和问题。

第三条 坚持校级领导联系老同志制度。校级领导班子成员至少要联系一名离退休人员。新任校级领导在到任的一个月内要与离退休人员见面，交流思想，听取意见和建议。学校各单位由一名领导分管本单位离退休工作，将工作列入年度计划，及时与老同志沟通，关心老同志的思想和生活情况，帮助解决困难。重视并做好老同志信访工作。

第四条 学校在研究制定重大决策或重要改革措施、考察领导班子和领导干部时，要听取离退休人员的意见和建议。

第五条 把离退休工作的方针政策作为学校干部教育培训的一项重要内容，增强在职领导干部对离退休工作的了解和有关政策把握。

第六条 重视和支持利用社区资源做好为离退休人员服务管理工作，为离退休人员学习、活动、得到照顾、发挥作用创造条件，充分利用社区养老服务中心，解决鳏寡孤独的养老难题。

第七条 认真落实离退休人员政治待遇的各项制度。及时向离退休人员传达党中央、国务院和市委、市政府的重要文件及重要会议精神，通报经济社会发展情况。坚持每年召开离退休人员座谈会。保证离退休人员按规定阅读文件。适时组织离退休人员就近参观学习。

第八条 把离退休人员党支部建设工作纳

入学校党建工作总体规划，做到与在职人员党支部建设工作一同部署、规划、考核和表彰。

第九条 加强离退休人员思想政治建设，深入开展中国特色社会主义理论体系教育，把社会主义核心价值体系融入离退休人员思想整治工作。坚持开展思想政治工作与解决实际问题相结合。

第十条 加强离退休人员活动中心、老年大学学习活动阵地建设，为离退休人员学习活动提供必要的场所和经费。

第十一条 按照自愿、量力和面向社会、面向群众、面向基层的原则，为离退休人员发挥作用创造良好条件，做好组织引导工作。

第十二条 认真落实离休人员的各项生活待遇。在重大节日、生病住院时，及时走访看望，帮助解决实际问题。每年为离休人员进行体检。

第十三条 认真做好易地安置和有特殊困难的离休干部的服务管理工作，确保离休干部各项待遇得到落实，服务管理到位。

第十四条 加强退休人员服务管理工作，按规定落实好退休人员政治待遇工作。每年为退休人员进行体检。

第十五条 学校党政应加强对离退休工作处的管理和指导，保持机构相对稳定，人员配备与所承担的服务性工作相适应。

第十六条 按照政治素质好、工作能力强、作风过得硬、老同志信得过的标准，选好配强离退休工作领导班子。关心离退休工作人员的工作、学习和生活，重视对他们的培养、交流和使用。广泛宣传离退休工作人员中的先进事迹，树立先进典型。

第十七条 学校要按照《责任制》的要求，每年对《责任制》落实情况进行自查，将检查结果向离退休人员通报并报上级主管部门。

第十八条 学校要将《责任制》落实情况纳入领导班子和领导干部绩效考评内容，接受上级主管部门对落实《责任制》情况进行抽查。

第十九条 本通知自印发之日起执行，原《北京林业大学贯彻落实〈北京市老干部工作领导责任制〉实施细则》同时废止。

中共北京林业大学委员会　北京林业大学

2010 年 3 月 23 日

《北京林业大学离退休工作领导责任制》任务分解方案

北林党发〔2010〕6 号

为把《北京林业大学离退休工作领导责任制》落到实处，学校各单位要在学校党政和离退休工作领导小组的领导下，齐抓共管，各负其责，分解任务，共同做好我校的离退休工作。

一、离退休工作处党政的主要任务

1. 认真贯彻党中央、国务院和教育部、北京市关于离退休工作的有关政策规定，结合本校实际情况，提出具体落实意见和建议。

2. 会同有关部门做好离退休人员的政治学习、文件传阅、听重要报告、情况通报、参加有关会议和政治活动等具体的组织工作。做好离退休人员的思想政治工作。

3. 积极为离退休人员创造条件，充分发挥老有所为作用，及时宣传和表彰老有所为的先进事迹。

4. 组织离退休人员健康休养和参观，开展适宜老同志的文体活动。做好阅览室报纸、杂志的订阅和管理工作。

5. 及时对离退休人员进行家访和慰问，了解他们的身体、学习和生活情况。

6. 编制离退休人员活动经费的预决算，并按规定统一掌握使用。

7. 制定离退休工作处的各项规章制度和工作计划并进行工作总结。

8. 会同基建房产处等部门，做好离退休人员的有关住房事宜的相关工作。

9. 会同组织部、人事处、党政办及老同志原工作单位，做好去世老同志的后事处理工作。

10. 会同校医院积极开展老年保健和体检工作。

11. 做好离退休人员的信访工作。

12. 做好离退休人员的年度统计工作。

13. 经常与学校各单位沟通，会同原单位协助解决离退休老同志的实际问题。

14. 探索离退休工作的特点和规律，有针对性的开展调查研究，及时总结经验，适时提出带有全局性、倾向性的问题，给领导当好参谋，为上级决策提供服务。

15. 做好校领导和上级主管部门交办的其他有关离退休工作。

二、党政办的主要任务

1. 协助学校领导把离退休工作提到党政领导的议事日程，并列入学校工作计划和总结。

2. 组织召开学校离退休工作领导小组会议的相关工作。

3. 会同组织部、人事处、离退休工作处组织好每年一次的离退休人员座谈会和重大节日的慰问。

4. 重大会议邀请老同志代表参加。

三、组织部的主要任务

1. 按照市教育工委和学校党委的要求，指导离退休工作处党委抓好离退休人员思想政治建设和党组织建设。

2. 协助学校各单位，落实好《北京林业大学离退休工作领导责任制》，做好落实情况的自查工作以及上级部门的抽查工作。

3. 做好离退休干部的政治待遇及相关政策的落实工作。

4. 把离退休工作作为考核领导班子和考察中层干部的一项重要内容；在中青年干部培训时，要适当安排有关离退休工作的方针、政策的学习。

四、人事处的主要任务

1. 办理退休人员的审批手续，建立退休报到程序。

2. 制定涉及群众利益的改革方案时，要让老同志共享改革成果，及时落实有关离退休人员的各项政策。

3. 配合离退休工作处等有关单位做好去世老同志的丧葬抚恤工作。

五、财务处的主要任务

1. 负责离退休人员经费的预决算。

2. 负责离退休人员离退休生活费和医药费报销及相关补贴的发放等。

3. 对“关工委”、“老教协”、“大病帮困”、体检、年终慰问等工作给与支持和经费保障。

六、校工会的主要任务

1. 离退休教职工仍保留会籍，每年的“教代会”要有离退休代表列席参加。

2. 积极向会员宣传党的有关离退休工作的方针、政策，教育会员树立尊老、敬老、爱老的良好风尚。要关心、照顾离退休老同志的文体活动。

3. 关心老劳模和有特殊困难的老同志，结合“大病帮困”工作，采取年终慰问补助等方法，为他们排忧解难。

七、宣传部的主要任务

1. 会同离退休工作处加强离退休人员的政治学习和思想教育。

2. 及时宣传报道离退休工作的重大事件、先进经验、好人好事，在校内形成尊老、爱老、敬老的良好氛围。

八、基建房产处的主要任务

1. 按规定落实离退休人员的住房标准，并根据学校的实际情况，尽力改善离退休人员的住房条件。

2. 根据需求尽力改善离退休人员的活动场所。

九、总务产业处的主要任务

1. 努力为离退休人员做好后勤服务工作。

2. 尽力创造条件，使活动场所的功能得到充分发挥。

十、校医院的主要任务

1. 做好离退休人看病和药费报销等相关工作。

2. 会同离退休工作处做好老同志的体检和健康保健讲座工作。

3. 会同离退休工作处等单位做好“大病帮困”工作。

十一、离退休人员所属单位的主要任务

1. 各单位应有一名领导负责离退休工作。

2. 配合离退休工作处贯彻落实好党和国家有关离退休工作的方针、政策。

3. 单位领导要主动加强同本单位离退休人员的联系。

4. 关心本单位离退休人员的生活，协助家庭做好本单位老同志的看病、住院及后事处理工作。帮助他们解决实际困难。

5. 关心支持帮助本单位老同志老有所为工作。

中共北京林业大学委员会　北京林业大学

2010年3月23日

中共北京林业大学委员会关于进一步加强和改进新形势下党建工作的意见

北林党发〔2010〕8号

为全面贯彻落实《中共中央关于加强和改进新形势下党的建设若干重大问题的决定》和《中共北京市委教育工作委员会关于加强和改进新形势下高校党的建设的意见》，现就进一步加强和改进我校党建工作，提出如下意见。

一、充分认识新形势下加强和改进我校党建工作的重要性和紧迫性

当今世界正在发生广泛而深刻的变化，当代中国正在发生广泛而深刻的变革。党的十七大和十七届四中全会提出了“以改革创新精神全面推进党的建设新的伟大工程”的新要求，对党的建设做出了总体部署，为高校党的建设指明了方向。高校在建设创新型国家和人力资源强国的进程中，肩负着重大的历史使命；在由高等教育大国向高等教育强国迈进的进程中，承担着繁重的改革发展任务；在培养造就社会主义建设者和接班人、赢得青年赢得未来的进程中，面临着新的重大课题，高校党建工作面临着更加复杂的形势和更加严峻的挑战。

近年来，学校党委始终将党建和思想政治工作的落脚点放在加快学校事业发展与培养社会主义的建设者和接班人上，落实到以教学科研为中心的各个方面，以改革统揽全局，以发展凝聚人心，充分发挥党建和思想政治工作的优势，积极探索新形势下党建和思想政治工作的新途径、新方法，逐步形成了“引领方向，注重服务，创建和谐，凝聚人心”的党建工作理念。在干部队伍建设、基层党组织建设、党风廉政建设等方面取得了一些成绩，积累了一些经验。

当前，我校党建工作还存在一些与新形势新任务不相适应的问题。如：学校各级党政对党建工作的重视程度和在人、财、物等方面的投入力度与上级党组织的要求还有一定差距；院(系)党政的管理体制和运行机制需要进一步理顺；一些干部的领导水平和治校办学能力与学校的快速发展要求相比还有一定差距；基层党组织活动内容和形式比较单一，特别是教工党支部活力不足、战斗堡垒作用不强等，这些问题迫切需要加以解决。

二、指导思想

高举中国特色社会主义伟大旗帜，以邓小平理论和“三个代表”重要思想为指导，深入贯彻落实科学发展观，继承和发扬我校党建工作优良传统，以改革创新精神全面推进学校党的思想建设、组织建设、作风建设、制度建设和反腐倡廉建设，不断提高党建科学化水平，为推动学校各项事业科学发展，培养造就中国特色社会主义建设者和接班人，建设“国际知名、国内一流的高水平林业大学”提供坚强的思想、政治和组织保证。

三、基本原则

坚持加强党建与推进发展相结合。坚持“围绕中心抓党建，抓好党建促发展”的理念，以科学发展观为指导，紧密围绕改革发展稳定大局和人才培养根本任务加强学校党的建设，把党建优势转化为学校发展优势，使党的建设与学校事业发展相互促进、协调发展。

坚持突出重点与全面推进相结合。着眼工作全局，坚持从重点、难点问题入手，突出重点，突破难点，以点带面，全面推进，确保学校党的建设各项任务落到实处。

坚持传承经验与健全机制相结合。认真总结我校党的建设基本经验和成功做法，并在实践中不断丰富发展，及时把好的经验和做法固化为长效机制，不断完善制度体系，提高我校党的建设科学化水平。

坚持把握规律与推进创新相结合。自觉探索、把握和运用高校党的建设规律和高等教育发展规律，持续推进理论创新、实践创新、制度创新，始终保持学校党组织的生机与活力。

四、主要任务

党的十七大确立了思想建设、组织建设、作风建设、制度建设和反腐倡廉建设“五位一体”的党的建设总体布局，在这个总体布局中，党的思想建设是党的根本建设，为党的组织建设、作风建设、制度建设和反腐倡廉建设提供思想基础；党的组织建设为党的思想建设、作风建设、制度建设和反腐倡廉建设提供组织保证；党的作风建设、反腐倡廉建设关系党的形象和肌体健康，既为党的建设提供纪律和作风保障，又反映党的思想建设、组织建设、制度建设的成效；党的制度建设为党内生活提供运行机制，为党的思想建设、组织建设、作风建设、反腐倡廉建设提供制度保证。实施这个总体布局，要求学校党委在部署党的建设工作时要着眼全局，统筹兼顾党的各方面建设，使之相互配套、相互促进，既突出重点、又整体推进，从总体上提高学校党的建设工作水平。

（一）加强思想理论建设

1. 坚持用中国特色社会主义理论体系和社会主义核心价值体系武装党员干部、教育师生员工。以理想信念教育为核心，把中国特色社会主义理论体系和社会主义核心价值体系作为党员干部和师生员工教育培训的重点内容，采取读原著、专题研讨、主题实践等多种方式开展学习教育活动，引导党员干部和师生员工真学、真懂、真信、真用。加强党的意识形态工作，引导党员干部进一步增强政治敏锐性和政治鉴别力。结合国内、党内的重要节点和校内的重大任务，组织更加贴近师生、贴近生活、贴近实际的主题教育活动。坚持把社会主义核心价值体系教育与校园文化建设紧密结合、与基础道德和文明修养教育紧密结合、与师德师风建设紧密结合。

2. 推进学习型党组织建设。制定《中共北京林业大学委员会推进学习型党组织建设的意见》。营造崇尚学习的氛围，动员广大党员干部、师生员工积极向书本学习、向实践学习、向群众学习。组织党员、干部重点学习马克思主义理论，学习践行社会主义核心价值体系，学习党的路线方针政策和国家法律法规，学习党的历史，同时广泛学习高等教育发展和现代化建设所需要的知识，学习总结我校改革发展实践中的成功经验。坚持运用原有开展学习的有效做法，创新建设学习型党组织的方法，拓宽建设学习型党组织的途径。完善学习管理制度，健全学习考勤、学习档案、学习通报、学习交流制度，形成督促党员干部学习的长效机制。组织广大党员开展“创建学习型党组织，争做学习型党员”主题党日活动，广泛宣传并推广创建学习型党组织的典型经验。

3. 加强和改进大学生思想政治教育工作。按照培养社会主义合格建设者和可靠接班人的根本要求，全面总结我校贯彻落实《中共中央国务院关于进一步加强和改进大学生思想政治教育的意见》取得的成绩和经验。深化思想育人，开展爱国主义教育，注重学生世界观、人生观、价值观的培养。加强“两课”的学科、课程和师资队伍建设，充分发挥“两课”在思想政治教育中的主阵地、主渠道作用。加强学生工作理论和方式创新实践，加强辅导员、班主任队伍建设。加强班集体建设和优秀学生典型的宣传。加强学生心理素质教育，完善心理危机预防与干预系统，健全师生舆情信息系统，提高学生思想政治教育专业化水平。

（二）加强党内民主建设

4. 坚持和改进党的领导。坚持党的领导、民主治校和依法治校的有机统一，充分发挥党委总揽全局的领导核心作用。坚持学校党委领导下的校长负责制，健全完善学院党政共同负责制的工作体制，建立教职工党支部与同级行政共同商讨决定本单位重要事项的运行机制。加强党对统一战线的领导，支持各民主党派加强自身建设，建立健全民主党派、无党派代表人士参与学校民主管理与民主监督的工作机制。加强党对工会、共青团等群众组织的领导，支持其围绕党的中心工作，依照各自章程独立自主、创造性地开展工作，充分发挥其在动员和组织广大群众依法参与管理学校事务中的重要作用。

5. 保障党员的主体地位。开展民主集中制教育，提高党员民主素质。健全党内情况通报制度。定期定时向党代表和党员公开党务工作，保证党员充分享有知情权。建立党员意见和建议受理回复机制，通过网络、意见箱、党员接待日等多种途径，鼓励党员对党的工作提出意见建议。坚持民主评议党员，妥善处置不合格党员。建立健全党员定期评议基层党组织领导班子成员制度。坚持和完善党的组织生活制度，积极营造党内民主讨论、民主监督的环境。

6. 健全党内民主决策机制。增强民主决策意识，推行和完善党委常委会讨论决定重大问题票决制。落实常委会向全委会、全委会向全体党员或党代表报告工作并接受监督的工作制度。建立健全征求党员群众意见制度，注重发挥专家学者在决策过程中的作用。健全重大决策失误纠错改正机制和责任追究制度。

7. 完善党内选举制度。按照中央和市委的有关文件精神，进一步完善我校党内选举机制，增强党内选举的科学性和规范性。贯彻落实《北京高校党代表大会代表任期制实施细则(试行)》要求，建立健全有关制度，保证党代表充分行使权利，按照代表人均年度工作经费不少于200元核定党代表工作经费，为党代表在任期期间顺利开展工作提供保障条件。

(三)加强领导班子和干部队伍建设

8. 加强领导班子和干部队伍思想政治建设。贯彻落实中央和市委加强和改进领导班子思想政治建设的有关文件精神，教育引导学校各级领导干部以高举旗帜、坚定信念、践行宗旨为根本，加强马克思主义理论修养、党性修养和品德修养，牢固树立正确的世界观、权力观、事业观，增强执政意识、大局意识、责任意识，把学校和学院两级领导班子建设成为坚持社会主义办学方向、顾全大局、团结奋进的坚强领导集体，把学校干部队伍建设成为忠于党的教育事业、推动学校科学发展的骨干力量。

9. 加强干部队伍能力建设。以提高领导水平，增强推动事业发展的开拓创新能力为重点，切实提高干部队伍正确研判形势、领导科学发展、推动改革创新、驾驭复杂局面、开展群众工作、维护校园稳定的能力。按照上级有关要求，全面启动新一轮大规模干部教育培训工作。开展干部队伍职业发展规划研究、干部成长规律研究、干部履职能力研究，增强干部培养的针对性和有效性。

10. 选优配强处级单位领导班子。坚持德才兼备、以德为先的要求，把政治上靠得住、工作上有本事、作风上过得硬、广大师生信得过的干部选拔到领导岗位上来。特别是要按照政治上强、具有领导科学发展能力、能够驾驭全局、善于抓班子带队伍、民主作风好、清正廉洁的要求，选好配强党政正职领导干部。优化领导班子配备，注重从基层和教学科研一线发现干部，注重对党外干部的选拔和培养，形成班子成员年龄、经历、专长、性格互补的合理结构，增强班子整体功能和合力。

11. 坚持在实践中培养锻炼干部。不断探索和完善干部交流、挂职的选派、管理和考核工作机制。对有培养前途和发展潜力的年轻干部，积极推荐到上级单位和地方进行挂职锻炼，提高干部实际工作能力，同时更好地为地方经济社会发展服务。积极推进学院基层干部到校直机关挂职锻炼，提高其宏观管理能力。

12. 推进干部人事制度改革。坚持民主、公开、竞争、择优方针，完善干部选拔任用机制。规范干部初始提名权，制定干部推荐书制度，改进干部提名办法，实现由“以人选人”到“以制度选人”的转变。根据中央有关文件精神，制定党政领导干部任期制实施意见，健全完善相关工作机制。坚持干部职位说明书制度，提高干部选任人岗匹配度，加强干部职责管理。加大公开选拔、竞争上岗工作力度，突出岗位特点，注重能力实绩，提高选拔质量。综合分析和准确运用民主推荐、民主测评结果，提高民主推荐的真实性、准确性、有效性。

13. 加强处级领导班子和处级干部考核。制定和细化干部考核评价标准，建立促进科学发展的干部管理监督体系。在实施考核过程中明确考核重点，科学选取指标，细化考核主体，优化考核程序，健全结果运用机制。对处级干部个人的考核内容要包括工作实绩、工作态度和工作能力。对学院处级领导班子重点考核学院领导班子带领学院科学发展情况及整体工作、完成目标及群众满意情况，重点加强人才培养及教育教学、科学研究、学科建设、队伍建设方面成效的考核。对职能、教辅部门重点考核本部门配合、支持完成学校年度重点工作情况、部门日常履职情况及群众满意情况。

14. 加强人才队伍和后备干部队伍建设。坚持党管人才，探索完善学校发展需要的人才培养、引进、使用、评价、激励机制。加大高层次人才的培养、选拔和引进力度，扎实开展人才强教、人才强校工程。对后备干部队伍进行结构分析，根据不同的年龄和职务层次加强系统培养，择优使用。实施青年人才培养计划，加大年轻干部培养力度。

(四)加强基层党组织建设

15. 深入开展创先争优活动。贯彻落实市委、市委教育工委的有关文件精神，制定《中共北京林业大学委员会深入开展创先争优活动实施方案》，明确活动的指导思想、主要内容、活动载体及阶段安排。结合建党 90 周年、建校 60 周年、党的十八大召开等重要节点，在基层党组织和党员中广泛开展基层党组织“创建党建先进”、教职工党员“争做育人标兵”、学生党员“争做成才表率”等活动。注重培育、挖掘和广泛宣传先进集体和个人事迹。

16. 完善学院党政工作体制和运行机制。完善学院党政联席会议制度，制定具体实施意见。明确学院党政在本单位改革发展稳定和人才培养中的职责和任务，充分发挥学院党组织在推进教育改革、搞好教书育人、加强教师队伍建设中的政治核心和保证监督作用，使其真正成为科学发展的有力组织者、推动者和实践者。完善和细化学院重大问题决策制度，进一步明确党政联席会议是学院的最高决策机构。明确党政联席会议讨论和决定重要事项范围和参加人员组成，严格规范议事程序和决策程序。探索系(教研室)党支部书记参与决定本单位重要问题的方式方法，充分发挥系(教研室)党支部的战斗堡垒作用。

17. 优化基层党组织设置。按照有利于发挥政治核心和战斗堡垒作用，有利于党员教育、管理、监督和服务，有利于密切联系群众的原则，进一步优化基层党组织设置。坚持把大学生“党支部建在班上”，确保实现本科学生班级“低年级有党员、高年级有党支部”的工作目标。积极探索建立与专业方向、学科团队等相对应的研究生党支部，实现党建工作与研究生学习、科研工作的有机结合。适应学校组织结构、管理模式、学科设置、办学形式的新变化，在学科组、课题组、创新团队、重点实验室等领域建立党组织，推进党组织有效覆盖。

18. 充分发挥党支部的战斗堡垒作用。制定我校贯彻落实《中国共产党普通高等学校基层组织工作条例》实施办法，明确新时期学校各级党组织的工作职责。加强教工党支部建设，制定《中共北京林业大学委员会关于进一步加强和改进教师党支部建设的意见》，推动教工党支部积极参与学校改革发展的各项工作，充分发挥党支部在教学、科研、管理和服务工作中的作用。实施“标杆教师党支部”培育计划，推出教师党支部建设的典型。学生党支部要在联系、团结、教育、引导学生方面发挥政治优势，积极探索学生党支部密切联系青年学生的内容、方法和途径，多形式组织开展有益于学生成长成才的活动，充分发挥学生党支部统一思想的引领作用、团结学生的凝聚作用、成长成才的平台作用、塑造校风的促进作用、维护稳定的堡垒作用。

19. 做好发展党员工作。站在党和国家事业发展需要的战略高度，按照“坚持标准、保证质量、改善结构、慎重发展”的方针，继续做好在大学生和学术骨干、青年教师中的发展党员工作。制定《北京林业大学 2011－2015 年发展党员工作规划》，合理确定发展党员工作的总体思路和目标比例。严格发展程序，坚持党员标准。建立健全发展党员质量保障机制，认真贯彻执行发展党员“推优制”、“公示制”、“票决制”和“责任追究制”，着力提高发展党员质量。

20. 建立健全党员管理服务关怀帮扶机制。建立健全“党的上级组织为下级组织服务、党的基层组织为党员服务、党的各级组织和党员为群众服务”的机制。对工作、学习、生活上遇到困难的师生党员进行重点帮扶，建立老党员、生活困难党员档案，定期开展慰问活动。制定出国留学党员备案制度，加强党员出国前的教育工作，做好留学回国党员政策引导和恢复组织生活的有关工作。推进党员教育管理信息化，提高党员信息库应用率。探索建立教师党支部全程参与青年教师党员职业生涯规划的制度。完善党内表彰评选方式，注重日常对先进党组织、优秀共产党员、优秀党务工作者、优秀党支部书记先进事迹的挖掘和宣传工作。

21. 加强党务工作队伍建设。按照“提高素质、优化结构、相对稳定、合理流动”的原则，把政治素质高、党性原则强、业务能力过硬、群众威信高的同志选配到党务工作岗位上来，特别是要配强配好学院分党委(党总支)书记。重视党务工作队伍建设，从思想认识、体制机制、政策规定、人才培养等方面采取措施，充分调动党务工作队伍的积极性，提高工作能力和水平。修订组织员工作条例，调整充实我校组织员队伍，定期开展组织员业务培训。学院教师党支部书记原则上应具有副高级以上专业技术职务，机关党支部书记原则上应由本单位副处级以上干部担任。探索教工党支部书记工作成绩的体现形式与途径。有计划地选派党务工作者参加进修培训，加大对党务工作者的培训力度和实践锻炼，不断提高其思想政治素质、业务水平和岗位适应能力。

(五)加强干部、党员和入党积极分子的教育培训

22. 完善干部教育培训体系。制定干部教育培训规划，健全干部教育培训制度。按照中央和市委的要求，校院两级党政领导干部脱产集中培训每5年累计不少于3个月，其他干部脱产集中培训每年累计不少于12天。进一步改进干部教育培训方式。整合培训资源，创新培训手段，建立健全领导干部个人自学、集中学习、脱产进修、成果交流“四位一体”的理论学习体系。积极推进干部境外培训工作。

23. 加强党员教育培训。制定《北京林业大学2010－2013年党员教育培训工作规划》。根据上级的有关要求，学校全体党员每年至少参与一次集中培训。教职工党员每年培训时间一般不少于24学时，教工党支部书记(含副书记)、院级党组织领导班子成员，每年培训时间一般不少于40学时。结合青年学生特点，加强学生党员入党后的责任感和使命感教育，学生党员每年培训时间一般不少于16学时，学生党支部书记(含副书记)每年培训时间一般不少于40学时。加大对新生党员、毕业生党员和新党员教育培训力度。加强党员教育条件保障和阵地建设，建立党员教育培训师资库，完善党员日常教育管理机制。

24. 加强入党积极分子教育。按照《中国共产党发展党员工作细则》和《中共北京市委教育工作委员会关于进一步加强和改进在大学生中发展党员工作和大学生党支部建设的若干意见》要求，继续坚持本科生入党积极分子校、院两级培训模式，对发展对象进行不少于40个学时的集中培训，初级班主要加强党的基本理论、基本路线、基本纲领和基本经验教育，提高班主要加强对党的路线、方针、政策教育。坚持举办寒、暑期教工和研究生入党积极分子培训班。创新加强对学生理论社团的指导，发挥学生理论社团在入党积极分子教育、培养、考察中的作用，确保党校初级班、提高班和学生理论社团对入党积极分子教育的有机衔接。以端正入党动机为重点，把理想信念教育贯穿于积极分子培养的全过程。进一步健全完善入党积极分子管理机制，创新积极分子选拔、培养、教育、考察形式，切实保障入党积极分子队伍数量和质量的协调发展。

(六)加强作风建设

25. 密切联系师生员工。坚持党的群众路线，进一步完善校领导接待日、领导干部联系学院、教工党支部、高级专家和老同志制度、校领导联系民主党派制度。坚持重大改革或政策调整征求党员和师生员工意见制度，充分听取群众的反映和呼声。巩固并深化领导干部作风建设年活动和“讲党性、重品行、作表率”活动，建立健全领导干部定期深入基层，积极解决涉及群众切身利益的突出问题的长效机制，密切同广大师生的联系。

26. 坚持求真务实和艰苦奋斗。遵循教育教学规律和学生成长成才规律，围绕工作中的重点、难点问题，加强调查研究，重实际、办实事、求实效。认真研究解决影响改革发展稳定的深层次矛盾和问题，增强主动意识，敢于破解难题。围绕提高质量、解决问题，改进文风会风，提倡开短会、讲短话。教育广大党员干部自觉养成勤俭节约、艰苦朴素的良好风气，厉行节约、精打细算，把有限资金和资源用于学校改革发展、改善办学条件、服务师生员工上。

27. 开展批评与自我批评。党员干部要开展经常性的批评和自我批评，反对和克服好人主义，促进党内团结。进一步完善民主生活会制度，会前广泛征求党内外干部群众意见，确保民主生活会找准问题、查明原因、明确方向、形成

共识、促进团结，提高班子依靠自身力量解决问题和矛盾的能力。完善领导干部双重组织生活会制度。建立党性定期分析制度和领导干部作风状况分析制度，把党性和作风建设情况纳入党风廉政建设责任制考核范围。

（七）加强反腐倡廉建设

28. 加强反腐倡廉教育。以党性党风党纪教育为重点，着力加强领导干部廉洁从政教育和工作人员岗位廉政教育。以领导干部为重点，分层分类开展主题教育活动和警示教育活动，增强教育的针对性和有效性。深入推进廉政文化建设和学术道德建设，加强对广大师生的廉洁教育和诚信教育，促使全校师生诚心治学，杜绝学风不正、学术不端和学术造假等现象出现。

29. 强化对权力运行的监督。建立健全决策权、执行权、监督权既相互制约又相互协调的权力结构和运行机制。认真执行领导干部述职述廉、诫勉谈话、函询、质询等制度。严格实行党政领导干部问责制，特别是要建立健全干部在突发事件中的责任表现监督考核制度和责任追究机制。加大校务公开力度，健全民主监督机制。

30. 加强制度执行力度。贯彻落实中央《建立健全惩治和预防腐败体系2008～2012年工作规划》，落实《关于加强高等学校反腐倡廉建设的意见》（教监〔2009〕15号）和《关于建立健全普通高等学校惩治和预防腐败体系基本制度建设的意见》（京纪发〔2008〕28号），完善防治腐败体制机制。进一步深化廉政风险防范机制建设，建立风险防范管理考核制度，形成反腐倡廉的长效机制。加强对制度执行情况的监督检查，提高制度执行力。

五、加强领导

31. 建立健全党建工作目标管理责任制。建立健全责权明晰、分工明确、运转有序的党建工作机制。学校党委书记是学校党建和思想政治工作的第一责任人，分管领导是主要责任人，有关职能部门是具体责任人。各分党委（党总支、直属党支部）书记是本单位党建和思想政治工作的第一责任人，分党委（党总支、直属党支部）其他成员要根据工作分工，抓好职责范围内的党建工作。各分党委（党总支、直属党支部）要建立定期研究党建工作制度，每年召开专题会议，研究目标任务，制定工作计划，作出总体部署。党建工作应与中心工作紧密结合，做到同时研究、同时部署。建立党建工作考核评价制度，党建工作年度考核应与中心工作考核同步进行、奖惩同步兑现；学校把党建工作考核结果作为各单位领导班子和领导干部年度考核的重要内容、干部选拔任用的重要依据、评先选优的重要条件。对党建工作不落实、造成不良影响的，将追究相应责任。各分党委（党总支、直属党支部）要结合本单位实际，制定贯彻落实本意见的具体措施。

32. 完善党建工作保障机制。学校党委、行政及各二级党组织及行政单位要支持党建工作，按照党员年人均不低于200元的标准核定基层党组织工作和活动经费以及党员教育培训经费。学校党委将留存的党费以“党支部立项”方式每年按照40%的比例返还给基层党组织，支持基层党组织开展活动；其他留存党费主要用于全校性的党员教育培训、党支部书记培训、开发党员教育培训教学资源、党内表彰、慰问生活困难党员等。各分党委（党总支、直属党支部）党建工作经费要列入本单位行政经费预算，要为基层党组织开展活动提供必要的场所与设备，加强对党员活动室、党员电化教育播放点、党员专题教育网站、党员教育实践基地等阵地的建设和投入。

33. 推进基层党组织工作创新。坚持以改革创新精神推进我校党建工作，主动适应世情、国情、党情、校情的新变化，围绕党建工作中的重点难点问题，在提高教学科研水平、凝聚事业发展合力、建设良好师风学风、服务师生员工、营造和谐氛围、维护校园稳定等方面找准党建工作切入点，着力推进学校党建工作的理论创新、制度创新和方法创新。鼓励学校各级党组织和广大党员积极与农村党组织开展共建活动，服务首都城乡统筹发展大局。

34. 提高党建科学化水平。坚持以科学理论指导党的建设，以科学制度保障党的建设，以科学方法推进党的建设，不断提高我校党的建设科学化水平。注重把握新形势下高校党的建设的特点和规律，增强我校党建工作的针对性和前瞻性；注重运用符合新时期文化样式和师生特点的话语体系，积极运用信息网络技术和现代管理学、组织学、心理学等现代科学方法，提高学校党建工作效果；及时把实践中行之有效的措施办法固化为制度，形成符合党的建设规律、符合高等教育发展规律和人才成长规律，同时能够相互衔接、务实有效的科学制度体系。

35、加强党建研究。按照"围绕中心、服务大局"的工作要求，针对学校党建工作中的重点、难点问题开展课题研究，特别是加强对党建工作中的新问题、新情况的前瞻性研究。成立北京林业大学党建研究会，把握正确的研究方向，提高学校党建研究的系统性，设立党建研究专项资金，把党建研究课题纳入学校科研课题立项管理。积极争取教育部、北京高校党建研究会、北京高校党校协作组等设立的各类校外党建研究课题。充分调动基层党组织负责人和党务工作者的积极性，组建重点课题研究团队，定期推出研究成果。加强研究成果的推广和转化工作。

中共北京林业大学委员会

2010 年 5 月 17 日

关于在基层党组织和党员中深入开展创先争优活动的实施方案

北林党发〔2010〕9 号

按照《中共教育部党组关于在教育系统党的基层组织和党员中深入开展创先争优活动的通知》、《中共北京市委关于在全市基层党组织和党员中深入开展创先争优活动的实施意见》及市委教育工委《关于在高校基层党组织和党员中深入开展创先争优活动的实施方案》的要求，我校将于 2010 年 5 月至 2012 年党的十八大召开前，在全校基层党组织和党员中深入开展创先争优活动（以下简称"创先争优活动"），为切实做好创先争优活动各项工作，结合我校工作实际，制订如下实施方案。

一、指导思想与主要目标

（一）指导思想

开展创先争优活动要以邓小平理论和"三个代表"重要思想为指导，以"深入学习实践科学发展观，推进学校教育事业科学发展"为主题，以"立足岗位比奉献，创先争优当模范"为载体，以"四创三比"（创学习型党组织、创服务型党组织、创开拓型党组织、创廉洁型党组织；比学习、比服务、比贡献）为主要形式，紧密结合我校实际，以良好的风貌、扎实的工作作风，深入开展创先争优活动，为推进学校事业的改革发展、维护校园和谐稳定、培养造就中国特色社会主义合格建设者和可靠接班人发挥积极作用，在"引领生态文明，建设高水平林业大学"的进程中迈出更加坚实的步伐。

（二）主要目标

1．加强基层组织，提高党员素质。进一步优化基层党组织设置，创新活动内容方式，大力推进学习型党组织建设，充分发挥学校党委领导核心、分党委（党总支、直属党支部）政治核心和党支部战斗堡垒作用，通过加强基层党组织建设，带动学校各类基层组织建设。扎实开展党员教育培训工作，进一步坚定党员的理想信念，提高党员业务素质和岗位技能，在推动学校事业发展中充分发挥先锋模范作用。

2．推动科学发展，提高办学水平。要把科学发展观内化为学校的办学观，将党的建设优势转化为学校科学发展优势，大力推进教学改革，加强教学基层组织建设，提高教学质量。完善科研激励和约束机制，加快科技平台实体化建设步伐，构建具有北林特色的科技创新体系。

3．服务师生员工，促进校园和谐。进一步增强党员全心全意为人民服务的宗旨观念，提高党员干部的管理水平，认真听取群众呼声，及时反映群众意愿，畅通意见反馈渠道，不断改进作风，密切与广大师生员工的联系。进一步增强党组织和党员及时了解师生思想状况的自觉性，不断提高化解矛盾的能力，党组织、党员主动维护校园安全稳定的意识明显增强。

二、主要内容

开展创先争优活动，要以创建先进基层党组织、争当优秀共产党员为主要内容。

(一)创建先进基层党组织的基本要求

学习型党组织建设成效明显，出色完成党章规定的基本任务，努力做到“五好”。

一是领导班子好。领导班子能深入学习实践科学发展观，坚决贯彻执行党的路线方针政策，团结协作、求真务实、勤政廉洁，有较强的凝聚力和战斗力。

二是党员队伍好。党员素质优良，有较强的党员意识、大局意识、责任意识、忧患意识，严格遵纪守法，能够充分发挥先锋模范作用。

三是工作机制好。坚持和完善党委领导下的校长负责制，落实学院党政联席会议制度，履行好党组织在统领师生员工思想、推进事业发展、协调各方利益、服务人民群众、建设党员队伍、发展党内民主等各项工作职能，制度健全，机制顺畅。

四是工作业绩好。紧紧围绕中心，服务大局，积极带领党员干部和广大师生为学校事业发展做出积极贡献，工作成绩突出。

五是师生反映好。党群干群关系密切，党组织在师生中有较高威信，党员在师生中有良好形象。

(二)争当优秀共产党员的基本要求

模范履行党章规定的义务，努力做到“五带头”。

1. 教职工党员

一是带头学习提高。认真学习实践科学发展观，自觉坚定理想信念，模范履行党章规定的义务；刻苦钻研，严谨笃学，不断提高教学科研水平和工作能力。

二是带头争创佳绩。热爱党的教育事业、热爱学校、热爱学生，具有强烈的事业心和责任感，埋头苦干、开拓创新、无私奉献，在本职岗位上做出显著成绩。

三是带头服务师生。宗旨意识强，密切联系群众，全心全意为人民服务，主动帮助师生解决思想、学习、工作上的实际困难，积极参与社会志愿服务。

四是带头遵纪守法。自觉遵守党的纪律和廉洁自律各项规定，模范遵守国家法律法规以及学校校规校纪，组织纪律观念强，积极主动维护校园稳定。

五是带头弘扬正气。自觉树立社会主义荣辱观，发扬社会主义新风尚，树立良好师德，恪守学术道德，学为人师，行为示范；正义感强，敢于同不良风气、违法违纪行为作斗争。

党员领导干部要做到：勤奋学习，善于思考，做政治坚定的表率；深化改革，励精图治，做加快发展的表率；爱岗敬业，锐意进取，做高效服务的表率；与时俱进，开拓创新，做真抓实干的表率；严于律己，奉公守法，做廉洁自律的表率。

教师党员要做到：坚定信念，牢记宗旨；品德高尚，为人师表；严谨治学，树木树人；勤奋工作，精益求精；加强科研，勇攀高峰。

管理服务岗位党员要做到：坚定信念，牢记宗旨；努力学习，提高素质；恪尽职守，爱岗敬业；履行制度，加强管理；围绕中心，服务大局。

2. 学生党员

一是带头学习提高。认真学习实践科学发展观，自觉坚定理想信念，模范履行党章规定的义务；认真学习科学文化知识，积极向社会实践学习，向人民群众学习，努力成为学习榜样。

二是带头争创佳绩。具有强烈的成才意识，发奋学习，刻苦钻研，善于创造，不断提高自身思想道德素质、科学文化素质和健康素质，争做成才表率，带动同学共同进步。

三是带头服务同学。宗旨意识强，密切联系群众，全心全意为人民服务，努力帮助同学解决思想上和学习上的实际困难，及时反映同学正当利益诉求。

四是带头遵纪守法。自觉遵守党的纪律，模范遵守国家法律法规以及学校校规校纪，组织纪律观念强，积极主动维护校园稳定。

五是带头弘扬正气。牢固树立祖国和人民利益至上的思想，自觉把自己的人生追求同祖国的前途命运联系起来；正义感强，敢于同不良风气、违法违纪行为作斗争。

同时，要把加强基层党组织建设和党员作风和能力建设作为学校开展创先争优活动的重要内容。学校各级党组织要研究如何进一步理顺院(系)党政管理体制和运行机制，加强各级党政对党建工作的重视程度和投入力度，充分发挥基层党组织政治核心和战斗堡垒作用。要下力气解决好一些党员存在的党性观念淡薄、宗旨意识不强、工作作风浮躁、先锋作用发挥不够的问题，下力气解决好一些党员存在的组织纪律观念不强、联系服务群众不够的问题，下力气解决好一些党员干部领导水平和治校办学能力与学校快速发展要求存在一定差距的问题。广大师生党员要继续发扬我校的优良传统，始终保持旺盛的发展热情和精神状态，立足岗位、立足实际，争当学习理论、学习业务的模范，争当解放思想、开拓创新的模范，争当服务群众、维护群众利益的模范，争当弘扬正气、敢于同不正之风作斗争的模范。在落实推进学校事业科学发展，在“引领生态文明，建设高水平林业大学”的进程中，展示共产党员的风采。

三、活动载体

各分党委(党总支、直属党支部)要紧密围绕“立足岗位比奉献，创先争优当模范”的活动载体，结合本单位实际和党员特点，注重调动和激发师生党员的积极性和创造性，精心设计具体的活动载体，确保创先争优活动顺利开展并取得实效。

(一)基层党组织积极开展“创建党建先进”活动。学校各级党组织要进一步贯彻落实《中共北京林业大学委员会关于进一步加强和改进新形势下党建工作的意见》精神，提高党建工作水平，促进本单位事业发展。根据《北京普通高等学校党建和思想政治工作基本标准》要求，以加强教工党支部建设为重点推进基层党组织建设，以加强党员入党后教育为核心完善党员教育培训体系，以加强制度建设为保障全面提升党建工作科学化和规范化水平，以加强党建研究为有效途径大力推动基层党建创新。

(二)教职工党员积极开展“争做育人标兵”活动。教职工党员要忠诚于党的教育事业，忠实执行党的教育方针，成为教书育人、管理育人和服务育人的标兵。教师党员要坚定理想信念、树立良好师德，不断提高教学科研水平和学术道德修养。管理岗位上的党员要立足本职，勤奋工作，依法治教，依法行政，努力提高管理水平与服务质量。后勤服务岗位上的党员要热爱本职工作，切实增强服务意识，端正服务态度，提高服务水平。离退休党员要关注党的理论创新，积极开展集中学习，加强同青年党员的交流，帮助青年党员解决教学科研、党组织生活、党员党性修养等方面遇到的实际困难和问题。

(三)学生党员积极开展“争做成才表率”活动。学生党员要牢固树立共产主义远大理想和中国特色社会主义坚定信念，团结和带领广大同学共同进步，成为中国特色社会主义的合格建设者和可靠接班人。要坚持全面发展，不断提高自身科学文化知识水平和综合素质，坚持社会主义荣辱观，养成良好的道德品质，成为社会需要的有用之才。要坚持把学习知识与投身社会实践统一起来，在参与志愿服务、社会实践的过程中增本领、长才干。

四、时间安排

按照市委教育工委统一部署，创先争优活动从2010年5月开始，到党的十八大召开前，具体分为三个阶段进行：

第一阶段：从2010年5月开始至2010年底，以党员作风建设年活动为专题，开展抓作风，促发展活动。

(一)制定学校深入开展创先争优活动实施方案，召开动员部署会议。开辟创先争优活动专题网站和《北林报》创先争优专栏，大力宣传介绍创先争优相关活动精神和先进做法，结合党员作风建设，提高全体党员的理论素养和政治修养。

(二)广泛开展先进集体和个人评选表彰活动，2010年“七一”前夕，在学校基层党组织和广大党员中开展“先进党支部”和“优秀共产党员”评选表彰活动，大力表彰和宣传在推动学校事业科学发展，维护校园和谐稳定，人才培养过程中做出突出成绩并获得群众广泛认可的先进党支部25个、优秀共产党员30名。按照上级要求，推荐北京市“群众心目中的好党员”候选人。2010年下半年，推荐“北京高校育人标兵”和“北京高校成才表率”候选人。

(三)积极推进学习型党组织建设，制定《中共北京林业大学委员会关于推进学习型党组织建设的实施意见》，以争创学习型党组织为主题深入开展学习教育活动，大力营造重视学习、崇尚学习、坚持学习的浓厚氛围，不断树立党组织全员学习、党员终身学习的重要理念。

(四)大力加强党员教育培训，制定《中共北京林业大学委员会关于贯彻落实党员教育培训规划的实施意见》，推进“预备党员培训工程、党支部书记培训工程和优秀党员培训工程”，加强党员教育条件保障和阵地建设，建立党员教育培训师资库，完善党员日常教育管理机制。制定学生党员考核量化标准，加强学生党员入党后教育和管理。

（五）设立2010～2011学年党建研究课题，针对学校党建工作中的重点、难点问题开展课题研究，特别是加强对党建工作中的新问题、新情况的前瞻性研究。充分调动基层党组织负责人和党务工作者的积极性，组建重点课题研究团队，定期推出研究成果。加强研究成果的推广和转化工作，表彰优秀党建研究课题。

第二阶段：从2011年1月开始至7月，以迎接建党90周年为专题，开展创先争优活动。2011年“七一”前夕，全校召开纪念建党90周年表彰大会，表彰先进基层党组织、优秀共产党员、优秀党务工作者和优秀党支部书记，同时在教职工党员中积极创建“教书育人党员先锋团队”、“科研攻关党员先锋团队”；在学生党员中，评选表彰“优秀共产党员学生标兵”、“优秀共产党员志愿服务标兵”等。

第三阶段：从2011年7月开始至党的十八大召开前，以迎接党的十八大召开为专题，开展创先争优活动。

此阶段的创先争优活动，着重围绕迎接党的十八大来开展。基层党组织和全体党员要以昂扬向上的精神风貌，更加突出的工作业绩，向党的十八大献礼。2012年“七一”前夕，全校开展专项评选，表彰“北京林业大学2010～2012年创先争优活动”先进基层党组织、优秀共产党员，并推荐参加市委教育工委和全市评选表彰活动。

五、活动要求

（一）加强组织领导

为了加强对创先争优活动的组织领导，学校成立创先争优活动领导小组，组成如下：

组　长：吴　斌　尹伟伦
副组长：周　景
成　员：陈天全　逄广洲　宋维明
　　　　姜恩来　方国良　张启翔

领导小组下设办公室，负责日常活动的组织协调。组成如下：

主　任：张　闯
成　员：李铁铮　邹国辉　张爱国
　　　　孙信丽　任　强　赵海燕
　　　　刘广超　田　阳

各分党委（党总支、直属党支部）要成立本单位创先争优活动领导小组，分党委（党总支、直属党支部）书记任组长，行政负责人任副组长，参照学校实施方案制订本单位的活动方案，精心组织，认真落实。要把本单位创先争优活动开展情况以简报形式及时报领导小组办公室。

（二）鼓励探索创新。要尊重基层党组织和党员的首创精神，把落实规定动作与做好自选动作有机结合起来，鼓励支持基层单位根据各自实际，在活动主题、实践载体和方式方法等方面大胆探索创新，丰富活动内容，创新活动方式，改进活动手段，增强活动的吸引力和感染力。

（三）强化督促检查。要通过多种有效方式，了解活动进展，总结交流经验，研究解决问题。建立督促检查制度，对各分党委（党总支、直属党支部）创先争优活动情况进行督促检查。建立领导联系基层制度，力求把联系点建成示范点。

（四）加强舆论宣传。要充分发挥报纸、广播、校园网等平台的作用，采取师生员工喜闻乐见的形式，大力宣传中央、教育部和北京市委教育工委关于开展创先争优活动的指示精神，宣传先进基层党组织和优秀共产党员的先进事迹，宣传创先争优活动的好经验、好做法，及时报道活动中涌现出的先进典型，努力形成学习先进、崇尚先进、争当先进的良好风气，为活动的深入开展营造良好氛围。

（五）坚持统筹兼顾。要统筹安排创先争优活动的各个阶段和环节，做到有机衔接、有序推进。要把开展创先争优活动作为推动学校各项事业发展的重要动力，把创先争优活动与迎接建校60周年活动有机结合，与推动基层党建工作创新有机结合，与日常教学科研管理等工作有机结合，促进学校各项工作的深入开展。

中共北京林业大学委员会
2010年6月3日

北京林业大学干部挂职锻炼及脱产学习工作暂行办法

北林党发〔2010〕11 号

第一章 总 则

第一条 为了更好地选派干部到上级单位、地方或其他相关部门挂职锻炼，鼓励干部参与党校等脱产学习，提高理论水平和能力素质，根据中组部、教育部关于干部挂职锻炼及脱产学习的有关精神，结合我校实际，特制定本办法。

第二条 干部挂职锻炼及脱产学习遵循的原则。

(一)工作需要原则。学校各有关单位应根据上级单位和学校下达的选派计划，结合本单位工作实际，按照选派条件、程序和要求，推荐挂职锻炼和脱产学习人员；

(二)择优推荐原则。学校各有关单位应当优先选派德才兼备、熟悉业务、有培养前途和发展潜力的人员；

(三)严格程序原则。根据干部管理权限，党委组织部坚持以人为本、备用结合的原则，负责对拟选派挂职锻炼和脱产学习人员进行审核，报学校党委研究决定。

第二章 选派对象和条件

第三条 选派的挂职锻炼和脱产学习的干部，应具备如下条件：

(一)学校处级、科级及以下正式在编人员；

(二)一般应具有大学本科以上学历和两年以上工作经验；

(三)管理干部年龄一般在 50 岁以下，双肩挑干部一般在 55 岁以下，身体健康；

(四)具有良好的政治素质，理想信念坚定，组织纪律观念强，作风正派；

(五)具有强烈的事业心和责任感，有较强的组织领导能力和业务能力；

(六)具有较强工作能力和一定管理工作经验，创新意识较强；

(七)工作经历较为单一，缺乏多岗位锻炼经历和系统理论学习的管理干部；

(八)根据工作需要，需前往相关专业领域挂职锻炼的双肩挑干部。

第三章 干部挂职锻炼和脱产学习的形式、时间和挂职期间的职务

第四条 挂职锻炼形式。

(一)中组部、教育部、国家林业局等有关部门选派我校援藏、援疆、博士服务团和其它挂职锻炼项目；

(二)中共北京市委、北京市教育工委、团市委及北京市各区县开展的跨地区、跨部门、跨行业干部交流任职及挂职锻炼项目；

(三)由我校直接选派干部到主管部门、扶贫地区、林业重点联系省区、林业改革试验区及阶段性重点工作领导办公室挂职锻炼项目。

第五条 挂职锻炼干部的挂职时间，区分具体项目而定，具体以有关通知为准。

第六条 挂职锻炼干部的挂任职务原则上平职或低一职安排。挂职锻炼期间，在原单位的岗位、职务原则上保留不变。

第七条 干部脱产学习形式包括境内和境外脱产学习。

(一)境外脱产学习，主要根据学校干部海外培训规划或相关培养项目，选派优秀管理干部赴国外大学了解现代大学管理运行情况，开展专题调研及学习；

(二)国内脱产学习主要选派干部参加各级各类党校、行政学院和干部学院等教育培训机构举办的专题培训班，或参与上级部门举办的专题培训，或选派干部赴国内知名高校进行专题调研和学习等。

第八条 干部脱产学习时间一般单次不超过一年，具体依培训项目而定。

第九条 干部脱产学习期间，原任岗位、职务原则上保留不变。

第四章 挂职锻炼和脱产学习干部的选派

第十条 干部挂职锻炼和脱产学习坚持组织推荐为主和个人自愿报名相结合的原则。由党委组织部与其所在单位协调后，报学校党委，经批准后，办理相关派出手续。

第十一条 党委组织部按照校党委部署，严

格掌握干部挂职锻炼和脱产学习选派标准、要求和条件，具体负责挂职锻炼和脱产学习干部的选派以及与上级部门的沟通协调。

第五章　挂职锻炼和脱产学习干部的管理

第十二条　干部挂职锻炼和脱产学习期间由学校与接受挂职和学习单位共同管理，以学校管理为主。

（一）挂职锻炼和脱产学习干部应自觉接受挂职和学习单位的日常管理，积极参加各项活动，并主动向学校汇报学习和工作情况；

（二）挂职和学习期间，学校组织部与挂职单位保持联系，及时了解情况，定期对干部进行考察；

（三）干部挂职锻炼和脱产学习期间，组织关系按有关规定转入挂职或学习所在单位或留在学校，行政、工资关系保留在学校原单位；

（四）挂职期间，干部休假请假执行挂职单位的有关规定；

（五）派出单位要加强与挂职干部、脱产学习干部的联系与沟通，并帮助解决工作、学习和生活中的实际困难。

第十三条　脱产学习干部应在学习结束后，向校党委提交学习体会，并根据学校安排，在一定范围内进行学习成果交流。

第十四条　挂职锻炼和脱产学习在挂职期间的待遇。

（一）干部挂职和学习期间，不影响职称评定和职务晋升，享受学校在职干部同等待遇和各种补贴；

（二）干部挂职和脱产学习的经费，有项目支持的视具体情况由项目承担，没有项目支持的由原单位承担；

（三）干部挂职锻炼期间，按照不低于20万元的保额标准，由学校为挂职干部购买挂职期间人身意外伤害保险。挂职单位没有补助的，由学校每月发放生活及交通补助500元，挂职到边远地区或少数民族地区的补助标准可提高到1000元；

（四）干部在外地挂职，每年可回校探亲2次，往返费用由学校据实报销；

（五）援疆、援藏干部及其他上级选派挂职项目，按照相关通知要求，对应待遇；

（六）京外挂职干部医疗费用，凡在挂职地区治疗的，由挂职单位报销，在北京治疗的，按照公费医疗报销规定，在学校进行报销。

第六章　挂职和脱产学习期间的纪律要求

第十五条　挂职锻炼和脱产学习干部，要有强烈的自我学习和锻炼意识，坚持把主要精力和时间用于挂职和学习单位，深入实际，虚心学习，努力实践，不断提高组织领导能力和处理复杂问题的能力。

第十六条　挂职锻炼和脱产学习干部，要自觉加强党性锻炼和道德品质修养，经得起各种考验和诱惑，自觉维护学校形象，廉洁自律，自觉接受监督。要尊重挂职和学习单位领导和同志，尊重挂职地区民风民俗，做到自重、自省、自警、自励。

第十七条　干部挂职锻炼或脱产学习期间，因事请假要严格执行挂职和学习单位的请假制度。

第十八条　干部挂职锻炼或脱产学习期间，因健康原因或其它问题不宜继续挂职或参加学习的，由党委组织部会同挂职或学习单位组织部门研究，确定结束挂职锻炼或脱产学习。

第七章　考核、考察和使用

第十九条　干部挂职期满后，由挂职单位会同同级组织人事部门对干部进行考核，写出鉴定材料，存入本人档案。

第二十条　挂职锻炼干部时间超过半年以上的，当年考核等次以挂职单位考核意见为主确定；时间少于半年的，当年考核等次按学校年度考核规定确定。

第二十一条　脱产学习干部原则上回本单位进行年度考核，因在京外学习，无法回校进行考核的，需提交书面总结。脱产学习超过半年的，以培训机构鉴定作为考核评定依据。

第二十二条　干部挂职、脱产学习结束后，应到党委组织部报到。除学校另有任用外，原则上根据干部挂职前职务、职级进行工作安排。

第二十三条　干部挂职锻炼期间的表现和考核结果作为使用干部的重要依据。在同等条件下，优先提拔使用有挂职锻炼经历并表现突出的干部。

第八章　附　　则

第二十四条　本办法由校党委组织部负责

解释。

第二十五条 本办法中所指"干部挂职锻炼"或"脱产学习"是指经校党委组织部派出或商得校党委组织部同意派出的干部。

第二十六条 本办法自发布之日起执行。

中共北京林业大学委员会
2010年7月13日

关于加强二级党委中心组学习的实施意见

北林党发〔2010〕12号

为了深入贯彻党的十七届四中全会精神，落实中共中央《关于进一步加强和改进党委(党组)中心组学习的意见》的精神，进一步探索我校二级党委中心组学习的新机制，着力加强中层领导干部思想政治建设，加快推进基层学习型党组织建设，力争在武装头脑、指导实践、推动工作上不断取得新成效，结合学校实际，特制定如下意见。

一、充分认识加强二级党委中心组学习的重要性

1. 二级党委中心组是各单位领导班子和基层干部在职理论学习的重要形式，是加强领导班子思想政治建设的重要措施，是推进基层学习型党组织建设的重要途径。加强二级中心组学习，对于促进中层领导班子思想政治建设、加强领导干部理论武装、推动部门中心工作等方面具有重要作用。

2. 加强二级党委中心组学习是适应形势发展，推动学校科学发展的客观要求。各分党委(党总支、直属党支部)要认真学习贯彻中央文件精神，进一步统一思想、提高认识，切实发挥二级党委中心组学理论、议大事、转观念、出思路、促发展的作用，不断提高领导干部的思想理论水平和工作能力，增强领导班子的凝聚力和战斗力。

二、切实增强二级党委中心组学习的针对性和实效性

3. 二级党委中心组要把深入学习贯彻中国特色社会主义理论体系特别是科学发展观作为学习的重中之重。精心研读马列主义经典著作、党的路线方针政策、中央重要文件与会议精神、《中国共产党章程》、党纪政规，并加强对党史等历史知识以及政治、经济、科技、法律、文化、社会管理等领域新知识的学习。

4. 要围绕贯彻落实科学发展观，把建设国际知名的林业大学、服务国家生态环境建设，以及学习贯彻中央和北京市的重要决策和重要工作部署作为学习研讨和专题调研的重要内容。加强对学校发展定位、发展战略和总体规划的学习研讨，加强对各单位发展规划、学科建设、人才培养等工作的调查研究。

5. 要掌握和运用马克思主义的立场、观点、方法，坚持学习理论和指导实践相结合，把理论学习同研究解决师生最关心、最直接、最现实的利益问题结合起来，同解决本部门改革发展稳定中的重大问题结合起来，同研究解决党的建设中存在的突出问题结合起来。把学习体会和成果转化为谋划工作的思路、促进工作的举措和领导工作的本领，不断推进理论研究和工作创新。

三、完善二级党委中心组学习的制度和管理

6. 健全学习组织。二级党委中心组理论学习以分党委、党总支和直属党支部为单位组成，组长由分党委、党总支和直属党支部书记担任，副组长由分党委、党总支和直属党支部副书记或学院主要行政领导担任。组长、副组长负责确定学习主题、组织学习活动。二级中心组要配备学习秘书，负责做好学习服务工作。参加学习的成员由分党委、党总支和直属党支部的委员、党支部书记，正副处级干部，办公室主任，工会主席，分团委书记等人组成。

7. 完善学习制度。二级中心组应参照校党委中心组的学习，结合本单位的实际情况制定年度学习计划和阶段性学习安排，并于每年1月底前将学习计划报送校党委宣传部。要建立健全各项学习制度、学习档案，做好讨论记录，严格考勤，严肃学习纪律，把参加学习情况作为年度干部考核的一项内容。学校将定期对二级中心组学习情况、考勤、记录进行检查，并开展优秀二级中心组的评比表彰。

8. 丰富学习形式。二级中心组要紧紧结合本单位实际，采取灵活多样的学习方式和方法，并在实践中形成自己的特色。要把集中发言和集体研讨、专题学习和系统学习、理论学习和研讨工作结合起来，充分利用辅导报告、网络交流、调查研究等形式，调动中心组成员的学习积极性。二级中心组要根据本单位教学、科研等工作实际，具体安排学习时间，每月不少于一次集体研讨或集体活动。中心组成员应结合分管工作开展专题调研，撰写理论学习体会和调查报告。党委宣传部每年定期组织开展领导干部理论文章、调研报告的评比活动，选取部分优秀文章汇编或刊登到有关刊物。

四、加强对二级党委中心组学习的组织领导

9. 要明确领导责任。各分党委(党总支、直属党支部)要把二级中心组学习放在重要位置，列入工作重要日程，经常研究学习情况，提出改进措施，并结合本单位实际，创造性地开展学习和活动。

10. 要发挥模范作用。二级中心组成员要讲学习、讲政治、讲正气，力求在学习的广度和深度上有新的发展，在学习质量上有新的提高，在弘扬马克思主义学风上有新的进步。通过学习不断提高理论水平和自身修养，在师生员工政治学习、形势政策教育过程中起到模范带头作用。

中共北京林业大学委员会
2010 年 10 月 26 日

校发重要文件选编

北京林业大学关于公派出国留学选派与管理的暂行规定

北林校发〔2010〕1 号

为加快我校高层次人才的培养，促进与国外高校、科研机构的交流与合作，使我校的公派出国留学选派管理工作与国家公派留学选拔与管理的新机制相衔接，适应新形势下公派出国留学的要求，使公派出国人员经过出国研修增强国际意识、拓展国际视野，提升学术水平和国际交流能力，在学校的学科建设和人才培养中发挥更大的作用，特对《北京林业大学关于公派出国留学选派与管理的暂行规定》(北林人发〔2003〕15 号)进行修订。

一、总　则

第一条　公派出国留学包括国家公派出国留学和单位公派出国留学。其中国家公派出国人员是指国家留学基金委资助或国家其他项目选拔的出国人员，资助期限按项目规定执行；单位公派出国留学人员则包括学校选派进行校际交流及自行联系后获得国外资助而纳入公派渠道的出国人员，资助期限一般为 3 个月或 6 个月。

第二条　公派出国留学人员的选派坚持“按需派遣，保证质量、学以致用、精选精派”的原则，公派出国留学工作要服从学校建设一流师资队伍的需要，服从学科建设与事业发展的需要，服从提高教学、科研、管理水平的需要。

第三条　公派出国留学人员必须按期回国，为学校的教学和科研事业发挥积极作用。

二、申请者条件

第四条　申请者须符合《国家留学基金资助出国留学人员年度选拔简章》中规定的基本条件，还需符合以下条件：

1. 热爱社会主义祖国、坚持四项基本原则，品德优良，身体健康；

2. 年龄一般不超过 45 岁；

3. 来校工作需满 3 年。

第五条　已获得国家公派或国家其他项目选拔资助的人员，学校公派项目一般不予重复资助，出国留学人员回国后工作须满五年方可再次申请公派出国留学资助。

三、申请及办理程序

第六条　国家公派出国留学申报工作每年根据国家留学基金管理委员会申报要求的时间进行，单位公派出国留学申报工作与国家留学基金管理委员青年骨干教师出国研修1:1项目同时进行。

第七条　国家公派出国。

1. 符合条件的人员向所在单位申请，根据国家相关公派项目要求登录申报系统填写《公派出国申请表》，学院签署推荐意见后递交人事处。

2. 人事处汇总申请者材料并参照学院推荐意见提交学校，批准同意推荐后，本人准备相关附件材料，人事处负责推荐上报。

3. 国家公派出国留学录取人员名单由国家留学基金委员会审核公布。

4. 国家公派出国留学人员按照《国家留学基金资助出国留学人员年度选拔简章》办理出国手续。

5. 国家公派出国留学人员要充分利用国家资源的优势，结合自己研究领域的实际，按照国家公派留学"三个一流"的要求，自行联系世界一流的学术机构或一流实验室为研修单位、国际著名教授为导师进行研修工作，在国家规定的期限内派出。

6. 被录取、资助的出国人员根据实际情况参加相关培训并与国家留学基金管理委员会、教育部相关部门签定出国协议书，个人缴纳保证金。

第八条　单位公派出国。

为了保证学校教学科研工作的正常进行，各单位当年在国外留学的人数原则上不能超过本单位教师总数的10%，并考虑今后学科发展的需要，优先资助重点建设学科专业的教师出国研修。

1. 各单位对列入公派出国留学计划的人选要进行认真的考察，着重考察人选的实际表现及业务水平(包括基础理论、实验技能、科研与教学水平等)。

2. 符合条件的人员向所在单位申请，填写《北京林业大学公派出国申请表》，学院签署推荐意见后交人事处。

3. 人事处汇总申请者材料并参照学院推荐意见提交学校批准后，录取人员名单由人事处公布。

4. 申请者获学校批准后，本人准备相关附件材料，提交拟前往研修的国外学术机构邀请信，填写《北京林业大学公派出国留学计划审批表》，由学校人事处、国际交流与合作处、财务处会签后方可办理出国手续。

5. 单位公派出国留学人员要结合自己研究领域的实际，自行联系世界一流的学术机构为研修单位、国际著名教授为导师进行研修工作，在学校规定的期限内派出。

6. 被录取、资助的出国人员根据实际情况参加相关培训并与学校签定出国协议书，并缴纳保证金(保证金金额参照国家公派留学标准)。

四、外语考试及培训

第九条　学校优先推荐通过外语水平考试(WSK)或符合外语免试条件人员申请国家公派出国留学和单位公派出国留学项目。

第十条　经学校推荐获得国家公派出国留学或单位公派出国留学资格的人员，若参加教育部组织的出国语言培训，须选择北京语言文化大学就近入学，不得进行脱产培训，与培训有关的所有费用均自理。

第十一条　参加学校举办的"英语双语教学师资培训班"结业，考核成绩80分以上者，五年内申请单位资助公派出国留学可不再参加WSK考试或相关培训。

五、派出与管理

第十二条　申请人一旦确定具体出国时间，需提前三个月向所在单位和学校人事处提出申请。

第十三条　公派出国留学人员需根据国家及学校的有关规定，签订《资助出国留学协议书》，并办理公证等事宜，单位公派出国留学人员由人事处负责组织实施。

第十四条　公派出国留学人员出国(境)前要认真办理本职工作的移交手续，同时还要做好财务清理、图书资料的交还(具体办法参照有关职能部门规定执行)，出境后要自觉接受我驻外使(领)馆教育处的领导，同时主动与所在单位保持联系。

第十五条 公派出国留学人员应严格遵守国家保密制度，在国外期间要严守党和国家的机密，遵守我国及所在国的法律、法令，尊重当地的风俗习惯，维护国家的安全与尊严，维护学校的声誉。

第十六条 公派出国留学人员出国(境)前，各单位党政领导应对其进行个别谈话，明确出国任务与要求，鼓励他们刻苦学习，努力完成进修计划，按期回国服务。国际合作处对单位公派出国留学人员进行外事培训。留学人员出境后，需尽快与基层单位取得联系，告知有效联系方式。

第十七条 学校原则上不予批准公派出国留学人员延长留学时间。如需要申请延长留学时间，须提出充分理由，提前3个月向学校递交书面申请，国家公派出国留学人员首先征得我驻外使(领)馆教育处的同意或按国家的有关规定办理，由所在单位签署意见后，送人事处和主管校长审批，如获批准，则由所在单位通知留学人员，原则上同意公派留学人员申请延长留学时间只能一次；单位公派出国留学人员须征得学院主管领导同意后，由所在单位签署意见，送人事处和主管校长审批，如获批准，则由所在单位通知留学人员，原则上同意公派出国留学人员申请延长留学时间只能一次，延期内所有费用均需自理。未经学校批准，未按期回国人员，按自动离职处理。

第十八条 公派出国留学人员不得改变留学身份，不得擅自转往第三国。

第十九条 公派出国进修或作访问学者的教师，自出境的下1个月起开始保留校内绩效工资的岗位津贴部分、停发任务津贴和业绩津贴部分，在批准的留学期限内国家基本工资照发，如延长留学时间，则延长期间的基本工资和岗位津贴停发。按期回国到人事处报到，自回校的当月起恢复工资。公派出国(境)攻读学位的教师从出境的下1个月起停发国家基本工资及校内绩效工资，按期学成回国报到后，自回校当月起恢复工资。

第二十条 公派出国留学人员申请因公转因私，按国家有关规定办理。本人提出申请后，由本人回国亲自办理离校手续，不得交由他人代理。国家公派出国留学人员必须先与国家结算经济关系并提供已结清经济关系的证明，学校才能受理其因公转因私申请。学校对因公转因私出国人员为校服务期算至出国之日，学校追回出国期间所发岗位津贴或校内绩效工资；服务期未满者，另按入校协议履行经济赔偿。

第二十一条 公派出国留学人员回国后，须及时到学校人事处报到，提交出《公派留学人员学习/研修情况总结报告》，由人事处审核；单位公派出国留学人员可同时办理退还保证金等手续。

第二十二条 公派出国留学人员按计划回国回校服务须满5年方可提出工作调动和辞职，每差1年按2万元补偿学校费用。

六、出国经费

第二十三条 国家公派出国留学的经费处理办法按照国家留学基金委的规定办理。

第二十四条 单位公派出国留学人员资助经费参照财政部、国家外专局联合下发的《关于调整中长期出国(境)培训人员费用开支标准的通知》(外专发〔2006〕172号文件)资助标准执行。

第二十五条 单位公派出国留学人员在留学人员出国前由学校拨付经费总额度的1/2，待研修期满回国，提交《公派留学研修总结报告》，基层单位确认完成研修任务，经学校审核后拨付剩余1/2经费及报销国际旅费。

七、附　则

第二十六条 本暂行规定由学校人事处负责解释。

第二十七条 本暂行规定自公布之日起施行。

附件：1. 关于调整中长期出国(境)培训人员费用开支标准的通知（外专发〔2006〕172号）

2. 北京林业大学公派出国留学计划审批表(略)

北京林业大学

2010年3月24日

附件1：

关于调整中长期出国(境)培训人员费用开支标准的通知

外专发〔2006〕172号

各省、自治区、直辖市及副省级城市外国专家局

(引智办)、财政厅(局),新疆生产建设兵团财政局、外国专家局,国务院各部委、各直属机构:

随着对高水平人才和高层次培训需求的不断增长,优化培训结构、逐步增加中长期培训已成为出国(境)培训工作的发展方向。考虑到近年来国外物价水平的上涨、医疗保险费用的增加以及其他一些相关费用的提高,经研究,决定对中长期出国(境)培训人员的费用开支标准进行调整。现将有关事项通知如下:

一、中长期出国(境)培训是指 90 天以上(含 90 天)的出国(境)培训。调整后的中长期出国(境)培训人员费用开支项目包括:伙食费、住宿费、交通费、通讯费、书籍资料费、医疗保险费和零用费等。

二、中长期出国(境)培训人员费用开支标准分为"高级职称"人员开支标准和"普通职称"人员开支标准两类。"高级职称"指高级工程师(或相当高级工程师的其他职称)及以上职称、正县(处)级及以上行政职务。"普通职称"指工程师(或相当工程师的其他职称)及以下职称、副县(处)级及以下行政职务。

三、调整后的中长期出国(境)培训人员费用开支标准(见附件)于 2007 年 1 月 1 日起开始执行。

四、各派出单位要从严掌握党政干部中长期出国(境)培训规模,认真选拔培训人员,加强出国前外语和专业培训,并进行严格考核,确保培训质量。

五、各地区、各部门要认真执行本通知精神,并将执行情况及时向国家外国专家局报告。

附件:《中长期出国(境)培训人员费用开支标准表》(略)

国家外国专家局　财政部
2006 年 12 月 13 日

关于成立"十二五"校园建设总体规划编制工作领导小组的通知

北林校发〔2010〕2 号

各单位:

为做好我校"十二五"校园建设总体规划编制工作,进一步推进学校在"十二五"期间教育事业全面、持续、科学发展,经研究决定,成立"十二五"校园建设总体规划编制工作领导小组。

组　长:吴　斌　尹伟伦
副组长:陈天全　逄广洲
成　员:张卫民　王自力　邹国辉　姜金璞
　　　　刘　诚

领导小组办公室设在基建房产处:
办公室主任:姜金璞
成　员:李亚军　王小军　陈桂成

特此通知。

北京林业大学
2010 年 3 月 12 日

关于成立北京林业大学校园"一卡通"项目建设工作组的通知

北林校发〔2010〕3 号

各单位:

为了促进我校信息化建设,加快校园"一卡通"项目实施进程,经学校研究决定,成立校园"一卡通"项目建设工作组(以下简称工作组)。工作组在学校信息化领导小组领导下开展工作,主要负责对校园"一卡通"项目进行统筹规划,对项目建设实施过程进行综合协调,确保项目顺利推进。

1. 组织机构:

组　长:宋维明

副组长：邹国辉　李颂华
成　员：王自力　马履一　全　海
刘　诚　韩海荣　管凤仙　石彦君
董金宝　任　强　张志强　黄心渊
赵相华　贺　刚　闫锦敏　蔡　飞
朱逸民　于志明
工作组办公室设在党政办。
2. 工作职责：
工作组在学校信息化领导小组指导下开展工作，是校园"一卡通"项目建设的一般管理事项的决策机构及项目建设的协调机构。参与校园"一卡通"建设中相关技术的论证和咨询，相关技术标准及管理规章的制定，协调解决项目建设过程中出现的问题，对校园"一卡通"建设实施过程进行监督和指导。对于项目建设过程中出现的重大事项，需报请学校信息化领导小组审议。

北京林业大学
2010年3月6日

北京林业大学关于进一步推进院务公开工作的实施意见

北林校发〔2010〕5号

北京林业大学二级学院院务公开，是指各二级学院通过各种有效途径和办法，向师生员工及社会公开教育教学、科研和管理过程中所发生的重要事项、事务及其有关信息。院务公开是学校校务公开的进一步扩大和延伸，也是校务公开的有机组成部分。

为进一步推进我校院务公开工作，根据《北京林业大学校务公开工作实施细则》（北林校发〔2009〕8号）的相关规定，并结合我校实际，特制定本实施意见。

本实施意见同时适用于体育教学部、图书馆、林场、后勤服务总公司、北林大附小等二级单位。

一、院务公开的领导体制和工作机制

院务公开要坚持"学院党委统一领导，党政各负其责，学院办公室具体组织实施，教职工和学生积极参与的领导体制和工作机制"，进一步强化领导组织体系建设。

（一）坚持学院党委对院务公开的统一领导，成立院务公开工作领导小组，由学院党委书记、院长任组长，学院领导班子其余成员、院办公室和院工会负责人等为小组成员。领导小组全面负责和领导学院的院务公开工作，并负责院务公开目录的制定及院务公开内容的审核。

（二）院务公开的日常工作由学院办公室负责，主要职责是：及时公布院务公开事项，总结院务公开工作的有关经验；向学校校务公开领导小组报送相关材料；院务公开的其他相关事务等。

（三）二级教代会是院务公开的基本载体。要健全和完善二级教代会制度，充分发挥教代会作用，切实保障教职工的知情权、参与权和监督权。

二、院务公开的内容和重点

学院要严格执行"公开是原则，不公开是例外"的要求，除法律、法规和上级部门规定必须保密的事项外，应在相应范围内以适当方式和程序公开，主要内容包括：

（一）学院概况

1. 学院历史沿革、综合办学实力等基本情况。

2. 学院管理机构、系、部、所、中心等的设置情况。

3. 学院党组织结构和基层党组织建设情况。

4. 院级领导班子成员及分工情况。

5. 学院现行的各项规章制度。

（二）学院工作

1. 学院年度工作总结，工作计划、发展规划、各项改革方案及实施情况。

2. 学院人员定编、定岗情况；教师聘任、干部选拔任用，职称评聘、晋级晋职的条件、名额分配、评聘办法和结果；教学、科研、管理工作量计算标准与岗位津贴分配原则，比例计算办法；教职工工资晋升及福利奖惩制度、人员奖惩办法及执行情况等。

3. 学院经费收支(包括创收经费)和财务管理情况，包括：财务预、决算方案；重大项目开支情况；各种经费管理制度及使用情况。

4. 学院人才培养计划，招聘、引进人才的岗位、条件、程序和结果；学科及学术带头人的条件及管理办法等。

5. 学院各项评优表彰决定，学生管理制度；发展学生党员；就业相关信息；贫困学生资助信息等。

6. 学院其他与师生员工切身利益密切相关的重要事项。

三、院务公开的实施要求

(一)各学院依据本实施意见，编制出台院务公开目录，将院务公开内容全部纳入公开目录，明确具体的公开事项、规范公开内容，明确公开范围、公开形式、公开程序和公开时限，确定公开责任部门、责任领导，确保院务公开目录的具体化、细则化。

(二)院务公开目录由各学院办公室协调编制，经学院院务公开工作领导小组审核通过后形成文件下发执行。

(三)不同的公开事项要按其特点，坚持因地制宜、灵活多样、方便师生的原则，采取以下一种或几种方式予以公开：

1. 通过校园网或院务公开网页发布；

2. 通过学院报纸刊物发布；

3. 通过固定的院务公开栏、公示栏、宣传栏、电子公告屏等发布；

4. 定期召开教代会、学代会，不定期召开院情通报会、信息发布会、听证会等；

5. 属于规章制度、规范性文件及其它政策措施的院务，应以有利于师生和相关人员查阅的方式公开；

6. 向社会公开的院务除以上形式外，还可采用发送书面通知、信函或新闻媒体等形式发布；

7. 其他便于师生员工和社会知晓的形式。

四、院务公开的考评与监督

(一)各学院院务公开领导小组应在每年末对院务公开工作进行自查总结，并将自查总结情况书面报告学校校务公开工作委员会办公室。

(二)学校校务公开工作委员会会同校务公开监督委员会定期对各学院院务公开工作进行考核或抽查，开展评比表彰。考核结果纳入领导班子年终考核综合评价内容。

本实施意见自发布之日起试行，由学校校务公开工作委员会办公室负责解释。

北京林业大学

2010 年 3 月 31 日

北京林业大学“十二五”发展规划编制工作方案

北林校发〔2010〕7 号

2010 年是“十一五”的收官之年，也是“十二五”发展的谋划之年，科学的发展规划对学校发展具有重要的指导作用。为做好学校“十二五”各项事业发展规划的编制工作，根据学校 2010 年党政工作要点，提出我校“十二五”规划编制工作方案。

一、指导思想

以邓小平理论和“三个代表”重要思想为指导，深入贯彻落实科学发展观，围绕《国家中长期教育改革和发展规划纲要(2010～2020 年)》提出的新任务、新要求，遵循现代教育发展规律，贯彻改革创新的主线，坚持育人为本，创新为魂，高度重视教育质量，培养创新人才。主动适应国家建设生态文明和“以生态建设为主的林业发展战略”的需求，紧密结合学校实现“建设高水平、多科性、研究型大学”的办学定位目标分三步走的发展战略，充分认识到学校向研究型大学“转型期”的特征及面临的挑战和机遇，坚持解放思想，开拓创新，积极推进学校各项事业的科学发展发展，全面提升学校核心竞争力，争取在“十二五”期间初步完成向研究型大学的“转型”。

二、工作目标

动员、组织学校各方面力量，学习、贯彻《国家中长期教育改革和发展规划纲要(2010～

2020年)》，立足当前，着眼长远，在2009年学校学习实践科学发展观活动成果的基础上，全面总结学校“十一五”教育事业改革发展的成就和经验，全面分析当前学校教育改革发展面临的机遇和挑战，全面听取教职员工对学校工作的意见和建议，全面把握教育发展的新理念和主要趋势，聚焦现代教育改革发展的理念、规律、趋势和路径，为学校发展奠定理论基础。

明确提出学校“十二五”改革发展的指导方针、目标任务，致力于提出解决问题的基本思路和重大措施，并注意保持政策的连续性、协调性，既与学校“三步走”发展战略相衔接，又学校中长期发展规划相协调，为学校科学发展提供纲领和行动指南。

重点围绕如何解决困扰学校改革发展的关键问题，尤其是学习实践科学发展观活动聚焦的“学科建设与科研创新需进一步加强、教育教学改革需进一步深化、拔尖人才缺乏与师资数量不足、办学空间紧张与资源利用效率不高、内部管理体制机制需进一步完善、干部队伍建设和基层党组织建设有待加强”六个方面的重大瓶颈问题，努力通过“十二五”的改革发展，通过体制、机制改革方面的突破，在“转型”过程中逐步解决制约学校发展的瓶颈问题。

三、工作任务

1. 编制《北京林业大学“十二五”发展规划》

(责任部门：发展规划处)

2. 修订《北京林业大学中长期发展规划(2006~2020)》

(责任部门：发展规划处)

3. 编制“十二五”重点专项规划

(1)学科建设发展规划(责任部门：发展规划处)

(2)队伍建设发展规划(责任部门：人事处)

(3)校园建设发展规划(责任部门：基建房产处)

(4)规划专项

本科生教育规划(责任部门：教务处)

研究生教育规划(责任部门：研究生院)

继续教育规划(责任部门：继续教育学院)

科学研究规划(责任部门：科技处)

科技平台建设规划(责任部门：实验室与设备管理处)

国际交流与合作规划(责任部门：国际合作与交流处)

现代大学制度建设规划（责任部门：党政办公室)

4. 编制各学院“十二五”发展规划

各学院以本院学科(专业)和学术队伍建设、人才培养、科学研究为重点编制本学院的“十二五”规划。学院规划要根据学校的事业发展规划和各专项规划提出任务指标落实本院的“十二五”发展目标和重点任务。

四、工作进度

1. 前期工作阶段(2010年4月)

成立领导小组和工作班子；

常委扩大会确定规划编制工作方案和规划指标体系；

召开动员会布置任务。

2. 文本起草阶段(2010年5~8月)

对“十一五”规划的执行情况进行总结和分析；

进行校内外调研；

对“十二五”规划的总体框架进行顶层设计；

在调研成果和总体框架设计基础上，提出学校、学院和重点专项“十二五”规划的基本内容，起草规划文本(草案)；

暑期召开一次学校层面的研讨会，讨论各项规划(征求研究第二稿)；

做好学校、学院、重点专项规划和规划专项的衔接协调工作。

3. 论证咨询阶段(2010年9~10月)

8月底各工作班子完成各项规划(征求意见稿)，分头组织征集意见工作；

要通过各种形式，广泛征求全校师生的意见，包括：召开学院、职能部处、知名学者、青年专家、校外专家等专场座谈会，通过校园网络公开征集教职工意见等；

召开中层干部会，集中讨论、修订、完善学校“十二五”事业发展规划和各重点专项规划；

根据论证和咨询意见，对“十二五”规划文本进一步修改和完善，并在10月底前完成修改论证工作。

4. 审批发布阶段(2010年11~12月)

11月，校院两级教代会分别讨论审议学校和学院的“十二五”规划，其中校讨论审议学校“十二五”事业发展规划和“十二五”各重点专项规划，学院教代会讨论审议本学院的“十二五”规划；

学校“十二五”事业发展规划在经过教代会审议后，提交党委常委会或校长办公会议审定，经学校领导校班子会通过后正式发布；

印发《北京林业大学“十二五”发展规划规划》和各重点专项规划；

汇编学校、学院“十二五”规划和“十二五”各专项规划。

五、基本要求

按照规划内容的科学性和规划过程透明性的原则，学校“十二五”发展规划、各重点专项规划以及各学院的“十二五”发展规划的起草编制工作的基本要求为：

1. 主题突出，特色鲜明。学校的各项发展规划要以《国家中长期教育改革和发展规划纲要》为指导，坚持从学校的实际出发，突出自身特点，找准方向，科学定位，系统谋划，明确“十二五”的发展目标、发展思路和建设重点，形成具有鲜明的北林特色，能够统领全局、指导指导学校未来5～10年改革发展的系列纲领性文件。

2. 统筹兼顾，聚焦重点。学校各项规划要在统筹兼顾各方面关系与问题的基础上，聚焦师生员工最关心、最直接、最现实的若干重大问题，聚焦学校发展的若干瓶颈制约问题，解放思想，开拓创新，形成合力，提出若干突破性的思路与措施。

3. 深化改革，创新思路。坚持解放思想，实事求是的原则，要在科学认识和准确把握现代教育改革发展规律与趋势的基础上，对学校的改革发展做出前瞻性的思考，对学校各项事业的未来进行科学预测，提出切实可行的改革发展方向、重点项目、配套政策和措施，以保证规划目标得以实现。

4. 科学严谨，求真务实。学校各项规划的起草编制工作将始终遵循实事求是的原则，立足学校改革发展的实际，以发展为主题，以问题为导向，始终坚持规划内容特别是各项政策措施的针对性、现实性、可操作性和可考核性，确保《规划》真正成为推动学校各项事业又好又快发展的强大引擎和科学指南。

5. 集思广益，广纳众智。在调研起草的各个阶段，适时召开由知名专家教授、中年青学者、各民主党派代表、教师代表、学生代表和学校各级领导参加的专题座谈会，广泛听取校内外专家对学校发展的见解和建议，为科学决策奠定群众基础。

6. 民主参与，凝聚人心。提高规划编制过程的透明度，形成人人参与规划制定的良好局面，使制定规划的过程成为学习、提高的过程，成为分析问题、解决问题的过程，成为凝聚智慧、凝聚人心的过程。

六、组织领导

为保证“十二五”规划工作的顺利进行，学校成立北京林业大学“十二五”规划工作领导小组，统筹全校的“十二五”规划工作。领导小组组成如下：

组　长：尹伟伦　校长

吴　斌　校党委书记

副组长：陈天全　副校长

宋维明　副校长

张启翔　副校长

领导小组成员：

张卫民　马履一　邹国辉　全　海　韩海荣

侯小龙　姜金璞

领导小组下设办公室，负责具体事宜，办公室设在发展规划处。办公室主任：张卫民

各相关职能处室要指定专人，负责本单位承担的重点专项规划和规划专项的起草编制工作。

北京林业大学

2010年5月5日

北京林业大学关于成立传染病防控领导小组的通知

北林校发〔2010〕8号

各单位：

为了进一步加强我校的传染病防控工作，保障全校师生员工的健康和生命安全，维护学校稳定，学校研究决定成立传染病防控领导小组，

统一领导和指挥全校各类传染病的预防和控制工作。现就领导小组组成、下设机构及其职责通知如下。

一、传染病防控领导小组

组　长：尹伟伦

副组长：方国良　陈天全　逄广洲　姜恩来　张启翔

成　员：贺　刚　邹国辉　王自力　马履一　管凤仙　李铁铮　韩海荣　任　强　孙信丽　赵相华　张志强　刘西瑞　郑晓清

二、领导小组下设机构及其职责

1. 综合协调组：负责协助领导小组对传染病防控工作进行组织协调，并负责对外联络。

组　长：邹国辉

副组长：贺　刚　管凤仙　申功诚　丁立建

成员单位：党政办公室、校医院、保卫处

2. 医疗管理组：负责建立健全学校传染病管理制度，制定并完善应对突发疫情应急预案；承担学校传染病防控工作计划的制定和实施；开展健康监测工作；负责建立健全疫情报告网，指定责任疫情报告人。

组　长：贺　刚

成员单位：校医院、学生处、研究生工作部

3. 卫生管理组：负责校园环境的全面清洁、消毒。

组　长：王自力

成员单位：总务处、后勤服务总公司

4. 宣传教育组：负责健康知识和传染病防控知识的宣传教育工作。

组　长：李铁铮

成员单位：党委宣传部、学生处、研究生工作部

5. 信息搜集组：负责与疫情相关的校内信息的搜集、整理和上报。

组　长：邹国辉

成员单位：校医院、党政办公室、保卫处、学生处、研究生工作部、社区居委会

6. 教学管理组：负责教学计划的调整和协调工作。

组　长：韩海荣　马履一

成员单位：教务处、研究生院

7. 留学生管理组：负责留学生防控传染病教育和疫情监控工作。

组　长：张志强

成员单位：国际交流与合作处

各职能小组要认真学习贯彻卫生部、教育部以及北京市有关传染病防控的文件和会议精神，结合我校具体情况和自身职责，制定严格的工作制度，明确责任，各负其责，密切配合，采取行之有效的措施，切实做好传染病防控工作。

北京林业大学

2010 年 5 月 4 日

北京林业大学信息公开实施办法(试行)

北林校发〔2010〕13 号

第一章　总　　则

第一条　根据《中华人民共和国政府信息公开条例》和《高等学校信息公开办法》，结合我校实际，制定本办法。

第二条　本办法所称学校信息，是指学校在开展办学活动和提供社会公共服务过程中产生、制作、获取的以一定形式记录、保存的信息。

第三条　本着校务公开和信息公开统筹安排、整体推进的原则，学校校务公开工作委员会全面领导学校信息公开工作，负责统筹推进、协调学校信息公开工作；学校校务公开监督委员会负责监督检查信息公开工作的落实情况。

第四条　校务公开工作委员会下设信息公开办公室，具体负责学校信息公开的日常工作，办公室设在学校党政办公室。信息公开办公室的主要职责为：

(一)具体承办学校信息公开事宜；

(二)管理、协调、维护和更新学校公开的信息；

（三）统一受理、协调处理、统一答复向学校提出的信息公开申请；

（四）组织编制学校的信息公开指南、信息公开目录和信息公开工作年度报告；

（五）协调对拟公开的学校信息进行保密审查；

（六）推进、协调学校各职能部门、各学院的信息公开；

（七）承担与学校信息公开有关的其他职责。

第五条 学校各职能部门负责人、各学院院务公开工作领导小组对本单位的信息公开工作负总责。各单位要指定专人负责本单位信息公开的具体组织协调工作。

第六条 学校各单位要根据本办法，逐步建立健全本单位的信息公开制度，明确信息公开的具体内容。

第七条 学校信息公开工作坚持严格依法、公正公平、全面真实、及时便民的原则，提高办事效率，改进工作作风，提供优质服务。

第八条 学校公开信息不得危及国家安全、公共安全、经济安全、社会稳定和学校安全稳定。

第九条 发现不利于校园和社会稳定的虚假信息或者不完整信息，学校信息公开办公室应当协调有关单位在其职责范围内及时发布准确信息予以澄清。

第二章 公开的内容与范围

第十条 学校信息分为主动公开、依申请公开和不予公开3种属性。各单位应当在起草信息时即明确信息的公开属性。

第十一条 学校下列信息应当主动向社会公开：

（一）学校名称、办学地点、办学性质、办学宗旨、办学层次、办学规模、内部管理体制、机构设置、学校领导等基本情况；

（二）学校章程以及学校制定的各项规章制度；

（三）学校发展规划和年度工作计划；

（四）各层次、类型学历教育招生、考试与录取规定，学籍管理、学位评定办法，学生申诉途径与处理程序；毕业生就业指导与服务情况等；

（五）学科与专业设置，重点学科建设情况，课程与教学计划，实验室、仪器设备配置与图书藏量，教学与科研成果评选，国家组织的教学评估结果等；

（六）学生奖学金、助学金、学费减免、助学贷款与勤工助学的申请与管理规定等；

（七）教师和其他专业技术人员数量、专业技术职务等级，岗位设置管理与聘用办法，教师争议解决办法等；

（八）收费的项目、依据、标准与投诉方式；

（九）财务、资产与财务管理制度，学校经费来源、年度经费预算决算方案，财政性资金、受捐赠财产的使用与管理情况，仪器设备、图书、药品等物资设备采购和重大基建工程的招投标；

（十）自然灾害等突发事件的应急处理预案、处置情况，涉及学校的重大事件的调查和处理情况；

（十一）对外交流与中外合作办学情况，外籍教师与留学生的管理制度；

（十二）法律、法规和规章规定需要公开的其他事项。

第十二条 除学校已公开的信息外，公民、法人和其他组织还可以根据自身学习、科研、工作等特殊需要，以书面形式（包括数据电文形式）向学校申请获取相关信息。

第十三条 学校下列信息不予公开：

（一）涉及国家秘密的；

（二）涉及商业秘密的；

（三）涉及个人隐私的；

（四）法律、法规和规章以及学校规定的不予公开的其他信息。

其中第（二）项、第（三）项所列的信息，经权利人同意公开或者学校认为不公开可能对公共利益造成重大影响的，可以予以公开。

第十四条 学校保密工作委员会办公室负责对拟公开的学校信息进行保密审查。

第三章 公开的途径和要求

第十五条 学校及学校各单位主动公开的信息，应当采取符合其特点的以下一种或几种方式进行公开：

（一）校园网、信息公开网及各单位网页；

（二）年鉴、会议纪要或者简报；

（三）新闻发布会和其他相关会议；

（四）广播、电视、报刊等新闻媒体；

（五）校务公告栏、宣传栏、电子公告屏等；

（六）其他便于公众及时准确获得信息的形式。

第十六条 本办法第十一条所规定的学校信息，按照以下程序进行公开：

（一）信息拥有单位按照本办法的要求负责对拟公开的信息内容进行审核并提出公开的建议；

（二）信息拥有单位应及时将拟公开的信息送信息公开办公室审核，信息公开办公室采取适当的形式予以公开；

（三）经常性工作中需要定期公开的信息，信息公开办公室可以授权信息拥有单位审核公开。

第十七条 凡属主动公开的信息，信息拥有单位自该信息制作完成或者获取之日起20个工作日内予以公开。公开的信息内容发生变更的，应当在变更后20个工作日内予以更新。

第十八条 学校信息公开办公室负责受理公民、法人和其他组织向学校提出的信息公开申请；并在15个工作日内按下列情况予以答复：

（一）属于公开范围的，应当告知申请人获取该信息的方式和途径；

（二）属于不予公开范围的，应当告知申请人并说明理由；

（三）不属于学校职责范围的或者该信息不存在的，应当告知申请人，对能够确定该信息的职责单位的，应当告知申请人该单位的名称、联系方式；

（四）申请公开的信息含有不应当公开的内容但能够区分处理的，应当告知申请人并提供可以公开的信息内容，对不予公开的部分，应当说明理由；

（五）申请内容不明确的，应当告知申请人作出更改、补充；申请人逾期未补正的，视为放弃本次申请；

（六）同一申请人无正当理由重复向学校申请公开同一信息，学校已经作出答复且该信息未发生变化的，应当告知申请人，不再重复处理；

（七）学校根据实际情况作出的其他答复。

第十九条 申请人有证据证明学校提供的与自身相关的信息记录不准确的，有权要求学校予以更正；学校无权更正的，应当转送有权更正的单位处理，并告知申请人。

第二十条 学校向申请人提供信息，按北京市价格部门和财政部门规定的收费标准收取检索、复制、邮寄等费用。收取的费用纳入学校财务管理。

第四章 监督和保障

第二十一条 学校校务公开监督委员会对学校各单位信息公开的实施情况定期进行检查、考核。信息公开工作开展情况纳入各单位领导干部年终考核内容。

第二十二条 学校在信息公开网开设信息公开意见箱，通过信息公开意见箱听取对学校信息公开工作的意见和建议。学校各单位在信息公开工作中应自觉接受社会公众及社会各界的监督，了解服务对象对信息公开工作的反映，对发现和存在的问题应当认真研究，积极整改。

第二十三条 学校各单位应当在每年3月31日前将本单位上年度信息公开工作总结报信息公开办公室。学校在每年的6月30日前公布学校上年度的信息公开工作年度报告，并报送上级部门。

第五章 附　则

第二十四条 已经移交档案工作机构的学校信息的公开，依照有关档案管理的法律、法规和规章执行。

第二十五条 本办法由学校校务公开工作委员会负责解释。

第二十六条 本办法自2010年9月1日起施行。

北京林业大学

2010年9月17日

附件1：

北京林业大学信息公开指南

为了保障公民、法人和其他组织依法获取学校信息，进一步提高学校工作的透明度，根据《中华人民共和国政府信息公开条例》、《高等学校信息公开办法》和《北京林业大学信息公开实施办法》的规定，制定本指南。

一、北京林业大学信息分类

北京林业大学信息分为以下15类。

代码	目录分类	代码	目录分类	代码	目录分类
01	学校概况	06	教育教学	11	后勤保障
02	发展规划	07	学生管理与服务	12	合作交流
03	规章制度	08	招生就业	13	公共服务体系
04	学科建设	09	科学研究	14	应急预案
05	人事人才	10	财务管理	99	其他事项

二、北京林业大学信息编排体系

北京林业大学信息由以下核心元数据构成：信息名称、信息索引、生成日期、发文机构、发文字号、信息类别、信息正文。

（一）信息名称

为信息标题。

（二）信息索引

为一组14位的编码，由单位代码、内容分类编码、年份代码、信息流水号、公开方式码共计14位字符组成，具体表现形式为：

1. 单位代码。分为职能部门和学院，共3位字符（见附3）。

2. 目录分类编码。分为15类，分类编码共2位字符，为01～14和99。

3. 年份代码。为信息生成的年份。共4位字符。

4. 信息流水号。为某单位某年产生的信息的序号，共4位字符。

5. 公开方式码。按照主动公开和依申请公开分类，分别以1、2表示。共1位字符。

如A01－01－2010－0010－1，为党政办公室2010年形成的第10条信息，属于学校概况类别，为主动公开的信息。

（三）生成日期

为信息形成的日期，与信息名称对应，用8位阿拉伯数字表示，如2008年5月10日用2008－05－10表示。

（四）发文机构

为发文行政机关的名称，如北京林业大学、党政办公室等。

（五）发文字号

主要指文件的文号，包括机关代字、年份、序号，如党政办发〔2010〕12号。

（六）信息类别

见北京林业大学信息分类。

三、北京林业大学信息获取方式

本单位按照法律、行政法规对信息公开权限的规定公开本单位在开展办学活动或提供社会公共服务过程中产生、制作或获取的信息。

本单位公开的信息分为主动公开和依申请公开两部分。

（一）主动公开

本单位主动公开下列信息：

1. 学校名称、办学地点、办学性质、办学宗旨、办学层次、办学规模、内部管理体制、机构设置、学校领导等基本情况；

2. 学校章程以及学校制定的各项规章制度；

3. 学校发展规划和年度工作计划；

4. 各层次、类型学历教育招生、考试与录取规定，学籍管理、学位评定办法，学生申诉途径与处理程序；毕业生就业指导与服务情况等；

5. 学科与专业设置，重点学科建设情况，课程与教学计划，实验室、仪器设备配置与图书藏量，教学与科研成果评选，国家组织的教学评估结果等；

6. 学生奖学金、助学金、学费减免、助学贷款与勤工助学的申请与管理规定等；

7. 教师和其他专业技术人员数量、专业技术职务等级，岗位设置管理与聘用办法，教师争议解决办法等；

8. 收费的项目、依据、标准与投诉方式；

9. 财务、资产与财务管理制度，学校经费来源、年度经费预算决算方案，财政性资金、受捐赠财产的使用与管理情况，仪器设备、图书、药品等物资设备采购和重大基建工程的招投标；

10. 自然灾害等突发事件的应急处理预案、处置情况，涉及学校的重大事件的调查和处理情况；

11. 对外交流与中外合作办学情况，外籍教师与留学生的管理制度；

12. 法律、法规和规章规定需要公开的其他事项。

主动公开信息具体内容详见《北京林业大学信息公开目录》(以下简称目录)。本单位将通过北京林业大学门户网站（http：//www.bjfu.edu.cn)、北京林业大学信息公开网(http：//xxgk.bjfu.edu.cn)、新闻发布会和其他新闻媒体等途径主动公开上述信息。

(二)信息公开申请

本单位受理公民、法人和其他组织根据特殊需要提出的信息公开申请，并已将可以依申请公开的部分信息列入了《北京林业大学信息公开目录》。

申请人申请的信息属于下列情形之一的不予公开：

·涉及国家秘密的；

·涉及商业秘密、个人隐私的(经权利人同意公开的除外)；

·法律、法规和学校规定不予公开的其他信息。

本单位依申请提供信息时，除了属于部分公开的信息以外，一般根据掌握的该信息的实际状态进行提供，不对信息进行加工、统计、研究、分析或者其他处理。

1. 受理机构

机构名称：北京林业大学信息公开办公室

办公地址：北京林业大学党政办公室

受理时间：9：00～11：30，13：30～17：00(法定节假日除外)

联系电话：62338033

传真号码：62325071

电子邮箱：wenmike@bjfu.edu.cn

通信地址：北京林业大学党政办公室

邮政编码：100083

2. 申请提出

申请人提出申请时，应填写《北京林业大学信息公开申请表》(以下简称申请表)。申请表可以到受理机构领取或自行复制，也可以在北京林业大学信息公开网上下载。提交申请时，应同时提供有效身份证件或证明文件。

(1)通过互联网提出申请

申请人将申请表下载填写后，通过电子邮件发送至受理机构电子邮箱。

(2)书面申请

申请人可通过信函、电报、传真方式提出申请。通过信函方式提出申请的，请在信封左下角注明“信息公开申请”字样；通过电报、传真方式提出申请的，请相应注明“信息公开申请”字样。信函、电报、传真到达申请受理中心的时间为申请时间。

申请公开北京林业大学信息应当提供下列内容：

·申请人的姓名或者名称、联系方式；

·申请公开的信息的内容描述；

·申请公开的信息的形式要求；

·申请公开的目的和用途。

一张申请表只能申请一件信息，申请人对所需信息的描述应尽量详尽、明确。

3. 申请处理

(1)审查

收到申请后，本单位将依据条例对申请的形式要件是否完备进行审查。

(2)登记

对于申请表填写完整，并且申请人按相关规定提供了有效身份证件或证明文件的申请，在收到申请后予以登记，为申请人出具《北京林业大学信息公开申请登记回执》。

(3)答复

自登记之日起15个工作日内，本单位将按照下列情况给予书面答复：

①申请内容不明确的，出具《北京林业大学信息公开补正申请告知书》，告知申请人进行修改、补充。

②属于本单位主动公开范围的，出具《北京林业大学信息已公开告知书》，告知申请人获取该信息的方式和途径。

③属于本单位依申请公开范围的，出具《北京林业大学信息公开告知书》。

④申请公开的信息中含有不应当公开的内容，但是能够做区分处理的，出具《北京林业大学信息部分公开告知书》。

⑤申请公开的信息属于不予公开范围的，出具《北京林业大学信息不予公开告知书》，告知申请人并说明理由。

⑥申请公开的信息不存在的，出具《北京林

业大学信息不存在告知书》告知申请人。

⑦申请公开的信息不属于本单位掌握的，出具《非北京林业大学信息告知书》，能够确定掌握该信息所属的，应告知申请人有关机关名称和联系方式。

因故在规定期限内未作出答复的，可以将答复期限适当延长并告知申请人，延长答复的期限最长不超过15个工作日。申请公开的信息涉及第三方权益的，征求第三方意见所需时间不计算在规定期限内。因不可抗力或者其他法定事由不能在规定期限内作出答复的，期限中止，障碍消除后恢复计算。

(4)提供信息

上款③、④情形下，本单位将在申请人按规定办理缴费等手续后向申请人提供有关的信息。

4. 收费标准

按照北京市价格部门和财政部门规定的收费标准收取检索、复制、邮寄等费用。

附件2：

北林大信息公开目录

信息公开代码	信息目录分类	信息公开内容	责任部门
01	学校概况	学校名称、办学地点、办学性质、办学宗旨、办学层次、办学规模、学校领导等基本情况	党政办公室
		学校内部管理体制、机构设置	人事处
02	发展规划	学校发展规划	发展规划处
		学校年度工作计划	党政办公室
03	规章制度	学校章程以及学校制定的各项规章制度	党政办公室 各单位
04	学科建设	学科与专业设置，重点学科建设情况	发展规划处 研究生院 教务处
05	人事人才	教师和其他专业技术人员数量、专业技术职务等级，岗位设置管理与聘用办法，教师争议解决办法等	人事处
06	教育教学	学籍管理、学位评定办法，课程与教学计划，教学成果评选，国家组织的教学评估结果等	教务处 研究生院 继续教育学院
07	学生管理与服务	学生申诉途径与处理程序；学生奖学金、助学金、学费减免、助学贷款与勤工俭学的申请与管理规定等	学生处 研究生工作部 继续教育学院
08	招生就业	各层次、类型学历教育招生、考试与录取规定；毕业生就业指导与服务情况等	招生就业处 研究生院 研究生工作部 继续教育学院
09	科学研究	科研成果评选	科技处
		实验室、仪器设备配置等	实验室与设备管理处

（续）

信息公开代码	信息目录分类	信息公开内容	责任部门
10	财务管理	收费的项目、依据、标准与投诉方式；财务、资产与财务管理制度，学校经费来源、年度经费预算决算方案，财政性资金、受捐赠财产的使用与管理情况	计划财务处 教育基金会
11	后勤保障	仪器设备、图书、药品等物资设备采购和重大基建工程的招投标	实验室与设备管理处 总务处 基建房产处 图书馆 校医院
12	合作交流	对外交流与中外合作办学情况，外籍教师与留学生的管理制度	国际交流与合作处
13	公共服务体系	图书馆图书藏量等基本情况图书馆	
14	应急预案	自然灾害等突发事件的应急处理预案、处置情况，涉及学校的重大事件的调查和处理情况	总务处 保卫处 纪委、监察处宣传部
99	其他事项	法律、法规和规章规定需要公开的其他事项	各单位

附件3：

北京林业大学信息公开代码一览表

序号	职能部门	代码	序号	学院	代码
1	党政办公室	A01	17	教务处	A17
2	组织部	A02	18	研究生院	A18
3	宣传部	A03	19	党委研究生工作部	A19
4	统战部	A04	20	国际交流与合作处	A20
5	纪委	A05	21	学生处	A21
6	监察处	A06	22	招生就业处	A22
7	审计处	A07	23	团委	A23
8	机关党委	A08	24	校友会	A24
9	发展规划处	A09	25	工会	A25
10	保卫处	A10	26	图书馆	A26
11	人事处	A11	27	离退休处	A27
12	计划财务处	A12	28	林场	A28
13	基建房产处	A13	29	期刊编辑部	A29
14	总务处	A14	30	高教研究室	A30
15	科技处	A15	31	校医院	A31
16	实验室与设备管理处	A16	32	体育教学部	A32

（续）

序号	职能部门	代码	序号	学院	代码
33	信息中心	A33	45	水土保持学院	B03
34	国家花卉工程技术研究中心	A34	46	经济管理学院	B04
35	居委会	A35	47	工学院	B05
36	中国林业教育学会	A36	48	材料科学与技术学院	B06
37	中国水土保持学会	A37	49	生物科学与技术学院	B07
38	国家林业局自然保护区研究中心	A38	50	信息学院	B08
39	林大附小	A39	51	人文社会科学学院	B09
40	后勤服务总公司	A40	52	外语学院	B10
41	北京林大资产经营有限公司	A41	53	理学院	B11
42	北林科技股份有限公司	A42	54	自然保护区学院	B12
43	林学院	B01	55	环境科学与工程学院	B13
44	园林学院	B02	56	继续教育学院	B14

北京林业大学关于表彰第二届 "青年科教之星"的决定

北林校发〔2010〕15 号

各单位：

为进一步学习贯彻全国教育工作会议精神，推进我校人才强校发展战略，表彰和激励一批思想素质好、业务水平高、创新能力强、教学科研有建树的青年教师，学校开展了第二届"青年科教之星"评选活动。通过教学单位推荐、专家评审组审阅和述职评审各个环节，共评选出"青年科教之星"10 名，"青年科教之星"提名奖 14 名。名单如下：（按姓氏笔画排序）

青年科教之星：

王　辉（环境学院）　许　凤（材料学院）
张厚江（工学院）　张凌云（林学院）
林　震（人文学院）　夏新莉（生物学院）
高　伟（理学院）　淮永建（信息学院）
谢响明（生物学院）　阚江明（工学院）

青年科教之星提名奖：

白雪莲（外语学院）　史旭光（理学院）
李红勋（经管学院）　李　翅（园林学院）
李　敏（环境学院）　张宇清（水保学院）
陈飞翔（信息学院）　姜志明（体育教学部）
胡明形（经管学院）　高俊琴（保护区学院）
黄华国（林学院）　程金花（水保学院）
董　丽（园林学院）　訾　非（人文学院）

学校决定对以上获得第二届"青年科教之星"荣誉的教师予以表彰，并号召全校教师以他们为榜样，学习他们潜心研究的学术精神、认真积极的教学态度、为人师表的良好师德，增强投身科研、教学工作的积极性，不断提高教学、科研水平，为把我校建设成为国际一流的研究型林业大学提供人才支撑。

北京林业大学

2010 年 9 月 10 日

关于制定北京林业大学院级学术委员会章程的指导意见(试行)

北林校发〔2010〕18 号

为了进一步加强学术组织建设，提升学术地位，充分发挥学院学术委员会在学院各项工作中的作用，现就制定院级学术委员会章程的有关内容提出以下指导意见。请各学院根据指导意见，进一步研究制定适合本学院的委员会章程。

一、定位、宗旨及原则

1. 学院学术委员会是院级学术事务咨询、审议、决策机构。学院学术委员会是保证学术权力在学院建设和改革发展中发挥作用，提高学术决策的科学性和民主性、提升学术研究水平，倡导教授治学和专家学者参与民主管理的重要组织形式。

2. 学院学术委员会的宗旨及原则是：把握学术方向，发扬学术民主，保障学术自由，鼓励学术创新，弘扬学术道德，严防学术腐败，开展学术交流，促进学术进步，探索教授治学，加强民主管理。

二、人员构成、委员资格、产生程序、增补退出和委员任期

(一)人员构成

1. 院学术委员会一般应由 5 ~ 17 人组成，具体人数由学院章程自定。委员构成既要充分考虑学科布局、专业设置等因素，又要考虑学术水平、议事能力等因素，由各学科专业教授组成，也可根据实际情况吸收部分副教授和具有高级职称的实验岗位系列人员。

2. 院学术委员会设主任委员 1 人，人数多的委员会可根据需要设副主任委员 1 人。院长原则上不兼任学术委员会主任委员。

3. 有条件的学院还可聘请一定数量的校外杰出专家学者作为特聘委员。委员会审议重要事项时，特聘委员须参加，并有表决权。

4. 院学术委员会可根据需要指定学院副院长或委员担任秘书处理日常事务。

(二)委员资格

院学术委员会委员应具备下列任职条件：

1. 关心学校、学院的建设和发展，能够从全局考虑问题，有参与学术议事的热情和能力。

2. 能够把握某学科领域的学术内涵和发展方向，坚持原则，顾全大局，学风正派，客观公正。

3. 取得突出的教学和科研成果，在国内外本学术研究领域具有一定影响力；

4. 身体健康，年龄限制在退休前至少能完整履行一届任期义务。

(三)产生程序

1. 委员的产生程序为：①由学院各基层组织召开全体会议，在民主推荐和自荐的基础上提出候选人建议人选；②学院党政联席会议在此基础上进一步征求意见，按照不少于委员会组成人数 120% 的比例确定候选人；③院长应为委员候选人；④召开全体教工会议进行差额选举，得票多者当选。

2. 主任委员、副主任委员的产生程序为：①召开院学术委员会全体会议，以不记名投票方式进行民主推荐；②院党政联席会议在民主推荐的基础上进一步征求意见，按照 2 倍的人数确定主任委员和副主任委员候选人；③召开委员会全体会议进行差额选举，得票多且过半数者当选。

3. 参会人数的规定为：以上所有全体会议的参会人数不得少于应到人数的 2/3。

(四)增补退出

1. 学院章程要明确规定届内学术委员会委员的增补和退出机制。

2. 院学术委员会委员退休或调离学校时自动停止委员资格，有下列情形之一者，经主任委员提请，委员会全体会议通过，取消委员资格：①本人书面申请辞去委员职务；②受到党纪、政纪处分、教学事故处理或出现违反学术规范、学术道德行为者；③非正当理由全年累计缺席委员会会议 2 次以上者。

(五)委员任期

1. 院学术委员会委员实行任期制，原则上每届任期 3 年。

2. 为体现民主原则，扩大教师参与覆盖面，学院可根据实际情况自行确定连任委员的比例和连任届数。

三、委员会的职责

院学术委员会的职责主要是咨询审议学院重大学术事项的规划、制度或方案。委员会的咨询建议和审议结果是学院党政领导班子决策的重要依据，各学院应充分考虑学院类型和学院实际，妥善处理学术权力和行政权力的关系。院学术委员会的具体职责可分为咨询、审议、决策、评议、建议、监督、仲裁等事项，各学院可根据以下职责建议和实际情况自行研究确定适合本院的学术委员会职责：

（一）涉及学院发展重大学术事项的咨询、审议或决策

1. 学院发展。包括学院发展目标、发展定位及中长期发展规划等。

2. 学科建设。包括学科发展、学科评估、重点学科申报等规划、制度或方案。

3. 科学研究。包括学术方向、科研发展、科技产出、科技推广、承担国家重大项目等规划、制度或方案。

4. 人才培养。包括学科专业设置与建设、本科和研究生招生计划、培养方案、实验条件配备、教学改革等规划、制度或方案。

5. 学位评定。包括本科和研究生学位评定、硕士和博士点设置、研究生导师资格、学位学术审核等规划、制度或方案。

6. 队伍建设。包括师资补充、人才引进、人才培养、教学科研岗位设置、岗位聘用、岗位考核等规划、制度或方案。

7. 平台建设。包括科研机构设置、重点实验室等科研平台建设的规划、制度或方案。

8. 资源配置。包括学院学术资源配备等规划、制度或方案。

（二）涉及学院有关学术事项的学术评议与建议

1. 学术评议。包括评议学院拟引进人才的学术水平并提出聘任相应专业技术岗位的建议；评议、考核已引进人才的工作业绩；评议学院拟聘请的名誉教授和客座教授等。

2. 人才选拔。包括根据学院需要，建议国内外重要学术组织的任职人选、校内外各类人才选拔和培养项目人选及学术性荣誉称号人选等。

3. 成果推荐。包括评议学院拟向学校推荐的校内外重大教学、科研成果奖项候选项目等。

（三）建议、监督与仲裁事项

1. 学院行政换届时，学术委员会可根据组织程序建议院长人选。

2. 监督学院教风学风、学术道德建设等事项。

3. 仲裁学院教风学风、学术道德和学位评定争议等事项。

四、委员的权利和义务

（一）院学术委员会委员的权利应包括：

1. 参与委员会会议并就相关事项发表意见和建议，参与审议和表决。

2. 针对学院有关学术事项提交提案。

3. 监督学院与学术事务直接相关的各项工作。

（二）院学术委员会委员的义务应包括：

1. 遵守委员会章程，认真履行职责，正确运用学术权利，公正、公平地发表学术评审意见。

2. 对委员会会议讨论事项进行必要的调查研究。

3. 对委员会会议讨论的需保密事项严格保密。

4. 按时参加委员会会议及有关活动。

五、主任委员的职责

院学术委员会主任委员的职责应包括以下内容：

1. 负责召集和主持委员会会议，并根据章程确定会议内容及议程等。

2. 代表委员会签署经院学术委员会讨论通过上报学院的咨询建议、审议结果、会议纪要等相关文件。

3. 代表委员会参加相关议题院党政联席会议，并负责通报和解释委员会建议、评议及审议结果。

4. 主任委员也可根据工作需要，聘请其他校内外专家就有关事项进行调查研究，视情况列席委员会会议参与讨论和表态，为决策提供依据。

5. 副主任委员的职责是协助主任委员完成

以上工作。

六、运行规程

1. 院学术委员会每学期至少举行两次全体会议。根据工作需要及委员提议，主任委员也可以临时召集委员会全体会议。

2. 院学术委员会议题应事先由主任委员和院长、书记共同商议确定。凡提交的议题或提案，应预先经过认真调查研究，并准备详实说明材料。涉及学院发展的重大议题应在会议前报院党政联席会议预审。

3. 院学术委员会全体会议必须有2/3以上(含2/3)委员出席才能举行。主任委员因故不能主持会议时，可由副主任委员代为主持。

4. 院学术委员会审议事项采取少数服从多数的原则。审议的学术事项如需以投票方式做出决定的，须经与会委员2/3以上(含2/3)并超过委员总数的1/2以上同意方可通过。

5. 分党委(党总支)书记可列席委员会会议。根据议题或提案内容的需要，可邀请相关人员列席委员会会议，并根据议题陈述、说明相关事项。列席人员可根据需要参与讨论，但没有表决权。

6. 院学术委员会委员审议与委员本人或直系亲属有关的议题时，相关委员本人应回避。

7. 院学术委员会委员的审议结果须提交学院党政联席会议审核通过后，方可发布、执行；若学院党政联席会议审核未通过，则退回委员会重新审议表决，再次提交审核仍未通过的，提请学校学术委员会仲裁。

8. 院学术委员会章程的修订须经院学术委员会全体会议审议表决通过，学院党政联席会议审核后发布。

9. 院学术委员会开会须有专人做会议记录，会后整理成会议纪要，经主任委员签字后妥善保存。

七、与其他委员会的关系

院学术委员会成立后，学院应根据实际情况理清和其他委员会的职责范围。根据有关规定设立的学位评定、教学指导、岗位聘任、教师考核等委员会可独立存在，也可理清职责、调整人员变成院学术委员会常设或临时性的专门机构。教师人数较多的学院也可在系、学科、平台或中心设分学术委员会。

学院学术委员会章程由院学术委员会负责解释。

北京林业大学

2010年12月14日

北京林业大学关于印发信息公开有关工作规范和流程、做好信息公开工作的通知

北林校发〔2010〕19号

各单位：

为了规范北京林业大学信息公开工作，根据《高等学校信息公开办法》(中华人民共和国教育部令第29号)和《北京林业大学信息公开实施办法(试行)》(北林校发〔2010〕13号)，学校信息公开办公室制定了《北京林业大学信息公开保密审查规范(试行)》和《北京林业大学信息主动公开工作流程(试行)》等文件，现予以印发，并就有关要求通知如下：

一、进一步提高对信息公开工作重要性和意义的认识。做好信息公开工作是贯彻落实党的十七大精神的具体体现，是办好人民满意教育的一项具体举措，也是践行科学发展观的一项重要工作。各单位要进一步加强对有关法规和文件的学习，不断提高对信息公开工作重要性和意义的认识，增强做好信息公开工作的积极性和主动性，切实把信息公开作为业务工作流程的重要组成部分，扎实推进本单位信息公开工作的开展。

二、加大主动公开的工作力度，及时、准确地公开与人民群众切身利益密切相关的信息。主动公开是条例规定的主要公开方式。要依据保守国家秘密法和《高等学校信息公开办法》等有关法律法规的规定以及附件一的要求，科学界定公

开和不能公开的信息，凡属于应当公开的按规定均应纳入公开目录。要按照附件二的要求，既要做好公文信息的公开，也要做好各类简报、工作动态等信息的公开；既要做好信息的公开，也要重视信息的更新和删除。

三、学校各职能部门负责人、各学院院务公开工作领导小组对本单位的信息公开工作负总责。各单位要指定专人负责本单位信息公开的具体组织协调工作。各单位要根据本办法，逐步建立健全本单位的信息公开制度，明确信息公开的具体内容。

四、加强电子文档管理。加强电子文档管理，既是信息公开工作的必然要求，也是保密工作的必然要求。各单位要建立健全电子文档的保管制度和工作机制，按照信息的公开属性实行分类有序管理，以方便查阅和调用。

特此通知。

附件：1. 北京林业大学信息公开保密审查规范（试行）

2. 北京林业大学信息主动公开工作流程（试行）

3. 北京林业大学信息公开审批/变更备案表（略）

北京林业大学

2010 年 11 月 19 日

附件 1

北京林业大学信息公开保密审查规范（试行）

为了规范北京林业大学信息公开工作，加强对拟公开信息的保密审查，确保信息公开不危及国家安全、公共安全、经济安全、社会稳定和学校安全稳定，特制定本规范。

一、信息公开应在依法、及时、准确的前提下遵循“谁公开、谁负责”的原则。各单位应严格执行信息公开的审批程序，切实做好信息公开的保密审查工作，防止泄密事件的发生。

二、与教育工作密切相关的国家法律、行政法规及国家部委颁布的部门规章，党中央、国务院及北京市委、教育工委发布的重要教育方针政策和具有普遍指导性的文件，由颁布机构公开，学校可在其公开后转载，但不编入北京林业大学信息公开目录。

三、北京林业大学主动公开以下内容信息，并将其编入信息公开目录：

（一）学校名称、办学地点、办学性质、办学宗旨、办学层次、办学规模、学校领导等基本情况；学校内部管理体制、机构设置；

（二）学校发展规划，学校年度工作计划；

（三）学校章程以及学校制定的各项规章制度；

（四）学科与专业设置，重点学科建设情况；

（五）教师和其他专业技术人员数量、专业技术职务等级，岗位设置管理与聘用办法，教师争议解决办法等；

（六）学籍管理、学位评定办法，课程与教学计划，教学成果评选，国家组织的教学评估结果等；

（七）学生申诉途径与处理程序；学生奖学金、助学金、学费减免、助学贷款与勤工俭学的申请与管理规定等；

（八）各层次、类型学历教育招生、考试与录取规定；毕业生就业指导与服务情况等；

（九）科研成果评选；实验室、仪器设备配置等；

（十）收费的项目、依据、标准与投诉方式；财务、资产与财务管理制度，学校经费来源、年度经费预算决算方案，财政性资金、受捐赠财产的使用与管理情况；

（十一）仪器设备、图书、药品等物资设备采购和重大基建工程的招投标；

（十二）对外交流与中外合作办学情况，外籍教师与留学生的管理制度；

（十三）图书馆图书藏量等基本情况；

（十四）自然灾害等突发事件的应急处理预案、处置情况，涉及学校的重大事件的调查和处理情况；

（十五）法律、法规和规章规定需要公开的其他事项。

四、北京林业大学发布的各类公示、公告、声明等均属公开范围，应编入北京林业大学信息公开目录。

五、以下信息不属于公开范围，不编入信息公开目录：

（一）凡是标有“绝密”、“机密”或“秘密”等字样的涉密文件、材料等信息；

（二）涉及商业秘密、个人隐私或正在调查、讨论、审议、处理过程中的信息；

（三）公开后可能造成被动或带来负面影响的信息。

六、上行文，如以学校名义给教育部或其他部委的请示报告等；平行文，如以学校名义给其他高等学校的商情函、答复函等；学校各单位内部管理制度、工作意见、情况通报等一般不编入信息公开目录。

附件2

北京林业大学信息主动公开工作流程（试行）

为了规范北京林业大学信息公开工作，依法、及时、准确的向社会公开学校信息，特制定本工作流程。

一、主办单位起草公文时应在发文稿纸上明确其作为学校信息的公开属性（主动公开、依申请公开、不予公开），按公文审批程序随公文报批（包括定密、会签）。

二、公文印发后，学校信息公开办公室及时将主动公开的公文信息报有关领导审核，确定公开渠道和公开时间。

三、信息公开办公室应在公文印发后20个工作日内按要求将公文内容在北京林业大学信息公开网（http：//xxgk. bjfu. edu. cn）、北京林业大学门户网站（http：//www. bjfu. edu. cn）或北京林业大学信息公开栏上予以公开。信息的生成日期应为公文的印发日期。

四、各单位拟编入北京林业大学信息公开目录的其他信息，如各单位外发文件、各类简报、工作动态等，须在信息生成后10个工作日内填写《北京林业大学信息公开审批/变更备案表》〔以下简称《审批备案表》，详见附件三，可在北京林业大学信息公开网（http：//xxgk. bjfu. edu. cn）下载〕，经主办单位领导审定并报信息公开办公室审批后，方可公开。

五、不编入北京林业大学信息公开目录的信息，属国家法律法规，按照附件一要求执行，属经常性工作中需要定期公开的信息，信息公开办公室可以授权信息拥有单位审核公开。

六、已公开的信息内容发生变更或需要删除的，主办单位应在10个工作日内填写《审批备案表》，经主办单位领导审定并报信息公开办备案后，实施更新或删除。

七、本流程自2010年12月28日起施行。

关于成立北京林业大学60周年校庆筹备工作机构的通知

北林校发〔2010〕20号

各单位：

2012年是学校建校60周年。为进一步展现学校发展建设成果，增强师生、校友凝聚力，扩大学校对外影响力。经学校研究决定举办建校60周年系列庆祝活动。为筹备组织好此次校庆活动，学校成立建校60周年校庆筹备工作机构，负责校庆工作的领导和组织。具体安排如下。

一、学校校庆筹备工作委员会

学校校庆筹备工作委员会（简称校庆筹委会）由学校党政领导及有关职能部门负责人组成，负责校庆总体工作，作为校庆组织与推进工作的领导与决策机构。日常工作由校庆筹委会常务副主任主持，负责研究、处理校庆具体工作。

主　任：吴　斌　宋维明

常务副主任：全　海

副主任：陈天全　逄广洲　姜恩来　方国良　张启翔　骆有庆　王自力　周　景

成　员：各职能部门负责人、各学院书记院长

二、校庆筹委会下设工作机构

校庆筹委会下设校庆工作办公室、庆典大会组、秘书材料组、宣传展示组、学术活动组、学生活动组、外宾联络组、后勤保障组。

1. 校庆工作办公室

负责60周年校庆的总体协调和日常工作，负责国内重要客人的邀请工作。主要包括根据校庆筹委会的部署，协调、检查、落实全校校庆工作，检查专项工作推进情况。统筹、募集校庆经

费，制作校庆纪念品，修订《校友通讯录》。邀请国家领导人、部委领导、嘉宾等参加校庆活动，邀请国家领导人贺信、名人题词等。校庆工作办公室由党政办公室、校友会、机关党委、宣传部、财务处、审计处等部门负责人组成。

主　任：全　海

常务副主任：张　勇

副主任：王　平　郑晓清

2. 庆典大会组

负责组织60周年校庆庆典大会及招待会。主要包括大会议程安排，会场布置，观众组织，国内贵宾、嘉宾的接待等各项工作。庆典大会组由党政办公室、宣传部、总务处、保卫处、校友会、机关党委、学生处、工会、团委等部门负责人组成，党政办公室牵头负责。

分管领导：陈天全

组　长：张　勇

副组长：李铁铮　王立平　姜金璞　王　平　郑晓清　任　强　石彦君　于吉顺

3. 秘书材料组

负责校庆各类文稿起草工作。主要包括编印校庆指南，组织撰写庆典大会校长致辞、各级领导讲话稿，印制各类卡证等工作。秘书材料组由党政办公室、宣传部、校友会、机关党委等部门负责人组成，由党政办公室牵头负责。

分管领导：陈天全

组　长：张　勇

副组长：李铁铮　王　平　郑晓清

4. 宣传展示组

负责校庆的宣传展示工作。主要包括编写《校史》，建设并维护校庆专题网站，编撰并印制学校宣传册及北林报校庆专刊，组织举办校史展等各项展览、摄制专题纪录片、校庆公告、对内对外宣传、邀请及接待记者等各项工作。宣传展示组由党委宣传部、党政办公室、校友会、机关党委、信息中心等部门负责人组成，党委宣传部牵头负责。

分管领导：全　海

组　长：李铁铮

副组长：张　勇　王　平　郑晓清　黄国华

5. 学术活动组

负责组织开展校庆期间各类学术活动。主要包括校友论坛、学术讲座、新设立研究机构揭牌仪式的策划和组织。学术活动组由科技处、国际交流与合作处、研究生院、校友会等部门负责人和各学院院长组成，科技处牵头负责。

分管领导：张启翔　骆有庆

组　长：侯小龙

副组长：刘俊昌　张志强　王　平　各学院院长

6. 学生活动组

负责组织开展各类学生庆祝活动。主要包括校庆文艺晚会的策划和组织，校庆志愿者服务工作等。学生活动组由学生处、研究生工作部、工会、团委等部门负责人和各学院党委副书记组成，学生处牵头负责。

分管领导：姜恩来

组　长：任　强

副组长：孙信丽　石彦君　于吉顺　各学院党委副书记

7. 外宾联络组

负责学校的外宾联络工作。主要包括国外贵宾贺信、贺电的邀请，国外有合作关系的大学校长的邀请及接待、交流等工作。外宾接待组由国际合作交流处、党政办公室、校友会等部门负责人组成，国际合作交流处牵头负责。

分管领导：张启翔

组　长：刘俊昌

副组长：张　勇　王　平

8. 后勤保障组

负责学校环境建设和后勤服务工作。主要包括开展校园环境整治，协助庆典大会组、外宾联络组做好贵宾、嘉宾的接待工作，负责各项活动的安全保卫工作。后勤保障组由总务处、保卫处、校医院、后勤服务总公司、综合服务公司等部门负责人组成，由总务处牵头负责。

分管领导：王自力

组　长：王立平

副组长：姜金璞　贺　刚　赵相华　赵桂梅

三、各学院校庆筹备工作领导小组

各学院成立校庆筹备工作领导小组，在学校校庆筹委会领导下，负责制定、组织、实施本单位的校庆工作方案。

特此通知。

北京林业大学

2010年12月24日

北京林业大学仪器设备采购审计办法

北林校发〔2010〕21号

第一条 为了规范我校仪器设备采购审计工作，根据《教育系统内部审计工作规定》、《北京林业大学采购大宗货物、工程和服务招标管理办法》和《北京林业大学内部审计工作规定》，结合我校实际情况，制定本办法。

第二条 本办法所称仪器设备，是指学校财务预算内、外资金用于购买教学、科研、管理、服务，单件或成套价值在10万元以上的仪器设备以及软件。

第三条 本办法所称的仪器设备采购审计，是指学校内部审计机构及人员依据国家有关法律法规及学校相关规定，对仪器设备采购管理部门执行内部控制制度和管理使用采购资金的真实性、合法性、效益性进行独立监督和评价。仪器设备采购审计的目的是加强仪器设备采购监督管理，规范采购程序，保障采购资金合理、合法使用。

第四条 仪器设备采购审计由学校审计部门审计组织实施，包括审计部门自审和委托社会审计机构外审，采用送达审计方式完成。

第五条 仪器设备采购审计的主要内容：

（一）政策法规遵循性审计。审查采购行为是否严格执行了国家《政府采购法》、《招标投标法》等相关政策法规以及学校内部有关规定。

（二）内部控制制度建设和执行情况审计。审查仪器设备采购管理部门内部控制制度是否健全，内部控制制度是否得到有效执行。

（三）采购资金的审计。了解采购资金的来源和用途，审查采购资金是否足额到位；对仪器设备采购资金使用的真实性、合法性、效益性进行评价。

（四）招标文件、采购合同文件以及合同执行情况的审计。审查有关招标文件和采购合同的内容是否完整、条款是否合理；采购招标程序和合同履行是否规范。

（五）其他与仪器设备审计有关内容。

第六条 进行仪器设备采购审计时，仪器设备采购管理部门应提供的资料：

（一）仪器设备采购计划。

（二）组织有关专家调查论证的意见书或可行性研究报告。

（三）采购组织方案与实施过程资料。

（四）采购招标文件及采购合同。

（五）其他需要提供的仪器设备采购审计资料。

第七条 仪器设备采购审计一般采用抽查审计，主要审计程序：

（一）每学期末，仪器设备采购计划管理部门汇总采购计划并按照《北京林业大学审计项目年度计划管理办法》向学校审计部门报送仪器设备采购计划。审计部门根据情况确定抽查审计项目，报校领导批准后纳入审计工作计划。

（二）审计部门根据审计工作安排，向仪器设备采购管理部门发送审计通知书，明确审计方式、审计内容和审计要求，并要求仪器设备采购管理部门向审计部门提供与仪器设备采购有关的审计资料。

（三）审计部门实施审计并出具审核意见或审计报告。

第八条 审计部门根据年度审计工作计划、审计力量和具体采购项目实际情况，选择采用事前、事中、事后审计方式对仪器设备采购项目进行审计监督。

（一）事前审计。审计部门对仪器设备采购前期有关工作内容进行监督审核。通过了解项目采购前期基本情况，对仪器设备采购资金是否落实、是否按照采购计划编制合理采购方案；采购方式的确定是否合理合规等内容进行事前审计。

（二）事中审计。审计部门对仪器设备采购过程进行监督审核。主要审查仪器设备采购招标文件、采购合同等文件内容是否完整，条款是否合理，是否存在潜在经济风险，采购程序是否符合国家和学校有关招投标管理规定等内容。

（三）事后审计。审计部门对仪器设备采购项目的执行结果进行监督审计。主要包括对仪器设备采购内部控制制度的健全性和有效性；采购活动的合规合法性；采购资金使用的真实性、合法合理性以及资金使用的效益性等内容进行审计，并发表审计意见。

第九条 审计部门在仪器设备采购审计时，有权做如下审计处理：

(一)没有纳入年度审计工作计划的采购项目不予审计。特殊情况经主管校领导批准后实施审计。

(二)采购项目无资金预算、或资金来源不明确、或送审资料不完整的不审计。

(三)审计中发现重大问题应及时向分管审计的校领导报告。

第十条 本办法由学校审计处负责解释。

第十一条 本办法自 2011 年 1 月 1 日起施行。

北京林业大学

2010 年 12 月 23 日

重要讲话

凝心聚力 真抓实干 努力实现学校发展再上新台阶

——在学校 2010 年工作会议上的总结讲话

吴 斌

2010 年 3 月 5 日

同志们：

开学之初，学校拿出三个单元的时间召开 2010 年工作会议，对全年工作进行部署。昨天，尹校长代表学校对 2009 年工作进行了系统总结，就 2010 年党政工作进行了全面部署，希望大家结合学校党政工作要点，认真抓好落实。下面我首先传达教育部 2010 年度工作会议精神(见文件，略)。

针对今年的重点工作，我再强调三个方面的问题。

一、认清形势，明确任务，切实增强做好工作的责任感和使命感

2010 年是学校发展最为关键的一年，“十一五”建设即将完成，“十二五”规划即将启动。在此关键时刻，我们的干部必须进一步认清形势，提高认识，增强做好工作的责任感和使命感。认清形势，首先就必须高度关注今年学校发展的外部发展机遇，将把国家的政策机遇转化为发展机遇，把奋发的精神转变为有为的行动，抓住历史机遇，在高等教育格局中抢占一席之地。

我体会学校面临的外部机遇主要体现在以下 4 个方面：一是国家发展处于新的起点。国家正在改革发展模式，加强节能减排和生态文明建设，大力培育新兴战略产业。学校应进一步适应国家发展要求，建好优势特色学科，积极参与国家宏观政策制定，服务重大战略需求，提高贡献率，提升影响力。二是教育发展处于关键时期。国家即将颁布《国家中长期教育改革和发展规划纲要》，希望全校上下高度关注，献计献策，认真把握高等教育发展规律和改革方向，进一步梳理学校改革发展成就经验，积极投身高等教育新一轮改革之中，切实推动学校大发展。并按照规划纲要的要求科学审视学校的“十二五”发展。三是科技快速发展，将迎来新的科技革命。全校上下应及早应对，深入研究，不断增强前瞻性、预见性，大力拓展新兴交叉学科，做好学科布局规划，在未来科技革命中抢抓机遇，实现跨越。四是林业建设步入新阶段。中央林业工作会议上对林业作出了“四个地位”的精辟概括，明确了新时期林业的“四大使命”，特别是集体林权改革的深化和林业在应对气候变化中的重要作用，更迫切需要我们为林业建设提供科教支撑。

学校党委通过综合判断学校外部环境和内部情况，将今年确定为质量效益年，这是有很强针对性的。重视质量效益是建设高水平大学的必然要求。面对国内高等教育百舸争流的局面，北林必须在办学特色、学科实力、教学质量、师资力量等方面实施一系列战略举措，布局若干引领北林发展的支撑点，在高等教育体系中占据重要的位置。尤其是2010年作为学校“十一五”建设的总结之年，“985”平台、“211工程”等各种重大项目需要凝练产出高质量的成果。此外今年学校将全面推进基本建设重点项目，关系全体教职员工切身利益，也关系学校未来的发展空间，更需要我们拿出周密的计划，明确阶段任务，提出考核指标，真正取得实效。

总之，我们要研究国际需求和国家政策，抢先一步占领教育、科技的制高点，通过扎实的工作，取得高质量的科研教学成果，办学效益稳步增长、办学资源不断优化，从而提升学校的办学实力，书写辉煌篇章。

二、突出重点，狠抓落实，确保重点工作重点突破

学校2010年的工作要点紧紧围绕提高质量效益这一工作主题，共分为九大部分，涵盖了学校改革发展的主要工作，昨天尹校长已经作了全面部署，我这里不过多重复。我着重强调一下以上重点工作，希望大家突出重点，狠抓落实，确保重点突破。

1. 超前部署，抓紧编制“十二五”发展规划。“十一五”规划已经进入尾声阶段，“十二五”规划编制启动在即。我们要认真贯彻落实国家中长期教育改革和发展规划，以学校发展总体规划为龙头，完成包括学科建设规划、人才队伍建设规划、科技发展规划、校园建设规划等一系列规划，形成系统的“十二五”发展思路。

2. 开展教育质量行动，夯实教育教学质量保障。要通过学校、学院、教研室和全体教师的共同努力，在全校掀起注重教学质量的质量行动。要明确提出本科教学质量的目标，量化具体措施。要加大质量工程项目的建设力度，出更多更好的教学成果。研究生教育要重在完善研究生培养机制，激励研究生自我管理，激励研究生从事科学研究，成为创新型人才。

3. 加强学科建设，谋求学科建设新突破。要继续做好一级博士点学科的申报工作，明确努力方向，争取将学校优势领域学科列入一级博士点学科。同时，要继续做好985平台、211工程的建设，特别要强调标志性成果的产出和学科建设机制的改革。

4. 强化科技成果产出。要系统梳理各类科研项目的完成情况，积极申报国家奖励，争取在发明专利、科技论文的产出方面取得新的突破。优势学科的科学研究要回归行业主战场，使科研成果服务于林业建设，促进产学研的有机融合。与此同时，要着眼国家重大战略和行业的重大需求，进行有组织的项目谋划，争取在重大科研项目的数量和质量上实现新突破。

5. 加强科研基地平台建设，申报国家重点实验室。要进一步提高对学校建设南北综合实验基地的认识，制定好六大实验基地的建设方案，建设好、利用好这些基地，使之成为支撑学校科技创新和学术发展的重要基础。同时，要加大工作力度，明确建设目标，全力申报国家重点实验室。

6. 加强人才队伍建设。要着眼学校未来，做好师资队伍建设规划，提升学校师资队伍的整体实力和水平。继续加大高层次人才的引进力度，与“985”、“211”建设结合起来考虑，与国家的战略需求相适应，要用足用好校内校外各种优惠政策，明确目标，细化到人，分层次积极引进战略科学家、二级教授和专才，为学校学科建设注入新鲜的血液。要加快院士后备人才的培养，将人选落实到具体学科。要完善中青年教师的培养制度，关注每个人的成长和发展，培养好、使用好中青年教师，营造凝聚人才和优秀人才脱颖而出的机制和环境，使其成为学校教学科研的中坚力量。

7. 全力推进基本建设重点工程。三项重点工程是破解学校办学空间资源制约的重要抓手。我们要全力推动。特别是学研大厦，要积极工作，争取尽早开工。住宅工程务必要保证工程质量，真正成为施工质量过硬，教师职工满意的民心工程。同时要尽快完成校园周边土地征用，继续拓展思路，广泛沟通，进一步拓展学校的办学资源，为新校园规划的修编奠定基础。希望全校上下、各个部门都要协同作战，积极配合，多为学校的基本建设出谋划策，创造良好的条件。

8. 优化整合办学资源配置。大力推进办公用房的重新分配。继续实施校园环境改造计划，改善校园环境。要做好各类标本资源的整合利用，全部进入标本馆集中管理。要加强校园周边苗圃和树木园的建设。

9. 高度重视学院工作。学院是学校全部工作的基础。从交流的情况看，各学院负责人对学院的建设都有了明确的工作思路。在此我希望，各学院要根据学校的总体部署，进一步细化人才培养、学科建设、科学研究等重点工作的具体目标，定出可考核、可量化的工作方案，以质量效益为核心，加强学院的建设，为学校发展提供有力保障。学校也将积极为学院发展创造条件，尤其在赋予学院办学自主权等方面要出台相应政策，以增强学院的发展活力。

10. 坚持以人为本，加强党的建设。要继续发扬党组织的凝聚力和战斗堡垒作用，充分调动广大党员干部的积极性和创造性，为学校发展提供有力保障。特别是要强化干部队伍的管理和建设，提高干部队伍的素质，强化管理执行力，推动工作有效开展。

此外，我要特别强调毕业生就业工作和维护稳定两项工作。今年毕业生就业的形势仍然十分严峻。我们要认真落实中央和教育部有关部署要求，把做好学生就业作为工作重点，明确目标任务，强化工作责任，整合各种力量，举全校之力，全力以赴地做好毕业生就业指导、服务和思想教育等各项工作，努力把我校学生的就业率稳定在较高的水平。

我们要着力维护好学校的安全稳定。今年大事多，敏感事多，维护学校稳定的任务非常繁重。全校各级党组织一定要以高度的政治责任感和使命感对待维稳工作，不能有丝毫的麻痹大意。要建立健全应急管理体系，妥善处理突发事件，密切掌握网络思想动态、非法宗教组织等群体的活动动向，有效防范各种影响校园安全稳定的事件发生，为学校的科学发展营造良好的外部环境。

三、凝心聚力，开拓进取，保持学校发展的良好态势

学校事业的最大特点，就是依靠人、培养人和服务人。近年来改革发展的实践充分证明，关键要靠一支强有力的队伍，尤其是校院两级的领导干部队伍的示范带头，这始终是学校改革发展最重要的保障。面对十分繁重的2010年工作任务，我们要继续保持各级领导干部和管理团队良好的精神面貌和工作效率，确保学校工作的高效率，进一步激发师生的激情与信心。我代表党委提出三点希望：

一是希望领导干部继续坚持讲信念、讲大局、讲奉献、讲创新。讲信念，就是要强化将北林建设成为高水平林业大学的历史责任感，要有在推进学校改革发展中实现人生价值的强烈事业心；讲大局，就是要坚持全校工作一盘棋的统筹思想，心存大局观念、注重整体原则，提升团队意识，团结一致，真正将学校的工作当作事业来干；讲奉献，就是要在工作中始终充满朝气，保持锐气，包括讲廉洁、讲勤政；讲创新，就是要敢闯新路，敢于突破工作中的难点，勇于开拓创新，把各项工作扎扎实实地做好。

二是希望继续发扬实干兴校的作风。在座的各级干部是学校的中流砥柱，只有广大干部爱校为家，树立主人翁精神，真正将心思扑在学校的事业上，学校事业才能有更大的发展。希望你们能够锐意进取，用实际行动推进学校各项工作的开展。校党委希望通过你们的带动，在学校努力形成“人人想干事、人人干实事、人人干成事”的良好风气，进一步通过发展凝聚共识、凝聚人心。

三是希望管理工作要强化服务意识。学校管理工作的核心是为师生服务，为学校的发展服务，这是管理工作的根本。要按照“管理就是服务、服务创造价值”的理念，服务学生、服务教师、服务学院，立足于全面认真地做好日常工作和本职工作，在工作中创造亮点、取得突破，提高学校的整体管理水平和服务师生能力。同时，学校将加强学校与学院、与广大师生的双向交流，让师生了解学校的大事，让学校了解师生的需要，增加彼此之间的沟通和理解，建立和谐、富有凝聚力的氛围。

四是各级干部要切实提高管理执行力。各级干部要狠抓管理执行力，一定要持之以恒，尽心尽力、开拓进取地做好各方面工作。会后，各位校领导要召集分管口的干部进一步传达会议精神，围绕学校工作要点认真部署分管工作，进行周密安排，突出重点，把各项工作有机结合起来。在工作中，要坚持脚踏实地，讲求实效，不做表面文章，不搞形式主义，反对急功近利和作风飘浮。特别是对于重点工作要规定时间，落实责任人，做到可检查、可考核、可奖惩。学校将通过重点工作目标责任的明确、年度考核、有效的督促检查等渠道不断改进学校的管理工作，确保重点工作重点突破。改进管理作风。

同志们，当前，学校正处在建设和发展的关键时期，有机遇，也有挑战；有困难，更有希望。学校的进步发展有赖于每一位师生的积极参与和努力，学校的得失成败与每一个北林人息息相关。我们必须以时不我待的使命感和紧迫感，艰苦奋斗，励志图强，以奋发有为的精神状态，同心同德，群策群力，开拓进取，努力实现学校发展再上新台阶，书写2010年更加辉煌的业绩!

谢谢大家!

以质量效益为核心 推动学校科学发展

——在学校2010年工作会议上的讲话

尹伟伦

2010年3月4日

同志们:

为了做好全年的工作，2月27日开学第一天学校召开党委常委会专门研讨了2010学校总体工作思路，在此基础上形成了党政工作要点(征求意见稿)。今明两天我们将利用3个单元的时间部署全年工作，听取各部门和学院负责人交流工作思路。最后，吴书记传达教育部2010年工作会议精神，并做总结讲话。根据会议安排，我主要针对全年工作部署，重点讲3个方面的问题。

一、2009年学校工作情况回顾

2009年是学校返京办学30年，也是学校抓住机遇，应对挑战，各项工作取得重要突破的一年。简要总结去年的工作成绩，体现在以下7个方面的突破:

一是办学思路再谋划的突破。我们通过学习实践活动，明确了“建设高水平林业大学、引领生态文明”的办学目标，提出了破解学校发展难题的新思路，为推动学校科学发展奠定了基础。明确了学校发展思路并得到教育部领导的高度评价。二是教育教学质量的突破。两项成果获国家级优秀教学成果二等奖，本科毕业生就业率高达94.08%，学生获得国际景观设计师联盟(IFLA)设计大奖等多项国际国内竞赛大奖。三是科研立项和成果产出的突破。全年实现科研项目合同经费、到位经费两个亿元的突破。实现了林口高校“973”首席科学家零的突破，新获国家级技术发明奖二等奖1项。发表三大检索收录论文309篇，其中SCI收录151篇。四是学科建设支撑国家重大工程的突破。“985”平台和“211工程”扎实推进，重点学科主动服务国家生态建设，大力开展校地合作，建设了北方、南方6个综合实践基地。五是基本建设重大工程的突破。苗圃教工住宅正式开工；学研大厦被列为北京市绿色审批通道项目；校园东侧土地征用协议已签订，学校将增加两公顷多的土地资源；标本馆布展工程正式竣工并投入使用。新增3.33公顷现代化综合实习苗圃。六是人才建设的突破。获批“千人计划”和长江学者讲座教授；重新制定“教学科研奖励办法”，投入310万元，重奖2006年以来的标志性教学科研成果。完成年度职称评聘工作。七是管理工作的突破。财务状况进一步好转，全年各项收入总计7.5亿元，较2008年增加43%，获得财政部化债资金1.56亿元。

此外，学校上下团结一致，确保了学校在思想和政治的稳定。这些成绩都是全校师生员工的共同努力，离不开在座的各位职能部门和学院领导付出的辛勤劳动，我代表学校对你们表示感谢!

二、坚持以质量效益为核心，切实抓好重点工作

回顾过去，学校各方面工作取得明显突破，总体发展态势良好。与此同时，我们也应清醒认识到，学校当前发展，同国家经济社会发展新形势、新要求相比，同学校发展定位和目标要求相比，仍然存在明显差距，特别在人才培养质量、学科实力、人才队伍水平、基础办学条件等方面，我们仍需加倍努力，加快发展。为此，学校将2010年定为学校的质量效益年，并明确提出全年工作思路是：坚持以科学发展观为指导，以谋划发展、深化改革、提升质量、聚焦效益为主线，扎实做好教育教学、学术创新、管理改革和教学科研支撑体系建设等重点工作，提升党建科学化水平，着力增强学校核心竞争力。

在发给大家的《北京林业大学2010年党政工作要点(征求意见稿)》当中，已经比较全面介绍了下半年学校的工作重点主要是九大方面、一共38条，涉及各部门和学院的方方面面工作。下面，我着重谈谈促进质量效益的6方面重点工作。

1. 抓教育教学质量，提升人才培养水平

高等学校要以人才培养为根本任务，围绕人才培养这一中心，开展教学、科研与社会服务工作。我们要牢固树立质量核心观念，深入开展教育教学改革，努力提升人才培养质量。

深化本科教育改革。认真做好各类质量工程的建设，争取各类教改立项新资源，提高质量工程项目的建设成效。要认真落实教研室管理的管理规定，完善校、院、教研室三级管理体系，加强基层教研组工作的督促检查，确保教研组在教学管理中发挥作用。同时要完善课堂教学评价系统，科学评价教师教学水平。要继续推进人才培养模式的改革，加强梁希班和理科基地建设，探索创新型人才培养新机制。要突出抓好实习基地的建设，充分用好校园周边和正在建设的各种实习基地，加强实习实验教学环节，提高学生的动手实践能力。

做好招生就业工作。要进一步提高认识，发动全校做好毕业生就业工作。全力以赴开拓就业市场，拓展就业资源。强化职业成长辅导和就业指导，提高学生就业能力，确保稳定初次就业率。引导毕业生面向基层就业。推进就业扶助计划，帮助就业困难群体。加大就业示范性中心建设力度，争取进入全国高校就业工作50强。坚持就业与招生联动机制，新建50～80个优质生源基地，加大招生宣传力度，规范招生录取管理，进一步提高生源质量。

推进研究生教育创新。要抓住研究生培养机制改革的有力时机，改革研究生奖学金评定办法，加强研究生教学的过程管理，实行严格的中期考核，探索研究生培养的淘汰制度，培养更多的优秀人才。同时，要积极选派高水平研究生出国留学，对优秀博士生进行创新性培养，狠抓研究生学风建设。切实做好新一轮导师培训工作。

2. 抓科技创新，产出高质量科技成果

今年是“十一五”科研项目实施的收官之年，也是将科研项目转化为科研成果的关键之年。要以凝练科研成果为重点，强化科研管理，争取用高水平的成果向国家交上满意的答卷。

强化科研成果产出。要完善科研管理机制，健全科研工作的绩效考核制度，以科研成果的产出作为衡量科研工作量的重要指标，激励科研人员认真做好“十一五”科研项目的验收总结工作，产出更多高质量的科技论文、专利，组织申报具有高显示度的国家级、省部级奖。

全面部署“十二五”科技规划。要组织力量参与国家和林业“十二五”科技计划的顶层设计，明确国家需求；编制符合国家宏观战略的学校“十二五”科技发展规划，巩固传统优势领域，拓展新的领域方向，为学校下一个五年的发展打好基础。

加快科技创新条件和平台建设。整合校内资源，明确建设方向，加紧申报国家重点实验室。推进科技平台实体化建设，完成国家花卉工程技术研究中心的主要建设任务，力争新增省部级科技平台。统筹考虑实践基地建设和科研基本业务费的使用，启动科技创新团队建设，切实做好六大试点实践基地的建设，使其成为科技创新和成果转化的重要平台。

3. 抓学科建设，着力提升学科整体实力

学科建设始终是高水平大学建设的龙头工程。特别是随着“985”平台和“211工程”的深入实施，如何将优势学科做大做强，发展新兴交叉学科，将学科整体实力提升到一个新的水平，是2010年的重点工作。

依托“985”平台和“211工程”建设，增强优势学科实力。把握硬件建设、人才建设和机制改革三个重点，认真完成“985”平台和“211工程”

的年度建设任务，真正促进学科创新和标志性成果产出。同时，要超前谋划“985”平台二期的建设规划，积极争取学科建设的资金资源。

坚持有主次、有重点地推进学科建设。要进一步落实责任体系，出台学科建设管理办法，规范学科建设。强化学科内涵建设，引导重点优势学科积极服务国家重大战略，实现特色发展。主动适应国家学科专业目录调整的要求，科学谋划学科布局，争取实现突破。

4. 抓人才队伍建设，打造高水平师资队伍

人才资源是学校可持续发展的第一资源。今年要加大人才强校战略的实施力度，积极引进高水平人才，着力培养中青年教师，完善人事管理机制，努力抓好人才队伍建设。

强化高层次人才队伍建设。各个学院、各个学科要瞄准本学科领域国际前沿，建立海外高层次专家信息库，加大“千人计划”、长江学者计划、梁希学者的招聘力度，吸引在国际上有一定影响的华人科学家加盟我校师资队伍。我们要通过引进高水平人才，争取国家的重点支持和学术资源，组建更多的学科梯队，带动相关领域较快达到国际领先水平。

切实加强师资队伍的培养和使用。积极补充师资队伍，提高新进教师的整体质量。多途径培养中青年骨干教师，继续开展优秀中青年教师8个子项目的培训计划，严格执行新进教师导师培养制度。选拔校内人才申请专项津贴项目。开展优秀青年教师破格评选聘任教授工作。

深化人事制度改革。做好事业单位实行绩效工资的调研和实施方案起草工作。做好管理岗位职员制调研和方案准备工作。规范人事考核管理，做好各岗位聘期考核工作。要通过严格执行考核管理，推行滚动淘汰机制，形成良好的激励约束氛围。

5. 抓基本建设，为教学科研提供有力支撑

今年基本建设的任务十分繁重，其推进情况关系到全体教职员工的切身利益，更事关学校长远发展。我们必须坚持质量第一的原则，全力以赴推进工程建设，将其建设成教职工满意的工程。

保质保量推进苗圃教工住宅建设。加强苗圃教工住宅项目管理，提出明确的时间进度计划，与建设方积极沟通，重点把握工程质量，切实维护学校利益，确保建设资金安全，争取年底结构封顶。同时，要公平公正地完成苗圃教工住宅售房工作。

争取学研大厦尽早开工建设。继续完善学研中心设计方案，加强与教育部、北京市有关部门的沟通联系，全力做好前期工作，争取尽早开工建设。

完成周边土地征用工作。扎实推进学校东侧两块土地征用签约后的工作，做好地上物等测算工作，争取政府的政策支持，确保7月实施拆迁，为学校谋取最大的发展空间。

整合优化办学资源配置。继续实施校园环境改造工程，做好校园周边环境整治工作。用好各种资源增量，继续调整办公用房，支撑教学科研。推进标本馆搬迁工作。继续推进苗圃建设和树木园建设。

6. 抓规范管理，增强管理效益

管理效益的高低，是体现大学办学效益高低的关键因素。作为质量效益年，今年要进一步牢固树立向管理要质量的理念，规范管理，科学管理，为学校发展注入新的动力。

制定“十二五”规划。贯彻落实《国家中长期教育改革和发展规划纲要》，系统制定学校“十二五”发展规划，明确“十二五”的发展目标、发展思路和建设重点。坚持重心下沉，督促学院科学制定“十二五”发展规划。

改进管理方式，狠抓管理执行力。要坚持依法治校，完善管理制度，坚持用制度管权、按制度办事、靠制度管人。要实行严格的工作考核和奖惩机制，狠抓各部门、各学院的执行力，确保重点工作有效落实、扎实推进工作，做到责任到人、落实到位。要实行一卡通工程，规范管理方式，提高管理效益。要进一步深化校务公开工作，推进民主办学。

加强资金筹措和财务管理工作。财务工作要做到科学使用，厉行节约。重点做好资金筹措和高效使用2个环节。巩固纵向经费，拓展横向经费，力争办学经费总收入（不含贷款）较2009年增长8%～10%。科学编制各项财务预算，加强预算精细化管理。加强实验室建设、科研等专项经费管理，确保做到专款专用。厉行节约，强化预算和支出管理，严格控制一般性支出。加强校级财务的统管力度和对二级财务的监管。

做大做强产业。加强资产经营公司建设，全面实施目标管理。完成经营性资产划转和企业改制工作，深化产业规范化建设。完善建设规划，全面推进大学科技园建设。完善北林科技的治理结构，继续提高重点企业的经营效益。

提高总务和后勤保障质量。深化后勤管理机制改革。提升服务意识和后勤服务质量。办好学校食堂，稳定食堂饭菜价格，确保食品安全。加强节能管理，升级改造节能系统，落实各项节能措施，建设节约型绿色校园。

总之，今年的工作必须将质量效益的理念体现到教育教学、科学研究、人才建设、基本建设和管理工作各个环节中，抓各种标志性成果的产出，推动学校改革发展实现更好的效益。

三、统筹兼顾完成全年各项工作，促进学校科学发展

学校今年的工作，任务很重。在完成以上六大重点工作的同时，我们要坚持统筹兼顾的原则，协调抓好党建、学生管理、国际合作和其他工作，务求实效，真正推动学校科学发展。

1. 进一步加强党建和思想政治工作，为学校事业发展提供坚强保障

今年的党建工作，要深入贯彻落实党的十七届四中全会和第十八次全国党建工作会议精神，在构建贯彻落实科学发展观长效机制的提出上，着力提升党建的科学化水平。

一是重点抓好干部队伍和基层党组织建设，进一步梳理干部工作制度，完善选人用人机制，实施年轻后备干部建设工程，培养优秀年轻干部。切实完善处级班子和领导干部考核办法，加强干部考核管理。大规模开展干部培训，提高干部教育培训质量。规范基层党组织建设，发挥基层党组织在学科建设、人才培养等方面的功能。二是做好新闻宣传和大学文化建设工作。坚持用科学理论武装党员干部、教育师生员工，推进学习型党组织建设。加强校园文化建设，突出绿色文化特色。三是推进党风廉政建设和反腐败工作。完善反腐倡廉制度建设，开展党风廉政建设检查。拓展廉政风险防范管理范围。开展党性党风党纪教育。加强重点环节、重点部位监督，完善审计制度，强化基建修缮、财务预算管理、重点专项资金使用、干部经济责任等工作的监督审计。做好反腐倡廉的宣传教育，建立纪检监察信访工作联席会议制度，查处信访案件。四是继续做好统战、离退休和工会工作。

在此，我要特别强调安全稳定工作。要进一步提高对安全稳定工作的思想认识，确保思想认识到位、责任措施到位。切实加强校园防控，妥善处理各种事端，推进平安校园建设常态化。抓好防火、保密和政治稳定工作。

2. 进一步加强大学生思想政治教育，促进学生健康成长

学生思政工作要坚持以学生为本，加强学生的教育管理服务工作。要进一步加强辅导员、班主任队伍建设，实施科学的大学生学习生活指导，推动班风和学风建设。做好心理教育工作。强化学生公寓管理。要做好共青团工作。规范学生社团管理。突出志愿服务特色。办好绿桥等绿色品牌活动。

3. 扩大国际交流与合作，提升国际知名度

要积极组团参加第二十三届国际林联大会、世界林业教育校长论坛等国际会议，认真筹备国际风景园林师联合会第四十七届世界大会。启动"亚太地区森林可持续经营网络"外国留学生奖学金项目全英文授课硕士项目。推进公派出国留学与校际交流项目。

此外，要继续拓展继续教育，增强继续教育办学效益。进一步做好校医院、计划生育、居委会等部门工作，完善各地校友会的组织筹建工作，努力打造校友基金会的品牌。

同志们，2010 年的工作任务很繁重，希望大家继续保持以往的旺盛斗志和激情，明确工作职责，狠抓贯彻落实，齐心协力确保各项任务取得预期效果，努力把学校的工作推向一个新台阶！

科学谋划 狠抓落实 全力推动学校改革发展

——在北京林业大学2010年下半年工作会议的讲话

校党委书记 吴 斌

2010年8月29日

（根据录音整理）

同志们：

今天，我们在这里召开学校下半年工作会，部署学校下半年工作，这也是校党政领导班子调整后召开的第一次全校性中层干部大会。我着重讲几个问题。

一、认真学习贯彻教育部直属高校工作咨询委员会第二十次全体会议精神

8月23～24日，教育部党组在大连召开了教育部直属高校工作咨询委员会第二十次全体会议，会议的主题是学习贯彻全国教育工作会议精神和教育规划纲要，推进高校改革创新、科学发展。我简要传达一下国务委员刘延东同志和陈希副部长的讲话精神。

刘延东在讲话中指出，高等教育战线要充分认识高等教育在建设现代化强国中的崇高使命，深入学习、全面贯彻全国教育工作会议精神和教育规划纲要，推进高校改革创新、科学发展，加快建设中国特色现代高等教育，全面提升高等教育质量，实现人才培养模式改革的新突破，为经济社会发展、建设创新型国家和培养全面发展的拔尖创新人才作出新贡献，实现高等教育内涵发展的历史性跨越。

刘延东强调，质量是高等教育的生命线，提高高等教育质量必须贯穿于高校人才培养、科学研究、社会服务的全过程。要始终把人才培养作为高校的根本使命，确保教学的中心地位，更新观念，创新培养模式，深化教育教学改革。高校要服务国家和区域战略需求，积极参与国家重大任务攻关，加强科研平台和创新团队建设，加强基础研究，用高水平的科研成果支撑高质量的教育，使高校成为新兴产业的参与者、区域发展的助推器、学习型社会的建设者、国家和区域经济社会发展的智囊团和思想库。探索不同地区、不同类型的高校分类管理，健全教育质量标准体系和保障体系，提高教师队伍整体素质，打造优秀学科群体，真正实现有特色高水平。

刘延东强调，改革创新是高校科学发展的根本动力，要坚持按教育规律办学治校，加快建设现代大学制度，探索高校理事会制度和内部治理结构改革，创新高校与行业企业、科研院所密切合作、资源共享的机制。扩大开放，加大高等教育国际合作与交流，实现优势资源互补，发挥高校在人文交流中的独特作用。要培育境界高尚、底蕴深厚的大学文化，让坚持真理、淡泊名利、勇于创新、求真务实的精神发扬光大。

教育部党组副书记、副部长陈希在讲话中指出，提高质量是高等教育发展的核心任务，当前，高教战线要以科学发展观为统领，深入学习贯彻全国教育工作会议精神，认真实施教育规划纲要，全面提高高等教育质量，加快建设中国特色现代高等教育，实现高等教育内涵发展的历史性跨越。

陈希指出，高校贯彻落实教育规划纲要，就是要在新的历史起点上，推进高校的科学发展。提升学术水平，要进一步加强学科建设，提升科研水平。高校内部管理不宜简单地套用政府的行政管理模式，而要反映高校的本质属性，满足高校履行职能的需要。高校要加强队伍建设，保持各类队伍的合理比例和结构、明确各类队伍的标准和要求、完善对各类队伍分类管理的体制和机制。

陈希强调，贯彻实施全国教育工作会议精神

和教育规划纲要，直属高校要抓住当前的大好机遇，进一步增强责任感和使命感，积极推进改革，要发挥推动改革的引领和示范作用，要不断提升管理水平，做好学校“十二五”规划编制工作，为建设好中国特色现代高等教育作出积极的贡献。

二、明确目标，重点突破，全力以赴完成下半年重点工作

刚才宋校长对学校下半年的工作作了全面部署，并阐述了学校下一步改革发展的思路和重点，我对此完全同意，希望各单位要组织认真传达落实。下面我再着重强调几项重点工作。

一是要抓紧工作，整合资源，全力以赴做好国家重点实验室的申报。要认真凝练建设方向，组织科研队伍，搭建基本框架。

二是继续加强组织，做好“十二五”科研项目的申报。抓好“十一五”各项课题的结题工作，重点做好成果产出的凝练。加强南方、北方六大综合实践基地的建设，确保4500万元的投资如期完成，真正花出效益。

三是加快实施基本建设重点工程，改善学校办学基础条件。教工住宅要加强质量监控，保证年底前结构封顶。学研大厦要抓紧工作，确保尽快动工。校园土地整理要完成扫尾工作，加强与北京市、海淀区有关部门的沟通，实现既定目标。

四是用好建设经费，切实完成“985”平台和“211工程”的年度建设任务。“985”平台的4个子方向要认真对照年度建设目标，加大工作力度，用好平台建设经费，将国家投入的经费转化为学科建设的成效，做大做强优势学科，杜绝经费的无效沉淀。要求“985”平台建设涉及的学院，特别是子方向负责人要切实抓紧落实任务。

五是进一步加强人才队伍建设。要认真分析上半年人才工作的成绩和不足，组织各学院紧紧把握人才的引进、培养和使用，加强高层次人才引进力度，做好中青年教师培养，使全年的人才工作有更大的成绩，保证教学科研水平的提高。

六是加强党的建设，广泛开展创先争优活动。要结合学校申报党建先进校，通过深入开展创先争优活动，强化我校基层党组织建设，进一步调动党员的先进模范作用和工作积极性，带动全校师生同心同德，为学校的发展作贡献。

七是切实改善民生。学校班子决定拿出1000万用于改善教职工待遇。人事管理部门要认真进行测算，制定详细的方案，切实改善在职教工和离退休人员的福利待遇。

三、深入调研，集思广益，科学谋划学校发展

目前，学校正处于从单科性大学向多科性大学转型、从教学型大学向研究型大学转型的重要发展时期，迫切需要科学谋划“十二五”和中长期发展规划。学校发展规划应是由总体规划和分项规划组成的完整体系，必须统筹兼顾，有分有统，真正发挥规划的导向性。要使学校规划更加科学、更加客观、更加符合实际，需要学校领导班子广泛开展调研，需要全校上下集思广益、凝聚智慧、精心设计，

一是编制好学校事业发展规划，包括“十二五”发展规划和年度发展规划。

二是编制学科和人才队伍建设规划。学科建设规划一定要强调重点学科的回归与拓展，无论是林学领域的重点学科，还是水土保持与荒漠化防治学科和园林学科等，都一定要认真研究如何面向国家建设主战场，整合建设方向，更好地服务于国家的战略发展，服务于国家民生问题的解决。此外，还要切实做好“985”平台二期的建设规划。要全面总结提炼“985”平台一期建设的成效，准确把握国家关于985平台二期建设的要求，科学合理地确定好建设重点。

三是做好校园规划调整。要把握发展机遇，用好新增的土地资源，以规划调整为契机，进一步整理好校本部土地资源，解决空间狭小、人口众多的现实问题，为教师和学生创造相对良好的环境。

四是完善人才培养改革方案。要系统研究如何加强本科生和研究生教育，把握人才培养的根本，抓紧进行调研。当前，欧洲大学特别注重精英教育，对学有潜力的本科生或者硕士生、博士生实施精英教育，更好地培养其领导者能力。如何把研究生的精英化教育列入我们人才培养的

改革方案之中，需要大家做更多的思考。创新型国家的建设需要创造性人才，创造性的人才需要高素质和较强的人文精神。为此我们要认真汲取国内知名高校的成功经验，下大力气调研，进一步修订和完善人才改革方案。

五是做好科研发展规划。“十二五”期间，国家对科技资源的配置将有新的变化。学校的科研必须适应这种变化，进行系统的规划，确保科研有目标，有阶段任务，更加注重科研成果产出。

六是制定学校管理改革规划方案。要从教授治学的原则出发，规划如何真正确保学术权力得到落实，提出具体的改革措施。要认真研究干部人事制度改革、教师和管理人员的考核评价体系等关键问题，真正使规划激活办学内在动力。

以上 6 个方面的规划，分管领导和责任部门要抓紧进行充分的调研，争取年底前能够完成初步框架设计。

三、顾全大局，团结一致，确保学校改革稳定发展

学校党政领导班子调整到位，24 个中层干部完成岗位调整，学校的各项工作都在有序推进，学校发展延续着良好的态势。我们要倍加珍惜当前的良好局面，坚持顾全大局，团结一致，确保学校改革稳定发展。在此，我代表校党委对广大干部提出 4 点要求。

一要坚持讲党性。学校事业的发展人人有责，在座的干部更是发展的中坚力量。希望我们的党员干部要坚持讲党性，要自觉维护校党委、校行政的重要决策部署，确保政令畅通；要自觉维护学校改革发展稳定的大局。这次校班子调整前后经历 4 个多月，学校在这期间的各项工作保持了稳定和延续，有些工作还有突破性的进展，都充分反映出我校各级干部和教职工的高素质以及对学校的责任心。这次 24 个中层干部岗位的调整，实现了平稳过渡，24 位同志都表现了很高的党性，积极投入到新的工作岗位，没有出现患得患失的任何问题。我相信，在以后的工作中，我们的干部、教师会继续发扬这种讲党性的精神，高质量做好学校的工作。

二要坚持讲大局。在现有资源条件的约束之下，学校发展必然有所为、有所不为，有所先为、有所后为。希望各学院要从学校发展的大局出发，确保局部利益服从全校整体利益。学校今后还将实施诸多改革新举措，科学调整现有的利益关系，理顺管理机制。对此，每个单位要有正确的认识，一定从全局出发，自觉服从大局利益和长远发展的需要。总之，我们要一起谋大事，讲大局，多协商，谋发展。

三要坚持讲贡献。我们已经是一个命运共同体，大家都是北林的主人翁，对学校的发展负有重要的责任，这是我们的使命。大家所负责的工作都是学校发展链条的环节，任何一个环节出了问题，都会影响学校的发展。所以我们一定要讲贡献，要从 17000 多名学生的全面发展，从 2000 多名教师和离退休老同志的事业发展出发，将自己的能力、特长、智慧贡献出来，真正做到对学校、对事业问心无愧。

四要坚持讲效率。学校的发展依靠科学的管理。目前管理中存在的问题集中体现在效率低下。我们要讲管理效率，有效地用好资源，用好时间，用好人力，用好物资。如果只有笼统的管，没有效率，还不如不管。因此，希望每个单位，每个干部一定要严格按照规范，科学管理，实现管理的高效率，用业绩，用事实说话。

会议结束后，大家要认真按照学校的要求，做好会议传达，抓紧落实本部门的工作。各位分管领导和各院部处要召开会议逐项进行研究部署，制定具体措施，要有明确的目标要求和时间要求，一定要做到任务明确、措施得力、责任到人、督促到位。

最后，我希望大家继续发扬以往的工作干劲和精神，团结一致，艰苦奋斗，做好 2010 年下半年的各项工作！

谢谢大家！

坚持求真务实　依靠改革创新
加快国际一流的研究型林业大学建设步伐

——在学校2010年下半年工作会议上的讲话

宋维明

2010年8月29日

（根据录音整理）

同志们：

度过了一个暑期，我们迎来了新学年的开始。暑期期间，教育部对我校的领导班子进行了调整，今天我们是以新领导班子来召开这次工作会议，全面部署下半年工作。我代表新领导班子对我校的发展问题、改革问题与大家进行交流，同时布置一下下半年的工作。今天讲话的主题是“坚持求真务实、依靠改革创新，加快国际一流的研究型林业大学建设步伐”，重点讲3个方面的问题。

一、学校发展形势及定位的宏观思考

北京林业大学建校已经有58年的历史了。经过历届领导班子和几代北林人的共同努力，学校综合实力实现了全面提升，在人才培养、科学研究和社会服务等方面，为国家发展作出了巨大的贡献，在林业高等教育领域占有不可替代的重要位置。在新世纪新阶段我国高等教育发展的新形势下，面对今年全国教育工作会议和国家教育发展改革规划纲要对高等教育提出的新要求，我们又一次面临新的挑战。面对挑战，需要认清当前所处的时代背景和发展环境，认真分析自身存在的差距和不足，以科学发展观为指导，按照学校发展的定位和目标，科学规划实现目标的路径和步骤，高效率地开展实际工作。

1. 学校发展面临的新形势

上个月，中央召开了新世纪第一次全国教育工作会议，颁布了《国家中长期教育改革和发展规划纲要》，明确提出，提高质量是高等教育发展的核心任务，是建设高等教育强国的基本要求。高等教育要着力提高人才培养质量，提升科学研究水平，增强社会服务能力，优化结构办出特色。这是党中央为今后我国高等教育改革和发展赋予的重要使命。这也是针对我国社会经济发展方式的转变，以及由此引起的我国在国际社会角色的变化提出的使命。伴随这些使命，新一轮更加深入和全面的教育制度、教育机制的改革正在展开，高等教育领域正在启动若干改革重大项目，如卓越人才教育培养系列计划、基础学科拔尖学生培养试验计划、研究生培养机制改革等。这些改革的展开，从宏观层面上为学校发展提供了新的机遇。需要我们调动一切力量和智慧抓住这些机遇，特别是作为具有鲜明行业特色的大学，应当充分利用新一轮教育改革提供的机会，强化和发扬自己的办学特色，提供学校办学的综合竞争力。

当前，国际高等教育呈现出新的发展趋势。很多著名大学都将培养社会引领者作为高层次人才培养的出发点，通过强化科学、技术和社会科学的全面教育，支撑学生的全面发展，研究生教育精英化趋势明显；国际大学进一步加强与科研机构的横向联合，重视学术力量的组合，强化学校的科技竞争实力；更加强调学校的服务面向，紧密围绕国际重大需求调整办学面向。这些对我们的办学是也是一种启示。

与此同时，随着世界各国对全球气候变化问题关注程度的不断提高，林业发展的国际政治和经济意义越来越深刻。为此，党中央从国家战略全局的高度赋予了林业更加重要的定位和任务，完成这些任务，离不开高水平的林业人才培养和科技创新的支撑，这也正是林业高等院校生存和发展的广阔空间。

2. 学校发展定位的明确化、准确化

学校定位问题，就是要回答“建设什么样的北京林业大学”和“如何建设北京林业大学”的问题。应当说，2005年学校第九次党代会基本回答了“建设什么样的北京林业大学问题”。

第九次党代会提出“三步走”的战略构想，明确了建设国际知名、国内高水平的多科性、研究型大学的发展目标之后，学校在2009年深入学习实践科学发展观活动过程中提出了“引领生态文明，建设高水平林业大学”的发展要求，主动将学校发展融入国家生态文明建设战略，丰富了学校发展定位的内涵。

今年8月17～18日，新调整的领导班子会同各学院院长以及部分职能部门的负责同志举行了一次学校发展研讨会，围绕学校向研究型大学转型面临的形势和任务进行研讨，再次强调了学校的定位，即把我校建成国际一流的，研究型林业大学。我理解内涵应该包括三个要点：

坚持以林为特色：行业特色是先天的优势，要毫不动摇地发扬光大。要围绕现代林业对资源、环境和生态发展的重大需求，继续做强林学及其相关优势学科，强化特色学科的优势，带动其他学科的发展。

追求国际一流：就是在巩固国内林业高校排头兵地位的同时，瞄准国际前沿，找准国际高等教育体系中的发展参照系，以更加合作的格局，推进国际化进程，推进北林的优秀学术成果和优秀人才走向世界，不断提升北林的人才培养和科学研究在国际上的影响力。

加快实现研究型大学转型。坚持人才培养为本的思想，回归大学的教育本质，以高质量的本科教育和研究生教育为基础，培养一流的创新型人才，争取出一系列的标志成果，提升科技创新总体水平，支撑和服务国家需求。

因此，“国际一流的研究型林业大学”定位的认识，是在第九次党代会定位的基础上，对学校总体发展目标内涵认识的进一步深化。

在今后一段时间，发动全校师生集思广益，进一步清晰对学校办学定位的内涵理解，按照近期、中期和远期的阶段划分，提出实现阶段目标和总目标的时间要求，这要在学校的“十二五”规划中要清楚地阐明。

回答了“建设什么样的学校”问题后，需要回答“如何建设这样的学校”问题，也就是要针对发展目标提出达到目标的路径和办法。这是下面要阐述的问题。

二、学校改革发展的路径和保障

人才培养、科学研究和社会服务是大学建设的三大任务。质量是高校发展的生命线，提高高等教育质量必须贯穿于高校人才培养、科学研究、社会服务的全过程。我们要实现国际一流的研究型林业大学的目标，必须围绕着高校的三大任务来展开路径的探索、设计和选择。我重点谈5个方面的思考。

1．结合我校实际对高校三大功能的思考

(1)人才培养

人才培养是大学的第一使命和根本任务。在最近的教育部直属高校第二十次咨询会上，刘延东同志特别强调：学校领导的精力、师资力量、资源配置、经费安排和院系、部门的工作评价都要体现以教学为中心的方针，这充分反映了党和国家对高等教育人才培养功能的认识进一步深化。人才培养是一个综合性的概念，其内涵要进一步清晰，特别是要在大学的实际运行中认真研究和把握教育教学规律以及人才成长规律。对于我校而言，必须科学统筹本科教育、研究生教育和继续教育，系统谋划人才培养，而不是将三者割裂开来。我认为高质量的本科教育是大学人才培养的基础，研究生教育是大学人才培养的发展层次，是创新型人才培养的重点。

人才培养的核心是质量。国家的发展、社会的进步要求高校强化教学的中心地位，继续深化教育教学改革，切实提升人才培养质量。抓教育质量、提高人才培养水平是一个系统工程，需要从教学的每一个环节着手，找出影响教育质量的核心因素，提出一系列的新举措。

一是师资队伍建设。教育者的质量必然决定被教育者的质量，这是一个简单的道理。我校的师资队伍的数量不足、质量也有待进一步提高，这些是制约教育质量的关键因素。

教师队伍建设既要有规模又要追求质量。解决规模和质量的途径包括外引、外联和内培。从外引看，近年来我校取得了明显的成效，但是限于各种条件的不足，引进工作还有许多需要努力的方面。在引进人才方面要彻底摈弃“武大郎开店”的观念，调动一切可以调动的资源促进尖子人才的引进；从外联看，我们更是需要投入更多的关注和工作，要转变思路，通过校内外的广泛联合，建立起以校内固定教师为主，校外兼职教师为辅的教师队伍，充分用好校外有关企业、政府部门、研究机构的高端人才资源，外聘教师为我所用，开展讲座，进行专业课程授课，推进开放办学。从内培看，探索和建设科学合理的师资培养、提高和考核机制，形成有力的激励导向，将教师的师德、教风和业务水平与教师的职业生涯管理结合起来；特别要按照分类管理的原则，探索和建设能够将教学、科研与社会服务等工作衔接起来的教师评价机制，从单纯的工作量考核向注重绩效产出的考核转变，使教师的科学研究、社会服务真正成为提高人才培养质量的重要支撑。

二是人才培养模式的改革。人才培养模式是提高教育教学质量的载体，在形成新的人才培养模式过程中，首先，要理清素质教育与专业教育的关系，理清素质教育和专业教育的内涵和界限，二者不可偏废，目的是注重学生的全面发展，培养学生的综合素质。其次，要根据社会对人才的需求进行专业建设，着力建设专业特色，合理确定不同专业、不同学科的本科生和研究生人才培养规格，采取分类指导和管理的方式，使学院、教研室更多地自主选择专业的建设和运行方式。第三，要继续深入探索多样化的人才培养模式，从培养方案、课程设置、教学管理、实践教学等方面加大创新力度，探索尖子生、特长生的培养模式，尝试产学研联合的复合型人才培养模式，培养更多的拔尖创新人才。第四，在具体的人才培养模式的建设中，特别是在专业的教育理念、培养方案、教学方式方法等的改革过程中，要特别突出5个方面的要求，即：创新性(批判与创造)、综合性(素质基础与个性发展)、实践性(动手能力)、开放性(包容与国际视野)和选择性(自主学习和机会创造)。

三是招生和就业工作。高质量的生源是高水平人才培养的基础。我们要进一步抓好本科生源质量的提高，应对高考改革给招生带来的机遇和挑战，加快优质生源基地建设步伐。要特别注重提高研究生生源质量。同时，要积极引导毕业生到主流行业工作，提高就业工作水平，让优质的毕业生成为学校的品牌代言。高质量的生源与高质量就业之间是相互促进的关系。高质量的生源是教学质量的重要保证性因素，因此也是实现高质量就业的重要条件；同时，高质量就业为吸引高质量生源产生导向。因此，在这方面，我们还有很多潜力可挖。

(2)科学研究

科学研究是研究型大学建设的重要任务。目前，国家在不断强化高校开展科技创新的同时，也在科研资源投入目标和管理模式上进行着改革与调整。面对国家对高校科学研究工作的要求，以及在科研资源配置方向、形式上的变化，高校在争取科研资源、占领高地和掌握方向等方面的竞争日趋激烈。在这种背景下，我们面临的挑战是极为严峻的。

从我校的科研情况看，近年来进步不小，突出是相对于历史来看科研经费总量在不断增长，科研成果的积累也在加速。但是，如果用“211工程”高校、“985”平台建设高校，以及国际一流研究型林业大学的标准来要求，我校科学研究的水平和成果积累是有很大差距的。一是在教育部高校中，我校学科面窄，集中在林学，科研增长点不多，获取科研资源的领域和方向有限；二是科研管理体制机制存在不协调因此效率不高的问题；三是由于激励和评价机制上的缺陷，相对于科研投入而言，科研产出不高，特别是与我校的社会地位相称的、标志性的成果太少。

一是必须改革科研工作的激励约束机制。科研工作的管理重心在学院，要通过体制和机制改革，建设学院的学术权力机构，理顺从项目申请到科研成果产出的管理关系，强化科研绩效管理。

二是特别重视科技成果产出。科技成果产出与科研资源的获取是相辅相成的，有大规模的高水平的科技成果的产出，才会取得科研资源分配的主动权。重视科研产出，不能喊口号，必须建立学校、学院、学科和项目之间有效的控制机制，针对不同学科的不同特点，形成分类指导的管理模式，基础研究与应用研究协调开展的合理局面。对于基础性学科，要鼓励教师大胆开展基础理论研究，积极申请自然科学基金等基础类研究项目，产出更多的SCI论文和基础理论创新。学校将设立基础研究基金，鼓励支持教师从事基础研究。对于应用性学科，则必须回归到林业主战场，确定科研重点，产出以技术、专利等为代表的更多的标志性成果，并加以推广。要科学统筹自然科学和人文社会科学的发展，努力实现两翼齐飞。同时，要超前谋划，积极拓展研究领域，发展科研的新增长点。

三是依托科技平台加强专业科研队伍的建

设。要进一步加强重点科技平台的建设，整合内部资源，充分发挥省部级科技平台的引领作用，为申报国家重点实验室夯实基础。建设科技平台，必须有一支专业的科研队伍。为此，学校将在充分调研的基础上，打造精干高效的专业科研队伍，推动科研上新台阶。要完善政策支持，加强中青年科技领军人才队伍建设，推进科技创新团队建设，真正形成“领军人物”+“创新团队”的科研组织形式，发挥优势力量面向林业重大需求开展联合攻关。

四是要通过机制建设，形成科学研究和人才培养之间的互动关系。科学研究和人才培养是相辅相承的，高质量的人才培养为学校的科研提供了生力军，高水平的科研成果反过来直接支撑高质量的教育教学。为此，要建立发挥研究生在科学研究中的生力军作用，让有潜力的本科生参与科学研究动力机制，使学生在科学研究中接受严格的学术训练，培养学生的创新精神和能力。

(3)社会服务

大学不仅是传承知识，创造知识的殿堂，而且是服务社会，引领社会的重要力量。因此，为社会提供科学技术和人才训练等方面服务，也是提高我校办学综合素质和实力不可缺少的一环。

一是全方位地推进国内拓展与合作，提升开放式办学的水平。学校将进一步整合校内资源优势，推进合作办学，加强与国家林业局、水利部、环保部、住建部等的联系，推进与中国林科院、中国水科院、中国环科院等相应科研机构和有关企业的联合，进一步密切合作，努力实现资源共享。同时，要主动服务首都建设大局，加大对绿色北京建设的支撑力度。

各学院应当充分地依托优势专业和优势学科，围绕林业等领域建设的人才、科技和咨询等需求，推进产学研结合，广泛开展教育培训、科技服务、决策咨询等工作，增强学院的社会服务能力，产生社会影响。

二是搭建平台和载体，提升学校的社会服务能力。学校要继续发挥多学科交叉的优势，成立跨学科的研究机构，围绕现代林业建设的需求开展社会服务。要充分利用好大学科技园的平台，争取国家政策，加强与企业的联合，促进各学院的科技成果产业化，增强科技产业服务社会的能力。要继续用好国际林业教育论坛等载体，举办更多高水平的国际学术会议，占领国际合作的阵地。

2. 以学科建设支撑人才培养、科学研究和社会服务

要高水平地完成人才培养、科学研究和社会服务三大任务，高水平的学科是主要载体和重要支撑。北京林业大学需要通过有效地、高水平地发挥人才培养、科学研究和社会服务三大功能，来实现国际一流的研究型林业大学目标，也必须依靠高水平、有特色学科的建设。

首先，明确学科建设的核心工作。找准学科发展的方向是核心工作。无论是传统学科还是新兴学科，都需要有明确的发展方向，这是创造特色，形成优势的根本。不用讳言，我们长期引以为自豪的一些传统学科，由于方向不明，管理不科学而逐渐甚至已经失去了优势。因此，今后的学科建设应当在校院两个层面上，对保持着优势的传统学科要锦上添花，不断强化；对失去优势的传统学科要在方向上重新凝练，提出复兴的目标；对新兴的、有形成竞争力潜力的学科要提出明确的扶持制度和措施。明确学科方向应当成为近期学院工作的重点，必须尽快展开。同时要推进学科之间的交叉发展，促进学科之间的联合。

其次，明确学科建设工作系统性内容。学科建设同人才培养、科学研究和社会服务紧密联系，其最终目标是更好完成人才培养、科学研究和社会服务三大任务。学科建设是一个系统工程，因此抓学科建设从全局统筹规划，严格遵循学科建设的规律，方向明确后，要在教学、科学研究、社会服务，教学科研团队建设，学科布局等方面，对学科的建设进行系统思考、合理配置资源、有效控制建设绩效等。

第三，明确学科队伍建设的目标与步骤。做好学科建设的人才队伍规划，注重人才质量，创造有利人才成长发展的良好环境。特别要加强中青年学科领军人物的培养计划，确定院士、杰青和长江学者的后备人选，制定方案，加大培养力度。这些目标要具体化，包括时间、对象等，要在学校的发展规划中体现出来，更要在学院的发展规划中体现出来。

学校将抓住学科目录调整的契机，系统谋划一流学科的布局，科学统筹力量，进一步遴选亟

须建设的品牌优势学科，明确发展重点，给予特殊支持，支持其发展成一流学科，打造优秀学科群体。今年，我校拟新增的4个一级学科博士点(机械工程、建筑学、环境科学与工程、农业资源利用)，11个一级学科硕士点(哲学、理论经济学、心理学、外国语言文学、艺术学、数学、地理学、计算机科学与技术、环境科学与工程、食品科学与工程、公共管理)已经公示完毕，为学校的学科建设创造了新的空间。希望有关学院和优势学科要增强忧患意识和责任意识，坚持拓展和回归，坚持有所先为、有所后为，对特色学科的弱项加以弥补，让龙头学科占据旗帜地位，发挥引领作用。

3. 管理科学化是实现一切目标的制度、机制、组织和人力保障

深化改革、科学管理是高校科学发展的根本途径。无论是人才培养、科学研究，还是学科建设，都需要以科学有效的管理为保障。

从我校的实际看，制约发展的最根本的瓶颈因素有两个：一是资源不足属于硬件的问题，如人才、资金、空间等；二是管理不科学属于软件的问题，如激励与约束低效率等。通常硬件的不足可以通过管理效率予以弥补，但是管理效率却不能通过硬件的丰富来提高。因此，从这个意义上讲，我校目前最主要的发展障碍是管理低效率。

对于学校的管理，我认为应该重点思考以下几个方面的问题。

一是必须协调好学术权力和行政权力的关系。我们必须明确，大学是学术机构，学术权力是第一位的，要以科学的管理为学术服好务，通过发挥学术自由推动管理改革的深化。我们要在坚持党委领导下的校长负责制的基础上，进一步建立教授治学的科学机制。当前要认真做好校院两级学术委员会(也可以叫教授委员会)机制的设计工作，要在本学期完成这项工作。在学院层面，可否由全体教授选举产生学院学术委员会，确定学院学术委员会的决策咨询职责和权力。在学校层面，要坚持学校的重大政策由校学术委员会讨论，努力增强重大决策的公开化和民主性。

二是真正实现校院二级管理，激发学院的办学活力。在学校的管理体系中，学院是最重要的分权层次，应承担起学校三大任务的具体运行、管理和协调工作。学院的这个角色，当然是相应的权力和责任的统一体。学校大目标的确定，第一层次的目标分解对象就是学院，因此，学院必须拥有在实现分目标的资源配置权和管理权。在这方面，人事管理部门要尽快展开对学院权责界限的调研，并尽快拿出真正体现二级管理的校院两级管理体制和机制方案。学校支持学院根据实际选择合适的发展模式，不搞一刀切，努力实现不同学院的特色发展。

三是以服务为导向，建立科学高效率的行政管理体系。职能部门提高工作效率的根本是增强责任心和服务意识，各职能处室应当通过培训来提高干部的管理理论水平和管理的实践能力，研究科学处理管理问题的方法。要以调动积极性为出发点和目标，探索管理模式多样化，同时梳理各部门的管理职能，减少职能重叠、杜绝管理盲点。要通过探索管理人员实行职员制、轮岗制、任期制，推进管理人员的年轻化，保持管理岗位活力，提高管理效益。对此，要进行系统的规划。

四是坚持激励约束机制并举，加强绩效考核及其配套激励约束机制建设。要明确人事分配制度的导向，推行绩效考核制度，研究教学、科研、管理的评价机制和评价结果的运用，实行考核结果反馈机制，完善激励约束机制并严格执行，发挥制度的作用，保证制度的有效性，反对形式主义。但是，我们不能将激励机制简单化，认为激励就是一味地给予物质奖励。我们要特别倡导大学是学术的殿堂，引导教师注重精神要求，形成良好的教书育人和科技创新的氛围。

管理的制度和举措的有效作用，离不开管理者的责任心和积极性。在很多情况下，我们的管理者未必不知道应当如何使工作更加有效，之所以出现低效率的情况多是由于责任心的问题。责任心的强弱，决定着在合理的管理规则下工作的效率水平。因此，在这里我特别强调，各级管理者应当认真地重视提高责任心的要求。有责任心才能保证精力投入的集中。我赞成少说多做的精神。

4. 调动一切可以调动的力量，争取学校发展的硬件资源

学校办学空间拓展和资金筹措，是大家高度关注的问题，也是影响学校可持续发展的瓶颈问题。需要我们共同努力，认真加以解决。

一是立足于现有校区的改造、优化和拓展，寻找机会，扩展空间。我们要坚定不移地加快校本部的建设，科学高效利用好现有的办学空间。经过各方面的努力工作，通过周边回征两公顷多的土地，学校已经利用已征地上的4000平方米办公用房，改善了多个学院的条件。我们还要推动学研大厦尽快动工，加快教工住宅建设。我们要最大限度地用足、用活、用好北京市的相关政策，寻找结合点，积极调整校园建设规划，争取提高校本部容积率，扩展建设空间。同时学校将加强办学资源的统一调配，努力实现资源的高效集约利用。总之，我们想争取经过几年的建设，实现一院一地一文化的目标，改善教学科研条件，营造学校的文化氛围。

与此同时，我们要加强教学实习林场的建设，做好6个综合实践基地的建设，积极争取国家政策，稳步拓展办学空间。

二是抓开源节流，强化办学资源获取能力，全力做好办学资金筹措。准确把握国家政策支持的导向和重点，积极争取各种办学经费，满足办学的需求。要出台相应政策，支持各学院提高创收能力，增强学校的自我造血功能。同时，要在全校倡导厉行节约、艰苦奋斗、勤俭理校，坚决反对铺张浪费。

三是高度关注和切实改善教职工的福利待遇。新班子充分认识改善教职工福利待遇，在我们工作任务中的重要位置。并且我们也会同全体教职工一道，在追求学校事业发展的同时，不断创造条件，共同为大家创造更加富裕的物质生活和精神生活而努力。根据目前学校的实际条件和能力，经过班子认真研究，我校将在下半年在一定水平上提高教职工的绩效津贴，这项工作将会很快展开。同时，我也代表学校班子向大家承诺，将继续积极创造条件，努力改善教职工的工资待遇。

5. 以党建引领和谐校园建设

党建和思想政治工作是一切管理工作有效开展的思想保证。面对发展的新形势，我们要进一步加强党建和思想政治工作，核心是要将这方面的工作与我校发展的实际、与学校改革的实际要求紧密结合起来，积极开展“创先争优”活动，将此项活动作为学校建设的政治保障和动力。要将党建与思想政治工作，融入到各级领导班子建设的工作中，努力创建学习型领导班子，加强各级班子和干部的政治素质建设、能力建设和组织建设。

要加强学校文化建设，继续弘扬“知山知水、树木树人”的办学理念，继续培育境界高尚、底蕴深厚的大学文化，让坚持真理、淡泊名利、勇于创新、求真务实的精神发扬光大。发挥离退休同志、党外人士等各方面的力量，认真做好和谐校园建设的相关工作。要坚持以人为本，改进大学生思想政治教育，关心关注青年学生的健康成长。

以上就是我近期对学校发展重点的思考，与大家共同交流。近期，我和分管领导将继续召开各种形式的座谈会，听取各方面的意见，提出更加翔实的改革发展举措。

三、高质量完成下半年工作重点

今年是学校确定的质量效益年。通过上半年的努力，学校各方面的工作均取得了显著成效：

一是在教育教学方面，新增三个国家级特色专业建设点，两个国家级教学团队、一门国家级精品课程两个北京市优秀教学团队和两名北京市教学名师。大学生参加大型学科竞赛再创佳绩，我校学生在第四十七届国际风景园林师联合会大学生风景园林设计竞赛中所获奖项超过全部奖项的半数。研究生培养机制改革继续深化。入选北京市优秀博士论文1篇，全国优秀博士论文提名奖1篇。

二是在学科建设和科研方面：立项科研160余项，合同经费达7000万元，获批国家自然科学基金42项，经费1138万元；人文社科新增科研经费248万元，获北京市哲学社会科学规划项目重大项目立项。李俊清教授主持《我国北方几种典型退化森林的恢复技术研究与示范》获国家科技进步奖二等奖，1项成果获北京市哲学社科二等奖。1月至8月中旬，全校发表SCI论文150余篇。与福建省林业厅、福建三明市政府等单位签订合作协议。六大实践基地完成协议和建设合同书签署，正式开始建设。土壤学增列为北京市二级学科重点学科。

三是在国际合作和开放办学方面，主办或承办第四十七届风景园林师世界大会、国际林业高等教育论坛、亚太地区林业院校长会议，与7所海外高校签订或续订校际交流协议，启动与澳大利亚国立大学联合培养硕士项目。继续教育与德国教育和手工业基金会签署合作意向书。

四是在办学条件方面，基本建设、重点工程进展顺利。六道口征地项目签署征地协议，并通过静淑苑道路改造获得北京市征地拆迁支持，为学校节约大量资金；改造4000平方米的房屋资源已经投入使用。学研大厦顺利拿到开工许可证。教工住宅进展顺利，住宅及腾退房售房平稳完成，800多户教职工的住房条件得到改善，公平、透明的售房工作得到广泛好评。上半年共获各项收入3.48亿元，较去年同期增长49%。注册成立北京北林科技园有限公司，搭建了科研成果转化的平台。

五是党建和队伍建设方面，校级党政领导班子调整完成，新老班子平稳过渡。学校集中调整24个中层干部岗位。学校第二次获首都文明单位标兵称号，中心组建设实践成果获北京高校党建优秀成果一等奖，《北林报》获全国高校优秀校报称号，率先开展了全国绿色好新闻评选活动。

六是在招生就业和学生管理方面，本科生就业率91.14%，研究生就业率98.25%。新招收本科生3396人、研究生1341人，本科一志愿录取率为99.26%，本科理科录取平均分高出重点线40.59分，文科为29.74分，均创历史新高。学生服务体系不断健全，切实维护学校稳定。校团委荣获第六届中华宝钢环境奖优秀奖。

学校其他方面的工作也在有序开展。限于时间，我就不一一展开了。总之，上半年扎实细致的工作为我们圆满完成全年的工作目标奠定了坚实的基础。

今年下半年是承前启后的关键时候，我们一定要坚持事业为重、发展为要、实干为先，狠抓当前，突出重点，确保今年各项目标任务完成。为此，学校拟定了下半年重点工作及责任分工。在这里根据各方面提出的下半年工作的重点，再强调以下几个方面的工作：

1. 深入学习贯彻《纲要》精神，制定学校“十二五”和中长期发展规划

认真组织力量，广泛开展研讨，组织制定学校“十二五”事业发展整体规划，及学科建设规划、本科教学改革建设发展规划、研究生培养建设规划、科技发展规划、实验室建设规划、校园建设规划等6个专项规划，明确“十二五”发展目标和建设重点，通过体制、机制改革方面的突破，在“转型”过程中逐步解决制约学校发展的瓶颈问题。

2. 深化教育教学改革，着力提高本科生和研究生培养质量

要推广本科教学质量工程建设经验和成果，积极准备二期“质量工程”建设。要深化人才培养模式改革，启动新一轮人才培养方案修订。深化梁希实验班人才培养模式改革。强化专业内涵建设，坚持分类指导，调整专业定位。搭建“教授上讲台”平台，推动高水平教授上讲台。完善教研室建设。

要深化研究生教育创新。全面实施新版培养方案，逐步实行研究培养的竞争和淘汰机制。充分挖掘研究生队伍科技创新潜力，强化研究生科技创新能力的培养，提升研究生教育与培养的国际化水平。进一步规范在职专业学位研究生教育，提升专业学位教育质量。

3. 深入开展“优势学科创新平台”、“211工程”建设，强化学科建设

加强“优势学科创新平台”的建设，确保“211工程”三期高质量高标准的完成。积极推动风景园林、水土保持、自然保护及草业科学申报国家一级学科。完善学科建设管理办法，规范学科建设责任体系。加快优势学科建设，支持新兴学科发展。

4. 狠抓科技成果产出，加强科技平台建设

积极组织专家参与国家、国家林业局“十二五”科技计划的指南编写与设计。编制学校“十二五”科技发展规划，组织力量争取国家、行业重点科技计划。强化科研绩效管理，梳理整合“十一五”科技项目产出成果，申报国家、省部级奖励，促进科技论文、专利、新品种权的产出。提高科技成果转化的实效。

要做好森林培育与保护，林木花卉遗传育种教育部重点实验室的评估工作。进一步推进科技平台实体化建设，加紧国家重点实验室申报工作。加快南方、北方六大实践基地的基础建设工程。

5. 落实人才强校战略，提高师资和人才队伍质量

加快高层次领军人物的培养和引进，做好院

士、长江学者、国家杰出青年基金获得者的后备人才培养。加大学院进人自主权，积极补充亟须的师资，提高新进教师的整体质量。深化人事制度改革。规范人事考核管理，做好各岗位聘期考核工作。完善绩效工资改革办法，争取教职工待遇进一步提高。

6. 拓展国际交流和合作，加快开放办学

落实与加拿大 UBC 等大学合作办学项目，抓紧进行“亚太森林网络奖学金”英文授课项目。做好 2011 年国家建设高水平大学公派研究生项目选派工作。办好挑战地区的城市林业国际会议。加强与有关科研院所、企业的横向联系和合作，构建开放办学的格局。做好继续教育申办远程教育的准备工作，加大行业教育培训力度。规范在职专业学位研究生教育，制定新增专业学位培养方案，提升专业学位教育质量，提高办学效益。

7. 深化管理改革

一要坚持从制度建设入手，重点加强人事、组织、教学、科研和队伍建设的管理制度的完善。二要健全教授治学和民主办学管理机制。完善校学术委员会职责和章程，构建校院两级学术委员会的管理机制和建设责权落实的校院二级管理机制。落实《高校信息公开条例》，推进信息公开工作。深化校务公开工作，开展院务公开检查。三要完善校园一卡通一期建设工程。升级改造 OA 等学校核心应用系统。四要加强资金筹措和财务管理。编制 2011 年预算。做好重点建设项目的资金筹集，加强校级财务的统管力度，充分挖掘校内资金潜力。

8. 大力改善办学基础条件

在基本建设方面，要积极争取国家政策支持，做好校园整体规划修编准备工作。加快苗圃住宅施工进度，在保证工程质量的同时，力争在春节前实现结构封顶。要抓紧建设学研大厦，争取年前挖土动工。继续做好学校东侧两块土地征用后续拆迁工作，维护学校权益。要继续优化办学资源配置。推进林场、苗圃和树木园建设。

要做大做强产业，推进科技园建设，支持校办企业创造更高的企业效益。加强总务和后勤服务工作，建设节约校园。完善图书、档案、学术期刊等公共服务体系建设。编辑出版学校宣传册。

9. 深入开展创先争优活动，全力争取党建评估先进校，加强党建工作

通过创先争优活动，发动广大党员立足岗位作贡献，提高基层党组织建设水平。要发动全校党组织认真做好第六次北京市党的建设和思想政治工作先进校的申报参评工作，力争进入党建先进校行列。

要加强领导班子和干部队伍建设，选好配齐各级领导班子，加强干部履职能力考核，大规模开展干部培训。

要抓好思想教育宣传，推进大学文化建设。落实维稳工作责任制，切实维护学校安全稳定。统筹做好纪检监察、统战、离退休和工会工作。

10. 加强大学生思想政治教育，促进学生全面发展

召开 2010 年学生工作会议。完善班主任考核制度。加强班级建设。纵深推进学风建设工程，构建全员参与学风建设的格局，营造良好学习氛围。

要全力推进大学生招生就业工作上水平。做好大学生职业生涯及就业创业教育，提前谋划 2011 届学生的就业工作，争取进入全国高校就业工作先进行列。抓好优质生源基地建设，争取下半年完成 20 ~ 25 所重点中学挂牌优质生源基地。

要做好共青团工作。完善二课堂教育体系，巩固生态文明教育实践成果，做好重大文化活动组织工作。

完成以上 10 个方面的重点工作，需要我们狠抓落实。落实是决策的生命，是一切工作的出发点和落脚点。希望单位要把工作做到目标到位、责任人到位、时间节点安排到位、检查考核到位。希望我们的干部要真正把心思集中在“想干事”上，把胆识体现在“敢干事”上，把能力展现在“会干事”上，把目标落实在“干成事”上，在学校形成人风正和事业兴的良好局面。

同志们，我们很荣幸地承担起了我校新时代新时期的改革任务，但是，这些任务挑战性极大，需要我们以大无畏的精神来应对我们面临的困难，用我们的智慧和努力克服这些困难，实现学校发展的宏伟目标。我相信，只要我们团结一心，以事业为重，脚踏实地的工作，我们的学校就会有光辉的未来。让我们大家共同努力！

机构与队伍

党群、行政机构

学校党群机构

北京林业大学党政办公室
中共北京林业大学委员会组织部
中共北京林业大学委员会党校
中共北京林业大学委员会宣传部
中共北京林业大学委员会统战部
中共北京林业大学纪律检查委员会
中共北京林业大学机关委员会
中共北京林业大学委员会保卫部
中共北京林业大学委员会学生工作部
中共北京林业大学委员会武装部
中共北京林业大学委员会研究生工作部
中国教育工会北京林业大学委员会
共青团北京林业大学委员会

学校行政机构

党政办公室
新闻办公室
发展规划处
监察处
保卫处
学生处
研究生院
继续教育学院
教务处
科技处
计划财务处
审计处
人事处
基建房产处
国际交流与合作处
招生就业处
离退休工作处
总务与产业管理处
实验室与设备管理处

教学机构

林学院
园林学院
水土保持学院
经济管理学院
工学院
材料科学与技术学院
生物科学与技术学院
信息学院
人文社会科学学院
外语学院
理学院
自然保护区学院
环境科学与工程学院
体育教学部

教学辅助、附属、挂靠及产业机构

实验林场
图书馆
信息中心
校医院
校友会
期刊编辑部
高教研究室
后勤服务总公司
综合服务公司
北京林大林业科技股份有限公司
北京林大资产经营有限公司
北京林业大学社区居委会
北京林业大学人口与计划生育办公室

北林附小
中国林业教育学会
中国水土保持学会
中国防治荒漠化培训中心
国家林业局自然保护区研究中心
国家花卉工程技术研究中心
档案馆
教学科研实践基地建设办公室
公共分析测试中心 （杨 丹 张 闯）

学校重要委员会和领导小组

北京林业大学第六届校学术委员会
顾　问：沈国舫　陈俊愉　孟兆祯
主　任：尹伟伦
副主任：张启翔　宋维明
委　员：马履一　尹伟伦　王向荣　史宝辉　刘俊昌　孙德智　严　耕　余新晓　宋维明　张文杰　张启翔　张志毅　李俊清　郑小贤　侯小龙　俞国胜　赵广杰　骆有庆　黄心渊　蒋湘宁　韩海荣
秘　书：侯小龙
秘书处设在科技处。

北京林业大学财经工作领导小组
组　长：吴　斌　宋维明
成　员：逄广洲　方国良　王自力　刘　诚　张　闯
财经工作领导小组办公室设在计划财务处。
办公室主任：刘　诚

北京林业大学人才工作领导小组
组　长：吴　斌
副组长：宋维明
成　员：陈天全　逄广洲　姜恩来　方国良　张启翔　全海　骆有庆　王自力
办公室主任：张　闯
办公室成员：马履一　邹国辉　刘　诚　于志明　侯小龙　张志强　刘俊昌　万国良　王立平　李亚军
办公室秘书：催惠淑　张　鑫
办公室设在人事处。

北京林业大学学科建设领导小组
组　长：宋维明
副组长：吴　斌　骆有庆
成　员：张启翔　马履一　张志强　张　勇　张　闯　侯小龙　刘　诚　韩海荣　余新晓　张志翔　赵广杰　陈建成　李　雄
办公室主任：马履一
办公室副主任：孙玉军　高双林　贾黎明
领导小组下设学科建设办公室挂靠在发展规划处

北京林业大学“211 工程”三期建设项目领导小组
组　长：吴　斌　宋维明
副组长：张启翔
成　员：逄广洲　骆有庆　马履一　张　勇　于志明　张志强　侯小龙　万国良　张　闯　刘　诚　高双林

北京林业大学产业规范化建设领导小组
组　长：宋维明　吴　斌
副组长：王自力　马履一
办公室主任：王立平
办公室副主任：李亚军　刘　诚
办公室成员：杨宏伟　钟新春　王小军　陈　欣　陈彦东　向文生
办公室设在总务产业处。

“十二五”校园建设总体规划编制工作领导小组
组　长：吴　斌　宋维明
副组长：逄广洲　王自力
成　员：马履一　王立平　李亚军　张　勇　刘　诚

办公室主任：李亚军
成　员：陈彦东　王小军　陈桂成
领导小组办公室设在基建房产处。

北京林业大学重点工程领导小组
组　长：宋维明　吴　斌
副组长：方国良　王自力
成　员：刘　诚　杨宏伟　张爱国　李亚军

北京林业大学售房委员会
主任委员：王自力
副主任委员：方国良
委　员：班道明　陈洪勋　张　勇　张　闯
刘　诚　郑晓清　石彦君　李亚军
张志毅　赵相华　阎锦敏　丁国栋
郭小平　郝建华　王元生　田　丰
王　平　张　敬　延晓康　王　颖
盛双庆　张　元　王　勇　杨雪松
陈　东　关文斌　杨　君　王　楠
办公室主任：柴　宁

北京林业大学大宗采购招标领导小组
组　长：宋维明
副组长：方国良　张启翔　王自力
成　员：马履一　张　勇　李亚军　王立平
万国良　刘　诚　张爱国　杨宏伟
刘金霞

北京林业大学贯彻落实党风廉政建设责任制领导小组
组　长：吴　斌
副组长：方国良　全　海
组　员：张　勇　邹国辉　张　闯　李铁铮
张爱国　杨宏伟　郑晓清　张卫民
周伯玲　刘宏文　管凤仙　张　敬
庞有祝　刘淑春　郭小平　于翠霞
魏　莹　于文华　韩秋波　王艳青
杨永福　齐秀生　赵相华　刘金霞

北京林业大学校务公开领导小组
组　长：吴　斌
副组长：宋维明　陈天全　方国良　全　海
周　景
成　员：张　勇　邹国辉　张　闯　张爱国
石彦君

北京林业大学校务公开委员会
主　任：宋维明
副主任：陈天全　方国良　全　海　周　景
成　员：张　勇　马履一　邹国辉　李铁铮
郑晓清　姜金璞　张　闯　刘　诚
李亚军　万国良　王立平　于志明
侯小龙　张志强　刘俊昌　任　强
董金宝　石彦君　黄中莉　丁立建
黄国华
办公室主任：张　勇(兼)
办公室副主任：石彦君(兼)
校务公开工作委员会办公室设在党政办公室。

北京林业大学校务公开监督委员会
主　任：方国良
副主任：张爱国　石彦君
成　员：杨宏伟　张卫民　姜金璞　刘宏文
杨永福　于吉顺　田海平
校务公开监督委员会办公室设在纪委、监察处。

北京林业大学加强和改进大学生思想政治教育领导小组
组　长：吴　斌
副组长：宋维明　姜恩来　全　海　骆有庆
成　员：张　勇　邹国辉　张　闯　李铁铮
于志明　姜金璞　宋太增　于翠霞
严　耕　任　强　孙信丽　董金宝
刘广超　于吉顺
加强和改进大学生思想政治教育领导小组办公室设在党政办公室。

北京林业大学学生思想政治教育队伍建设领导小组
组　长：吴　斌
副组长：姜恩来　全　海　骆有庆
成　员：张　勇　邹国辉　张　闯　刘　诚
于志明　孙信丽　任　强　董金宝
于吉顺　刘宏文　于翠霞　周伯玲
庞有祝　张卫民　张　敬　于文华
魏　莹　韩秋波　杨永福　王艳青

郭小平　刘淑春

学生思想政治教育队伍建设领导小组办公室设在党政办公室。

北京林业大学学生申诉处理委员会

主　任：姜恩来

副主任：杨宏伟　任　强　孙信丽　姜金璞　于志明　于吉顺

委　员：刘祥辉　宋吉红　苏　静　李庆卫　王晓旭　倪潇潇　任忠诚　张　健　李成茂　王艳洁　卢振雷　仲艳维　学校法律顾问　教师代表　学生代表

北京林业大学学生评优管理委员会

主　任：姜恩来　骆有庆

副主任：于志明　任　强　于吉顺

委　员：王晓旭　王艳洁　卢振雷　任忠诚　刘祥辉　仲艳维　张　健　张淑华　李庆卫　李成茂　苏　静　宋吉红　倪潇潇　温跃戈　焦　科

办公室主任：温跃戈

工作人员：　马驰知

北京林业大学学生评优管理委员会日常工作机构设在学生处学生管理科。

北京林业大学信访工作领导小组

组　长：吴　斌　宋维明

副组长：陈天全　逄广洲　姜恩来　方国良　张启翔　全　海　骆有庆　王自力

成　员：张　勇　张爱国　杨宏伟　邹国辉　李铁铮　黄中莉　马履一　郑晓清　姜金璞　侯小龙　张　闯　刘　诚　王立平　董金宝　李亚军　于志明　张志强　刘俊昌　任　强　石彦君　于吉顺　宋太增　刘西瑞　贺　刚　黄国华

主　任：张　勇

副主任：张爱国　丁立建

信访工作办公室设在党政办公室。

北京林业大学离退休工作领导小组

组　长：吴　斌

副组长：宋维明　逄广洲　姜恩来　方国良　王自力

成　员：张　勇　邹国辉　张　闯　刘　诚　李铁铮　李亚军　贺　刚　石彦君　刘西瑞　齐秀生　宋太增　曹怀香　王　颖　王友琴　刘家骐　贺庆棠　顾正平　陈燕芬　沈瑞祥

北京林业大学民族宗教工作领导小组

组　长：方国良

副组长：逄广洲　姜恩来

成　员：张　勇　李铁铮　黄中莉　姜金璞　刘俊昌　于志明　任　强　孙信丽　赵相华　于吉顺　黄国华

办公室主任：黄中莉(兼)

办公室副主任：姜金璞(兼)

领导小组办公室设在党委统战部，具体负责日常工作。

北京林业大学人口与计划生育委员会

主　任：陈天全

副主任：张　勇　邹国辉　张　闯　郑晓清

成　员：张卫民　于文华　杨永福　周伯玲　魏　莹　管凤仙　王艳青　阎锦敏　张　敬　于翠霞　庞有祝　韩秋波　郭小平　刘淑春　孙信丽　任　强　赵相华　张爱国　贺　刚　李铁铮　李东才　胡　建

人口与计划生育委员会设办公室。

办公室主任：胡　建

北京林业大学治理教育乱收费领导小组

组　长：方国良

副组长：逄广洲　姜恩来　骆有庆

办公室主任：张　勇

副主任：刘　诚　张爱国　石彦君　杨宏伟

成　员：李铁铮　于志明　张志强　崔建国　李亚军　董金宝　姜金璞　王士永　阎锦敏　赵相华　张劲松　孙承文　贺　刚　刘金霞　王孝全　高慧贤

北京林业大学体育运动委员会

主　任：宋维明

副主任：陈天全　姜恩来　周　景　孙承文

委　员：张　勇　于志明　李铁铮　石彦君
李东才　姜金璞　董金宝　任　强
于吉顺　王立平　孙信丽　李成茂
贺　刚　苏　静　刘祥辉　李庆卫
任忠诚　倪潇潇　王艳洁　房　薇
田　丰　宋吉红　仲艳维　王晓旭
张　健　卢振雷　陈　东
校学生会主席 校研究生会主席
办公室主任：陈　东

北京林业大学绿化工作领导小组

组　长：王自力
副组长：王立平　王　勇
办公室主任：王　谦
成　员：李　雄　张志翔　韩海荣　蔡　飞

北京林业大学网络宣传教育领导小组

组　长：吴　斌
常务副组长：全　海
副组长：逄广洲　姜恩来　骆有庆
成　员：李铁铮　张　勇　邹国辉　张　闯
任　强　于志明　张志强　侯小龙
刘俊昌　于翠霞　姜金璞　郭小平
刘　诚　王立平　石彦君　于吉顺
赵海燕　黄国华
办公室主任：赵海燕
副主任：沈　静
网络宣传教育办公室设在党委宣传部。

北京林业大学传染病防控领导小组

组　长：宋维明
副组长：方国良　陈天全　逄广洲　姜恩来
张启翔
成　员：贺　刚　张　勇　王立平　张志强
姜金璞　李铁铮　于志明　任　强
孙信丽　赵相华　刘俊昌　刘西瑞
郑晓清

北京林业大学普法工作领导小组

组　长：吴　斌
副组长：陈天全　逄广洲　姜恩来　全　海
骆有庆
成　员：李铁铮　张　勇　马履一　张　闯
邹国辉　姜金璞　任　强　孙信丽
于志明　刘俊昌　石彦君　刘西瑞
于吉顺　高慧贤　（沈　芳　张　勇）

干部名单

校级领导

（2010 年 8 月学校行政领导班子调整。截至 2010 年 12 月 31 日，校领导班子成员 10 人）
党委常委，党委书记：吴　斌
党委常委，校长：尹伟伦（任职至2010年8月5日）
党委常委，校长：宋维明（自 2010 年 8 月 5 日起任职）
党委常委，副校长：陈天全
党委常委，副书记：周　景（任职至 2010 年 8 月 5 日）
党委常委，副校长：逄广洲
党委常委，副校长：宋维明（任职至 2010 年 8 月 5 日）
党委常委，副校长：姜恩来
党委常委，纪委书记兼党委副书记：方国良
党委常委，副校长：张启翔
党委常委，副书记：全　海（自 2010 年 8 月 5 日起任职）
党委常委，副校长：骆有庆（自 2010 年 8 月 5 日起任职）
党委常委，副校长：王自力（自 2010 年 8 月 5 日起任职）
副校级干部：王玉杰（新疆昌吉学院挂职）
校工会主席（副校级）：周　景

正处级干部（在职 69 人，退休 3 人）
党政办公室主任：张　勇（2010 年 8 月 18 日任职）
党委组织部（党校）部长：邹国辉（2010 年 8 月 18 日任职）
党委宣传部（新闻办公室）：李铁铮
党委统战部部长：黄中莉
纪委副书记：张爱国
机关党委书记：郑晓清
党委保卫部（处）部（处）长：姜金璞（2010 年 8

月 18 日任职)
学生工作部(处、武装部)部(处)长：任　强
研究生工作部部长：孙信丽
校工会常务副主席：朱逸民(2010 年 6 月不再任职，2010 年 10 月退休)
校工会常务副主席：石彦军(2010 年 6 月 12 日任职)
校长助理、发展规划处处长：马履一(2010 年 8 月 18 日任职)
发展规划处正处级干部：高双林
监察处处长、审计处处长：杨宏伟
监察处正处级非领导职务：王孝全
研究生院常务副院长：张志强(2010 年 8 月 18 日任职)
教务处处长：于志明(2010 年 8 月 18 日任职)
科技处处长：侯小龙
计划财务处处长：刘　诚
人事处处长：张　闯(2010 年 8 年 18 日任职)
国际交流与合作处处长：刘俊昌(2010 年 8 月 18 日任职)
招生就业处处长：董金宝
离退休党委书记：齐秀生
离退休处处长：宋太增
总务与产业管理处处长：王立平(2010 年 08 月 18 日任职)
总务与产业管理处副处长(正处级)：钟新春(2010 年 10 月 25 日任职)
实验室与设备管理处处长：万国良(2010 年 8 月 18 日任职)
林场场长：王　勇
图书馆馆长：刘　勇
图书馆常务副馆长：阎锦敏
校医院院长：贺　刚
期刊编辑部主任：颜　帅
高教研究室正处级干部：李　芳
后勤服务总公司总经理、直属党支部书记：赵相华
北林大资产经营有限公司总经理，北京林大林业科技股份有限公司总经理，总务与产业管理处副处长：蔡　飞
北京林业大学社区居委会主任：刘西瑞
林业教育学会正处级非领导职务：贾笑微
中国水土保持学会副秘书长：张　焱
中国水土保持学会办公室主任：岳金山
中国水土保持学会常务副秘书长：黄　元(因病休息，享受正处级)
林学院党委书记：刘宏文(2010 年 8 月 18 日任职)
林学院院长：韩海荣(2010 年 8 月 18 日任职)
园林学院党委书记：沈秀萍(2010 年 1 月不再任职，2010 年 3 月退休)
园林学院党委书记兼副院长(行政)：张　敬(2010 年 1 月 4 日任职)
园林学院院长：李　雄
水土保持学院党委书记：庞有祝
水土保持学院院长：余新晓
校长助理，经济管理学院党委书记：张卫民(2010 年 8 月 18 日任职)
经济管理学院院长：陈建成(北京市公园管理处挂职，2010 年 8 月 18 日任职)
工学院党委书记：于文华
工学院院长：俞国胜
材料科学与技术学院党委书记：杨永福
材料科学与技术学院院长：赵广杰
生物科学与技术学院党委书记：周伯玲
生物科学与技术学院院长：张志翔
生物科学与技术学院正处级干部：刘玉军
信息学院院长：黄心渊
信息学院正处级调研员：吴　燕(2010 年 9 月退休)
人文社会科学学院党委书记：于翠霞
人文社会科学学院院长：严　耕
外语学院党委书记：魏　莹(2010 年 8 月 18 日任职)
外语学院院长：史宝辉
理学院院长：张文杰
理学院正处级干部：高孟宁
自然保护区学院党总支书记兼行政副院长：王艳青
自然保护区学院院长：雷光春
环境科学与工程学院党总支书记：韩秋波
环境科学与工程学院院长：孙德智
体育教学部直属党支部书记：李东才
体育教学部主任：孙承文(2010 年 11 月 8 日任职)
继续教育学院党总支书记：管凤仙
继续教育学院院长：张劲松

人物

院士简介

【沈国舫】 浙江嘉善人，1933 年 11 月出生于上海。中共党员。中国著名的林学家、林业教育家、中国现代森林培育学的主要创建者和学科带头人。第八、第九、第十届全国政协委员。中国工程院原副院长。1956 年毕业于前苏联列宁格勒林学院林业系。现任中国工程院院士、中国环境与发展国际合作委员会中方核心专家、北京林业大学教授、博士生导师、森林培育学科带头人。曾任北林大校长(1986 ~1993)、中国林学会理事长(1993 ~1997)、北京市人民政府专业顾问(林业顾问组组长)、现兼任国务院学位委员会学科评议组成员、《林业科学》、《森林与人类》、《北京林业大学学报(英文版)》主编等职。长期从事森林培育学方面的教学科研工作，在森林立地评价与分类、造林树种选择、混交林营造、干旱与半干旱地区造林等方面有多项研究成果，并在发展速生丰产用材林技术政策等的制定、大兴安岭特大森林火灾后恢复森林资源和生态环境工作方针的制定等方面起过关键作用。近年来，致力于较宏观的林业可持续发展的研究及城市林业的研究，参与并领导了数项工程院的咨询研究项目。曾获国家级、省部级科技进步奖 6 项，全国优秀教材奖及全国优秀图书奖 3 项，著有《造林学》、《林学概论》、《中国造林技术》、《中国森林资源与可持续发展》、《森林培育学》等通用教材及专著 9 部，发表学术论文百余篇，1991 年被评为国家级有突出贡献优秀科技专家称号，1996 年获全国“五一”劳动奖章和首都劳动奖章，2004 年获国家林业局林业科技贡献奖，2008 年获三北防护林体系建设突出贡献者称号，获得 2009 绿色中国年度焦点人物特别贡献奖，2010 年获得第八届光华工程科技奖。

（杨金融　张　闯）

【陈俊愉】 男，1917 年生，安徽安庆人。中共党员及民盟成员。1940 年毕业于金陵大学园艺系毕业后，先后在武汉大学、华中农学院园艺系任教。1957 年起任教于北京林业大学(原北京林学院)，现为中国工程院资深院士，园林学院园林植物与观赏园艺教授、博士生导师及北京林业大学名花研究室主任，兼中国园艺学会副理事长、中国花协梅花蜡梅分会会长及国际园艺学会梅 Prunus mume 品种国际登录权威(IRA)等，曾兼中国风景园林学会副理事长、国务院学位委员会第一第二届林科评议组成员、中国科学院北京植物园研究员等。培养了大批园林专门人才(含学士、硕士、博士等)；创造了花卉“野花育种”新技术和进化兼顾实用的花卉品种二元分类法，在世界上独树一帜；中国梅花系统研究的第一主持人，建立了中国梅花品种分类新系统与品种资源图，育成一批优良抗寒新品种；对中国野生花卉种质资源有深入的分析研究；创导花卉抗性育种新方向并选育梅花、地被菊、月季、金花茶等新品种 80 多个；系统研究中国梅花；在探讨菊花起源上有新突破。其研究成果获部级科技进步一至二等奖 9 项、国家一至三等奖 4 项，出版专著 14 部，其中《中国梅花品种图志》获林业部科技进步一等奖、国家科技进步三等奖，《中国花经》获建设部科技进步二等奖，《金花茶育种与繁殖研究论文汇编》获林业部科技进步一等奖、国家科技进步二等奖，公开发表文章 200 多篇。

（周春光　张　闯）

【孟兆祯】 男，1932 年生，湖北武汉人。中共党员。1956 年毕业于北京农业大学园艺系造园专业后开始在北京林业大学(原北京林学院)任教至今。现为园林学院风景园林规划与设计教授，博士生导师，中国工程院院士，兼任中国风景园林学会荣誉理事长，住房与城乡建设部风景园林专家委员会副主任，北京市人民政府园林绿化顾问组组长，上海市绿化局顾问组组长、《风景园林》杂志名誉主编，清华大学、北方工业大学客座教授等。以中国传统园林艺术与设计为特长，对假山艺术尤有造诣，代表见解为"人类社会生产必须与环境建设相协调。人与天违，天人俱伤；人与天调，天人共荣。"与"要继承和发展中国传统园林文化，创造具有中国特色、地方风格和适应现代化社会生活的新园林"。培养大批硕士、博士研究生（其中外籍学生两名）、博士后2名，曾指导3名学生4次获国际大学生风景园林设计竞赛大奖。学术思想活跃，理论成果丰富，发表论著40余篇，有影响的为《中国古代建筑技术史·掇山》、《避暑山庄园林艺术理法攒》获国家科技进步二等奖、《中国大百科全书·建筑卷·置石、假山、园林工程》。主持数十项风景园林设计，获林业部、住房与城乡建设部设计一、三等奖和深圳市工程建设一等奖，2004年获首届林业科技贡献奖。其代表作《孟兆祯文集——风景园林理论与实践》及深圳仙湖植物园。（周春光　张　闯）

【尹伟伦】 生于1945年9月，天津市人，汉族。1988年7月加入中国共产党，1968年9月参加工作，硕士研究生毕业，教授。1968年9月北京林学院（现北京林业大学）林学专业毕业被分配到内蒙古牙克石干河林业局工作，先后任技术员、车间主任。1978年9月至1981年6月在北京林学院攻读硕士学位，毕业后留校任教。曾任校党委常委、常务副校长、校长等职务。2005年12月当选为中国工程院院士，2008年当选为第十一届全国政协委员，2010年当选为中国工程院农业学部主任，并被聘为国务院应急管理专家组成员、国家环境咨询委员会委员、国家减灾委员会委员等；兼任国际杨树委员会执委，中国林学会副理事长，中国杨树委员会主席，中国植物协会常务理事，北京市政府顾问，北京市学位委员会委员等职务。主要研究方向是植物抗旱抗盐机理，林木生长发育调控及转基因育种。主编教材与著作有《国际杨树研究新进展》，《中国松属主要树种栽培生理生态与技术》。主持课题有国家"九五"、"十五"攻关项目，国家"863"及国家自然基金项目。主要科研成果先后获国家发明三等奖1项，国家科技进步二等奖4项，国家教学成果一等奖1项，及省部级科技、教学奖15项。获全国优秀科技工作者，全国模范教师，全国优秀教师，北京市优秀教育工作者，国家级、省部级突出贡献中青年专家，国务院政府特殊津贴，宝钢优秀教师特等奖、北京市有突出贡献的科学技术管理人才等10余项荣誉称号。（田　阳　张　闯）

知名专家学者

【概　况】 截至2010年，学校共有长江学者特聘教授、讲座教授4人，分别是骆有庆教授、李百炼教授、孙润仓教授、邬荣领教授；其中孙润仓教授2010年启动生物质转化为高值化材料的基础科学问题"973"项目，并担任首席科学家。

【骆有庆】 1960年10月19日出生，男，汉族，博士，浙江义乌市人。1982年大学毕业于南京林业大学，1985年研究生毕业于北林大后留校工作。现为北林大党委常委、副校长，教育部北林大长江学者特聘教授、博士生导师，森林保护学科带头人，教育部创新团队带头人，教育部北京市共建森林培育与保护重点实验室主任，全国农林高校森林保护教材编写指导委员会主任委员。兼任中国昆虫学会常务理事、中国林学会森林昆虫分会副主任委员、北京昆虫学会副理事长以及中国科协、国家林业局、农业部、国家质检总局、国家标准局等多个专家组成员；《中国农学通报》副主编，《北京林业大学学报》、《昆虫知识》、《中国森林病虫》等多家学术刊物的常务编委和编委。获"新世纪首批百千万人才工程"国家级人选、北京市高校教学名师、教育部优秀骨干教师、北京市先进工作者、北京市"五四"青年奖章获得者、北京市高校优秀青年骨干教师、林业敬业奖、全国林业科技先进个人以及美国农业部有害生物入侵管理国际合作研究奖等荣誉称号。主持国家科技攻关、省部级重点课题、国际合作、国家重大基础研究课题“973”、国家高新技术专题“863”、各类自然科学基金、霍英东基金、成果转化基金、科技支撑项目、博士点基金等课题近30项。以第一完成人获国家科技进步奖二等奖、省部级科技进步一等奖、中国林学会梁希奖、霍英东高校青年基金项目奖。

（张　鑫　张　闯）

【李百炼】 1957年12月生，男，美籍华人，北林大长江学者特聘教授，美国北卡罗来纳州立大学林学和环境资源学院教授，博士生导师。现任美国北卡罗来纳州立大学副校长，北美林木遗传改良协作组主任，国际林联IUFRO第二学部“树木生理与森林遗传”主席，国际著名林学杂志《Forest Science》和《Canadian Journal of Forest Research》副主编，瑞典农业大学、澳大利亚昆士兰大学、芬兰赫尔辛基大学和北林大等多所著名大学的兼职教授和博士生导师。一直从事林木遗传改良的教学和科研工作。目前主讲“数量遗传学”和“生物信息学”等课程；主持10余项来自美国科学基金会、农业部、能源部等机构和部门的研究和开发项目。在树木遗传育种学、分子遗传学和基因组学等领域取得多项研究成果，并成功地应用于美国重要用材树种火炬松和南方松的育种实践中。因此，经过多年的刻苦研究，已成为国际上该领域颇有知名度的育种专家。迄今，已在国际著名的各种专业杂志和专业书籍上发表100多篇高水平学术论文，被引用次数高达2000多次。（张　鑫　张　闯）

【孙润仓】 1955年生，男，英国威尔士大学博士毕业，“973”首席科学家、国家杰出青年基金获得者，博士生导师，“长江学者奖励计划”特聘教授。现为北林大材料学院教授、生物质化学与技术研究所所长和林产化工学科带头人，兼任华南理工大学纸浆造纸工程国家重点实验室主任、教育部植物资源高效利用创新团队带头人。以孙润仓教授为首席科学家的“973”项目“生物质转化为高值化材料的基础科学问题”于2010年正式启动。二十多年来，一直从事于农林废弃物生物质高值化应用方面的基础研究，在国内外学术期刊上发表论文400余篇，其中SCI收录论文250篇，在农林化学专业领域顶级期刊(JCR一区)发表论文38篇，影响因子8以上的2篇，EI收录40篇，论文被正面引用2200余次(SCI期刊引用1600余次)。参加了29次有关该领域的国际会议，其中在美、英等国作过9次国际会议特邀报告，13次以邀请的身份作大会发言。主编英文专著1部，参编英文专著9部和英国科学分离百科全书1部。主编英文专著《Cereal Straw as a Resourcefor Sustainable Biomaterials and Biofuels: Chemistry, Extractives, Lignin, Hemicelluloses, and Cellulose, Elsevier, 2010》一部，参编Hemicelluloses: Chemistry and Technology等英文专著9部和英国科学分离百科全书1部。美国两种SCI期刊BioResources和Journal of Biobased Materials and Bioenergy副主编；国外2种SCI期刊Journal of Agricultural and Food Chemistry（JCR一区）、Cellulose Chemistry and Technology和The Open Agriculture Journal编委；同时还是美国、英国、德国等20余种国际期刊的兼职审稿人。现为国务院学位委员会学科评议组成员，科技部“973”项目评审专家，英国化学会Fellow，美国木材科学学会委员会Committee Member，美国化学会会员，美国纽约科学院邀请高级会员，英国和美国高技术科学联合会成员。第四届国际纸浆与造纸技术大会主席，第二届国际生物质炼制大会学术委员会委员及第五届国际桉树制浆大会学术委员会委员。获发明专利9项，获省部级自然科学一等奖3项、二等奖两项，培养的博士生中2人获全国百篇优秀博士论文奖，1人获全国百篇优秀博士论文提名奖。

（彭　锋　张　闯）

【邬荣领】 1964年生，男，美国华盛顿大学数量遗传学博士。美国宾夕法尼亚州立大学教授、博士生导师、统计遗传学研究中心主任，国家海外杰出青年科学基金获得者。现为北林大计算生物学中心主任，“长江学者奖励计划”讲座教授，中组部“千人计划”特聘教授。因其在统计遗传学领域的卓越贡献，2010年被评选为北美统计学会杰出会员。邬荣领教授是统计遗传学领域的知名学者，在国际上首次提出生物复杂性状的功能作图理论，并推导出一系列动态性状基因定位的统计模型与算法。其研究最显著的创新点是将数学及统计学的基本原理镶入生物学的具体问题之中，运用计算模型解析生物体生长发育的遗传调控机制，从而能够监控基因突变现象和预测生命的发展趋势。迄今已在国际权威刊物发表论文200余篇，出版学术专著3部。担任多家国际学术期刊主编、副主编及编委。邬荣领教授利用其在海外的学术资源和国际上的学术地位，一直与国内多所高校开展合作研究，帮助国内学者在国际刊物上发表SCI论文数十篇，为国家培养了一批青年科技人才。承担多项国家科学基金项目，发表的论文获中国林学会的梁希林业科技奖。

（张 鑫 张 闯）

博士生导师名录

林学院（46人）

沈国舫 骆有庆 韩海荣 赵秀海 李俊清
冯仲科 田呈明 李铁铮 苏德荣 牛树奎
韩烈保 刘 勇 马履一 贾黎明 孙建新
徐程扬 郭素娟 贺 伟 郑小贤 孙玉军
亢新刚 刘琪璟 严 耕 彭道黎 张晓丽
杨 军 武三安 温俊宝
李根前（外聘） 唐守正（外聘） 吴 坚（外聘）
刘惠民（外聘） 张星耀（外聘） 范少辉（外聘）
王有年（外聘） 谭晓风（外聘） 方 伟（外聘）
王玉柱（外聘） 赵春江（外聘） 宋国华（外聘）
徐正会（外聘） 盛茂领（外聘） 周国模（外聘）
王 兵（外聘） 陆元昌（外聘） 李吉悦（外聘）

园林学院（19人）

陈俊愉 李 雄 赵 鸣 朱建宁 王向荣
刘晓明 吕英民 张玉钧 孟兆祯 周 曦
刘 燕 张启翔 戴思兰 成仿云 董 璁
董 丽 贾桂霞 王四清 郑国生（外聘）

水土保持学院（23人）

吴 斌 孙向阳 孙保平 余新晓 张洪江
王 浩 张志强 贺康宁 王秀茹 陈丽华
王百田 朱清科 毕华兴 张克斌 王玉杰
朱金兆 赵廷宁 丁国栋 聂立水 王冬梅
查天山 王小平（外聘） 孙世国（外聘）

经济管理学院（20人）

宋维明 刘俊昌 陈建成 高 岚 田明华
聂 华 张绍文 温亚利 张大红 田治威
吴铁雄 朱永杰 张彩虹 潘焕学 王立群
金彦平 张 颖
张新伟（外聘） 石 峰（外聘） 郑文堂（外聘）

工学院（6人）

俞国胜 李文彬 刘 毅 刘晋浩 钱 桦
赵 东

材料科学与技术学院（20人）

常建民 赵广杰 曹金珍 蒲俊文 孙润仓
李 黎 许 凤 张力平 李建章 蒋建新
高建民 杨永福 于志明 张双保
谢益民（外聘） 杜官本（外聘） 张齐生（外聘）
王向明（外聘） 林作新（外聘） 陈克复（外聘）

生物科学与技术学院（32人）

尹伟伦 张志翔 刘玉军 郑彩霞 张金凤
徐吉臣 张德强 陈少良 蒋湘宁 王华芳
张柏林 王建中 孙爱东 丁长青 张志毅
康向阳 李 云 胡德夫 戴玉成 沈应柏
夏新莉 高宏波 谢响明 邬荣领
陈晓阳（外聘） 李百炼（外聘） 邹 坤（外聘）
程 池（外聘） 师光禄（外聘） 杨敏生（外聘）
薛达元（外聘） 裴 东（外聘）

信息学院（6人）

赵天忠 黄心渊 吴保国 武 刚 陈志泊
淮永建

自然保护区学院（6人）

崔国发 雷光春 关文彬 刘俊国 于飞海
陈建伟（外聘）

环境科学与工程学院（5人）

孙德智 张盼月 张立秋 张 征 王毅力

（王兰珍 张志强）

教授名录

截至2010年底，北林大正高级各系列专业技术岗位在聘人员共有197人，其中教授183人。

教授一级岗(4人)

尹伟伦 沈国舫 陈俊愉 孟兆桢

教授二级岗(24人)

吴 斌 宋维明 张启翔 骆有庆 朱金兆
卢欣石 张志毅 蒋湘宁 孙保平 余新晓
王向荣 孙润仓 赵广杰 戴玉成 马履一
李俊清 孙建新 韩烈保 李文彬 黄心渊
孙德智 雷光春 刘俊国 冯仲科

教授三级岗(34人)

刘 勇 郑小贤 赵秀海 俞国胜 刘晋浩
康向阳 王华芳 王建中 张志翔 陈少良
张洪江 王百田 孙向阳 刘俊昌 王立群
朱建宁 刘晓明 李 雄 成仿云 刘 燕
戴思兰 常建民 曹金珍 严 耕 史宝辉
马钦彦 韩海荣 苏德荣 郑彩霞 朱清科
温亚利 陈建成 彭道黎 李建章

教授四级岗(120人)

王玉杰 刘琪璟 张晓丽 贺 伟 武三安
亢新刚 徐程扬 孙玉君 张志强 谢宝元
陈丽华 林子臣 王秀茹 赵廷宁 贺康宁
丁国栋 李 云 李博生 张柏林 孙爱东
胡德夫 沈应柏 刘玉军 张德强 高宏波
蒲俊文 申世杰 张双保 李 黎 于志明
丁密金 许 凤 鲍际平 钱 桦 韩 宁
撒 潮 于文华 刘文定 张继晓 刘 毅
赵 东 宫晓滨 曹礼昆 周 曦 赵 鸣
贾桂霞 王四清 董 丽 夏自谦 朱永杰
顾凯平 苏 宁 田治威 金彦平 张大红
吴铁雄 聂 华 张 颖 张彩虹 韩 朝
武 刚 袁津生 吴保国 赵天忠 高孟宁
张文杰 廖蓉苏 谢惠扬 戴秀丽 张京霞
朱建军 吴江梅 訾 缨 段克勤 李 健
肖文科 孙承文 时小冬 陈晓鸣 崔国发
张 征 王毅力 张立秋 张盼月 郭素娟
贾黎明 田呈明 丁长青 夏新莉 徐吉臣
张金凤 毕华兴 张克斌 聂立水 张玉钧
董 璁 吕英民 潘焕学 张绍文 陈志泊
蒋建新 张力平 高建民 杨永福 王小春
王学顺 关文彬 徐 平 金鸣娟 刘蓟生
牛树奎 田明华 杨 军 于飞海 温俊宝
王冬梅 谢响明 李汉平 淮永建 查天山

特聘教授(1人)

邬荣领

其他专业技术系列正高级岗位(14人)

编审三级岗：李铁铮
编审四级岗：颜 帅
研究员四级岗：陈天全 周 景 姜恩来
方国良 全 海 王自力
邹国辉 侯小龙 赵相华
研究馆员四级岗：赵世华
正高职高级工程师四级岗：何 昉 徐 波

（吴 超 张 闯）

各级人大代表、政协委员名单

政协委员

全国政协委员 尹伟伦
北京市政协委员 李俊清
海淀区政协委员
刘勇(常委) 武三安 高甲荣
东城区政协委员 张明祥

人大代表

北京市人大代表 张志毅
海淀区人大代表 宋维明 郭素娟

（黄中莉）

2010 年大事记

1 月

6 日　深圳北林苑景观及建筑规划设计院捐赠 100 万元，在北林大设立专业特等奖学金。

同日　学校召开"优势学科创新平台"学术委员会扩大会议，审议"林木良种与生物学基础"和"优质高效森林培育与经营"2 个子平台建设方案。会议由平台学术委员会主任尹伟伦校长主持。

12 日　由北京市教委首次举办的教育信息化工作表彰大会在京举行，北林大获得北京市教育信息化先进单位称号，信息中心负责人被评为先进个人。

同日　"木材科学与工程"北京市重点实验室通过北京市教委、科委的第二期建设计划验收，验收结果为优秀。

13 日　第十一届中国青年科技奖在京揭晓，北林大材料学院教授许凤受到表彰。此次共表彰全国各地年龄在 40 岁以下的青年科技工作者 100 位。

28 日　北林大校长尹伟伦被聘为国家林业局专家咨询委员会委员。

29 日　北京市教育委员会副主任郭广生来校慰问。北京市教育工会副主席郭峰，学校党委副书记周景、工会负责人参加了座谈。

同日　水土流失治理与生态保护高层论坛在京召开。中国工程院原副院长沈国舫院士等学校专家应邀参加了论坛。

1 月　北林大"人造板优质高效胶黏剂制造及应用关键技术"获国家技术发明二等奖。

北林大材料学院林产化工专业成为学校第九个国家级特色专业建设点。

北林大丁国栋教授主编的《风沙物理学》和王冬梅副教授主编的《农地水土保持》被确认为 2009 年度北京高等教育精品教材建设立项项目。

教育部公布 2009 年度新世纪优秀人才支持计划入选人员名单，北林大温俊宝、庞晓明、高宏波、刘俊国 4 位教师入选。

北京市科委公布入选 2009 年度北京市科技新星计划人员名单，北林大林学院教师黄华国入选新星计划(A 类)。

在 2009 年度北京高校德育高层论坛上，北林大获 2009 年首都大学生思想政治教育工作实效奖二等奖 1 项、优秀奖 1 项。同时获北京高校德育高层论坛 · 2009 主题征文活动优秀组织奖。

在北京市教育工会 2009 年工作成果奖评审暨培训交流会上，北林大工会分别获了 2009 年工会工作先进单位和 2009 年工会工作成果奖。北京市仅有 3 所高校同时获得两项奖励。

副校长宋维明教授带领学校代表团赴日本参加 2010 年中日大学暨中日大学论坛并发表演讲。

2 月

1 日　在北京市科学技术奖励大会暨 2010 年北京市科技工作会议上，北林大等单位完成的北京市生物多样性保护研究科技成果获北京市科学技术奖三等奖。

1～7 日　北林大李汉平、王瑾等 8 位教师的作品参加了 2010 亚洲平面设计展览会(2010 Asia Graphic Design Exhibition)。

2 日　第六届中华宝钢环境奖颁奖典礼在人民大会堂举行，北林大团委获中华宝钢环境奖环保宣教类优秀奖。

同日　北林大张玉钧教授、李铁铮教授出席呼唤"中国旅游日"论坛。

12 日　北林大在辽宁营口市建立就业创业见习基地，副校长姜恩来出席签字仪式并为基地揭牌。

28 日　在北京市农村工作会议上，北林大 1 名教授被授予 2009 年度北京农村经济发展

"十佳"科技工作者称号。

3 月

4~5 日 北林大 2010 年工作会议召开，会议提出 2010 年为学校质量效益年。

8 日 北林大召开庆祝国际劳动妇女节 100 周年暨"巾帼标兵"、"巾帼之星"表彰大会，13 名"巾帼标兵"和 29 名"巾帼之星"受到表彰。

9 日 北林大绿手指环境保护者协会以"记录我的家乡我的河"项目获得全国保护母亲河行动领导小组办公室的首批资助。

10 日 北林大中国低碳经济研究中心揭牌仪式举行。国家林业局农村林业改革发展司司长张蕾与学校党委书记吴斌共同为中心揭牌。副校长宋维明兼中心主任在揭牌仪式上讲话。

11 日 朝鲜国家土地与环境保护部代表团一行 12 人来校交流访问。

同日 英国森林可持续经营考察团一行 5 人来校访问并作学术报告。

12 日 科技部副部长曹健林一行来北林大调研，听取了学校有关科研工作情况的汇报。校长尹伟伦汇报了学校的基本情况和对林业科技发展的建议。

同日 美国威斯康星大学史蒂文分校校长 Mark Nook 一行来校交流访问，并与学校签署了校际合作协议。

同日 北林大经济管理学院与北京东升博展科技发展有限公司签订就业实践与教学实习基地协议书，并举行签约挂牌仪式。

17 日 长沙大学郭清泉校长一行来北林大交流大型仪器设备开放共享平台建设经验，张启翔副校长等参加了交流会。

18 日 日本鸟取大学展暨国际交流会在北林大图书馆报告厅举行。

同日 北林大年鉴首发式举行。校党委书记吴斌、校长尹伟伦、党委副书记周景和副校长逄广洲，全体年鉴编委会成员、编辑部成员及全体组稿人近 120 人参加会议。中国版协年鉴工作委员会副主任、林业出版社副总编辑邵权熙编审应邀参加本次会议

23 日 北京高校党校协作组第八届领导小组第二次会议在北林大召开。北京市委教育工委组织处处长陈江华出席会议。

同日 北林大 2010 年离退休工作领导小组会议召开。校领导吴斌、周景、逄广洲、姜恩来、方国良以及社区居委会、离退休处等相关单位负责人和老同志代表参加会议。

同日 北林大"十二五"学科规划工作和北京市重点学科申报工作会议举行，校长尹伟伦出席会议。

24 日 北林大召开 2010 年度党风廉政建设工作会议。校党委委员、纪委委员、副处以上干部、机关科级以上干部和全校财会人员参加了会议。

26 日 副校长姜恩来、学校招生就业处、党委研究生工作部、校友会及学院就业负责人一行赴天津滨海新区经济技术开发区走访调研。

27 日 北林大与山东省冠县人民政府举行签约仪式，签署北方平原林木良种创新与示范实践基地建设协议。

同日 原中共中央政治局委员、全国人大常委会副委员长姜春云接见北林大党委书记吴斌教授一行。

3 月 2009 年"新世纪百千万人才工程"国家级人选名单日前公布，张德强教授入选。至此，北林大共有 8 位专家教授入选国家"百千万人才工程"及"新世纪百千万人才工程"。

在"中国科技论文在线优秀期刊"的评选中，北林大《北京林业大学学报》继 2008 年获得一等奖后，再次获一等奖（排名第三），《北京林业大学学报（社会科学版）》获二等奖（排名第十三）。

北林大孙向阳教授在北京市农村工作会议上被授予 2009 年度北京农村经济发展"十佳"科技工作者称号。

4 月

1 日 北林大在第四届全国大学生金融投资模拟交易大赛上获得全国最佳组织奖称号。

2~5 日 北林大举办全国青少年生态环保社团骨干培训暨 2010 年绿桥、绿色长征活动启动仪式，仪式由北京团市委副书记沈千帆主持，聘请雷佳、白雪、宋佳、奇志、肖钦、滕海滨、高崚等担任第九届首都大学生绿色志愿大使。来自全国 31 个省（区、市）的 113 名青少年生态环保社团骨干来校参加活动。

7日 2010年党政工共建教代会联席会议召开。

同日 北林大与东方园林股份有限公司正式签订合作协议，东方园林捐助100万在园林学院设立“东方园林专项奖学金”。

10日 国家林业局一行50余位司局级领导前往北林大实验林场参加义务植树。从1981年开始，国家林业局(原林业部)每年都组织人员前往北林大林场植树造林。

同日 2010年春季学生田径运动会开幕，运动会赛期为一天。

10~11日 首届中国大鸨保护国际研讨会在北林大召开。来自俄罗斯、美国、西班牙、英国、蒙古等国家以及国际鹤类基金会的代表，和国内各有关省区野生动物主管部门和全国有关省区保护协会、各有关自然保护区、科研院所的研究人员100多位从事大鸨保护、管理与研究的专家参加会议，会议的主题是：大鸨濒危机制及其保护措施。

26~28日 2010 CDM国家短轮伐期林业能源化利用及碳汇潜力、国际研讨会(2010 International Workshop on Short Rotation Forestry Potential In Energy Utilization and Carbon Trade)在北林大举办，本次会议由教育部批准、北林大、奥地利(ENERGIEAUTARK CONSULTING GMBH)公司联合主办，来自11个国家的从事短轮伐期林业政策制定、科学研究、实际管理及工业生产的近56名代表参加会议，其中来自境外代表25人。

5月

10日 美国University of Massachusetts Amherst(马萨诸塞州立大学)教授、Environmental Pollution刊物的主编(影响因子3.135) William J. Manning博士来北林大访问讲学，副校长张启翔教授出席座谈会。

13日 校长尹伟伦出席由教育部主办的第四届中外大学校长论坛并发言。

18日 原林业部副部长、中国老科协副会长刘于鹤一行来北林大就“以森林经营为核心的现代林业建设人才短缺表现及对策”问题进行调研座谈。北林大副校长宋维明出席座谈会。

同日 北林大生态文明研究中心生态文明建设评价(ECCI)课题组撰写的全国首部《中国省域生态文明建设评价报告(ECI 2010)》付梓问世。

同日 学校举行首届物业管理专业研究生班开学典礼，并与北京金隅物业管理有限责任公司签订就业实践与教学实习基地协议书。

19日 北林大第六次承办商务部援外培训项目林业官员研修班——发展中国家集体林经营管理与利用官员研修班。共有来自12个国家和地区的20名官员参加，共举行了17场专业讲座、5次实习考察、4次座谈研讨。

20日 林业教育国际研讨会开幕式在加拿大不列颠哥伦比亚大学(UBC)林业科学中心大楼报告厅开幕。北林大校长尹伟伦院士在开幕式上致辞并作大会主报告。

21日 中美草坪管理专业联合办学五校联席会在北林大召开。美国密歇根州立大学农学院负责人，四川农业大学、东北农业大学、苏州职业技术学院以及北林大的项目相关负责人参加了本次会议，副校长宋维明主持会议。

同日 芬兰赫尔辛基大学农林学院国际合作主管Sari Mikkola女士和林业经济系Lei Wang先生一行2人来北林大访问。

同日 北林大SIFE团队在新飞2010年赛扶(SIFE)中国创新公益大赛中获得全国二等奖。

22日 由国家林业局野生动植物保护与自然保护区管理司主办，北林大自然保护区学院、北林大和谐家园志愿者协会承办的“国际生物多样性日”主题公益宣传活动在北京国家奥林匹克公园举行。

22~23日 在第五届全国大学生交通科技大赛决赛中，北林大学生作品获得二等奖1项，三等奖1项。

25日 北林大尹伟伦校长一行开始对多伦多大学进行正式访问，多大副校长Judith Wolfson女士、校长助理Lorna Jean Edmonds博士和多大林学院院长Tat Smith教授、继任院长Sandy Smith教授等一同与代表团进行会谈，会上签订了合作意向书。

26日 北林大在河北平泉建设的北方基地苗圃正式动工建设。

同日 在第五届全国大学生交通科技大赛中，北林大两支代表队分别获得二等奖和三等奖。

29 日 北林大青岛校友会成立大会在青岛召开。

30 日 第四十七届 IFLA 世界大会闭幕，北林大获一等奖（大汉风景园林奖）1 项，二等奖（IFLA 米勒奖）1 项，8 组同学获评委会奖。

5 月 北林大被评为“首都文明单位标兵”，林业大学社区被评为“首都文明社区”。

北京林大林业科技股份有限公司被北京市农业产业化领导小组认定为北京市农业产业化重点龙头企业，并颁发证书和奖牌。

6 月

1 日 北林大开拓者机器人协会制作的 7 台机器人在第十三届科博会上展出。

同日 校团委与河北博爱电子科技有限公司签订了就业见习基地合同。

同日 教育部科技发展中心副主任周静应邀来北林大，作主题为“营造良好科研环境提高科技创新能力”的报告。副校长张启翔教授主持报告会。

3 日 北林大第六届教代会、第十四届工代会开幕，会议由副校长姜恩来主持。

7 日 在北京市教委公布的 2010 年北京高等学校市级校外人才培养基地立项中，北林大校外人才培养基地北京市八达岭林场名列其中。

同日 北林大 1 名青年教师获第十二届高校青年教师三等奖和优选资助课题资助，获得奖金 1000 美元。

10 日 北林大中国林地资源研究中心获准成立。

11 日 北林大首个教育部创新团队通过结题验收，教育部科技司组织专家对北林大教育部“重大林业病虫灾害预警与生态调控技术研究（IRT0607）”创新团队建设进行结题验收。教育部科技司领导到会并主持会议。

同日 波兰波兹南生命科学大学（原波兹南农业大学）副校长 Jan Pikul 教授一行 4 人来北林大访问，随行的有该校林学院院长 Roman Gornowicz 教授，食品科学学院院长 Jan Michniewicz 教授和中国合作项目校方代表 Roman Holubowicz 教授。校党委书记吴斌接见代表团一行并进行亲切会谈。

同日 北林大与北京市园林绿化局联合培养的农业推广硕士研究生班开学典礼在园林绿化局干部学校举行。

12 日 北林大经济管理学院与华润置地（北京）物业管理有限责任公司一分公司在华润置地冠英园商务楼签订就业实践与教学实习基地协议书，并举行签约挂牌仪式。副校长姜恩来，华润置地物业总经理徐璟剑以及经管学院相关负责人出席了仪式。

13 日 在北京市教育委员会、北京市学位委员会公布的 2010 年度增列为北京市重点学科的名单中，北林大二级学科土壤学增列为北京市重点学科。

同日 首都高校第五届机械创新设计大赛决赛中，北林大工学院参赛作品《深井救援机械装置》以总分第一的成绩获一等奖，并被专家组推荐参加全国大学生机械创新设计大赛。

14 日 在第六届“挑战杯”首都大学生创业计划竞赛上，北林大学生获得金奖 1 名，银奖 5 名，铜奖 5 名，获奖作品数量为历届之最。其中金奖获得者，将代表北林大参加全国“挑战杯”竞赛。

17 日 中国鸟类在线网站（www. chinese-birds. org）上线，此网站是基于北林大期刊编辑部与中国动物学会鸟类学分会合作推出的面向全球的英文学术期刊《Chinese Birds》及英文网站（www. chinesebirds. net）推出的专业鸟类资讯网站。

18 日 北林大农业推广硕士研究生（承德班）开学典礼在承德市举行。

同日 北林大 2 名教授获得 2010 年北京市级教学名师称号。

同日 北林大教授、博士生导师、中国工程院院士沈国舫获第八届光华工程科技奖“工程奖”。

18～20 日 第八届中国海峡项目成果交易会在福建省福州市举行，北林大校长尹伟伦院士、副校长张启翔以及相关职能部门和学院负责人受邀参加并出席了一系列签约仪式。

20 日 北林大 1 人获第四十七批中国博士后科学基金一等资助，4 人获二等资助。

22 日 美国农业部林务局 McNulty、James、孙阁第 3 位专家来北林大进行了为期一天的交流访问，并作了主题为全球气候变化与生态水文的讲座。

24 日 北京林大林业科技股份有限公司被评为“2009 年度北京市园林绿化行业守信企业”。至此已经连续 4 年被评为年度守信企业。

29 日 加拿大多伦多大学林业系教授 Mike Wotton、安大略省林业研究中心研究员崔文彬一行来学校学术交流，副校长姜恩来会见了来访人员并出席学术交流会。

7 月

1 日 北京市召开纪念中国共产党成立 89 周年暨深入开展创先争优活动交流大会，北林大一名教师被授予北京市“群众心目中的好党员”称号。

同日 北林大 2010 届本科生毕业典礼举行。

15 日 北林大 4 位教师共同撰写的论文《企业排污许可证会计核算研究》获中国会计学会 2009 年度会计学优秀论文三等奖。

18 日 2010 年海峡两岸野生动植物保护与宏观生物学学术交流营活动中的“中国野生动植物保护与发展”研讨会在北林大举行，来自海峡两岸的优秀动植物研究学者、专家应邀分别做了学术报告。

21～23 日 亚太地区林业院校校长会议召开，北林大是主办方之一，校长尹伟伦院士、副校长宋维明教授等出席会议。

22 日 《北京团讯》以“传播绿色文化　引领生态文明　建设绿色北京”为题，介绍北林大共青团组织开展绿色环保宣传实践活动相关工作。

22～24 日 在全国第七届农、林、水高校田径运动会上，北林大田径代表队取得 11 块金牌、6 块银牌和 6 块铜牌，获男子团体总分丙组第一名、女子团体总分丙组第三名、男女团体总分丙组第一名和体育道德风尚奖。

23 日 北京哲学社会科学规划重大项目“绿色北京建设研究”开题论证会举行。北林大党委书记吴斌教授、北京市哲学社会科学规划办副主任李建平研究员等参加了开题论证会。

24 日 由中国版权协会、中国高等教育学会联合主办的首届中国大学生创意创业大赛暨知识产权教育活动总决赛开赛。北林大共有 3 支队伍参赛，获得特等奖 1 项、一等奖 1 项，三等奖 1 项，学校获优秀组织奖。

26 日 学校党委书记吴斌教授带领学校代表团访问德国弗莱堡大学(Albert Ludwig University of Freiburg)、荷兰阿姆斯特丹自由大学(VU University Amsterdam)、奥地利维也纳自然资源与应用生命科学大学(University of Natural Resources and Applied Life Sciences)并与三所大学分别签订校际合作协议。

8 月

1 日 北林大团队在第四届全国商科院校技能大赛市场营销专业竞赛总决赛暨第七届(新加坡)国际市场营销大赛中国区选拔赛中，获全国二等奖，共有来自全国 21 所本科院校和 35 所高职高专院校的 117 个参赛队参加。

16 日 北林大党政领导班子调整宣布大会召开。教育部党组副书记、副部长陈希代表教育部党组宣布任命决定：任命宋维明为北林大校长，骆有庆、王自力为副校长；免去尹伟伦的校长职务。任命全海为中共北京林业大学委员会常委、副书记，骆有庆、王自力为中共北京林业大学委员会委员、常委；免去周景的中共北京林业大学委员会副书记、常委，尹伟伦的中共北京林业大学委员会常委职务。

17 日 由北林大和英国牛津大学合作实施的中国猫科动物保护能力建设项目启动仪式举行，这是达尔文创新基金在猫科动物保护领域与国内的首次合作，也是国内首次实施大规模的猫科动物保护与监测行动。

27 日 福建省林业厅厅长陈家东一行来北林大交流座谈，洽谈合作意向。北林大党委书记吴斌、校长宋维明、副校长骆有庆、院士尹伟伦以及相关学院、职能部门负责人参加座谈。

同日 北林大一卡通系统正式全面上线运行。

29 日 学校召开 2010 年下半年工作会议，校领导、副处级以上干部、教授代表、离退休代表、民主党派及党外人士代表等参加会议。

同日 北林大举行 2010 级新生开学典礼。校党委书记吴斌，校长宋维明等校领导出席开学典礼。

同日 挑战地区的城市林业国际会议(International Conference for Urban Forestry in Challenging Environments)在北林大举办。会议由教育部批准、北林大主办。来自25个国家的从事城市林业政策制定、科学研究、和实际管理的近102名代表参加会议，其中来自国外代表53余人。

8月 经中华人民共和国环境保护部批准，北京林大林业科技股份有限公司获得建设项目环境影响评价乙级资质。北林科技环评资质的评价范围包括社会区域类环境影响评价报告书及一般项目环境影响报告表。

林学院赵秀海教授指导的博士生张春雨完成的学位论文《长白山针阔混交林种群结构及环境解释》入选2010年北京市全称。

9月

2日 北林大新增林业硕士、旅游管理硕士、翻译硕士、工商管理硕士、国际商务硕士、会计硕士、应用统计硕士和艺术硕士8个专业学位授权点。至此，学校硕士专业学位授权点数量达11个。

7日 北林大校长宋维明在可持续林业与市场发展国际研讨会上，就“林业企业社会责任”作专题发言。

7~10日 在全国高等院校城市规划专业本科学生竞赛中，北林大本科学生的10份参评作品获得5个奖项，其中《城市设计》获3个佳作奖，《城市社会调查报告》获得2个佳作奖。

8日 北林大学生作品在第三届中国大学生(文科)计算机设计大赛(专业媒体设计与电子音乐设计类决赛赛区)中获得一等奖。

10日 北林大召开2010年庆祝教师节暨表彰大会，表彰在过去一年中获得国家和省部级以上教学、科研成果奖的优秀集体和先进教师。

13日 由台湾林务局局长颜仁德等组成的台湾自然生态保育协会访问团一行7人对北林大进行访问。国家林业局野生动植物保护与自然保护区管理司司长张希武、北林大副校长骆有庆教授出席座谈会。

16日 北林大成立北京林业大学防灾减灾与国土安全研究所，挂靠水土保持学院。

19~25日 第七届世界水大会在加拿大蒙特利尔举行，北林大1名教师参加的项目，被授予国际水协会(International Water Association, IWA)2010年全球应用研究创新项目奖(Project Innovation Awards)，这是中国首次获得该奖项。

23日 林业生态工程教育部工程研究中心经教育中心经教育部专家组论证和实地考察，通过3年建设期验收，正式纳入教育部工程技术研究中心的运行管理之列。

26日 北林大与吉县人民政府“校县合作签约仪式”在临汾市吉县举行。临汾市副市长白建荣、中共吉县县委书记毛益民、吉县人民政府县长刘奎生出席签约仪式并致辞。

27日 北林大组织召开引进人才座谈会。

28日 国家留学基金委副秘书长杨新育一行5人来北林大交流座谈，校长宋维明出席。

同日 北京市慈善协会出资30万元，资助北林大100名热爱专业、品学兼优、家庭贫困的大学生。

30日 北林大法学系建系10周年庆祝大会召开。

10月

5日 北林大1篇论文获中国学位与研究生教育学会德育委员会第七届学术年会特等奖，作者获得先进个人称号。

8日 北林大学生作品《北京节沃有限责任公司》获得第七届“挑战杯”中国大学生创业计划竞赛金奖，北林大获得高校优秀组织奖。

10日 沈国舫森林培育基金成立及沈国舫森林培育研究生奖学金颁奖仪式在四川雅安四川农业大学举行。北林大教授，原中国工程院副院长沈国舫院士出席仪式并致辞，为获奖者颁奖。首批有来自北林大、四川农业大学等6所单位的优秀研究生获此殊荣，每人获得奖金人民币1万元。

11日 北林大计算生物学中心揭牌仪式举行。

同日 苏丹新纳尔大学校长穆罕穆德教授一行4人到北林大访问。

14日 北林大科技处获教育部突出贡献单位称号，1人入选在科技奖励和知识产权管理工作中作出突出贡献的个人。

同日 北林大56级校友毕业50年后再聚北林，共有来自17个省市171位林业、水保56级校友返校，平均年龄为73.98岁。

14~15日 中国青年鸟类学家研讨会暨第六届翠鸟论坛在北林大召开。

15日 北林大召开预防电信类诈骗专题工作会。

同日 第五届"母亲河奖"评选表彰活动启动仪式在上海世博会主题馆举行，北林大团委负责人及绿色长征志愿者应邀参加仪式，并作为第四届"母亲河奖"获奖代表在启动仪式上介绍北林大绿色长征活动的进展情况。

16日 首届全国环境与生态心理学大会在北林大召开。本次会议的主题是"环境与人类心理"。

18日 北林大与赤峰林业局签署人才培养和科技合作协议。

19日 北林大青年教师在第四届北京高校思想政治理论课教学基本功比赛中获得优秀奖，本次比赛共有全市各大高校120多名教师报名参加，评选出一等奖4人，二等奖7人，优秀奖16人。

同日 北林大1名教授获2010海峡两岸林业敬业奖励基金，该基金自1996~2010年已颁奖15年，共奖励68名作出重要贡献的林业教学和科技人员，本次共奖励了5名。

20日 第六次北京市党的建设和思想政治工作先进普通高等学校评选专家组来到北林大，对学校党建和思想政治工作进行考察。

21日 在共青团中央、教育部组织的全国先进集体评选表彰中，北林大梁希07－1班获全国先进班集体称号。

22日 北林大校党委书记吴斌做客淮北科学发展大讲堂，作《生态文明理念及其思考》专题报告。

22~24日 第四届全国大学生机械创新设计大赛决赛举行，北林大《深井救援机械装置》获全国一等奖，此次共有400余所高校2760件作品参赛。

23日 北林大校长宋维明教授在全国高等农林教育校(院)长联席会第十次会议上作题为《强化办学特色，建设高水平林业大学，引领生态文明》的大会主题交流发言。

26~28日 由北林大自然保护区学院和国际水足迹网路(Water Footprint Network)主办的首届中国水足迹培训举行，来自中国大陆和香港地区及印度、英国等国的23名学员参加培训。

29日 北林大林业生物质能源研究所成立揭牌仪式举行。国家林业局生物质能源办公室处长王晓华以及北林大相关职能部门负责人和专家学者参加仪式。

同日 北林大承办第六届全国野生动物生态与资源保护学术研讨会暨中国动物学会鸟类学分会、兽类学分会成立30周年纪念会。本次大会共有来自全国各地的400余名代表参加。

10月 《中国期刊引证报告》和《中国期刊高被引指数》统计结果显示，2009年《北京林业大学学报》影响影子为1.253，在大学学报(农业科学类)和林业科技期刊中均名列第一。

第七届世界水大会在加拿大蒙特利尔举行，北林大环境学院教师王洪杰博士参加的项目，被授予国际水协会2010年全球应用研究创新项目奖，这是中国首次获得该奖项。本次全球获奖项目共17个，其中应用研究类4个。

11月

2日 在中日韩大学生风景园林设计竞赛中，北林大学生获得一等奖、二等奖、三等奖各1项，在5个奖项中占据3席。

5日 西南林业大学党委副书记、工会主席刘沧山一行来北林大考察交流。

同日 北林大"质量工程"一期建设项目总结交流会召开，校党委书记吴斌出席会议并作重要讲话。

5~7日 北林大校长宋维明一行应邀赴福建三明参加第六届海峡两岸林业博览会暨投资贸易洽谈会开幕式和北林大南方林区(福建三明)综合实践基地奠基仪式。

7日 北林大和中国水土保持学会联合举办水土保持学科发展高级研讨会，诸多院士专家齐聚，研讨水保学科发展。

10日 北林大一篇博士论文入选2010年全国优秀博士提名论文，全国共评出全国优秀博士学位论文100篇，全国优秀博士学位论文提名论文334篇。

13 日 现代林业与生态文明建设高级研修班在北林大开班。40余名江西省林业官员接受为期5天的培训。

13～15 日 北林大为太原市园林局举办园林建设与管理培训，为期3天，来自太原市园林系统的59名副处级以上领导干部参加本期培训

16 日 北林大召开教代会代表巡视工作会议，对苗圃新建教职工住宅工程质量巡视报告进行讨论。

18 日 北林大召开全校消防安全工作会议。

19～20 日 北林大2010年学生工作会议召开。

21～27 日 北林大陈天全副校长一行赴德国德累斯顿工业大学和教育与手工业基金会进行回访，双方签署了联合培养专业硕士预科协议。

23 日 由美国自然历史博物馆承办的国际学生保护科学大会在纽约召开，中国有5名学生获准参加，其中北林大一名本科生获得“快速演讲”奖，是唯一获奖的本科生，也是唯一获奖的中国学生。

同日 学校召开党外人士通报会，学校民主党派、侨联负责人，无党派人士代表共十余人参加会议。

25 日 北林大副校长姜恩来带队赴山西开拓就业市场。

26 日 在海峡两岸传统色彩与现代应用学术研讨会上，北林大24名师生参加交流活动，4篇论文被评为大会优秀论文。

同日 北林大与大连盛世绿源生态科技发展有限公司正式签订了校企合作共建协议。

28 日 在全国博士后工作会议暨纪念博士后制度25周年座谈会上，北林大1博士后流动站被评为优秀博士后流动站，1人被评选为优秀博士后管理人员。

29 日 教育部和国家林业局在北林大举行了签字仪式，合作共建北林大以及东北林业大学和西北农林科技大学3所教育部直属高校。教育部部长袁贵仁、国家林业局局长贾治邦代表两部门签署共建协议并讲话。

30 日 北京市第十一届哲学社会科学优秀成果奖颁奖大会举行，北林大的一项研究成果获得管理类二等奖。全市共有209项成果获奖，其中特等奖1项，一等奖39项，二等奖169项。

11 月 在第七届全国研究生数学建模竞赛中，北林大8支参赛队伍，3支队伍获得二等奖，3支队伍获得三等奖。在2010年全国大学生数学建模竞赛中，北林大本科生3人获北京市一等奖，3人获北京市二等奖。

北林大李建章、王向荣2位教师获批“宝钢基金”优秀教师称号。

12 月

1～3 日 北林大作为北京高校党校协作组组长单位，承办了北京普通高等学校优秀党支部书记示范培训班。共60所高校和事业单位171名优秀党支部书记参加培训班。

3 日 北林大与黑龙江省黑河市人民政府签署科技合作开发协议。

同日 第四届全国青少年绿色长征活动颁奖典礼举行。国家林业局副局长印红，中华环保基金会秘书长李伟出席颁奖典礼。

6 日 第二届中国优秀游戏制作人评选大赛(CGDA)在北京国家会议中心举行，北林大学生作品《小鬼当家》获大赛最佳游戏创意奖一等奖。

同日 北林大林学、生物学流动站刘玉燕、苏华分别获第四十八批中国博士后科学基金二等资助。

7 日 在中国致公党北京市委成立30周年庆祝大会上，北林大高甲荣副教授被授予优秀干部称号。

同日 在北京高校创先争优活动中，北林大获3项表彰，“以三级共建为载体，拓展高校党组织的实践平台”被评为北京高校优秀党建工作创新项目，1人被评为北京高校育人标兵，1硕士研究生被评为北京高校成才表率。

8 日 北林大以“传播希望、红色支农”为主题的系列活动获北京高校“红色1+1”示范活动一等奖。

11 日 北林大第一届青年学术年会召开。

14 日 北林大获“北京市党的建设和思想政治工作先进普通高等学校”称号。此次15所

高校参评，有 5 所被评为先进校。

19 日　在首届北京市大学生创业设计竞赛中，北林大学生作品“北京怡景有限责任公司”获一等奖。

20 日　2010 年高校国家奖学金获奖学生暨全国学生资助工作先进单位表彰大会召开，北林大被评为全国高等学校学生资助工作先进单位。

同日　北林大首届“十佳班集体”表彰及经验分享活动举行。

22 日　北京高校党校协作组 2010 年年会在北林大举行，来自 55 所高校的党校主管领导和党校负责人参加年会。

同日　在中国学院奖首届游戏设计大赛暨教育论坛上，北林大 7 名本科生设计的游戏作品——《书游纪》获得二等奖。

26 日　北林大一教师在北京市高等教育学会研究生英语教学研究分会第二届青年教师教学基本功比赛中获得一等奖。

同日　在首届全国大学生包装结构设计大赛中，北林大学生作品《工艺瓷器包装》获大赛二等奖。

27 日　北林大学研中心工程总承包及监理合同签字仪式、学研中心工程开工典礼、教工住宅封顶仪式先后举行。

28 日　北林大与北京市海淀区东升乡人民政府签署战略合作框架协议。

同日　北林大获得 2010 年北京高校思想政治理论课学生社会实践优秀组织奖，3 篇论文获得优秀论文二等奖。

29 日　北林大举办首届思想政治教育工作优秀博文评审。

12 月　在 2010 年度 Autodesk 中国数字艺术网络人才选拔大赛上，北林大学生作品获得银奖、铜奖、优秀奖各 1 项，北林大获最佳组织奖，2 位教师获最佳指导教师称号。

在 2010 年北京菊花文化节系列活动中，北林大菊花育种课题组获一等奖 2 项，二等奖 10 项，三等奖 15 项。北林大获北海展区展台布置优秀奖。

在第二届全国大学生电子商务“创新、创意及创业”挑战赛总决赛中，北林大 6 个团队共 14 名学生参赛，“悦动团队”获全国三等奖，其余 5 个团队获全国优秀奖。

重要学术报告会一览

林学院2010年主要学术报告/讲座情况一览表

时间	名　称	报告人	单　位
12月10日	基于大面积固定样地的森林动态监测	赵秀海	林学院生态学科
12月10日	南方湿地人工林生长状况研究	刘琪璟	林学院森林经理学科
12月10日	北京市林火干扰关键技术研究	牛树奎	林学院生态学科
12月10日	北京市生物多样性及其保护	刘艳红	林学院生态学科
12月10日	暖温带山地人工林碳通量特征及环境影响机制	同小娟	林学院生态学科

园林学院2010年主要学术讲座(报告)一览表

讲座时间	讲座名称	主讲人	主讲人身份
3月20日	解读园林专业前景，引领学生学习把握专业	孙筱祥	北林大园林学院园林设计研究室主任
4月7日	激情塑造梦想，艺术成就东方	何巧女	东方园林股份有限公司董事长
4月8日	环境设计的世界	南和正	株式会社GK设计总经理
4月17日	园林钢笔画技巧交流	宫晓滨	中国美术家协会会员，北京美协会员，北林大园林学院副教授
5月13日	Temperate zone Fruit production in USA	Curt Rom	University of Arkansas，Professor
5月15日	园林与生态	李湛东	北林大副教授
5月24日	让旅游渗透在规划各层次	李金路	中国·城市建设研究院风景园林专业院及旅游中心院长
5月24日	Nursery and floriculture in USA	Jim Robbins	University of Arkansas，Professor
5月24日	High tunnel production in USA	Mengmeng Gu	Mississippi State University，Assistant Extension Professor
6月2日	美国的观赏园艺植物	张冬林	美国 The University of Maine 终身教授
6月12日	从一千平方米到一千万平方米	王向荣	北林大园林学院副院长
7月6日	棕地2020：对于后工业景观的再思考	科克伍德	哈佛大学著名教授
7月8日	欧盟(一体化)的规划体系：它的发展及对中国的启示	Prof. Ya Ping Wang	英国Heriot - Watt大学建筑与环境学院教授
8月1日	城市代谢的生态网络分析	Brian D. Fath 博士	《Ecological Modelling》杂志(SCI/EI收录，IF：2.077)主编
9月16日	Citizen Design：Placemaking with and by the People	Jeffrey Hou	西雅图华盛顿大学园林系主任

（续）

讲座时间	讲座名称	主讲人	主讲人身份
9月17日	The Role of Environmental Psychology in Enhancing the Well - Being of Urban Dwellers	Lynne Manzo	西雅图华盛顿大学建成环境学院风景园林专业副教授
9月21日	苏州园林鉴赏	王劲韬	北林大园林学院教授
9月28日	land, water, people: sustanable land-scapes in theory and practice	lance neckar	Head of landscape achitecture College of design University of minneapolis
10月11日	Green Roofs in America	Prof. Bradley Rowe	Department of Horticulture, Michigan State University
10月16日	山水城市21世纪中国特色生态城市	胡　洁	北京清华城市规划设计研究院风景园林规划设计研究所所长
10月30日	BM与园林设计	曹礼昆	北林大硕士生导
11月5日	源于生活的设计灵感	团冢荣喜	Earthscape事务所董事长
11月13日	园林的中国特色及其专业素养	成仿云	北林大园林学院教授、园林树木教研室主任
11月17日	荷兰绿色设计理念中国高校行	John Kormeling	世博园荷兰国家馆建筑设计师
11月17日	荷兰绿色设计理念中国高校行	Niek Roozen	世博园景观NITA主设计师
11月22日	城市设计——理论框架与创作要点	金广君	哈尔滨工业大学深圳研究生院院长
12月6日	现代欧洲景观设计的发展历程	瓦伦丁	德国慕尼黑工业大学景观设计学院教授
12月7日	德国瓦伦丁+瓦伦丁城市规划与景观设计事务所在中国的实践	瓦伦丁	德国慕尼黑工业大学景观设计学院教授
12月10日	北美彩色针叶树的资源和园林应用	梁荣纳	加拿大园林设计专家、主任园艺师
12月11日	中国古建筑数字模型的建立及应用	董　璁	北林大园林学院教授、硕士生导师
12月15日	欧洲高尔夫球场设计师设计方法与责任	辛　奇	奥地利高尔夫设计公司首席设计师
12月15日	西湖——天开图画，人间天堂	王水法	中共杭州西湖风景名胜区（市园文局）委员会书记
12月30日	中国园林史清代部分	王劲韬	北林大园林学院教授

水保学院2010年主要学术讲座（报告）一览表

讲座时间	讲座名称	主讲人	主讲人身份
1月6日	科学治沙、兴绿富民、应对气候变化	李金海	北京市防沙治沙办公室主任
1月8日	生态系统-水-碳-氮通量耦合过程的多站点对比研究	于贵瑞	中国科学院地理科学与资源研究所副所长
1月15日	中国生态环境恢复工程综合评价	尹润生	美国密歇根州立大学教授

（续）

讲座时间	讲座名称	主讲人	主讲人身份
3月17日	台湾的水土保持	李锦育	台湾屏东科技大学水土保持系教授
3月18日	台湾不愿面对的生态真相	李锦育	台湾屏东科技大学水土保持系教授
4月21日	Forest patterns in the southeastern United States Coastal Plain comparisons with southern China	David Shankman	Professor of University of Alabama, Geography, Tuscaloosa, Alabama, USA
6月4日	GIS应用的前沿领域	王文杰	中国环境科学研究院
6月13日	People, landscape and ecological services: developing ecological safety for sustainable natural resources management	陈雄文	美国亚拉巴马农业工程大学自然资源与环境科学系副教授
6月22日	气候变化与生态水文	Dr. McNulty, James M. Vose，孙阁	美国农业部林务局南方研究站研究员
9月21日	土地利用历史挑战下的奥地利林业可持续发展	Viktor Bruckman	奥地利科学院跨学科生态研究委员会主席助理
9月25日	关于中国生态环境问题的思考	吴　斌	北京林业大学党委书记
9月28日	日本滑坡治理技术	中村真也	日本琉球大学农学院环境科学与技术系副教授
10月15日	河流生态修复与文明	杨海军	东北师范大学草地科学研究所教授
10月27日	Ecophysiology of Forest Productivity and Carbon Sequestration in Loblolly Pine Plantations	Chris A. Maier	美国农业部南方生态站研究员
11月2日	矿山和公路岩石边坡绿化工程进展和成功案例分析	徐礼根	浙江大学生命科学学院草坪花卉研究所所长、副教授
11月9日	边坡生态恢复	辜　彬	四川大学生命科学学院教授
11月12日	中国综合自然地理学的进展与趋势	李双成	北京大学城市与环境学院教授
11月16日	山东省破坏山体立地类型划分及其植被恢复	董　智	山东农业大学林学院教授
11月19日	陆地生态系统中重金属的环境行为与环境质量	陈世保	中国农业科学院教授
11月20日	研究生文献信息检索	董亚杰	北京林业大学图书馆资源推广部副教授
11月23日	中国森林与林业	赵士洞	ILTER东亚及太平洋区域网络主任
12月1日	长期生态学研究与森林生态系统服务功能评估	王　兵	中国森林生态系统定位研究网络(CFERN)管理中心主任

（续）

讲座时间	讲座名称	主讲人	主讲人身份
12 月 3 日	中国水资源、水环境与水生态	杨爱民	中国水利水电科学研究院水资源研究所教授
12 月 6 日	基于 LUCC 的鄂尔多斯生态安全格局研究	蒙吉军	北京大学城市与环境学院副教授
12 月 14 日	Systemic Risk and Complexity in Strategic Environmental Assessment	李百炼	加利福尼亚大学国际生态和可持续发展中心教授

经济管理学院 2010 年主要学术讲座(报告)一览表

讲座时间	主讲人	讲座名称	主讲人身份
4 月 14 日	王　森	北美林业与国外高校研究生生活	加拿大林业服务局林业纤维研究中心资源价值专家
4 月 23 日	张彩虹	林木质生物能源产业化研究	教授，博士生导师，北林大经济管理学院统计系主任
5 月 8 日	刘俊昌	南方集体林区林权交易调查分析	教授，博士生导师，现任北林大国际交流与合作处处长，林业经济管理学科带头人
5 月 29 日	韩　军	绩效评价国际经验与中国实践	国家科技部科技评估中心国际合作处处长、高级工程师
9 月 1 日	Jim Chamberlain	药用和食用植物的可持续利用	博士，非木质林产品研究员，国际林联(IUFRO)(非木质林产品)研究组协调员
9 月 10 日	温玲玉	台湾高等教育的现况与趋势——兼论商业人才培养	美国密苏里大学商业教育博士，台湾彰化师范大学教授，主要研究人力资源、教育训练、商业教育、商业沟通、认知管理
9 月 15 日	张安良	从梦想到现实——报考公务员你准备好了吗	09 级博士研究生，曾在山东青岛担任局长，县长的职务，现在国家发改委系统工作
10 月 15 日	钟甫宁	提倡实证研究，规范学位论文	南京农业大学经济管理学院教授，兼任国务院学位委员会农林经济管理学科评议组组长，教育部高等学校农林经济与管理类教学指导委员会副主任，全国高等农业院校教学指导委员会委员、农经学科组组长，中国农业经济学会副会长等
10 月 15 日	何秀荣	中国农业的远虑与近忧	中国农业大学教授、博士生导师，中国农业大学图书馆馆长，中国农业经济学会副会长及常务理事，农业部农业经济咨询专家，中央政治局讲课专家
11 月 8 日	陈文汇	野生动物资源优化管理及价值计量方法研究	经管学院副教授，主持过国家自然科学基金，国家林业局、世界自然基金等部门课题 10 余项，参与国家发展改革委、国家林业局等部门课题，作为国家林业局、北京市园林绿化局和广东省林业局特聘专家参与有关政策制定工作

（续）

讲座时间	主讲人	讲座名称	主讲人身份
11 月 10 日	公培臣	如何做林业经济方面的科研	瑞典农业科技大学林业经济系教授，主持瑞典皇家科学院等机构资助多项科研课题，在 Forest Economics and Policy 等国际知名刊物发表学术论文逾 30 篇
11 月 16 日	李　强	走出论文写作误区，提高学术道德修养	经管学院副教授，研究方向为农村发展、农业经济理论与政策、农户经济学
12 月 3 日	赵南星(韩国)、哈罗（巴布亚新几内亚）	韩国、巴布亚新几内亚林业经济研究现状及趋势	留学生，硕士研究生
12 月 17 日	谷树忠	国土安全与国土资源管理	中国国土资源学会副秘书长、国务院发展研究中心资源与环境政策研究所副所长、研究员、博士生导师

工学院 2010 年度学术报告一览表

报告时间	报告人	职　称	报告题目
9 月 8 日	李文彬	教　授	自然科学基金申报指导
10 月 14 日	俞国胜	教　授	结合行业特色开展科学研究
	闫　磊	讲　师	谷物色选机智能图像处理系统开发
10 月 21 日	赵　东	教　授	数字图像相关技术在木质/木质复合材料中的应用
	徐道春	讲　师	微孔加工过程有限元分析
11 月 3 日	王青春	副教授	有限元法及其在结构分析中的应用
	李艳洁	讲　师	离散元法与有限元法在土壤力学中的应用
11 月 11 日	路敦民	副教授	人机合作机器人机构及控制策略研究
	徐学锋	讲　师	超精密抛光中纳米颗粒与固体表面作用
11 月 18 日	阚江明	副教授	信号处理技术及其应用
	范旭东	副教授	造型基础和技术
12 月 7 日	于文华	教　授	我国森林防火技术及发展趋势
	李　胜	讲　师	柔性直流技术在城市电网中应用研究
12 月 8 日	刘晋浩	教　授	现代林业技术装备研究
12 月 14 日	高道祥	副教授	非线性系统的模糊 T－S 建模与控制
	林剑辉	讲　师	深度对圆锥指数测量影响的实验研究
12 月 21 日	鲍际平	教　授	我国货车召回管理可行性分析
	郑一力	讲　师	移动机器人控制相关技术研究

人文学院2010年主要学术讲座(报告)一览表

时 间	报告名称	主讲人	主讲人身份
3月19日	大学人生规划	杜昶旭	北京博智天下信息技术有限公司创始人
4月9日	中国古代钱币欣赏	郭 豹	北京古代钱币博物馆馆长
4月28日	生态文明建设的国家战略问题	王景福	水利部发展研究中心副主任、教授
5月7日	绿色有你更精彩	田桂荣	国际知名环保志愿者
10月15日	生态文明的宇宙论基础	Herman. F. Greene	美国著名生态哲学专家、教授
10月20日	道教修炼与生态文明	James Miller	加拿大女王大学宗教研究系副教授
10月22日	大学精神——科技创新	陈一文	中国灾害防御协会灾害史研究专业委员会顾问
10月25日	抑郁症的精神分析治疗	Elise Snyder	中美精神分析协会(简称CAPA)主席
10月28日	重建你我心中的绿洲	万 平	科尔沁沙地(万平)生态经济示范区创始人
12月3日	圆明园：残破的记忆	林 咏	中国文物保护基金会科技保护专项基金管理委员会副秘书长
12月9日	ADHD和创造力的关系	Bonnie Cramond	美国佐治亚大学资优创造力研究中心教授

外语学院2010年主要学术讲座(报告)一览表

时 间	报告名称	主讲人	主讲人身份
3月19日	中国人在美国的经验：十九世纪对抗中国人的暴力行为	Joan Burbick教授	华盛顿州立大学教授
3月24日	中国人在美国的经验：华裔美国文学的解读	Alex Kuo教授	华盛顿州立大学教授
3月31日	为了全世界的成功，征服英语	XU Fengying博士	渥太华大学教授
4月12日	介词及其他对象间的线性关系	Alan Libert博士	澳大利亚语言学专家、副教授
4月14日	文学、生活、传奇中的英雄主义	Peter Gregory博士	澳大利亚退休教授
4月28日	诗歌创作、翻译与欣赏	周流溪教授	北京师范大学外文学院教授、博士生导师
9月28日	以“美的意识”为主题的关于日本传统艺术的讲座	藤间万惠女士	日本舞蹈家、中日文化交流大使
10月19日	日语中汉字起源	户崎哲彦教授	日本岛根大学教授
10月26日	翻译电子工具的使用	田慧才先生	北京云骧雅阁翻译有限公司经理
11月1日	西方文学批评与文学理论漫谈	刘象愚教授	北京师范大学文学院教授、博士生导师
11月4日	欧洲同声传译教学及市场现状	孔令金老师	英国皇家特许语言学家协会会员、英国中央兰开夏大学硕士生导师、英国曼彻斯特市政府注册译员

（续）

时　间	报告名称	主讲人	主讲人身份
11月5日	形式化的事件语义学研究	吴平教授	北京语言大学外国语学院教授、博士生导师
11月18日	我的翻译我的路——学习翻译，你应该知道些什么？	武波教授	外交学院英语系教授
11月23日	认知诗学与文学研究——以英国童话小说 The Owl Service 为例	李英博士	北航外国语学院讲师
11月25日	中日关系史	赵伟先生	外交部日本处处长
12月7日	名师讲座之2010中英高校口译巡讲	Philip Priestley 先生	英国资深外交官
		刘悦女士	译联国际主席
		蔡勇刚先生	译联国际学术总监

理学院2010年主要学术讲座(报告)一览表

时　间	报告名称	主讲人	主讲人身份
3月24日	Diversification of Biological Activity in Three - Fingered Toxins	Yuri Utkin	俄罗斯科学院生物有机化学研究所分子毒理学实验室主任、教授
10月25日	光电技术在武器装备中的应用	史俊锋	中国兵器装备研究院高级工程师、博士

自然保护区学院2010年主要学术讲座(报告)一览表

时　间	报告名称	主讲人	主讲人身份
4月29日	武夷山自然保护区生物多样性和科研状况	唐　忠	福建武夷山自然保护区管理局局长
5月12日	分子生态学进展与金丝猴保护	李　明	中国动物学会兽类学分会和中国生态学会动物生态专业委员会、研究员
6月4日	The special properties of clonal growth in plants（植物克隆生长的特殊意义）	Peter Alpert	美国马萨诸塞大学教授、国际知名生态学期刊 Ecology 和 Journal of Ecology 的责任编委，克隆植物生态学和植物入侵生态学的国际知名专家
9月26日	中国的水问题(目前的解决方案及中国政府的行动)	马超德	世界自然基金会北京代表处淡水项目主任、博士
10月12日	大象的研究进程	伊恩·道格拉斯·汉密尔顿	印第安纳波利斯奖获得者，大象保护事业全球知名的先锋人物伊恩·道格拉斯·汉密尔顿博士
10月19日	加拿大自然保护地生态综合管理研究与进展	吴万里	加拿大籍华人、博士
11月25日	我国生物多样性空间格局特征与保护	欧阳志云	中国科学院生态环境研究中心的副主任、博士
12月1日	湿地与人类	陈克林	湿地国际——中国办事处主任

环境学院2010年主要学术讲座(报告)一览表

时 间	报告名称	主讲人	主讲人身份
4月	废水处理微生物颗粒技术	俞汗青	中国科技大学 教授(杰青，长江学者)
4月	Performance and cost of wet and dry cooling systems for pulverized coal power plants with and without carbon capture and storage	Dr. Haibo Zhai	Professor, North Carolina State University
4月	Assessing Impacts of Operations, Technology and Land Use on Emissions	Dr. Nagui M. Rouphail	Professor, North Carolina State University
5月	1. Effects of ambient ozone on plant growth and development 2. Essential role of urban forests in urban metabolism and succession toward sustainability 3. How to prepare a high - level scientific paper in English	William J Manning,	University of Massachusetts Amherst
6月	Ensuring the Safety of Manufactured Nanocrystalline Cellulose: A Risk Assessment under Canada's New Substances Notification Regulations	Brian O'connor	FP Innovations Canada
6月	Paper coating, paper performance and nanomaterials applications	Xuejun Zhou	FP Innovations Canada
10月	地下水污染修复技术进展	韩宝平	徐州工程学院院长

表彰与奖励

获奖科研成果名录

2010 年奖励汇总

编号	获奖类别	等级	项目名称	完成人	院系	单位排名	级别
1	国家科技进步奖	二	我国北方几种典型退化森林恢复技术研究与示范	李俊清 宋国华 卢　琦 刘艳红 赵雨森 李景文 王襄平 田永祯 张力平 王小平	林学	一	国家级
2	高等学校科技进步奖	二	中国苜蓿种质资源搜集保存、遗传评价及种质创新利用	卢欣石 曹致中 贠旭疆 张　博 李　红 毕玉芬 李锦华 韩建国 李志勇 王铁梅	林学	一	省部级
3	高等学校科技进步奖	二	木本粮油新品种选育和高效栽培技术研究	尹伟伦 裴　东 苏淑钗 翟明普 陈述庭 秦　岭 王　贵 孔德军 谢　明 郭素娟 张俊佩 侯智霞 李炳仁 梁　万 王同坤 常月梅	林学	一	省部级
4	北京市科技进步奖	二	北京山区生态公益林高效经营关键技术与示范	马履一 甘　敬 徐程扬 蔡宝军 翟明普 杜鹏志 贾黎明 王继兴 王小平 刘　勇 王希群 贾忠奎 校建民 徐军亮 李国雷	林学	一	省部级
5	北京市科技进步奖	一	测绘信息化关键技术与生态环境应用	冯仲科 马　超 姚　山 岳德鹏 刘永杰 白立舜 杨伯钢 仝慧杰 吴露露 王　佳 张冬有 李亦秋 董　斌 冯海霞 梁长秀	林学	一	省部级
6	北京市科技进步奖	三	牡丹新品种选育与产业化开发	成仿云 张佐双 张西方 于晓南 何桂梅 成信云		一	省部级
7	北京市第十一届哲学社会科学优秀成果奖	二	北京城市湿地现状及保护管理对策研究	温亚利 李小勇 谢　屹	经管	一	省部级
8	北京市科技进步奖	三	经济林抗旱栽培关键技术研究与应用	姚允聪 尹伟伦 付占芳 姬谦龙 苏淑钗 方建辉 姜再明 孔　云 张　杰 李松涛	林学	二	省部级

（续）

编号	获奖类别	等级	项目名称	完成人	院系	单位排名	级别
9	北京市科技进步奖	二	北京农业宏观决策支持系统	阎晓军　王维瑞　史明昌　孙百川等	林学	二	省部级
10	贵州省科技进步奖	三	贵州省水土保持监测与管理信息系统	吕　涛　史明昌　刘瑞禄等	林学	二	省部级
11	青海省科技进步奖	二	柴达木盆地农田与草地退化植被恢复技术及示范(都兰)	严　鹏　张克斌　李润杰　贾绍凤　王文卿　朱春云　巩爱歧　刘得俊	水保	二	省部级
12	山东省科技进步奖	三	毛白杨种质资源遗传评价及优良无性系选育研究	张有慧　解孝满　张志毅　李景涛　王明章　段春玲	生物	三	省部级

北京林业大学第一届青年优秀学术论文获奖名录

青年优秀学术论文一等奖：(4 篇)
保护区学院，刘俊国；
材料学院研究生，袁同琦，
指导教师许凤、孙润仓；
生物学院研究生，孙健，指导教师陈少良；
经管学院，陈文汇。

青年优秀学术论文二等奖：(11 篇)
保护区学院，武曙红；
材料学院研究生，王堃，指导教师孙润仓；
环境学院，齐飞；
环境学院，王辉；
经管学院，谢屹；
林学院，石娟；
生物学院，陆海；
水保学院，曹世雄；
信息学院，韩静华；
园林学院，杨炜茹；王忠君。

青年优秀学术论文三奖：(15 篇)
材料学院，许凤；材料学院，马明国；环境学院，洪喻；经管学院，蒋德启；理学院，徐善东；林学院，张春雨；林学院，黄华国；人文学院，王广新；人文学院，展洪德；人文学院研究生，张娥；生物学院，王君；生物学院，王若涵；水保学院，毕华兴；外语学院，吕丽塔；信息学院，曹卫群。　（张　力　侯小龙）

教学成果获奖名录

表 1　2010 年全国百篇优秀博士学位论文提名作者及指导教师名单

序号	博士生	导师	学科、专业	博士学位论文题目
1	张正海	康向阳	林木遗传育种	毛白杨未减数花粉发生及相关分子标记研究

表 2 2010 年北京市优秀博士学位论文作者及指导教师名单

序号	博士生	导师	学科、专业	博士学位论文题目
1	张春雨	赵秀海	生态学	长白山针阔混交林种群结构及环境解释

表 3 2009～2010 学年北林大优秀博士学位论文作者及指导教师名单

序号	博士生	导师	学科、专业	博士学位论文题目	学院
1	张和臣	尹伟伦	森林培育	逆境条件下胡杨 CBL－CIPK 信号途径转导的分子机制研究	林学院
2	程晓霞	韩烈保	草业科学	GA3 调控日本结缕草叶片衰老过程相关基因的分离与初步功能分析	林学院
3	赵俊卉	亢新刚	森林经理学	长白山云冷杉混交林生长模型的研究	林学院
4	郑会全	张志毅	林木遗传育种	毛白杨 TIR－NBS 类抗病相关 PtDr102 基因启动子的结构和功能研究	生物学院
5	鲁　军	王建中	野生动植物保护与利用	螺旋藻活性肽的纯化、鉴定及解压/护肝机制研究	生物学院
6	赵雪梅	孙向阳	土壤学	三倍体毛白杨树木生长及其林地土壤养分动态研究	水保学院
7	于丽丽	曹金珍	木材科学与技术	后处理对 ACQ－D 处理材流失性影响及固着机理研究	材料学院
8	姚　胜	蒲俊文	林产化学加工工程	相思树材性近红外预测模型的建立及优化	材料学院
9	仇银豪	刘晓明	城市规划与设计	北京藏传佛教寺院环境研究	园林学院
10	胡　可	戴思兰	园林植物与观赏园艺	花青素苷合成途径中结构基因的表达对菊花和瓜叶菊花色影响	园林学院
11	张军国	李文彬	森林工程	面向森林火灾检测的无线传感器网络技术的研究	工学院
12	高立鹏	吴铁雄	农业经济管理	北京都市型现代花卉产业及其发展战略研究	经管学院

表 4 2009～2010 学年北京林业大学优秀硕士学位论文作者及指导教师名单

序号	硕士生	导师	学科、专业	博士学位论文题目	学院
1	侯竞薇	郭素娟	森林培育	板栗组织培养及其不定根发生蛋白质组学探讨	林学院
2	李春荣	苏德荣	草业科学	半干旱地区垄沟集雨种植对老芒麦生长和产量的影响	林学院
3	胡云云	亢新刚	森林经理学	基于择伐的长白山地区天然云冷杉针阔叶混交林生长和结构动态的研究	林学院
4	于　来	张志毅	林木遗传育种	PtAP3、PtAG、PtAP1 不育结构转化毛白杨和拟南芥的研究	生物学院

（续）

序号	硕士生	导师	学科、专业	博士学位论文题目	学院
5	张逦嘉	鲍伟东	野生动植物保护与利用	内蒙古赛罕乌拉国家级自然保护区猞猁种群生态研究	生物学院
6	乔红莲	刘忠华	植物学	百合部分品种亲缘关系分析与亲本选配研究	生物学院
7	林　超	陈莉莎	英语语言文学	对狄兰·托马斯诗歌特点的后殖民分析	外语学院
8	杨　硕	梁文艳	环境科学	基于羟基氧化锆的电促吸附除氟复合电极的研究	环境学院
9	张　林	孙向阳	土壤学	荒漠草原土壤有机碳向土壤无机碳酸盐转移的定性与定量研究	水保学院
10	彭海燕	郭小平	工程绿化	北京市平原公路绿化带降噪效果及配置模式研究	水保学院
11	唐焕威	张力平	林产化学加工工程	纳米纤维素/聚醚砜复合膜材料制备及成膜机理研究	材料学院
12	刘媛欣	周　越	设计艺术学	北京传统四合院空间的有机更新与再造研究	材料学院
13	冯小江	伊松林	木材科学与技术	相变储热太阳能木材干燥装置设计及性能研究	材料学院
14	马　峰	李琼砚	机械制造及其自动化	基于二维图像的三维建模技术的研究	工学院
15	杨丽丽	韩　宁	控制理论与控制工程	基于机器视觉的强化木地板表面瑕疵检测方法研究	工学院
16	安　雪	潘会堂	园林植物与观赏园艺	观赏植物对甲醛气体的净化能力及耐受性研究	园林学院
17	任　蓉	林　箐	城市规划与设计	楠溪江中游古村落景观研究初探	园林学院
18	石　磊	李　雄	城市规划与设计	中国第七届花卉博览会北京展区室外展园规划设计浅析	园林学院
19	李英男	杨秀珍	园林植物与观赏园艺	氮形态和氮浓度对大花蕙兰幼苗营养生长的影响	园林学院
20	刘　婷	蔡　君	旅游管理	城市公园场所使用与场所依恋研究－以北京元大都城垣遗址公园和紫竹院公园为例	园林学院
21	陈　慧	严　耕	科学技术哲学	试论福斯特对“物质变换裂缝理论”的重构	人文学院
22	许　晨	谢　彤	法学理论	论死刑执行方式演变与权力运作之关系	人文学院

（王兰珍　张志强）

质量工程获奖

表1 北林大学2010年精品课程建设立项名单

序号	项目名称	负责人	学 院
1	林业遥感与地理信息系统	张晓丽	林学院
2	园林植物景观设计	董 丽	林学院
3	制图基础A	李素英	
4	温室操作与管理	潘会堂	
5	城市绿地系统规划	张晓佳	
6	风景园林北方综合实习Ⅰ	李 雄	
7	素描风景画	宫晓滨	
8	细胞生物学实验	荆艳萍	生物学院
9	食品分析与检测	王丰俊	
10	植物生理学实验	郑彩霞	
11	动物学	隋金玲	
12	分子生物学	陆 海	
13	动物生理学	翁 强	
14	药理学	马 超	
15	木材干燥学	高建民	材料学院
16	化工原理实验模拟仿真设计	赵永虎	
17	企业管理学	李红勋	经管学院
18	管理模型与决策基础	张绍文	
19	国际贸易实务	缪东玲	
20	市场营销学	李小勇	
21	法律诊所	韦贵红	人文学院
22	心理咨询与治疗	訾 非	
23	中国近现代史纲要	金鸣娟	
24	数字媒体技术及应用	淮永建	信息学院
25	空间信息系统	陈飞翔	
26	英国文学	陈丽莎	外语学院
27	日语翻译理论与实践	於国瑛	
28	微机原理及接口技术	张俊梅	工学院
29	数控技术	路敦民 田 野	
30	发动机构造	陈 劭	

（续）

序号	项目名称	负责人	学院
31	物理学实验 B	姚宇峰	理学院
32	仪器分析	刘　松	
33	运筹学	岳瑞锋	
34	数学分析	李金山	
35	水污染控制工程	张立秋	环境学院
36	环境工程原理	孙德智	
37	大气污染控制工程	王　辉	

表 2　北京林业大学 2010 年获得省部级以上“质量工程”建设项目

编号	项目名称	类别及等级	负责人	立项部门
1	英语专业	国家级第六批特色专业建设点	史宝辉	教育部
2	机械制造与自动化专业	国家级第六批特色专业建设点	赵　东	教育部
3	环境科学专业	国家级第六批特色专业建设点	孙德智	教育部
4	植物生物学专业教学团队	国家级教学团队	郑彩霞	教育部
5	森林经营管理教学团队	国家级教学团队	彭道黎	教育部
6	森林计测学	国家级精品课程	孙玉军	教育部
7	植物生物学专业教学团队	北京市优秀教学团队	郑彩霞	北京市教育委员会
8	森林经营管理教学团队	北京市优秀教学团队	彭道黎	北京市教育委员会
9	教学名师	北京市教学名师	史宝辉	北京市教育委员会
10	教学名师	北京市教学名师	张志翔	北京市教育委员会

（孙　楠　张　戎）

教师、职工个人或集体重要奖励

1. 2010 年，康向阳、严耕获国务院政府特殊津贴；
2. 2010 年，王向荣、李建章获宝钢优秀教师奖。

学生评优奖励名单

北京市三好学生、优秀学生干部、先进集体名单

北京市三好学生名单（25 人）

高志强　林学院地信专业 08 级
李　莹　林学院森保专业 07 级
王　普　林学院梁希 07－2 班
李　珣　林学院梁希 08－2 班
王鲜鲜　水保学院水保专业 08 班
盛宜宜　生物学院生物科学 08 级

于雪晶　园林学院风园09－3班
李敏琦　园林学院旅游管理08－2班
刘知谕　园林学院园林08－1班
刘　先　经管学院林经07－2班
周　琦　经管学院林经08－2班
曾蔚颉　经管学院金融08级
涂　馨　经管学院会计08－3班
雷一丹　工学院工业设计09级
阮斯洁　工学院自动化08－3班
康　宁　工学院车辆08－3班
冯天成　材料学院艺设08－2班
孙明远　材料学院木工08－3班
郭凌雯　材料学院林化08－1班
梁海景　人文学院法学08－2班
刘　钿　外语学院英语08级
金海峰　信息学院计算机09－2班
罗钧峰　理学院数学08－1班
任　雪　自然保护区学院保护区09班
王磊明　环境学院环境工程08－2班

北京市优秀学生干部名单(8人)

麻　利　校学生会主席
张　骅　原校研究生会主席、校团委志愿者工作部部长
朱　蔚　校社联常务副主席
王　壮　林学院研究生会主席
于明含　水保学院学生会主席
初　琳　经济管理学院会计08－3班团支部书记
孟　丹　信息学院计算机08－2班团支部书记
牟淑琳　生物学院生科08班级学习委员

北京市先进集体名单(8个)

园林学院风景园林093班　经管学院梁希081班　工学院机械093班
材料学院艺术设计081班　人文学院心理083班　外语学院日语08班
理学院电子082班　环境学院环境工程082班

本科生评优表彰名单

国家奖学金(共140人)

房雅倩	数学07－1	刘新湖	计算机09－1	陈章纯	林经09－2
孙琳琳	电子07－2	梅本金	计算机08－2	常慧宁	人资08－2
孙克成	电子08－2	孙升芸	计算机07－2	黄　涵	统计09
王子同	数学08－2	徐凌验	信息07－1	刘　佳	统计07－2
张少谦	电子07－2	李雪雯	数媒07－2	曾　翔	统计08
郭长岚	土木08－2	费运巧	数媒09－2	朱思翘	工商07－5
王鲜鲜	水保08－2	薄夷帆	信息08－1	丁　蒙	工商08－5
胡腾云	环规09－2	王一涵	园艺07－1	张桂芳	物业09－1
郑丽萍	水保09－2	周　详	风园08－3	杨　力	营销07－1
杨松楠	水保07－3	刘　玮	园林09－1	符　献	营销08－1
李　君	土木07－2	姚亚男	园林09－1	俞莎莎	营销08－2
冀咏赞	环规08－2	李沁元	旅游08－2	汪　然	英语07－2
谭　枭	环规07	李　单	风园08－1	丁　滢	英语07－3

王磊明	环工 08－2	王韡珏	园林 08－6	叶　晴	日语 08
徐　帆	环工 09－1	伦真智	园林 08－6	宋　晗	英语 08－2
金　心	环工 07－1	谢冶凤	旅游 09－1	尹雨璇	英语 09－3
朱平芬	保护区 07	谭　喆	风园 07－1	路倩倩	林学 08－3
韩梦阳	保护区 08	龚　宇	风园 10－2	李亚军	梁希 08－2
荣　华	生物 09－1	蒋雨婷	园林 09－3	焦志敏	梁希 07－2
牟淑琳	生科 08	关南希	风园 07－2	李　莹	游憩 07
路　瑶	生科 07	何　茜	风园 09－2	杨静静	林学 09－2
苗　苗	食品 08－1	吴西未	风园 09－2	周妍姿	草坪 08
马　程	生技 07－2	王　琢	城规 08	田学远	梁希 09－2
许　赛	生物 09－2	王晨雨	园林 07－6	熊　慧	林学 07－2
王　超	机械 09－3	张海天	园林 07－6	谢睿旻	草业 08
凌　川	车辆 09－1	曲　琛	园林 07－1	高志强	地信 08
李可一	自动化 07－2	许　立	旅游 07－1	周兆媛	林学 07－3
许大涛	交通 07－1	刘京一	园林 08－4	张凌楠	林学 08－2
李羽中	机械 07－2	许　荔	园艺 08－1	沈绍伟	游憩 08
周　峰	电气 07－2	张　锐	工商 07－1	崔　婷	木工 07－1
史亚彬	车辆 08－3	席　璐	林经 07－1	李泓成	包装 09
聂华佳	自动化 08－1	杨　璇	工商 08－2	李　阳	心理 09－1
阮斯洁	机械 08－3	张燕琳	金融 09－2	胡菊芳	林化 07－1
杨睿茜	电气 08－2	王　琪	工商 07－4	马淑杰	林化 07－2
丁　昕	工设 08	谢玄玄	工商 08－3	杨春宵	林化 09－2
雷一丹	工设 09	周语洋	国贸 07－1	江映其	木工 07－4
陈　晖	电气 09－2	高　宽	国贸 08－1	任　丹	包装 08
王玉珏	心理 07－3	韩楚波	会计 08－3	刘　哲	木工 08－4
任冰洁	心理 07－3	陈　宣	会计 09－1	黄　瑜	包装 07
林建兵	法学 07－3	芦　洁	金融 07－1	孙明远	木工 08－3
周　晴	法学 07－3	严亚慧	金融 08－1	伊　琳	艺设 09－1
陈建男	法学 08－2	刘婉琳	金融 09－2	冯天成	艺设 08－2
陈肖悦	心理 08－1	郭亦骏	梁希 07－1	林荣亮	艺设 07－1
柯木玲	法学 09－3	郭雅芝	梁希 08－1	方　燕	林化 08－3
赵子琪	信息 09－2	王佳遇	梁希 09－1	高玉霞	林化 08－1
吕　程	数媒 08－2	魏　东	人资 09－2	刘　昱	艺设 07－4
祝　璞	动画 09	周　琦	林经 08－2		

项目：国家励志奖学金（共 374 人）

于明含	梁希 07－2	尹培培	食品 08－2	严健标	梁希 08－1
王世雷	梁希 07－2	山　杰	食品 08－3	刘建华	梁希 07－1
邱春晶	梁希 08－2	崔　静	生物 09－2	郭景威	梁希 08－1
赵春富	梁希 08－2	蔡文龙	生物 09－3	袁　荣	梁希 08－1
周美思	梁希 09－2	李志敏	食品 09－2	张辛连	梁希 07－1
郭　静	梁希 09－2	邱增莲	食品 09－3	李永慧	梁希 09－1
郭　江	地信 07	陈淑梅	包装 07	陈　树	动画 08

黄　琦	地信08	陈　芬	包装08	刘　宵	动画09
侯　瑶	地信09	欧吉陵	包装09	莫　勇	计算机07－1
杨新乐	草业07	邢　杨	林化07－1	程　玉	计算机07－2
于晓文	草业07	陈　品	林化07－1	韦智芳	计算机07－3
肖　洋	草业08	宾银平	林化07－2	张晓武	计算机07－4
晋知文	园艺09－2	罗影龄	林化07－2	辛娟娟	计算机08－1
陈忞忞	林学07－1	张艳庆	林化07－3	徐　犇	计算机08－2
武　娴	林学07－2	李欣茹	林化07－4	陶行科	计算机08－3
刘锋涛	林学07－2	李范霞	林化08－1	吴小婵	计算机08－4
祁　玮	林学07－3	姜彤彤	林化08－2	陈亚玙	数媒09－1
王英英	林学07－3	郑　雪	林化08－3	蒋　麒	计算机09－2
张小娜	林学08－1	郑文婕	林化09－1	魏朝磊	计算机09－3
王高敏	林学08－2	怀慰慰	林化09－2	杨大利	计算机09－4
朱俐娜	林学08－2	周素坤	林化09－3	金晓颖	数媒07－1
李海萍	林学08－3	吴秋霞	林化09－3	颜世聪	数媒07－2
罗　芳	林学08－3	孙国育	木工07－1	祁远卫	数媒08－1
陈虹兵	林学09－1	王冰洁	木工07－1	杨雪丹	数媒08－2
饶　懿	林学09－1	乌吉斯古楞	木工07－2	李　彤	数媒09－1
黄贝贝	林学09－2	罗书品	木工07－3	高保琴	数媒09－2
林　竹	林学09－3	张　琪	木工07－3	彭俊杰	信息07－1
金子琦	游憩07	王笑梅	木工07－4	赵　谦	信息07－2
王德朋	游憩08	李　超	木工07－4	杨　浩	信息08－1
蒋小兰	游憩09	秦　朗	木工07－5	宋亭亭	信息08－2
胡佳佳	游憩09	罗丽丝	木工08－1	洪　皓	信息09－1
任　远	水保07－1	李　本	木工08－1	隆学超	信息09－2
周晓果	水保07－2	陈梦桃	木工08－2	赖　延	英语07－1
刘　幸	水保07－3	付珍丽	木工08－3	郭田田	英语08－1
朱文博	土木07－1	沈丹阳	木工08－4	菅利青	英语08－2
杨　龙	土木07－2	郝　欣	木工08－5	王凤霞	英语08－3
孙欢欢	环规07	李美平	木工09－1	梁薇薇	英语08－4
王　欢	环规08－1	许丽辉	园艺09－1	杨昊天	日语08
杨晓冰	环规08－2	曾祥玲	木工09－2	刘玉琼	英语09－1
王久乐	水保08－1	孙文婧	木工09－3	赵洪箭	英语09－1
李云鹏	水保08－2	陈泽宝	木工09－4	张新菊	英语09－2
赵冬琳	水保08－3	史慧鑫	木工09－5	蒋　璨	英语09－3
付国珍	水保08－3	王金洲	艺设07－1	崔亚丽	英语09－3
梁丽丽	土木08－1	李高峰	艺设07－2	罗　丹	英语09－4
赵　维	土木08－2	孙　丽	艺设07－3	邱　晨	日语09
曲炳鹏	环规09－1	郭　嫚	艺设07－4	朱建国	机械07－3
朱义平	环规09－2	王雪垠	艺设08－1	王　磊	机械07－2
程雨萌	水保09－1	卢林林	艺设08－2	吴　腾	机械07－1
林佳梅	水保09－1	刘乐乐	艺设08－3	毕智华	机械07－4
何　艳	水保09－2	杨　伟	艺设08－4	周卢婧	机械07－4

邓　川	水保 09－2	马　瑶	艺设 09－1	王　利	交通 07－3
陈文思	水保 09－3	沈　岑	艺设 09－2	李　帆	交通 07－1
杨茂林	土木 09－1	齐　哲	艺设 09－3	王　雯	交通 07－1
覃　刚	土木 09－2	张　瑾	艺设 09－4	李锦清	自动化 07－1
王　杰	园林 07－1	康　克	工商 07－1	李小婉	自动化 07－2
蔡　颖	园林 07－2	毛祖丰	会计 08－3	柯秋红	电气 07－1
刘自娇	园林 07－3	林冷梅	工商 07－8	闫　亮	电气 07－1
舒斌龙	园林 07－4	付　政	统计 07－1	张鹰华	机械 08－4
刘　淼	园林 07－5	张全英	工商 07－5	刘永俊	机械 08－4
刘金蕾	园林 07－6	秦燕京	统计 09	熊佳俊	机械 08－1
熊闻进	风园 07－1	丁　猛	工商 08－4	董明明	机械 08－4
刘唯一	风园 07－2	李时运	工商 07－7	孙　超	车辆 08－2
官筱薇	风园 07－3	卫　辉	工商 08－4	陈福军	车辆 08－1
陈　云	风园 07－4	李　淼	统计 07－1	曹　珊	车辆 08－1
王　菲	风园 07－4	范洪俏	营销 08－1	张丽芳	自动化 08－2
刘　晶	园艺 07－1	田秋艳	营销 08－2	蔡美玉	自动化 08－1
周桂英	园艺 07－2	闫如宝	会计 07－2	王巧利	电气 08－1
郑玉梁	旅游 07－1	刘　杰	会计 07－2	赖小龙	电气 08－2
尚　波	旅游 07－2	宗　阳	会计 07－2	贺雨薇	工设 08
李关英	园林 08－1	韦玉婷	工商 08－6	任　冶	机械 09－3
刘知谕	园林 08－1	彭瑞辉	人资 09－2	江冬冬	机械 09－3
冯　黎	园林 08－2	邱毓鑫	营销 07－2	陈　姣	机械 09－1
张　妥	园林 08－2	潘　静	工商 07－3	徐亚云	机械 09－3
郝甫玉	园林 08－3	邹燕青	国贸 08－1	郎春艳	车辆 09－1
朱文英	园林 08－3	袁梦萍	国贸 08－2	李　杏	车辆 09－1
吕　腾	园林 08－3	董海芳	林经 07－2	牛希望	车辆 09－3
欧阳芸	园林 08－4	蒋月亮	林经 08－2	李　宁	自动化 09－2
余惠英	园林 08－4	潘文婧	林经 08－2	聂凤梅	自动化 09－2
孙辰成	园林 08－6	袁　元	林经 07－1	周　亮	电气 09－1
刘晓帆	风园 08－2	谷晓芳	营销 08－1	王永泽	电气 09－2
刘晓强	风园 08－2	李玉敏	国贸 08－1	张蓬艳	工设 09
卢荣华	风园 08－3	张振亚	金融 09－2	张蕾蕾	电子 07－1
陈宇峰	风园 08－4	张国遵	工商 07－1	石飞飞	电子 07－2
李昱敏	风园 08－4	肖　雪	工商 08－5	龙　滢	电子 08－1
杨　雪	城规 08	高先霞	金融 09－1	李　可	电子 08－2
卢珊珊	园艺 08－1	赵丽娟	会计 08－3	汪维桂	电子 09－1
刘　蕊	园艺 08－1	王玲莉	营销 09－1	田振国	电子 09－2
王　喆	园艺 08－2	丁佳琪	工商 07－3	董红影	数学 07－1
杨艳婷	园艺 08－2	左　阳	营销 08－2	王　菲	数学 07－2
孙　凤	旅游 08－1	毛宇飞	人资 09－1	金伟琴	数学 08－1
刘志聪	旅游 08－1	邓雅然	人资 08－1	刘　晶	数学 08－2
郑莉莎	旅游 08－2	孙丽君	人资 08－2	顾娟娟	数学 09－1
张　玏	旅游 08－2	包金梅	金融 09－2	薛　晴	数学 09－2

王　谕	园林09－1	毛成龙	梁希08－1	黄　琳	保护区07
段艳林	园林09－1	王　露	工商07－8	陈明莲	保护区07
姜亚薇	园林09－2	张　晴	会计08－3	刘　洋	保护区08
鲁　丹	园林09－2	施晓艳	工商08－6	任　雪	保护区09
李才华	园林09－3	黄冰清	会计08－4	李　革	法学07－1
吕银环	园林09－3	李明丽	国贸08－1	程　森	法学07－2
刘博心	园林09－4	刘安凤	工商08－2	郭福满	法学07－3
张旭东	园林09－5	李玲燕	会计09－3	宋家龙	心理07－2
凌　隽	园林09－6	赵鸿蕴	会计09－1	刘哲佳	心理07－1
范金霞	风园09－1	陈　伟	人资08－1	成　年	心理07－3
杨　炜	风园09－2	朱晓琴	人资09－1	赵建玲	法学08－3
李媛媛	风园09－2	于　洋	会计09－1	王　勇	法学08－1
陆　芸	风园09－3	付　庭	会计08－2	李冰雪	法学08－3
周　金	风园09－4	蒋　丹	人资07－1	熊朋迪	心理08－2
宋高风	风园09－4	周晓维	营销07－1	阳　莎	心理08－2
刘晶晶	园艺09－1	许兰梅	会计09－3	温　娟	心理08－1
王　晗	园艺09－2	蔡　娟	人资09－2	金　新	法学09－3
高　佳	旅游09－1	毛倩倩	人资08－2	任　洋	法学09－3
姚　凤	旅游09－1	孙微微	会计09－2	秦　崇	法学09－3
廖雅容	旅游09－2	王　让	人资08－1	李　信	心理09－1
张　玲	旅游09－2	付晓梅	工商08－6	张雷雷	心理09－1
李元斌	城规09	李　欣	人资09－2	魏莎莎	心理09－3
张双双	生科07	鲍龙琼	工商07－5	张延君	环境07
汪一萌	生技07－1	杨　阳	会计09－3	李　洁	环工07－1
周　丹	食品08－2	陈　鑫	统计09	王　雪	环工07－2
欧阳屹林	食品07－1	张军凤	物业09－3	张晓玲	环境08
石　倩	食品07－2	刘飞旭	工商08－5	郭泓利	环工08－1
赵艳云	食品07－3	王奕琳	国贸09－2	郑利兵	环工08－2
晁　楠	生科08	吕英巧	会计08－3	白　桦	环境09
刘晓瑜	生技08－1	郑　杨	国贸07－1	葛含星	环工09－1
廖维华	生技08－2	李文超	工商08－1	康雅凝	环工09－2
赵兴兴	食品08－1	尚丹丹	工商09－3		

宝钢奖学金(共8人)

孙　健	博生物09	崔宝月	园艺08－1	张丽敏	心理08－2
刘宁宁	食品07－1	王丹青	工商07－1	戴显庆	土木07－2
李　源	工设08	刘　晔	林化08－1		

“北林苑”新生专业特等奖学金(共34人)

吴　蔚	保护区09	王梓元	环境09	卢　竹	工信09
张怡文	英语09－3	马星宇	环工09－2	王　琰	国贸09－1
赵怡薇	日语09	柳雅文	环规09－2	田丽婕	会计09－1
刘　敏	城规09	郑瑜群	土木09－2	李禹成	金融09－1

胡　楠	风园09－2	杜文姬	水保09－3	肖　政	林经09－2
张琛琛	旅游09－2	杨安琪	法学09－3	李　欣	人资09－2
崔雯婧	园林09－5	王　琎	心理09－1	张　璇	统计09
谭　洋	园艺09－1	张志丹	林学09－2	李　云	物业09－3
李存娜	食品09－3	王子楠	游憩09	王柯霁	营销09－1
杨　帆	生物09－1	陈怡羽	地信09	秦雨佳	营销09－2
田　洋	生物09－2	孟　语	草业09	于　晴	工商09－2
于晓航	草坪09				

“嘉汉”新生专业特等奖学金(共20人)

吴梦宇	机械09－2	高　阳	计算机09－2	黄希妍	包装09
穆宇婷	车辆09－1	曹天戈	数媒09－2	张晓健	林化09－1
刘　念	自动化09－1	刘　群	信息09－2	陈　静	林化09－2
张玉水	电气09－2	孙雪梦	动画09	王露茜	木工09－2
刘乔溪	工设09	许莎莎	电子09－1	康海娇	木工09－5
李　昊	梁希09－1	孟玮璘	数学09－1	任竹青	艺设09－3
刘瑜洁	梁希09－2	李胜元	艺设09－4		

“汪·王”奖学金(共62人)

郑　涵	草业07	黎　檬	园林07－3	原婉琼	生科08
王佳哲	草业09	戚亚路	园林08－1	刘　露	生技08－2
陈　凤	林学07－1	莫林芳	园林08－5	李占坤	生物09－1
张　瑜	林学07－2	赵　琳	园林08－5	刘春香	保护区08
董　点	林学07－3	邓　瑾	园林08－6	徐　丹	林化07－2
彭晶晶	林学08－1	张鹏飞	园林09－4	康素敏	林化07－3
陈永辉	林学08－2	苏亚玲	园林09－5	罗书勤	林化08－1
杨庆楠	林学08－3	梁　曼	园林09－6	胡　丹	林化09－2
苏宝琴	游憩07	曲文静	园艺07－2	张　悦	林化09－3
刘昭阳	游憩09	王　晶	园艺09－1	蔡敏芳	木工07－4
付亚菲	林经08－2	米小芳	园艺09－2	王　璇	木工07－5
王　佳	林经08－1	杨　娟	水保07－1	黄德升	木工08－1
雷　蕾	林经07－2	范雪环	水保07－2	崔云飞	木工08－3
杨　瑞	城规07	裴文泽	土木07－2	田　婧	木工08－5
杨　雯	城规08	李丹雄	水保08－1	胡文静	木工09－1
袁　紫	城规09	靳春香	水保08－3	张璐霞	木工09－5
康莉欣	风园08－1	赵丹丹	环规08－1	陈　超	环境07
贾　维	风园08－1	刘　滢	土木08－2	邵琳琳	环工07－1
杨子旭	风园08－3	廖文超	环规09－2	张　巧	环境08
黄冬蕾	风园09－3	董道武	土木09－1	王　闪	环工08－2
胡俊亭	园林07－2	杨　扬	生科07		

“KDT极东机械”奖学金(共5人)

彭文胜	机械07－1	郑　福	电气07－1	陈　惠	木工07－5

孙晓明	自动化07－1	何文昌	木工07－1

“家骐云龙”奖学金(共20人)

梅玫	工商09－1	曾庆泉	生物09－1	陈泽任	信息08－2
应　南	工商08－7	王　茜	食品09－1	任丽红	心理07－3
董宝根	工商09－2	赵巧娇	食品09－3	刘立鹏	法学07－3
吴锦填	会计09－4	陈明健	计算机08－2	叶柳红	心理07－3
田　琪	林经08－1	高　良	计算机08－2	安朋辉	法学08－1
张红霞	食品07－1	兀　兰	数媒07－2	姚晶晶	法学09－1
陈蓓颖	食品08－1	耿倩倩	数媒08－2		

“瑞原佳和”奖学金(共10人)

宋梅芳	木工08－1	潘玉梅	木工08－5	许文书	木工09－4
尹盼秋	木工08－2	张甜甜	木工09－1	陶淑婷	木工09－5
张坤骞	木工08－3	马　兰	木工09－2	王明丽	木工09－5
张　乾	木工08－4				

“金光集团黄奕聪”奖学金(共16人)

粟胜男	地信07	申露露	游憩08	张利鸣	林化07－3
王　佩	地信08	王文哲	草业08	刘　欣	林化07－4
王梦雅	地信09	吴丽珠	包装07	应世澄	艺设07－4
赵化冰	林学09－1	曹　微	包装08	杨　艳	林化08－2
宫大鹏	林学09－2	杨　洋	林化07－1	徐佳钰	艺设09－3
祝鑫海	林学09－3				

“嘉汉林业·北美枫情”奖学金(共10人)

张　婷	木工08－1	刘　蓉	木工09－1	李　丹	包装09
胡　蝶	木工08－4	杨舒英	木工09－3	孙　晓	包装08
陈　娜	木工08－5	冯　雪	木工09－4	张　冰	林化09－3
陈黎鸥	木工08－3				

“冠林”奖学金(共5人)

袁　斐	人资09－1	江桂婷	国贸08－2	董倩倩	林经07－2
李非非	营销08－2	王梦雪	物业09－2		

“张纪光”奖学金(共5人)

彭娅琴	林学08－1	李海萍	林学08－3	韦家柏	地信08
朱俐娜	林学08－2	申露露	游憩08		

优良学风班(共70个)

计算机07－1	信息07－1	信息08－2	信息09－2	计算机08－2
心理08－3	法学08－3	法学09－3	心理09－1	园林07－2
风园07－3	城规07	园林08－1	旅游08－1	园艺08－1

园林 09－1	风园 09－3	园艺 09－1	木工 07－1	木工 08－3
包装 08	林化 09－2	艺设 08－1	艺设 09－4	木工 08－1
木工 08－5	车辆 08－3	电气 08－2	工设 08	机械 07－3
机械 08－4	机械 09－3	车辆 09－1	食品 09－1	生物 09－1
食品 09－3	食品 08－1	英语 08－3	英语 08－4	日语 08
国贸 09－1	物业 09－1	林经 08－1	金融 09－2	林经 09－2
会计 08－3	会计 08－2	梁希 09－1	林经 07－1	营销 09－1
会计 09－3	工商 08－4	人资 08－2	梁希 08－1	国贸 09－2
林学 07－2	地信 07	林学 09－3	梁希 08－2	梁希 09－2
游憩 08	环规 08－2	环规 09－2	环规 09－1	水保 08－3
保护区 08	电子 08－2	数学 08－2	环境 07	环工 08－1

优秀辅导员(共 23 人)

李成茂	林学院	景艳丽	林学院	徐　婷	水保学院
胡　畔	水保学院	刘　芳	材料学院	白　雪	材料学院
李燕妮	园林学院	周春光	园林学院	魏　犇	园林学院
陈慧猛	人文学院	姜玉丹	外语学院	李　锋	工学院
黄　晨	工学院	卢振雷	环境学院	腾　兵	经管学院
刘　玲	经管学院	史祎美	经管学院	闻　亚	信息学院
陈俊生	信息学院	陈　燕	生物学院	王晓旭	生物学院
王艳洁	理学院	仲艳维	保护区院		

优秀班主任(共 93 人)

材料学院(11 人)

邱　晨　王　楠　胡传坤　徐吉东　尹　言　程亚鹏　夏芸枫　郑文波
薛凤莲　苏辉辉　房钰栋

工学院(10 人)

姜　芳　许彦峰　路英海　张俊梅　陈锋军　张继晓　罗琴娟　肖爱平
霍光青　于　斌

经管学院(20 人)

胡　超　仇双武　何　玥　侯　宁　颜　静　房　薇　米　峰　李　波
李华晶　刘丽萍　张　鑫　张作祥　陶建军　宁艳杰　肖　进　宋洪峰
王　敏　于　波　程宝栋　谢　屹

理学院(3 人)

张焱焱　司　林　李　扉

人文学院(5 人)

张金体　姚　贝　田　浩　杨智辉　杨　帆

生物学院(5 人)

赵海燕　王延伟　程　瑾　郭允倩　张金凤

水保学院(5 人)

李耀明　李　扬　刘广超　沈　芳　弓　成

外语学院(5 人)

祝　葵　刘笑非　王一娜　刘　玮　李　欣

信息学院(6人)

任忠诚 王海燕 张东宇 马 杰 闻 亚 曾 怡

园林学院(12人)

刘东云 石 磊 尚 书 刘 尧 孟 锐 潘会堂 马宝建 杨晓东
王 越 刘 伟 田艳春 严 密

林学院(8人)

王燕俊 唐殿珂 李 佳 郝建华 王 佳 张晓丽 徐迎寿 田子珩

环境学院(2人)

王 辉 贠延滨

保护区学院(1人)

邢韶华

三好学生(共985人)

材料学院(113人)

郑文婕	林化09-1	陈鹤予	林化07-4	崔 婷	木工07-1
张晓健	林化09-1	何 川	林化07-4	崔新宇	木工07-2
韩静芸	包装07	刘 晔	林化08-1	杨 涛	木工07-2
李辰宇	包装07	朱 磊	林化08-1	冶 敏	木工07-2
李文燕	包装07	高玉霞	林化08-1	王 矗	木工07-3
陈 芬	包装08	游婷婷	林化08-2	张 琪	木工07-3
孙 晓	包装08	魏冬雪	林化08-2	王梦琦	木工07-3
曹 微	包装08	吴 苗	林化08-2	李 超	木工07-4
李泓成	包装09	周 霞	林化08-3	王笑梅	木工07-4
黄希妍	包装09	方 燕	林化08-3	江映其	木工07-4
叶梦馨	包装09	苗新伟	林化09-2	吴赵旭	木工07-5
杨俊锡	林化07-1	杨春宵	林化09-2	王 璇	木工07-5
杨 洋	林化07-1	怀慰慰	林化09-2	彭 尧	木工08-1
崔晓霞	林化07-1	周素坤	林化09-3	罗丽丝	木工08-1
罗影龄	林化07-2	张 冰	林化09-3	王怡人	木工08-1
宾银平	林化07-2	吴秋霞	林化09-3	李红艳	木工08-2
张 丹	林化07-3	王冰洁	木工07-1	刘文雅	木工08-2
赵淑杰	林化07-3	李媛媛	木工07-1	王海云	木工08-2
陶定堂	木工08-3	张 乾	木工08-4	胡 晴	木工09-1
孙明远	木工08-3	潘玉梅	木工08-5	许丽辉	木工09-1
崔云飞	木工08-3	蒋辰星	木工08-5	王露茜	木工09-2
刘 哲	木工08-4	田 婧	木工08-5	石 艺	木工09-2
吴佳欢	木工08-4	李美平	木工09-1	史鹤飞	木工09-2
徐 凯	木工09-3	高 姗	木工09-3	张 宇	木工09-4
孟凡阳	木工09-3	曹诗雨	木工09-4	郭慧茹	木工09-4
曹 越	木工09-5	康海娇	木工09-5	李 阳	木工09-5
刘小煦	艺设07-1	李 志	艺设08-1	冯慧超	艺设09-1
蒋承辰	艺设07-1	戚芳妮	艺设08-1	黄若兰	艺设09-1
胡玉多	艺设07-1	王筱淇	艺设08-1	梁晓丹	艺设09-1

李高峰	艺设07－2	冯天成	艺设08－2	李　刚	艺设09－2
孙红丹	艺设07－2	郝一萍	艺设08－2	曾晓夏	艺设09－2
王　蕾	艺设07－2	左　惠	艺设08－2	孙晴晴	艺设09－2
管小辉	艺设07－3	陈璐璐	艺设08－3	任竹青	艺设09－3
马思远	艺设07－3	张子玲	艺设08－3	齐　哲	艺设09－3
孙　丽	艺设07－3	赵文婷	艺设08－3	徐佳钰	艺设09－3
韩　洋	艺设07－4	刘　馨	艺设08－4	李胜元	艺设09－4
马　铭	艺设07－4	李姗姗	艺设08－4	张　瑾	艺设09－4
周清华	艺设07－4	杨　伟	艺设08－4		

工学院(108人)

陈福军	车辆08－1	穆宇婷	车辆09－1	曹学明	电气07－2
何　进	车辆08－1	刘　煜	车辆09－2	孙昌辉	电气07－2
冯二萍	车辆08－1	杨　超	车辆09－2	雷兴林	电气08－1
李　旭	车辆08－2	樊　丽	车辆09－2	王巧利	电气08－1
杜旭之	车辆08－2	郝建华	车辆09－3	李　婷	电气08－1
王　慧	车辆08－2	庄仲达	车辆09－3	赖鹏华	电气08－2
黄河山	车辆08－3	程　丹	车辆09－3	赖小龙	电气08－2
陈　冲	车辆08－3	郑　福	电气07－1	杨睿茜	电气08－2
史亚彬	车辆08－3	闫　亮	电气07－1	范峰海	电气09－1
王喜元	车辆09－1	王莉莉	电气07－1	王琦凯	电气09－1
凌　川	车辆09－1	聂铭君	电气07－2	纪婷钰	电气09－1
王永泽	电气09－2	周　侗	机械07－3	江冬冬	机械09－3
苏振华	电气09－2	杨　雷	机械07－4	任　冶	机械09－3
徐一骏	电气09－2	吴建云	机械07－4	李　浩	机械09－3
陈　婷	工设07	毕智华	机械07－4	王顺淞	机械09－4
周晨鸣	工设07	郭　涛	机械08－1	刘　彪	机械09－4
林　娜	工设07	熊佳俊	机械08－1	胡晓静	机械09－4
赵云鹏	工设08	周玮珠	机械08－1	刘　建	交通07－1
罗江威	工设08	乞　航	机械08－2	吴滔滔	交通07－1
王　卉	工设08	马阿娟	机械08－2	王　雯	交通07－1
毕冬蕾	工设08	杨　帆	机械08－3	段振伟	交通07－2
雷一丹	工设09	阮斯洁	机械08－3	乔洪海	交通07－2
刘乔溪	工设09	姜洋洋	机械08－3	吴奇昊	交通07－2
张蓬艳	工设09	张鹰华	机械08－4	郭　浩	交通07－3
吴　腾	机械07－1	董明明	机械08－4	黄海圣	交通07－3
门　森	机械07－1	刘永俊	机械08－4	龙　萍	交通07－3
彭文胜	机械07－1	郑建业	机械09－1	李锦清	自动化07－1
王广森	机械07－2	李　娜	机械09－1	黄　旭	自动化07－1
李　翀	机械07－2	陈　姣	机械09－1	罗　婷	自动化07－1
张旻劼	机械07－2	姚　磊	机械09－2	于　洋	自动化07－2
陆　润	机械07－3	管　成	机械09－2	李小婉	自动化07－2
段吉栋	机械07－3	吴梦宇	机械09－2	李傲雪	自动化07－2
黄依米	自动化08－1	李炜龙	自动化08－2	陈祖玎	自动化09－1

罗　鑫	自动化08－1	张丽芳	自动化08－2	许大伟	自动化09－1
聂华佳	自动化08－1	荣　斐	自动化08－2	刘　念	自动化09－1
李　宁	自动化09－2	安　昳	自动化09－2	吕斯俊	自动化09－2

经管学院(210人)

张　锐	工商07－1	赵姝颖	工商07－3	肖远洋	工商07－5
王旻洁	工商07－1	谢菲菲	工商07－3	张小舟	工商07－5
姚　琴	工商07－1	丁佳琪	工商07－3	王晓伟	工商07－5
王晶莹	工商07－2	黄　颖	工商07－4	谢　芳	工商07－6
褚　珊	工商07－2	王琪	工商07－4	王亦男	工商07－6
武　凡	工商07－2	俞雯婷	工商07－4	姜　岩	工商07－6
李时运	工商07－7	刘骏	工商09－3	向　禛	会计08－2
陈　露	工商07－7	李澍奇	国贸07－1	付　庭	会计08－2
刘明会	工商07－7	杨　丽	国贸07－1	孙　妙	会计08－3
王一扉	工商07－8	俞培玉	国贸07－1	王思培	会计08－3
马　蕾	工商07－8	章晶晶	国贸07－2	涂　馨	会计08－3
唐　棠	工商08－1	陆佳怡	国贸07－2	姚　尧	会计08－4
李文超	工商08－1	刘一帆	国贸07－2	黄雯睿	会计08－4
郑　娟	工商08－1	高　宽	国贸08－1	黄冰清	会计08－4
杨　璇	工商08－2	黄晓漫	国贸08－1	金泰延	会计09－1
孙璐婧	工商08－2	邹燕青	国贸08－1	赵鸿蕴	会计09－1
廖婷婷	工商08－2	张　辉	国贸08－2	刘　璐	会计09－1
张忠华	工商08－3	陆　惠	国贸08－2	谢梦娜	会计09－2
崔　璨	工商08－3	袁梦萍	国贸08－2	汪飞羽	会计09－2
谢玄玄	工商08－3	方少明	国贸09－1	李雅琪	会计09－2
王君培	工商08－4	张乃千	国贸09－1	陈翠婷	会计09－3
解　颖	工商08－4	王　琰	国贸09－1	李玲燕	会计09－3
盛　筠	工商08－4	张　雄	国贸09－2	吴轶凡	会计09－3
王泽锋	工商08－5	于苗苗	国贸09－2	王　姣	会计09－4
刘飞旭	工商08－5	王奕琳	国贸09－2	吴锦填	会计09－4
卢　超	工商08－5	陈　龙	会计07－1	姚柃吉	会计09－4
王梦琪	工商08－6	舒子仪	会计07－1	叶资英	金融07－1
施晓艳	工商08－6	康亚岑	会计07－1	芦　洁	金融07－1
肖　丽	工商08－6	刘　杰	会计07－2	赵天琳	金融07－1
陈叶秀	工商08－7	宗　阳	会计07－2	童　超	金融07－2
黄梦雪	工商08－7	潘　婷	会计07－2	白　璐	金融07－2
张梦雅	工商08－7	彦　晶	会计07－3	周畑钿	金融07－2
曹　丽	工商09－1	刘佳敏	会计07－3	王砾琛	金融07－2
彭　飞	工商09－2	王　惠	会计07－3	张韶恒	金融08－1
刘青青	工商09－2	高馨蕊	会计08－1	严亚慧	金融08－1
张燕琳	工商09－2	李纯子	会计08－1	雷皓月	金融08－1
卢　竹	工商09－3	李韵豪	会计08－1	罗雅冰	金融08－1
刘子宁	工商09－3	江晏时	会计08－2	陈冈扬	金融08－2
李禹成	金融09－1	刘程蕾	梁希07－1	邢　璐	金融08－2

高先霞	金融09－1	孙一力	梁希07－1	陈子宸	梁希08－1
殷丽秋	金融09－1	段艳芳	梁希07－1	郭雅芝	梁希08－1
柴哲涛	金融09－2	黄　麟	梁希08－1	李永慧	梁希09－1
刘婉琳	金融09－2	严健标	梁希08－1	王佳遇	梁希09－1
周慧昕	金融09－2	黄　彦	梁希08－1	席　璐	林经07－1
孟一江	林经07－1	付亚菲	林经08－2	万　媛	人资07－1
董方晓	林经07－1	薛　晨	林经09－1	任　昆	人资07－1
刘　先	林经07－2	罗　琪	林经09－1	姜长佳	人资07－2
常菁菁	林经07－2	周　悦	林经09－2	吴　玮	人资07－2
叶智超	林经08－2	陈章纯	林经09－2	高　杰	人资07－2
赵　正	林经08－2	李　放	人资07－1	王　让	人资08－1
王　安	人资08－1	宋　昊	人资08－2	徐辰雪	人资08－2
鲍皓昕	人资08－1	何桂婷	人资08－2	毛宇飞	人资09－1
周　烨	人资09－1	乔　咪	统计07－1	朱静芸	统计08
林彭望真	人资09－1	付宇涵	统计07－1	高　娜	统计08
魏　东	人资09－2	李　淼	统计07－1	晏小雪	统计08
李　欣	人资09－2	龙　轩	统计07－2	胡彦君	统计09
胡海淼	人资09－2	李　平	统计07－2	喻凯西	统计09
魏丽丽	物业09－1	王　婷	统计07－2	秦燕京	统计09
张桂芳	物业09－1	刘崇文	营销07－1	沈　艨	营销08－1
冯利红	物业09－1	马　月	营销07－1	刘　成	营销08－1
潘保盛	物业09－2	肖　敏	营销07－1	符　献	营销08－1
涂晓菲	物业09－2	杨　蕊	营销07－2	翟思颖	营销08－2
舒　心	物业09－2	刁惠悦	营销07－2	左　阳	营销08－2
张小琴	物业09－4	李文琴	营销07－2	俞莎莎	营销08－2
袁玲玲	物业09－4	雷　蕾	林经07－2	白　岚	营销09－2
李金红	营销09－1	李　云	物业09－3	李媛媛	营销09－2
王柯霁	营销09－1	陈景卉	物业09－3	秦雨佳	营销09－2
王玲莉	营销09－1	张军凤	物业09－3	龚　静	工商09－1
黄至臻	工商09－1	王超斌	物业09－4	郎郑欣	梁希09－1

理学院(37人)

彭　刚	电子07－1	卢云龙	电子08－1	陈斌斌	电子09－1
董　江	电子07－1	郭玉鹏	电子08－1	赵春艳	电子09－1
王　佩	电子07－1	龙　滢	电子08－1	许莎莎	电子09－1
张少谦	电子07－2	柳金山	电子08－2	廖　林	电子09－2
石飞飞	电子07－2	费　会	电子08－2	王　婷	电子09－2
孙琳琳	电子07－2	纪　锐	电子08－2	雷　艺	电子09－2
房雅倩	数学07－1	罗钧峰	数学08－1	顾娟娟	数学09－1
张　昊	数学07－1	金伟琴	数学08－1	周聃婕	数学09－1
邵　喆	数学07－1	孙　煦	数学08－1	孟玮璘	数学09－1
黄　江	数学07－2	杨峰艳	数学08－1	郭胡诚	数学09－2
吴　央	数学07－2	游　兵	数学08－2	赵　迪	数学09－2
邹凡云	数学07－2	孙文秋实	数学08－2	郑卓筠	数学09－2

陈祉作	数学 08 - 2				

人文学院(54 人)

韩　野	法学 07 - 1	彭荣杰	法学 07 - 3	梁海景	法学 08 - 2
王舒娴	法学 07 - 1	王冰川	法学 07 - 3	张　泉	法学 08 - 2
李雪莲	法学 07 - 1	周　晴	法学 07 - 3	俞　灵	法学 08 - 2
周梦影	法学 07 - 2	安朋辉	法学 08 - 1	赵建玲	法学 08 - 3
马嘉璇	法学 07 - 2	夏　艳	法学 08 - 1	李冰雪	法学 08 - 3
程　淼	法学 07 - 2	纪小凤	法学 08 - 1	赵亚骎	法学 08 - 3
姚晶晶	法学 09 - 1	柯木玲	法学 09 - 3	宋家龙	心理 07 - 2
安　颖	法学 09 - 1	杨安琪	法学 09 - 3	林碗君	心理 07 - 2
黄雅惠	法学 09 - 1	白晓慧	法学 09 - 3	季琭妍	心理 07 - 2
钱俊羽	法学 09 - 2	刘哲佳	心理 07 - 1	陆柯雯	心理 07 - 3
马源濛	法学 09 - 2	马　舒	心理 07 - 1	王玉珏	心理 07 - 3
黎敏玉	法学 09 - 2	李莫訑	心理 07 - 1	任丽红	心理 07 - 3
温　娟	心理 08 - 1	陈肖悦	心理 08 - 1	李冬梅	心理 08 - 1
熊朋迪	心理 08 - 2	张丽敏	心理 08 - 2	张　帆	心理 08 - 2
李艳红	心理 08 - 3	王　玴	心理 09 - 1	吴映秋	心理 09 - 2
车文婷	心理 08 - 3	李　信	心理 09 - 1	吴思思	心理 09 - 2
范竹芸	心理 08 - 3	张雷雷	心理 09 - 1	李竺芸	心理 09 - 2
吕仁慧	心理 09 - 3	魏莎莎	心理 09 - 3	吴梦媛	心理 09 - 3

生物学院(47 人)

荣　华	生物 09 - 1	路　瑶	生科 07	刘　潇	食品 09 - 1
曾庆泉	生物 09 - 1	万心怡	生科 08	周杏子	食品 09 - 1
吴慧君	生物 09 - 1	陈　曦	生科 08	王　茜	食品 09 - 1
吴　博	生物 09 - 2	牟淑琳	生科 08	李志敏	食品 09 - 2
汤若风	生物 09 - 2	刘宁宁	食品 07 - 1	俞佳露	食品 09 - 2
许　赛	生物 09 - 2	欧阳屹林	食品 07 - 1	何璐薇	食品 09 - 2
樊丽彤	生物 09 - 3	李海莹	食品 07 - 1	佘星星	食品 08 - 1
颜　芹	生物 09 - 3	郭　淼	食品 07 - 2	孙冰洁	食品 08 - 1
孙　妍	生物 09 - 3	阎汇文	食品 07 - 2	赵雅娇	食品 08 - 1
蔡　兼	食品 09 - 3	赵　媛	食品 07 - 3	周　丹	食品 08 - 2
赵巧娇	食品 09 - 3				
陈慧芝	食品 07 - 3	崔　犁	食品 08 - 2	李存娜	食品 09 - 3
张译元	生技 08 - 2	尹培培	食品 08 - 2	王苏茵	生技 07 - 1
刘红杏	生技 08 - 2	山　杰	食品 08 - 3	肖　琳	生技 07 - 1
杨　洋	生科 07	王　丹	食品 08 - 3	张信夫	生技 07 - 2
马小婷	生科 07	王　畅	生技 08 - 1	冯思思	生技 07 - 2
刘晓瑜	生技 08 - 1				

水保学院(58 人)

谭　枭	环规 07	王新星	水保 08 - 1	余学霜	土木 08 - 1
薛莎莎	环规 07	李丹雄	水保 08 - 1	钟福宾	土木 08 - 2
张彩娜	环规 08 - 1	王　娇	水保 08 - 1	刘　滢	土木 08 - 2
房　芳	环规 08 - 1	李云鹏	水保 08 - 2	柯瑶瑶	土木 08 - 2

王　欢	环规08-1	王鲜鲜	水保08-2	陈皖新	土木09-1
陈　京	环规08-2	吴　桐	水保08-2	王沁怡	土木09-1
华峻翊	环规08-2	付国珍	水保08-3	董道武	土木09-1
周思思	环规08-2	朱晓博	水保08-3	刘　洋	土木09-2
张妍琪	环规09-1	赵冬琳	水保08-3	郑瑜群	土木09-2
李牧洁	环规09-1	周杜栋	水保09-2	黄　星	土木09-2
许　敏	环规09-1	黄　端	水保09-2	张宗艺	环规09-2
杨苑君	水保07-1	刘　涛	土木07-1	吴　旭	环规09-2
杨　娟	水保07-1	朱文博	土木07-1	吴培阳	环规09-2
胡娈运	水保07-2	任赟跃	土木07-1	李瀚之	水保09-1
郝　婧	水保07-2	于兆宇	土木07-2	杨梦婵	水保09-1
王　谦	水保07-2	范　懿	土木07-2	程雨萌	水保09-1
邹　扬	水保07-3	李　君	土木07-2	何　艳	水保09-2
杨松楠	水保07-3	蔡　亮	土木08-1	丁　可	水保09-3
孙　悦	水保07-3	宋祎楚	土木08-1	杜文姬	水保09-3
徐子棋	水保09-3				

外语学院(36人)

池慧青	日语07	李亚可	英语07-3	谭　宁	英语08-3
刘香伟	日语07	丁　滢	英语07-3	丁英美	英语08-4
叶　晴	日语08	张月佳	英语07-4	刘　钿	英语08-4
王　琳	日语08	周超波	英语07-4	隋　青	英语09-1
赵怡薇	日语09	赵安全	英语08-1	何宇菲	英语09-1
王　榕	日语09	孙冬玮	英语08-1	安　宁	英语09-2
万欣彤	日语09	王　倩	英语08-1	汪旖旎	英语09-2
曹可心	英语07-1	任凌珊	英语08-2	刘宇佳	英语09-3
谷苏徽	英语07-1	李　莹	英语08-2	尹雨璇	英语09-3
王佳子	英语07-2	宋　晗	英语08-2	姜　新	英语09-3
胡　杨	英语07-2	段微诗	英语08-3	李　筱	英语09-4
汪　然	英语07-2	卢　英	英语08-3	祁曙娟	英语09-4

信息学院(76人)

于潇翔	动画08	黄恬恬	计算机08-4	洪剑珂	数媒09-1
郑妍琳	动画08	吴小婵	计算机08-4	刘晶晶	数媒09-1
李　蔚	动画08	杨　曦	计算机09-1	李　彤	数媒09-1
祝　璞	动画09	王　伟	计算机09-1	王　鑫	数媒09-2
陈迎雪	动画09	覃　延	计算机09-1	郝　佳	数媒09-2
马丽莉	动画09	张　杰	计算机09-2	费运巧	数媒09-2
罗　锐	计算机07-1	金海峰	计算机09-2	彭俊杰	信息07-1
蓝苏榕	计算机07-1	高　阳	计算机09-2	聂　盈	信息07-1
刘旭尔	计算机07-2	魏朝磊	计算机09-3	徐凌验	信息07-1
刘　翠	计算机07-2	荀　艳	计算机09-3	肖　超	信息07-2
胡伟松	计算机07-3	陆　玲	计算机09-3	王冠宇	信息07-2
袁思思	计算机07-3	杨大利	计算机09-4	包捷勇	信息07-2
宋天乙	计算机07-3	欧阳超	计算机09-4	汪　琦	信息08-1

张晓武	计算机07－4	毛俊凯	计算机09－4	张鸿雁	信息08－1
夏志杰	计算机07－4	陈慧泽	数媒07－1	刘端端	信息08－1
罗叶琴	计算机07－4	蒋　蕊	数媒07－1	汪　楠	信息08－2
李　杰	计算机08－1	孙　婉	数媒07－1	方　研	信息08－2
毛宗仁	计算机08－1	李雪雯	数媒07－2	刘丽芳	信息08－2
张熙雯	计算机08－1	郭　雪	数媒07－2	洪　皓	信息09－1
薛岩洁	计算机08－2	邓　玉	数媒07－2	杨　薇	信息09－1
刘　沙	计算机08－2	蒋　蕊	数媒07－1	燕婷婷	信息09－1
朱文飞	计算机08－2	孙　婉	数媒07－1	隆学超	信息09－2
盛　轩	计算机08－3	李雪雯	数媒07－2	赵子琪	信息09－2
陶行科	计算机08－3	郭　雪	数媒07－2	曲　文	信息09－2
何　以	计算机08－3	耿倩倩	数媒08－2	吴　月	数媒08－2
赵　欣	计算机08－4				

园林学院(147人)

贺　凯	城规07	侯　硕	城规08	庄　晗	城规09
曾昭君	城规07	王　琢	城规08	谭　喆	风园07－1
钟　珊	城规07	边青青	城规08	康　琦	风园07－1
朱斯斯	城规07	董南希	城规09	郭　婷	风园07－1
杨　雯	城规08	刘　敏	城规09	甘　琦	风园07－2
孙　妍	风园07－2	关南希	风园07－2	庞瑀锡	风园07－3
郭佳希	风园07－3	阎超一	风园07－3	白　雪	风园07－4
王　菲	风园07－4	廖雅容	旅游09－2	黄哲淏	园林08－6
陈佩青	风园07－4	梁　萍	旅游09－2	王韡珏	园林08－6
霸　超	风园08－1	宋爱春	园林07－1	刘　玮	园林09－1
刘智玮	风园08－1	梁　婵	园林07－1	姚亚男	园林09－1
贾　维	风园08－1	侯　蕾	园林07－1	侯惠珺	园林09－1
范向楠	风园08－2	吴　婷	园林07－2	段艳林	园林09－1
张　威	风园08－2	冯叶子	园林07－2	蒋雁题	园林09－1
李嘉乐	风园08－2	秦晓晴	园林07－2	姜亚薇	园林09－2
杨子旭	风园08－3	刘自姣	园林07－3	苏　畅	园林09－2
卢荣华	风园08－3	卜　菁	园林07－3	何　爽	园林09－2
山雪娇	风园08－3	闫晓颖	园林07－3	徐搏谦	园林09－3
陈宇峰	风园08－4	鲁　晨	园林07－3	蒋雨婷	园林09－3
吕　回	风园08－4	王光华	园林07－4	李倩宇	园林09－3
尹露曦	风园08－4	吴　婷	园林07－4	徐　倩	园林09－4
洪方圆	风园09－1	王海力	园林07－4	张鹏飞	园林09－4
马晓萌	风园09－1	张　楠	园林07－5	王　越	园林09－4
丁　然	风园09－1	宋春锋	园林07－5	赵怡然	园林09－5
张雪葳	风园09－2	刘　畅	园林07－5	崔雯婧	园林09－5
赵　欢	风园09－2	刘　淼	园林07－5	钟军珺	园林09－5
胡　楠	风园09－2	王　阔	园林07－6	王耀珠	园林09－6
那　然	风园09－3	张海天	园林07－6	杨天琦	园林09－6
黄冬蕾	风园09－3	王晨雨	园林07－6	万　璐	园林09－6

刘　扬	风园 09－3	陈　园	园林 08－1	余洁燕	园林 09－6
谢韩诺娃	风园 09－4	刘知谕	园林 08－1	冯悦怡	园艺 07－1
秦　汉	风园 09－4	戚亚路	园林 08－1	刘　晶	园艺 07－1
孙　蕾	风园 09－4	姚斐嘉	园林 08－1	刘　瑜	园艺 07－1
许　立	旅游 07－1	姚　远	园林 08－1	刘晓红	园艺 07－2
孙旭鹏	旅游 07－1	陈京京	园林 08－2	洪　艳	园艺 07－2
王晋楠	旅游 07－1	刘　畅	园林 08－2	耿　婧	园艺 07－2
金青林	旅游 07－2	冯　黎	园林 08－2	汤金润	园艺 08－1
胡　璟	旅游 07－2	贺　翱	园林 08－3	李　智	园艺 08－1
郑一波	旅游 07－2	石　印	园林 08－3	崔宝月	园艺 08－1
陈伟辉	旅游 08－1	向圆媛	园林 08－3	刘文竹	园艺 08－1
孙　凤	旅游 08－1	李方正	园林 08－4	王　喆	园艺 08－2
陈凯伦	旅游 08－1	秦晓川	园林 08－4	邓金平	园艺 08－2
张晋源	旅游 08－2	刘京一	园林 08－4	贺惠文	园艺 08－2
李敏琦	旅游 08－2	张　锐	园林 08－4	王　晶	园艺 09－1
李沁元	旅游 08－2	李凤仪	园林 08－5	谭　洋	园艺 09－1
谢冶凤	旅游 09－1	莫林芳	园林 08－5	龚　宇	园艺 09－1
陈　馨	旅游 09－1	田　芃	园林 08－5	刘淑敏	园艺 09－2
高　佳	旅游 09－1	张聪颖	园林 08－5	米小芳	园艺 09－2
余梦娇	旅游 09－2	曾荟馨	园林 08－6	葛元洁	园艺 09－2

林学院(65 人)

曹晓震	草坪 07	焦志敏	梁希 07－2	关山越	林学 08－3
陈　璞	草坪 07	卢海玮	梁希 07－2	肖书笑	林学 08－3
袁　恺	草坪 08	张新娜	梁希 08－2	高红丹	林学 08－3
袁　媛	草坪 08	郑莉莉	梁希 08－2	路倩倩	林学 08－3
邵　易	草坪 09	张秀鹏	梁希 08－2	费俊杰	林学 09－1
廖琦薇	草坪 09	张　欣	梁希 08－2	陈　晨	林学 09－1
邱姝蓉	草坪 09	刘昕昕	梁希 09－2	兰　天	林学 09－1
杨新乐	草业 07	陈　跃	梁希 09－2	刘逸川	林学 09－1
周　蕾	草业 07	田学远	梁希 09－2	武红艳	林学 09－2
潘　璐	草业 07	胡耀升	林学 07－1	杨静静	林学 09－2
崔辰根	草业 08	陈焱焱	林学 07－1	曹　萌	林学 09－3
安勐颍	草业 08	刘锋涛	林学 07－2	祝鑫海	林学 09－3
王佳哲	草业 09	王丽丽	林学 07－2	赵容慧	林学 09－3
樊　波	草业 09	熊　慧	林学 07－2	付　展	游憩 07
郭　江	地信 07	周兆媛	林学 07－3	李　莹	游憩 07
傅新宇	地信 07	董　点	林学 07－3	熊典广	游憩 08
高志强	地信 08	祁　玮	林学 07－3	金树磊	游憩 08
赵　赫	地信 08	刘海轩	林学 08－1	蒋友渊	游憩 08
罗　阳	地信 09	邹丽莎	林学 08－1	赵　明	游憩 09
马天啸	地信 09	王高敏	林学 08－2	郇　颖	游憩 09
张璐玮	地信 09	刘佳嘉	林学 08－2	刘昭阳	游憩 09
郝　倩	梁希 07－2	朱俐娜	林学 08－2		

环境学院(26 人)

张　瑞	环工 07 – 1	郭洪骁	环工 08 – 2	卿　伟	环境 07
金　心	环工 07 – 1	王　闪	环工 08 – 2	张延君	环境 07
孙　颖	环工 07 – 1	郑利兵	环工 08 – 2	王思玉	环境 08
张英迪	环工 07 – 2	徐　帆	环工 09 – 1	孙　骁	环境 08
张　鑫	环工 07 – 2	葛含星	环工 09 – 1	张晓玲	环境 08
黎凤霞	环工 07 – 2	胡箫晗	环工 09 – 1	石　雪	环境 09
林佳逸	环工 08 – 1	李　晶	环工 09 – 2	张　品	环境 09
吴　芳	环工 08 – 1	周子洋	环工 09 – 2	吴　丹	环境 09
郭泓利	环工 08 – 1	康雅凝	环工 09 – 2		

保护区学院(8 人)

耿雪萌	保护区 07	韩梦阳	保护区 08	任　雪	保护区 09
陈明莲	保护区 07	刘春香	保护区 08	谢　莹	保护区 09
高居娟	保护区 08	姚可侃	保护区 09		

优秀学生干部(共 1223 人)

材料学院(136 人)

邹玉蕾	包装 07	王冰洁	木工 07 – 1	刘　潇	木工 09 – 2
张艺蓝	包装 07	赵黎明	木工 07 – 1	马　兰	木工 09 – 2
李　政	包装 08	苗　天	木工 07 – 2	赵　阳	木工 09 – 3
任　丹	包装 08	杨　瑶	木工 07 – 2	孟凡阳	木工 09 – 3
陈　芬	包装 08	乌吉斯古楞	木工 07 – 2	杨舒英	木工 09 – 3
杨正阳	包装 08	罗书品	木工 07 – 3	洪诗悦	木工 09 – 4
李鸿成	包装 09	徐海鑫	木工 07 – 3	陈泽宝	木工 09 – 4
赵倩倩	包装 09	王梦琦	木工 07 – 3	许文书	木工 09 – 4
杜紫葳	包装 09	柯　清	木工 07 – 4	左　静	木工 09 – 4
文善政	林化 07 – 1	蔡烈超	木工 07 – 4	曹　越	木工 09 – 5
杨俊锡	林化 07 – 1	贾路章	木工 07 – 4	康海娇	木工 09 – 5
魏小禾	林化 07 – 1	王安娜	木工 07 – 4	李　阳	木工 09 – 5
邢　杨	林化 07 – 1	林　妤	木工 07 – 5	周颖君	艺设 07 – 1
李紫雨	林化 07 – 1	张佚名	木工 07 – 5	樊　莹	艺设 07 – 1
王　林	林化 07 – 2	王　璇	木工 07 – 5	张云璐	艺设 07 – 1
胡嘉义	林化 07 – 2	黄德升	木工 08 – 1	杨晓珑	艺设 07 – 1
杜　越	林化 07 – 2	胡景良	木工 08 – 1	王　艳	艺设 07 – 1
杨诚誉	林化 07 – 3	罗丽丝	木工 08 – 1	何佳鸿	艺设 07 – 2
李　森	林化 07 – 3	李　苑	木工 08 – 1	李高峰	艺设 07 – 2
康素敏	林化 07 – 3	张佳慧	木工 08 – 1	黄　暐	艺设 07 – 3
王　斌	林化 07 – 4	李贞慧	木工 08 – 1	孙　丽	艺设 07 – 3
林鸿波	林化 07 – 4	梁玉斌	木工 08 – 2	刘　昱	艺设 07 – 4
张英歌	林化 07 – 4	李红艳	木工 08 – 2	王春阳	艺设 07 – 4
陈鹤予	林化 07 – 4	王明星	木工 08 – 2	冯佳宁	艺设 07 – 4
章伟岸	林化 08 – 1	孙明远	木工 08 – 3	刘　超	艺设 07 – 4
陈　姗	林化 08 – 1	崔云飞	木工 08 – 3	高　磊	艺设 08 – 1

李范霞	林化 08－1	陈黎鸥	木工 08－3	付海岚	艺设 08－1
许陈博	林化 08－2	徐佳佳	木工 08－3	冯天成	艺设 08－2
魏冬雪	林化 08－2	黄宇翔	木工 08－4	左　惠	艺设 08－2
吴　苗	林化 08－2	杨绍健	木工 08－4	刘梦娇	艺设 08－2
姜彤彤	林化 08－2	赵　非	木工 08－4	王姗姗	艺设 08－3
吴小丽	林化 08－2	高鑫鑫	木工 08－4	张子玲	艺设 08－3
向启勇	林化 08－3	王　舒	木工 08－4	白　杨	艺设 08－3
周　霞	林化 08－3	吴佳欢	木工 08－4	王卓琳	艺设 08－3
和　馨	林化 09－1	刘佩芳	木工 08－4	李珊珊	艺设 08－4
赵　恒	林化 09－1	张　乾	木工 08－4	杨　伟	艺设 08－4
李贤钊	林化 09－2	谈　聪	木工 08－4	丁　杰	艺设 09－1
张立波	林化 09－2	王佳薇	木工 08－5	崔　峰	艺设 09－1
刘泽学	林化 09－2	宋思维	木工 08－5	冯慧超	艺设 09－1
陈　静	林化 09－2	沈晓刚	木工 09－1	陈　超	艺设 09－2
朱月梅	林化 09－2	周利民	木工 09－1	曹冰雪	艺设 09－2
刘　津	林化 09－2	胡　晴	木工 09－1	宋　明	艺设 09－3
徐迪刚	林化 09－3	胡文静	木工 09－1	徐佳钰	艺设 09－3
张维康	林化 09－3	刘　倩	木工 09－1	王勇勇	艺设 09－4
张　悦	林化 09－3	张银贺	木工 09－2	杨小雨	艺设 09－4
曹　楠	林化 09－3				

工学院(133 人)

王晨香	车辆 08－1	彭月月	电气 09－2	韦江波	机械 09－1
向　盼	车辆 08－1	于　龙	工设 07	吴宏月	机械 09－1
易伟峰	车辆 08－1	金东鹏	工设 07	郑建业	机械 09－1
李　璟	车辆 08－1	冯　月	工设 07	姚宝然	机械 09－2
万火旺	车辆 08－2	李　源	工设 08	周雅丽	机械 09－2
孙　超	车辆 08－2	罗江威	工设 08	周玉静	机械 09－2
周筠潮	车辆 08－2	杨　阳	工设 08	赖伟明	机械 09－3
刘新颖	车辆 08－2	雷一丹	工设 09	纪　伟	机械 09－3
李　萌	车辆 08－2	汪书杰	工设 09	贾建业	机械 09－3
吕仲伟	车辆 08－3	乔丽华	工设 09	刘　政	机械 09－3
安　琛	车辆 08－3	王　霄	机械 07－1	向　敏	机械 09－4
康　宁	车辆 08－3	韩明雷	机械 07－1	王容海	机械 09－4
李　杏	车辆 09－1	底淑越	机械 07－1	许大涛	交通 07－1
郑云飞	车辆 09－1	李文龙	机械 07－2	任　强	交通 07－1
王潆旋	车辆 09－1	张　赛	机械 07－2	张国治	交通 07－2
孙　巍	车辆 09－2	秦冠童	机械 07－3	张　倩	交通 07－2
杨　超	车辆 09－2	陆　润	机械 07－3	丁　峰	交通 07－3
王伟业	车辆 09－2	邹　民	机械 07－3	郭　浩	交通 07－3
杨雪峰	车辆 09－2	周志鑫	机械 07－3	关　磊	交通 07－3
牛希望	车辆 09－3	李　倓	机械 07－3	郭　楠	自动化 07－1
刘晶晶	车辆 09－3	肖彭森	机械 07－4	李锦清	自动化 07－1
娄雅卓	车辆 09－3	李　超	机械 07－4	李　浩	自动化 07－1

郭冬冬	电气07－1	邵　欢	机械08－1	朱　迪	自动化07－2
韦祖海	电气07－1	王　强	机械08－1	李傲雪	自动化07－2
赵　旭	电气07－1	丁晓燕	机械08－1	佟祥婷	自动化07－2
郑　欣	电气07－1	周玮珠	机械08－1	蔡方圆	自动化07－2
聂铭君	电气07－2	付环宇	机械08－2	温晨龙	自动化08－1
曹学明	电气07－2	张天鹏	机械08－2	陈禹希	自动化08－1
卫思明	电气08－1	邓汉阳	机械08－2	赵晶晶	自动化08－1
杨朝赟	电气08－1	马阿娟	机械08－2	刘　蓁	自动化08－1
金　鑫	电气08－1	郭婧儒	机械08－2	万　千	自动化08－2
卢丽霞	电气08－1	李　彬	机械08－3	许青伟	自动化08－2
张　超	电气08－2	王　捷	机械08－3	兰锦文	自动化09－1
李益惠	电气08－2	王　玮	机械08－3	王　毅	自动化09－1
乔敏瑞	电气08－2	吴立英	机械08－3	朱雨婷	自动化09－1
韩劲草	电气09－1	李　蒙	机械08－4	沈梦洁	自动化09－1
冯小雪	电气09－1	俞　洋	机械08－4	李　宁	自动化09－2
孔祥宇	电气09－2	樊　超	机械08－4	岑晓翔	自动化09－2
舒纬伟	电气09－2	赵文鹏	机械08－4	陈辅蓉	自动化09－2
徐一骏	电气09－2	程子洋	机械09－1	王莎莎	自动化09－2
陈　晖	电气09－2	路　朋	机械09－1	张晓蕾	自动化09－2
袁彬彬	电气09－2	陈　玮	车辆09－3	王吉军	自动化08－1
王江源	机械09－3	蔡　怡	电气08－2	何沛东	自动化08－1
王伟业	车辆09－2	李益惠	电气08－2	朱雨婷	自动化09－1
谢观明	车辆09－3				

经管学院(280人)

赵业明	工商07－1	李　杰	会计07－1	谢邵峰	林经08－1
张国遵	工商07－1	赵倩竹	会计07－1	王业晨	林经08－1
康　克	工商07－1	李　彦	会计07－2	张晓婉	林经08－1
高　歌	工商07－1	潘　婷	会计07－2	张　先	林经08－1
曹海岩	工商07－2	王冰洁	会计07－2	王　佳	林经08－1
李雅玢	工商07－2	孙宁宇	会计07－3	郑　齐	林经08－1
张杉杉	工商07－2	彦　晶	会计07－3	潘文婧	林经08－2
张　宏	工商07－3	王艺桐	会计07－3	于　聪	林经08－2
黄燕华	工商07－3	胡珊珊	会计07－3	付亚菲	林经08－2
朱雨薇	工商07－3	温家祥	会计08－1	李　智	林经08－2
王　硕	工商07－3	尹成博	会计08－1	杨可书	林经08－2
黄　颖	工商07－4	张秋菊	会计08－1	周　琦	林经08－2
王　琪	工商07－4	江晏时	会计08－2	王英骁	林经09－1
于艺鑫	工商07－4	王　媛	会计08－2	黄　坤	林经09－1
俞雯婷	工商07－4	刘冰洁	会计08－2	赵　晴	林经09－1
孙凯凯	工商07－5	王昨非	会计08－2	李木子	林经09－1
肖远洋	工商07－5	郭　缦	会计08－2	樊向辉	林经09－1
朱思翘	工商07－5	卢　鑫	会计08－3	王旭明	林经09－2
汪　言	工商07－6	杨慧欣	会计08－3	徐子雁	林经09－2

陆雪玫	工商07－6	张　晴	会计08－3	王　婧	林经09－2
王亦男	工商07－6	初　琳	会计08－3	朱佳慧	人资07－1
李时运	工商07－7	涂　馨	会计08－3	李　放	人资07－1
刘明会	工商07－7	雷德航	会计08－4	宋铮楠	人资07－1
邵鹏霏	工商07－7	木子健	会计08－4	姜长佳	人资07－2
官春洪	工商07－8	许光宇	会计08－4	史　诗	人资07－2
向美霞	工商07－8	龙玉娇	会计08－4	孟冠兰	人资07－2
赵　帅	工商08－1	张广森	会计09－1	张冬时	人资07－2
赵　影	工商08－1	贺圣健	会计09－1	尤　越	人资08－1
徐　艳	工商08－1	陈含冰	会计09－1	李国栋	人资08－1
杨丽慧	工商08－1	陈　宣	会计09－1	王　蓉	人资08－1
何　俊	工商08－2	李艳卿	会计09－2	卢　颖	人资08－1
李昭昭	工商08－2	李雅琪	会计09－2	朱岑柳	人资08－1
海　楠	工商08－2	张　姣	会计09－2	邹静韵	人资08－1
牛　静	工商08－2	林　桢	会计09－3	鲍皓昕	人资08－1
王奕翔	工商08－3	黄晛舒	会计09－3	葛　舒	人资08－2
王嘉宁	工商08－3	彭芳齐	会计09－3	毛倩倩	人资08－2
陈思妙	工商08－3	韩玮晔	会计09－3	王　婕	人资08－2
匡立里	工商08－3	许　蒙	会计09－4	孙丽君	人资08－2
梁红丽	工商08－4	张家豪	会计09－4	徐　朝	人资09－1
王　晓	工商08－4	吴锦填	会计09－4	何卓然	人资09－1
王君培	工商08－4	罗　诺	会计09－4	宋相洁	人资09－1
章智群	工商08－5	曹　媛	会计09－4	孙丽娜	人资09－1
刘飞旭	工商08－5	伍　健	金融07－1	程琮乔	人资09－2
丁　赫	工商08－5	魏福全	金融07－1	王秋晨	人资09－
秦驭初	工商08－5	王赛南	金融07－1	李怡宁	人资09－2
丁　蒙	工商08－5	孙　梦	金融07－1	周　怡	人资09－2
肖　雪	工商08－5	袁立璜	金融07－2	王文鹤	统计07－1
肖　丽	工商08－6	王泽明	金融07－2	李铁臣	统计07－1
刘　敏	工商08－6	纪梦晨	金融07－2	靳　丹	统计07－1
李　爽	工商08－6	郑小曼	金融07－2	张子妍	统计07－2
康　甜	工商08－6	闵　哲	金融07－2	安婧婧	统计07－2
高建秀	工商08－7	李　飞	金融07－2	罗梦秋	统计07－2
秦晓羲	工商08－7	袁　野	金融08－1	王玉梅	统计08
吕敏怡	工商08－7	王　海	金融08－1	李　佳	统计08
王　芳	工商08－7	韩翔宇	金融08－1	王　玮	统计08
高崴薇	工商08－7	王雅琳	金融08－1	徐凤凤	统计08
陈蓝天	工商09－1	刘　丹	金融08－1	胡彦君	统计09
伍小峰	工商09－1	张伟晶	金融08－1	韦　韵	统计09
邓明华	工商09－1	曾蔚頔	金融08－1	徐明嫣	统计09
沐彦鸿	工商09－1	张唯瞻	金融08－2	蔡冠宇	物业09－1
曹　丽	工商09－1	于畅游	金融08－2	秦　渝	物业09－1
黄子轩	工商09－2	关　畅	金融08－2	朱依荷	物业09－1

赵 岩	工商09-2	晁亚洁	金融08-2	王旸静	物业09-1
江曳舟	工商09-2	彭彩莉	金融08-2	袁思和	物业09-1
刘睿雅	工商09-2	崔润松	金融09-1	段明哲	物业09-2
欧阳凯霞	工商09-2	陈露瑶	金融09-1	许 鹏	物业09-2
秦 琴	工商09-2	刘 晶	金融09-1	才 琪	物业09-2
曾 灏	工商09-3	白 锋	金融09-2	孙兆朋	物业09-3
高 莹	工商09-3	胡俐婕	金融09-2	张淑珺	物业09-3
张名扬	工商09-3	张楚宜	金融09-2	周巧玲	物业09-3
吴丽敏	国贸07-1	包金梅	金融09-2	李 云	物业09-3
李澍奇	国贸07-1	王邦贤	梁希07-1	陈业芳	物业09-4
安津仪	国贸07-1	王昕雨	梁希07-1	李明娜	物业09-4
杨 丽	国贸07-1	隋 爽	梁希07-1	张晨娴	物业09-4
卢冬艳	国贸07-2	阮旻昱	梁希07-1	杨 岑	营销07-1
杜文婧	国贸07-2	段艳芳	梁希07-1	周晓维	营销07-1
谭 颐	国贸07-2	于晓聪	梁希08-1	徐 辰	营销07-1
高 宽	国贸08-1	王新源	梁希08-1	曾晓珊	营销07-2
袁 魁	国贸08-1	黄玉佳	梁希08-1	朱志华	营销07-2
韩 璐	国贸08-1	张世阳	梁希08-1	路佳怡	营销07-2
吕枫林	国贸08-2	俞书傲	梁希09-1	刘 成	营销08-1
关雨桐	国贸08-2	刘天森	梁希09-1	孙大江	营销08-1
任宇佳	国贸08-2	郑一梦	梁希09-1	赵 彤	营销08-1
孙蔚琳	国贸08-2	程 典	梁希09-1	左 阳	营销08-2
吴宛林	国贸08-2	洪晓峰	林经07-1	朱栩逸	营销08-2
贾瑞哲	国贸09-1	邹旻珈	林经07-1	张 晓	营销08-2
郑春风	国贸09-1	李 艺	林经07-1	张 震	营销09-1
吴成嘉	国贸09-1	封芙微	林经07-1	谢 轩	营销09-1
王剑军	国贸09-2	安琳瑶	林经07-2	汤日红	营销09-1
贾杨西茜	国贸09-2	董海芳	林经07-2	张星宇	营销09-2
李 翰	国贸09-2	董倩倩	林经07-2	张凯鹏	营销09-2
郑雨轩	国贸09-2	陈利志	林经08-1	尹 歌	营销09-2
陈 龙	会计07-1	林婷婷	会计08-1	张 丽	林经09-2
刘 璐	统计09				

理学院(42人)

王键臻	电子07-1	张 咪	电子08-2	邹凡云	数学07-2
刘亚军	电子07-1	于 斌	电子09-1	刘东林	数学08-1
杨鸿儒	电子07-1	初桂鑫	电子09-1	罗钧峰	数学08-1
张守杰	电子07-2	王祉默	电子09-1	陈中泰	数学08-1
孙琳琳	电子07-2	王亚晖	电子09-2	李 丽	数学08-1
田 雷	电子08-1	杨程轶	电子09-2	姜 佳	数学08-1
毕笑楠	电子08-1	廖 林	电子09-2	孙文秋实	数学08-2
王雪微	电子08-1	许 阳	电子09-2	王子同	数学08-2
朱 蔚	电子08-1	张晓薇	电子09-2	丛林杰	数学09-1
赵 胜	电子08-2	刘心昕	电子09-2	胡曦澄	数学09-1

徐　哲	电子08-2	雷　艺	电子09-2	张　曦	数学09-1
李俊婵	电子08-2	杨金勇	数学07-1	郭胡诚	数学09-2
刘　坤	电子08-2	张　昊	数学07-1	李　刚	数学09-2
杨倩倩	电子08-2	甘　竞	数学07-2	许莫涵	数学09-2

人文学院(67人)

李晨光	法学07-1	关　倩	法学09-1	程宇青	心理08-2
胡　昉	法学07-1	周　予	法学09-1	张丽敏	心理08-2
夏　璇	法学07-2	唐艳文	法学09-1	阳　莎	心理08-2
张　晨	法学07-2	卢静轩	法学09-2	杨　鑫	心理08-2
王冰川	法学07-3	葛志群	法学09-2	姜静云	心理08-2
纪韶昱	法学08-1	钱俊羽	法学09-2		
兰　岚	心理08-2	安朋辉	法学08-1	符雯雯	法学09-2
张玥頔	心理08-2	代　策	法学08-1	金　新	法学09-3
危倩如	心理08-2	王　勇	法学08-1	杨俊辉	法学09-3
李　超	心理08-3	胡舒欣	法学08-1	刘　煜	心理07-1
林英威	心理08-3	程黎明	法学08-1	邓金荣	心理07-1
朱鹤然	心理09-1	梁海景	法学08-2	武　娇	心理07-1
田　睿	心理09-1	唐　斌	法学08-2	赵金超	心理07-1
李　信	心理09-1	吴定松	法学08-2	李莫訑	心理07-1
赵雪莲	心理09-1	裴　蕾	法学08-2	林碗君	心理07-2
杨亚琴	心理09-1	娄晓航	法学08-2	王重阳	心理07-3
丁佳丽	心理09-1	代　欢	法学08-2	高　萌	心理07-3
吴映秋	心理09-2	胡杰飞	法学08-3	李晓莹	心理07-3
徐　玥	心理09-2	彭明阳	法学08-3	游文辉	心理08-1
张文秀	心理09-2	叶　沛	法学08-3	贺菁伟	心理08-1
吕仁慧	心理09-3	王　熙	法学08-3	陈肖悦	心理08-1
关　健	心理09-3	李双双	法学09-1	何　博	心理08-2
王育丹	心理09-3	明帛翰	法学09-1		

生物学院(53人)

吕　娜	生技07-1	牟淑琳	生科08	陆晓莹	食品08-1
李　凡	生技07-2	杨　帆	生科09	万　山	食品08-1
李清林	生技08-1	田晓雪	生科09	王　丹	食品08-1
侯交弟	生技08-1	曾庆泉	生物09-1	王　月	食品08-1
刘　露	生技08-2	赵心音	生物09-1	尹晓燕	食品08-1
李江华	生技08-2	吴　博	生物09-2	胡潇文	食品08-2
薛　天	生技08-2	雷炳琪	生物09-2	尹培培	食品08-2
赵　舒	生技08-2	宫　倩	生物09-3	范　昕	食品08-2
冯　硕	生技09-1	许欣芸	食品07-1	任　宇	食品08-3
洪秀玲	生科07	王东茂	食品07-2	林　敏	食品08-3
苏　上	生科07	来雨萍	食品07-2	万晓红	食品09-1
王厚领	生科07	梁　冀	食品07-2	张明慧	食品09-1
王　林	生科07	李丰玲	食品07-3	李志敏	食品09-2
翁　冀	生科08	赵兴兴	食品08-1	陈晓燕	食品09-2

李　琳	生科08	刘广木	食品08－1	王　琳	食品09－3
吕　娜	生科08	魏铭含	食品08－1	田晓雪	食品09－3
盛萱宜	生科08	李　婧	食品08－1	胡沁蕊	食品09－3
臧　森	生科08	徐思涵	生科08		

水保学院(63人)

刘　博	环规07	李笑晨	水保07－1	黄　端	水保09－2
谭　枭	环规07	秦　越	水保07－1	席　沁	水保09－2
谢　芮	环规07	王高威	水保07－2	张振超	水保09－3
左锐银	环规07	胡娈运	水保07－2	李肖颖	水保09－3
孙清琳	环规08－1	李　卉	水保07－2	吴佳晓	土木07－1
孙振蓉	环规08－1	李青山	水保07－3	周召能	土木07－1
房　芳	环规08－1	闫玉奎	水保07－3	罗　阳	土木07－1
王　欢	环规08－1	潘　迪	水保07－3	任　璐	土木07－2
陈　京	环规08－2	齐　记	水保07－3	于兆宇	土木07－2
侯　琨	环规08－2	王久乐	水保08－1	李　君	土木07－2
边　奇	环规08－2	赵冰清	水保08－1	李宗霖	土木08－1
王紫琦	环规08－2	李淑芳	水保08－1	王金富	土木08－1
霍　瑶	环规08－2	李云鹏	水保08－2	钟福宾	土木08－2
刘　畅	环规08－2	刘　颖	水保08－2	徐　驰	土木08－2
曲炳鹏	环规09－1	郝　玥	水保08－2	张　磊	土木08－2
张　会	环规09－1	李丽娟	水保08－3	于　洋	土木08－2
宁甫岩	环规09－2	靳春香	水保08－3	杨　嘉	土木09－1
葛亚宁	环规09－2	付国珍	水保08－3	商程宇	土木09－1
张宗艺	环规09－2	程柏涵	水保09－1	朱雪辉	土木09－2
方骊婷	环规09－2	李瀚之	水保09－1	覃　刚	土木09－2
傅溟深	水保07－1	胡丽楠	水保09－2	李鹏展	土木09－2

外语学院(45人)

闫建磊	日语07	马海琴	英语07－2	高　瞻	英语08－4
池慧青	日语07	王丽娜	英语07－3	晏行健	英语08－4
杨萌萌	日语07	蒋　瑛	英语07－3	梁薇薇	英语08－4
徐晓丹	日语08	胡峥玥	英语07－4	刘　钿	英语08－4
杨　楠	日语08	周翠云	英语07－4	陈　端	英语09－1
陈　佳	日语09	连颖婕	英语08－1	张涵爽	英语09－1
王姝瑾	日语09	郭田田	英语08－1	田梦玥	英语09－1
郑文爽	日语09	谭化丹	英语08－1	张新菊	英语09－2
黄　琳	日语09	杜一鸣	英语08－2	郝　雯	英语09－2
邬朝倩	日语09	李　莹	英语08－2	汪旖旎	英语09－2
张　杰	英语07－1	陈　宇	英语08－3		
刘宇佳	英语09－3	靳　真	英语07－1	孔祥彬	英语08－3
郗来娜	英语09－3	王佳子	英语07－2	张凌子	英语08－3
陆　霞	英语09－4	刘宇希	英语07－2	夏姝婷	英语08－3
罗　丹	英语09－4	牟洺锐	英语07－2	李珊珊	英语08－3
李月婷	英语09－2				

信息学院(94人)

王　寒	动画08	凌　诣	计算机09－1	于尚民	数媒09－2
何　柳	动画09	张兆玉	计算机09－1	杜　刚	信息07－1
郑美姮	动画09	曹光耀	计算机09－1	胡红辉	信息07－1
孙雪梦	动画09	张疏影	计算机09－1	徐凌验	信息07－1
刘　宵	动画09	陈　宇	计算机09－2	李允涵	信息07－2
陈婉璐	计算机07－1	马思奇	计算机09－2	李宇光	信息07－2
陈　薇	计算机07－1	高　阳	计算机09－2	陈　昊	信息08－1
佟　超	计算机07－2	张新罡	计算机09－3	郝翠彦	信息08－1
孙升芸	计算机07－2	胡　涛	计算机09－3	刘瀚宁	信息08－1
佟　博	计算机07－3	宋露露	计算机09－3	杨　昉	信息08－1
钟　潞	计算机07－3	熊奕昕	计算机09－4	荣宝沅	信息08－2
贾　琨	计算机07－4	严心悦	计算机09－4	陈泽任	信息08－2
吕　阳	计算机07－4	翟　言	数媒07－1	安佳琪	信息08－2
齐　超	计算机08－1	栾　磊	数媒07－1	胡洋迪	信息08－2
霍依新	计算机08－1	刘清清	数媒07－2	何欣然	信息08－2
李　艳	计算机08－1	孟玉柱	数媒07－2	金　珊	信息08－2
杨紫柠	计算机08－1	李雪雯	数媒07－2	张　洁	信息08－2
刘伯岩	计算机08－2	王承华	数媒07－2	刘丽芳	信息08－2
陈明健	计算机08－2	蔡亚利	数媒08－1	杜玉涛	信息09－1
高　良	计算机08－2	岳佳琦	数媒08－1	刘晨曦	信息09－1
朱文飞	计算机08－2	李　莹	数媒08－2	郝　欣	信息09－1
杜静伊	计算机08－2	杨雪丹	数媒08－2	刘　悦	信息09－1
张　骁	计算机08－2	吴　燕	数媒08－2	纪　贺	信息09－1
孟　丹	计算机08－2	耿倩倩	数媒08－2	邵　熹	信息09－1
赵　琳	计算机08－2	詹　艺	数媒08－2	王　茜	信息09－1
郝　伟	计算机08－3	敖梦星	数媒08－2	杨宏斌	信息09－2
陶行科	计算机08－3	刘晶晶	数媒09－1	韩镇锴	信息09－2
张　蕊	计算机08－3	杨彤彤	数媒09－1	刘　群	信息09－2
张国才	计算机08－4	霍怿歆	数媒09－1	周澍昕	信息09－2
黄恬恬	计算机08－4	曾楚隽	数媒09－2	马　啸	信息09－2
邵　辉	计算机08－4	费运巧	数媒09－2	张婉晴	信息09－2
李赔蓓	计算机08－3				

园林学院(179人)

郑　泥	城规07	周　金	风园09－4	余惠英	园林08－4
罗娅婷	城规07	朱小伟	旅游07－1	陆宇清	园林08－4
郭　琪	城规07	郑玉梁	旅游07－1	界春晓	园林08－4
李英华	城规07	朱　婷	旅游07－1	王一鸣	园林08－5
祖　建	城规08	王龙娟	旅游07－1	郭淑媛	园林08－5
窦鹏瑶	城规08	陈鸿儒	旅游07－2	金依然	园林08－5
邢晓娟	城规08	李　赞	旅游07－2	王　冰	园林08－5
周　忆	城规08	张　莉	旅游07－2	赵　琳	园林08－5
杨　雪	城规08	王文辉	旅游08－1	文江霞	园林08－5

姚　瀛	城规09	徐心宇	旅游08－1	徐洪飞	园林08－6
崔建华	城规09	孙　思	旅游08－1	徐　放	园林08－6
曲　鑫	城规09	刘志聪	旅游08－1	吴逸青	园林08－6
杨　楠	城规09	吕慧琳	旅游08－1	陈弈杉	园林08－6
任　维	风园07－1	林慧茹	旅游08－2	苏　驰	园林09－1
宋亚莉	风园07－1	孙依愿	旅游08－2	王　帝	园林09－1
孙漪南	风园07－1	郑莉莎	旅游08－2	文　钰	园林09－1
张天龙	风园07－2	窦萌春	旅游08－2	陈照珩	园林09－1
胡　玥	风园07－2	黄　蕾	旅游08－2	段艳林	园林09－1
杜晓君	风园07－2	李芸津	旅游08－2	张晶星	园林09－1
胡　柳	风园07－2	唐　宇	旅游09－1	巴　姗	园林09－1
李　仪	风园07－3	何秦囷	旅游09－1	兰明姝	园林09－1
朱慧婧	风园07－3	王克敏	旅游09－1	单　靖	园林09－2
李海燕	风园07－3	常雪松	旅游09－2	姜亚薇	园林09－2
安　娜	风园07－4	张丽丽	旅游09－2	肖舒方	园林09－2
毛祎月	风园07－4	梅思思	旅游09－2	陆昱含	园林09－2
郭琼霜	风园07－4	蒋　钊	园林07－1	来雨晴	园林09－2
徐澜宁	风园08－1	张　杰	园林07－1	叶　旻	园林09－3
霸　超	风园08－1	邓慧娴	园林07－1	梁　钊	园林09－3
李　单	风园08－1	侯　蕾	园林07－1	谷　骥	园林09－3
康莉欣	风园08－1	郑　昱	园林07－2	周宣辰	园林09－3
刘安琪	风园08－2	张博雅	园林07－2	葛敬天	园林09－4
阎　谧	风园08－2	纪翔宇	园林07－2	汪婧宇	园林09－4
王馨甜	风园08－2	王　欢	园林07－2	杨晓丹	园林09－4
方慧萍	风园08－2	杨　硕	园林07－3	孟润达	园林09－5
周　详	风园08－3	黎　檬	园林07－3	郭亚栋	园林09－5
马诗梦	风园08－3	秦　帆	园林07－3	刘禹辰	园林09－5
张倩媛	风园08－3	舒斌龙	园林07－4	张　涵	园林09－6
宋　铮	风园08－4	梁　源	园林07－4	张　莹	园林09－6
李泽深	风园08－4	林轩露	园林07－4	吴　迪	园林09－6
蔡　超	风园08－4	王天放	园林07－5	常　雯	园艺07－1
赵相盈	风园08－4	谢安平	园林07－5	张惠子	园艺07－1
张　彬	风园08－4	郑婉露	园林07－5	曹　宁	园艺07－1
王一钦	风园09－1	赵　娜	园林07－5	孟潇潇	园艺07－2
魏晓玉	风园09－1	张寒飞	园林07－6	张腾月	园艺07－2
刘简优	风园09－1	臧肖恒	园林07－6	曲文静	园艺07－2
苏舜匡	风园09－2	刘金蕾	园林07－6	严道崎	园艺08－1
史笑飞	风园09－2	李舒扬	园林07－6	高小霞	园艺08－1
郄晓薇	风园09－2	张海天	园林07－6	黄思思	园艺08－1
赵　欢	风园09－2	麻　利	园林08－1	王　喆	园艺08－2
李媛媛	风园09－2	范舒欣	园林08－1	于海宝	园艺08－2
胡　楠	风园09－2	常依瑶	园林08－1	叶　早	园艺08－2
李盈涛	风园09－3	姚诗菡	园林08－2	韩玉洁	园艺08－2

孙　腾	风园09－3	黄伟琳	园林08－2	蔡文涛	园艺09－1
刘　扬	风园09－3	王欣晖	园林08－2	田　祎	园艺09－1
李　娜	风园09－3	曲　虹	园林08－2	谭　洋	园艺09－1
曲　艺	风园09－3	李屹峰	园林08－3	杨　卓	园艺09－1
娄雅慧	风园09－3	王思凡	园林08－3	高　雪	园艺09－2
宋尚周	风园09－4	吕　腾	园林08－3	曹钦政	园艺09－2
徐冰洁	风园09－4	方舒丽	园林08－3	边晓萌	园艺09－2
姜　冉	风园09－4	高明瑞	风园09－1		

林学院(85人)

陈雨峰	草坪07	顾苑琳	地信09	曹雄赳	林学08－1
来傅华	草坪07	王　普	梁希07－2	邹丽莎	林学08－1
尹瑞恒	草坪07	焦志敏	梁希07－2	高　媛	林学08－1
陈　闽	草坪07	车　越	梁希07－2	刘佳嘉	林学08－2
陈兴武	草坪08	施鹏程	梁希07－2	张凌楠	林学08－2
杨乐懿	草坪08	陆桂红	梁希07－2	纪彬彬	林学08－2
王唯佳	草坪08	丛　月	梁希07－2	张建泳	林学08－3
唐警思	草坪09	于明含	梁希07－2	李海萍	林学08－3
盛　凯	草坪09	张新娜	梁希08－2	罗　芳	林学08－3
于晓航	草坪09	袁茜男	梁希08－2	费俊杰	林学09－1
王　珅	草业07	许　晶	梁希08－2	何文辉	林学09－1
韩　佳	草业07	果　超	梁希08－2	张岩树	林学09－1
肖　洋	草业08	李　珣	梁希08－2	李　盈	林学09－1
花兰迪	草业08	张　欣	梁希08－2	刘　霞	林学09－1
姚源源	草业08	李若楠	梁希09－2	赵芸玉	林学09－1
王文哲	草业08	苏曼琳	梁希09－2	张浩雷	林学09－2
王文明	草业09	郭梦娇	梁希09－2	张志丹	林学09－2
侯　颖	草业09	师　忱	梁希09－2	赵　博	林学09－3
郭梦笛	草业09	刘　冰	林学07－1	吴　尚	林学09－3
郭　江	地信07	白琪芳	林学07－1	吴　娇	林学09－3
曾　晶	地信07	魏松坡	林学07－2	王　辉	游憩07
朱炳萍	地信07	马晓瑜	林学07－2	李　莹	游憩07
杨云雷	地信08	赵海雷	林学07－3	沈绍伟	游憩08
赵书龙	地信08	秦天天	林学07－3	张　璐	游憩08
周　昕	地信08	马　兰	林学07－3	蒋友渊	游憩08
靳秋桐	地信09	郭　琦	林学07－3	申露露	游憩08
顾学盈	地信09	关耀东	林学08－1	杜秋洋	游憩09
王梦雅	地信09	刘海轩	林学08－1	刘昭阳	游憩09
郭亚莉	地信09				

环境学院(37人)

史鹏博	环工07－1	王　闪	环工08－2	吴露君	环境07
董　波	环工07－1	李子明	环工09－1	孙文童	环境07
韦佳嘉	环工07－1	曾　茱	环工09－1	张　相	环境07
张英迪	环工07－2	刘晓娇	环工09－1	秦墨梅	环境07

刘樱子	环工07-2	毛洪娜	环工09-1	陈　超	环境07
黎凤霞	环工07-2	魏　星	环工09-2	汤　韬	环境08
胡　威	环工08-1	谢第斌	环工09-2	翟羽佳	环境08
闫玮琳	环工08-1	史芳天	环工09-2	张　巧	环境08
张　希	环工08-1	马星宇	环工09-2	王春燕	环境09
王磊明	环工08-2	苏靖雅	环工09-2	王梦阳	环境09
高靖伟	环工08-2	孙昊婉	环工09-2	石　雪	环境09
刘玉兰	环工08-2	陈亚运	环工09-2	江玉琦	环境09
刘美辰	环工08-2				

保护区学院(9人)

王春连	保护区07	沈洁滢	保护区08	罗　旭	保护区09
曾　昭	保护区07	高居娟	保护区08	余　进	保护区09
刘　洋	保护区08	韩梦阳	保护区08	吴　蔚	保护区09

梁希一等奖学金(共18人)

刘程蕾	梁希07-1	高亭亭	梁希07-1	李永慧	梁希09-1
邵　哲	梁希07-1	严健标	梁希08-1	程　典	梁希09-1
郭亦骏	梁希07-1	曾　嘉	梁希08-1	郎郑欣	梁希09-1
郝　倩	梁希07-2	张秀鹏	梁希08-2	赵春富	梁希08-2
陆桂红	梁希07-2	邱春晶	梁希08-2	孙江涛	梁希09-2
杜豫苏	梁希07-2	陈　跃	梁希09-2	刘昕昕	梁希09-2

梁希二等奖学金(共35人)

苏　捷	梁希07-1	黄　麟	梁希08-1	蒋莉莉	梁希09-1
孙一力	梁希07-1	武　彧	梁希08-1	俞书傲	梁希09-1
孙　玮	梁希07-1	黄　彦	梁希08-1	刘天森	梁希09-1
韩爱桂	梁希07-1	武　岩	梁希08-1	钱海洋	梁希09-1
刘　东	梁希07-1	张世阳	梁希08-1	任艳梅	梁希09-1
李法艳	梁希07-1	徐凯翔	梁希09-1	梁　夏	梁希09-1
卢海玮	梁希07-2	俞琳锋	梁希08-2	陆　凯	梁希09-2
汤成龙	梁希07-2	李金航	梁希08-2	肖　妍	梁希09-2
陈　瑜	梁希07-2	张　欣	梁希08-2	周　娅	梁希09-2
白艳婧	梁希07-2	王逸然	梁希08-2	李若楠	梁希09-2
施鹏程	梁希07-2	徐　进	梁希08-2	尹谭凤	梁希09-2
郑莉莉	梁希08-2	彭立群	梁希09-2		

梁希三等奖学金(共52人)

周　琳	梁希07-1	袁　荣	梁希08-1	于　洋	梁希09-1
孙　露	梁希07-1	郭景威	梁希08-1	唐　佼	梁希09-1
张雅璇	梁希07-1	毛成龙	梁希08-1	陈格格	梁希09-1
王　琳	梁希07-1	王新源	梁希08-1	张　娟	梁希09-1
杨依柳	梁希07-1	张德俊	梁希08-1	唐卯玉	梁希09-1
凌　棱	梁希07-1	黄玉佳	梁希08-1	熊　美	梁希09-1

隋　爽	梁希 07－1	胡丽娇	梁希 08－1	赵苑彤	梁希 09－1
阮旻昱	梁希 07－1	郑一梦	梁希 09－1	刘心竹	梁希 09－1
段艳芳	梁希 07－1	曾乃韬	梁希 09－1	车　越	梁希 07－2
赵　娜	梁希 07－2	徐　畅	梁希 08－2	邸　楠	梁希 09－2
冯海燕	梁希 07－2	叶　粟	梁希 08－2	肖金桥	梁希 09－2
赵晨辰	梁希 07－2	丁泊元	梁希 08－2	白　倩	梁希 09－2
王　普	梁希 07－2	果　超	梁希 08－2	郭梦娇	梁希 09－2
周韦君	梁希 07－2	孙佳美	梁希 08－2	李　维	梁希 09－2
肖　萌	梁希 07－2	李璐一	梁希 08－2	苏曼琳	梁希 09－2
江　荷	梁希 07－2	齐烟舟	梁希 08－2	吴　鞠	梁希 09－2
许重阳	梁希 08－2	韩祖光	梁希 09－2	郑赫然	梁希 09－2
李文叶	梁希 08－2				

优秀学生一等奖学金(共 171 人，略)

优秀学生二等奖学金(共 955 ，略)

优秀学生三等奖学金(共 1436 人，略)

学术优秀奖学金(共 251 人，略)

外语优秀奖学金(共 47 人，略)

学习进步奖学金(共 161 人，略)

文体优秀奖学金(共 179 人，略)

社团活动奖学金(共 246 人，略)

拾金不昧奖学金(共 14 人，略)

经管学院(5 人)

高　莎	会计 07－2	姜长佳	人资 07－2	毛子键	营销 09－1
彭芳齐	会计 09－3	毕伟博	物业 09－2		

林学院(2 人)

徐雪莲	地信 09	祝鑫海	林学 09－3

园林学院(1 人)

贾　维	风园 08－1

材料学院(3 人)

周清华	艺设 07－4	冯佳宁	艺设 07－4	李珍晓	艺设 07－4

信息学院(1 人)

韦智芳	计算机 07－3

外语学院(2 人)

徐菲飞	英语 09－1	陈燕	英语 09－4

见义勇为奖学金(共2人)

水保学院(2人)

余维维　　环规08-2　　李林芮　　环规08-2

特殊贡献奖学金(共1人)

水保学院(1人)

穆合塔尔　　水保07-2

无偿献血先进个人(共1人)

陈九屹　　硕野保08

理科基地学习优秀一等奖(共1人)

路　瑶　　生科07

理科基地学习优秀二等奖(共7人)

裴　培	生科07	杨　洋	生科07	杨　扬	生科07
游　阳	生科08	盛萱宜	生科08	牟淑琳	生科08
原婉琼	生科08				

理科基地科技与创新奖学金二等奖(共8人)

王企珂	生科07	于大德	生科07	王　晟	生科07
杨　洋	生科07	杨　扬	生科07	马小婷	生科07
王冬旭	生科07	路　瑶	生科07		

理科基地优秀学生干部(共4人)

裴　培	生科07	杨蔚然	生科07	万心怡	生科08
游　阳	生科08				

研究生评优奖励名单

优秀研究生(共119人)

2008级(共51人)

魏洪斌　骆耀峰　王永超　路会丽
张　骅　张英杰　周舒珂　冯　达
谢乾瑾　郝　爽　周晖子　张　慧
尹　婧　卢文敏　梁大双　李　煦
秦　景　杜运鹏　李东方　李海蛟
梁志扬　郭丽丽　黄　娟　甄宏宇
陈　诚　孔　雷　葛高飞　丁明全
邢美军　白桦琳　刘　妍　周伟磊
郭晓宇　范敏锐　郭艳芬　李玉强
孙振佳　任慧君　肖　轲　揣泽尧
李　冲　高江菡　魏占国　王红柳
杜庆章　王　伟　胡雯雯　张　东
阮铃铃　杜　萍　李秀雯

2009级(共68人)

任学勇　康凯丽　宁杨翠　王　艳
宋思铭　王　鑫　周振兴　陆　屹
郝　鹏　张　娥　吴智洋　于　超
何正斌　宋　超　王　方　郝建卿
王志明　朱　哲　武国峰　朴小瑞
张　伟　黄　放　云　雷　梁仕然
贾　宁　易　慧　包永霞　吕　欣
常　远　李　慧　赵　健　张　杰

朱仲龙　张浩林　张帆　孙男
王典　张春宝　高菲　周琳娜
白志勇　周鑫　杨锴　王程
王晓玲　叶梅霞　严欢　曾晴
陆英　许力诺　董雯怡　孙健
黄志远　孔滢　许佳　刘宗民
李博生　高广磊　张超　冯泽深
潘景璐　王荣　彭小凡　任忠秀
严岩　宫丽彦　于江龙　康文

学术创新奖(共131人)

2008级(共72人)

桑子涛　薛慧霞　安健期　潘杰
王伟　杜运鹏　周舒珂　陈诚
张晓玲　王红柳　孟雪　白桦林
曲萍　朱於军　俞惠倩　何诚
何应德　赵洁　张群　孙达根
冯达　石锐　陈尚安　董丽
高巍　齐慧　郝春旭　费衍慧
裴勇　周丽　李东方　魏占国
王聪　葛高飞　李京丽　裴红美
李书明　杨柳　梁大双　滑昕
周晚辉　甄宏宇　曾亚奴　闫艳
赵静　郭丽丽　程兴勇　李冲
江进学　肖凌鹏　杜萍　李静
张洋　杨忆妍　梅超群　王昌海
刘春兴　张殿君　李萌　董荔冰
尹婧　骆耀峰　魏红旭　马志林
李群　韩婧　王堃　原利斌
高原　秦景　吴根松　徐姗

2009级(共52人)

武国峰　陈平腾　陈名腾　张浩林
朱蕊蕊　董肖莉　刘毅　宁杨翠
麻雅静　孙健　王红兵　王乐君
李凌雨　蔡烁　张帆　邓澍荣
罗乐　李旻　李明飞　董雯怡
崔天意　徐珂　潘剑彬　沈景
贾宁　郭文霞　贺娜　冯泽深
刘雯　郑燕　任学勇　李坚
刘颖　郑江坤　周婷　董必成
纪文青　邓欧　严欢　栾亚宁
王南希　刘愫　杨锴　李博生
白志勇　云雷　郝君　杨振
王典　包永霞　高卫东　康瑶瑶

2010级(共7人)

袁同琦　杨莉菲　张云路　沈洁
洪泉　王思元　边静

优秀研究生干部(共208人)

2008级(共97人)

翟楠　贾大伟　虞啸　宿敏
赵万庆　王政　魏洪斌　刘学成
陈晓曼　范娟　张馨月　孙敬如
邵灵敏　孙振佳　安健期　王勇
郭晓宇　郭琦　桑子涛　胡康博
陆继环　翁凌飞　梁志扬　刘杰
李龙　刘双　万福军　王永超
陆茹萍　石琨　马君　冯晶
高秋杰　郭孝玉　肖轲　王松
尹婧　刘轩　郑云玉　林娜
何茂桥　裴勇　徐卓　康清恋
李媛　唐雪海　刘悦　张仕响
王怡　王艳桃　张文涛　李丽
黄娟　李明　陈勰　姜婷
董丽　于涵　武巧英　王晓晖
张广分　朱时雨　张娜娜　魏奔
韩洁春　李玉强　董明　杨忆妍
杜运鹏　孟锐　唐寅　徐康
揣泽尧　刘家琳　甄宏宇　徐珊
李锦荣　周晖子　王伟　黎琼茹
周文渊　周延夫　杜婧　许艳秋
张骅　周朔　张晋宁　魏莎
韩彦雪　许姝明　霍建　马静
王惠　杨晓东　廖圣晓　李坦
齐红超

2009级(共111人)

胡娟　吴言松　郝燕华　宋洋
王珊珊　王鹏　张纪芝　王林娟
王壮　朱仲龙　张肖　孙江波
孙光瑞　王程　张伟　董宇
景寅　田涛　刘毅　安辉
王晓玲　温静　刘友群　韩雪梅
贺振　康凯丽　赵蓓　孙贺
王兴　徐佳佳　张绍全　易慧
李铮　赵林　曲邵峰　刘李霞
尹振波　马凯　吴涛　李卉
郝建卿　赵维军　闫海成　姜婷婷
花欣　康蕊　习洋　王娟

曹　琪　张春宝　王海平　杨　振
王立磊　于景金　蒋文博　王洪丹
李　影　宫丽彦　张　鹏　郝利峰
高凤翔　董肖莉　王小品　王南希
庞利铮　梁仕然　李宇洲　程超然
安书慧　王　鑫　付建新　孔　滢
孙雅静　孙　璞　饶　飞　李长霖
邹明珠　游晓会　郭晓丹　陈　剑
孙　男　王乐君　蒋冬月　王晶晶
姚　莉　张雪辉　雷晗辰　许晓明
王晓玉　张敏霞　贾荻帆　王　瑶
王　璟　于　超　徐　锦　李　凡
赵志威　李　蔓　麻丽颖　王　莹
张　强　吕馥玲　王清玉　姜金花
王天博　刘　玮　田　娜　马　倩
王东山　刘　宇　曾　科

特别奖(共4人)

李书明　肖领平　杨　洋　张　骅

研究生先进班集体及优秀班主任名单

学院	先进班集体	学院	先进班集体	学院	先进班集体
材料学院	研材料09－2	水保学院	硕水保09－3班	理学院	
工学院	研工09		硕水保08－4班	园林学院	园博09
经管学院	硕士2班	外语学院	硕外09		园硕09植物班
	硕士6班	信息学院	研信息08	自然保护区学院	园硕09设计班
人文学院	硕人文09－2班	林学院	研森培09		
生物学院	硕植物08		研经理09	环境学院	硕环境09
	硕野保农产品08		研森保09	合计	18

学生重要学科竞赛获奖名单

2010年大学生学科竞赛获奖名单

序号	学生姓名	奖项名称	获奖等级	项目名称
1	彭文胜　蔡　靖　于永洋　吴建云　王　茂	2010年全国大学生机械创新设计大赛	全国一等奖	深井救援机器装置
2	杜凯冰　吴　腾　周志鑫　谢　静		北京市二等奖	小型泥土挖抛灭火车
3	李　翀　王　磊　秦瑞鸿　王　霄		北京市三等奖	防火隔离带人力专用锯
4	李　菁　王明轩		北京市三等奖	多功能机械臂
5	曹　源　吴涛涛	2010年全国大学生交通科技大赛	全国二等奖	新型非对称防振减速带的设计与分析
6	唐龙飞　李　帆　田朝静		全国三等奖	基于红外技术的行人过街信号灯设计
7	郑　福　靳　钊　谢志红	2010年全国大学生智能汽车竞赛	全国三等奖	—
8	谢子涵　周　峰　闫　亮		优秀奖	—

（续）

序号	学生姓名	奖项名称	获奖等级	项目名称
9	荣宝沅　陈泽任　宋亭亭	2010 年全国大学生数学建模与计算机应用竞赛	北京市一等奖	—
10	张　明　柳金山　费　会		北京市二等奖	—
11	毛倩倩　符　献　李玉敏　孙大江　张德俊	2010 年全国大学生电子商务“创新、创意及创业”大赛	全国三等奖	酷跑虚拟跑步平台
12	邹静韵　叶智超　许光宇　左　阳　杨　洋		北京市特等奖	试尚网
13	马　尖　吴香含　苑洪妍　魏丽丽　乔鑫鑫		北京市特等奖	天天有礼绿色创意礼品服务有限公司
14	余碧爽　董宝根　刘睿雅　刘青青　柯伟迪		北京市一等奖	思麦儿餐饮有限责任公司
15	张晟晗　李伟嘉　范洪俏　张　锐　张名扬		北京市一等奖	意设 OPAL 有限责任公司
16	朱栩逸　田秋艳　许丽娜　刁　珂　石梓涵		北京市一等奖	Lemon 网大学生高价值信息互动平台
17	杨雅琳		北京市二等奖	“绿之诺”有机农产品有限责任公司
18	钱海燕		北京市二等奖	享爱网
19	王业晨		北京市二等奖	馨香事成艺术花卉公司
20	沈　艨		北京市二等奖	Umi 互助网络公司
21	杨亚运		北京市二等奖	Utugo 团购网
22	徐凤凤		北京市二等奖	“淘花网”网络花卉责任有限公司
23	王　芳	2010 年全国大学生电子商务“创新、创意及创业”大赛	北京市二等奖	E – change 齐换网
24	刘腾飞		北京市二等奖	农乐汇网站
25	侯　悦		北京市二等奖	Suits 游游网
26	张桂芳		北京市二等奖	E – 悦扣网络公司
27	张 桐		北京市二等奖	美天健康网
28	姚柃吉		北京市三等奖	衣美惠网络公司
29	王晓彤		北京市三等奖	阿拉丁商务有限公司
30	孙丽君		北京市三等奖	神曲音乐互动空间有限责任公司
31	王雪梅		北京市三等奖	岔岔网青年创业网络公司
32	何卓然		北京市三等奖	“布拉格之恋”网络公司

（续）

序号	学生姓名	奖项名称	获奖等级	项目名称
33	黄　麟	2010 年全国大学生电子商务“创新、创意及创业”大赛	北京市三等奖	北京赛欧（SALE）科技有限公司
34	房海南		北京市三等奖	换客网络服务公司
35	张　晓		北京市三等奖	换房 e 游网络公司
36	曾晓晔		北京市三等奖	DIY 家居设计平台
37	葛　舒		北京市三等奖	书海绿光二手书交易平台
38	秦驭初		北京市三等奖	思维驰网络“麻豆”服务公司
39	李　东		北京市三等奖	学乐园教育学习网络公司
40	尹　歌		北京市三等奖	竹梦网络销售公司
41	曾　嘉		北京市三等奖	源爱宠物网
42	张　丽		北京市三等奖	青苹之末网络公司
43	张　旭		北京市三等奖	化蕊 I amour 小筑网店
44	张艳娇		北京市三等奖	底价网
45	张燕琳		北京市三等奖	“大学独立团”大学生团购网站
46	白　岚		北京市三等奖	涂鸦人生网
47	徐澜宁　邢晓静　张　爽　霸　超　佟　超　叶智超	2010 年北京市大学生创业设计大赛	北京市一等奖	北京怡景有限责任公司
48	于潇翔　陈　树　李　杰	2010 年北京市大学生计算机应用大赛	北京市二等奖	第六感
49	何　耀　薛　洁　刑雅洁　陈玉珊　万　明　胡　婴　徐婵婵	2010 年北京市大学生动漫设计大赛	北京市一等奖	小鬼当家
50	瞿　言　李雪雯　何秋海　李　蔚　奉梦青		北京市一等奖	寻梅
51	赵　晔　张武龙		北京市二等奖	welcome home
52	刘　鋆		北京市二等奖	刘小坏系列漫画
53	谭竹青	2010 年北京市大学生动漫设计大赛	北京市三等奖	囚
54	汪宝佳　付　晨　李　蔚　玉　宾　马天林　沈　聪		北京市三等奖	买报记
55	薛泽浩　冯智乐　谌　默　青　柏　吴明怡　何鹏飞		北京市三等奖	for the best
56	邢雅洁　于潇翔　陈　树　李　杰		北京市三等奖	墨色深处

（续）

序号	学生姓名	奖项名称	获奖等级	项目名称
57	徐 哲 饶强云 柳金山	2010 年北京市大学生物理实验竞赛	北京市二等奖	基于太阳能电池的温湿度记录仪
58	孙克成 毛虹尹 胡景良		北京市二等奖	运动器械和风能的组合发电及储能系统
59	辛 愿 田 雷 龙 滢		北京市三等奖	测量太阳能电池性能并搭建简单应用装置
60	卢云龙 杨 彪 郭玉鹏		北京市三等奖	磁感脉冲均值补偿式霍尔流量计
61	麻泽宇 莫小龙 莫 莉		北京市三等奖	光栅盘红外测速流量计的设计与制作
62	张 浩 罗立峰 纪 锐		北京市三等奖	基于单片机测液体实时流量
63	陈 跃 刘昕昕	2010 北京市大学生化学实验竞赛	北京市三等奖	分光光度法测定煮熟蔬菜中亚硝酸盐的含量
64	朱欲晓 许怡思 刘天森 秦 文 杨 鑫	2010 年北京市大学生人文知识竞赛	北京市三等奖	—
65	司 维	2010 年北京市大学生英语演讲比赛	北京市三等奖	—
66	胡 杨		鼓励奖	—

第七届全国研究生数学建模竞赛获奖名单

参赛院校	参赛队员	获奖级别	备注
北京林业大学	任学勇 程超然 孙 阳	二等奖	校内跨院组队
北京林业大学	张 瀚 许志卿 王超群	二等奖	校内跨院组队
北京林业大学	韩 潇 邓晓妹 莫 可	二等奖	校内跨院组队
北京林业大学	张 帆 陈名腾 聂秀琴	三等奖	校内跨院组队
北京林业大学	李玉株 张绍全 黄丽燕	三等奖	校内跨院组队
中国科学院研究生院/北京林业大学	王萍花 彭 成 王宇飞	三等奖	校际自由组队

IFLA 大奖获奖名单

1988～2010 年北林大园林学院参加国际风景园林师联合会（IFLA）国际大学生设计竞赛得奖情况

序号	时间	参赛学生	名 次	作品名称	导 师
1	1988	刘晓明	评委奖	因指见月	孟兆祯
2	1988	瞿 俊	评委奖	思源广场	黄金琦
3	1990	刘晓明	一等奖	蓬莱镇海滨风景规划与设计	孟兆祯
4	1991	周 曦	一等奖	岛屿及其沿岸的风景化	孟兆祯
5	1991	林 鹰	评委奖	娱乐与景观的文化意义	
6	1995	朱育帆	一等奖	生命之旅——十渡风景区规划与设计	孟兆祯
7	1996	林 箐	三等奖	自然和历史之路——杭州大运河地区改造规划	梁伊任
8	1999	萧 晶 王文奎	评委奖	城廓的回忆	梁伊任 王向荣
9	2002	韩炳越 李正平 张 璐 刘彦琢	一等奖	寻找远去的西湖	王向荣
10	2003	邓武功 胡 敏 薛晓飞 周 虹	评委奖	神秘摩梭人的可持续发展文化	王向荣
11	2005	余伟增 高若菲 耿 欣 魏菲宇 高 欣	一等奖	安全的盒子——北京传统社区儿童发展安全模式	李 雄 梁伊任
12	2009	张云路 苏 怡 刘家琳 鲍沁星 张晓辰	一等奖	绿色的避风港	李 雄
13	2009	沈 洁 胡 婧 王思元 李 洋 任 蓉	三等奖	S＋C——羌峰寨生态性恢复规划	王向荣
14	2009	孙 帅 束冬冬 董 丽 黎琼茹 张 慧	评委奖	河口的生态重建——海河入海口生态性修复规划	王向荣 林 箐
15	2010	白桦琳 杨忆妍 郝 君 王乐君 王南希	一等奖	黄河边即将消失的活遗址	李 雄
16	2010	沈 洁 王思元 洪 泉 赵 洁 李 洋	二等奖	寻找失去的泉	王向荣 林 菁
17	2010	夏 宇 田习倩 化雁林 李 倞 李 利	评委奖	园迹	王向荣 林 菁
18	2010	鲍沁星 张敏霞 刘思萌	评委奖	因油而变——被遗忘石油城的重生	李 雄
19	2010	刘家琳 李 萍 朱时雨 张雪辉 卢 亮	评委奖	城市中的记忆之芽——较场口隧道遗址的保护与更新	李 雄
20	2010	张 晋 郁 聪 张 洋 毕汝涛 赵 睿	评委奖	一条运河、一座城市：历史遗产的保护与城市更新	王向荣 林 菁
21	2010	陈崇贤 孟 洋 王金瑾 徐筱婷	评委奖	城市农场：上海东方渔人码头的改造与可持续发展	王向荣

（续）

序号	时间	参赛学生	名　次	作品名称	导　师
22	2010	董　丽　黎琼茹 张　慧　束冬冬　孙　帅	评委奖	从高碳到低碳——城市工业遗址的更新	王向荣　林　菁
23	2010	赵　晶　刘　通　张　钢	评委奖	绿色祈愿：西藏阿里地区札达县托林寺的保护与更新	王向荣
24	2010	王乐砾　严　岩 林元珺　陶悦珊　李尚乘	评委奖	新巴扎主义——将巴扎作为新城市生活的基础构造	刘东云

毕业生名单

博士毕业生名单

林学院(合计 38 人)

草业科学(共 5 人)

杜永吉　付静尘　程晓霞　艾　琳　韩德梁

林业装备工程(共 1 人)

袁进军

森林保护学(共 4 人)

曹川健　袁　菲　李晓娟　万　涛

森林经理学(共 5 人)

韩秋波　罗仙仙　赵俊卉　乌吉斯古楞

滑永春

森林培育(共 15 人)

陈秋夏　李永杰　徐庆华　段　劼　谭晓红

章志都　富丰珍　张和臣　马洪双　李玲莉

赵　燕　吕瑞恒　李广德　原牡丹　孙尚伟

生态学(共 8 人)

张玉波　林　霞　王梦君　王传华　赵亚洲

贾玉珍　成军锋　王晓丽

园林学院(合计 28 人)

城市规划与设计(共 13 人)

张　媛　蒋　莹　冯宜冰　卢　圣　赵彩君

宋　凤　仇银豪　白　丹　于晓森　李冠衡

张　帆　李　莎　熊　瑶

园林植物与观赏园艺(共 15 人)

贾培义　潘才博　李秉玲　孙　卫　赵印泉

胡伟娟　王子凡　韩科厅　曹华雯　胡　可

郝培尧　牛立军　贾　茵　陆　苗　蔡　明

水土保持学院(合计 27 人)

复合农林学(共 5 人)

薛智德　方广玲　高　函　刘中奇　张　燕

工程绿化(共 3 人)

杨　越　李江锋　田佳

山地灾害防治(共 1 人)

吴敬东

生态环境工程(共 4 人)

王　宇　玉　宝　吴赛男　陈鹏飞

水土保持与荒漠化防治(博士共 12 人)

李丙文　张进献　刘淑燕　王雄宾　焦一之

朱建刚　李　灵　徐征和　刘世增　樊　华

王翔宇　张　璐

土壤学(共 2 人)

赵雪梅　张　颖

经济管理学院(合计 18 人)

林业经济管理(共 18 人)

王富炜　苏宗海　陈贵松　黄月艳　项贤春

郭燚涛　徐　龙　张广裕　李宝玉　石春娜

张　兰　周　峻　金　波　关海玲　高立鹏

郭　海　李　怡　刘小强

工学院(合计 3 人)

机械设计及理论(共 1 人)

褚双磊

森林工程(共 2 人)

裴志永　沈嵘枫

材料科学与技术学院(合计 5 人)

林产化学加工工程(共 1 人)

姚　胜

木材科学与技术(共 4 人)

高　伟　张德荣　闫　丽　于丽丽

生物科学与技术学院(合计 26 人)

林木遗传育种(共 9 人)

沈俊岭　卫尊征　张国君　贾香楠　姚立新

路　超　孟丙南　郑会全　赵曦阳
生物化学与分子生物学(共3人)
陈伟奇　白凤翎　朱莉飞
野生动植物保护与利用(共2人)
王若涵　何东阳
植物学(共12人)
胡　彦　侯佩臣　杜景川　刘志雄　金　莹
张红梅　梁新华　胡永建　宋　涵　吕小蒙
程　莉　时　朝

信息学院(合计1人)
森林经理学(共1人)
武高洁

人文社会科学学院(合计3人)
森林培育(共3人)
袁　婵　李　飞　李　元

自然保护区学院(合计2人)
自然保护区学(共2人)
王　蕾　郑姚闽

(徐　伟　孙信丽)

硕士毕业生名单

林学院(合计107人)
草业科学(共17人)
许正刚　陈　巍　李孔晨　张金鹏　庄千燕
王　玮　宋雪枫　周良彬　苗　阳　柯丽丽
李　岩　刘芳君　程思楠　王冠明　邹桂梅
赵　汝　李春荣
地图学与地理信息系统(共20人)
钟剑飞　赵丽琼　张　培　甘　丽　王　磊
聂敏莉　王　然　赵学明　李雪瑞　张　田
董晓非　赵　旭　裴小节　周微茹　张　茜
倪东英　宋金秀　杜林芳　王丽娟　郑　鑫
森林保护学(共12人)
鲍绍文　侯天文　王志政　韦雪青　郭　鑫
孙　琪　王珊珊　刘　芳　倪　杨　水生英
戴秋莎　章　彦
森林经理学(共9人)
胡云云　申　磊　刘小丽　娄雪婷　王茹雯
王忠春　闵志强　肖永波　巨文珍
森林培育(共30人)
温　祺　丁昌俊　刘　健　侯竟薇　陈乔婧
高国珠　吴雅婧　侯志强　公宁宁　郝　跃
周　晶　张海成　卜玉强　李翠翠　梁大伟
张爱花　王利军　江俐妮　金桂香　金虎范
杨　娜　方晓娟　胡　磊　张俊凤　王艳英
贾　芳　马　跃　尚富华　王　娟　毛海颖
生态学(共19人)
王　蕾　彭　程　徐咪咪　季慧颖　李丽琴
张笑菁　毕凌霄　占玉燕　张　桓　吴雍欣
卢欣艳　陈维强　符婵娟　李　蕊　杨　全
付亚宁　谢莹莹　朱小迪　尤海舟

园林学院(合计128人)
城市规划与设计(共64人)
马　娱　王　曦　陈　瑶　高碧兰　王　恒
李　悦　咸宇鹏　石　磊　陆潇潇　黄小金
方　威　胡　婧　赵乃莉　周　鑫　吴　扬
张德娟　吴修远　杨　玲　闫煜涛　任　蓉
苏　怡　杨　杨　杨　肖　李　然　高雅清
褚天骄　汪昕梦　侯　伟　李晓佳　李　璟
张　秀　潘亦佳　牛　萌　贾秉玺　张　钢
杨立彬　王月洋　孔　阳　杨子夜　唐　堃
万乔西　于小鸥　陈科育　李　辰　李　鑫
刘斯萌　黎章程　周建猷　田　锦　李　虹
张　彦　李振杰　王　乐　梁冠巍　佟　跃
张　茹　王铭子　苑朋森　曹　悦　蒋俊敏
李　楠　李昱午　王伟岸　周卫玲
旅游管理(共8人)
成　甲　付　健　贾婷婷　王晓璐　刘　婷
张力圆　李美慧　施德群
园林植物与观赏园艺(共56人)
肖　恩　冯　冰　安　雪　莫官站　陆光沛
郭芃芃　王琳琳　肖佳佳　高　娟　徐　阳
侯艳侠　沈　鹏　李淑英　朱明丽　樊翠霞
杨德艳　周玉欣　高寿利　马文卿　董玲玲

黄冬梅　刘玉英　周昕蕾　姚　瑶　陈　博
李瑞芳　王小玲　仇　莉　潘　曈　叶露莹
冯玉兰　黄祯强　王　琼　朱云娜　陈　笑
李　卉　喇燕菲　凌春英　曹羲君　张秀娟
董兆磊　张玉静　韵　敏　邢　琳　李婷婷
张　伟　李英男　邱金梅　欧阳英　潘　晓
高淑滢　范丽琨　林毅雁　邹成勇　张德平
李青艳

水土保持学院(合计87人)

地图学与地理信息系统(共5人)

武鹏飞　张　波　张　瑞　李悝颖　陈攀攀

复合农林学(共6人)

李　扬　马莉娅　耿相国　赵　荟　程文龙
朱　松

工程绿化(共11人)

王　哲　彭海燕　燕　楠　冯　迪　张虎威
张　博　徐　慧　魏述艳　史晓丽　张国芝
刘　琼

结构工程(共4人)

李洪波　叶　虹　张云鹏　汤昌海

农业生物环境与能源工程(共7人)

张莹莹　李　伟　刘祥红　韩冠男　兰　鸣
李　敏　霍　震

生态环境工程(共5人)

战欣欣　王　红　刘　扬　孙一帆　胡云卿

水土保持与荒漠化防治(共31人)

张　莉　陈　静　李温雯　齐　娜　刘　静
刘　丹　邢华超　白芝兵　席彩云　白艳江
申彦科　贾丽娜　兰景涛　陈知送　任　改
曹永翔　马　惠　张佳音　孙少游　胡兴波
杨小梅　周晓新　刘彩风　徐　娟　赵　健
张　博　徐　慧　魏述艳　史晓丽　张国芝
刘　琼

土壤学(共6人)

于　鑫　张　林　沈文森　李　萍　王　丹
谭炯锐

植物营养学(共2人)

赵　琨　辛　颖

自然地理学(共5人)

徐　枫　夏　菁　高　吉　马　浩　陈致富

经济管理学院(合计77人)

管理科学与工程(共13人)

贾　琰　林龙圳　苏贤明　王丽丽　李　超
刘　明　韩晓婷　郭　锋　车卫红　洪文培
毕建伟　万展强　王子敬

国际贸易学(共11人)

王　敏　栾福林　宋雨玲　高雪峰　兰　天
冯　丹　曾一秀　王佳丽　李安涛　臧　奇
刘　学

会计学(共13人)

刘小杏　张富龙　岳　靓　李　伟　曹　静
李　郑　穆璇锢　靳晓羽　王黎冰　武文辉
王晋南　彭　臻　史杨武

金融学(共6人)

李心怡　王文斐　付海静　王天明　周　艳
侯庆磊

林业经济管理(共13人)

赵蔓卓　周　楠　张琛麟　吴正义　乔　厦
石文华　刘　倩　宾　朋　郭　婷　张文文
范　丽　高　幸　杨　玮

企业管理(共3人)

张玉红　刘星烨　王煜辉

统计学(共7人)

姚爱丽　侯　帅　陈　晨　吴　丹　周鹏洋
王　磊　高远斌

行政管理(共7人)

王　晗　李　傲　张远帆　韩　珊　苏　毅
史　婧　任　毅

人口、资源与环境经济学(共4人)

陈余珍　尹　航　苏　帆　张　卿

工学院(合计29人)

车辆工程(共6人)

李　锋　王立群　王猛猛　宋天佳　王丽绵
崔永伟

机械电子工程(共2人)

吴兴福　黄　娜

机械设计及理论(共4人)

丁　烨　杨　倩　方　墨　蒋中奎

控制理论与控制工程(共7人)

贾鹏霄　章军富　刘菁菁　王　珊　杨丽丽
啜保昌　吴晓纬

森林工程(共6人)

代智慧　赵红艳　高　岩　寇文亮　张　霞
赵　鑫
机械设计及理论(共4人)
丁　烨　杨　倩　方　墨　蒋中奎

材料科学与技术学院(合计56人)
林产化学加工工程(共13人)
陈晓华　阎继鹏　唐焕威　付文娟　徐吉东
蒲志鹏　王炳一　邹　鑫　陈　诚　张子秋
李　静　易晓辉　邢　勉
木材科学与技术(共32人)
陈俊宏　许小芳　毛　佳　张学彬　刘鑫钰
李　辉　宋　斐　汪　亮　翟志文　谢丽萍
王晓琴　党　蕊　潘学飏　刘春雨　李燚平
唐镇忠　孙　媛　冯小江　曹燕燕　赵丽媛
郭　蕾　李　芳　孙　鑫　陈凌云　张　立
姜忠华　崔　敏　姚雪莉　何明明　贾东宇
张　颖　伍　波
设计艺术学(共11人)
邢海涛　贺臣家　刘媛欣　赵祯祥　阎　瑾
刘　莹　赵伟轩　王晓芬　杨　陈　雷　霄
彭屹峰

生物科学与技术学院(合计87人)
林木遗传育种(共16人)
于　来　苏小玲　朱　锐　朱　旗　白姗姗
唐湫玥　陈志强　马圣俊　李庆贱　王静澄
王　希　杨红艳　王亚茹　张　磊　马雯彦
周　韬
农产品加工及贮藏工程(共12人)
张　霞　李冰宁　吴伟杰　苏雅静　李　婧
秦　娇　杨　铮　武萌萌　丁　洁　王运强
潘　娜　王美玲
生物化学与分子生物学(共20人)
黄　伟　侯　路　刘妍婧　吕京晶　胡　蝶
冯春燕　熊梦熙　刘　杰　谭玉朋　李　娜
赵继兴　刘　晓　贾慧娟　霍瑾茹　陈　晨
龚　琰　李　林　杨硕知　房　凯　李春兰
微生物学(共5人)
张妙直　许梦秋　荆　梦　田蕴慧　李丽萍
野生动植物保护与利用(共11人)
张　峰　兰　天　陈伯毅　李　犇　罗　芳
张红娟　张逦嘉　任慧朝　张　晶　王安梦
李　阳
植物学(共23人)
张晓霞　管李萍　徐利利　赵翠格　薛　彬
高　华　王　颖　王　莹　王宁宁　刘书景
戴向辰　万　文　王妍妍　乔红莲　李晓静
杨彩云　王　琳　赵百慧　王金凤　李丽思
寿海洋　孙芳芳　周艳超

信息学院(合计41人)
管理科学与工程(共8人)
杨伟杰　刘　妍　周俊宇　张红光　张绍晨
白坤娟　王明宇　郭蔚婷
计算机应用技术(共10人)
赵聪辉　蔡　岳　魏厚明　蒋　禧　贾　婧
张佳佳　伍灵杰　刘　兴　周林志　王春燕
森林经理学(共6人)
汪　璀　王洪荣　宁　晶　张琪然　应　波
邬海波
设计艺术学(共8人)
熊　庆　丁　宁　高　杨　徐　凯　胡逊之
李　畅　曲晓妍　张金瑞
计算机软件与理论(共9人)
李力人　孟　洋　崔慎智　钱希志　陈　航
林　源　刘剑锋　曹　灿　贾雪峰

人文社会科学学院(合计51人)
法学理论(共9人)
高　杨　张　浩　唐丝丝　张　尧　陆金伟
安婧婧　付龚炎　王　多　许　晨
科学技术哲学(共16人)
宫雪娇　陈　慧　于　群　田虹怡　刘瑞桓
吴晓曼　蒲昕宇　陈远书　吴　雪　陈麟杭
孔祥梅　李周名　刘婷婷　刘若雯　王彩云
王　维
马克思主义理论与思想政治教育(共1人)
李　殊
思想政治教育(共3人)
吴　迪　金玉婷　王　宇　黎智敏　庄后胜
马克思主义基本原理(共2人)
李　萌　邸鸿飞
应用心理学(共9人)
马　敏　龚月圆　马　燕　史彤玮　王大丽
朱　琼　赵　欢　王　颖　杨　阳

行政管理(共9人)
颜添增 刘一弘 孙彦军 姚婧婧 王 玲
粟俊红 刘 宇 张 玲 戴 凡

外语学院(合计24人)
外国语言学及应用语言学(共17人)
颜贤斌 何 琳 徐静姝 熊艳丽 季江静
张 玮 李 琛 赵晨光 杜洁琼 陈永智
廖晓静 陈凤美 乔泽慧 潘文静 张玲英
赖海威 郑 欢
英语语言文学(共7人)
卞亚南 林 超 杨桂蓉 高 爽 张良博
王瑞峰 王 斌

理学院(合计6人)
生物物理学(共6人)
冯晓旺 苏细容 赵慧娜 宣奇丹 刘伟国
伊爱芹

自然保护区学院(合计6人)
自然保护区学(共6人)
赵 一 楼 丹 吴佳强 贾 丹 石珊珊
郭 宁

环境科学与工程学院(合计16人)
环境科学(共16人)
徐昕照 刘 然 彭张兴 黎 亮 陈 莉
申卫国 王绍温 张 旭 王璐璐 邓利群
杨 硕 王宇亮 张文方 刘侃侃 冯丽娟
李 炯 (徐 伟 孙信丽)

2010年本科毕业生名单

包装工程
刘志高 丁 方 韩 燕 何金儒 胡晓红
李 都 李怀谷 李 慧 李小龙 李晓琳
李 钥 刘 颖 龙 平 孟 赛 邱盈盈
生芳芳 汪志立 王 博 王 奎 吴剑霄
武诗文 武征宇 夏 钦 叶 银 张强军
张泽庆 周宇航 朱 丹
草坪管理(中美合作办学)
陈强羽 方 玲 韩自端 胡梦轩 贾 玉
焦 淼 金 婧 金 山 李 婧 刘佳譞
刘 洋 罗 璇 冒 显 秦艺方 饶逸才
任师蕙 汪娅茜 吴冰清 项易文 阎加培
杨 茜 杨 筱 姚洪泽 裔 静 张婧之
章 辰 赵 静 张犁天
草业科学(城市草坪方向)
陈 丽 陈思佳 范溪溪 勾玉莹 胡 萨
贾莹莹 姜 蕾 蒋炯敏 解 静 李 蒙
李双君 李天龙 林 静 卢 慧 麦尔江古丽
美丽开·库尔班 渠振华 帅 佳 孙 诚
王银星 肖 翔 薛海丽 杨婧姣 尹艳艳
于 哲 袁战伟 张迷离 张 鹏 张欣欣
周 彬 孜来比·买木提名 周 奔
城市规划
白 洁 鲍艾艾 毕 婧 卜 丹 蔡列钢
曹楚丹 陈 罽 陈俊梅 陈秋实 陈笑凯
崔 琳 崔 柳 戴小超 邓 茜 邓雪超
杜永安 樊 宸 范文婷 冯 欢 傅 微
甘雨欣 高亚楠 戈守华 龚 瑶 关裴雨
韩 超 韩 雪 何 斌 何 悦 贺旭生
胡 珊 胡依然 胡云滶 姜 斌 姜贤昌
蒋晓艳 李 冰 李 洁 李 敏 李 飒
李尚乘 李诗晨 李天俊 李 旸 李雨珊
林丽琴 林 雯 刘 昶 刘 萍 刘珊珊
刘潇然 刘艳茹 刘艺青 刘宇洁 刘 媛
卢映云 陆星雨 吕思良 罗 杨 马 昂
马 奔 马盟雨 潘 琳 潘幸叶 潘彦霖
庞学勤 庞雪琴 任红燕 舒智慧 宋 文
孙慧洁 孙培博 汤海宁 陶悦姗 滕红岩
王乘乘 王春晓 王 欢 王剑昆 王 江
王 莉 王梦婧 王清舒 王 晴 王 全
王 熙 王晓雨 王艳芳 王艺烨 吴丹子
吴文雄 吴 悦 武旭阳 夏胡蓉 夏 雯
辛泊雨 许柳莹 许亚楠 许 愿 薛 敏
闫 晨 杨长菅 杨 藿 杨 开 杨 眉
杨少东 杨堂奇 杨 筱 翼佳音 尤莉珊
余 哲 曾庆宜 张 弛 张福桥 张惠芳

张津诚 张 瑾 张菁菁 张霖霏 张赛男
张 琬 赵 飞 赵佳萌 赵 坚 赵 爽
赵 岩 仲昭宸 周 伟 朱 堃 朱 丽
朱蔚云 祝思圆

地理信息系统

陈江凌 窦宝成 郭 飞 黄晓磊 纪晓晨
李 昂 李 勃 李雪艳 柳诗尧 卢杨辰
王文静 吴石磊 夏少莹 姚 智 张 鹏
张世伟 张 杨 赵久佳 赵 攀 朱 晨
朱家乐 肖 锐

电子信息科学与技术

毕 慧 陈建虎 方金桢 郭晨曦 郭 玮
郭晓霞 贺 强 胡 伟 胡 杏 黄龙强
蒋凤英 蒋子坤 康雅萍 雷少波 黎 爽
李恩全 李 信 梁 良 蔺 嘉 刘 昂
刘建伟 刘人华 刘婷婷 刘伊莉 刘 壮
吕超飞 毛 浪 毛新武 齐 季 秦 翔
石守操 宋玉玲 孙大伟 唐 玚 万冬冬
万 琳 汪华丽 汪 雷 王 彬 王亚锦
王媛媛 吴娜娜 徐洪亮 杨东升 俞明利
张 恺 张 艺 张 哲 赵田欣 周莹莹
朱佳龙 朱听听 尹文明

法学

王靖翔 白雪廉 白 云 陈俊宇 陈啸晓
陈志华 程凤飞 戴 莹 董庆鑫 范可欣
符基明 高 斌 谷德军 官梦奚 郭睿卿
韩 瑞 韩 莹 何 静 侯欣迪 胡玲莉
胡相宜 胡歆怡 黄 秘 简琨益 亢 博
柯梦艺 李安琪 李光宇 李建婷 李明峰
李世雄 李昱臻 刘白梅 刘昌龙 刘 国
刘 晶 刘丽平 刘 霞 刘 洋 刘有昌
陆凯元 罗建文 马光显 马小博 潘文博
祁赛赛 唐良箭 陶 愉 田苗苗 汪 潇
王佳玮 王 进 王姿曈 魏警晖 魏知今
吴 娟 吴 琼 吴 锐 吴沈静 吴欣欣
辛 晶 行佳佳 杨 瑞 杨 微 杨钰杰
姚林君 叶泳琪 尹 硕 于朵朵 张诚韦
张清波 张 仪 张玉明 张玉莹 章志祥
赵灿博 赵春蕾 赵文军 郑承怡 周金波
周玲霞 朱照福

工商管理

蔡 琳 陈陆伟 陈耀波 陈宗杰 杜乾雒
傅亮亮 桂习雯 海 斌 和 青 黄莉莉
黄夏妍 黄 鑫 季 远 李少斌 连洁梅
梁丽芳 刘 芳 刘 爽 刘思思 刘禹含
路越平 罗敏贤 马琳莎 玛尔孜亚 买合皮来
毛 慧 毛舒怡 鸟 翔 欧阳浩强 庞 好
彭婷婷 赛比尔亚·阿吾提 邵丽颖 孙东岳
孙飞飞 孙小萌 王 丽 王 培 王 琪
王 翔 王 欣 翁小砚 吴巾巾 夏圣夫
冼静贤 谢龙君 谢 琼 徐佳辰 徐天晓
徐燕涛 杨党军 杨芳芳 杨志鹏 张 橙
张 娜 张若超 张 菥 赵建才 赵勇南
郑松林 周 琴 朱润芝 徐 康 潘 磊
汪 健 王 洋 郭 旺 丁丽丽

工商管理(二学位)

高诗童 耿 珺 毛 伟 丁 瑞 彭珏涵
李 军 李鹏程 廖 华 李俊瑾 刘秀文
黄雄珍 王 欢

工商管理(经济信息管理方向)

韩 振 白 远 蔡波斯 陈凤娇 陈洁琼
陈 婧 陈晓阳 高 萌 葛楚乔 韩燕飞
黄晨雨 黄 琨 黄山杉 黄秀花 巨 杨
李登云 李海芬 李久盛 李 力 李 伟
梁 萍 刘佩龙 刘 爽 刘雪莹 刘 瑜
鲁建爵 陆英姿 吕含晶 吕红玉 罗 丹
南婷婷 任文超 孙志磊 汤嫔嫔 唐 巍
王晶明 王 倩 王思文 王思学 王 溪
王晓腾 王昕宇 王 旭 王雅丽 王卓群
吴肖夏 吴啸文 武 鹏 肖红叶 许凯琳
许 愿 闫 硕 杨 冬 余金娱 张 珊
赵 倩 郑恭福 周奕佳 马伯毅 王 旸
李学强 钱加鑫 叶 磊 白延静 曹 然
曹英波 陈 浩 陈心仪 陈莹莹 陈雨欣
陈祖光 丛 颖 范 悦 冯彩丽 高梦楠
高 琪 高亚新 葛 晨 郭建峰 韩春华
郝佼辰 何俊杰 侯 艺 胡结珊 黄秋萍
黄西萍 黄醒玉 贾 冰 贾 丽 贾玉松
焦文晶 靳达飞 靳芙佳 李安飞 李春锋
李洁薇 李 俊 李 珞 李玫丽 李 伟
李 武 李永恒 李钰瑾 李 卓 廖应维
林笑华 刘华星 刘 佳 刘静婷 刘骏康
刘晓青 刘晓莹 刘 洋 刘 洋 刘 跃
卢 璐 罗 宏 马碧云 马 红 马晓思
孟令晖 孟 媛 彭嘉静 朴美兰 戚 伟
钱 纯 钱明洋 秦方宁 石浩然 石 蕾

苏　妍　孙时雯　唐杰伟龙　万家兴
王春兰　王琳娜　王妙丽　王晓敏　王奕雪
王　庄　吴　菲　吴子华　肖　飞　徐　佳
徐怡珺　许晓通　闫　艳　杨　漫　杨跃婷
杨镇源　杨志红　杨祖瑜　叶剑东　叶文思
于春洋　曾　红　曾　月　张　婵　张乘萱
张金光　张金哲　张　琪　张　情　张　婷
张晓立　张　笑　张智晴　赵雪梅　郑红玉
周　彭　周　英　朱　婧　朱　领　朱秦瑶
阳小虎

工业设计

刘　仟　安　然　鲍苗苗　陈　俊　崔小波
邓　晨　董益洲　杜　鹃　冯　阳　郭　慧
郭青青　韩　芳　侯　婕　惠　忻　姜　茜
郎瑞雪　李宝颖　李久洲　李名远　李　维
李　伟　李　卓　林　楠　林庆锻　刘方舟
刘金鑫　刘梦雪　刘萨阳　刘一丹　卢立斌
陆　晶　皮诗晗　任苏玉　宋博然　孙　博
孙　超　汪　维　王秋辰　吴　丹　武　兴
邢亚妮　徐　强　许蕾蕾　尹誉燃　曾　斌
张　晶　张　路　张　鹏　张雅慧　张雅靖
张玉华　赵辰羽　赵　建　赵宁宁　赵小军
赵晓倩　郑　爽　祝　珊　甄　龙

国际经济与贸易

安　栋　毕　然　陈伟诗　陈燕芳　崔春涛
方极昂　方思明　付　静　高明明　关　萍
郭　菲　韩　媛　郝少华　何　敏　黄　璜
江小娇　姜　鞭　姜　薇　蒋婷婷　勘雅君
孔　聪　李　昂　李　华　李　倩　李尚治
林海星　马迎春　宁　静　祁妮妮　齐照丽
桑　喆　唐　帅　陶　青　王　聪　王　岗
王静华　王　娟　王　俊　王胜男　王芯瑞
王雪飞　王雅文　沃　沙　相　梓　向文琼
姚婷婷　叶文彬　俞　菲　张　鹏　张　甜
张　婷　张寻微　赵鸿杰　周　洁　周一洁
朱　钰　李　雯　许可维

环境科学

蔡美全　陈　苗　陈明洪　陈晓雪　陈旭露
程　烨　董　闪　方　芳　龚向敏　郝　媛
胡然然　黄小帆　贾　真　李华楠　李网悦
李晓祎　李　莹　李宗楠　林　森　刘　旭
刘　越　马博强　马晓楠　毛云峰　穆永杰
潘　璐　任　欣　史晶晶　孙　竹　唐海萍
田　帅　田　园　王　军　吴立德　夏元超
熊中浩　徐　磊　徐　荣　徐亚慧　闫　妍
杨梦龙　余淑蓉　俞　峰　袁冬琴　张　多
张琳婧　张　涛　张维君　张炜铃　周卫亮
周小洁

会计学

蔡俊格　陈冰冰　陈　晨　陈　鋆　褚子涵
邓升泉　高燕飞　胡光昭　黄　洁　江达理
姜　威　蒋　竞　李　涵　李　赞　李　卓
林雅敏　刘航航　刘建双　刘　婧　刘　昆
刘　娜　刘　瑶　刘　远　吕　婷　罗丽宏
马平川　孟　南　穆天昊　齐　热　盛　畅
谭胜男　唐巾晶　王安琪　王　冰　王地利
王　妍　王玉慧　王正翠　魏珊珊　吴　含
谢　菲　辛春青　辛雷强　徐玉红　玄　娜
杨东钰　杨　倩　于国庆　张　晋　张明扬
张雅棋　赵幸幸　郑　婷　于　通

会计学(国际会计方向)

安　琪　安　琪　陈风雅　陈　莎　杜　唯
付　蔷　胡　斌　计　曼　姜　军　姜婉钰
金美花　瞿懿雯　李芸茜　林宝棠　林　茜
林　森　林　怡　刘　姗　刘小溪　鲁广慧
马思如　倪洪飞　齐　悦　邱竞帆　施　展
宋雨河　孙　维　孙　筱　汤皓茗　唐林龙
佟雪娜　汪　亮　汪　萍　王　铎　王晓蒙
吴　波　吴　昊　谢　楠　辛旎迪　徐宝丽
徐联仲　徐梦露　杨　明　姚晨东　叶　青
尹迎龙　郁书林　岳立洁　张家宁　张潇元
张晓曦　周　沫　朱　玥　邹　晶　姜琳琳

机械设计制造及其自动化

白国铮　曹北平　曹振敏　常海文　陈　平
陈显军　陈永恩　陈钰平　程丽娇　杜　珂
范启忠　付　阳　勾　通　顾佳兴　郝新华
胡　超　姜晨龙　姜　伟　晋　霞　孔德勇
雷　帅　黎　彬　黎先标　李建军　李　进
李　龙　李伟雄　李作成　梁德生　林世杰
刘光杰　刘　广　刘海关　刘明建　刘祥熙
陆佳妮　陆宁锋　罗　西　蒙祖标　庞占中
石明川　时妙文　宋秋明　宋永刚　宋玉晨
孙丽英　孙旖旎　庹仓斌　王东升　王　飞
王建利　王　玉　魏广威　温宇鑫　吴　健
萧　湛　肖志远　谢　飞　谢声强　辛　磊
徐龙威　杨　超　杨　猛　于　洋　于征洋

于中原　俞益初　苑小巍　曾　燕　张东杰
张静超　张　棋　张婷玉　张旭楠　张一喆
张　喆　赵亚东　赵亚军　周　春　周虎生
周林榛　周满平　朱政帆　邹骁腾

计算机科学与技术

张春杰　曹立达　岑敏强　长孙菲　陈　波
陈冠南　陈　宏　陈杰清　陈　巍　陈晓旭
陈正哲　丛德龙　崔民浩　单　梁　单秀芳
邓新龙　丁石平　丁志宇　段孟抄　段秀萍
范立媛　范希龙　方　骅　冯子陵　高广茂
郭　辰　郭艳伶　郝妮红　郝　芃　红　霞
金　童　李东东　李红顺　李　嘉　李健斌
李文彪　李晓晶　李　星　李雪松　李　彦
李燕霞　李　越　梁　亮　梁　娜　梁旭鹏
刘梦寒　刘晓锋　刘亚旋　刘　衍　刘振奇
卢林双　吕　冉　马海超　马世贵　马英超
聂　波　潘存疆　彭　博　朴锦春　齐　昊
齐　睿　秦永生　冉景波　荣元媛　佘佐彬
石金钟　宋京波　宋　勇　孙连超　汤小河
汪伟锋　王　博　王定志　王欧妮　王琬淳
王旭胜　王永刚　王玉男　王　哲　吴　凡
吴文美　吴笑鑫　谢门周　谢沐辉　谢晓波
徐家伟　徐　珉　徐　嵩　薛　沣　闫　恺
杨　超　杨照天　仰孝富　姚　辉　于乃疆
张　珺　张凌宇　张天驰　张希武　张秀菊
张　旭　张　莹　张　跃　章振宇　赵　波
周广瑞　周　鑫　朱　静　朱　曼

计算机科学与技术(艺术设计方向)

陈玉珊　党鑫鹏　董芳菲　董　雪　杜玺伦
范运安　高　阳　谷伊莎　郭向东　郭雪蕾
何　锐　何　耀　胡　瞾　胡卓军　李宝娟
李秋蒴　李晓晨　梁勇华　刘海涛　刘　鋆
陆锋平　毛咏梅　齐星宇　秦中唐　谭竹青
唐守忠　万　明　王俊杰　王丽君　王玲娜
韦　炜　吴　鑫　邢雅洁　徐婵婵　徐舜渊
徐孝成　薛　洁　闫　梦　杨　静　杨　旸
殷小舟　尤　卓　余诗铭　虞州良　臧　哲
张立君　张　宁　张　帅　张武龙　赵旻枫
赵小周　赵　晔　周洁冰　周鹏飞　朱震焘
邹　晏

交通工程(汽车运用工程方向)

李三奇　包启标　陈少锋　陈　伟　崔善花
付建蓉　郭留涛　韩　婷　何浩峰　何　颖
胡贵乾　胡海涛　胡甜甜　黄　峰　吉　洋
兰春红　李春辉　李丹萍　李红梅　李　磊
李　林　李龙骄　李洛宁　李明阳　李茹昕
李少华　李雅琪　李　艺　李　勇　廖春晖
刘　凯　刘树建　卢秋莲　卢　勇　吕　梦
容淑娴　尚　蛟　沈逸薇　史媛圆　隋　岚
隋晓庆　孙　玥　孙治博　谈　伟　佟　姗
王恩平　王庆峥　王诗宁　王　伟　王雯丽
王玉鑫　魏　婷　温　馨　吴　瑾　吴　凯
徐少培　徐为波　许　琳　薛国亮　言俊苓
阳　斌　杨　帆　杨　洋　于　滢　余　翔
袁大亮　张德贵　张贵江　张剑光　张立军
张　琪　张伟男　张雅美　张玉兵　赵　琳
赵美珺　周　洋　朱建各　邹芳诚

金融学

曹雪静　常春燕　常　蓁　陈　超　陈　亮
陈瑞峰　陈　婷　多琳娜　付　丽　杭　帆
郝紫琪　洪　博　黄燕娜　纪晓旭　李平平
林　婷　柳武宏　吕　萍　苗甜甜　磨琪卉
裴　英　秦雪静　任　楠　宋　微　宋禹熹
宋　岳　孙　健　田　瑜　万　千　万笑石
万　昕　王凤梅　王　健　王　猛　王馨翊
魏新新　吴山峰　夏晨芳　邢慧敏　徐　旭
杨　洁　杨　梅　叶　静　于秋辰　余金洪
袁　渊　岳敬飞　曾　旭　张由姊　赵　颖
仲晴青　周婉青　朱洪娜　朱良生

林产化工

李　明　白宝亨　白浩龙　白　杨　蔡园园
曹辉波　车书盈　陈　嵩　崔洪波　凡小爽
奉　源　龚碧蓉　蒋异铓　李世娟　李　雪
李颖雯　梁　晶　刘　磊　刘小龙　刘伊洋
陆琴琴　毛博力　茅乃龙　任丽颖　田维乾
汪明进　汪　涛　王　达　吴　昱　伍　阳
夏　聪　许秋实　于秋岚　俞金峰　俞　月
袁　流　翟文韬　张浩月　张小丽　张馨心
张智衡　赵丹青　赵建春　周春艳　周家兴
周　帅　周益同　方志朋

林产化工(制浆造纸工程方向)

李　达　李志刚　白香园　包修婷　陈祥真
崔　倩　冯兴宇　高江艳　高　军　宫　政
谷　嘉　郭　超　韩　静　贺　钊　黄国良
黄　军　霍淑媛　李　岩　李宇杰　林建航
林仲营　刘蕊杰　刘永娟　吕茂芝　罗立强

孟猛 欧阳鹏 祁琪 宋舒苹 孙培培
索伦 王大飞 王浩宇 王梦影 王明超
王琦 温玉环 吴珊珊 许传玉 许向东
颜立冬 杨扬 叶书航 余志 云彩凤
张飞飞 张骏 张啸天 张杨 周新
白天宇

林学

包蕾 包昱君 毕坤 边梦希 曹成林
曹孟磊 常娟霞 陈贝贝 陈晶 陈雪
程宇斌 次仁拉姆 崔贝 达瓦次仁
杜燕 段萌 费滕 甘田甜 高婧璇
高婷婷 何龙 贺辰衎 贺帅 霍涛
纪文瑶 江伟玲 蒋思思 金冠一 金喜萍
匡文浓 兰芯荷 李钢宗 李海洋 李惠明
李蕾 李晓冬 李宣 李雪娇 廖玲
刘建坪 刘雷 刘诗琦 龙颖茜 罗盼盼
马福龙 马莉华 马仲 玛日亚·艾斯卡尔
毛星星 蒙宇平 宁佐梅 尚策 沈林
水小虎 孙宇 孙振凯 田胜男 吐尔洪江
王昆 王雨茜 谢丽琼 徐定 徐瑶
许玥 阳晶晶 杨俊玲 姚毅 衣晓丹
于飞 袁庆叶 张超 张健华 张勇
张子超 赵诚 赵冬欢 赵凯 赵利爽
赵妍晰 郑晋生 钟文玲 周兴 邹利敏
达延军 李延孝 柴孟强

旅游管理

陈多 陈香香 陈叶 陈媛 戴珍妹
邓南茜 邓正义 董姣茹 董帅 豆玲
樊新蕊 冯丽园 付娜 付振兴 高红旗
高茜 韩璐 贺龙喜 胡嘉君 黄泺谕
惠凝晶 赖晓鹏 兰文静 李静 李凌云
梁兴 刘春晓 刘晓燕 刘亚平 刘宇
罗秀梅 罗杨 马英华 孟姗姗 聂通
潘俊伶 潘琦

旅游管理

潘晓贤 戚安平 戚均慧 饶诗尧 任杰
石宗超 孙吉亚 谈华珍 覃业柱 唐小通
唐寅婉 陶蓉 田超杰 万铂 王卉
王曼 王晓娜 韦光照 吴煜鸣 郗启朝
谢芳芳 徐振涛 薛鑫 荀琳 杨红梅
杨洁 杨生君 杨燕 尹从卫 尹清清
张超 张磊 张丽 张蒙蒙 张楠
张熙 张妍 张英云 张昭临 赵迪
赵娟 郑佳悦 周丽琼 朱雅琦 邹珺
邓德鹏

木材料学与工程

阿里木·艾尔肯 蔡雯雯 车颜喆 陈文静
陈小云 陈怡菁 崔兵亮 崔为 邓璐
邓旭升 丁延河 樊任夫 高雪景 郝文骁
何川 胡丽华 简洁 金鸽 景士强
雷健 李莹 李哲 刘佳 刘如
刘伟新 罗冠群 尼加提.阿布来提 聂东来
宁悦 彭韬 饶菁 任红玲 石燕芳
孙锋 索丹丹 谭磊 王达 王海元
王健 王晶 王茹 王晓旭 王妍
王宇超 魏雪婷 伍波 熊丽 徐颖
许丹 杨世民 杨婷婷 尧青华 姚思旭
姚婷 余跃 俞福志 张浩 张恒
张树丽 张鑫 张行 张永禄 张阅
张越 赵文轩 周欣宇 朱明昊

木材料科学与工程(家具设计与制造方向)

姜升哲 李娜 张恭 伍伟 蔡维健
陈放 陈丽琼 陈龙 陈巧玲 陈世华
崔丹 单芙蓉 冯栋 高超 郭春雪
侯春娅 胡波 黄志义 蒋斌 蒋金梅
康印 雷昌明 雷莉虹 李安舟 李辰
李帆 李万章 李文峰 李岩 李媛
林莎 刘厚群 鲁诗怡 栾超 罗乐
彭毅卿 普海丽 邵勤 苏格格 孙申
孙天颖 田科 仝炅 王霁媛 王俊晔
王宵 王欣 王煦 王莹 熊蔓蔓
杨然然 殷传付 张磊 张露 张琦
张骁 张旭

农林经济管理

白志艺 蔡彪 陈可 陈思琪 陈晓佳
崔嘉文 崔逸秋 丁晶 董加强 范银培
方苑 高华政 郭冬梅 郭向荣 韩锋
韩佳妮 何晨熠 侯一蕾 胡琳 霍玥
姜冰润 蒋磊 颉喆 金洁莹 金樑
蓝帅 黎钊亨 李海权 李红 李宁
李新星 李烨 刘奥偲 刘婧宇 罗青
聂文娟 赛斐 孙伟伟 孙营营 谭震
王长波 王捷 王茜

野生动物与自然保护区管理

王爽 王庭秦 王晓轩 王志辉 卫秋明
闻雅 谢丹 严圣平 杨洁 袁骁

张静宜 张 萌 张艳丽 张雨帆 赵 越
周慧萍 迪力努尔
人力资源管理
蔡旷雅 曹 路 岑子博 陈晓宇 冯 凯
冯晓霞 高 明 高铭尉 关成卿 关默默
关正磊 何宇轩 何月瑶 胡丹丹 解亚楠
金慧玲 李晗薇 李秋丹 梁 和 廖梦珩
林庆仪 刘 倩 刘晓琳 刘 阳 刘 奕
刘子豪 吕文玉 马 璐 年 超 牛 毅
彭 伟 屈芳芳 沈 杨 石 永 斯 琪
孙 倩 孙 僖 孙雪姣 王 超 王春生
王 欢 王佳乐 王 萌 王 娜 杨 爽
于 楠 袁玲玉 翟国超 张建新 张晶晶
张 新 张媛媛 张 哲 赵 佳 郑 亮
日 语
陈泓羽 高 云 和娟娟 李 越 卢韩影
鲁玉明 罗 军 牟 鑫 孙澜月 孙斯文
孙晓萌 唐琦雯 王利慧 王月婵 魏 松
乌日嘎 吴佳颖 邢笑雨 徐 辰 严雪燕
杨晶文 张夏薇 张雪君 赵 莎 祝林笛
森林资源保护与游憩
柏 龙 迪依娜·马俄尔阿吉 段永乐
高 原 韩 通 何壮壮 华 颐 黄启超
李 婧 李 亮 李 睿 刘 宁 刘 宁
吕可新 彭迎浩 史红萃 孙鹏举 孙 勇
吴海龙 吴金霞 谢 钿 徐国茂 杨 虎
余 洋 张赫怡 张竞颐 张 玲 张 学
张燕如 赵新龙
生物技术
安基永 白 洋 陈清清 陈银辉 崔 月
段 卉 方 媛 郭 霖 韩登媛 韩清清
韩 雪 胡惠雯 胡 涛 胡 月 李 聪
林 东 林星谷 刘浡洋 刘洁媛 刘小丹
卢 圆 吕亚非 毛金萍 钮 俊 庞 涛
孙博韬 索玉静 谭汪雁 王博文 王 爽
王 旭 王夷健 尉伟明 魏 妥 吴 迪
吴之湖 谢培峰 徐子健 许 诺 杨 帆
姚 阳 叶建青 于继平 于琳波 张 博
张辉平 张 尹 张宇微 章文乐 赵 静
朱 琳 卞晓星 陈 龙 陈 欣 陈新宇
程志斌 方一超 高 倩 宫 璐 郭芳睿
韩 潇 李苏楠 李潇瑾 李晓楠 李晓燕
李 雅 刘 浏 刘士畅 刘 行 潘 琛
宋许刚 唐 璐 田佳星 王 杰 王 硕
王斯琪 王晓明 王英旗 温 南 杨京芸
杨凯璇 应泽华 张 兰 张 鹏 张 麒
章崇崇 赵乾斌 郑超怡 祝杲阳
食品科学与工程
阿依努·叶尔肯 艾晚枫 安仲力 蔡宁晨
曹 亢 陈靓萍 陈玲玲 陈 萌 陈 曦
杜 凯 方 莉 房 明 付 颖 富 荆
高 菲 高 萌 格桑赤列 顾文婷 郭 旭
郭彦娇 何妙君 洪 惠 姜瑜倩 蒋 欢
蒋 敏 孔维嘉 赖 莹 李宏颖 李 睿
李胜杰 李 妍 梁莹莹 林 西 刘黛骄
刘慧慧 刘 薇 刘晓明 刘彦岷 刘竹青
刘子健 柳志宇 卢 杰 罗丹萍 罗 琦
罗青青 罗鑫娅 洛桑曲吉 马金玥 门瑞晨
钱雪洁 秦宇帆 芮璐璐 沈 嫚 孙 姣
孙 俏 孙宜君 唐 帅 陶晓赟 王 菲
王 婧 王 琦 王 蔚 王艳菊 吴 丹
夏 楠 徐成维 徐冬旸 徐 丽 闫 妍
杨 巍 杨 洋 于淼淼 张 粲 张涵帅
张 航 张锦萍 张 芊 张玮玮 张笑言
张 扬 赵 婵 赵 君 郑鄢燕 周 慧
周永双 朱 璨 朱利慧 苑寿宇
市场营销(电子商务方向)
艾 毅 陈 莹 陈颖非 程 林 房明瑞
郭 路 何九龙 华 淳 黄 波 黄湘媛
黄 影 蒋初元 李浩铂 李 静 李居益
林 飞 刘亚飞 刘宇星 吕 昕 马彩霞
宋 涛 苏春杰 苏芳琼 苏 瑶 孙 旭
陶 陶 田 海 田 佳 汪 克 王 婷
王彦薇 王荫彤 温新晓 武继云 谢开洁
徐琪君 徐诗娟 徐 添 杨文燕 杨 悦
叶 芳 于 森 于宛抒 张 辰 张敏娟
张 悦 章依莉 郑凤姝 周 林 朱 姣
朱铭敏 付晓超 杨晓艳
数学与应用数学
王 轶 曹 巍 曹 宇 陈 星 陈胤友
崔 鑫 崔智博 戴家运 杜君芳 范 博
范 容 高 辰 胡玉婷 黄德建 贾翔宇
金夏菲 鞠 琳 李 程 李海宾 李 江
李 琪 李瑞红 李用辉 刘栋梁 刘柳青
刘美麟 刘寅亮 吕文杰 罗 森 马 燕
王建勋 王 弦 王 樱 王 崭 卫宜博

魏　巍　魏　卫　吴林鸿　吴　月　武　月
辛　航　熊锦鹏　徐　彦　杨馨媛　于方初
于泓淼　于仕兴　余长兵　俞　阳　张美丽
张　梦　张庆坤　张新雨　赵　佳

水土保持与荒漠化防治

安　云　白晓敏　鲍　彪　陈宏晟　陈　杰
陈　茜　陈文静　成　浩　次旦央吉　崔　亮
旦增格桑　法科宇　冯　磊　郭　维　郭志起
哈力穆拉提·尼亚孜　贺　宇　侯越明
胡海波　胡　熙　黄　琴　黄中品　康　苗
康　敏　兰　勇　李芳华　李广娣　李会杰
李艳平　李志洪　梁　超　梁　媛　刘金艳
刘　玲　刘璞祖　刘　青　刘　晓　刘　勇
鲁　肃　吕琨珑　马　华　马玉英　闵稀碧
莫康乐　潘文杰　彭贤锋　钱斌天　乔小山
邱一丹　沙　京　邵博茹　邵运哲　苏　莹
王彬俨　王　成　王丽莉　王露露　王　奇
王　珊　王　越　王　云　魏人望　魏婷婷
吴　凤　吴海涛　吴晓博　吴宗泽　徐丽娇
杨芝歌　岳　林　张兵伟　张国兰　张　虹
张静心　张君玉　张琳琳　张　璐　张　倩
张　倩　张帅北　张　涛　张　艳　张云凤
周　建　朱海玲　徐华清

统计学(市场调查与分析方向)

艾倩倩　程良余　邓鸿鹄　韩会娟　韩敏生
兰　婧　李　琛　李　进　刘　佳　刘　盼
马　莹　彭柏超　彭斯惠　宋雪玉　唐晓欢
王晓峰　王　翟　魏　进　吴　桐　武　虹
许单云　杨　阳　殷俊杰　袁　明　张晋娟
张世先　陈泳宏　董梦琳　付文诗　高嘉敏
郭　峰　韩宇哲　胡　威　黄泽昊　刘晟璇
陆　洋　马晓晨　齐东蕊　乔　娜　沈　坚
田　侃　汪　霞　王　辉　王祺尧　王　彦
吴逢源　夏　赟　徐　叶　杨雯珺　杨　鑫
张　千　赵青山　赵宇曦　郑　茜

土木工程

邓国志　安　中　陈　君　陈　赟　邓立鹏
丁　宁　东广铖　范腾喜　高泽朋　管秀源
韩雨洁　郝鲜玲　何　灿　胡一峰　蓝昭明
李长梦　李　浩　李　晶　李　珺　梁洪虎
梁明乾　林绪旺　刘　建　刘树涛　刘永建
刘子田　楼凌波　吕文官　马晗骥　潘　倩
彭　益　普光国　任　地　佘思敏　孙　洲
田　野　王宝寅　王　波　王洪峰　吴长德
徐健超　徐文考　许龙祥　杨金彪　贠明明
袁希雨　张　浩　张　珊　张　胜　张小芳
张雪梅　赵禹斌　周昕阳　朱泳健

心理学

陈苏燕　陈献科　陈　延　程宏毅　程　杰
冯耀琪　高金金　葛莉莉　关　音　郭　远
侯发明　胡　毅　胡中颖　扈秀峰　黄碧雄
黄巧燕　纪　林　贾向前　姜　腊　姜雪菲
李汝康　李　悦　林乐民　林紫望　刘栋梁
刘晶晶　刘柯珂　刘群新　刘同舟　刘　旸
刘钰鑫　龙　勇　骆　健　马　帅　马银松
马雨茜　倪天琪　聂伟宗　潘　朔　彭利东
蒲文超　邱可荣　邵大涛　沈建祥　宋海涛
孙雯瑶　覃　逗　唐思梦　王程明　王东辉
王桂华　王国贤　王　娟　王劭鹏　王天宇
王　伟　王文思　王　钰　吴诗龙　辛　龙
辛南平　徐娅琪　许　阳　杨麒麟　杨　奕
姚柘初　尹雨辰　于凤花　于维巍　于文静
苑　蕾　张　芊　张圣强　张晓波　张肖萌
张也弛　张永超　张月静　赵应武　郑海明
周　晨　朱　琳　朱雪玮　冯佩佩

信息管理与信息系统

魏　昕　白　莹　单春雪　邓秋林　邓晓妹
冯　帆　付浦君　高　琦　高　真　龚博文
韩　灏　何金全　华鹏跃　黄　扬　解　冰
金荣升　冷　静　李佰利　李妙妙　李明清
李明伟　梁尚捷　卢云峰　马　帅　莫　可
裴艳云　彭奕然　帅　立　孙金鹏　汤晓玲
王超群　王　会　王莅横　王　岭　王盼盼
韦　超　温晓薇　武庭文　邢　鑫　许　雪
薛　岩　杨本松雪　杨　静　杨　林　尹学婧
袁　苑　岳雅楠　张冠群　张莱茵　张　鹏
赵海玉　郑　煜　周　蕊　左婷辉　王　爽
范雅倩　冯多多　韩　鹏　李娜娜　李劭婷
李晓笑　刘　军　刘美琦　刘云珠　马　静
马　坤　舒雨晨　王瑗珲　吴　炎　夏延载
熊国鹏　徐佳玉　闫凯迪　杨　涛　杨　寅
叶元兴　俞凯恺　张国斌　张　岚　张小莹
张雅棉

艺术设计

邓力夫　李永亮　白云菲　边　延　曹玉钧
陈国强　陈　静　陈珑音　陈婷婷　陈　洋

陈禹真 程雅超 付晓洁 贺俊珲 侯召洋
黄　婧 姜　蔓 赖华洁 李　昂 李　浩
李　明 李　楠 李晟抒 李　帅 李伟浛
蔺童文 刘宝隆 刘　钒 刘佳佳 刘　敏
刘天羽 刘　颖 牛真真 齐北辰 任秋颖
盛瑞燕 孙　振 檀子惠 滕　鑫 田旺福
王甲林 肖　冰 徐良佺 薛　梦 颜　力
杨　岚 杨蓉蓉 杨晓伟 姚　斌 殷　翔
虞　芳 袁　臻 张　博 张俊博 张　旭
张伊迪 赵　怡 赵逸汀 郑方圆 周颖莉
朱娜娜 邹　放 常晓辉

艺术设计(动画设计方向)

陈思宇 崔美杰 戴文超 宫　赫 皇甫飞飞
黄　珑 黄　楠 黄宇杰 纪海冉 姜泓吟
林　楠 刘　青 刘珊珊 鲁粉利 马赫男
秦国平 石志城 王立国 王　炜 王　烨
王　烨 相　莹 谢浩一 徐　健 许少波
张鸿韬 张议文 张志伟 朱玉东 陈　军

艺术设计(装潢艺术设计方向)

程　功 崔富荣 董舒然 冯　帆 高　英
韩晓君 何　晶 李佳亿 李俊杰 梁思懿
吕　力 马　馨 牛元元 任　航 尚丽娜
石　慧 王焕琴 王　琳 王　璐 王婷婷
王文浩 谢振宇 薛　鑫 杨　林 姚　宇
张美玲 张　伟 赵　娜 周春华 周立元

英语

陈　超 陈　玲 陈绪冬 程　英 崔　冉
方　莉 甘伶洁 高　君 高　杨 郭　雪
韩依曼 侯雅楠 胡琴琴 胡婷婷 胡亦明
胡云鹤 黄　波 黄于洇 江　梦 金珊珊
靳淋淋 兰　坤 兰奇瑜 黎　萌 李婧文
李　珺 李梦婷 李瑞丽 李晓阳 李啸吟
李　旭 郦鸣慧 刘丽娟 刘侣岑 刘　美
刘盼盼 刘　晴 刘　双 刘颖颖 龙　果
卢云章 陆　静 陆平凡 吕尚琳 马蓬瑶
孟蒙蒙 苗　坡 潘　璐 彭　萌 乔敬博
乔　羽 秦晓林 邱　静 邱　南 邱弋纹
任亚楠 任月芳 师晓川 施新园 苏　静
孙　杰 孙　婕 谭媛媛 陶梦轲 田　蕊
田　天 屠雅贤 王常珏 王　冲 王方殊
王　露 王姝棋 王　旭 王　旭 西庆华
肖佳岚 徐　倩 许景城 杨　兰 杨　晟
杨　洋 于雅端 张　蓓 张丹丹 张东进
张　丰 张　晶 张尼开 张　彤 张文凭
张　洋 张　毅 章　颖 赵　欣 赵　岩
周　敏 朱群飞 诸　彤 左龙艳 罗　芳

园林

樊合杰 扈萌萌 唐思凌 吴　頔 边　聪
蔡　京 蔡玘恩 蔡政昕 曹星渠 曹　悦
岑绮雯 车笑晨 陈　琛 陈松雨 陈又畅
陈玉熙 程洁心 戴　红 戴思炜 党明远
邓　锐 董一韡 樊　可 范　锦 范桑桑
范思思 冯路路 冯　璐 冯婉玲 高　飞
高　源 葛雪梅 关　悦 郭丰楚 郭燕妮
韩　慧 郝　玉 何荣晓 洪　岚 胡　春
胡慧美 胡晞曦 胡　颖 滑　霖 黄　超
黄冠荣 黄静文 黄　舢 黄文祥 黄英达
黄志刚 姬峥崎 贾慧霞 姜　远 矫明阳
金吉利 康　宜 雷诺成 李晨雪 李成江
李　多 李　婧 李林媛 李琳璐 李梦月
李佩芳 李　琦 李　青 李世熙 李思思
李雪梅 李　阳 李伊畅 李　源 李　媛
李　贞 李宗芸 梁怀月 刘利泓 刘　芊
刘锐桢 刘彤彤 刘　昕 柳小路 鲁文雯
吕　程 吕　悠 罗　丹 满　新 孟令琪
孟令旗 孟　晓 倪玉林 宁　崴 牛丽明
牛苗苗 欧阳俊 蒲虹宇 岂　凯 乔　良
乔　悦 秦　仲 任君为 莎　瑛 石　佳
石　健 舒琤琤 舒　童 宋宛霏 宋月鹏
孙晨阳 孙少华 孙　帅 孙　哲 谈成成
唐　瑶 陶　琳 滕依辰 汪　妍 王　斌
王　岑 王　丹 王芳芳 王建军 王　娜
王　淇 王　锐 王晓洁 王昕彦 王　雪
王雅楠 王　悦 王钊奇 王　梓 韦仪婷
卫雪峣 吴　纯 吴　菲 吴　珏 吴　君
吴丽媛 吴翔宇 吴玉晴 武晓松 武娅巍
肖　凡 肖夏君 肖雪霁 肖吟洲 肖玉阳
谢　佳 徐娇妮 许　超 许　萌 薛　娇
闫梦捷 杨　帆 杨　谨 杨　蕾 叶保润
殷学文 袁雨楠 袁　月 曾　菲 张达美
张　峰 张宏巍 张婧远 张　君 张旻昱
张晟慧 张　韬 张腾腾 张汀汀 张　玮
张　翔 张晓亚 张　欣 张研奇 张云帆
章林雪 赵碧清 赵思达 赵欣颖 赵媛媛
周　详 朱丹红 朱宜嘉 朱毓芬 邹玉峰
党婧文

园艺(观赏园艺方向)
艾春晓　曹晓跃　陈晶鑫　陈　轶　陈　卓
戴呈玲　范　泛　范　京　付　磊　郭竞达
贾艳超　雷　彤　李晶然　李明洋　李五妍
梁冬梅　毛敏汇　庞慧敏　皮欢丽　祁　悦
石海燕　时　松　史　南　汤淳涓　唐　婉
王　超　王洪波　王丽平　王　爽　王小叶
王　鑫　王学妍　王　亚　王宇星　王蕴红
魏　迟　吴　晗　吴磊磊　杨冰洁　姚加佳
叶兴蓉　余蓉培　袁旭冉　袁　园　曾璐琳
张　潮　张姜璇子　张　敏　张英杰　周　萌
朱玉莹　卓　维
资源环境与城乡规划管理
鲍樟青　曹广月　常　存　达　次　戴礼飞
丁娅萍　黄　明　姜　琳　蓝　天　雷　涛
刘洪萌　刘　丽　刘玉俊　卢　路　陆晓宇
马　英　买买提·阿不都热合曼　穆　婧
庞吉林　彭　梨　彭丽瑶　索朗德吉　王　娜
王　源　张　艺　周　玥
自动化
李明建　白　涛　宾嗣军　蔡宁宁　曹媛媛
陈常菁　陈　戈　陈光胜　陈震宇　杜　威
端木瑞文　盖　伦　高　盼　郭　瑶　郝志斌
黄虹光　黄　妍　霍绮珊　冀　芸　蒋丽媛
金　帆　荆　京　敬　业　寇传阳　兰晓辉
冷　萃　李虎元　李　辉　李　俊　李　力
李小文　李　哲　历　晨　梁一冰　林文婷
林　言　凌　烨　刘丹娟　刘桂林　刘金东
刘利民　刘圣波　刘卫平　刘亚男　刘泽民
卢　斌　罗小莉　马　明　毛　堃　倪　露
区　钰　任诚理　任丽娜　任婷婷　任云青
沈嘉伟　宋禧寿　唐　稳　庹　维　王　波
王　浩　王　洪　王洁琳　王　亮　王茜雯
王怡萱　王勇志　王　悦　文　洋　吴　钊
肖华飞　谢歆城　徐　梁　徐　星　徐梓悦
焉　迪　杨　帆　杨广群　杨　磊　杨晓微
杨兴阳　杨　颖　杨　臻　尹中兴　于宏美
于　晶　于　征　余灯红　俞舟燕　袁　奇
袁　文　岳　阳　岳子丰　张　超　张京宁
张　磊　张　凌　张　龙　张　楠　张晓磊
张　旭　张玉君　赵东文　赵婧芳　赵　鹏
钟发琴　朱　博　朱　莎　邹大玮　邱星火
刘倩如

学位授予名单

学历教育博士学位授予名单(198 人)

林学院(合计 57 人)

草业科学(农学 6 人)

冯长松　杜永吉　付静尘　程晓霞　艾　琳
韩德梁

林业装备工程(工学 3 人)

袁进军　罗　岱　王晓松

森林保护学(农学 6 人)

贺　萍　陈梅香　曹川健　李晓娟　万　涛
袁　菲

森林经理学(农学 6 人)

韩秋波　王　威　滑永春　乌吉斯古楞
赵俊卉　罗仙仙

森林培育(农学 23 人)

王迪生　闫金亮　刘春延　李成茂　李永杰
章志都　原牡丹　李玲莉　赵　燕　谭晓红
徐庆华　陈秋夏　马洪双　张和臣　富丰珍
吕瑞恒　段　劼　李广德　孙尚伟　袁　婵
李　飞　李　元　高刘巍

生态学(理学 13 人)

于合军　金文斌　刘济明　米金套　王传华
王梦君　张玉波　赵亚洲　贾玉珍　林　霞
王晓丽　成军锋　李　凯

园林学院(合计 32 人)

城市规划与设计(工学 14 人)

赵　迪　赵彩君　白　丹　李　莎　熊　瑶
张　媛　冯宜冰　卢　圣　宋　凤　仇银豪
于晓森　张　帆　蒋　莹　李冠衡

园林植物与观赏园艺(农学 18 人)

张　毓　李庆卫　李秉玲　贾培义　曹华雯
胡　可　韩科厅　潘才博　赵印泉　贾　茵
陆　苗　牛立军　袁军辉　郝培尧　胡伟娟
蔡　明　孙　卫　王子凡

水土保持学院(合计 33 人)

复合农林学(农学 6 人)

高　函　张燕　方广玲　朴起亨　刘中奇
薛智德

工程绿化(农学 3 人)

田　佳　杨　越　李江锋

生态环境工程(农学 6 人)

姚清亮　王　勇　陈鹏飞　王　宇　玉　宝
吴赛男

水土保持与荒漠化防治(农学 16 人)

郭建英　田　阳　吴敬东　储小院　王翔宇
张进献　刘世增　樊　华　焦之一　张　璐
徐征和　朱建刚　李丙文　刘淑燕　王雄宾
李　灵

土壤学(农学 2 人)

张　颖　赵雪梅

经济管理学院(合计 22 人)

林业经济管理(管理学 18 人)

奉钦亮　李　昊　张　岩　王彦鑫　李　怡
项贤春　王富炜　徐　龙　黄月艳　郭燚涛
陈贵松　周　峻　金　波　苏宗海　张　兰
刘小强　张广裕　石春娜

农业经济管理(管理学 4 人)

李宝玉　高立鹏　关海玲　郭　海

工学院(合计 9 人)

机械设计及理论(工学 3 人)

张　健　褚双磊　李　宁

森林工程(工学 6 人)

张军国　张　巍　陈净莲　裴志永　沈嵘枫
张　健

材料科学与技术学院(合计8人)
林产化学加工工程(工学 1人)
赵 强
木材科学与技术(工学7人)
张英杰 吴 珊 罗冬华 于丽丽 闫 丽
高 伟 张德荣

生物科学与技术学院(合计33人)
林木遗传育种(农学11人)
王泽亮 姚立新 贾香楠 张国君 孟丙南
沈俊岭 卫尊征 郑会全 赵曦阳 路 超
李 悦
生物化学与分子生物学(理学5人)
王冬冬 白凤翎 李 莹 陈伟奇 朱莉飞
野生动植物保护与利用(农学4人)
鲁 军 呼晓姝 何东阳 王若涵
植物学(理学13人)
胡永建 程 莉 马秀英 胡 彦 杜景川
刘志雄 宋 涵 吕小蒙 张红梅 侯佩臣
梁新华 时 朝 金 莹

信息学院(合计1人)
森林经理学(农学1人)
武高洁

自然保护区学院(合计3人)
自然保护区学(农学3人)
赵 军 郑姚闽 王 蕾

(唐 瑜 张志强)

同等学力人员博士学位授予名单(7人)

管理学博士2人,农学博士4人,理学博士1人。

林学院(合计2人)
森林经理学(农学)
唐运海
森林培育(农学)
张启昌

园林学院(合计1人)
园林植物与观赏园艺(农学)
张延龙

经济管理学院(合计2人)
林业经济管理(管理学)
谭 林 张卫民

生物科学与技术学院(合计2人)
林木遗传育种(农学)
李 悦
植物学(理学)
客绍英

(唐 瑜 张志强)

学历教育硕士学位授予名单(729人)

林学院(合计107人)
草业科学(农学17人)
许正刚 陈 巍 李孔晨 张金鹏 庄千燕
王 玮 宋雪枫 周良彬 苗 阳 柯丽丽
李 岩 刘芳君 程思楠 王冠明 邹桂梅
赵 汝 李春荣
地图学与地理信息系统(理学20人)
钟剑飞 赵丽琼 张 培 甘 丽 王 磊
聂敏莉 王 然 赵学明 李雪瑞 张 田
董晓非 赵 旭 裴小节 周微茹 张 茜
倪东英 宋金秀 杜林芳 王丽娟 郑 鑫
森林保护学(农学12人)
鲍绍文 侯天文 王志政 韦雪青 郭 鑫
孙 琪 王珊珊 刘 芳 倪 杨 水生英
戴秋莎 章 彦
森林经理学(农学9人)
胡云云 申 磊 刘小丽 娄雪婷 王茹雯
王忠春 闵志强 肖永波 巨文珍

森林培育(农学 30 人)
温 祺 丁昌俊 刘 健 侯竞薇 高国珠
吴雅婧 侯志强 公宁宁 郝 跃 周 晶
张海成 卜玉强 李翠翠 梁大伟 张爱花
王利军 江俐妮 金桂香 金虎范 杨 娜
方晓娟 胡 磊 张俊风 王艳英 贾 芳
马 跃 尚富华 王 娟 毛海颖 陈乔婧

生态学(理学 19 人)
徐咪咪 王 蕾 彭 程 季慧颖 李丽琴
张笑菁 毕凌霄 占玉燕 张 桓 吴雍欣
卢欣艳 陈维强 符婵娟 李 蕊 杨 全
付亚宁 谢莹莹 朱小迪 尤海舟

园林学院(合计 129 人)

城市规划与设计(工学 65 人)
马 娱 王 曦 陈 瑶 高碧兰 王 恒
李 悦 李 虹 李 楠 咸宇鹏 石 磊
陆潇潇 黄小金 方 威 胡 婧 赵乃莉
周 鑫 吴 扬 张德娟 吴修远 杨 玲
闫煜涛 任 蓉 苏 怡 杨 杨 杨 肖
李 然 高雅清 褚天骄 汪昕梦 侯 伟
李晓佳 李 璟 张 秀 潘亦佳 牛 萌
贾秉玺 张 钢 杨立彬 王月洋 孔 阳
杨子夜 唐 堃 万乔西 于小鸥 陈科育
李 辰 李 鑫 刘斯萌 黎章程 周建猷
田 锦 张 彦 李振杰 王 乐 梁冠巍
佟 跃 张 茹 王铭子 苑朋森 曹 悦
蒋俊敏 李昱午 王伟岸 周卫玲 谢 佩

旅游管理(管理学 8 人)
成 甲 付 健 贾婷婷 王晓璐 刘 婷
张力圆 李美慧 施德群

园林植物与观赏园艺(农学 56 人)
肖 恩 冯 冰 安 雪 莫官站 陆光沛
郭芃芃 王琳琳 肖佳佳 高 娟 徐 阳
侯艳侠 沈 鹏 李淑英 朱明丽 樊翠霞
杨德艳 周玉欣 高寿利 马文卿 董玲玲
黄冬梅 刘玉英 周昕蕾 姚 瑶 陈 博
李瑞芳 王小玲 仇 莉 潘 瞳 叶露莹
冯玉兰 黄祯强 王 琼 朱云娜 陈 笑
李 卉 喇燕菲 凌春英 曹羲君 张秀娟
董兆磊 张玉静 韵 敏 邢 琳 李婷婷
张 伟 李英男 邱金梅 欧阳英 潘 晓
高淑滢 范丽琨 林毅雁 邹成勇 张德平
李艳青

水土保持学院(合计 87 人)

地图学与地理信息系统(理学 6 人)
武鹏飞 张 波 张 瑞 李惺颖 陈攀攀
马 娜

复合农林学(农学 6 人)
李 扬 马莉娅 耿相国 赵 荟 程文龙
朱 松

工程绿化(农学 11 人)
王 哲 彭海燕 燕 楠 冯 迪 张虎威
张 博 徐 慧 魏述艳 史晓丽 张国芝
刘 琼

结构工程(工学 4 人)
李洪波 叶 虹 张云鹏 汤昌海

农业生物环境与能源工程(工学 7 人)
张莹莹 李 伟 刘祥红 韩冠男 兰 鸣
李 敏 霍 震

生态环境工程(农学 5 人)
战欣欣 王 红 刘 扬 孙一帆 胡云卿

水土保持与荒漠化防治(农学 34 人)
张 莉 陈 静 李温雯 齐 娜 刘 静
刘 丹 邢华超 白芝兵 席彩云 白艳江
申彦科 贾丽娜 兰景涛 陈知送 任 改
曹永翔 马 惠 张佳音 孙少游 胡兴波
杨小梅 周晓新 刘彩风 徐 娟 赵 健
吕 晶 杨秀莲 马雯静 王 鑫 梁启鹏
王 琛 荣文卓 伍飞舟 杨 卓

土壤学(农学 6 人)
于 鑫 张 林 沈文森 李 萍 王 丹
谭炯锐

植物营养学(农学 3 人)
赵 琨 辛 颖 王 晨

自然地理学(理学 5 人)
徐 枫 夏 菁 高 吉 马 浩 陈致富

经济管理学院(合计 79 人)

管理科学与工程(管理学 13 人)
贾 琰 林龙圳 苏贤明 王丽丽 李 超
刘 明 韩晓婷 郭 锋 车卫红 洪文培
毕建伟 万展强 王子敬

国际贸易学(经济学 11 人)
王 敏 栾福林 宋雨玲 高雪峰 兰 天

冯　丹　曾一秀　王佳丽　李安涛　臧　奇
刘　学

会计学(管理学13人)

刘小杏　张富龙　岳　靓　李　伟　曹　静
李　郑　穆璇锢　靳晓羽　王黎冰　武文辉
王晋南　彭　臻　史杨武

金融学(经济学6人)

李心怡　王文斐　付海静　王天明　周　艳
侯庆磊

林业经济管理(管理学14人)

赵蔓卓　周　楠　张琛麟　吴正义　乔　厦
石文华　刘　倩　宾　朋　郭　婷　张文文
范　丽　高　幸　杨　玮　陈叙图

企业管理(管理学3人)

张玉红　刘星烨　王煜辉

统计学(经济学8人)

葛廷婵　姚爱丽　侯　帅　陈　晨　吴　丹
周鹏洋　王　磊　高远斌

行政管理(管理学7人)

王　晗　李　傲　张远帆　韩　珊　苏　毅
史　婧　任　毅

人口、资源与环境经济学(经济学4人)

陈余珍　尹　航　苏　帆　张　卿

工学院(合计28人)

车辆工程(工学6人)

李　锋　王立群　王猛猛　宋天佳　王丽绵
崔永伟

机械电子工程(工学2人)

吴兴福　黄　娜

机械设计及理论(工学4人)

丁　烨　杨　倩　方　墨　蒋中奎

控制理论与控制工程(工学7人)

贾鹏霄　章军富　刘菁菁　王　珊　杨丽丽
啜保昌　吴晓纬

森林工程(工学6人)

代智慧　赵红艳　高　岩　寇文亮　张　霞
赵　鑫

机械制造及其自动化(工学3人)

郭志仁　杜利超　马　峰

材料科学与技术学院(合计58人)

林产化学加工工程(工学13人)

陈晓华　阎继鹏　唐焕威　付文娟　徐吉东
蒲志鹏　王炳一　邹　鑫　陈　诚　张子秋
李　静　易晓辉　刑　勉

木材科学与技术(工学33人)

陈俊宏　许小芳　毛　佳　张学彬　刘鑫钰
李　辉　宋　斐　汪　亮　翟志文　谢丽萍
王晓琴　党　蕊　潘学飚　刘春雨　李燚平
唐镇忠　孙　媛　冯小江　曹燕燕　赵丽媛
郭　蕾　李　芳　孙　鑫　陈凌云　张　立
姜忠华　崔　敏　姚雪莉　何明明　贾东宇
张　颖　伍　波　陈　钧

设计艺术学(文学12人)

王秀明　邢海涛　贺臣家　刘媛欣　赵祯祥
阎　瑾　刘　莹　赵伟轩　王晓芬　杨　陈
雷　霄　彭屹峰

生物科学与技术学院(合计89人)

林木遗传育种(农学17人)

于　来　苏小玲　朱　锐　朱　旗　白姗姗
唐湫钥　陈志强　马圣俊　李庆贱　王静澄
杨红艳　王亚茹　张　磊　马雯彦　周　韬
李雪莲　魏　冰

农产品加工及贮藏工程(工学12人)

张　霞　李冰宁　吴伟杰　苏雅静　李　婧
秦　娇　杨　铮　武萌萌　丁　洁　王运强
潘　娜　王美玲

生物化学与分子生物学(理学20人)

杨硕知　房　凯　李春兰　黄　伟　刘妍婧
吕京晶　胡　蝶　冯春燕　熊梦熙　谭玉朋
侯　路　李　娜　赵继兴　刘　晓　贾慧娟
霍瑾茹　陈　晨　龚　琰　李　林　宋　健

微生物学(理学5人)

李丽萍　张妙直　许梦秋　荆　梦　田蕴慧

野生动植物保护与利用(农学11人)

张　峰　兰　天　陈伯毅　李　犇　罗　芳
张红娟　张涵嘉　任慧朝　张　晶　王安梦
李　阳

植物学(理学24人)

张晓霞　管李萍　徐利利　赵翠格　薛　彬
高　华　王　颖　王　莹　王宁宁　刘书景
戴向辰　万　文　王妍妍　乔红莲　李晓静
杨彩云　王　琳　赵百慧　王金凤　李丽思
寿海洋　孙芳芳　周艳超　贺　娜

信息学院(合计45人)

管理科学与工程(管理学10人)

白坤娟 张红光 郭蔚婷 张绍晨 刘 妍
周俊宇 王明宇 杨伟杰 路 梅 李 翠

计算机应用技术(工学12人)

伍灵杰 李力人 蒋 禧 赵聪辉 魏厚明
王春燕 张佳佳 周林志 贾 婧 刘 兴
蔡 岳 于 鹏

森林经理学(农学6人)

应 波 邬海波 王洪荣 宁 晶 张琪然
汪 璀

设计艺术学(文学9人)

胡逊之 张金瑞 徐 凯 高 杨 曲晓妍
李 畅 熊 庆 丁 宁 陆春雨

计算机软件与理论(工学8人)

陈 航 崔慎智 曹 灿 贾雪峰 孟 洋
林 源 刘剑锋 钱希志

人文社会科学学院(合计52人)

法学理论(文学9人)

高 杨 张 浩 唐丝丝 张 尧 陆金伟
安婧婧 付龚炎 王 多 许 晨

科学技术哲学(哲学16人)

宫雪娇 陈 慧 于 群 田虹怡 刘瑞桓
吴晓曼 蒲昕宇 陈远书 吴 雪 陈麟杭
孔祥梅 李周名 刘婷婷 刘若雯 王彩云
王 维

马克思主义理论与思想政治教育(法学1人)

李 姝

思想政治教育(法学5人)

吴 迪 庄后胜 金玉婷 王 宇 黎智敏

马克思主义基本原理(法学3人)

李 萌 邸鸿飞 付春华

应用心理学(教育学9人)

马 敏 龚月圆 马 燕 史彤玮 王大丽
朱 琼 赵 欢 王 颖 杨 阳

行政管理(管理学9人)

颜添增 刘一弘 孙彦军 姚婧婧 王 玲
粟俊红 刘 宇 张 玲 戴 凡

外语学院(合计24人)

外国语言学及应用语言学(文学18人)

颜贤斌 何 琳 徐静姝 熊艳丽 季江静
张 玮 李 琛 赵晨光 杜洁琼 陈永智
廖晓静 陈凤美 乔泽慧 潘文静 张玲英
赖海威 郑 欢 王 斌

英语语言文学(文学6人)

卞亚南 林 超 杨桂蓉 高 爽 张良博
王瑞峰

理学院(合计6人)

生物物理学(理学6人)

冯晓旺 苏细容 赵慧娜 宣奇丹 伊爱芹
刘伟国

自然保护区学院(合计9人)

自然保护区学(农学9人)

赵 一 楼 丹 吴佳强 贾 丹 石珊珊
郭 宁 克罗帝诺 杨亮亮 杜丽侠

环境科学与工程学院(合计16人)

环境科学(工学16人)

徐昕照 刘 然 彭张兴 黎 亮 陈 莉
申卫国 王绍温 张 旭 王璐璐 邓利群
杨 硕 王宇亮 张文方 刘侃侃 冯丽娟
李 炯

(唐 瑜 张志强)

同等学力硕士学位授予名单(4人)

农学硕士3人，工学硕士1人。

林学院(合计1人)

森林经理学(农学1人)

田金苓

园林学院(合计3人)

城市规划与设计(工学1人)

李丙发

园林植物与观赏园艺(农学2人)

阎淑龙 张 乐

(唐 瑜 张志强)

高校教师硕士学位授予名单(3人)

王 楠 龙 丹 朱宝才 （赛江涛 张志强）

工程硕士专业学位授予名单(19人)

杨 菲 任 重 王玲霞 王向军 靳和平 曹永宁 汪东庆 王宇博 申晓改 刘 洋
张 爽 张皓健 贾树生 张 靖 安亚军 马 维 谭 雪 王伟萍 曹 磊

风景园林硕士专业学位授予名单(36人)

贾 虎 孙云松 薛 瑜 杨 玉 孟庆丽 尹德淑 许 栩 张 鑫 李 洋 米 鑫
田雅雯 刘 敏 申敬民 任朝阳 赵志国 王金茹 王京京 朱海雄 吴棣飞 朱丽博
林上海 孙 静 王维佳 徐 琨 徐晓薇 谢 梦 罗艳丽 陈 晓 程春雨 卢博宇
黄文韬 姜 蕾 李 健 易军红 张 婷 裴 欣

农业推广硕士专业学位授予名单(162人)

周建钟 应宝根 付 贵 陈 鑫 黄永新 徐 博 李开祥 陈叶龙 蒋兴成 黎家春
甘敏思 臧 嵘 侯 君 武爱军 乔树军 邓福春 曹书阁 李 挺 刘有莲 秦旭东
李宝华 刘 洋 杨 巍 朱志群 张 峰 谭丽凤 田祖为 王君铭 甘福丁 梁炳增
孙克南 张彦芳 司瑞雪 程 顺 李 双 玉舒中 谢云珍 杨健基 周华生 吕桂容
王文勋 常伟强 房利民 邵长秋 廖红兵 唐正涛 黄源就 吴道念 雍 强 董文华
潘卫东 朱 锐 程 涛 虞赞莹 白剑波 姜兴盛 唐维超 杨 锦 薛振中 胡学玲
杨仕国 白亚静 李德文 陶 骥 谯万智 高玉玲 李晓娟 王继飞 沈忠美 吕健全
刘广兵 张 军 盛行军 安孝凯 刘 静 汪贤挺 叶 侦 蔡天军 陈 耀 田旭朝
唐庆良 陈丽群 冯 磊 孙丰军 王万云 于士涛 邱贵福 王利东 张家斌 林剑卫
王伟峰 钟 凌 侯凌宇 高绍伟 陈天祥 聂瑞和 宋 荣 杨云博 冉亚丽 戢建华
杨敬峰 王凤瑞 胡海军 白鹤岭 江莉莉 王 俊 李育峰 李晨红 李丽华 张丽敏
柏志梅 陈聚春 李利剑 谢东辉 陈丹丹 谢卫红 王云峰 齐 丹 尚成海 吴玉玲
王 巍 刘东明 关伟宏 周连兄 崔有祯 蒲 莹 刘 峰 白国学 邹 韵 邱丽华
王 伟 穆绍禹 李永斌 林 青 牟 军 衣 晶 朱 云 时 鉴 张 鑫 王建利
唐 云 孙 胜 欧阳吉春 周立军 郭正兴 范挽澜 朱 颖 张智超 童万民 张国飞
孔令水 魏 军 刘祖伦 李长青 付长君 殷文平 刘友晨
陆昱西 许 强 尹兆风 王海民 宋立洲

（赛江涛 张志强）

学士学位授予名单

包装工程

丁方 韩燕 何金儒 胡晓红 李都
李怀谷 李慧 李小龙 李晓琳 李钥
刘颖 龙平 孟赛 邱盈盈 生芳芳
汪志立 王博 王奎 吴剑霄 武诗文
武征宇 夏钦 叶银 张强军 张泽庆
周宇航 朱丹

草坪管理(中美合作办学)

陈强羽 方玲 韩自端 胡梦轩 贾玉
焦淼 金婧 金山 李婧 刘佳譞
刘洋 罗璇 冒显 秦艺方 饶逸才
任师蕙 汪娅茜 吴冰清 项易文 阎加培
杨茜 杨筱 姚洪泽 裔静 张婧之
章辰 赵静 张犁天

草业科学(城市草平方向)

陈丽 陈思佳 范溪溪 勾玉莹 胡萨
贾莹莹 姜蕾 蒋炯敏 解静 李蒙
李双君 李天龙 林静 卢慧 麦尔江古丽
美丽开·库尔班 渠振华 帅佳 孙诚
王银星 肖翔 薛海丽 杨婧姣 尹艳艳
于哲 袁战伟 张迷离 张鹏 张欣欣
周彬 孜来比·买木提名 周奔

城市规划

白洁 鲍艾艾 毕婧 卜丹 蔡列钢
曹楚丹 陈翯 陈俊梅 陈秋实 陈笑凯
崔琳 崔柳 戴小超 邓茜 邓雪超
杜永安 樊宸 范文婷 冯欢 傅微
甘雨欣 高亚楠 戈守华 龚瑶 关裴雨
韩超 韩雪 何斌 何悦 贺旭生
胡珊 胡依然 胡云微 姜斌 姜贤昌
蒋晓艳 李冰 李洁 李敏 李飒
李尚乘 李诗晨 李天俊 李旸 李雨珊
林丽琴 林雯 刘袒 刘萍 刘珊珊
刘潇然 刘艳茹 刘艺青 刘宇洁 刘媛
卢映云 陆星雨 吕思良 罗杨 马昂
马奔 马盟雨 潘琳 潘幸叶 潘彦霖
庞学勤 庞雪琴 任红燕 舒智慧 宋文
孙慧洁 孙培博 汤海宁 陶悦姗 滕红岩
王乘乘 王春晓 王欢 王剑昆 王江
王莉 王梦婧 王清舒 王晴 王全
王熙 王晓雨 王艳芳 王艺烨 吴丹子
吴文雄 吴悦 武旭阳 夏胡蓉 夏雯
辛泊雨 许柳莹 许亚楠 许愿 薛敏
闫晨 杨长营 杨藿 杨开 杨眉
杨少东 杨堂奇 杨筱 翼佳音 尤莉珊
余哲 曾庆宜 张弛 张福桥 张惠芳
张津诚 张瑾 张菁菁 张霖霏 张赛男
张琬 赵飞 赵佳萌 赵坚 赵爽
赵岩 仲昭宸 周伟 朱堃 朱丽
朱蔚云 祝思圆

地理信息系统

陈江凌 窦宝成 郭飞 黄晓磊 纪晓晨
李昂 李勃 李雪艳 柳诗尧 卢杨辰
王文静 吴石磊 夏少莹 姚智 张鹏
张世伟 张杨 赵久佳 赵攀 朱晨
朱家乐 肖锐

电子信息科学与技术

毕慧 陈建虎 方金桢 郭晨曦 郭玮
郭晓霞 贺强 胡伟 胡杏 黄龙强
蒋凤英 蒋子坤 康雅萍 雷少波 黎爽
李恩全 李信 梁良 蔺嘉 刘昂
刘建伟 刘人华 刘婷婷 刘伊莉 刘壮
吕超飞 毛浪 毛新武 齐季 秦翔
石守操 宋玉玲 孙大伟 唐玚 万冬冬
万琳 汪华丽 汪雷 王彬 王亚锦
王媛媛 吴娜娜 徐洪亮 杨东升 俞明利
张恺 张艺 张哲 赵田欣 周莹莹
朱佳龙 朱听听 尹文明

法学

白雪廉 白云 陈俊宇 陈啸晓 陈志华
程凤飞 戴莹 董庆鑫 范可欣 符基明
高斌 谷德军 官梦奚 郭睿卿 韩瑞
韩莹 何静 侯欣迪 胡玲莉 胡相宜
胡歆怡 黄秘 简琨益 亢博 柯梦艺
李安琪 李光宇 李建婷 李明峰 李世雄
李昱臻 刘白梅 刘昌龙 刘国 刘晶
刘丽平 刘霞 刘洋 刘有昌 陆凯元
罗建文 马光显 马小博 潘文博 祁赛赛

唐良箭 陶 愉 田苗苗 汪 潇 王佳玮
王 进 王姿曈 魏警晖 魏知今 吴 娟
吴 琼 吴 锐 吴沈静 吴欣欣 辛 晶
行佳佳 杨 瑞 杨 微 杨钰杰 姚林君
叶泳琪 尹 硕 于朵朵 张诚韦 张清波
张 仪 张玉明 张玉莹 章志祥 赵灿博
赵春蕾 赵文军 郑承怡 周金波 周玲霞
朱照福

工商管理

蔡 琳 陈陆伟 陈耀波 陈宗杰 杜乾雒
傅亮亮 桂习雯 海 斌 和 青 黄莉莉
黄夏妍 黄 鑫 季 远 李少斌 连洁梅
梁丽芳 刘 芳 刘 爽 刘思思 刘禹含
路越平 罗敏贤 马琳莎 玛尔孜亚
买合皮来 毛 慧 毛舒怡 乌 翔
欧阳浩强 庞 好 彭婷婷 赛比尔亚·阿吾提
邵丽颖 孙东岳 孙飞飞 孙小萌 王 丽
王 培 王 琪 王 翔 王 欣 翁小砚
吴巾巾 夏圣夫 冼静贤 谢龙君 谢 琼
徐佳辰 徐天晓 徐燕涛 杨党军 杨芳芳
杨志鹏 张 橙 张 娜 张若超 张 薪
赵建才 赵勇南 郑松林 周 琴 朱润芝
徐 康 潘 磊 汪 健 王 洋 郭 旺
丁丽丽

工商管理(二学位)

高诗童 耿 珺 毛 伟 丁 瑞 彭珏涵
李 军 李鹏程 廖 华 李俊瑾 刘秀文
黄雄珍 王 欢

工商管理(经济信息管理方向)

白 远 蔡波斯 陈凤娇 陈洁琼 陈 婧
陈晓阳 高 萌 葛楚乔 韩燕飞 黄晨雨
黄 琨 黄山杉 黄秀花 巨 杨 李登云
李海芬 李久盛 李 力 李 伟 梁 萍
刘佩龙 刘 爽 刘雪莹 刘 瑜 鲁建爵
陆英姿 吕含晶 吕红玉 罗 丹 南婷婷
任文超 孙志磊 汤嫔嫔 唐 巍 王晶明
王 倩 王思文 王思学 王 溪 王晓腾
王昕宇 王 旭 王雅丽 王卓群 吴肖夏
吴啸文 武 鹏 肖红叶 许凯琳 许 愿
闫 硕 杨 冬 余金娱 张 珊 赵 倩
郑恭福 周奕佳 马伯毅 王 旸

工商管理(物业管理方向)

李学强 白延静 曹 然 曹英波 陈 浩
陈心仪 陈莹莹 陈雨欣 陈祖光 丛 颖
范 悦 冯彩丽 高梦楠 高 琪 高亚新
葛 晨 郭建峰 韩春华 郝佼辰 何俊杰
侯 艺 胡结珊 黄秋萍 黄西萍 黄醒玉
贾 冰 贾 丽 贾玉松 焦文晶 靳达飞
靳芙佳 李安飞 李春锋 李洁薇 李 俊
李 珞 李玫丽 李 伟 李 武 李永恒
李钰瑾 李 卓 廖应维 林笑华 刘华星
刘 佳 刘静婷 刘骏康 刘晓青 刘晓莹
刘 洋 刘 洋 刘 跃 卢 璐 罗 宏
马碧云 马 红 马晓思 孟令晖 孟 媛
彭嘉静 朴美兰 戚 伟 钱 纯 钱明洋
秦方宁 石浩然 石 蕾 苏 妍 孙时雯
唐杰伟龙 万家兴 王春兰 王琳娜 王妙丽
王晓敏 王奕雪 王 庄 吴 菲 吴子华
肖 飞 徐 佳 徐怡珺 许晓通 闫 艳
杨 漫 杨跃婷 杨镇源 杨志红 杨祖瑜
叶剑东 叶文思 于春洋 曾 红 曾 月
张 婵 张乘萱 张金光 张金哲 张 琪
张 情 张 婷 张晓立 张 笑 张智晴
赵雪梅 郑红玉 周 彭 周 英 朱 婧
朱 领 朱秦瑶 阳小虎

工业设计

安 然 鲍苗苗 陈 俊 崔小波 邓 晨
董益洲 杜 鹃 冯 阳 郭 慧 郭青青
韩 芳 侯 婕 惠 忻 姜 茜 郎瑞雪
李宝颖 李久洲 李名远 李 维 李 伟
李 卓 林 楠 林庆锻 刘方舟 刘金鑫
刘梦雪 刘萨阳 刘一丹 卢立斌 陆 晶
皮诗晗 任苏玉 宋博然 孙 博 孙 超
汪 维 王秋辰 吴 丹 武 兴 邢亚妮
徐 强 许蕾蕾 尹誉燃 曾 斌 张 晶
张 路 张 鹏 张雅慧 张雅靖 张玉华
赵辰羽 赵 建 赵宁宁 赵小军 赵晓倩
郑 爽 祝 珊 甄 龙

国际经济与贸易

安 栋 毕 然 陈伟诗 陈燕芳 崔春涛
方极昂 方思明 付 静 高明明 关 萍
郭 菲 韩 媛 郝少华 何 敏 黄 璜
江小娇 姜 鞭 姜 薇 蒋婷婷 勘雅君
孔 聪 李 昂 李 华 李 倩 李尚治
林海星 马迎春 宁 静 祁妮妮 齐照丽
桑 喆 唐 帅 陶 青 王 聪 王 岗

王静华 王娟 王俊 王胜男 王芯瑞
王雪飞 王雅文 沃沙 相梓 向文琼
姚婷婷 叶文彬 俞菲 张鹏 张甜
张婷 张寻微 赵鸿杰 周洁 周一洁
朱钰 李雯 许可维

环境科学

蔡美全 陈苗 陈明洪 陈晓雪 陈旭露
程烨 董闪 方芳 龚向敏 郝媛
胡然然 黄小帆 贾真 李华楠 李网悦
李晓祎 李莹 李宗楠 林森 刘旭
刘越 马博强 马晓楠 毛云峰 穆永杰
潘璐 任欣 史晶晶 孙竹 唐海萍
田帅 田园 王军 吴立德 夏元超
熊中浩 徐磊 徐荣 徐亚慧 闫妍
杨梦龙 余淑蓉 俞峰 袁冬琴 张多
张琳婧 张涛 张维君 张炜铃 周卫亮
周小洁

会计学

蔡俊格 陈冰冰 陈晨 陈鋆 褚子涵
邓升泉 高燕飞 胡光昭 黄洁 江达理
姜威 蒋竞 李涵 李赞 李卓
林雅敏 刘航航 刘建双 刘婧 刘昆
刘娜 刘瑶 刘远 吕婷 罗丽宏
马平川 孟南 穆天昊 齐热 盛畅
谭胜男 唐巾晶

会计学(国际会计方向)

王安琪 王冰 王地利 王妍 王玉慧
王正翠 魏珊珊 吴含 谢菲 辛春青
辛雷强 徐玉红 玄娜 杨东钰 杨倩
于国庆 张晋 张明扬 张雅棋 赵幸幸
郑婷 于通 安琪 安琪 陈风雅
陈莎 杜唯 付蕾 胡斌 计曼
姜军 姜婉钰 金美花 瞿懿雯 李芸茜
林宝棠 林茜 林森 林怡 刘姗
刘小溪 鲁广慧 马思如 倪洪飞 齐悦
邱竞帆 施展 宋雨河 孙维 孙筱
汤皓茗 唐林龙 佟雪娜 汪亮 汪萍
王铎 王晓蒙 吴波 吴昊 谢楠
辛旎迪 徐宝丽 徐联仲 徐梦露 杨明
姚晨东 叶青 尹迎龙 郁书林 岳立洁
张家宁 张潇元 张晓曦 周沫 朱玥
邹晶 姜琳琳

机械设计制造及其自动化

白国铮 曹北平 曹振敏 常海文 陈平
陈显军 陈永恩 陈钰平 程丽娇 杜珂
范启忠 付阳 勾通 顾佳兴 郝新华
胡超 姜晨龙 姜伟 晋霞 孔德勇
雷帅 黎彬 黎先标 李建军 李进
李龙 李伟雄 李作成 梁德生 林世杰
刘光杰 刘广 刘海关 刘明建 刘祥熙
陆佳妮 陆宁锋 罗西 蒙祖标 庞占中
石明川 时妙文 宋秋明 宋永刚 宋玉晨
孙丽英 孙旖旎 庹仓斌 王东升 王飞
王建利 王玉 魏广威 温宇鑫 吴健
萧湛 肖志远 谢飞 谢声强 辛磊
徐龙威 杨超 杨猛 于洋 于征洋
于中原 俞益初 苑小巍 曾燕 张东杰
张静超 张棋 张婷玉 张旭楠 张一喆
张喆 赵亚东 赵亚军 周春 周虎生
周林榛 周满平 朱政帆 邹骁腾

计算机科学与技术

曹立达 岑敏强 长孙菲 陈波 陈冠南
陈宏 陈杰清 陈巍 陈晓旭 陈正哲
丛德龙 崔民浩 单粱 单秀芳 邓新龙
丁石平 丁志宇 段孟抄 段秀萍 范立媛
范希龙 方骅 冯子陵 高广茂 郭辰
郭艳伶 郝妮红 郝芃 红霞 金童
李东东 李红顺 李嘉 李健斌 李文彪
李晓晶 李星 李雪松 李彦 李燕霞
李越 梁亮 梁娜 梁旭鹏 刘梦寒
刘晓锋 刘亚旋 刘衍 刘振奇 卢林双
吕冉 马海超 马世贵 马英超 聂波
潘存疆 彭博 朴锦春 齐昊 齐睿
秦永生 冉景波 荣元媛 佘佐彬 石金钟
宋京波 宋勇 孙连超 汤小河 汪伟锋
王博 王定志 王欧妮 王琬淳 王旭胜
王永刚 王玉男 王哲 吴凡 吴文美
吴笑鑫 谢门周 谢沐辉 谢晓波 徐家伟
徐珉 徐嵩 薛沣 闫恺 杨超
杨照天 仰孝富 姚辉 于乃疆 张珺
张凌宇 张天驰 张希武 张秀菊 张旭
张莹 张跃 章振宇 赵波 周广瑞
周鑫 朱静 朱曼

计算机科学与技术(艺术设计方向)

陈玉珊 党鑫鹏 董芳菲 董雪 杜玺伦
范运安 高阳 谷伊莎 郭向东 郭雪蕾

何　锐　何　耀　胡　曌　胡卓军　李宝娟
李秋蒴　李晓晨　梁勇华　刘海涛　刘　鋆
陆锋平　毛咏梅　齐星宇　秦中唐　谭竹青
唐守忠　万　明　王俊杰　王丽君　王玲娜
韦　炜　吴　鑫　邢雅洁　徐婵婵　徐舜渊
徐孝成　薛　洁　闫　梦　杨　静　杨　旸
殷小舟　尤　卓　余诗铭　虞州良　臧　哲
张立君　张　宁　张　帅　张武龙　赵旻枫
赵小周　赵　晔　周洁冰　周鹏飞　朱震焘
邹　晏

交通工程(汽车运用工程方向)

包启标　陈少锋　陈　伟　崔善花　付建蓉
郭留涛　韩　婷　何浩峰　何　颖　胡贵乾
胡海涛　胡甜甜　黄　峰　吉　洋　兰春红
李春辉　李丹萍　李红梅　李　磊　李　林
李龙骄　李洛宁　李明阳　李茹昕　李少华
李雅琪　李　艺　李　勇　廖春晖　刘　凯
刘树建　卢秋莲　卢　勇　吕　梦　容淑娴
尚　蛟　沈逸薇　史媛圆　隋　岚　隋晓庆
孙　玥　孙治博　谈　伟　佟　姗　王恩平
王庆峥　王诗宁　王　伟　王雯丽　王玉鑫
魏　婷　温　馨　吴　瑾　吴　凯　徐少培
徐为波　许　琳　薛国亮　言俊苓　阳　斌
杨　帆　杨　洋　于　滢　余　翔　袁大亮
张德贵　张贵江　张剑光　张立军　张　琪
张伟男　张雅美　张玉兵　赵　琳　赵美珺
周　洋　朱建各　邹芳诚

金融学

曹雪静　常春燕　常　蓁　陈　超　陈　亮
陈瑞峰　陈　婷　多琳娜　付　丽　杭　帆
郝紫琪　洪　博　黄燕娜　纪晓旭　李平平
林　婷　柳武宏　吕　萍　苗甜甜　磨琪卉
裴　英　秦雪静　任　楠　宋　微　宋禹熹
宋　岳　孙　健　田　瑜　万　千　万笑石
万　昕　王凤梅　王　健　王　猛　王馨翊
魏新新　吴山峰　夏晨芳　邢慧敏　徐　旭
杨　洁　杨　梅　叶　静　于秋辰　余金洪
袁　渊　岳敬飞　曾　旭　张由姊　赵　颖
仲晴青　周婉青　朱洪娜　朱良生

林产化工

白宝亨　白浩龙　白　杨　蔡园园　曹辉波
车书盈　陈　嵩　崔洪波　凡小爽　奉　源
龚碧蓉　蒋异铧　李世娟　李　雪　李颖雯
梁　晶　刘　磊　刘小龙　刘伊洋　陆琴琴
毛博力　茅乃龙　任丽颖　田维乾　汪明进
汪　涛　王　达　吴　昱　伍　阳　夏　聪
许秋实　于秋岚　俞金峰　俞　月　袁　流
翟文韬　张浩月　张小丽　张馨心　张智衡
赵丹青　赵建春　周春艳　周家兴　周　帅
周益同　方志朋　刘佳梁

林产化工(制浆造纸工程方向)

白香园　包修婷　陈祥真　崔　倩　冯兴宇
高江艳　高　军　宫　政　谷　嘉　郭　超
韩　静　贺　钊　黄国良　黄　军　霍淑媛
李　岩　李宇杰　林建航　林仲营　刘蕊杰
刘永娟　吕茂芝　罗立强　孟　猛　欧阳鹏
祁　琪　宋舒苹　孙培培　索　伦　王大飞
王浩宇　王梦影　王明超　王　琦　温玉环
吴珊珊　许传玉　许向东　颜立冬　杨　扬
叶书航　余　志　云彩凤　张飞飞　张　骏
张啸天　张　杨　周　新

林学

白天宇　包　蕾　包昱君　毕　坤　边梦希
曹成林　曹孟磊　常娟霞　陈贝贝　陈　晶
陈　雪　程宇斌　次仁拉姆　崔　贝
达·瓦次仁　杜　燕　段　萌　费　滕
甘田甜　高婧璇　高婷婷　何　龙　贺辰衔
贺　帅　霍　涛　纪文瑶　江伟玲　蒋思思
金冠一　金喜萍　匡文浓　兰芯荷　李钢宗
李海洋　李惠明　李　蕾　李晓冬　李　宣
李雪娇　廖　玲　刘建坪　刘　雷　刘诗琦
龙颖茜　罗盼盼　马福龙　马莉华　马　仲
玛日亚·艾斯卡尔　毛星星　蒙宇平　宁佐梅
尚　策　沈　林　水小虎　孙　宇　孙振凯
田胜男　吐尔洪江　王　昆　王雨茜　谢丽琼
徐　定　徐　瑶　许　玥　阳晶晶　杨俊玲
姚　毅　衣晓丹　于　飞　袁庆叶　张　超
张健华　张　勇　张子超　赵　诚　赵冬欢
赵　凯　赵利爽　赵妍晰　郑晋生　钟文玲
周　兴　邹利敏　达延军　李延孝

旅游管理

柴孟强　陈　多　陈香香　陈　叶　陈　媛
戴珍妹　邓南茜　邓正义　董姣茹　董　帅
豆　玲　樊新蕊　冯丽园　付　娜　付振兴
高红旗　高　茜　韩　璐　贺龙喜　胡嘉君
黄泺谕　惠凝晶　赖晓鹏　兰文静　李　静

李凌云 梁兴 刘春晓 刘晓燕 刘亚平
刘宇 罗秀梅 罗杨 马英华 孟姗姗
聂通 潘俊伶 潘琦 潘晓贤 戚安平
戚均慧 饶诗尧 任杰 石宗超 孙吉亚
谈华珍 覃业柱 唐小通 唐寅婉 陶蓉
田超杰 万铂 王卉 王曼 王晓娜
韦光照 吴煜鸣 郗启朝 谢芳芳 徐振涛
薛鑫 荀琳 杨红梅 杨洁 杨生君
杨燕 尹从卫 尹清清 张超 张磊
张丽 张蒙蒙 张楠 张熙 张妍
张英云 张昭临 赵迪 赵娟 郑佳悦
周丽琼 朱雅琦 邹珺 邓德鹏

木材科学与工程

阿里木·艾尔肯 蔡雯雯 车颜喆 陈文静
陈小云 陈怡菁 崔兵亮 崔为 邓璐
邓旭升 丁延河 樊任夫 高雪景 郝文弢
何川 胡丽华 简洁 金鸽 景士强
雷健 李莹 李哲 刘佳 刘如
刘伟新 罗冠群 尼加提.阿布来提 聂东来
宁悦 彭韬 饶菁 任红玲 石燕芳
孙锋 索丹丹 谭磊 王达 王海元
王健 王晶 王茹 王晓旭 王妍
王宇超 魏雪婷 伍波 熊丽 徐颖
许丹 杨世民 杨婷婷 尧青华 姚思旭
姚婷 余跃 俞福志 张浩 张恒
张树丽 张鑫 张行 张永禄 张阅
张越 赵文轩 周欣宇 朱明昊

木材科学与工程(家具设计与制造方向)

姜升哲 李娜 张恭 蔡维健 陈放
陈丽琼 陈龙 陈巧玲 陈世华 崔丹
单芙蓉 冯栋 高超 郭春雪 侯春娅
胡波 黄志义 蒋斌 蒋金梅 康印
雷昌明 雷莉虹 李安舟 李辰 李帆
李万章 李文峰 李岩 李媛 林莎
刘厚群 鲁诗怡 栾超 罗乐 彭毅卿
普海丽 邵勤 苏格格 孙申 孙天颖
田科 仝炅 王霁媛 王俊晔 王宵
王欣 王煦 王莹 熊蔓蔓 杨然然
殷传付 张磊 张露 张琦 张骁
张旭

农林经济管理

白志艺 蔡彪 陈可 陈思琪 陈晓佳
崔嘉文 崔逸秋 丁晶 董加强 范银培
方苑 高华政 郭冬梅 郭向荣 韩锋
韩佳妮 何晨熠 侯一蕾 胡琳 霍玥
姜冰润 蒋磊 颉喆 金洁莹 金樑
蓝帅 黎钊亨 李海权 李红 李宁
李新星 李烨 刘奥偲 刘婧宇 罗青
聂文娟 赛斐 孙伟伟 孙营营 谭震
王长波 王捷 王茜 王爽 王庭秦
王晓轩 王志辉 卫秋明 闻雅 谢丹
严圣平 杨洁 袁骁 张静宜 张萌
张艳丽 张雨帆 赵越 周慧萍 迪力努尔

人力资源管理

蔡旷雅 曹路 岑子博 陈晓宇 冯凯
冯晓霞 高明 高铭尉 关成卿 关默默
关正磊 何宇轩 何月瑶 胡丹丹 解亚楠
金慧玲 李晗薇 李秋丹 梁和 廖梦珩
林庆仪 刘倩 刘晓琳 刘阳 刘奕
刘子豪 吕文玉 马璐 年超 牛毅
彭伟 屈芳芳 沈杨 石永 斯琪
孙倩 孙僖 孙雪姣 王超 王春生
王欢 王佳乐 王萌 王娜 杨爽
于楠 袁玲玉 翟国超 张建新 张晶晶
张新 张媛媛 张哲 赵佳 郑亮

日语

陈泓羽 高云 和娟娟 李越 卢韩影
鲁玉明 罗军 牟鑫 孙澜月 孙斯文
孙晓萌 唐琦雯 王利慧 王月婵 魏松
乌日嘎 吴佳颖 邢笑雨 徐辰 严雪燕
杨晶文 张夏薇 张雪君 赵莎 祝林笛

森林资源保护与游憩

柏龙 迪依娜·马俄尔阿吉 段永乐 高原
韩通 何壮壮 华颐 黄启超 李婧
李亮 李睿 刘宁 刘宁 吕可新
彭迎浩 史红萃 孙鹏举 孙勇 吴海龙
吴金霞 谢钿 徐国茂 杨虎 余洋
张赫怡 张竞颐 张玲 张学 张燕如
赵新龙

生物技术

安基永 白洋 陈清清 陈银辉 崔月
段卉 方媛 郭霖 韩登媛 韩清清
韩雪 胡惠雯 胡涛 胡月 李聪
林东 林星谷 刘涔洋 刘洁媛 刘小丹
卢圆 吕亚非 毛金萍 钮俊 庞涛
孙博韬 索玉静 谭汪雁 王博文 王爽

王　旭　王夷健　尉伟明　魏　妥　吴　迪
吴之湖　谢培峰　徐子健　许　诺　杨　帆
姚　阳　叶建青　于继平　于琳波　张　博
张辉平　张　尹　张宇微　章文乐　赵　静
朱　琳　卞晓星　陈　龙　陈　欣　陈新宇
程志斌　方一超　高　倩　宫　璐　郭芳睿
韩　潇　李苏楠　李潇瑾　李晓楠　李晓燕
李　雅　刘　浏　刘士畅　刘　行　潘　琛
宋许刚　唐　璐　田佳星　王　杰　王　硕
王斯琪　王晓明　王英旗　温　南　杨京芸
杨凯璇　应泽华　张　兰　张　鹏　张　麒
章崇崇　赵乾斌　郑超怡　祝杲阳

食品科学与工程

阿依努·叶尔肯　艾晚枫　安仲力　蔡宁晨
曹　亢　陈靓萍　陈玲玲　陈　萌　陈　曦
杜　凯　方　莉　房　明　付　颖　富　荆
高　菲　高　萌　格桑赤列　顾文婷　郭　旭
郭彦娇　何妙君　洪　惠　姜瑜倩　蒋　欢
蒋　敏　孔维嘉　赖　莹　李宏颖　李　睿
李胜杰　李　妍　梁莹莹　林　西　刘黛骄
刘慧慧　刘　薇　刘晓明　刘彦岷　刘竹青
刘子健　柳志宇　卢　杰　罗丹萍　罗　琦
罗青青　罗鑫娅　洛桑曲吉　马金玥　门瑞晨
钱雪洁　秦宇帆　芮璐璐　沈　嫚　孙　姣
孙　俏　孙宜君　唐　帅　陶晓赟　王　菲
王　婧　王　琦　王　蔚　王艳菊　吴　丹
夏　楠　徐成维　徐冬旸　徐　丽　闫　妍
杨　巍　杨　洋　于淼淼　张　粲　张涵帅
张　航　张锦萍　张　芊　张玮玮　张笑言
张　扬　赵　婵　赵　君　郑鄢燕　周　慧
周永双　朱　璨　朱利慧　苑寿宇

市场营销(电子商务方向)

艾　毅　陈　莹　陈颖非　程　林　房明瑞
郭　路　何九龙　华　淳　黄　波　黄湘媛
黄　影　蒋初元　李浩铂　李　静　李居益
林　飞　刘亚飞　刘宇星　吕　昕　马彩霞
宋　涛　苏春杰　苏芳琼　苏　瑶　孙　旭
陶　陶　田　海　田　佳　汪　克　王　婷
王彦薇　王荫彤　温新晓　武继云　谢开洁
徐琪君　徐诗娟　徐　添　杨文燕　杨　悦
叶　芳　于　森　于宛抒　张　辰　张敏娟
张　悦　章依莉　郑凤姝　周　林　朱　姣
朱铭敏　付晓超　杨晓艳

数学与应用数学

曹　巍　曹　宇　陈　星　陈胤友　崔　鑫
崔智博　戴家运　杜君芳　范　博　范　容
高　辰　胡玉婷　黄德建　贾翔宇　金夏菲
鞠　琳　李　程　李海宾　李　江　李　琪
李瑞红　李用辉　刘栋梁　刘柳青　刘美麟
刘寅亮　吕文杰　罗　森　马　燕　王建勋
王　弦　王　樱　王　崭　卫宜博　魏　巍
魏　卫　吴林鸿　吴　月　武　月　辛　航
熊锦鹏　徐　彦　杨馨媛　于方初　于泓淼
于仕兴　余长兵　俞　阳　张美丽　张　梦
张庆坤　张新雨　赵　佳

沙土保持与荒漠化防治

安　云　白晓敏　鲍　彪　陈宏晟　陈　杰
陈　茜　陈文静　成　浩　次旦央吉　崔　亮
旦增格桑　法科宇　冯　磊　郭　维　郭志起
哈力穆拉提·尼亚孜　贺　宇　侯越明
胡海波　胡　熙　黄　琴　黄中品　康　苗
康　敏　兰　勇　李芳华　李广娣　李会杰
李艳平　李志洪　梁　超　梁　媛　刘金艳
刘　玲　刘璞祖　刘　青　刘　晓　刘　勇
鲁　肃　吕琨珑　马　华　马玉英　闵稀碧
莫康乐　潘文杰　彭贤锋　钱斌天　乔小山
邱一丹　沙　京　邵博茹　邵运哲　苏　莹
王彬俨　王　成　王丽莉　王露露　王　奇
王　珊　王　越　王　云　魏人望　魏婷婷
吴　凤　吴海涛　吴骁博　吴宗泽　徐丽娇
杨芝歌　岳　林　张兵伟　张国兰　张　虹
张静心　张君玉　张琳琳　张　璐　张　倩
张　倩　张帅北　张　涛　张　艳　张云凤
周　建　朱海玲　徐华清

统计学(市场调查与分析)

艾倩倩　程良余　邓鸿鹄　韩会娟　韩敏生
兰　婧　李　琛　李　进　刘　佳　刘　盼
马　莹　彭柏超　彭斯惠　宋雪玉　唐晓欢
王晓峰　王　翟　魏　进　吴　桐　武　虹
许单云　杨　阳　殷俊杰　袁　明　张晋娟
张世先　陈泳宏　董梦琳　付文诗　高嘉敏
郭　峰　韩宇哲　胡　威　黄泽昊　刘晟璇
陆　洋　马晓晨　齐东蕊　乔　娜　沈　坚
田　侃　汪　霞　王　辉　王祺尧　王　彦
吴逢源　夏　赟　徐　叶　杨雯珺　杨　鑫
张　千　赵青山　赵宇曦　郑　茜

土木工程

安　中　陈　君　陈　赟　邓立鹏　丁　宁
东广铖　范腾喜　高泽朋　管秀源　韩雨洁
郝鲜玲　何　灿　胡一峰　蓝昭明　李长梦
李　浩　李　晶　李　珺　梁洪虎　梁明乾
林绪旺　刘　建　刘树涛　刘永建　刘子田
楼凌波　吕文官　马晗骥　潘　倩　彭　益
普光国　任　地　佘思敏　孙　洲　田　野
王宝寅　王　波　王洪峰　吴长德　徐健超
徐文考　许龙祥　杨金彪　贠明明　袁希雨
张　浩　张　珊　张　胜　张小芳　张雪梅
赵禹斌　周昕阳　朱泳健

心理学

陈苏燕　陈献科　陈　延　程宏毅　程　杰
冯耀琪　高金金　葛莉莉　关　音　郭　远
侯发明　胡　毅　胡中颖　扈秀峰　黄碧雄
黄巧燕　纪　林　贾向前　姜　腊　姜雪菲
李汝康　李　悦　林乐民　林紫望　刘栋梁
刘晶晶　刘柯珂　刘群新　刘同舟　刘　旸
刘钰鑫　龙　勇　骆　健　马　帅　马银松
马雨茜　倪天琪　聂伟宗　潘　朔　彭利东
蒲文超　邱可荣　邵大涛　沈建祥　宋海涛
孙雯瑶　覃　逗　唐思梦　王程明　王东辉
王桂华　王国贤　王　娟　王劭鹏　王天宇
王　伟　王文思　王　钰　吴诗龙　辛　龙
辛南平　徐娅琪　许　阳　杨麒麟　杨　奕
姚柘初　尹雨辰　于凤花　于维巍　于文静
苑　蕾　张　芊　张圣强　张晓波　张肖萌
张也弛　张永超　张月静　赵应武　郑海明
周　晨　朱　琳　朱雪玮　冯佩佩

信息管理与信息系统

白　莹　单春雪　邓秋林　邓晓姝　冯　帆
付浦君　高　琦　高　真　龚博文　韩　灏
何金全　华鹏跃　黄　扬　解　冰　金荣升
冷　静　李佰利　李妙妙　李明清　李明伟
梁尚捷　卢云峰　马　帅　莫　可　裴艳云
彭奕然　帅　立　孙金鹏　汤晓玲　王超群
王　会　王莅横　王　岭　王盼盼　韦　超
温晓薇　武庭文　邢　鑫　许　雪　薛　岩
杨本松雪　杨　静　杨　林　尹学婧　袁　苑
岳雅楠　张冠群　张莱茵　张　鹏　赵海玉
郑　煜　周　蕊　左婷辉

野生动物与自然保护区管理

范雅倩　冯多多　韩　鹏　李娜娜　李劭婷
李晓笑　刘　军　刘美琦　刘云珠　马　静
马　坤　舒雨晨　王瑗珲　吴　炎　夏延载
熊国鹏　徐佳玉　闫凯迪　杨　涛　杨　寅
叶元兴　俞凯恺　张国斌　张　岚　张小莹
张雅棉

艺术设计

白云菲　边　延　曹玉钧　陈国强　陈　静
陈珑音　陈婷婷　陈　洋　陈禹真　程雅超
付晓洁　贺俊珲　侯召洋　黄　婧　姜　蔓
赖华洁　李　昂　李　浩　李　明　李　楠
李晟抒　李　帅　李伟滏　蔺童文　刘宝隆
刘　钒　刘佳佳　刘　敏　刘天羽　刘　颖
牛真真　齐北辰　任秋颖　盛瑞燕　孙　振
檀子惠　滕　鑫　田旺福　王甲林　肖　冰
徐良佺　薛　梦　颜　力　杨　岚　杨蓉蓉
杨晓伟　姚　斌　殷　翔　虞　芳　袁　臻
张　博　张俊博　张　旭　张伊迪　赵　怡
赵逸汀　郑方圆　周颖莉　朱娜娜　邹　放

艺术设计(动画设计方向)

常晓辉　陈思宇　崔美杰　戴文超　宫　赫
皇甫飞飞　黄　珑　黄　楠　黄宇杰　纪海冉
姜泓吟　林　楠　刘　青　刘珊珊　鲁粉利
马赫男　秦国平　石志城　王立国　王　炜
王　烨　王　烨　相　莹　谢浩一　徐　健
许少波　张鸿韬　张议文　张志伟　朱玉东

艺术设计(装潢艺术设计方向)

陈　军　程　功　崔富荣　董舒然　冯　帆
高　英　韩晓君　何　晶　李佳亿　李俊杰
梁思懿　吕　力　马　馨　牛元元　任　航
尚丽娜　石　慧　王焕琴　王　琳　王　璐
王婷婷　王文浩　谢振宇　薛　鑫　杨　林
姚　宇　张美玲　张　伟　赵　娜　周春华
周立元

英语

陈　超　陈　玲　陈绪冬　程　英　崔　冉
方　莉　甘伶洁　高　君　高　杨　郭　雪
韩依曼　侯雅楠　胡琴琴　胡婷婷　胡亦明
胡云鹤　黄　波　黄于洇　江　梦　金珊珊
靳淋淋　兰　坤　兰奇瑜　黎　萌　李婧文
李　珺　李梦婷　李瑞丽　李晓阳　李啸吟
李　旭　郦鸣慧　刘丽娟　刘侣岑　刘　美
刘盼盼　刘　晴　刘　双　刘颖颖　龙　果

卢云章 陆静 陆平凡 吕尚琳 马蓬瑶
孟蒙蒙 苗坡 潘璐 彭萌 乔敬博
乔羽 秦晓林 邱静 邱南 邱弋纹
任亚楠 任月芳 师晓川 施新园 苏静
孙杰 孙婕 谭媛媛 陶梦轲 田蕊
田天 屠雅贤 王常珏 王冲 王方姝
王露 王姝棋 王旭 王旭 西庆华
肖佳岚 徐倩 许景城 杨兰 杨晟
杨洋 于雅端 张蓓 张丹丹 张东进
张丰 张晶 张尼开 张彤 张文凭
张洋 张毅 章颖 赵欣 赵岩
周敏 朱群飞 诸彤 左龙艳 罗芳

园林

边聪 蔡京 蔡玘恩 蔡政昕 曹星渠
曹悦 岑绮雯 车笑晨 陈琛 陈松雨
陈又畅 陈玉熙 程洁心 戴红 戴思炜
党明远 邓锐 董一韡 樊可 范锦
范桑桑 范思思 冯路路 冯璐 冯婉玲
高飞 高源 葛雪梅 关悦 郭丰楚
郭燕妮 韩慧 郝玉 何荣晓 洪岚
胡春 胡慧美 胡晞曦 胡颖 滑霖
黄超 黄冠荣 黄静文 黄舢 黄文祥
黄英达 黄志刚 姬峥崎 贾慧霞 姜远
矫明阳 金吉利 康宜 雷诺成 李晨雪
李成江 李多 李婧 李林媛 李琳璐
李梦月 李佩芳 李琦 李青 李世熙
李思思 李雪梅 李阳 李伊畅 李源
李媛 李贞 李宗芸 梁怀月 刘利泓
刘芊 刘锐桢 刘彤彤 刘昕 柳小路
鲁文雯 吕程 吕悠 罗丹 满新
孟令琪 孟令旗 孟晓 倪玉林 宁崴
牛丽明 牛苗苗 欧阳俊 蒲虹宇 岂凯
乔良 乔悦 秦仲 任君为 莎瑛
石佳 石健 舒琤琤 舒童 宋宛霏
宋月鹏 孙晨阳 孙少华 孙帅 孙哲
谈成成 唐瑶 陶琳 滕依辰 汪妍
王斌 王岑 王丹 王芳芳 王建军
王娜 王淇 王锐 王晓洁 王昕彦
王雪 王雅楠 王悦 王钊奇 王梓
韦仪婷 卫雪峣 吴纯 吴菲 吴珏
吴君 吴丽媛 吴翔宇 吴玉晴 武晓松
武娅巍 肖凡 肖夏君 肖雪霁 肖吟洲
肖玉阳 谢佳 徐娇妮 许超 许萌
薛娇 闫梦捷 杨帆 杨谨 杨蕾
叶保润 殷学文 袁雨楠 袁月 曾菲
张达美 张峰 张宏巍 张婧远 张君
张旻昱 张晟慧 张韬 张腾腾 张汀汀
张玮 张翔 张晓亚 张欣 张研奇
张云帆 章林雪 赵碧清 赵思达 赵欣颖
赵媛媛 周详 朱丹红 朱宜嘉 朱毓芬
邹玉峰 党婧文

园林（观赏园艺方向）

艾春晓 曹晓跃 陈晶鑫 陈轶 陈卓
戴呈玲 范泛 范京 付磊 郭竞达
贾艳超 雷彤 李晶然 李明洋 李五妍
梁冬梅 毛敏汇 庞慧敏 皮欢丽 祁悦
石海燕 时松 史南 汤淳涓 唐婉
王超 王洪波 王丽平 王爽 王小叶
王鑫 王学妍 王亚 王宇星 王蕴红
魏迟 吴晗 吴磊磊 杨冰洁 姚加佳
叶兴蓉 余蓉培 袁旭冉 袁园 曾璐琳
张潮 张姜璇子 张敏 张英杰 周萌
朱玉莹 卓维

资源环境与城乡规划管理

鲍樟青 曹广月 常存 达次 戴礼飞
丁娅萍 黄明 姜琳 蓝天 雷涛
刘洪萌 刘丽 刘玉俊 卢路 陆晓宇
马英 买买提·阿不都热合曼 穆婧
庞吉林 彭梨 彭丽瑶 索朗德吉 王娜
王源 张艺 周玥

自动化

白涛 宾嗣军 蔡宁宁 曹媛媛 陈常菁
陈戈 陈光胜 陈震宇 杜威 端木瑞文
盖伦 高盼 郭瑶 郝志斌 黄虹光
黄妍 霍绮珊 冀芸 蒋丽媛 金帆
荆京 敬业 寇传阳 兰晓辉 冷萃
李虎元 李辉 李俊 李力 李小文
李哲 历晨 梁一冰 林文婷 林言
凌烨 刘丹娟 刘桂林 刘金东 刘利民
刘圣波 刘卫平 刘亚男 刘泽民 卢斌
罗小莉 马明 毛堃 倪露 区钰
任诚理 任丽娜 任婷婷 任云青 沈嘉伟
宋禧寿 唐稳 庹维 王波 王浩
王洪 王洁琳 王亮 王茜雯 王怡萱
王勇志 王悦 文洋 吴钊 肖华飞
谢歆城 徐梁 徐星 徐梓悦 焉迪

杨　帆　杨广群　杨　磊　杨晓微　杨兴阳
杨　颖　杨　臻　尹中兴　于宏美　于　晶
于　征　余灯红　俞舟燕　袁　奇　袁　文
岳　阳　岳子丰　张　超　张京宁　张　磊
张　凌　张　龙　张　楠　张晓磊　张　旭
张玉君　赵东文　赵婧芳　赵　鹏　钟发琴
朱　博　朱　莎　邹大玮　邱星火　刘倩如

媒体重要报道要目

1月

4日 中国绿色时报：北林大办《中国鸟类》杂志3月创刊

4日 中国林业：首份省级生态文明建设评价报告公布

5日 人民网：北林大野生动物研究所揭牌

7日 中国绿色时报：生态文明建设任重道远

7日 中国绿色时报：北林大教师获欧洲地理协会杰出青年科学家奖

11日 中国花卉报：我国首个林业院士工作站在闽成立

12日 中国绿色时报：北林大自然保护区学院5年迈大步

13日 北京晚报：国际风景园林师5月将齐聚中国苏州

18日 中国绿色时报：人造板产品甲醛释放量可降低40%

20日 北京日报：北京首绘植物保护战略图

21日 中国林业：专家绘就北京植物多样性保护战略图

24日 光明日报：北京林业大学发布我国省级生态文明评价报告

25日 中国绿色时报：森林经理的执著追求者和开拓

25日 北京晚报：北京生态文明评价居全国之首

27日 中国绿色时报：专家绘就北京植物多样性保护战略图

27日 中国绿色时报：北林大学报影响因子居林业科技期刊之首

29日 北京考试报：风景园林专业·绘画有基础 学习有优势

2月

4日 绿色时报：生态文明教育是生态文明建设的基础

5日 科学时报：中国生态文明建设进入量化时代

9日 光明日报：2009年节能减排绿色好新闻揭晓

10日 中国花卉报：北林苑在北林大设特等奖学金

10日 中国绿色时报：北林大获中华宝钢环境奖

11日 中国绿色时报：边坡绿化蕴含苗木市场新商机

11日 北京晚报：我国评出首届节能减排好新闻

22日 中国绿色时报：全国首届绿色好新闻十佳揭榜

22日 中国绿色时报：我国节能减排信息走向公开透明

23日 中国花卉报：北林大和三明联手建综合基地

27日 中国绿色时报：成就引领事业 德艺烛照后人

3月

1日 科学时报：我国首届节能减排好新闻揭晓

1日 中国绿色时报："北林苑"奖励北林大优等生

2日 光明日报：发挥森林碳汇功能与工业节能减排同抓并举

3日 北京晚报：北林大新增网络工程专业

8日 北京晚报：北林大城市规划学制延长为五年

8日 中国绿色时报：北林大新增网络工程专业

12日 中国绿色时报：北林大成立低碳经济研究中心

17日 中国绿色时报·尽快破解林木良种匮乏难题

18日 科技部网站：曹健林副部长到北京林业大学调研

23日 科学时报：北林大成立低碳经济研究中心

23日 科技日报：北林大新增网络工程专业

29日 中国风景园林网：专注花卉基础研究 一心培养园林人才

29日 中国绿色时报：北林大城市规划专业学制为何增为五年

31日 中国花卉报：北林大教授入选新世纪百千万人才工程

18日 北京晨报：北林大计划在京招300人

19日 北京娱乐信报：学生环保社团倡导建绿色校园

19日 北京晚报：本市引种的彩叶植物只有48种

20日 中国绿色时报：北林大科技园加速成果转化

22日 中国绿色时报：首届中国大鸨保护国际研讨会举行

27日 中国绿色时报：东方园林捐赠北林大百万元鼓励创新

28日 北京考试报：北林大2010年在北京招收300人

30日 搜狐教育：城市规划专业四年制改成五年制

4月

2日 光明日报：北林大设计隋唐城遗址植物园

4日 腾讯网：绿色长征开幕 宋佳白雪成环保大使激动不已

4日 中国教育报：全国青少年绿色长征活动启动

4日 新华网：全国青少年绿色长征活动启动

5日 人民日报海外版：青少年绿色长征开幕

5日 光明日报：青少年生态环保社团骨干接受培训

6日 新华日报：院士纵谈苏北杨树的低碳意义

7日 国际在线：春暖花开时节 播撒生命绿色

10日 人民日报海外版：绿桥绿色长征活动启动

13日 京华时报：北林大按专业级差录取

13日 科学时报：青少年环保社团骨干在北林大受训

14日 北京青年报：林大录取二志愿高分考生

14日 北京晚报：北林大今年计划在京招生300人

5月

7日 中国青年报：环保部机关团委联合北林大研讨团组织建设

9日 北京青年报：支教图片展示贫困地区教育现状

10日 中国环境报：绿色长征志愿者赴打工子弟学校宣传环保

10日 中国绿色时报：北林大继续征集“绿”短信

11日 中国绿色时报：中国林业教育学会获全国先进社会组织称号

12日 人民网教育频道：北林大按专业级差录取

18日 科技日报：北林大组织评出首届节能减排绿色好新闻

19日 中国经济网：因地制宜科学复绿

24日 现代教育报：北京科技周防震减灾进校园

26日 新京报：生态摄影师 影像助环保

26日 菏泽日报：北林大在菏泽办农业推广研究生班

26日 人民网：北林大新发明攻克人造板甲醛污染关键技术

31日 中国风景园林网：IFLA大会圆满闭幕 中国学生包揽大奖

6 月

1 日　科技日报：北林大科博会上倡导低碳发展

2 日　燕赵都市报：北林大科研实验苗圃河北平泉开工

2 日　网易：北林大发明“交通协管员”机器人

3 日　法制晚报：绿色长征志愿者送教庆六一

3 日　中国绿色时报：高效胶黏剂引领人造板产业升级

4 日　中国绿色时报：北林大学生党员比例达18．4%

6 日　北京晨报：地沟油变肥皂　收油频遭闭门羹

6 日　北京晚报：废弃地沟油变肥皂

7 日　北京晚报：北林大学生获风景园林设计奖

8 日　科技日报：北林大学生获国际风景园林设计大奖

8 日　人民网：北林大学生获两项国际风景园林设计大奖

9 日　中国绿色时报：北林大学生获国际风景园林设计大奖

9 日　中国绿色时报：世界冠军为北林大青年励志

12 日　绿手指：公益创业从校园出发

18 日　中国绿色时报：专家院士纵论荒漠化与沙尘暴防治

22 日　中国林业：当绿色志愿者 走绿色长征路

22 日　经济日报：推广应用人造板新技术

22 日　中国绿色时报：北林大成立中国林地资源研究中心

23 日　中国绿色时报：沈国舫院士获光华工程科技奖

23 日　中国绿色时报：北林大培训 50 国林业官员

24 日　园林在线：孟兆祯院士与美留学生交流互动

7 月

6 日　中国绿色时报：北林大在平泉建科研苗圃服务北方市场

7 日　人民网：北林大培训 50 国 300 多林业官员

12 日　中国林业：用什么拯救北京的湿地？

17 日　法制晚报：林大 7 名大学生投身西部支教

17 日　中国绿色时报：北林大学生为何频获国际大奖？

21 日　青海日报：“绿色北京・低碳生活”绿色长征黄河之旅在宁启动

21 日　三峡晚报：“长江之歌”团来宜宣传绿色

22 日　现代快报：“绿色长征”进苏州

23 日　首都高校开展“青春感动中国”主题教育活动

23 日　绿色中国：专家绘就北京植物多样性保护战略图

26 日　青海日报：绿色长征黄河之旅在西宁启动

26 日　人民网：首都高校开展“青春感动中国”主题教育活动

27 日　科技日报：首都高校开展“青春感动中国”活动

29 日　新华网：北京大学生暑期实践走进“三江源”

8 月

3 日　科学时报：海峡两岸大学生开展野生动植物学术交流

10 日　科技日报：海峡两岸大学生开展野生动植物学术交流

10 日　中国绿色时报：海峡两岸大学生开展野生动植物学术交流

12 日　中国绿色时报：城市森林环境效益评价空白填补

13 日　科学时报：如何走好城市森林之路

17 日　中国广播网：宋维明任北京林业大学校长

18 日　中国绿色时报：宋维明任北京林业大学校长

18 日　光明日报：北林大暑期实践收获多

19 日　中国绿色时报：北林大暑期绿色实践活动收获多

21日 人民日报海外版：暑假：我们绿色长征去

23日 中国青年报：北林大注重志愿服务农民工子女机制建设

23日 中国绿色时报：第二届全国绿色好新闻评选启动

23日 科学时报：第二届全国绿色好新闻奖评选拉开帷幕

24日 科技日报：第二届全国绿色好新闻评选活动启动

27日 中国教育报：第二届全国绿色好新闻评选启动

27日 中国青年报：学会在平静和琐碎的土壤中扎根

29日 北京晚报：零排放上大学第一人抵京

30日 北京日报：大学生活从零排放开始

31日 科技日报：北林大暑期绿色实践活动收获多

31日 温州日报：我教授为争创"园林城市"解读指标

31日 北京晚报：北林大一志愿录取率近百分百

9月

1日 北京考试报：北林大305名本科新生通过绿色通道入学

2日 燕赵都市报：北京林业大学在河北平泉开工建实验基地

4日 北京考试报：北京林业大学新增8个硕士专业学位

6日 北京晚报：北林大增8个硕士专业学位

6日 中国风景园林网：认真教学生 专心搞科研

8日 中国绿色时报：生态旅游业担负发展重任

10日 北京日报：三十载坐着轮椅"站"讲台

14日 北京考试报：北京林业大学本科一志愿录取率99.26%

16日 北京考试报：北京林业大学70名新生入选梁希实验班

17日 中国绿色时报：北林大新增8个硕士专业学位

22日 中国绿色时报：专家研讨不利环境下的城市林业发展

29日 中国教育网：北京林业大学与山西省吉县签署校县合作协议

30日 中国绿色时报：北林大将与吉县长期合作

10月

13日 北京考试报：废油做肥皂 北京林业大学学生获10万元创业基金

13日 中国绿色时报：北林大又添两个国家级教学团队

15日 北京青年报：林大贫困生获赠助学金

18日 中国绿色时报：北林大加强计算生物学研究

19日 中国绿色时报：北林大成立防灾减灾研究所

20日 首都科技网：中国青年鸟类学家研讨会暨第六届翠鸟论坛召开

21日 中国绿色时报：沈国舫森林培育基金正式设立

22日 中国绿色时报：研究生聚首北林大关注翠鸟

25日 内蒙古政府网：北林大与赤峰林业局合作

25日 中国花卉报：北林大又添两个国家级教学团队

26日 中国绿色时报：北林大与赤峰市林业局全面合作

28日 中国绿色时报：五专家获新一届海峡两岸林业敬业奖

11月

1日 中国教育网：北林大林业生物质能源研究所成立揭牌

1日 中国花卉报：多国专家聚首研讨不利环境下城市林业发展

1日 中国花卉报：首个森林培育奖励基金设立

2日 中国绿色时报：为林业生态工程建设

竖起样板

8 日 京华时报：北京林大成文保志愿者实践基地

8 日 中国花卉报：五人获海峡两岸林业敬业奖

11 日 中国绿色时报：北林大强化生物质能源研究

15 日 科学时报：八院士建议设置水保与荒漠化防治一级学科

15 日 中国绿色时报：北林大加快实现研究型大学转型

15 日 中国绿色时报：专家揭秘第二次神农架森林勘查全程

15 日 中国花卉报：中日韩大学生风景园林设计赛北林大获金奖

16 日 科技日报：8 院士建议设置水土保持与荒漠化防治一级学科

16 日 中国绿色时报：专家建议设置水土保持与荒漠化防治一级学科

16 日 科学时报：北林大学生获中日韩大学生风景园林设计竞赛金奖

19 日 科学时报：专家揭秘第二次勘察神农架森林全程

19 日 中国风景园林网：访中国风景园林行业泰斗孙筱祥先生

22 日 中国花卉报：北林大成立林业生物质能源研究所

30 日 中国教育报：教育部与国家林业局共建 3 所直属高校

30 日 中国绿色时报：国家林业局教育部共建三所林业高校

30 日 中国绿色时报：北林大明年应届生免试读研比例高

30 日 CCTV1 新闻联播：教育部国家林业局共建北林大等三校

12 月

2 日 中国青年报：北京林大环保达人新时尚：举团旗走绿色长征路

2 日 科技日报：教育部与国家林业局共建 3 所直属高校

2 日 中国绿色时报：《中国水土保持科学》总评靠前

4 日 北京考试报：北林大艺术特长生最少加 20 分

4 日 中国教育网：北林大与黑河市政府签科技合作开发协议

6 日 科学时报：教育部与国家林业局共建三所林业高校

7 日 中国绿色时报：第四届全国青少年绿色长征活动颁奖

7 日 中国绿色时报：北京林业大学办学实力不断增强

13 日 中国绿色时报：北林大林学博士后流动站获奖

13 日 中国花卉报：两部委共建三所林业高校

14 日 中国绿色时报：访北京林业大学校长宋维明教授

16 日 首都科技网：植物病理学与植物医学座谈会在北林召开

17 日 中国绿色时报：发挥林业学科的基础和骨干作用

（高大为　李铁铮）